POLSKA

POLAND * POLEN

Jan Morek

POLSKA
POLAND * POLEN

Słowo wstępne · Introduction · Vorwort
Mirosław Żuławski

Posłowie · Postscript · Nachwort
Andrzej Szczypiorski

Radwan

Opracowanie graficzne
Designed by
Graphische Gestaltung

HUBERT HILSCHER

Wszystkie zdjęcia
All photos
Alle Aufnahmen
©
Copyright by

JAN MOREK

Mirosław Żuławski

SŁOWO WSTĘPNE

Polacy usadowili się na nizinie między Bałtykiem a Karpatami, otwartej od wschodu i zachodu, gdzie żadne przeszkody naturalne nie przecinały wiodących ku niej szlaków. Bałtyk, morze płytkie i niewielkie, stanowił raczej wygodną drogę komunikacyjną z krajami nordyckimi niż oddzielającą od nich fosę. Pasmo Karpat na południu, przecięte licznymi szerokimi dolinami i wygodnymi przełęczami, nie ma w sobie nic z pirenejskiego muru; tędy właśnie szły szlaki bursztynowe ku nadbałtyckim piaskom. Leżąc na styku europejskiego Wschodu i Zachodu, Polska była z natury rzeczy obszarem przejściowym. Gdzieś wzdłuż dolin Wisły i Sanu przebiegały ważne granice, wytyczające krańce zasięgu kultur, ale określające zarazem miejsce ich styku i przenikania: granice alfabetu, kalendarza, obrządku rzymskokatolickiego oraz gotyku – granice – ale zarazem miejsca styku i wzajemnego przenikania. Toteż choć Polacy chrześcijaństwo przyjęli z rąk czeskiej księżniczki, swój strój narodowy zapożyczyli od otomańskich Turków. Rycerstwo nosiło na piersiach ryngrafy z Madonną, ale stosowało tatarską sztukę wojenną. Miasta zakładano na prawie magdeburskim, ale monopol handlu zbożem dzierżyła szlachta – dlatego miasta uciekały od rzek, bo nie miały czego na ich brzegach szukać. Aniołowie pod postacią młodzieńców przyszli w odwiedziny do pierwszego z Piastów, podejmowani po włościańsku miodem i mlekiem, ale poczciwy polski diabeł Boruta nosił się po szlachecku, a niedobry kosmopolityczny czart, co kusi do złego – po niemiecku. Pierwszym kronikarzem polskiej państwowości był Gall Anonim – przybysz znad Sekwany, a twórcą pierwszego, epokowego zresztą słownika języka polskiego Samuel Bogumił Linde – Niemiec z pochodzenia. Katedry i kościoły są gotyckie, renesansowe albo barokowe, ale słynna „Czarna Madonna" częstochowska, patronka Polski, jest bizantyjską ikoną. Pierwsza literatura narodowa pisana była po łacinie, polska poezja romantyczna zrodziła się ze „szkoły ukraińskiej", a największy polski epos narodowy zaczyna się od słów *Litwo ojczyzno moja...*

Kiedy jest się w Krakowie, tej starej stolicy Piastów i Jagiellonów, odczuwa się niepowtarzalną polskość tego miasta, a przecież jego architektura żywi się stylami wspólnymi Włochom, Francji, Niemcom i Europie Środkowej. Krakowski „lajkonik", stary obrzęd cechowy z jeźdźcem na patyku udającym konia, jest arcypolski, a przecież spotkać go można w Persji, w Indiach, w Tybecie i Japonii...

A cóż bardziej polskiego, jak pasiaste stroje ludowe z okolic Łowicza i Sieradza: odbija się w nich całe piękno wąskich łanów mieniących się barwami trzech pór roku, a przecież ich prawzory przywiezione zostały w taborach wracających z Rzymu polskich panów, a podpatrzone w strojach gwardii papieskiej... Każda bowiem rdzenna kultura narodowa odznacza się zarazem ogromną chłonnością elementów otoczenia i pełną zdolnością ich asymilowania. To siła asymilacji polskiej cywilizacji i kultury sprawiła, że włoski malarz Bacciarelli czy francuski Norblin stawali się rdzennymi przedstawicielami „polskiej szkoły", a wnukowie trzech zaborczych potęg polskimi patriotami i szli do powstań narodowych.

Nawet mało uważny cudzoziemiec zwiedzający królewski zamek wawelski musi zdać

15

sobie sprawę, że Polska w dobie swego rozkwitu, którego apogeum przypada na wiek XVI, była nie tylko potężnym państwem, ale również krajem i narodem o bogatej cywilizacji materialnej i kulturze duchowej. Tylko na takiej glebie mógł wyróść geniusz Mikołaja Kopernika i mogła rozwinąć się twórczość Wita Stworza. „Złoty wiek" polskiej kultury zrodził się ze zwycięstwa renesansowego rozumu nad średniowieczną scholastyką, w czym niemała rola przypadła najstarszemu – po Pradze – w Europie Środkowej Uniwersytetowi Jagiellońskiemu w Krakowie i uczonym kanonikom. W XVIII wieku po raz drugi zabłysnął polski wiek Oświecenia – „Siècle des Lumières" – i mimo iż noc rozbiorów i niewoli zaciągała się już nad Polską, może właśnie jemu zawdzięcza naród przetrwanie w polskości. Wtedy to bowiem powstało pierwsze na świecie ministerstwo oświaty pod nazwą Komisji Edukacji Narodowej i uchwalona została pierwsza w Europie – i druga w świecie po Stanach Zjednoczonych – konstytucja.

O aspekcie fizycznym kraju decyduje nie tylko jego położenie geograficzne – odbija się w nim także jego historia. Kiedy się leci do Polski samolotem, nie trzeba pytać stewardesy, czy jest się już nad ziemią polską, wystarczy spojrzeć w dół. Kiedy tam w dole w miejsce ogromnych łanów pojawią się zagony niewielkich poletek, pogrodzonych miedzami, istny wielobarwny *patchwork* złożony z tysiąca skrawków, to już jesteśmy nad Polską. Tak to od pierwszej chwili musimy zżyć się z tym pejzażem, w którym czekają niewidoczne na pierwszy rzut oka niespodzianki.

Kiedy podróżuje się po Polsce, widać na każdym kroku ślady zniszczeń: jakieś zamki w ruinie, pałace w odbudowie, jakieś miasta jakby nie do końca zbudowane. Większość tych zniszczeń to dzieło dwóch potopów, które zalały kraj: szwedzkiego w XVII wieku i niemieckiego w XX. Ale w pejzażu wiejskim dostrzeżemy rychło coś jeszcze, co przeobraziło go bardziej niż wojny i najazdy: zdewastowane lub zmiecione z powierzchni ziemi dworki, parki, które je niegdyś otaczały, a w których urządza się polowania na bażanty dla zagranicznych myśliwych…

Polski, szlachecki dworek… To on kształtował przez stulecia krajobraz polskiej wsi. Po zakończeniu wojny było tych dworków, tak charakterystycznych z ich gankami w kolumienkach, bielonymi fasadami i wysokimi, ciemnymi dachami, jeszcze kilkadziesiąt tysięcy. Pozostało zaledwie kilkaset. Odbierano je właścicielom, przekazywano spółdzielniom rolniczym, w imię szumnych a fałszywie realizowanych haseł, skazując na zagładę.

Skąd w Polsce tyle tych szlacheckich dworków?

W roku Wielkiej Rewolucji Francuskiej oblicza się ilość rodzin szlacheckich we Francji na 117 tysięcy przy populacji sięgającej 25 milionów. Mniej więcej w tym samym czasie w Polsce było 715 tysięcy szlachty na 7 milionów mieszkańców. Do czasów Unii Lubelskiej z Litwą, to jest do XVI wieku szlachectwo było w Polsce jedynym tytułem, arystokracja nie istniała. Wszyscy ci książęta, to były rody litewskie i ruskie, a wszelkie późniejsze hrabiostwa, baronostwa pochodziły z nadań papieskich lub rządów cudzoziemskich, w tym także zaborczych. Ze szlachty wyłaniała się obszarnicza magnateria i ona to wznosiła wspaniałe zamczyska i pałace, z których niektóre zachowały się, inne odrestaurowano, tak że dziś można już odbyć polskie *tour de chateaux*: Baranów, Łańcut, Krasiczyn, Wiśnicz, Pieskowa Skała, Nieborów...

Wywodzące się ze szlachty ziemiaństwo mieszkało we dworach i dworkach. Część szlachty deklasowała się – z przeczyn ekonomicznych albo dlatego, że rządy zaborcze odbierały ziemię za udział w powstaniach narodowych – tworząc wraz z mieszczaństwem to nie znane na Zachodzie zjawisko, jakim jest u nas warstwa społeczna zwana „inteligencją". We wszystkich trzech okresach zagrożeń narodowego bytu, kiedy nie stało już własnego suwerennego państwa, polska inteligencja miała odegrać szczególną rolę: w czasie zaborów, w czasie okupacji niemieckiej i w czasie sowieckiego zniewolenia. Rolę tę odegrała przy pomocy kultury.

Największym nieszczęściem, jakie może spotkać naród, jest utrata państwowości. Utrata bytu państwowego oznacza utratę własnych instytucji publicznych, własnej struktury administracyjnej, wojskowej, wychowawczej, własnego wymiaru sprawiedliwości, własnych organów wyrażania woli wewnątrz i na zewnątrz kraju. Ale naród istnieje nadal, zachowując pamięć swej minionej chwały i świadomość swej odrębności, swojej jedności. Jeśli naród polski przetrwał sto dwadzieścia trzy lata rozbiorów, wynaradawiania, niewoli, klęsk, wygnań i wychodźstwa, to tylko dzięki temu, że umiał i zdołał przechować przez te półtora niemal wieku swą kulturę.

Tak jak piśmiennictwo polskie odegrało największą rolę w próbach ratowania i naprawy Rzeczypospolitej przed rozbiorami, tak literatura polska utrzymywała wbrew zaborcom i kordonom istnienie Polski. Żaden naród na świecie nie zawdzięcza tyle swym poetom – Adam Mickiewicz, Juliusz Słowacki, Zygmunt Krasiński, Cyprian Kamil Norwid, Stanisław Wyspiański nie pozwolili odrętwieć zwyciężonym, dając im w ręce broń: słowo-dynamit. To o muzyce Fryderyka Chopina powiedziano, że kryje armaty pod różami. Żaden naród nie zawdzięcza tyle utworom na fortepian...

Rozebrana na trzy części, pozbawiona instytucji państwowych Polska żyła w całej swej przeszłości, teraźniejszości i przyszłości na kartach literatury narodowej. Żaden naród na świecie nie zawdzięcza tyle swoim powieściopisarzom: książki Józefa Ignacego Kraszewskiego, Henryka Sienkiewicza, Bolesława Prusa, Stefana Żeromskiego znajdowano w tornistrach legionistów Piłsudskiego, poległych na froncie.

Żaden naród na świecie nie zawdzięcza tyle swoim malarzom: kiedy w Ile-de-France powstawał pogodny, godzący z życiem impresjonizm, w polskim Piemoncie, Krakowie, Jan Matejko malował ogromne, patriotyczne, historyczne płótna o wielkich, tryumfalnych lub gorzkich chwilach narodowej przeszłości, budząc i utrzymując świadomość narodową.

Żaden naród na świecie nie zawdzięcza tyle swemu teatrowi: kiedy w Paryżu, Londynie i Rzymie chodzono do teatru, by spędzić miły wieczór, pokazać się i zobaczyć znajomych, w Warszawie, Krakowie i Lwowie chodzono do teatru, by uczestniczyć w odprawianiu narodowego misterium, by mocować się i zmagać z polskim przeznaczeniem i miejscem na ziemi, jak w *Dziadach* Mickiewicza albo w *Weselu* Wyspiańskiego. Może dlatego panuje opinia, że literatura, teatr, sztuka tego narodu trudna jest lub wręcz niezrozumiała dla cudzoziemców. Jest trudna na pewno – tak trudna jak dzieje i... losy Polski. Niezrozumiała zaś staje się tylko wówczas, kiedy chce się ją odbierać w oderwaniu od tych dziejów i losów. Cóż, mazurki Chopina dadzą się w końcu także słuchać jak melodyjki do tańca, ale też wówczas niczego się z nich nie zrozumie.

To prawda, że są obszary kultury o charakterze bardziej uniwersalnym, jak literatura rosyjska, jak malarstwo francuskie, jak poezja angielska – ale nie ma na świecie kultury, literatury i sztuki, które by bardziej pomogły swemu narodowi do zachowania tożsamości i które by walniej przyczyniły się do ocalenia go od duchowej śmierci.

Dlatego to odbudowa państwowości po pierwszej wojnie światowej i stworzenie jednego narodu z mieszkańców trzech zaborów nie tylko stało się możliwe, ale doprowadziło do fenomenu polskiego państwa podziemnego w okresie straszliwej próby, jaką był czwarty rozbiór Polski w 1939 roku.

Po raz drugi państwowość polska przestała istnieć. Naród znów nie miał swoich urzędów, armii, ani sądownictwa. Wszelkie instytucje kulturalne, ba! wszelkie przejawy życia kulturalnego były przez okupanta zakazane. Polakom nie wolno było ani grać, ani słuchać Chopina. Za uczestnictwo w życiu kulturalnym groziła śmierć. Wtedy to poznaliśmy cenę narodowej kultury: była to cena życia.

Okupant zlikwidował całkowicie szkolnictwo wyższe i średnie ogólnokształcące, a z programu szkół podstawowych usunął naukę historii, geografii i literatury ojczystej. Była to więc próba odcięcia dzieci i młodzieży od źródeł kultury narodowej, a więc od korzeni, z których wyrasta świadomość narodowa i poczucie tożsamości.

Ale wówczas okazało się, że tych krótkich dwudziestu lat międzywojennej niepodległości i państwowości wystarczyło, by w miejsce zgniecionego siłą państwa móc stworzyć takie, którego żadną siłą zgnieść się nie dało: polskie państwo podziemne.

Powstały podziemne siły zbrojne – Armia Krajowa, powstało podziemne sądownictwo i administracja terytorialna oraz jedyne w dziejach tajne nauczanie, obejmujące wszystkie stopnie oświaty, od podstawowego aż po wykłady i egzaminy uniwersyteckie. Dla akcji tej podziemne drukarnie drukowały podręczniki i pomoce szkolne. Dziś jeszcze w wielu polskich domach znaleźć można nad podziw dobrze wydane, składane dobrą czcionką na dobrym papierze, tomiki poezji okupacyjnej, przechowywane jak najdroższy skarb. I tym razem polska oświata, kultura i literatura ocaliła naród przed utratą ducha i nadziei.

W pejzażu polskim, przeoranym przez wojnę, pełno było ruin, zgliszcz, mogił i miejsc żałoby narodowej, której symbolami są Auschwitz i Katyń. Polska utraciła stolicę, spopielałą w ostatnim polskim powstaniu jak ofiarny stos i dwa wielkie miasta, bez których nie można było wyobrazić sobie ani polskiej historii, ani osiągnięć jej nauki, kultury i sztuki: Wilno i Lwów.

A z wyroków historii, które ciągle jeszcze czekają na osąd, naród stanął wobec nowej, śmiertelnej próby, jaką był narzucony przez Jałtę i Poczdam podział świata, w wyniku którego Polska znalazła się po niechcianej stronie żelaznej kurtyny.

Nie czas tu i miejsce na szersze omówienie tego niezwykle skomplikowanego procesu, jakim było powolne ale nieustanne wyzwalanie się społeczeństwa polskiego w ciągu czterdziestu pięciu lat z narzuconych pęt ustrojowych. Pozostańmy tedy znowu przy paru głównych rysach, które wydają się nam najważniejsze dla obrazu ówczesnej Polski i jej miejsca w historii. Baczny obserwator spostrzeże łatwo, że nie-przypadkowo powojenna Polska była pierwszym krajem, który zapoczątkował przemiany na całym wschodzie Europy i pierwszym, który odrzucił komunizm. Od całego bowiem obozu socjalistycznego Polska różniła się w podstawowych założeniach ideowo-politycznych: tylko w Polsce istniała prywatna własność ziemi, i to w zasadniczych proporcjach – ponad 80 procent w rękach indywidualnego gospodarstwa chłopskiego; tylko w Polsce istniała tradycyjnie potężna, niezniszczalna siła, jaką był Kościół katolicki, bazująca zarówno na prywatnym charakterze własności ziemskiej, jak i na wolnościowej i niepodległościowej roli, jaką Kościół odgrywał w całej polskiej historii; tylko w Polsce istniała liczna, światła, świadoma swej misji i odpowiedzialności za losy kraju inteligencja – owa nie znana gdzie indziej warstwa społeczna, zrodzona ze zdeklasowanej szlachty, mieszczaństwa – często pochodzenia obcego, które odchodziło od dorobkiewiczostwa w kierunku społecznikostwa, oraz wyewoluowanych warstw robotniczych i chłopskich, tradycyjnie patriotycznych. To była baza wyjściowa walki o wyzwolenie najpierw duchowe, później polityczne. W walce tej znowu ogromną rolę odegrała kultura, pojmowana zarówno jako dziedzictwo narodowe, jak i współczesny potencjał twórczy.

Wszczęta z końcem lat czterdziestych przez partię i rząd żdanowowska ofensywa soc-realizmu w literaturze i sztuce zakończyła się zupełnym fiaskiem: w połowie lat pięć-dziesiątych pojawiły się pierwsze filmy „polskiej szkoły" Wajdy i Munka oraz pierwsze opowiadania Hłaski i Mrożka, zwiastujące przełom. Rozpoczęła się uparta walka o autonomię kultury i sztuki, o jej wyzwolenie od cenzury i „polityki kulturalnej". Głośne manifestacje w kulturze i sztuce towarzyszyły wszystkim przełomowym wydarzeniom politycznym Października 1956, Marca 1968, Czerwca 1976. Powstała opinia, że jedynym polskim produktem eksportowym nie podlegającym reklamacjom i zwrotom jest kultura i sztuka. A także, że wszystko, co rozsławiło polskich twórców w świecie powstało albo wbrew, albo mimo polityki partii i rządu. Ileż w tym gorzkiej prawdy! Witkacy, Gombrowicz, Mrożek, Miłosz, Herbert, Kantor – to nie były umiłowane dzieci reżymu… Bywało wręcz, że władze interweniowały w Szwecji, by udaremnić przyznanie Nagrody Nobla pisarzowi polskiemu, gdy był politycznie niewygodny.

W pierwszym, względnie swobodnym jeszcze, okresie po wojnie dokonano olbrzymiego wyczynu odbudowy warszawskiej Starówki i gdańskiego Starego Miasta. Ale w miarę upływu lat rósł opór władz wobec nacisków społecznych na odbudowę Zamku Królewskiego w Warszawie; za to zagrożono zabytkom prastarego Krakowa, budując u jego bram zionącą wyziewami Nową Hutę. Nawet architektura stawała się polem bitwy. Była to wciąż ta sama walka o tożsamość narodową.

Dziś, kiedy kraj jest wolny i naród w demokratycznych instytucjach daje wyraz swej woli, pada często na zadawane w ankietach – pytanie czego byśmy sobie najbardziej życzyli – zaskakująca odpowiedź: „żyć w normalnym kraju". Jest w tej wypowiedzi tęsknota za spokojem, stabilnością, brakiem obaw o jutro – jest też po prostu pragnienie spojrzenia na ów Zamek Królewski jako na piękny gmach, a nie symbol śmierci i zmartwychwstania.

Popatrzmy więc pogodnym okiem na ów kraj między Bałtykiem a Karpatami, między Odrą a Bugiem, szary na pozór, płaski i niepozorny, ale jakże inny od otaczających go ziem, jakże swoisty i własny, głęboko skrywający swe klejnoty, po które warto się schylić.

Zamieszkuje go lud przyjazny i słynny z gościnności, może nie za bardzo pracowity i gospodarny, ale pełen fantazji i umiłowania sztuk wszelakich: żaden kraj na świecie nie ma tylu wyższych uczelni artystycznych i rzadko gdzie sztuka ludowa jest równie żywotna i autentyczna. Wrodzony brak dyscypliny organizacyjnej nadrabiany jest dobrą wolą, powszechną chęcią niesienia pomocy i uśmiechem. Polskie „jakoś to będzie" nieraz już zdawało i nadal – gdy trzeba – zdaje egzamin.

Ziemia wokół stolicy jest płaska, poprzecinana szpalerami nadwiślańskich topól i utkana zagajnikami sosen. Jak u Horacego: *Quo pinus ingens albaque populus...* – gdzie sosna wysoka i biała topola. Do Wisły dochodzi ostatni na wschodzie Europy gotyk – ceglasty, czerwonawy. Z drugiej strony do rzeki podchodzą ostatnie na zachód od prawosławia kopulaste, drewniane cerkiewki. Wiosną w wiejskich obejściach widać gniazda bocianie, i zły to znak dla domu, jeśli któreś zostało opuszczone. Jak u Norwida:

Do kraju tego, gdzie winą jest dużą
Popsować gniazdo na gruszy bocianie –
Bo wszystkim służą...
Tęskno mi Panie.

Tu Wisła jest szeroko rozlana, wolna i swobodna, a nad nią niebo ogromne i głębokie. Przy polnych drogach polskie drzewa – wierzby.

Józef Piłsudski mawiał, że Polska jest jak obwarzanek: najlepsze w niej to, co dookoła. Mieszkańca Śląska, Poznańskiego, Wybrzeża, Suwalszczyzny, Podlasia, doliny Sanu i karpackiego pogórza nie trzeba przekonywać, że tak jest naprawdę. Bałtyk może jest szary i zimny, ale ma najbielszy i najdelikatniejszy piasek na swych plażach, a zachody słońca nigdzie nie są wspanialsze. Mazury, kraj lasów i jezior oraz sąsiadująca z nimi Suwalszczyzna stanowią pomnik nieskażonej natury, ledwie-ledwie dotkniętej wysypką komercjalnej turystyki. Czasem nie ma tam gdzie zjeść i gdzie przenocować, ale zawsze można napotkać jakąś leśniczówkę w lasach lub nad jeziorem, gdzie jest wolne łóżko, albo choćby materac i znajdzie się talerz barszczu z kartoflami.

Miłośników łowów – najlepiej tych bezkrwawych, z aparatem fotograficznym lub kamerą – pociągnie ostatnia w Europie – puszcza nizinna zwana Białowieżą z ostojami żubrów i rozlewiska Biebrzy, królestwo łosia i ptactwa wodnego. Cóż za różnica między zagospodarowaną Wielkopolską, kopalnianym i fabrycznym Śląskiem a ową „Ścianą Wschodnią", gdzie mieszają się nacje, ale trwają ciągle jeszcze sielskie obrazy przeszłości! Czasami w tym krajobrazie podlaskich piachów, brzózek i olch oczekuje się wręcz spotkania z konną „partją" powstańców z 1863, tak dalece nic się wokół nie zmieniło... Ale ten tętent kopyt za horyzontem, to tylko konie jednej ze stadnin arabskich, słynnych w świecie.

Na południu, między Wisłą, Sanem a Karpatami leży Małopolska, zwana „polskim Piemontem", gdyż tu chroniło się w czasie zaborów polskie życie intelektualne, artystyczne i powstawały niepodległościowe organizacje wojskowe. Jest to kraina łagodnych wzgórz i renesansowych pałaców. Dróg wiodących do podkarpackich wsi strzegą przydrożne kapliczki z figurą Chrystusika Frasobliwego, bolejącego nad biedą góralskiego ludu. Urokliwe i dziś puste pasmo Bieszczadów było kolebką pastersko-leśnej gospodarki i oryginalnej kultury Łemków, którzy po wojnie padli ofiarą stalinowskiej polityki przesiedlania całych ludów w obce im strony. Dramatyzm tej ziemi leży w połączeniu jej naturalnej urody z ugorami, które niegdyś były ludnymi wsiami, dziś rozpoznawalnymi tylko po rzędach zdziczałych jabłonek i śliw, jakie po nich pozostały. Dalej ku zachodowi rozciąga się Podhale, kraina być może w Polsce najpiękniejsza z przełomami Dunajca i Tatrami, gdzie leżą w skałach zaklęci rycerze, którzy mieli się zbudzić, gdy ojczyzna w potrzebie. Stolica Podhala – Zakopane – odgrywało przez całe stulecie rolę zimowej stolicy Polski, nie tylko z uwagi na walory turystyczne i narciarskie, ale było ulubionym miejscem pobytu intelektualistów, muzyków, malarzy i pisarzy. Góralskie drewniane kościółki, chaty i co zamożniejsze obejścia, zwłaszcza w Chochołowie, są prawdziwymi arcydziełami tych niezrównanych cieśli. Tu, w Wysokich Tatrach, zakończymy naszą wędrówkę, bo stąd całą Polskę widać jak na dłoni.

Mirosław Żuławski

Mirosław Żuławski

INTRODUCTION

The Poles settled in the plain between the Baltic and the Carpathians, open to East and West, with no natural barriers blocking the routes that led there. The Baltic, which was a small, shallow sea, was rather a convenient transport route for contacts with the Scandinavian countries than a moat which cut them off. The Carpathian chain to the South, intersected by many wide valleys and easy passes, has nothing in common with the wall of the Pyrenees; the amber trails led through the Carpathians to the sands of the Baltic. Poland, situated at the meeting point of East and West in Europe, was in the nature of things a transit zone. At one time, important frontiers ran along the valleys of the Vistula and San – boundaries of regions of cultural influence, which were also the scene for cultural contact and interpenetration. These were the boundaries of the Roman alphabet, the Western calendar, the Roman Catholic church and Gothic architecture: boundaries which at the same time represented contact and mutual influence. And while the Poles received Christianity from the hands of a Czech princess, they borrowed their national costume from the Ottoman Turks. Polish knights went into battle with the image of the Madonna on their breast plates, but used Tartar military tactics. Towns were founded according to Magdeburg Law, but the gentry retained control of the grain trade – and therefore towns kept clear of rivers, for there was nothing for them there.

Angels disguised as young men came to visit the first Piast prince, and were received according to peasant custom with milk and honey – but the good Polish devil, Boruta, wore nobleman's attire, while the wicked cosmopolitan devil who tempted people to do evil, spoke German. The first chronicler of Polish history was Gallus Anonimus, who came from what is now France, while the man who compiled the first, epoch-making dictionary of the Polish language was of German origin. The cathedrals and churches are Gothic, Renaissance or baroque, but the famous Black Madonna of Częstochowa, the patron saint of Poland, is a Byzantine icon. The first Polish literature was written in Latin, Polish Romantic poetry originated from the "Ukrainian school", and the greatest epic poem in the Polish language begins with the words, "O Lithuania, my homeland!"…

When one is in Cracow, that old capital of the Piasts and Jagiellonians, one feels the inimitable Polishness of the city – but in fact its architecture is based on styles common to Italy, France, Germany and Central Europe. The Cracow "hobby-horse" festival, that old guild rite with a rider on a stick pretending to be a horse, is arch-Polish, yet, you can come across it in Persia, India, Tibet and Japan. And what could be more Polish than the striped folk costumes from the Łowicz and Sieradz districts? They reflect all the beauty of narrow strips of fields changing in colour with the seasons of the year. But their prototypes were brought in the baggage trains of Polish noblemen from Rome, where they had been seen in the dress of the papal guard. For every national culture is at the same time enormously receptive to elements from outside, while being highly capable of assimilating them. The assimilative power of Polish civilisation and culture turned the Italian painter Bacciarelli or the Frenchman Norblin into leading representatives of "the Polish school", and made Polish patriots of the grandsons of the three partitioning powers, and sent them off to fight in national insurrections.

Even the least perspicacious foreigner who visits the Wawel castle is bound to become aware that Poland in her prime, the peak of which was reached in the 16th century, was not just a powerful state, but also a country and people with a rich material and spiritual culture. It was only on this kind of soil that the genius of Nicolaus Copernicus could thrive, or the genius of Wit Stwosz could unfold. The Golden Age of Polish culture was born of the victory of Renaissance reason over mediaeval scholasticism, and no small role was played in this by the oldest university after Prague in Central Europe: the Jagiellonian University in Cracow and its learned canons. In the 18th century, Polish culture again shone during the Age of the Enlightenment, and even though the dark night of partition and slavery was already gathering over Poland, it may have been precisely to this that the nation owes the survival of its Polishness. It was at this time that the first ministry of education in the world, the Commission of National Education, was formed, and the first constitution in Europe and second in the world (after the United States) was promulgated.

The physical appearance of a country is determined not only by its geographical location, but also by its history. When you fly to Poland, you don't need to ask the stewardess whether you are already over Polish territory: all you have to do is look down. When the great fields of corn are replaced by fields made up of small plots, strips divided by boundary paths, a multi-coloured patchwork made up of thousands of scraps of land – then you're already in Poland. And so from the very first moment you have to accept a landscape which at first sight contains surprises.

When you travel through Poland, you can see traces of destruction at every step: castles in ruins, palaces being rebuilt, towns that look as though their construction has not been entirely completed. Most of this destruction was the work of two great tides of invasion that have washed over the country: the Swedes in the 17th century and the Germans in the 20th. But in the rural landscape you will notice something else, which has changed it more than wars and invasions: the devastation or complete disappearance of country houses, and the parks that once surrounded them – where now pheasant shoots are organised for foreign visitors.

The Polish nobleman's country house… this was what for centuries gave shape to the appearance of the Polish village. When the war came to an end, there were still tens of thousands of manor houses of this kind in existence, with their characteristic pillared porches, whitewashed façades, and high, dark roofs. Only a few hundred remain. They were taken from their owners and handed over to agricultural co-operatives in the name of high minded slogans which were falsified as they were carried out, and they were thus condemned to annihilation.

Why were there so many of these manor houses in Poland?

It is calculated that at the time of the French Revolution, there were 117,000 noblemen's families in France, in a total population of 25 million. More or less at the same time in Poland, there were 715,000 noblemen in a total population of seven million. Up to the time of the union with Lithuania, that is, until the 16th century, aristocratic titles did not exist and the rank of nobleman was the only social distinction. All the princes came from Lithuanian or Ruthenian families, and all the later titles of baron and count were papal titles or conferred by foreign governments, including those of the partitioning powers. The great landowners came originally from the gentry, and it was they who built the splendid residences, of which some have been preserved and some restored, so that today you can make a *tour de chateaux* in Poland: Baranów, Łańcut, Krasiczyn, Wiśnicz, Pieskowa Skała and Nieborów.

The landowning gentry lived in manor houses great and small. Part of the gentry had become landless, and thus declassé, for economic reasons, or because the partitioning powers had confiscated their property for taking part in national insurrections – thus, together with the bourgeoisie, creating a social grouping unknown in the West, the "intelligentsia". In all three periods when the existence of the nation was threatened, when it no longer constituted a self-governing sovereign state, the Polish intelligentsia was to play an exceptional role: during the partitions of the 19th century, during the German occupation, and while the country was under Soviet domination. The intelligentsia played this role with the help of culture.

The greatest misfortune which can befall a nation is the loss of its own independent statehood. The loss of existence as a state means the loss of the country's public institutions, of its own administrative, military, educational structures, of its own system of justice, and its own institutions expressing the will of the nation at home and abroad. But the nation continues to exist, retains the memory of its past glories, and an awareness of its separateness, of its own uniqueness. If the Polish nation survived a hundred and twenty-three years of partition, attempts at wiping out the national character, slavery, defeats, exile and emigration, it was only thanks to the fact that it could and did preserve its culture throughout this period.

Just as Polish writing played the greatest role in attempts to save and reform the Commonwealth before the partitions, so Polish literature shored up the existence of Poland in the face of the partitioning powers and the cordon sanitaire. No nation on earth owes more to its poets: Adam Mickiewicz, Juliusz Słowacki, Zygmunt Krasiński, Cyprian Kamil Norwid, Stanisław Wyspiański did not allow the vanquished to grow torpid, but placed a weapon in their hands: the dynamite of the word. It was said of the music of Frédéric Chopin that it covered cannons with roses. No nation on earth owes more to piano music.

Poland, divided into three parts and deprived of her state institutions, lived all her past, present and future on the pages of Polish literature. No nation on earth owes more to its novelists: the books of Józef Ignacy Kraszewski, Henryk Sienkiewicz, Bolesław Prus and Stefan Żeromski were to be found in the knapsacks of Piłsudski's legionaries who fell at the front.

No nation on earth owes more to its painters: while impressionism, gentle and life-enhancing, was developing in the Ile-de-France, in Cracow, the Polish Piedmont, Jan Matejko was painting enormous, patriotic, historical canvasses showing great moments – either triumphal or bitter – in the history of the nation, and by so doing awakened and uplifted the spirit of the nation.

No nation on earth owes more to its theatre: whereas in Paris, London and Rome people went to the theatre to pass a pleasant evening, to show themselves and meet their friends, in Warsaw, Cracow and Lvov people went to the theatre to take part in the rites of the national mysteries, to struggle with Poland's destiny and her place on earth, as in Mickiewicz's *Forefathers' Eve*, or Wyspiański's *Wedding*. Perhaps this is why it is commonly held that the literature, theatre and art of Poland are difficult for foreigners to understand, or even downright incomprehensible. They are certainly difficult – as difficult as the fate and history of Poland. But they only become incomprehensible when you try to deal with them in isolation from this historical context. After all, Chopin's mazurkas can be taken just as dance tunes, but then you understand nothing about them.

It is true that there are cultural products which are more universal, like Russian literature, French painting or English poetry – but nowhere in the world is there a culture, literature or art which made a greater contribution to the preservation of national identity or which strove more valiantly to prevent its spiritual extinction.

And it was because of this that the rebirth of the Polish state after the first world war was possible, along with the creation of one nation from the inhabitants of three zones of partition – and not only this, but also the phenomenal Polish underground organisation during that dreadful period of trial when Poland was partitioned again for the fourth time in 1939.

Once again, the Polish state ceased to exist. Once again, Poland had no administrative structures, no army, no courts. All cultural institutions, indeed all manifestations of cultural life, were forbidden by the Nazis. Poles were not allowed either to play or to listen to Chopin. You could incur the death penalty for taking part in cultural life. It was then that we learnt the price of national culture: it was the price of life itself.

The occupying authorities completely closed down higher and secondary education, and Polish History, Geography and Literature were removed from the syllabus of primary schools. This was an attempt to cut children and young people off from the sources of their national culture, and thus from the roots from which national consciousness and a feeling of identity grow.

But then it proved that these short twenty years of inter-war independence and statehood had been enough to create on the ruins of the old state, which had been crushed by force, a new state which no force would be sufficient to crush: the Polish underground state.

Underground armed forces were set up – the Home Army – along with underground law courts and local government, and a unique underground system of education which covered all levels of the school system from elementary to university lectures and examinations. Underground printing houses published textbooks and educational aids for these undertakings. Even today you can still find in Polish homes amazingly well-produced volumes of occupation poetry, with good print on good paper, preserved as the very greatest treasure. And so once again, Polish culture, learning and literature saved the nation from losing heart and hope.

In the Polish landscape, ploughed over by the war, there were plenty of smouldering ruins, places of destruction, burial mounds and sites of national mourning, of which the symbols are Auschwitz and Katyń. Poland lost her capital, which was turned to ashes like a funeral pyre in the last Polish uprising; she also lost two major cities, without which Polish history and the achievements of Polish learning, culture and art would be unthinkable: Vilna and Lvov.

And among the verdicts of history which are still waiting for evaluation, Poland was faced with a new and deathly test: the division of the world imposed at Potsdam and Yalta, as a result of which Poland found herself on the undesirable side of the Iron Curtain.

This is neither the time nor the place for a wider discussion of the exceptionally complicated process by which Polish society slowly but surely freed itself over a period of forty-five years from the political fetters that had been imposed. Let us therefore concentrate on a few characteristics that seem essential if we are to arrive at an image of Poland in that period and its place in history. A careful observer will easily note that it was no accident that post-war Poland was the first country in the whole of Eastern Europe to begin to change, and the first to reject communism. For Poland differed from the rest of the socialist bloc in fundamental ideological and political assumptions: it was only in Poland that private land-ownership existed, and to a very significant extent (over 80% was in the hands of individual peasant farmers). And it was only in Poland that a traditionally powerful and indestructible power remained in existence – the Roman Catholic Church, which was supported both by the private nature of land-ownership and by the role in liberation and independence movements that the Church had played throughout Polish history. It was only in Poland that an intelligentsia could be found that was numerous, enlightened, aware of its mission and responsibility for the fate of the country – a class of society unknown elsewhere that was born of the landless gentry and bourgeoisie, often of foreign origin, which had left behind money-making for its own sake and was moving towards philanthropy, and also of the traditionally patriotic workers and peasants who had climbed out of their own social class.

This was the starting point for a liberation struggle that was at first spiritual and later political. In this struggle, an enormous role was again played by culture, understood both as the national heritage and contemporary creative potential.

The Zhdanovite offensive undertaken by the party and government in the late 1940s to introduce Socialist Realism into literature and the arts ended in total fiasco: in the mid-1950s, the first films of the "Polish school" of Wajda and Munk appeared, and also the first short stories by Hłasko and Mrożek, which were harbingers of change. A stubborn struggle began to ensure that culture and art should be autonomous and liberated from censorship and "cultural policy". Much talked-of manifestations in culture and the arts accompanied the epoch-making political events of October 1956, March 1968 and June 1976. It became generally accepted that the only Polish export product that was never subject to complaints or return as unsatisfactory was culture and the arts.

And also that everything that brought fame to Polish artists in the world was produced despite, or in opposition to, the policies of the party and government. How much bitter truth there is in this! Witkacy, Gombrowicz, Mrożek, Miłosz, Herbert, Kantor – these were by no means the beloved children of the régime. Quite the contrary: the authorities even tried to intervene on one occasion in Sweden to prevent the Nobel Committee awarding the Nobel Prize to a Polish writer because he was politically inconvenient.

In the first and relatively free period after the war, the enormous feat of rebuilding the Warsaw and Gdańsk Old Towns was accomplished. But as the years passed, the authorities proved increasingly resistant to social pressure for the rebuilding of the Royal Castle in Warsaw; and moreover, the historic buildings of Cracow were placed under threat by the construction at the city gates of the Lenin Steelworks at Nowa Huta, whose polluting smoke drifted over the city. Even architecture became a battleground. And the battle was still the same one – about national identity.

Today, when the country is free and the people are giving expression to their will in democratic institutions, very often in reply to a question in surveys on what they most want, they say, "To live in a normal country". This reply echoes longing for peace, stability and lack of fear for the morrow – it is a desire to look at that Royal Castle simply as a beautiful building, and not as a symbol of death and resurrection.

So let us take a calm look at this country between the Baltic and the Carpathians, between the Odra and Bug rivers, which is on the surface apparently grey, flat and uninteresting – but yet how different from the lands that surround it, how individual, and how deeply it hides its treasures which are nonetheless so well worth seeking out.

The country is inhabited by a people who are friendly and hospitable; perhaps they are not over-hardworking or thrifty, but to make up for it they are full of imagination and admiration for all kinds of art; no country in the world has as many academies of art, and it is rare to find a folk art which is still as real and authentic. The inborn lack of organisational discipline is compensated for by good will, a general willingness to help and smile. Polish "muddling through" has more than once passed the test, and continues to do so, when necessary.

The countryside around the capital is flat, intersected with lines of the poplar trees that grow in the Vistula basin, and interspersed with copses of pines. As in Horace, *Quo pinus ingens albaque populus*: wherever the pine, the tall and white poplar. The last Gothic in eastern Europe – in red brick – reaches to the Vistula. On the other side, the most westerly of the wooden Orthodox churches, with their onion domes, stretch down to its banks. In the spring, you can see the storks' nests in country farmyards, and woe betide the house if a nest has been abandoned. As Norwid wrote

For the country where the fault is great
To destroy the storks' nest on a pear-tree
For they serve all...
I am filled with longing, Lord.

Here the Vistula is still broad, slow and free, and the sky above it, huge and profound. And along the country lanes grow Polish trees, willows.

Józef Piłsudski used to say that Poland was like a cracknel: what was round the outside was best. You don't need to try to persuade the inhabitants of Silesia, Poznań region, the coast, the Suwałki district, Podlasie, the San valley or the Carpathian foothills that this is the truth. Maybe the Baltic is grey and cold, but its beaches are made up of the most delicate, white sand, and sunsets are nowhere more splendid. The Mazurian lake district, with its forests, or the neighbouring Suwałki district, remain a memorial to virgin nature, practically untouched by the rash of commercial tourism. Sometimes, there is nowhere there to eat or get a room for the night, but you can always find some forester's lodge in the woods or by the lake where there is a free bed, or at least a mattress, and there will also be a plate of borscht and potatoes.

Those who love hunting – at the best, with a camera for snaps or film – will be attracted by the last lowland wilderness in Europe: Białowieża, with its herd of bison, and the Biebrza marshes, the kingdom of elk and water birds. What a difference there is between the well-farmed Poznań region, or industrial Silesia with its mines and factories, and this "Eastern wall", where nations have met and mingled, and idyllic pictures of the past still survive. Sometimes in this landscape of Podlasian sands, birch trees and alders, you expect to meet a mounted party of insurrectionaries from 1863, so little has anything round about changed. But that pounding of hooves over the horizon comes only from the horses of a stud farm where world-famous Arabs are bred.

To the South, between the Vistula, San and Carpathians, lies Little Poland, known as the "Polish Piedmont", since it was here that during the partitions Polish intellectual and artistic life found shelter, and the military wings of independence movements were formed. This is a region of gentle hills and Renaissance palaces. The roads leading to the sub-Carpathian villages are guarded by wayside shrines with figures of Sorrowful Christ, worrying about the poverty of the highlanders. The charming and today deserted belt of the Bieszczady was the cradle of a stock-breeding and forest economy and the original culture of the Łemkowie, who after the war fell victim to the Stalinist policy of transferring whole peoples to regions which were entirely new to them. The dramatic nature of this countryside stems from the combination of its natural charms with the fallow land which once lay around inhabited villages, and which can today only be picked out by the rows of apple and plum trees, reverted to the wild, which have remained behind. Further west the Podhale region is arguably the most beautiful in Poland, with the Dunajec gorges and the Tatras, where enchanted knights lie in the rock face, and are supposed to wake again when the country is in danger. Zakopane, the main town of the Podhale, has for a whole century played the role of Poland's winter capital, not only because of its advantages for tourism and sport, but also because it was a favourite haunt of intellectuals, musicians, painters and writers. The wooden highland churches, the cottages and wealthier farms, especially in Chochołów, are real masterpieces of these unrivalled highland carpenters. Here, in the High Tatras, we may bring our journey to an end, because from here you can see all Poland stretched out before you, as if in the palm of your hand.

Mirosław Żuławski

VORWORT

Die Polen haben sich in der nach Osten und Westen hin offenen Tiefebene zwischen Ostsee und Karpaten angesiedelt, in der keine natürlichen Hindernisse die dorthin führenden Wege versperren. Die Ostsee, ein kleines, flaches Meer, bildet eher einen bequemen Verbindungsweg zu den skandinavischen Ländern als einen trennenden Wehrgraben. Die Gebirgskette der Karpaten im Süden, von zahlreichen breiten Tälern und bequemen Pässen durchschnitten, hat nicht das Geringste von einer pyrenäischen Mauer an sich. Eben hier entlang führten die Bernsteinstraßen zur sandigen Ostseeküste. An der Nahtstelle Ost- und Westeuropas gelegen, war Polen schon an sich eine Übergangszone. Irgendwo entlang der Täler von Weichsel und San verliefen wichtige Grenzen, die die Randgebiete von Kulturräumen absteckten, zugleich aber auch ihre Berührungspunkte, Stellen ihres gegenseitigen Durchdringens, kennzeichneten – die Grenzen von Alphabet, Kalender, römisch-katholischem Ritus und Gotik. Grenzen, zugleich aber auch Berührungspunkte und Stellen des gegenseitigen Durchdringens. Und so ist es denn kein Wunder, daß die Polen, obwohl sie das Christentum aus der Hand einer böhmischen Prinzessin empfingen, ihre Nationaltracht von den ottomanischen Türken übernahmen. Die polnischen Ritter trugen nordische Brustschilder mit Marienbildern, verwendeten aber die tatarische Kriegskunst. Die Städte wurden nach Magdeburgischem Recht gegründet, aber das Monopol für den Getreidehandel hatte der Adel gepachtet. Daher mieden die Städte die Flüsse, denn an ihren Ufern hatten sie nichts zu suchen. Engel besuchten als junge Männer den ersten, legendären Vertreter der Piasten-Dynastie und wurden nach ländlichem Brauch mit Milch und Honig bewirtet, doch der gutmütige polnische Teufel Boruta trug die Adelstracht, während sich der wahre kosmopolitische Teufel, der zum Bösen verführt, nach deutscher Mode kleidete. Der erste Chronist des polnischen Staatswesens war Gallus Anonymus, ein Zuwanderer von der Seine, und der Schöpfer des ersten, übrigens epochalen Wörterbuchs der polnischen Sprache der deutschstämmige Samuel Bogumił Linde. Dome und Kirchen tragen Stilmerkmale von Gotik, Renaissance oder Barock, doch die berühmte „Schwarze Madonna" von Częstochowa, die Schutzpatronin Polens, ist eine byzantinische Ikone. Die erste Nationalliteratur wurde in Latein niedergeschrieben; die polnische Dichtung der Romantik leitete sich von der „ukrainischen Schule" her; und das bedeutendste polnische Nationalepos beginnt mit den Worten: „Litauen, du mein Vaterland..."

Wenn man nach Krakau, in die ehemalige Hauptstadt der Piasten und Jagiellonen, kommt, spürt man das einzigartige Polentum dieser Stadt, während ihre Architektur schließlich von Stilen lebt, die sie mit Italien, Frankreich, Deutschland und Mitteleuropa gemein hat. Die Krakauer „Lajkonik"-Tradition, ein alter Zunftbrauch, bei dem ein verkleideter junger Mann auf einem Steckenpferd durch die Stadt reitet, ist urpolnisch, und doch kann man ihm in Persien, Indien, Tibet und Japan begegnen... Und was könnte schon polnischer sein als die buntgestreiften Trachten aus der Umgebung von Łowicz und Sieradz! In ihnen spiegelt sich die ganze Schönheit der im Farbenspiel von drei Jahreszeiten wechselnden schmalen Ackerstreifen Polens wider. Doch ihre eigentlichen Vorbilder sind im Gepäck polnischer Adliger aus Rom mitgebracht worden, wo man sie der Tracht der päpstlichen Garde abgeguckt hat... Jede bodenständige Nationalkultur zeichnet sich nämlich durch ein starkes Aufnahmevermögen für Bestandteile der Umgebung und durch die Fähigkeit aus, diese Elemente restlos zu assimilieren. Diese Assimilationskraft der polnischen Zivilisation und Kultur hat bewirkt, daß der italienische Maler Bacciarelli oder auch der Franzose Norblin zu urwüchsigen Vertretern der „polnischen Schule" geworden sind und daß Enkel von Vertretern der drei Eroberermächte zu polnischen Patrioten geworden sind und sich an den Erhebungen gegen die Fremdherrschaft beteiligt haben.

Selbst ein unaufmerksamer Ausländer wird sich beim Besuch des Königsschlosses auf dem Wawel darüber klar, daß Polen in seiner Blütezeit, der Höhepunkt entfiel ins 16. Jh., nicht nur ein mächtiger Staat war, sondern auch ein Land und Volk mit reicher materieller Zivilisation und Geisteskultur. Allein auf diesem Grund und Boden konnte das Genie von Nicolaus Copernicus erwachsen, und nur hier konnte sich das Schaffen von Veit Stoß entfalten. Das „Goldene Zeitalter" der polnischen Kultur wurde aus dem Sieg des Intellektualismus der Renaissance über die mittelalterliche Scholastik heraus geboren, und eine erhebliche Rolle kam dabei der zweitältesten Hochschule Mitteleuropas (nach Prag), der Jagiellonen-Universität in Krakau, und den gelehrten Kanonikern zu. Im 18. Jh., zur Zeit der Aufklärung, im „Siecle des Lumières", strahlte Polen zum zweiten Mal auf; und obwohl die Nacht der Teilung und der Fremdherrschaft bereits über Polen heraufzog, hatte das Volk vielleicht gerade dieser Epoche das Verharren im nationalen Geist zu verdanken. Damals entstand nämlich das erste Kultusministerium der Welt, die Kommission für nationale Bildung, und man beschloß die erste Verfassung Europas, nach der Verfassung der Vereinigten Staaten das zweite Grundgesetz der Welt.

Ausschlaggebend für den physischen Aspekt eines Landes ist nicht nur seine geographische Lage; mitbestimmend ist auch seine Geschichte. Wenn man mit dem Flugzeug nach Polen kommt, muß man nicht erst die Stewardeß fragen, ob man sich schon über polnischem Boden befindet – ein Blick nach unten genügt. Wenn dort anstelle der weit hingezogenen Felder kleine, schmale, durch Raine getrennte Ackerstreifen auftauchen, ein wahres vielfarbiges „Patchwork" aus Tausenden von Stückelfeldern, dann ist man in Polen. Und so muß man sich vom ersten Augenblick an an dieses Landschaftsbild gewöhnen, in dem – auf den ersten Blick nicht zu erkennen – Überraschungen auf einen lauern.

Wenn man Polen bereist, erblickt man auf Schritt und Tritt die Spuren von Zerstörungen – irgendwelche Burgruinen, gerade wiederaufgebaute Paläste, irgendwelche Städte, die aussehen, als sei ihr Bau nicht abgeschlossen. Die meisten dieser Zerstörungen sind die Folge von zwei Einfällen fremder Mächte, die Polen wie eine Sintflut überschwemmt haben: der Schweden im 17. Jh. und der Deutschen im 20. Jh. Aber im ländlichen Landschaftsbild entdeckt man bald noch etwas anderes, durch das es stärker verwandelt worden ist als durch Kriege und Einfälle fremder Heere: verwüstete oder dem Erdboden gleichgemachte Landsitze und Parks, in denen sie einst gestanden haben und in denen man heute Fasanenjagden für ausländische Jäger veranstaltet...

Der Landsitz des polnischen Adligen... Er hat jahrhundertelang das Landschaftsbild der polnischen Provinz geprägt. Nach Kriegsende gab es von diesen so charakteristischen Landhäusern mit ihren Säulenvorbauten, ihren weißgetünchten Fassaden
und hohen, dunklen Dächern noch Zehntausende. Übriggeblieben sind nur einige
Hundert. Man hat sie im Namen hochtrabender, aber falsch ausgeführter Losungen
ihren Besitzern weggenommen, landwirtschaftlichen Genossenschaften zugewiesen
und sie dadurch zum Verfall verurteilt.

Woher gibt es in Polen so viele dieser ehemaligen Adelshöfe?

Im Jahr der Großen Französischen Revolution hat man die Zahl der Adelsge-
schlechter in Frankreich bei einer Bevölkerung von 25 Millionen mit 117 000 berech-
net. Etwa zur selben Zeit gab es in Polen bei sieben Millionen Einwohnern 715 000
Vertreter der Schlachta, d.h. des polnischen Adels. Bis zur Zeit der Lubliner Union
mit Litauen, also bis zum 16. Jh., war das Schlachta-Prädikat der einzige Adelstitel
Polens; einen Hochadel, eine Aristokratie, gab es nicht. Alle Fürsten entstammten
litauischen oder ruthenischen Geschlechtern, und alle späteren Grafen- und Barons-
titel waren von Päpsten oder fremden Regierungen verliehen, darunter auch von den
Eroberermächten.

Aus dem Schlachta-Adel gingen die Großgrundbesitzer, die Magnaten, hervor;
und sie waren es, die jene prächtigen Burgen, Schlösser und Paläste errichteten, von
denen einige erhalten und andere restauriert sind, so daß man heute schon eine polnische „Tour de chateaux" unternehmen kann, u.a. nach Baranów, Łańcut, Krasiczyn, Wiśnicz, Pieskowa Skała, Nieborów...

Die der Schlachta entstammenden Großgrundbesitzer wohnten in prächtigen
Landsitzen und Landhäusern. Ein Teil der Schlachta unterlag – aus wirtschaftlichen
Gründen oder weil die Eroberermächte den Grund und Boden der Teilnehmer an
den Volksaufständen enteigneten – einer Deklassierung und brachte zusammen mit
Bürgerlichen ein im Westen unbekanntes Phänomen hervor – die in Polen als „Intelligenz" bezeichnete Bevölkerungsschicht. In allen drei Zeiträumen der nationalen
Bedrohung, da es keinen eigenen souveränen Staat gab, kam der polnischen Intelligenz eine besondere Rolle zu – während der Fremdherrschaft im 19. Jh., während
der deutschen Besetzung und während der sowjetischen Knechtschaft. Diese Rolle
hat die polnische Intelligenz mit Hilfe der Kultur erfüllt.

Das größte Unglück, das über ein Volk hereinbrechen kann, ist der Verlust seines
Staatswesens. Der Verlust der staatlichen Existenz bedeutet den Verlust eigener öffentlicher Einrichtungen, eigener Strukturen in Verwaltung, Armee und Erzie-
hungswesen, eines eigenen Justizwesens, aller eigenen Organe, die den Willen des
Volkes nach innen und außen zum Ausdruck bringen. Aber das Volk existierte
weiter, es wahrte das Andenken an seinen vergangenen Ruhm und das Bewußtsein
seiner Eigenständigkeit, seiner Eigenart. Wenn das polnische Volk die 123 Jahre
der Teilung, der nationalen Entwurzelung, der Fremdherrschaft, der Niederlagen,
der Vertreibungen und des Exils überlebt hat, dann ausschließlich dank der Tat-
sache, daß es vermocht hat, fast anderthalb Jahrhunderte lang seine Kultur zu
bewahren.

So, wie das polnische Schrifttum die größte Rolle bei den Versuchen gespielt hat, die Adelsrepublik Polen zu reformieren und vor der Teilung zu retten, hat die polnische Literatur allen Absichten der Eroberer und allen Kordonen zum Trotz das Weiterbestehen Polens gesichert. Kein anderes Volk der Welt hat seinen Nationaldichtern so viel zu verdanken. Adam Mickiewicz, Juliusz Słowacki, Zygmunt Krasiński, Cyprian Kamil Norwid und Stanisław Wyspiański haben es nicht zugelassen, daß die Niedergezwungenen in Lethargie erstarrten; sie gaben ihnen eine Waffe in die Hand: Worte wie Dynamit. Von der Musik Fryderyk Chopins sagte man, daß sie Kanonen unter Rosen verberge. Kein anderes Volk hat Klavierwerken so viel zu verdanken.

Das in drei Teile zerstückelte und seiner staatlichen Einrichtungen beraubte Polen lebte mit all seiner Vergangenheit, Gegenwart und Zukunft in den Werken der Nationalliteratur weiter. Kein anderes Volk der Welt hat seinen Schriftstellern so viel zu verdanken; Bücher von Józef Ignacy Kraszewski, Henryk Sienkiewicz, Bolesław Prus und Stefan Żeromski fand man in den Tornistern der an der Front gefallenen Legionäre Piłsudskis.

Kein anderes Volk der Welt hat seinen Malern so viel zu verdanken. Als in der Île-de-France der heitere, mit dem Leben versöhnende Impressionismus geboren wurde, schuf Jan Matejko im polnischen Piemont, in Krakau, seine monumentalen, patriotischen Geschichtsgemälde über wichtige – triumphale oder bittere – Augenblicke der Vergangenheit, wodurch er das Nationalbewußtsein weckte und stärkte.

Kein anderes Volk der Welt hat seinem Theater so viel zu verdanken wie die Polen. Als man in Paris, London und Rom ins Theater ging, um einen netten Abend zu verbringen, um sich sehen zu lassen und sich mit Bekannten zu treffen, ging man in Warschau, Krakau und Lemberg ins Theater, um an einem nationalen Mysterium teilzunehmen und um mit der polnischen Vorbestimmung, mit dem Platz der Polen auf Erden, zu ringen – so, wie in der „Totenfeier" von Mickiewicz oder der „Hochzeit" von Wyspiański. Vielleicht ist eben daher die Ansicht verbreitet, daß Literatur, Theater und Kunst dieses Volkes für Ausländer nur schwer oder gar überhaupt nicht zu verstehen sind. Schwierig sind sie gewiß – so, wie die Geschichte und das Schicksal Polens. Unverständlich aber werden sie nur dann, wenn man versucht, sie losgelöst von dieser Geschichte und diesem Schicksal kennenzulernen. Was hilft's, die Mazurkas Chopins kann man sich am Ende auch als Tanzmelodien anhören, nur wird man dann eben nichts davon verstehen.

Es stimmt, daß es Bereiche der Kultur von weitaus universellerem Charakter gibt, so die russische Literatur, die französische Malerei oder die englische Dichtkunst – aber es gibt keine andere Kultur, Literatur oder Kunst in der Welt, die ihrem Volke besser geholfen hätte, seine Eigenständigkeit zu wahren, und die tatkräftiger dazu beigetragen hätte, es vor dem geistigen Tode zu erretten.

Dadurch wurden der Wiederaufbau des polnischen Staates nach dem Ersten Weltkrieg und das Zusammenführen der Bewohner der drei Teilungsgebiete zu einem einheitlichen Volk nicht nur ermöglicht, sondern es führte auch zum Phänomen des polnischen Untergrundstaates während der schwersten Belastungsprobe in der Geschichte Polens, d.h. während der „vierten Teilung" im Jahre 1939.

Zum zweiten Mal hörte das polnische Staatswesen auf zu bestehen. Das Volk hatte wiederum weder seine Ämter noch seine Armee noch sein Gerichtswesen. Alle kulturellen Einrichtungen, ja selbst alle Erscheinungsformen eines kulturellen Lebens waren von den Besatzern verboten. Die Polen durften Chopin weder spielen noch hören. Auf Beteiligung am kulturellen Leben stand die Todesstrafe. Damals haben wir Polen den Preis unserer Nationalkultur kennengelernt, es war der Preis des Lebens.

Die Besatzer schafften das allgemeinbildende Ober- und Hochschulwesen vollkommen ab, und aus den Lehrplänen der Grundschule strichen sie den Unterricht in Geschichte, Geographie und polnischer Literatur. Das war ein Versuch, die Kinder und Jugendlichen von den Quellen der Nationalkultur abzuschneiden, von den Wurzeln also, aus denen das Nationalbewußtsein und das Gefühl der nationalen Eigenständigkeit erwachsen.

Doch damals erwies sich, daß die kurzen zwanzig Jahre der Unabhängigkeit und der staatlichen Existenz in der Zeit zwischen den beiden Weltkriegen genügt hatten, um anstelle des mit Gewalt unterdrückten Staates einen neuen zu schaffen, der von keiner Gewalt bezwungen werden konnte – den polnischen Untergrundstaat.

Es entstand die Landesarmee AK, im Untergrund wirkende bewaffnete Streitkräfte, es entstanden ein geheimes Gerichts- und regionales Verwaltungswesen sowie ein einmalig in der Geschichte dastehendes geheimes Unterrichtswesen, das alle Stufen des Bildungswesens umfaßte – vom Grundschulunterricht bis hin zu Vorlesungen und Hochschulprüfungen. Für diese Aktion druckten illegale Druckereien Lehrbücher und schulisches Anschauungsmaterial. Bis auf den heutigen Tag kann man in vielen polnischen Häusern noch bewundernswert gut herausgegebenen, aus guten Lettern gesetzten und auf gutem Papier gedruckten Bändchen mit Dichtungen aus der Besatzungszeit begegnen, die wie der kostbarste Schatz gehütet werden. Auch dieses Mal bewahrten die polnische Volksbildung, Kultur und Literatur das Volk davor, seinen Widerstandsgeist und seine Hoffnung zu verlieren.

Die vom Krieg durchpflügte Landschaft Polens war übersät mit Ruinen, Brandstätten, Gräbern und Stätten der nationalen Trauer, für die Auschwitz und Katyn zum Symbol geworden sind. Polen hatte nicht nur seine Hauptstadt verloren, die beim letzten polnischen Aufstand als Brandopfer in Asche verwandelt worden war, sondern auch zwei große Städte, ohne die man sich weder die polnische Geschichte noch die Errungenschaften der polnischen Wissenschaft, Kultur und Kunst vorstellen kann – Wilna und Lemberg.

Doch angesichts geschichtlicher Entscheidungen, die immer noch auf ihre Einschätzung warten, stand das Volk vor einer neuen, tödlichen Belastungsprobe – der durch Jalta und Potsdam erzwungenen Aufteilung der Welt, in deren Ergebnis sich Polen auf der unerwünschten Seite des eisernen Vorhangs befand.

An dieser Stelle erlauben es weder Zeit noch Platz, eingehender jenen außergewöhnlich komplizierten Prozeß zu besprechen, den die langwierige, aber unablässige Befreiung der polnischen Bevölkerung von den Fesseln der ihr aufgezwungenen Gesellschaftsordnung im Laufe der letzten 45 Jahre darstellt. Bleiben wir also erneut bei ein paar Hauptmerkmalen, die für das Bild des zeitgenössischen Polens und seine

Position in der Geschichte am wichtigsten sein dürften. Ein aufmerksamer Beobachter erkennt unschwer, daß Nachkriegspolen keineswegs zufällig das erste Land war, das die Umwälzungen in ganz Osteuropa eingeleitet hat, und daß es das Joch des Kommunismus als erstes abgeworfen hat. Polen unterschied sich nämlich hinsichtlich der wichtigsten ideologisch-politischen Grundsätze vom gesamten sozialistischen Lager. Nur in Polen gab es privaten Grundbesitz, und noch dazu in entscheidendem Maße – über 80 Prozent des Grund und Bodens befanden sich in den Händen privater Bauernhöfe. Und nur in Polen gab es seit alters her eine mächtige, unzerstörbare Kraft – die katholische Kirche, die sowohl auf dem privaten Grundbesitz als auch auf der nach Freiheit und Unabhängigkeit strebenden Rolle basiert, die die Kirche in der gesamten Geschichte Polens gespielt hat. Und schließlich gab es nur in Polen eine zahlreiche, aufgeklärte, sich ihrer Mission und ihrer Verantwortung für das Schicksal des Landes bewußte Intelligenz – jene anderswo unbekannte Bevölkerungsschicht, die aus dem deklassierten Adel und dem, häufig fremdstämmigen, Bürgertum hervorgegangen war, das von neureichem Verdienststreben zu uneigennütziger öffentlicher Betätigung hin tendierte; hinzu kamen die sich weiterentwickelnden Schichten der Arbeiter und Bauern, die traditionell patriotisch eingestellt waren.

Das war die Ausgangsbasis für den Kampf um die anfangs geistige und später politische Befreiung. Eine gewaltige Rolle spielte bei diesem Kampf erneut die Kultur, verstanden sowohl als nationales Erbe als auch als zeitgenössisches schöpferisches Potential.

Die Ende der vierziger Jahre von Partei und Regierung eingeleitete, von A. Shdanow inspirierte Offensive des Sozrealismus in Literatur und Kunst endete mit einem totalen Fiasko. Mitte der fünfziger Jahre tauchten die ersten Filme der „polnischen Filmschule" von A. Wajda und A. Munk und die ersten Erzählungen von M. Hłasko und S. Mrożek auf, die eine Wende ankündigten. Es begann ein hartnäckiger Kampf um die Autonomie von Kultur und Kunst, um ihre Befreiung von Zensur und „Kulturpolitik". Aufsehenerregende Manifestationen in Kultur und Kunst begleiteten alle umwälzenden politischen Ereignisse – im Oktober 1956, im März 1968 und im Juni 1976. Es ist die Ansicht aufgekommen, daß Kultur und Kunst die einzigen polnischen Exportartikel sind, die nicht beanstandet oder zurückgewiesen werden. Und auch, daß alles, was polnische Künstler in der Welt berühmt gemacht hat, entweder im Widerspruch zur oder trotz der Politik von Partei und Regierung entstanden ist. Darin steckt viel bittere Wahrheit. Witkacy, Gombrowicz, Mrożek, Miłosz, Herbert, Kantor – sie alle waren gewiß keine Herzenskinder des Regimes. Es kam sogar vor, daß die polnischen Behörden in Schweden intervenierten, um die Verleihung des Nobelpreises an einen polnischen Schriftsteller zu vereiteln, der politisch nicht gern gesehen war.

Im ersten, noch verhältnismäßig ungehinderten Nachkriegszeitraum wurden gewaltige Anstrengungen unternommen, um die Warschauer und die Danziger Altstadt wiederaufzubauen, doch im Laufe der Jahre sträubten sich die Behörden immer mehr gegen das nachdrückliche Verlangen der Bevölkerung, das Warschauer Königsschloß wiederaufzubauen. Dafür gerieten die Baudenkmäler des uralten Kra-

kau in Gefahr, weil man vor den Toren der Stadt das die Luft verpestende Hütten-
kombinat Nowa Huta errichtete. Selbst die Architektur wurde zum Schlachtfeld. Es
war ständig derselbe Kampf um nationale Eigenständigkeit.

Heute, da Polen befreit ist und das Volk seinen Willen in demokratischen Formen
bekunden kann, fällt auf die häufig bei Umfragen gestellte Frage, was wir Polen uns
am meisten wünschen, die überraschende Antwort: „In einem normalen Land leben!" Diese Äußerung offenbart Sehnsucht nach Ruhe und Stabilität ohne Sorgen
um die Zukunft; sie verrät den Wunsch, das Königsschloß als schönes Bauwerk be-
wundern zu können, nicht aber als Symbol des Todes und der Wiederauferstehung.

Betrachten wir also mit gütigem Blick dieses Land zwischen Ostsee und Karpaten,
zwischen Oder und Bug! Dem Anschein nach grau, eben und unscheinbar und doch so
anders als die ringsum liegenden Gegenden, ist es irgendwie anheimelnd und eigen;
tief verborgen hält es seine Schätze, die es wert sind, daß man sich nach ihnen bückt.

Dieses Land bewohnt ein freundschaftlich gesinntes und wegen seiner Gastlich-
keit berühmtes Volk, vielleicht nicht sonderlich fleißig und sparsam, doch mit reicher Phantasie und einer Vorliebe für Künste jedweder Art bedacht. Kein anderes
Land der Welt hat so viele Kunsthochschulen aufzuweisen, und nur selten ist die
Volkskunst anderswo ebenso lebendig und echt. Ein angeborener Mangel an organi-
satorischer Disziplin wird durch guten Willen wettgemacht, durch weitverbreitete
Hilfsbereitschaft und durch ein Lächeln. Das polnische „Irgendwie wird es schon
weitergehen!" hat sich schon so manches Mal bewährt und tut das – wenn nötig –
auch weiterhin.

Die Gegend um die Hauptstadt herum ist flach und eben, durchzogen von den
Spalieren der Pappelalleen der Weichselniederung und besät mit kleinen Kieferngö-
hölzen. So, wie bei Horaz: „Quo pinus ingens albaque populus..." (Wo die Kiefer
hoch und weiß die Pappel...) Bis an die Weichsel reichen die letzten rötlich schim-
mernden Werke der Backsteingotik in Osteuropa. Am andern Ufer des Flusses ste-
hen die am weitesten nach Westen vorgeschobenen Holzbauten kleiner russisch-
orthodoxer Kirchen mit ihren Kuppeln. Im Frühjahr entdeckt man auf den Bauern-
höfen Storchennester; und wehe dem Hause, wenn eines dieser Nester leer bleibt.
Wie bei Norwid:

„Nach diesem Land, wo es ein schweres Vergehen ist,
  ein Storchennest auf dem Birnbaum zu zerstören,
  denn sie dienen allen...
  sehne ich mich sehr, o Herr!"

Die Weichsel fließt hier weit ausladend, gemächlich und ungehindert dahin; und
über dem Fluß wölbt sich der Himmel, allgewaltig und hoch. An den Feldwegen
Weiden, die typischen Bäume Polens.

Józef Piłsudski pflegte zu sagen, Polen sei wie ein Kranzkuchen – Das Schönste ist
das Drum und Dran. Die Bewohner von Schlesien, des Raums Poznań, der Ostseeküste, der Umgebung von Suwałki, des Waldgebiets Podlasie, der Sanniederung und
des Karpatenvorlands muß man nicht erst überzeugen, daß es wirklich so ist. Die
Ostsee ist vielleicht grau und kalt, aber an ihrem Strand findet man den weißesten und

feinsten Sand, und die Sonnenuntergänge sind nirgends sonst so schön. Die Masuren, ein Land der Wälder und Seen, und der benachbarte Raum Suwałki sind denkmalswürdige Oasen der unberührten Natur, fast gar nicht befallen von der Krätze des kommerziellen Fremdenverkehrs. Manchmal gibt es dort keine Verpflegungs- oder Übernachtungsstätte, aber stets wird man auf irgendein Försterhaus im Wald oder an einem See stoßen, wo es ein unbenutztes Bett oder zumindest eine Matratze gibt und wo sich ein Teller Rote-Rüben-Suppe mit Kartoffeln findet.

Verlockend für Liebhaber der Jagd – am besten des unblutigen Jagens mit Fotoapparat oder Filmkamera – sind die Puszcza Białowieska, der letzte große Tieflandwaldkomplex Europas mit seinen Wisentherden, und die Niederungsgebiete des Flusses Biebrza, ein Paradies für Elche und Wasservögel. Was für ein Unterschied zwischen dem wirtschaftlich bestens erschlossenen Großpolen bzw. dem mit Bergwerken und Fabriken gespickten Schlesien und diesen „östlichen Grenzgebieten", in denen sich die Völkerschaften mischen, wo aber immer noch das idyllische Bild der Vergangenheit vorherrscht! Manchmal wartet man in dieser Landschaft von Podlasie mit ihren Heiden, ihren Birken und Erlen direkt darauf, einer berittenen Abteilung der Aufständischen von 1863 zu begegnen – so wenig hat sich ringsherum verändert... Aber der Hufschlag in der Ferne rührt nur von den Pferden eines der Arabergestüte her, die weithin in der Welt berühmt sind.

Im Süden, zwischen Weichsel, San und Karpaten, liegt Kleinpolen, auch „polnisches Piemont" genannt, denn hier hat während der Fremdherrschaft das geistige und künstlerische Leben der Polen Zuflucht gefunden, und hier sind um die Unabhängigkeit kämpfende Militärorganisationen entstanden. Es ist eine Landschaft sanfter Hügel und Renaissancepaläste. Die zu den Dörfern des Vorkarpatenlandes führenden Wege werden von kleinen Kapellen mit einem Schmerzensmann bewacht, der über die Not der Góralen, der Bergbauern, klagt. Der reizvolle und heute entvölkerte Zug des Bieszczady-Gebirges war die Wiege der Weide- und Forstwirtschaft und auch der eigentümlichen Kultur der Łemken, die nach dem Krieg der Stalinschen Politik der Umsiedlung ganzer Völkerschaften in fremde Gegenden zum Opfer gefallen sind. Die Dramatik dieser Gegend beruht auf der Verbindung ihrer Naturschönheit mit den brachliegenden Flächen, die einst mit dichtbesiedelten Dörfern übersät waren, die man heute nur noch an den Reihen verwilderter Apfel- und Pflaumenbäume erkennt, die davon übriggeblieben sind. Weiter nach Westen hin erstreckt sich das Tatravorland Podhale, mit seinen Flußdurchbrüchen des Dunajec und mit der Hohen Tatra vielleicht die schönste Region Polens. In den Felsen der Tatra sollen Ritter verzaubert sein, die erwachen werden, wenn das Vaterland in Not ist. Zakopane, die Hauptstadt von Podhale, hat ein ganzes Jahrhundert lang die Rolle der Winterhauptstadt Polens gespielt, und das nicht nur im Hinblick auf seine Vorzüge für Touristen und Schiläufer, es war auch der bevorzugte Aufenthaltsort von Intellektuellen, Musikern, Malern und Schriftstellern. Die kleinen hölzernen Kirchen und die Häuser der Bergbauern sowie die wohlhabenderen Anwesen, vor allem in Chochołów, sind wahre Meisterwerke dieser unvergleichlichen Zimmerleute. Hier in der Hohen Tatra beenden wir unseren Weg, denn hier liegt ganz Polen zum Greifen nahe vor uns.

Orzeł wieńczący bramę główną
Uniwersytetu Warszawskiego

The eagle over the main gates
of the University of Warsaw

Adler über der Haupteinfahrt
zur Warschauer Universität

◀ Warszawa. Panorama Starego Miasta
A panoramic view of the Old Town in Warsaw
Warschau. Panorama der Altstadt

Plac Zamkowy z Kolumną Zygmunta III
i Zamkiem Królewskim

The Castle Square, with the column to Sigismund III Vasa
and the Royal Castle

Schloßplatz mit Sigismund-III.-Säule
und Königsschloß

...ka w Zamku Królewskim,
...chwalenia Konstytucji 3 Maja

...e Senate Hall in the Royal Castle,
where the Constitution of 3rd May 1791 was passed

Senatorensaal im Königsschloß.
Hier ist die Verfassung vom 3. Mai 1791
angenommen worden.

Apartamenty zamkowe: Sala Audiencyjna, Pokój Marmurowy   ▶
Apartments in the castle: The Audience Chamber and the Marble Hall
Gemächer des Schlosses: im Audienzsaal, im Marmorzimmer

Uliczka Wąski Dunaj biegnie
od Rynku ku murom miejskim

Wąski Dunaj Street runs from
the Market Square to the city walls

Die Wąski-Dunaj-Gasse führt
vom Markt zur Stadtmauer.

Rynek Starego Miasta z zabytkowymi
kamieniczkami strony Dekerta

The Old Town Market Square and the historic
town houses on the Dekert side

Altstadtmarkt mit Patrizierhäusern
der Dekert-Seite

Ulica Świętojańska i przesmyk ku kościołowi Św. Marcina
Świętojańska Street and the narrow passage leading to St. Martin's church
Świętojańska-Straße und Durchgang zur St.-Martin-Kirche

◀ Plac Zamkowy
The Castle Square
Schloßplatz

Pałac w Wilanowie, jeden z najcenniejszych barokowych zabytków w Polsce,
zbudowany w XVII wieku jako letnia rezydencja króla Jana III

The palace at Wilanów, one of the most outstanding baroque buildings in Poland,
constructed in the 17th century as a summer residence for King John (III) Sobieski

Palast in Wilanów,
eines der wertvollsten Barockdenkmäler Polens,
errichtet im 17. Jh. als Sommerresidenz von König Johann III. Sobieski

Wilanów –

Apartament
króla Jana III Sobieskiego

Sala recepcyjna

Portret zbiorowy rodziny Sobieskich,
malarz dworski Jana III,
przełom XVII/XVIII wieku

Wilanów –

The royal apartments
of King John (III) Sobieski

The reception hall

Group portrait of the Sobieski family
by John III's court painter,
dating from the turn of the 17th
and 18th centuries

Wilanów.

Appartment
König Johann III. Sobieskis

Empfangssaal

„Familienbildnis der Sobieskis",
Hofmaler von Johann III.,
Ende des 17., Anfang des 18. Jh.

Warszawa. Łazienki Królewskie, jeden z najpiękniejszych zespołów pałacowo-parkowych w Europie,
założony w 1774 roku przez króla Sanisława Augusta jako letnia rezydencja podmiejska

The Łazienki palace and park, one of the most beautiful parks in Europe,
built in 1774 by King Stanislaus Augustus as a suburban summer residence

Warschau. Łazienki-Park, einer der schönsten Palast- und Parkkomplexe Europas,
angelegt 1774 von König Stanislaus August als vorstädtische Sommerresidenz

Belweder – klasycystyczny pałac z portykiem, siedziba prezydenta Rzeczypospolitej Polskiej
Belweder, a neo-classical porticoed palace, the residence of the President of the Republic of Poland
Belvedere, klassizistisches Palais mit Portikus. Amtssitz des Präsidenten der Republik Polen

Pomnik Fryderyka Chopina z 1904 roku w Parku Łazienkowskim
The memorial to Frédéric Chopin erected in 1904 in the Łazienki Park
Fryderyk-Chopin-Denkmal, 1904, im Łazienki-Park

Żelazowa Wola
– dwór, w którym urodził się Fryderyk Chopin

Żelazowa Wola, the manor house
where Frédéric Chopin was born

Żelazowa Wola.
Landhaus, in dem Fryderyk Chopin geboren wurde

Stylowy salon we dworze w Żelazowej Woli,
w którym odbywają się niedzielne, chopinowskie koncerty

The drawing room in the manor house at Żelazowa Wola,
furnished in period style, where Sunday concerts of Chopin's music are held

Stilvoller Salon im Gutshaus von Żelazowa Wola,
in dem sonntags Chopin-Konzerte veranstaltet werden

Równiny i wierzby Mazowsza ▶
– pejzaż mazurków Chopina

The Mazovian plains and willow trees:
the landscape of Chopin's mazurkas

Ebenen und Weiden von Masowien,
der Landschaft, aus der die Mazurkas
Chopins stammen

Łódź. Ulica Piotrkowska
– reprezentacyjna ulica miasta znana z secesyjnej architektury

Łódź. Piotrkowska Street – the main street of the city,
with its Art Nouveau architecture

Łódź. Piotrkowska-Straße,
die durch ihre Sezessionsarchitektur bekannte
Hauptstraße der Stadt

Secesyjny witraż

Art Nouveau stained glass

Farbiges Fenster im Sezessionsstil

Palmowa Niedziela w Łysem na Kurpiach
Palm Sunday at Łyse in the Kurpie region
Palmsonntag in Łyse im Land der Kurpie

Tradycyjny polski zwyczaj święcenia potraw w przeddzień Wielkiejnocy

The Polish tradition of blessing food on Holy Saturday

Einem althergebrachten polnischen Brauch nach werden am Ostersamstag die Festtagsgerichte geweiht.

Procesja Bożego Ciała w Myszyńcu na Kurpiach
Corpus Christi procession at Myszyniec in the Kurpie region
Fronleichnamsprozession in Myszyniec im Land der Kurpie

Kazimierz Dolny –
jedno z najpiękniejszych
miasteczek polskich,
położone nad Wisłą,
poprzecinane
głębokimi wąwozami

Kazimierz Dolny –
one of the most picturesque
small towns in Poland;
it lies on the Vistula river
in terrain intersected by deep gorges

Kazimierz Dolny.
Der an der Weichsel gelegene,
von tiefen Schluchten
durchzogene Ort
ist eine der schönsten
polnischen Kleinstädte.

Późnorenesansowe kamienice
Mikołaja i Krzysztofa Przybyłów

The late Renaissance town houses
of Mikołaj and Krzysztof Przybyła

Bürgerhäuser von Mikołaj
und Krzysztof Przybyła
aus der Zeit der Spätrenaissance

Św. Krzysztof – patron kamienicy

St. Christopher,
the patron saint of this mansion

Heiliger Christophorus,
Schutzpatron des Hauses

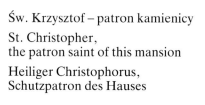

Festyn ludowy
na Rynku

A folk festival
in the town square

Volksfest
auf dem Markt

Dziewczynka
z tradycyjną bułką
w formie koguta

A little girl carrying
a traditional bread roll
shaped like a cockerel

Mädchen
mit volkstümlichem
Brötchen
in Form eines Hahns

Kazimierz Dolny. Renesansowy spichlerz nad Wisłą. Stąd od XVI wieku polskie zboże płynęło do Gdańska

A Renaissance granary by the Vistula. From here in the 16th century, Polish grain was transported to Gdańsk

Kazimierz Dolny. Renaissancespeicher an der Weichsel. Von hier aus wurde vom 16. Jh. an polnisches Getreide nach Gdańsk verschifft.

Kamienica Celejowska z początku XVII wieku
The Celej mansion, which dates from the early 17th century
Celejowski-Haus vom Anfang des 17. Jh.

Sandomierz. Panorama Starego Miasta
Sandomierz. A panoramic view of the Old Town
Sandomierz. Panorama der Altstadt

Renesansowy ratusz z oryginalnym, współczesnym zegarem słonecznym
The Renaissance town hall, with the original contemporary sundial
Renaissancerathaus mit charakteristischer zeitgenössischer Sonnenuhr

Krasiczyn. Magnacka rezydencja
rodziny Krasickich z XVII wieku

Krasiczyn. The residence
of the Krasicki family
dating from the 17th century

Krasiczyn, Stammsitz
des Magnatengeschlechts Krasicki
aus dem 17. Jh.

Baranów Sandomierski. Pałac z arkadowym dziedzińcem –
jedna z najpiękniejszych wczesnobarokowych rezydencji w Polsce

Baranów near Sandomierz. The palace, with its arcaded courtyard,
is one of the most beautiful early baroque residences in Poland

Baranów Sandomierski. Palast mit Arkadenhof,
eine der schönsten frühbarocken Residenzen Polens

Zamość.
Renesansowy ratusz na Rynku

Zamość.
The Renaissance town hall in the square

Zamość.
Renaissancerathaus auf dem Markt

Łańcut. Barokowy pałac –
rodowa rezydencja rodziny Potockich

Łańcut. The baroque palace
of the Potocki family

Łańcut. Barockpalast,
Stammsitz
des Magnatengeschlechts Potocki

Salon Narożny z rokokowym wystrojem

The corner room, decorated in rococo style

Ecksalon mit Rokokoeinrichtung

Galeria rzeźby antycznej
The gallery of classical sculpture
Galerie mit antiken Skulpturen

Biblioteka w pałacu w Łańcucie ▶
The library in the palace at Łańcut
Bibliothek im Palast von Łańcut

Bieszczady – malowniczy, dziki region górski położony w południowo-wschodniej Polsce

Bieszczady, a picturesque, wild mountain region in south-east Poland

Das Bieszczady-Gebirge ist eine malerische, unberührte Bergregion in Südostpolen.

Rezerwat skalny „Prządki" w okolicach Krosna.
Według legendy zostały zaklęte w kamienie
panny dworskie, co przędły w niedzielę

The rocky "Spinners" nature reserve in the Krosno region.
According to legend, this consists of ladies of the court
who were turned to stone for spinning on Sunday

Felsreservat „Prządki" in der Gegend von Krosno.
Einer Legende nach sind Jungfrauen vom Hof,
die am Sonntag spannen, in Steine verwandelt worden

Leżajsk.
Organy z XVII wieku należą
do najcenniejszych w Europie

Leżajsk.
The 17th century organ is
among the most splendid in Europe

Leżajsk.
Die Orgel aus dem 17. Jh.
gehört zu den wertvollsten Europas

Konie czystej krwi arabskiej w stadninie w Wygodzie koło Janowa Podlaskiego
Thoroughbred Arab horses in the stud farm at Wygoda near Janów Podlaski
Vollblutaraber des Gestüts in Wygoda bei Janów Podlaski

Białystok.
Nowo zbudowana cerkiew prawosławna

Białystok.
A newly-built Orthodox church

Białystok.
Neuerbaute russisch-orthodoxe Kirche

Uroczystości koronacji obrazu
w cerkwi Św. Mikołaja w Białymstoku

The ceremony of crowning the icon
in the Orthodox church of St. Nicholas in Białystok

Feierliche Krönung des Heiligenbildes
in der St.-Nikolaus-Kirche in Białystok

Puszcza Knyszyńska na Podlasiu

The Knyszyn forest in the Podlasie region

Im Waldesdickicht Puszcza Knyszyńska in Podlasie

Puszcza Białowieska – największe skupisko żubrów w Europie

The Białowieża forest, with the greatest number of bison in Europe

Im Waldgebiet Puszcza Białowieska mit den größten Wisentherden Europas

Suwalszczyzna – kraina
jezior i lasów
w północno-wschod-
niej Polsce

The lakes and
forests of the
Suwałki region in
north-east Poland

Die Gegend
um Suwałki
ist eine malerische
Wald- und
Seenlandschaft
Nordostpolens

Jezioro Wigry.
W głębi, na Półwyspie
Klasztornym
barokowy kościół
i domki pustelników

Lake Wigry:
the baroque church and
hermitages
on the monastery
peninsula

See Wigry.
Auf der Klosterhalbinsel
eine barocke Kirche
und Einsiedlerhäuschen

Litwinki
w strojach narodowych
z okolic Puńska

Lithuanian women
from near Puńsk
in national dress

Junge Litauerinnen
aus der Umgebung von Puńsk
in ihrer Volkstracht

Czarna Hańcza – szlak spływów kajakowych

The Czarna Hańcza, a canoeing route

Der Fluß Czarna Hańcza,
eine beliebte Wasserwanderroute

Sarny i jelenie
Deer and roe deer
Rehe und Hirsche

Gniazdo bociana
A stork's nest
Storchennest

Rezerwat konika polskiego w Popielnie
The reserve where miniature Polish horses are bred
Reservat für eine Kreuzung von Haus- und Waldpferd in Popielno

Bagna Biebrzańskie
– jedna z nielicznych wielkich oaz nieskażonej przyrody w Europie

The Biebrza marshes
– one of the few great oases of virgin natural territory in Europe

Die Sümpfe am Biebrza
sind eine der wenigen großen Oasen einer unberührten Natur in ganz Europa.

Sowa błotna – rzadki ptak drapieżny
The mud owl: a rare bird of prey
Die Sumpfohreule ist ein seltener Raubvogel.

W rozlewisku Biebrzy koło wsi Sambory

Near the village of Sambory
by the Biebrza river

In den Niederungen am Biebrza
unweit des Dorfes Sambory

Nad jeziorem Dłużek
On Lake Dłużek
Am See Dłużek

Harcerskie obozowisko na Mazurach
A scout camp in Masuria
Pfadfinder in den Masuren

Port jachtowy w Mikołajkach
The yacht port at Mikołajki
Im Jachthafen von Mikołajki

Żeglarze na jeziorze Kisajno
Sailing on Lake Kisajno
Segelboote auf dem See Kisajno

Zamek krzyżacki w Rynie
The Teutonic Knights' castle at Ryn
Ordensburg in Ryn

Gotycki ratusz z XIV wieku w Ornecie
14th century Gothic town hall at Orneta
Gotisches Rathaus
aus dem 14. Jh. in Orneta

Wieża gotyckiego zamku
w Olsztynie z XV wieku
The tower of the 15th century
Gothic castle in Olsztyn
Gotischer Burgturm
aus dem 15. Jh. in Olsztyn

The four seasons of the year in Masuria

Cztery pory roku na Mazurach

Barokowy kościół
na Pojezierzu Mazurskim – Święta Lipka –
w świątyni drzewo lipowe
ze srebrną figurką Matki Boskiej

A baroque church at Święta Lipka in the Masurian
Lake District.
The church contains
a lime tree with a silver figure of the Virgin

Barockkirche Święta Lipka
in den Masurischen Seen.
Im Gotteshaus ein Lindenbaum
mit silberner Muttergottesfigur

Die vier Jahreszeiten in den Masuren

Krużganki
w średniowiecznym zamku
biskupów warmińskich
w Lidzbarku z XV wieku

Cloisters
in the 15th century castle
of the bishops
of Warmia at Lidzbark

Kreuzgang
der mittelalterlichen Burg (15. Jh.)
der ermländischen Bischöfe
in Lidzbark Warmiński

◄ Jezioro Salęt w okolicy Mrągowa   Na pastwisku
Lake Salęt, near Mrągowo   In the fields
See Salęt in der Gegend von Mrągowo   Auf der Weide

Mazurska wieś Zyndaki
The village of Zyndaki in Masuria
Das masurische Dorf Zyndaki

Jezioro Narty w okolicy Szczytna   ▶
Lake Narty near Szczytno
See Narty in der Gegend von Szczytno

Frombork. Wieża Kopernika z XIV wieku, w narożniku,
służyła uczonemu za mieszkanie;
tu napisał *De revolutionibus orbium coelestium*

Frombork. The 14th century Tower of Copernicus, at the corner,
served as a home for the astronomer
and it was here that he wrote *De revolutionibus orbium coelestium*

Frombork. Der Copernicus-Eckturm aus dem 14. Jh.
hat dem berühmten Astronomen als Wohnung gedient.
Hier hat er sein bahnbrechendes Werk
„De revolutionibus orbium coelestium" geschrieben.

Frombork. Gotycka katedra
i mury obronne z XIV wieku

Frombork. The Gothic cathedral
and defence walls dating from the 14th century

Frombork. Gotischer Dom
und Wehrmauern aus dem 14. Jh.

Toruń. Panorama Starego Miasta
Toruń. A panoramic view of the Old Town
Toruń. Panorama der Altstadt

Gotycki ratusz z XIV wieku
The 14th century Gothic town hall
Gotisches Rathaus aus dem 14. Jh.

Widok z Bramy Żeglarskiej
na Pałac Biskupi i kościół Św. Jana
A view of the Bishops' Palace
and the church of St. John from the Sailors' Gate
Blick vom Seglertor
auf den Bischofspalast und die Kirche St. Johann

Rokokowa elewacja Pałacu Biskupiego
The rococo façade of the Bishops' Palace
Rokokofassade des Bischofspalastes

Chrzcielnica w kościele Św. Jana w Toruniu,
w której w 1473 roku ochrzczony był Mikołaj Kopernik

The font in St. John's church in Toruń,
where Nicolaus Copernicus was baptised in 1473

Taufbecken in der Thorner Kirche St. Johann,
in der 1473 Nicolaus Copernicus getauft worden ist

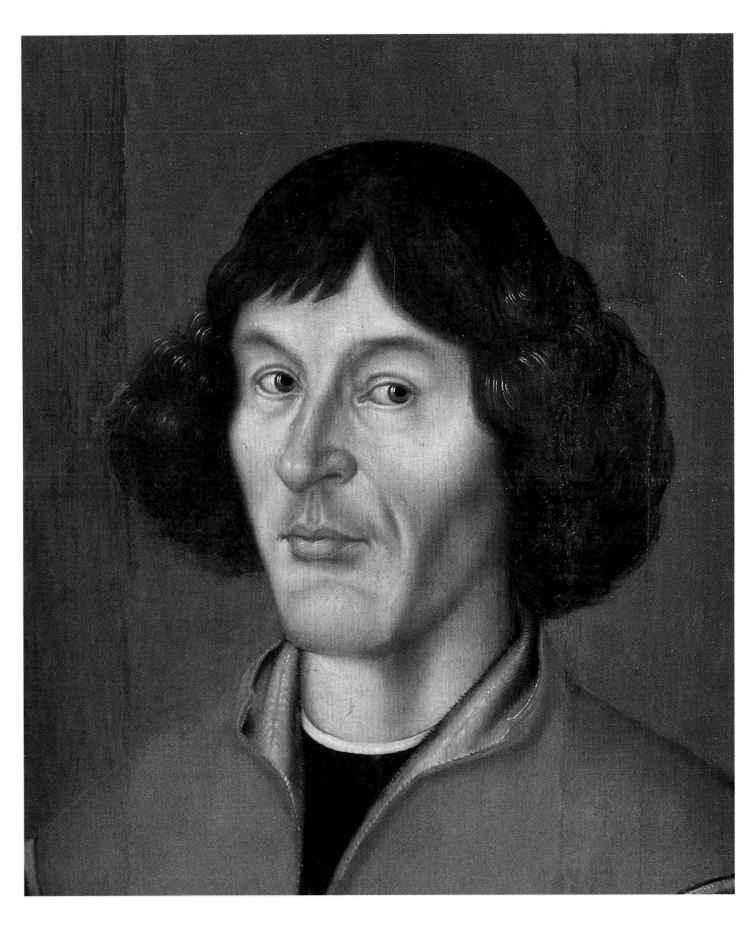

Portret Mikołaja Kopernika

A portrait of Nicolaus Copernicus

Nicolaus Copernicus

Renesansowy pałac królewny szwedzkiej Anny Wazówny ▶
w Golubiu-Dobrzyniu, miejsce dorocznych turniejów rycerskich

The Renaissance palace of the Swedish princess, Anna Vasa,
in Golub-Dobrzyń, where annual knightly tournaments are held

Renaissancepalast der schwedischen Prinzessin Anna
aus dem Hause Wasa in Golub-Dobrzyń.
Hier werden alljährlich Ritterturniere veranstaltet.

Żuławy – żyzna
i piękna kraina
położona jest
poniżej poziomu morza

Żuławy: a beautiful
and fertile area
which lies below
sea level

Żuławy,
das Danziger Werder,
ist eine schöne,
fruchtbare,
unter dem Meeresspiegel
gelegene Gegend.

Przez Żuławy Wisła
zmierza wprost ku morzu

The Vistula runs straight
to the sea through Żuławy

Durch das Werder fließt
die Weichsel gradewegs
zum Meer.

Średniowieczna twierdza
krzyżacka w Malborku,
zespół zamków i fortyfikacji,
niegdyś siedziba
wielkiego mistrza

The mediaeval fortress
of the Teutonic Knights at Malbork;
this castle and fortified outbuildings
were once the seat
of the Grand Master of the Order

Die mittelalterliche Festung
des Deutschen Ordens in Malbork,
die Marienburg, ein riesiger Komplex
von Burgen und Befestigungsanlagen,
war einst der Amtssitz des Hochmeisters.

Pojezierze Kaszubskie　▶
– jezioro Brodno koło Kartuz

The Kashubian Lake District
– Lake Brodno, near Kartuzy

Kaschubische Seenplatte.
Der See Brodno bei Kartuzy

Pejzaże Pojezierza Kaszubskiego
Landscapes in the Kashubian lake district
Landschaftsbilder der Kaschubischen Seenplatte

Nad jeziorem Raduńskim
On the shores of Lake Raduńskie
Am See Raduńskie Jezioro

Gdańsk. Ulica Długi Targ z wieżą ratuszową
Gdańsk. Długi Targ Street, with the Town Hall tower
Gdańsk. Langer Markt mit dem Turm des rechtstädtischen Rathauses

Barokowa fontanna z Neptunem
The baroque fountain representing Neptune
Barocker Neptunsbrunnen

Charakterystyczny portyk patrycjuszowskiej kamienicy z XVII wieku
The characteristic portico of a 17th century patrician town house
Charakteristischer Portikus eines Patrizierhauses aus dem 17. Jh.

Dwór Artusa z XVII wieku – niegdyś miejsce obrad patrycjatu gdańskiego
The 17th century Artus mansion, where the Gdańsk patricians once congregated
Der Artushof aus dem 17. Jh., einst Beratungsstätte des Danziger Patriziats

Sala Czerwona
– jedno z reprezentacyjnych
wnętrz staromiejskiego Ratusza

The Red Hall,
one of the reception rooms
of the Town Hall

Roter Saal, einer
der repräsentativsten Räume
des rechtstädtischen Rathauses

Gdańsk.
Staromiejski bulwar
i port pasażerski
nad Motławą

Gdańsk.
The Old Town boulevard
and passenger port
on the Motława river

Gdańsk.
Altstadtboulevard
und Fahrgasthafen
an der Mottlau

Gdańsk –
Stare Miasto z lotu ptaka

Gdańsk.
The Old Town from the air

Gdańsk.
Die Altstadt
aus der Vogelschau

Katedra w Oliwie
znana z koncertów organowych

The cathedral at Oliwa,
which is renowned
for concerts of organ music

Dom zu Oliva,
bekannt durch
seine Orgelkonzerte

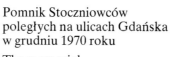

Pomnik Stoczniowców
poległych na ulicach Gdańska
w grudniu 1970 roku

The memorial
to the shipyard workers
who were killed
in the streets of Gdańsk
in December 1970

Denkmal zu Ehren
der im Dezember 1970
auf den Straßen von Gdańsk
gefallenen Werftarbeiter

Pejzaż nadmorski w okolicach Łeby

Landscape of the sea shore near Łeba

Küstenlandschaft in der Gegend von Łeba

Wydmy i lotne piaski w Łebie

Sand dunes and shifting sand at Łeba

Dünen und Flugsand bei Łeba

Koszalin. Aranżacja rzeźb Władysława Hasiora

Koszalin. Sculptures by Władysław Hasior

Koszalin. Freilichtausstellung von Skulpturen Władysław Hasiors

Rezerwat buków w Parku Narodowym na wyspie Wolin
A beech arboretum in the National Park on Wolin island
Buchenreservat im Nationalpark auf der Insel Wollin

Brzeg Bałtyku na wyspie Wolin
The Baltic coast on Wolin island
Ostseeküste auf Wollin

Główny bulwar Szczecina –
Wały Chrobrego

The main boulevard in Szczecin
– Wały Chrobrego

Szczecin. Chrobry-Wälle,
der Hafenboulevard der Stadt,

Barokowa brama zwana
Bramą Hołdu Pruskiego

The baroque gate,
known as the Gate of the Prussian Homage

Barockes Tor
der preußischen Huldigung

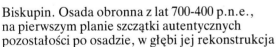

Biskupin. Osada obronna z lat 700-400 p.n.e.,
na pierwszym planie szczątki autentycznych
pozostałości po osadzie, w głębi jej rekonstrukcja

Biskupin. A fortified settlement dating from 700 – 400 B.C.
In the foreground, the authentic remains of the settlement;
in the background, a reconstruction

Biskupin. Wehrsiedlung aus den Jahren 700-400 v.u.Z.
Im Vordergrund echte Überreste der Siedlung,
im Hintergrund rekonstruierte Bauten

Katedra w Gnieźnie
– pierwszej diecezji polskiej powstałej w końcu X wieku.
W 999 roku złożono tu relikwie św. Wojciecha

The cathedral at Gniezno: the first Polish diocese,
which was founded at the end of the 10th century.
In 999 A.D., the relics of St. Adalbert were buried here

Dom zu Gniezno.
Das Erzbistum Gnesen war die erste, Ende des 10. Jh.
entstandene polnische Diözese der katholischen Kirche.
Seit 999 werden hier die Reliquien des hl. Adalbert aufbewahrt.

Drzwi spiżowe katedry gnieźnieńskiej wykonano ok. 1170 roku. Składają się z 18 scen obrazujących życie
i śmierć św. Wojciecha. Należą do najwybitniejszych dzieł metaloplastyki w Europie. Wybrane sceny pokazują:
a) Wstawiennictwo u Bolesława II Czeskiego za niewolnikami; b) Chrystus ukazujący się we śnie św. Wojciechowi

The bronze doors of Gniezno cathedral, dating from c. 1170. They show 18 scenes from the life and death of St.
Adalbert, and are among the most outstanding works of art in metal in Europe. The two selected scenes show:
a) Appealing to Boleslaus II of Bohemia on behalf of slaves; b) Christ appearing to Adalbert in a dream

Die um 1170 angefertigten Bronzetüren des Gnesener Doms setzen sich aus 18 Darstellungen von Leben
und Tod des hl. Adalbert zusammen. Die Reliefs gehören zu den hervorragendsten Werken
der romanischen Metallplastik. Die beiden abgebildeten Szenen zeigen:
a) Fürbitte für Hörige bei Boleslaus II. von Böhmen und b) Christus erscheint dem hl. Adalbert im Traum.

Poznań. Stary Rynek z pięknym renesansowym
ratuszem z poł. XVI wieku

Poznań. The Old Town Square,
with the beautiful mid-16th century town hall

Poznań.
Altstadtmarkt mit wunderschönem Renaissancerathaus
aus der Mitte des 16. Jh.

Pojezuicki, barokowy kościół farny w Poznaniu

The ex-Jesuit baroque parish church in Poznań

Poznań. Einst den Jesuiten gehörende barocke Pfarrkirche

Wielka Sień – wnętrze ratusza

The great entrance hall in the Poznań town hall

Große Eingangshalle des Rathauses

Wrocław. Gotycki ratusz oraz fragment elewacji z wykuszem

Wrocław. The Gothic town hall and a detail with an oriel

Wrocław. Gotisches Rathaus und Blick auf die Fassade mit Erker

Barokowy portal budynku Uniwersytetu Wrocławskiego

The baroque doorway to the building of the University of Wrocław

Barockportal der Breslauer Universität

Aula Leopoldina z XVIII wieku – miejsce uroczystych spotkań uniwersyteckich
The 18th century Aula Leopoldina, where university ceremonies are held
Leopoldina-Aula aus dem 18. Jh. Stätte feierlicher akademischer Zusammenkünfte

Płyta nagrobna Henryka IV Probusa
wykonana ok. 1320 roku

The grave stone of Henry IV Probus,
dating from c. 1320

Grabplatte von Henryk IV. Probus,
ausgeführt um 1320

Barokowa figura wotywna
św. Jana Nepomucena we Wrocławiu

A baroque votive figure
of St. John of Nepomuk in Wrocław

Barocke Votivfigur
des hl. Johannes von Nepomuk in Wrocław

Wambierzyce. Późnobarokowa bazylika
znana z Drogi Krzyżowej i odpustów

Wambierzyce. The late baroque basilica,
renowned for its Stations of the Cross and fairs

Wambierzyce. Spätbarocke Basilika,
bekannt durch ihre Kreuzwegstationen
und Ablaßfeste

Barokowa ambona

Baroque pulpit

Barocke Kanzel

Krzeszów. Opactwo cystersów.
Wnętrze barokowego kościoła,
jednego z najcenniejszych na Śląsku

Krzeszów. The Cistercian abbey.
The interior of the baroque church,
one of the most outstanding in Silesia

Krzeszów. Zisterzienserkloster.
In der barocken Kirche,
einer der wertvollsten Schlesiens

Krzeszów. Sarkofag księcia
świdnickiego Bolka I
w mauzoleum świątyni

Krzeszów. The sarcophagus
of the prince of Świdnica,
Boleslaus I,
in the mausoleum of the church

Krzeszów. Sarkophag
des Schweidnitzer Fürsten Bolek I.
im Mausoleum des Gotteshauses

Trzebnica. Opactwo cystersek.
Barokowy nagrobek św. Jadwigi,
patronki Śląska

Trzebnica. The Cistercian abbey.
The baroque tomb of St. Jadwiga,
the patron saint of Silesia

Trzebnica. Zisterzienserkloster.
Barockes Grabmal
der hl. Hedwig von Schlesien

Trzebnica. Wnętrze kościoła opactwa cystersek fundacji ▶
księcia Henryka I Brodatego, męża Jadwigi Śląskiej.
Opactwo powstało w 1202 roku

Trzebnica. The interior of the church of the Cistercian abbey
founded by Prince Henry I the Bearded, the husband
of Jadwiga of Silesia. The abbey was founded in 1202

Trzebnica. In der Kirche des Zisterzienserklosters, einer Stiftung
des Fürsten Heinrich I. des Bärtigen und seiner
Gemahlin Hedwig. Das Kloster ist 1202 entstanden

Książ. Zamek Hochbergów. Dawna warownia graniczna

Książ. The castle of the Hochberg family, which was at one time a fortress guarding the border

Książ. Burg der Hochbergs, ehemalige Grenzfeste

Góry Stołowe ▶

The Table Mountains

Im Bergmassiv Góry Stołowe

Zalew Otmuchowski
The Otmuchów Reservoir
Am Stausee Zalew Otmuchowski

Szklarska Poręba – ośrodek turystyczny
malowniczo położony na zboczach Doliny Kamiennej

Szklarska Poręba – a tourist centre,
picturesquely sited on the slopes of the Valley of the Stones in the Karkonosze range

Szklarska Poręba,
ein malerisch an den Hängen des Kamienna-Tals
gelegenes Fremdenverkehrszentrum

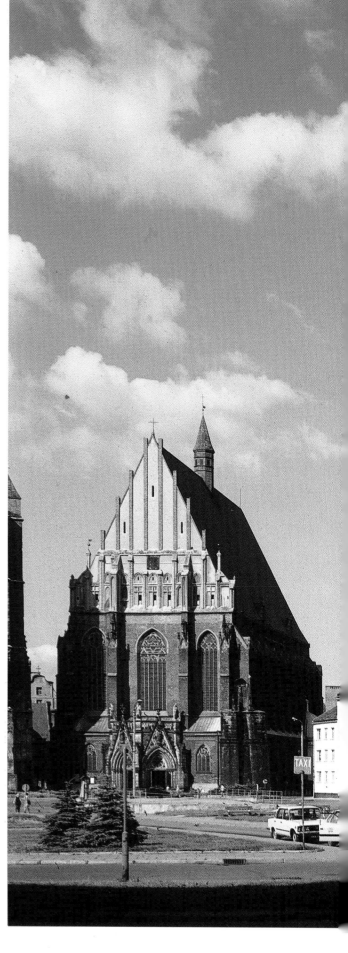

Paczków. Zabytkowe kamieniczki.
W głębi obronny gotycki kościół
z XV wieku z renesansową attyką

Paczków. Historic town houses.
In the background, the 15th century fortified
Gothic church, with a Renaissance parapet

Paczków. Alte Bürgerhäuser.
Im Hintergrund gotische Wehrkirche aus dem 15. Jh.
mit Renaissanceattika

Kłodzko. Gotycki, kamienny most
z barokowymi figurami świętych

Kłodzko. The Gothic stone bridge
with baroque figures of saints

Kłodzko. Steinerne gotische Brücke
mit barocken Heiligenfiguren

Nysa. Renesansowy Dom Wagi Miejskiej z 1604 roku,
w głębi gotycki kościół Św. Jakuba

Nysa. The Renaissance Municipal Weigh House dating from 1604;
in the background, the Gothic church of St. James

Nysa. Renaissancegebäude der städtischen Waage aus dem Jahre 1604.
Im Hintergrund die gotische Kirche St. Jakob

Brzeg. Renesansowy ratusz

Brzeg. The Renaissance town hall

Brzeg. Renaissancerathaus

Brzeg. Renesansowy dziedziniec zamkowy zbudowany w latach 1541-1560
Brzeg. The Renaissance castle courtyard built in the years 1541-60
Brzeg. Renaissanceschloßhof, erbaut 1541-1560

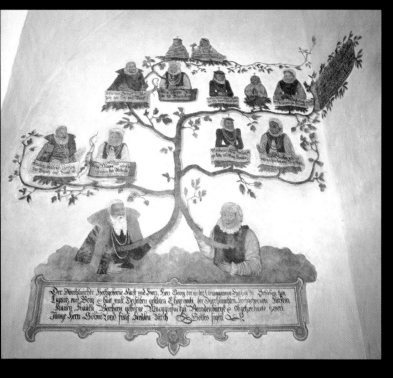

Malowidło w zamku w Brzegu
z drzewem genealogicznym Piastów brzeskich

A painting from the castle at Brzeg
showing the family tree of the Brzeg Piasts

Malerei im Schloß zu Brzeg,
Stammbaum der Brieger Piasten-Linie

Sarkofag księcia Jerzego III
dekorowany orłami piastowskimi

Sarcophagus of Prince George III,
decorated with Piast eagles

Mit Adlern verzierter Sarkophag
des Fürsten Georg III.

Brzeg. Dekoracja bramy zamkowej z kamiennymi rzeźbami
księcia brzeskiego Jerzego II i jego żony Barbary Brandenburskiej

Brzeg. The decoration of the castle gate with stone sculptures
of the Brzeg prince George II and his wife Barbara of Brandenburg

Brzeg. Verzierungen des Schloßportals, steinerne Skulpturen
des Brieger Fürstenpaares Georg II. und Barbara von Brandenburg

Podczas wizyty w Polsce Papieża Jana Pawła II
During a visit of Pope John Paul II to Poland
Während des Besuchs von Papst Johannes Paul II. in Polen

◀ Częstochowa. Klasztor oo. Paulinów w dniu spotkania
Jana Pawła II z młodzieżą świata
15 sierpnia 1991 roku

Częstochowa. The Paulite monastery on the day of the meeting between
John Paul II and the youth of the world on 15 August 1991

Częstochowa. Das Paulinerkloster Jasna Góra während der Begegnung
von Papst Johannes Paul II. mit der Jugend der Welt am 15. August 1991

Papież Jan Paweł II
Pope John Paul II
Papst Johannes Paul II.

Pielgrzymi w Częstochowie

Pilgrims
in Częstochowa

Junge Wallfahrer
in Częstochowa

Ogrodzieniec.
Ruiny obronnego zamku
Seweryna Bonera z XVI wieku

Ogrodzieniec.
The ruins of the 16th century castle
of Seweryn Boner

Ogrodzieniec. Ruine der Wehrburg
von Seweryn Boner aus dem 16. Jh.

Górnicy w paradnych strojach
Miners in their gala uniforms

Przemysłowy pejzaż Śląska
An industrial landscape in Silesia

Maczuga Herkulesa, osobliwy głaz w Pieskowej Skale

Hercules club: a strange boulder at Pieskowa Skała

Herkuleskeule, eigentümlich geformter Felszacken in Pieskowa Skała

Zamek w Pieskowej Skale z XVI wieku, jeden z najcenniejszych zabytków architektury renesansowej w Polsce
The 16th century castle at Pieskowa Skała: one of the most outstanding examples of Renaissance architecture in Poland
Schloß Pieskowa Skała, eines der wertvollsten Denkmäler der Renaissancearchitektur des 16. Jh. in Polen

Dąb „Bartek" w Górach Świętokrzyskich
jest najstarszym pomnikiem przyrody w Polsce – liczy prawie 1000 lat

The "Bartek" oak in the Holy Cross Mountains is the oldest tree in Poland
and has been growing there for almost 1000 years

Die fast 1000 Jahre alte Eiche „Bartek" im Mittelgebirge Góry Świętokrzyskie
ist das älteste Naturdenkmal Polens.

Pejzaż kielecki

A landscape in the Kielce region

In der Umgebung von Kielce

W Krakowie
z wieży kościoła Mariackiego
co godzina grany jest hejnał

Every hour a bugle call
can be heard from the tower
of the church of Our Lady in Cracow

Krakau.
Vom Turm der Marienkirche aus
wird zu jeder vollen Stunde
das Turmlied geblasen.

Rynek Starego Miasta
z renesansowymi
Sukiennicami
i gotyckim kościołem NMP

The Old Town Market Square
with the Renaissance
Cloth Hall
and Gothic church
of Our Lady

Altstadtmarkt
mit den Tuchhallen
aus der Zeit der Renaissance
und der gotischen
Marienkirche

Średniowieczne fortyfikacje
– mury obronne
i Brama Floriańska
z XIV wieku

Mediaeval fortifications:
the town walls
and the Florian Gate,
dating from the 14th century

Mittelalterliche
Befestigungsanlagen.
Stadtmauer und Florianstor
aus dem 14. Jh.

Rynek Starego Miasta.
Doroczna wystawa
szopek krakowskich

The Old Town Market Square.
The annual exhibition
of Christmas cribs

Altstadtmarkt.
Alljährlich
veranstaltete Ausstellung
Krakauer Weihnachtskrippen

Astrolabium z 1487 roku wg legendy należące
do krakowskiego profesora Marcina Bylicy z Olkusza,
na którym to przyrządzie uczył się Mikołaj Kopernik,
kiedy studiował w Krakowie

The astrolabe, dating from 1487,
which belonged to the Cracow professor,
Marcin Bylica of Olkusz;
Nicolaus Copernicus used this instrument
when he was a student in Cracow

Astrolabium aus dem Jahre 1487
des Krakauer Professors Marcin Bylica aus Olkusz.
An diesem Gerät hat Nicolaus Copernicus geübt,
als er in Krakau studierte.

Collegium Maius, dziedziniec najstarszej uczelni w Polsce,
Uniwersytetu Jagiellońskiego założonego w 1364 roku

The Collegium Maius, the courtyard of the oldest university
in Poland, the Jagiellonian University, which was founded in 1364

Collegium Maius. Auf dem Hof des ersten Gebäudes
der ältesten polnischen Hochschule,
der 1364 gegründeten Jagiellonen-Universität

Biblioteka Collegium Maius
w czasie inauguracji
nowego roku akademickiego

The library of the Collegium Maius
during the inauguration of the academic year

Feierliche Eröffnung
eines neuen Studienjahres
in der Bibliothek des Collegium Maius

Mały Rynek.
Gotycka kruchta kościoła Św. Barbary

The Little Market Square.
The Gothic porch of St. Barbara's church

Kleiner Markt.
Gotische Vorhalle der St.-Barbara-Kirche

Rynek Starego Miasta.
W głębi charakterystyczne
wieże kościoła Mariackiego

The Old Town Market Square.
In the background,
the spires of the church of Our Lady

Altstadtmarkt.
Im Hintergrund die charakteristischen Türme
der Marienkirche

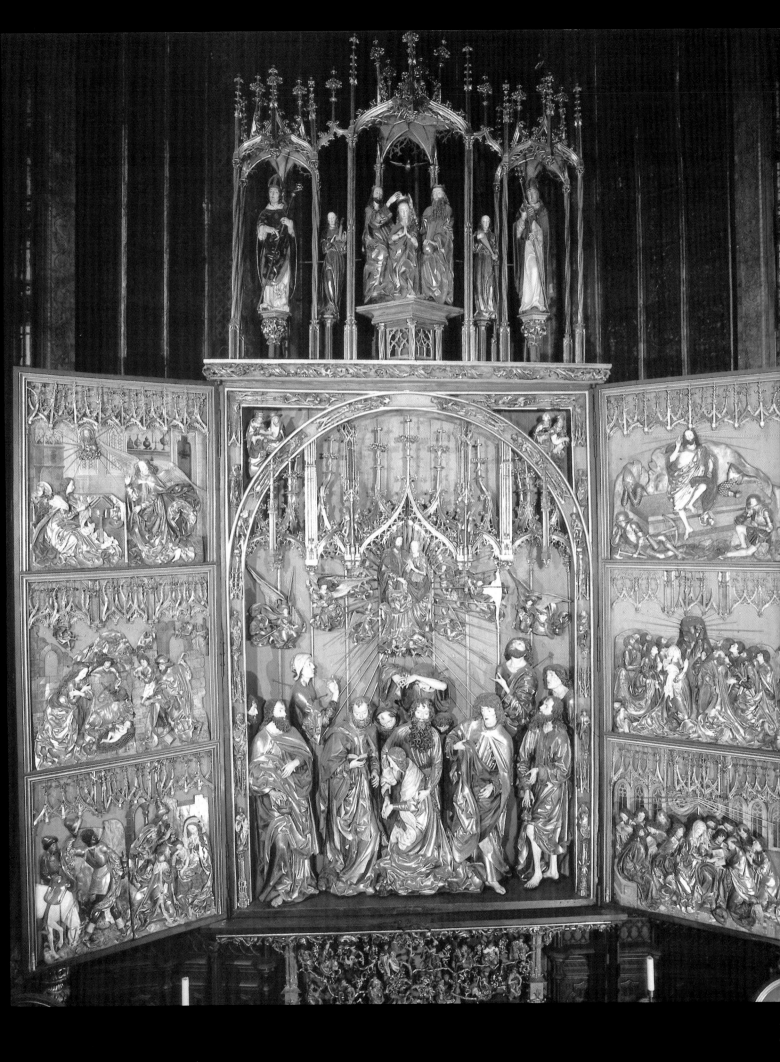

W kościele Mariackim znajduje się jeden z najcenniejszych
ołtarzy gotyckich w Europie. Powstał w Krakowie
w latach 1474-1489 w pracowni Wita Stwosza.
Rzeźbiony w drzewie lipowym, malowany i złocony.
Przedstawia życie Św. Rodziny.

The church of Our Lady boasts one of the most outstanding
Gothic altars in Europe.
It was made in Cracow in 1474-89 in the workshop of Wit Stwosz.
It is carved in limewood, painted and gilded,
and shows the life of the Holy Family.

In der Marienkirche steht einer der kostbarsten
gotischen Hochaltäre Europas,
angefertigt 1474-1489 in der Krakauer Werkstatt von Veit Stoß.
In Lindenholz geschnitzt, bemalt und vergoldet,
zeigt er Szenen aus dem Leben der Heiligen Familie.

Główna scena ołtarza –
Zaśnięcie NMP w otoczeniu Apostołów

The main scene of the altar:
The Dormition of the BVM surrounded by the Apostles

Entschlafen der Jungfrau Maria im Kreise von Aposteln,
Hauptszene des Altars

Ołtarz Mariacki. Fragment scen: *Zesłanie Ducha Św.*,
Złożenie do grobu, oraz *Koronacja NMP*

The Marian altar. Details of *The Descent of the Holy Ghost*, *The Deposition* and *The Coronation of the BVM*

Marienaltar. Ausschnitte der Szenen „Ausgießung des Heiligen Geistes", „Grablegung Christi" und
„Krönung der Jungfrau Maria"

Procesja z relikwiami św. Stanisława
odbywająca się 8 maja

Procession with the relics
of St. Stanislaus on 8 May

Prozession mit Reliquien
des hl. Stanislaus am 8. Mai

Złoty relikwiarz
na głowę św. Stanisława
wykonany przez złotnika krakowskiego
Marcina Marcińca w 1504 roku

The golden reliquary
for the head of St. Stanislaus
made by the Cracow goldsmith
Marcin Marciniec in 1504

Goldenes Reliquiar
für das Haupt des hl. Stanislaus,
angefertigt 1504 vom Krakauer
Goldschmied Marcin Marciniec

Scena *Rozsiekania zwłok męczennika*

The scene of the *Chopping up
of the Martyr's Body*

Szene der Vierteilung des Märtyrers

Wawel, wieże katedry
The towers of the Wawel cathedral
Wawel. Türme des Doms

Nagrobek króla Kazimierza Wielkiego z XIV wieku znajdujący się w katedrze
The 14th century tomb of Casimir the Great, in the cathedral
Das Grabmal König Kasimirs des Großen aus dem 14. Jh. befindet sich im Dom

Późnobarokowy sarkofag
ana Kazimierza Wazy
w krypcie królewskiej

The late baroque sarcophagus
of John Casimir Vasa
n the royal crypt

Spätbarocker Sarkophag
Johann Kasimir Wasas
n der Königskrypta

„Szczerbiec", miecz koronacyjny
królów Polski z XIII wieku

„Szczerbiec", the Jagged Sword,
the coronation sword of the
kings of Poland, dating from the 13th century

„Szczerbiec", der Schartige,
das Krönungsschwert
der polnischen Könige aus dem 13. Jh.

Królewska katedra na Wawelu
– miejsce koronacji i nekropolia królów Polski,
wspaniały zabytek architektury

The royal cathedral on Wawel hill,
the place of coronation and burial of the kings of Poland;
a splendid historic monument

Königsdom auf dem Wawel,
Krönungsstätte und Beisetzungsort der Könige von Polen,
ein herrliches Architekturdenkmal

Dzwon Zygmunta ufundowany przez
króla Zygmunta Starego w 1520 roku

The Sigismund Bell, endowed by
King Sigismund the Old in 1520

Sigismundglocke, gestiftet 1520
von König Sigismund dem Alten

Pokój w Wieży Zygmunta III Wazy, ok. 1602 roku
The room in the tower of Sigismund III Vasa, c. 1602
Zimmer im Sigismund-III.-Wasa-Turm, um 1602

Pokój pod Ptakami, ok. 1600 roku

The Birds' Room, c. 1600

Gemach zu den Vögeln, um 1600

Sala Turniejowa, renesansowa,
zwana tak od zdobiących ją fresków

The Renaissance Tournament Room,
so-called because
of the frescoes which decorate it

Turniersaal aus der Zeit der Renaissance.
Der Name bezieht sich auf
die den Saal schmückenden Fresken.

Arras z serii *Dzieje Noego*
Noe rozmawia z Bogiem (fragment).
Pochodzi z wielkiej kolekcji arrasów wawelskich zakupionych
w mieście Arras przez króla Zygmunta Augusta w poł. XVI wieku

A tapestry from the series "The History of Noah":
Noah in Conversation with God (detail). This forms part
of the great collection of tapestries at the Wawel, which were purchased
in Arras by King Sigismund Augustus in the mid-16th century

Gespräch Noahs mit Gott (Ausschnitt),
Bildteppich aus dem Zyklus „Das Leben Noahs".
Er stammt aus der großen Bildteppichsammlung des Wawels,
die König Sigismund August Mitte des 16. Jh. in Arras erworben hat.

Izba Poselska – Pod Głowami ok. 1535 roku
The Hall of the Envoys, the "Hall of Heads", c. 1535
Saal zu den Köpfen, Abgeordnetensaal, um 1535

Strop kasetonowy Izby Poselskiej zdobiony rzeźbionymi głowami
The coffered ceiling of the Hall of Envoys, decorated with sculpted heads
Mit Charakterköpfen verzierte Kassettendecke des Abgeordnetensaal

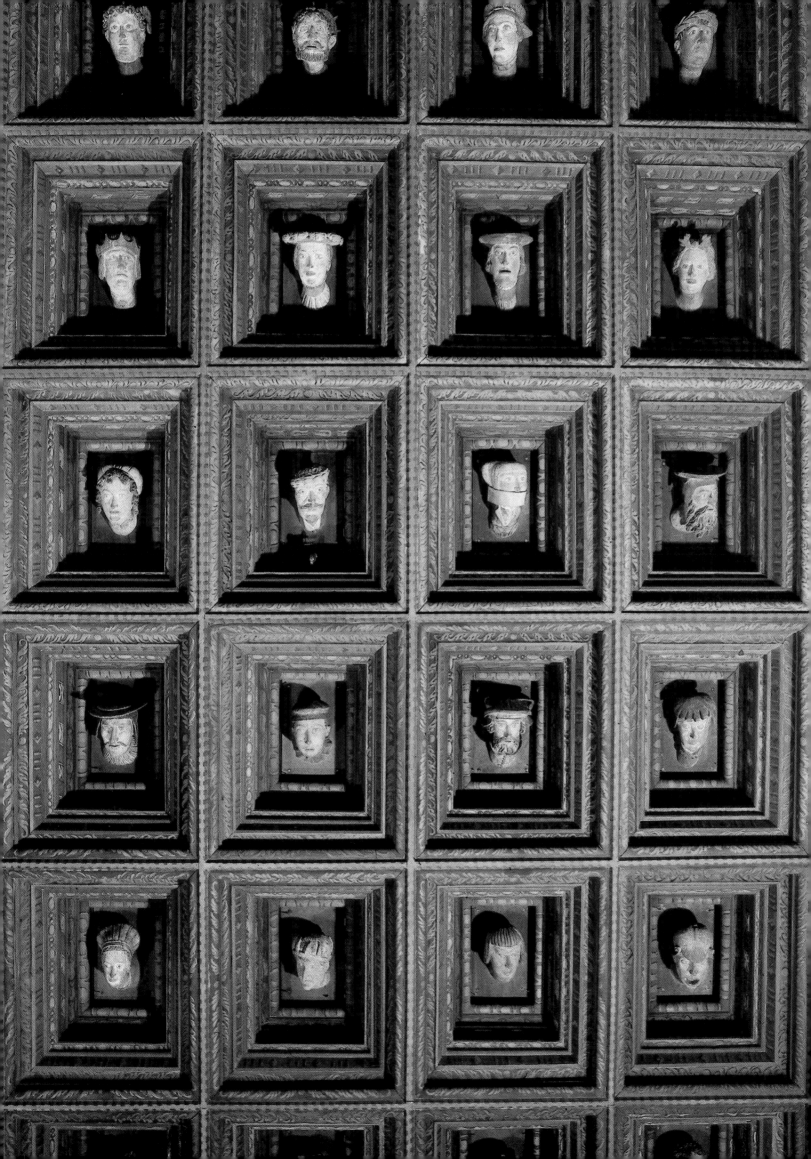

Zalipie. Podkrakowska wieś, ośrodek zdobnictwa i malarstwa ludowego

Zalipie, a village near Cracow which is a centre of folk craft and painting

Zalipie, ein nahe Krakau gelegenes Dorf, Zentrum des Kunsthandwerks und der volkstümlichen Malerei

Sromowce Niżne w Pieninach.
Początek spływu turystycznego przez przełom Dunajca

Sromowce Niżne in the Pieniny range. The beginning of a tourist raft trip down the Dunajec river

Sromowce Niżne im Pieniny-Gebirge. Hier beginnt
eine abenteuerliche Flußfahrt durch das Durchbruchstal des Dunajec.

Dębno Podhalańskie.
Drewniany, kryty gontem kościół z XV wieku
ze świetnie zachowaną we wnętrzu oryginalną, bogatą polichromią z ok. 1500 roku

Dębno Podhalańskie.
The wooden church with a shingle roof, dating from the 15th century, is in an excellent state of preservation;
the interior has the original polychromes dating from c. 1500

Dębno Podhalańskie.
Mit Schindeln gedeckte hölzerne Kirche aus dem 15. Jh.
mit guterhaltenen Malereien (um 1500)

Zakopane. Willa „Pod Jedlami" na Kozińcu,
zaprojektowana w 1896 roku
przez Stanisława Witkiewicza,
twórcę stylu zakopiańskiego

Zakopane. The "Pod Jedlami" villa at Koziniec,
designed in 1896 by Stanisław Witkiewicz,
the creator of the Żakopane style

Zakopane. Villa zu den
Tannen im Ortsteil Koziniec,
entworfen 1896 von Stanisław Witkiewicz
dem Schöpfer des Zakopane-Stils

Współczesne budownictwo podhalańskie
Contemporary architecture in the Podhale region
Zeitgenössische Bauten im Tatravorland Podhale

Górale zakopiańscy
Zakopane highlanders
Bergbauern aus Zakopane

Redyk – wyprowadzanie owiec na hale
The *Redyk*: taking the sheep up to their summer mountain pasture
Auftrieb der Schafe auf die Almen

Ludowa kapliczka przydrożna
A wayside shrine
Volkstümliches Kapellchen am Wegesrand

Giewont – tatrzański szczyt przypominający
śpiącego rycerza, popularny temat baśni góralskich

Giewont: the mountain peak that recalls a sleeping knight,
a popular theme of highland fairy tales

Giewont, Tatragipfel, dessen Form
an einen schlafenden Ritter erinnert.
Beliebtes Thema von Bergbauernmärchen

Sianokosy na Podhalu, w tle panorama Tatr ▶

Haymaking in the Podhale region,
with a panoramic view of the Tatras in the background

Mahd in Podhale,
im Hintergrund das Panorama der Hohen Tatra

Morskie Oko – lodowaty staw
w Tatrach Wysokich

Morskie Oko – an ice-cold lake
in the High Tatras

Morskie Oko (Meerauge),
eisiger Bergsee in der Hohen Tatra

Nastroje tatrzańskie
The moods of the Tatras
Tatra-Stimmung

Chroniona ozdoba Tatr – szarotka alpejska

The Alpine edelweiss,
a protected flower of the Tatras

Unter Naturschutz stehende Zier
der Tatra – Edelweiß

Czarny Staw Gąsienicowy w Tatrach Wysokich

The Black Lake in the Gąsienicowa valley
in the High Tatras

Schwarzer Bergsee
im Gąsienicowa-Tal der Hohen Tatra

Zima w Tatrach
Winter in the Tatras
Winter in der Hohen Tatra

Dolina Pięciu Stawów Polskich w Tatrach Wysokich ▶
The Valley of the Five Polish Lakes in the High Tatras
Tal der fünf polnischen Bergseen in der Hohen Tatra

Dokładnie pamiętam, że nosiłem wtedy, przed bez mała sześćdziesięciu laty, dwa wizerunki mojej Polski, i pojawiały się one pod powieką zawsze, ilekroć słowo Polska słyszałem albo wymawiałem.

Pierwszy wizerunek to była moja matka, ładna kobieta, o trochę kapryśnej twarzy, dużych, piwnych oczach, w których zawsze paliła się lampka ironii, o pięknych włosach, kunsztownie upiętych nad czołem, i uśmiechu osoby, która zna swoją wartość i z niej czerpie pewność siebie. To była moja Polska elegancka, dobrze wychowana, powiedziałbym – europejska, bo w tej Polsce zawsze były gdzieś kwiaty w kryształowych wazonach, była tam także porcelana, srebrna zastawa stołowa, stylowe meble, zapachy perfum i kawy, samochody, które pamiętam jako jakieś rozczulające i całkiem dziś komiczne ruchome prostokąty na kołach, a w samochodach ukazywali się dobrze ubrani mężczyźni, zawsze trochę onieśmieleni w obliczu tej mojej Polski, która nosiła ładne, modne suknie i paliła wąskie papierosy ze złotym ustnikiem.

A drugi wizerunek to była całkiem inna kobieta, jakaś stara Żydówka w przekrzywionej peruce na głowie, pomarszczona i chuda, którą pamiętam doskonale jak siedzi w kasie bardzo taniego kina na ulicy Długiej, gdzie się oglądało patriotyczne filmy o Matce Boskiej Ostrobramskiej, o dzielnych polskich ułanach i tchórzliwych rosyjskich artylerzystach. Pewnie ona była właścicielką tego kina, a jej mąż był tam bileterem. Królowała w okienku kasy, cała światłość wieczoru osiadła na jej twarzy, bo wszystko inne zatopione było w mroku, tylko żarówka w kasie i zielony neon nad kasą rozjaśniały świat ludzi i rzeczy, a w tym blasku niezwykłym, zmiennym, rozedrganym, stara kobieta wyglądała jakoś czarodziejsko, i to była moja Polska baśniowa, Polska tajemnicza, skarbiec wielkiej mądrości i zarazem niemal dotykalna obecność cierpienia, coś z nadziei i coś z zagłady, lęk i radość, że życie trwa, jesteśmy tam razem, ona – stara baba w peruce, co liczy brzęczące monety, i ja obok niej – chłopczyk odrobinę zalękniony, a jednak pełen męstwa, wychylony ku przyszłości, ku tej mojej Polsce tajemniczej, krwawej i strasznej, która miała dopiero nadejść dla nas obojga.

W gruncie rzeczy nigdy nie wydawała mi się heroiczna, choć przecież była w czasie wojny i okupacji naprawdę pełna heroizmu. Ale ponieważ u nas się bardzo dużo mówi o bohaterstwie, ofiarności i martyrologii, to przeszłość staje się cokolwiek wątpliwa, a w każdym razie może wywołać sceptycyzm. I odczuwam to u mojego wnuka, z którym już wcale nie rozmawiam o wojnie, bo kiedyś, gdy miał lat piętnaście, a ja przypadkiem wspomniałem jakieś okupacyjne zdarzenie, całkiem banalne zresztą i pozbawione patosu – pochwyciłem jego okrutne spojrzenie, pełne szyderstwa i niewiary. Jest to niewiara programowa, bunt pokolenia, któremu historia odmówiła szekspirowskich prób. Ci chłopcy nie zdają sobie sprawy, jak im zazdroszczę. Ale ja się jednak łapię na tym, że moja zazdrość jest reżyserowana trochę ex post, bo w gruncie rzeczy wcale nie chciałbym innego życia i innego doświadczenia, a z perspektywy dnia dzisiejszego nawet mi się podoba, że przeżyłem wojnę, obóz koncentracyjny, potem tyranię stalinowską, rozmaite meandry komunistycznej dyktatury, by wreszcie wylądować znów za drutami, w obozie dla internowanych podczas stanu wojennego.

To jest moje życie i to jest moja Polska. Wiem, że ona jest inna we mnie, niż w duszy mego syna, a także mego ojca, a także mego wnuka. W tym sensie jest szalenie bogata, może bogatszą mamy ojczyznę niż inni Europejczycy, bo to taka bardzo dziwna ojczyzna, którą się traciło i odzyskiwało, którą się przesuwało na mapie Europy jak mebel w mieszkaniu, raz na wschód, potem znów na zachód, co musiało doprowadzać do pasji sąsiadów zza ściany, którzy wprawdzie zawsze ponosili współodpowiedzialność za fakt, że Polska to był taki wędrowny, cygański wóz, ale przecież nigdy nie chcieli się do tego przyznać i dlatego z takim uporem nas właśnie obarczali odpowiedzialnością za wszelkie niepokoje w tej części świata.

Niechętnie wspominam Polskę czasu wojny, a kiedy to jednak czynię, to wówczas odzieram ją z patosu i heroizmu, przez co zresztą dopuszczam się wielkiej niesprawiedliwości i samemu sobie też krzywdę wyrządzam. Lecz chciałbym zachować w pamięci tamten czas jako jakiś dzień powszedni i całkiem zwyczajny, chciałbym pamiętać obraz warszawskiej ulicy, na której ludzie krzątają się za chlebem, niekiedy nawet zachodzą do kawiarni na ciastko i plotki, czasem nawet wybuchają wesołym śmiechem. Chciałbym pamiętać tamtą Polskę w osobliwych chwilach, kiedy wydawać się mogło, że nie ma wojny i okupacji. Wtedy także rodziły się dzieci i rodzice radowali się z tego powodu, urządzali więc chrzciny wesołe, gdzie się wbrew wszystkim przeciwnościom losu dobrze jadło, a nawet do upadłego tańczyło, także zresztą na weselach, także na urodzinach lub imieninach osób znajomych, a także całkiem bez przyczyny, bo ludzie chcieli po prostu żyć, kochać, marzyć – i w tym był największy polski heroizm owego czasu, w tym programowym proteście przeciw śmierci, która czaiła się na każdym kroku. To była wtedy Polska umierająca i spragniona życia, właśnie dlatego tak bardzo pełna jakiegoś szaleństwa, szekspirowska i molierowska jednocześnie. Była to kraina wzniosłego kiczu, skeczów na cmentarzach i Beethovena w kabarecie.

Trumna służyła tam niekiedy do transportu żywych ludzi, a martwych pakowano w papier, jak kawałki mydła.

W świecie, w którym najzwyklejsza przyzwoitość wymaga bohaterstwa, heroizm staje się rzeczą tak banalną, że nie warto go zapamiętywać.

Ale w czasie wojny pochowałem Polskę mojego dzieciństwa, która już nigdy istnieć w rzeczywistości nie będzie. I nawet ruiny tamtej Polski nie pozostały w krajobrazie, ponieważ przez wiele lat powojennych czyniono wysiłki, aby wszystko, co niegdyś było – usunąć, wymazać lub sfałszować.

Pierwszym dekretem władzy komunistycznej w Polsce był chyba dekret o zapomnieniu. Urząd cenzury był przez ponad czterdzieści lat orwellowskim ministerstwem pamięci. A mimo to – przecież się nie udało, bo tamta, dawna Polska wciąż istnieje w wyobraźni ludzi, nawet piękniejsza, bardziej zasobna i demokratyczna niż była w istocie, do tego stopnia, że jednego krytycznego słowa nie można powiedzieć na czasy przedwrześniowe, taką stały się świętością dla nowych pokoleń. I to mnie gniewem napełnia, bo oto rodzi się kolejny polski mit, nasze następne złudzenie anachroniczne, o jakiejś baśniowej ojczyźnie, co matką była dla wszystkich Polaków, i szalenie była kolorowa, a także nieopisanie demokratyczna, totalnie katolicka, oraz niezmiernie narodowa.

I ja muszę teraz wdawać się z samym sobą w polemikę, siebie samego krzywdzić, rabować sobie najcieplejsze wspomnienia dzieciństwa, aby wyjść naprzeciw historycznej prawdzie. Bo tamta Polska była wprawdzie bardzo pastelowa, ale biedna strasznie. Była mężna i ukochana, ale wielu swych obywateli traktowała jak zła macocha. Była na pewno szalenie światowa, ale także zapyziała, ciemna, brudna i dechami zabita – stokroć bardziej niż dzisiaj. Była na pewno żarliwie katolicka, lecz jednocześnie była też żydowska, prawosławna, luterańska, i kto temu dzisiaj zadaje kłam, ten nie jest ani przyjacielem Polski, ani przyjacielem prawdy.

Mamy skłonność do legend o naszej ojczyźnie i narodzie, co wydaje mi się wprawdzie piękne, ale też cokolwiek niebezpieczne. Ta skłonność dużo mówi o naszym złym losie. Bo kto miał tak mało – wszystko, co miał pragnie uczynić szczególnie cennym i godnym miłości. Rzecz bardzo ludzka, lecz czasem prowadzi do rozczarowań, nawet do śmieszności.

Z drugiej znów strony jest Polska obszarem łatwej negacji. Tu nigdy chyba nie było dobrych rządów, bo nawet rząd aniołów nie będzie się Polakom podobał. Mamy skłonność podejrzewać naszych najlepszych ludzi o najgorsze rzeczy, a ludziom najgorszym lubimy wielkodusznie wybaczać.

W gruncie rzeczy – straszny kraj. W gruncie rzeczy – cudowny kraj.

Przez ponad czterdzieści powojennych lat była Polska bytem zagadkowym i tylko człowiek głupi może dziś twierdzić, że cała historia komunistycznego państwa polskiego da się zmieścić w jednej definicji, że można ją zamknąć w ramach jednej opinii, i osądzić jednym wyrokiem. Że Polska nie była suwerenna, to jest prawda banalna, ale trzeba sobie odpowiedzieć na pytanie – w jakim stopniu była niesuwerenna, bardziej czy może jednak mniej niż na przykład NRD, Czechosłowacja albo Węgry, i czy polska niesuwerenność była dokładnie taka sama w roku 1944, 1954 1964 i 1974, na przykład, czy może jednak mamy tu do czynienia z różnymi etapami historii, których do jednego worka wrzucać po prostu nie wolno, jeśli się chce dochować wierności faktom, nie zgubić tego, co o życiu wielkiej zbiorowości decyduje, a mianowicie duchowego klimatu czasów, nade wszystko zaś uszanować losy ludzkie, te wszystkie indywidualne dramaty, sukcesy, upadki i wzloty poszczególnych Polaków, których miliony rodziły się i umierały pod władzą partii komunistycznej.

I kto wreszcie tę Polskę powojenną stworzył, kto ją urządził, zorganizował, uczynił taką, jaką jest ona dzisiaj? Słyszę od pewnego czasu opinie, że wszystko, co się w ciągu tych ponad czterdziestu powojennych lat w Polsce działo – jest dziełem komunistów i komuniści za wszystko ponoszą odpowiedzialność. Coś równie głupiego doprawdy trudno wymyślić. Więc nagle się okazuje, że to partia komunistyczna odbudowała z ruin Warszawę i dziesiątki innych polskich miast, że komuniści z pietyzmem odtworzyli zabytki dawnej architektury, przywrócili życiu zniszczone pomniki kultury narodowej, że partia zlikwidowała analfabetyzm, wykształciła miliony fachowców rozmaitych dziedzin, była tak wszechstronnie utalentowana, że napisała dziesiątki znakomitych książek, skomponowała dziesiątki znakomitych dzieł muzycznych, namalowała dziesiątki znakomitych obrazów, rozwijała polską naukę, technikę, przemysł i rolnictwo, a także uczyła dzieci, leczyła chorych, kształciła młodzież, dawała przykład patriotyzmu, pogłębiała polskie przywiązanie do wolności, umacniała polskie poczucie godności narodowej, na koniec zaś sama siebie obaliła, sama siebie przegnała z życia narodowego, a na miejsce komunistycznej dyktatury proklamowała Polskę niepodległą i demokratyczną.

Czasem słyszę taki pogląd, że cztery powojenne dziesięciolecia to jakaś dziura w historii Polski, że w gruncie rzeczy Polski w tym czasie w ogóle nie było, a to co się tutaj działo – nie liczy się w dziejach narodu, bo zostało wymyślone przez komunistów, i w istocie skierowane było przeciw polskim interesom. Mówiąc krótko – naród nie był rzekomo obecny w historii PRL-u, a wszystko, co się tu działo – działo się niejako poza narodem i wbrew narodowi.

Kiedy tak myślę o tym, co się teraz gada w naszym kraju, to nawiedzają mnie czasem smutne refleksje. Bo taka na przykład opinia o nieobecności Polaków w historii komunistycznego państwa polskiego w latach 1944-1989, jest przecież – na dobrą sprawę – świadectwem jakiejś moralnej zapaści, równie odrażającej i głupiej jak to, co przez dziesiątki lat demonstrowali tutaj komuniści. Trudno chyba o bardziej wzgardliwy stosunek do własnego narodu, a także o równie doktrynerskie podejście do historii. Ludzie, którzy taką opinię głoszą, często nie zdają sobie sprawy, że w gruncie rzeczy przekreślają w ten sposób losy milionów współobywateli, a miliony polskich biografii, pełnych cierpień, radości, upadków i wzlotów – wyrzucają symbolicznie na przemiał, jakby to była jakaś wegetacja bez wartości i bez sensu. Jest w tym brak szacunku dla własnego kraju, brak poczucia wspólnoty z własnym społeczeństwem, wreszcie brak najzwyklejszego rozsądku.

Na szczęście, nie są to opinie rozpowszechnione, choć bywają krzykliwe, a niekiedy wręcz agresywne. Myślę, że to jest także cena, jaką Polska musi płacić za demoralizację czasów komunizmu. Bolszewicki sposób myślenia i bolszewicki styl bycia są dość powszechne wśród ludzi, którzy sami siebie nazywają najżarliwszymi krzyżowcami antykomunizmu. Jest to zresztą postawa typowa dla wszystkich pojawiających się na kartach historii rycerzy ostatniej godziny. Nikt ich nie spotkał na pierwszej linii w czasach, gdy trzeba było karku za przekonania nadstawiać, a przywiązanie do Polski oznaczało, że się musi za Polskę pocierpieć. Bo przecież – wbrew dzisiejszym legendom – w opozycji nigdy nie było tłoku, i wszyscy mieli zapewnione miejsca siedzące. Ci, co byli wtedy naprawdę obecni – odnosili się z pokorą zarówno do rzeczy wielkich, przez naród dokonywanych, jak i do tego, co w narodzie naszym było niskie, złe, słabe i niegodne zapamiętania.

Kochać ten kraj – zawsze tylko jedno znaczyło. Że trzeba z Polską pozostawać w sporze. Dzisiaj znaczy to samo...

Andrzej Szczypiorski

WHAT IS POLAND REALLY LIKE?

Everyone gets the kind of Poland that he deserves.

When I was young and stupid with that cruel stupidity that results from lack of experience and is simultaneously a kind of suffering, pain caused by the fact that one has experienced so little – then my Poland was also stupid and cruel. When I became a man, I was tormented by various ambitions and aspirations which I could not fulfil, and then the world seemed too narrow, there were dangers lurking everywhere, but sometimes I was a danger to myself, because of my intellectual shortcomings, or moral turpitude, or provincial complexes, and so I suffered greatly as a result of frustration, and I constantly had the feeling that I was on a seesaw, for at the same time as I was experiencing all those wild desires of the heart, I wanted to live moderately peacefully, in some kind of stability, and at peace with myself.

And Poland was at that time just the same. She seesawed between hope and disillusionment, full of desires and aspirations which seemed so impossible to realise and yet were constantly present in future prospects, a Poland poor, and sick with a wild desire to possess, panting for clothes, for neon signs, for colour, taste, touch and smell, always in a hurry and neurotically tense, crucified by the dichotomy between her desire to be part of the wider world and her accursed backwardness, and finally constantly longing for peace and harmony, or perhaps only the illusion that peace and harmony were eventually attainable.

Today, when I am already rowing towards the farther shore, when I have become crotchety and my days are full of talk and boredom, although at the same time not entirely deprived of hope that not everything is over for me, that I still deserve something out of life, Poland is precisely in the same condition. Boring, garrulous, quarrelsome, forgetful, and at the same time, imbued with the hope that something good will at some point in the future happen to her.

Years ago, I did not ask myself what Poland represented to me. When I spoke about Poland, I usually employed banal words, although I am not criticising myself for that. My father, who was for me the model of what a man should be, and therefore also a model Pole, never really spoke about Poland at all, for Poland was a part of him, just as he was a part of Poland, and after all, the finger does not evaluate the hand, the hand does not describe the arm, nor does the arm pass judgments on the torso. For my father, speaking about Poland was probably a sign of vanity or pride, for if he were to speak about her, he would be speaking about himself.

I think that this was typical of a whole generation of Poles who were born in the last decade of the 19th century. For them, Poland, which still did not exist as a state, was an elemental force that was indissolubly bound up with their whole existence. It was something indispensable and, at the same time, obvious, just as air is indispensable for man, or water for a fish.

For my generation of Poles, things were a little different, for I was born in a free Poland, surrounded by sovereign structures of the state, which meant that Poland had become an object for investigation: you had to get used to her on an everyday basis, you had to learn her, just as everyone has to learn to live in a community. And for my generation, this made Poland an entity that was somewhat bureaucratised, for after all she was there in the school textbooks, she hung on notices in the street, and also officiated in offices, and so you had to take up some kind of attitude towards her, and either affirm or condemn her, either be proud of her, or suffer on account of her shortcomings.

And so it proved that I belonged to the first generation of Poles for a century whom fate had given not only a motherland, but also the duty of being one of her citizens. Poland was no longer an ideal entity, a utopia or dream, but a concrete reality, which the Polish mind had to approach in a spirit of enquiry, and therefore critically.

A very wise man once said that a patriot is someone who does not like his country. This is a very penetrating comment. As for me, I really don't like Poland very much, because love makes demands, it always contains suffering, is full of bitterness, various kinds of anger, disappointments, suspicions, and also uncertainties, fears and delusions, and it is therefore difficult to like this state of mind and heart: one rather avoids it, and finds it better not to think about Poland, just as we don't like to think about a woman who is dear to us and for that reason causes us so much pain.

For many years, it is as a woman that I have thought of Poland. Or, to be more precise, she is several different women, who are changeable and nothing like each other. When I was a boy I had some difficulties with that womanliness of Poland. I remember an engraving by Grottger which shows Poland wounded, in pain and drowning in tears, and it made me angry, because this grotesque motherland of Grottger's demanded everyday sympathy and sacrifices: I had to suffer along with her, protect her with my own breast – in other words, she was some kind of swooning weakness, while at the same time, her face reminded me of the well-fed and good-humoured face of the mother of a schoolfriend, although I have to admit that that lady never appeared in dishabille, she was always respectably dressed and buttoned up to the neck. This vision was to remain with me for ever, and it is a memory that is irritating and unpleasant. There is nothing that I find more unbearable in Polishness than suffering worn on the sleeve, bloody nakedness and tears of despair shed over and over again for the fate of the nation. It is undoubtedly this symbolism that gave rise to one of the fundamental truths, which is in fact in no way true at all, but a straightforward lie, that we have been condemned from birth to suffering and called to an almost holy destiny, and that we are therefore a people chosen by an order from on high. This is what gave rise to all that Polish messianism, that awful but at the same time ridiculous rubbish which grew up in the mists of the 19th century, and even today here and there raises its head, claiming that Poland enjoys a monopoly on suffering, that nobody has ever experienced such misfortune before in history, that we were bowed low in order to be raised higher, that from every drop of blood that has fallen on this martyred earth will spring forth avengers of the national wrong, in other words it is exactly there in Grottger's heroic and at the same time tearful and frightened fat woman, who hadn't even managed to get properly dressed, being so caught up in Polish eschatology, that I discern all our intellectual middle-headedness about our alleged uniqueness and illusions of grandeur, which in point of fact undermines and ridicules true Polish greatness.

It is rather funny that I was irritated by Grottger when I was a boy, since he was, whatever you might say, a great artist, whereas Poland was particularly close to my heart thanks to the symbolism of some terrible kitsch which was developing in my own imagination.

I can clearly remember that at that time, nearly sixty years ago, I carried in my heart two images of my Poland, and they appeared in my mind's cye every time that I heard or pronounced the word Poland.

The first was the image of my mother, a beautiful woman with a somewhat capricious face, large brown eyes in which there was always a note of irony, with lovely hair, tastefully pinned up from her forehead and the smile of someone who knew her own value and from this drew self-confidence. This was my elegant version of Poland: well-bred, European you might say, for in this Poland there were always flowers in cut-glass vases, there was always porcelain, silver cutlery, antique furniture, the scents of perfume and coffee, cars, which I remember as rather pathetic – and today completely idiotic – rectangles on wheels, and in the cars there were well-dressed men, always a little shy before this Poland of mine, who wore beautiful, fashionable dresses and smoked slim, gold-tipped cigarettes.

And the other vision was of a totally different woman, an old Jewess with a wig perched crookedly on her head, thin and wrinkled, whom I remember well sitting in the box-office of the very cheap cinema in Długa Street where you could see highly patriotic films about the Ostra Brama Virgin, brave Polish Uhlans and cowardly Russian artillerymen. She must have been the cinema owner, and her husband was the ticket-collector. She reigned over the box-office window, all the light of the evening fell on her face, for everything else was dimmed to dusk and only the light bulb in the box-office and a green neon light above it illuminated the world of people and things, and in this extraordinary, shifting, vibrating glow, the old woman looked enchanting – and that was my fairy-tale Poland, the mysterious Poland, the treasure house of great wisdom and at the same time the almost palpable presence of suffering, something of hope and something of extermination, fear and joy, that life goes on, that we are in it together: she, the old woman in a wig, counting the tinkling coins, and beside her, I, a little boy who was a bit frightened, but still full of courage, leaning towards the future, towards that mysterious Poland of mine which was bloody and terrible and which was still to come for both of us.

Basically, Poland never seemed heroic to me, although during the war and occupation, she was after all truly filled with heroism. But because we talk a lot about heroism in Poland, and about sacrifice and martyrdom, this past has become a little doubtful, or at any rate may give rise to scepticism. I can sense this in my grandson, with whom I no longer talk about the war at all, for once upon a time when he was fifteen, and I recalled by chance some war-time incident, which was as a matter of fact entirely banal and with no element of pathos, I caught a cruel look in his eye, a glance full of mockery and disbelief. This is a priori disbelief, the revolt of a generation which history has denied Shakespearean testing times. These boys are not aware of how much I envy them. But I sometimes catch myself editing my jealousy ex post, for in the end I would not in any way have wanted a different life or other experience, and from today's perspective I am even pleased that I lived through the war, a concentration camp, and then Stalinist tyranny, various meanderings of the communist dictatorship, in order finally to end up again behind barbed wire, this time in an internment camp under martial law. It's my life and it's my Poland. I know that Poland is different in me than in the heart of my son, or of my father, or of my grandson. In this way, she is fantastically rich, perhaps we have a richer and more varied motherland than other Europeans, for we have such a strange motherland, which was lost and regained, which was pushed about the map of Europe like furniture in a flat, sometimes in the East, then in the West again, which must have driven our neighbours mad, for although they always admittedly were co-responsible for the fact that Poland was so mobile, a gypsy caravan, they have never wanted to admit it, and it is for this reason that they have always stubbornly blamed us for all the upheavals that have taken place in this part of Europe.

I recall Poland during the war rather unwillingly, but when I do that, I strip her of pathos and heroism, and by so doing, I of course commit a great injustice, and even do harm to myself. But I would like to retain in my memory those times as completely everyday and quite normal, I would like to remember a picture of a Warsaw street in which people queue for bread, and even sometimes go into cafés for a cake and gossip, sometimes even break into happy laughter. I would like to remember that Poland on peculiar days when you might have imagined that there was no war or occupation. Then too, babies were born and parents rejoiced over them, there were happy christenings, where despite all the counter-indications, there was plenty to eat, and you could even dance until you dropped, and also of course at weddings, or birthdays or name-days of friends, or even entirely without occasion, just because people simply wanted to live, love, dream – and it was in this that you could find the greatest Polish heroism of those times, in this deliberate protest against death which was lurking at every step. Then Poland was dying but wanting to live, and for exactly that reason was filled with some kind of madness which was both Shakespearean and Molierean at the same time. It was a country of lofty kitsch, skits on cemeteries and Beethoven in cabaret. Coffins then served sometimes to transport live people, and dead bodies were packed in brown paper, like cakes of soap.

In a world where the most ordinary politeness requires heroism, heroism becomes something so banal that it's hardly worth noticing.

But during the war I buried the Poland of my childhood, and it would never exist again. Even the ruins of that Poland did not remain part of the landscape, because for much of the post-war period, every effort was made to remove, expurgate or falsify everything that had once been.

The first decree of the communist authorities in Poland was, I think, an act of oblivion. The censor's office was for forty years an Orwellian ministry of memory. But in spite of that, they didn't manage it, for that former Poland still exists in people's imagination, and is even more beautiful, richer and more democratic than it was in fact, to the extent that you can't say anything at all in criticism of the pre-1939 period, it has become such a sanctity for the succeeding generations. And this makes me very angry, for here again we see the birth of yet another Polish myth, yet another of our anachronistic delusions, about some fairy-tale motherland, which was the loving parent of all Poles, and was madly colourful, totally Catholic and fantastically Polish. Here I must enter into polemics with myself, do myself a wrong, rob myself of the warmest recollections of my childhood, in order to do justice to historical truth. For the Poland of those times was, it is true, very pretty, but she was terribly poor. She was brave and beloved, but she treated a lot of her citizens like a wicked stepmother. She was certainly tremendously worldly, but at the same time she was provincial, backward, dirty and ramshackle – a hundred times more so than today. She was also Jewish, Orthodox, Lutheran – and anyone who denies this today is no friend of Poland's and no friend to the truth.

We have a tendency to create legends about our motherland and nation which I believe is absolutely splendid, but also a little dangerous. This tendency tells us a great deal about our misfortunes. For someone who has had so little wants to make everything that he does have highly prized and lovable. This is very human, but it sometimes leads to disillusionment and even to making ourselves ridiculous.

On the other hand, Poland is a territory that it is easy to deny. I don't think that there can ever have been a good government here, because even a government of angels wouldn't please the Poles. We like to suspect our best men of the worst things, and we like generously to forgive our worst men for everything. As a matter of fact, it's a dreadful country. And as a matter of fact, it's a wonderful country.

For more than forty years post-war Poland was a riddle, and only a fool can say today that you can fit the whole history of the Polish communist state into one definition, that you can deal with the whole question in terms of one opinion, and judge it with one judgment. It has become a truism to say that Poland was not a sovereign state, but we need to answer the question of the extent to which she was not sovereign – more or perhaps less than, for example, East Germany, Czechoslovakia or Hungary, and whether, for example, Polish lack of sovereignty was exactly the same in 1944, 1954, 1965, and 1974, or whether perhaps we are dealing here with various stages of history, which cannot be simply jumbled up together under one heading if one wants to respect the facts and not lose sight of the things that determine the life of large communities, that is, the spiritual climate of the times, and above all to respect the fate of individuals, all those individual dramas, successes, failures and soaring achievements of particular Poles, of whom millions were born and millions died under the rule of the communist party.

And who, after all, created that post-war Poland, who set her up, organised her, made her what she is today? For some time I have been hearing the view that everything that happened in Poland over those forty-odd post-war years was the work of the communists, and that the communists must bear responsibility for everything. It would be difficult to think of anything more idiotic. In other words, it suddenly turns out that it was the communist party that raised Warsaw, and dozens of other Polish cities, from ruins, that it was the communists who reverently reconstructed historic buildings, restored life to our great cultural institutions, that it was the party that put an end to illiteracy, educated millions of specialists in various fields, that the party was so universally talented that it wrote dozens of excellent books, composed dozens of brilliant pieces of music, painted dozens of outstanding paintings, developed Polish academic life, technology, industry and agriculture, and also taught the children, treated the sick, educated the young people, showed a patriotic example, deepened Polish attachment to liberty, reinforced the Polish feeling of national pride, and then finally overthrew itself, drove itself out of national life, and in the place of communist dictatorship proclaimed an independent and democratic Poland.

I sometimes hear the view that the four post-war decades constitute a hole in the history of Poland, that basically Poland did not exist in this period, and what was going on here does not count in the history of the nation, because it was thought up by the communists, and was a priori directed against Polish interests. In short, the Polish nation was absent from the history of the Polish People's Republic, and everything that happened somehow took place apart from the nation and despite the nation.

When I think about what people say these days in Poland, I am sometimes overwhelmed by reflections of the saddest kind. For, to take an example, the view that Poles were absent from the history of the Polish communist state in the years 1945-89 is, when all's said and done, evidence of a kind of moral chasm, equally insulting and foolish as that which the communists put about here for decades. It would be difficult to think of a more disdainful attitude to one's own nation, or an equally doctrinaire approach to history. People who hold this view, are often unaware that in this way they are in fact nullifying millions of their fellow-citizens, millions of Polish lives, which were full of suffering, joy, successes and failures. They throw all these symbolically onto the rubbish heap, as though they were some sort of useless and senseless vegetable matter. This shows a lack of respect for one's own society, and finally, lack of the most ordinary common sense.

Fortunately, these opinions are not generally held, although they are sometimes voiced very loudly, and even aggressively. It seems to me that they are part of the price that Poland must pay for the demoralisation of the communist period. The Bolshevik way of thinking and the Bolshevik way of life are fairly widespread among people who would call themselves the most ferocious martyrs of the anti-communist cause. It is moreover the typical attitude of all those knights who have throughout history ridden to battle at the last moment. No-one ever meets them on the front line at times when you have to stick your neck out, and love of Poland means that you have to suffer for Poland. For after all, contrary to today's legend, there was never a great crowd in the opposition, it was never a case of standing room only. Those who really took part then preserved their humility towards the great things that the nation had achieved, and also towards what was really base, evil, weak, unmemorable in the nation.

To love this country has only ever meant one thing: that you have to remain in conflict with Poland. It means the same today.

Andrzej Szczypiorski

WIE IST DIES POLEN EIGENTLICH?

Jeder hat so ein Polen, wie er es verdient. Als ich jung und dumm war – krank an dieser fürchterlichen Dummheit, die aus mangelnder Erfahrung resultiert und die zugleich eine Art Leid ist, daß man so wenig Erfahrung hat – war auch mein Polen dumm und fürchterlich. Im Mannesalter quälten mich die vielfältigsten ehrgeizigen Ansprüche, aber ich konnte sie nicht verwirklichen. Die Welt kam mir damals zu eng vor, überall lauerten Gefahren. Es kam aber auch vor, daß ich mich selbst bedrohte – wegen intellektueller Leere, aus moralischer Bequemlichkeit oder aus einem provinzionellen Komplex heraus. Ich machte also viele aus Nichterfüllung resultierende Leiden durch und hatte ständig das Gefühl, ich sitze auf einer Schaukel, denn gleichzeitig wollte ich schließlich – bei allem, was mein Herz wild begehrte – einigermaßen ruhig leben, im Rahmen irgendeiner Stabilität und auch in Frieden mit mir selbst.

Und Polen war damals ebenso. Hin- und hergerissen zwischen Hoffnung und Enttäuschung, von ehrgeizigen Wünschen erfüllt, deren Verwirklichung nur wenig wahrscheinlich zu sein schien, und dennoch ständig anwesend in der Sicht der Zukunft – ein armes Polen, krank an wildem Besitzstreben, nach Luft schnappend auf der Jagd nach Konfektion, nach Leuchtreklamen, nach bunten Farben, Geschmack, Berührung und Geruch, stets in Eile und in neurotischer Anspannung, gekreuzigt zwischen seiner ersehnten weltmännischen Einstellung und seiner verfluchten Provinzialität, und schließlich unablässig nach Ruhe und Harmonie lechzend, oder zumindest nach der Illusion, daß Ruhe und Harmonie für dieses Land doch erreichbar seien.

Heute – da ich mich bereits dem Jenseits nähere, da ich griesgrämig geworden bin, da meine Tage schwatzhaft und langweilig sind, doch gleichzeitig nicht bar jeder Hoffnung, daß ich noch nicht alles hinter mir gelassen habe, daß ich noch etwas vom Leben zu erwarten habe – ist Polen ganz genauso. Langweilig, schwatzhaft, streitsüchtig, griesgrämig, nachtragend, zugleich aber von Hoffnung erfüllt, daß die Zukunft dem Land bestimmt noch etwas Gutes bringen wird.

Vor Jahren habe ich mich nicht gefragt, was Polen eigentlich für mich bedeutet. Wenn ich von Polen sprach, waren das gewöhnlich banale Worte, aber ich mache mir aus diesem Grund keinerlei Vorwürfe. Mein Vater – er war für mich das Muster eines Menschen und somit auch das Muster eines Polen – hat eigentlich nie über Polen gesprochen, denn dieses Land war ein Teil seiner selbst. Er hingegen war ein Teil Polens, und ein Finger beurteilt schließlich nicht die ganze Hand, eine Hand beschreibt nicht den Arm, und ein Arm urteilt nicht über den Körper. Über Polen zu sprechen, hätte für meinen Vater wahrscheinlich bedeutet, Dünkel und Hochmut zu beweisen, denn wenn er von Polen sprach, sprach er ganz einfach von sich selbst.

Ich denke, daß das ein kennzeichnender Charakterzug jener ganzen Generation von Polen war, die im letzten Jahrzehnt des 19. Jh. auf die Welt gekommen sind. Für sie war Polen, das damals noch nicht wieder als Staat bestand, das stärkste, mit dem ganzen Sein verbundene Element. Es war etwas Unabdingliches und zugleich etwas so Offensichtliches wie die Luft für den Menschen oder das Wasser für den Fisch.

Mit meiner Generation war es schon etwas anders, denn ich wurde im unabhängigen Polen geboren. Mich umgaben die Strukturen eines souveränen Staates, und das bedeutete, daß Polen zu einem Objekt wurde, das man kennenlernen mußte. Man mußte es sich im Alltag zu eigen machen. Man mußte es erlernen; so, wie jeder Mensch das Leben in der Gemeinschaft erlernen muß. Und dadurch wurde Polen in den Augen meiner Generation zu einem irgendwie bürokratisierten Wesen, denn es steckte schließlich in den Schulbüchern, man sah es auf Plakaten, und es regierte auch in den Amtsstuben. Man mußte also irgendwie dazu Stellung nehmen. Man konnte dieses Polen entweder bejahen oder aber verdammen. Man konnte stolz darauf sein oder wegen seiner Unzulänglichkeiten leiden.

Es hat sich also so gefügt, daß ich zur ersten Generation von Polen seit 100 Jahren gehörte, denen das Schicksal nicht nur ein Vaterland bescherte, sondern auch die Pflicht, als Staatsbürger zu diesem Vaterland Stellung zu nehmen. Polen war nun kein Idealwesen, keine Utopie, kein Wunschtraum mehr, sondern etwas Konkretes, etwas Wirkliches, zu dem der polnische Verstand erkenntnismäßig, also kritisch Stellung nehmen sollte.

Irgendein Weiser hat einmal gesagt, daß ein Patriot ein Mensch ist, der sein Land nicht mag. Das ist eine zutreffende Wahrnehmung. Was mich anbetrifft, so mag ich Polen wirklich nicht, denn Liebe stellt Anforderungen. Polen barg stets Leiden, es barg viel Bitternis, vielfältigsten Zorn, Enttäuschung und Verdacht, doch auch Unsicherheit, Furcht und Einbildung. Solche Seelenzustände lassen sich schwer lieben, man meidet sie eher. So war es also besser, nicht an Polen zu denken; so, wie man nicht an eine Frau denken mag, die einem teuer ist und einem daher so viel Schmerz zufügt.

Schon seit vielen Jahren denke ich an Polen wie eben an eine Frau. Genauer gesagt, sind es mehrere unterschiedliche, von einander abweichende, sich unähnliche Frauen. Als ich ein kleiner Junge war, hatte ich gewisse Schwierigkeiten mit dieser polnischen Weiblichkeit. Ich erinnere mich an einen Stich Grottgers, auf dem Polen als verletzte, schmerzerfüllte und von Tränen überströmte Frau dargestellt war. Und das ärgerte mich furchtbar, denn das Grottgersche Vaterland verlangte Mitgefühl und Entsagung von mir; ich sollte mit ihm zusammen leiden, es mit dem eigenen Körper schützen. Mit einem Wort: Es war eine ohnmächtige Schwäche. Indessen erinnerte mich das Gesicht der Personifikation an die wohlgenährte, vor guter Laune überschäumende Mutter eines Klassenkameraden, obwohl ich hinzufügen muß, daß sich diese Frau nie im Negligé zeigte; sie war anständig gekleidet und stets bis oben hin zugeknöpft.

Dieses Bild hat sich mir für immer eingeprägt, es ist eine traurige und verwirrende Erinnerung. Nichts ärgert mich am Polentum so sehr wie das zur Schau gestellte Leiden, wie die bluttriefende Nacktheit und die Tränen der Verzweiflung, die immer wieder von neuem um das nationale Schicksal vergossen werden. Aus dieser Symbolik soll sicher eine der fundamentalen polnischen Erkenntnisse resultieren, die übrigens nicht der Wahrheit entspricht, sondern gewöhnlicher Betrug ist – daß wir Polen nämlich zum Leiden verurteilt und zu nahezu heiligen Vorbestimmungen berufen waren, daß wir also auf höchstes Gebot Auserwählte seien. Daher rührte der ganze polnische Messianismus, dieses furchtbare und zugleich lächerliche Gefasel, das aus der Finsternis des 19. Jh. herüberhallt und auch noch heute hie und da zu vernehmen ist, jene Behauptung, daß Polen ein Monopol für das Leiden hat, daß in der ganzen Geschichte niemand anders soviel Unglück erlitten hat, daß wir erniedrigt worden sind, um erhoben zu werden, und daß aus jedem Tropfen Blut, der auf diesen Märtyrerboden gefallen ist, Rächer der nationalen Sache erwachsen werden. Mit einem Wort: Eben hier, in diesem heroischen, zugleich aber verheulten und entsetzten fetten Grottgerschen Weib, das nicht einmal Zeit gehabt hat, sich ordentlich anzuziehen, weil es vollauf mit der polnischen Eschatologie beschäftigt ist, entdecken wir das ganze gedankliche Durcheinander unserer angeblichen Außergewöhnlichkeit und jene hochtrabende Aufgeblasenheit, die die wahre Größe Polens im Grunde genommen herabwürdigt und lächerlich macht.

Es ist ziemlich komisch, daß mich im Knabenalter Grottger, immerhin ein bedeutender Künstler, verwirrt hat, während mir Polen durch die Symbolik irgendeines unglaublichen Kitsches ans Herz wuchs, der in meiner eigenen Phantasie entstand.

Ich kann mich genau erinnern, daß ich damals, vor fast 60 Jahren, zwei Bilder meines Polens in mir trug und daß sie immer dann vor meinen Augen auftauchten, wenn ich das Wort „Polen" vernahm oder aussprach.

Die erste bildhafte Vorstellung war meine Mutter, eine hübsche Frau mit etwas launischem Gesicht, mit großen dunklen Augen, in denen stets ein ironisches Lämpchen funkelte, mit wunderschönem, kunstvoll über der Stirn aufgestecktem Haar und dem Lächeln einer Person, die sich ihres Wertes bewußt ist und daraus ihr Selbstbewußtsein schöpft. Das war mein elegantes, wohlerzogenes, ich würde sagen, europäisches Polen, denn dazu gehörten immer irgendwo Blumen in Kristallvasen; es gab auch Porzellan, silberne Gedecke, Stilmöbel, den Duft von Perfums und Kaffee sowie Autos, die ich als rührende, heute ganz komisch wirkende bewegliche Rechtecke auf Rädern in Erinnerung behalten habe. Und in diesen Autos erschienen gut gekleidete Herren, die immer etwas geniert waren angesichts dieser meiner weiblichen Vorstellung von Polen, die hübsche, modische Kleider trug und dünne Zigaretten mit goldenem Mundstück rauchte.

Die zweite bildhafte Vorstellung war eine ganz andere Frau, irgendeine alte Jüdin mit verrutschter Perücke auf dem Kopf, mager, mit faltiger Haut. Ich kann mich bestens daran erinnern, wie sie an der Kasse eines sehr billigen Kinos in der Długa-Straße saß, wo man sich patriotische Filme ansah – über die Ostrobramska-Muttergottes, über tapfere polnische Ulanen und feige russische Artilleristen. Sie war sicherlich die Besitzerin des Kinos, und ihr Mann war dort Platzanweiser. Sie war die Königin der Kinokasse; der ganze Glanz des Abends überzog ihr Gesicht, denn alles andere war in Dunkel getaucht, nur die Glühbirne in der Kasse und das grüne Neonlicht darüber erhellten die Welt der Menschen und der Dinge. In diesem ungewöhnlichen, wechselhaften, flackernden Schein sah die alte Frau irgendwie verzaubert aus. Und das war mein Märchenpolen, ein geheimnisvolles Polen, eine Schatzkammer großer Weisheit und zugleich eine fast greifbare Anwesenheit des Leidens, et-

287

was Hoffnung und etwas Vernichtung, Furcht und Freude, daß das Leben währt, daß wir zusammen da sind – sie, die klimpernde Münzen zählende alte Frau in ihrer Perücke, und daneben ich, ein etwas eingeschüchterter Junge, doch muterfüllt, der Zukunft zugewandt, hin zu diesem meinem geheimnisvollen Polen, blutend und furchtbar, das für uns beide erst kommen sollte.

Im Grunde genommen ist mir Polen nie heroisch vorgekommen, obwohl es während des Krieges und der Besatzungszeit doch wahrlich von Heroismus erfüllt war. Aber weil man bei uns sehr viel von Heldentum, von Opferbereitschaft und Märtyrertum redet, erscheint die Vergangenheit irgendwie zweifelhaft. Jedenfalls kann sie Skepsis hervorrufen. Das spüre ich auch bei meinem Enkel, mit dem ich gar nicht mehr über den Krieg rede, denn irgendwann, als er 15 war und ich zufällig ein – übrigens ganz banales und keinerlei Pathos verratendes – Ereignis aus der Besatzungszeit erwähnte, bemerkte ich seinen grausamen Blick voller Hohn und Mißtrauen. Es ist ein manifestierendes Mißtrauen, die Auflehnung einer Generation, der die Geschichte shakespearische Bewährungsproben verwehrt hat. Diese jungen Burschen sind sich nicht bewußt, wie sehr ich sie beneide. Aber manchmal ertappe ich mich doch dabei, daß mein Neid im Nachhinein etwas geschauspielert ist, denn im Grunde wünsche ich mir durchaus kein anderes Leben und keine anderen Erfahrungen; und aus heutiger Sicht gefällt es mir sogar, daß ich den Krieg, das Konzentrationslager und dann die stalinistische Tyrannei, die vielfältigen Mäander der kommunistischen Diktatur, erlebt habe, um schließlich wieder hinter Stacheldraht zu landen – im Internierungslager während des Kriegszustands. Das ist mein Leben, und das ist mein Polen. Ich weiß, daß es in mir anders aussieht als in der Seele meines Sohnes und auch meines Vaters und auch meines Enkels. In diesem Sinne ist Polen wahnsinnig reich; wir haben vielleicht ein reicheres Vaterland als andere Europäer, denn es ist ein sehr seltsames Vaterland, das man verloren und wiedergewonnen hat, das auf der Landkarte Europas verschoben worden ist wie ein Möbelstück in der Wohnung, mal nach Osten, dann wieder nach Westen. Und das mußte die Nachbarn nebenan zur Weißglut bringen, jene Nachbarn, die zwar immer mitverantwortlich waren dafür, daß Polen so ein umherziehender Zigeunertreck war, die das aber nie zugeben wollten und die uns eben daher so hartnäckig für alle Unruhen in diesem Teil der Welt verantwortlich machen wollten.

Nur ungern denke ich an das Polen der Kriegszeit zurück, und wenn ich es dennoch tue, dann entkleide ich es von Pathos und Heroismus, wodurch ich mich übrigens einer großen Ungerechtigkeit schuldig mache und auch mir selbst Unrecht zufüge. Doch ich möchte jene Zeit als beliebigen Alltag, als ganz gewöhnlichen Alltag in Erinnerung behalten; ich möchte mich an das Bild der Warschauer Straßen erinnern, auf denen die Leute dem täglichen Brot nachjagten, hin und wieder sogar in ein Café gingen, um ein Stück Kuchen zu essen und zu tratschen, und manchmal gar in frohes Gelächter ausbrachen. Ich möchte mich an das Polen jener eigentümlichen Augenblicke erinnern, da man glauben konnte, es gebe keinen Krieg und keine Okkupation. Auch damals wurden Kinder geboren, und die Eltern freuten sich darüber. Sie veranstalteten also fröhliche Kindtaufen, bei denen allen Widerwärtigkeiten des Schicksals zum Trotz gut gegessen und bis zum Umfallen getanzt wurde. Ebenso war es übrigens auf Hochzeiten und bei Geburtstags- und Namenstagsfeiern von Bekannten oder auch ohne besonderen Anlaß, denn die Leute wollten ganz einfach leben, lieben, träumen... Und eben darin bestand der größte polnische Heroismus jener Zeit, in diesem programmatischen Protest gegen den Tod, der überall auf Schritt und Tritt lauerte. Polen war damals sterbend und nach Leben lechzend und eben deshalb so sehr von einem – shakespearischen und zugleich molierischen – Wahn erfaßt. Es war ein Land erhabenen Kitsches, von Sketchen auf Friedhöfen und von Beethoven im Kabarett. Ein Sarg diente damals manchmal zum Transport lebendiger Menschen, und Tote wurden wie ein Stück Seife in Papier gewickelt.

In einer Welt, in der einem gewöhnliche Anständigkeit Heldenmut abverlangt, wird Heroismus zu einer so banalen Sache, daß es nicht lohnt, sie in Erinnerung zu behalten.

Aber während des Krieges habe ich das Polen meiner Kindheit begraben, das nie mehr wirklich existieren wird. Und selbst die Ruinen jenes Polens sind nicht im Landschaftsbild verblieben, denn viele Nachkriegsjahre hindurch hat man sich bemüht, all das, was es einst gegeben hat, zu beseitigen, auszulöschen oder zu verfälschen.

Das erste Dekret der kommunistischen Behörden in Polen war sicher ein Dekret übers Vergessen. Die staatliche Zensur war über 40 Jahre lang ein orwellsches Gedächtnisministerium. Ihre Absicht ist aber trotzdem mißlungen, denn jenes alte Polen existiert nach wie vor in der Phantasie der Menschen. Es existiert sogar schöner, reicher und demokratischer, als es in Wirklichkeit gewesen ist, so sehr, daß man kein einziges kritisches Wort über die Zeiten vor dem September 1939 sagen darf, so heilig sind sie für die neuen Generationen geworden. Und das erfüllt mich mit Zorn, denn auf diese Weise wird ein weiterer polnischer Mythos geboren – unsere nächste anachronistische Selbsttäuschung von einem märchenhaften Vaterland, das zu allen Polen wie eine Mutter war und zauberhaft bunt und auch unbeschreiblich demokratisch, vollkommen katholisch und unermeßlich national.

Und ich muß mich jetzt auf eine Polemik mit mir selbst einlassen, mich selber ungerecht behandeln, mich selbst der schönsten Kindheitserinnerungen berauben, um der historischen Wahrheit gerecht zu werden. Denn jenes Polen war zwar sehr pastellfarben, doch entsetzlich arm. Es war tapfer und geliebt, doch viele seiner Bürger behandelte es wie eine böse Stiefmutter. Es war sicher überaus weltmännisch, doch zugleich auch heruntergekommen, finster, dreckig und mit Brettern vernagelt – hundertmal mehr als heute. Es war sicher inbrünstig katholisch, doch gleichzeitig war es auch jüdisch, russisch-orthodox und protestantisch; und wer das heute leugnet, ist weder ein Freund Polens noch ein Freund der Wahrheit.

Wir Polen haben eine Neigung zu Legenden über unser Vaterland und unser Volk, was mir zwar schön, aber auch irgendwie gefährlich zu sein scheint. Diese Neigung sagt viel über unser übles Geschick aus. Denn wer so wenig gehabt hat, möchte alles, was er gehabt hat, besonders wertvoll und besonders liebenswert machen. Das ist ein sehr menschliches Bemühen, aber manchmal führt es zu Enttäuschung und sogar zu Lächerlichkeit.

Andererseit ist Polen wiederum ein Terrain leichfertigen Negierens. Hier hat es wahrscheinlich nie gute Regierungen gegeben, denn selbst eine Regierung von Engeln würde den Polen nicht zusagen. Wir sind geneigt, unsere besten Leute des Schlimmsten zu verdächtigen, und wir lieben es, den schlimmsten Leuten großmütig zu vergeben.

Im Grunde genommen ein entsetzliches Land – im Grunde genommen ein wundervolles Land!

Über 40 Nachkriegsjahre hindurch war Polen ein rätselhaftes Gebilde, und nur ein Dummkopf kann heute behaupten, daß die ganze Geschichte des kommunistischen polnischen Staates in einer einzigen Definition zu erfassen ist, daß man sie im Rahmen einer einzigen Beurteilung abhandeln und durch einen einzigen Urteilsspruch einschätzen kann. Daß Polen nicht souverän war, ist eine Binsenweisheit, aber man sollte sich auch die Frage beantworten, in welchem Maße Polen nicht souverän war, ob mehr oder vielleicht doch weniger als z.B. die DDR, die Tschechoslowakei oder Ungarn. Und ob der Mangel an Souveränität z.B. 1944, 1954, 1964 und 1974 immer gleich war, oder ob man es dabei vielleicht doch mit verschiedenen geschichtlichen Etappen zu tun hat, die man nicht einfach in einen Topf werfen darf, wenn man den Fakten treu bleiben und nicht das übersehen will, was ausschlaggebend ist für das Leben eines großen Gemeinwesens, nämlich die geistige Atmosphäre der Zeit, vor allem aber, wenn man die Schicksale der Menschen achten will, all die persönlichen Dramen, Erfolge, Niederlagen und erhabenen Momente der Polen, von denen unter der kommunistischen Herrschaft Millionen geboren wurden und gestorben sind.

Und wer hat schließlich dieses Nachkriegspolen geschaffen? Wer hat es eingerichtet, organisiert und zu dem gemacht, was es heute ist? Ich höre seit einiger Zeit die Ansicht, daß alles, was im Laufe dieser über 40 Nachkriegsjahre in Polen geschehen ist, ein Werk der Kommunisten ist und daß die Kommunisten für alles verantwortlich sind. Etwas ebenso Dummes könnte man sich wahrlich nur schwer ausdenken. Plötzlich stellt sich heraus, daß die kommunistische Partei das zerstörte Warschau und Dutzende andere polnische Städte wiederaufgebaut hat, daß die Kommunisten alte Architekturdenkmäler sorgsam rekonstruiert und zerstörten Denkmälern der Nationalkultur wieder Leben eingehaucht haben, daß die Partei das Analphabetentum beseitigt und Millionen von Fachleuten der verschiedensten Bereiche ausgebildet hat, daß sie so vielseitig begabt war, daß sie Dutzende der hervorragendsten Bücher geschrieben, Dutzende ausgezeichnete Musikwerke komponiert und Dutzende erstklassige Gemälde gemalt hat, daß sie die polnische Wissenschaft, Technik, Industrie und Landwirtschaft entwickelt und auch Kinder unterrichtet, Kranke gepflegt und Jugendliche herangebildet hat, daß sie Beispiele an Patriotismus geliefert, die polnische Freiheitsliebe vertieft, das Gefühl der nationalen Würde gestärkt und sich am Ende selbst entmachtet hat, daß sie sich selber aus dem Leben des Volkes verabschiedet und anstelle der kommunistischen Diktatur das unabhängige und demokratische Polen proklamiert hat!

Manchmal höre ich die Ansicht, daß die vier Nachkriegsjahrzehnte eine Art Vakuum in der Geschichte Polens darstellen, daß es Polen in diesem Zeitraum eigentlich gar nicht gegeben hat und daß alles, was hier geschehen ist, in der Geschichte des Volkes nicht zählt, weil es von den Kommunisten erdacht und in Wahrheit gegen die Interessen der Polen gerichtet war. Kurz gesagt: Das Volk war in der Geschichte der Volksrepublik Polen angeblich nicht anwesend, und alles, was hier geschah, geschah gewissermaßen außerhalb des Volkes und im Widerspruch zum Volk.

Wenn ich so darüber nachsinne, was man jetzt in unserem Land alles redet, dann überfallen mich manchmal traurige Gedanken. Denn z.B. die Ansicht von der Abwesenheit der Polen in der Geschichte des kommunistischen polnischen Staates in den Jahren 1944–1989 ist schließlich – recht besehen – der Beweis für irgendeinen moralischen Kollaps, ebenso abscheulich und dumm wie das, was die Kommunisten hier jahrzehntelang demonstriert haben. Es würde schwerfallen, einer verächtlicheren Einstellung gegenüber dem eigenen Volk und einer ebenso doktrinären Auffassung von der Geschichte zu begegnen. Jene Leute, die diese Ansicht vertreten, sind sich oft nicht darüber klar, daß sie auf diese Weise im Grunde genommen die Geschicke von Millionen Mitbürgern zunichte machen und Millionen polnische Lebensläufe, erfüllt von Leiden und Freuden, Niederlagen und Höhenflügen, symbolisch gesehen auf den Müllhaufen werfen, als seien sie wert- und sinnlose Vegetation. Darin äußern sich mangelnde Achtung vor dem eigenen Land, mangelndes Zugehörigkeitsgefühl zur eigenen Gesellschaft und schließlich Mangel an gewöhnlichem Verstand.

Zum Glück sind diese Ansichten – obwohl lautstark und manchmal geradezu aggressiv vertreten – nicht weit verbreitet. Ich denke, daß auch das mit zum Preis gehört, den Polen für die Demoralisierung zur Zeit des Kommunismus zahlen muß. Bolschewistische Denkweise und bolschewistischer Lebensstil sind ziemlich weit verbreitet unter jenen Leuten, die sich selbst als überzeugteste Kreuzritter des Antikommunismus bezeichnen. Das ist übrigens eine Einstellung, die für alle in der Geschichte auftauchenden Ritter der letzten Stunde typisch ist. Niemand hat sie in der vordersten Linie angetroffen, als es galt, für seine Überzeugung den Nacken hinzuhalten, und als Verbundenheit mit Polen bedeutete, für Polen leiden zu müssen. Denn in der Opposition hat – allen heutigen Legenden zum Trotz – schließlich nie Gedränge geherrscht; jeder hatte einen Sitzplatz sicher. Diejenigen, die damals tatsächlich anwesend waren, haben sich sowohl den großen, vom Volk vollbrachten Dingen gegenüber als auch hinsichtlich dessen, was in unserem Volke niederträchtig, übel, schwach und der Erinnerung unwürdig war, demütig verhalten.

Dieses Land zu lieben, hat immer nur eines bedeutet – man muß mit Polen im Streit leben.

Heute bedeutet es genau dasselbe...

Fotografia obok strony tytułowej
Renesansowa okładka do książki wg legendy haftowana przez królową Polski Annę Jagiellonkę

Frontispiece
A Renaissance book cover which according to legend was embroidered by Anna Jagiellon, Queen of Poland

Frontispiz
Bucheinband aus der Zeit der Renaissance, einer Legende nach von Königin Anna Jagiełło gestickt

Redaktor: Anna Wasilkowska
Redaktor techniczny: Elżbieta Cholerzyńska
Tłumaczenie na język angielski Eileen Healey
Tłumaczenie na język niemiecki Siegfried Schmidt
© Jan Morek, fotos
© A.W. RADWAN Warszawa
   tel./fax 822-30-21

Druk: Olsztyńskie Zakłady Graficzne S.A.
ISBN 83-901007-7-0

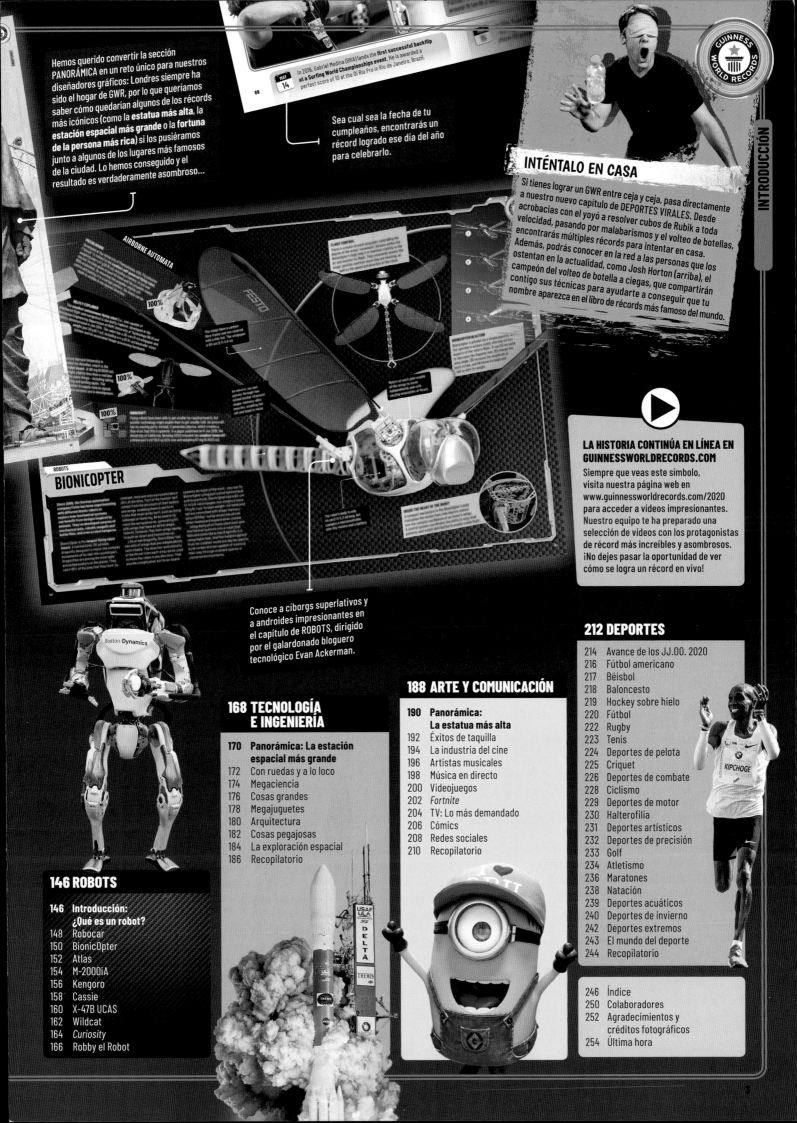

Hemos querido convertir la sección PANORÁMICA en un reto único para nuestros diseñadores gráficos: Londres siempre ha sido el hogar de GWR, por lo que queríamos saber cómo quedarían algunos de los récords más icónicos (como la **estatua más alta**, la **estación espacial más grande** o la **fortuna de la persona más rica**) si los pusiéramos junto a algunos de los lugares más famosos de la ciudad. Lo hemos conseguido y el resultado es verdaderamente asombroso...

Sea cual sea la fecha de tu cumpleaños, encontrarás un récord logrado ese día del año para celebrarlo.

MAY 14 In 2016, Gabriel Medina (BRA) lands the **first successful backflip at a Surfing World Championships event**. He is awarded a perfect score of 10 at the Oi Rio Pro in Rio de Janeiro, Brazil.

88

INTÉNTALO EN CASA

Si tienes lograr un GWR entre ceja y ceja, pasa directamente a nuestro nuevo capítulo de DEPORTES VIRALES. Desde acrobacias con el yoyó a resolver cubos de Rubik a toda velocidad, pasando por malabarismos y el volteo de botellas, encontrarás múltiples récords para intentar en casa. Además, podrás conocer en la red a las personas que los ostentan en la actualidad, como Josh Horton (arriba), el campeón del volteo de botella a ciegas, que compartirán contigo sus técnicas para ayudarte a conseguir que tu nombre aparezca en el libro de récords más famoso del mundo.

LA HISTORIA CONTINÚA EN LÍNEA EN GUINNESSWORLDRECORDS.COM

Siempre que veas este símbolo, visita nuestra página web en www.guinnessworldrecords.com/2020 para acceder a vídeos impresionantes. Nuestro equipo te ha preparado una selección de vídeos con los protagonistas de récord más increíbles y asombrosos. ¡No dejes pasar la oportunidad de ver cómo se logra un récord en vivo!

AIRBORNE AUTOMATA

100%

100%

100%

ROBOTS
BIONICOPTER

Conoce a cíborgs superlativos y a androides impresionantes en el capítulo de ROBOTS, dirigido por el galardonado bloguero tecnológico Evan Ackerman.

Boston Dynamics

USAF ULA
DELTA
THEMIS

3

CARTA DEL EDITOR

Bienvenido al *Libro Guinness de los Récords 2020*, completamente revisado y actualizado para la nueva década.

Durante este año, nuestro equipo de gestión de récords ha revisado más de 100 solicitudes diarias. El riguroso proceso de evaluación y el requisito de que todas las solicitudes han de satisfacer varios criterios clave para poder acceder a un título GWR oficial llevan a que solo se aprueben entre un 5 y un 15 % de las solicitudes anuales. Por lo tanto, y aunque lamentamos haber tenido que decir que no al **«lápiz más corto del mundo»**, la **«mayor cantidad de correos electrónicos sin leer»** o la **«ducha más larga»**, me complace haber podido dar el visto bueno a las 5.103 solicitudes que han tenido éxito durante los últimos 12 meses.

Además de las miles de solicitudes que recibimos cada año, nuestra amplia cartera de asesores y consultores también nos facilitan muchos hechos y cifras superlativas. Estos expertos externos, que a menudo son líderes en sus ámbitos de investigación, garantizan que abarquemos el mayor espectro posible de temas, desde, literalmente, la arqueología a la zoología. Norris McWhirter, que fundó *El Libro Guinness de los Récords* en la década de 1950, dijo que este proceso consistía en encontrar a lo más de lo más dentro de cada especialidad; es decir, encontrar los más rápidos, los más pesados y los más fuertes de la concología (conchas), aracnología (arañas) y litología (rocas).

EL ÁRBOL DE LA VIDA MÁS ALTO

Metepec, en el estado de México, es célebre por su artesanía en arcilla. Para celebrar esta tradición local, el municipio de Metepec (México) encargó la escultura de un árbol de 9,18 m de altura que se presentó el 13 de diciembre de 2018. Ocho artesanos tardaron tres meses en completar el proyecto, que contiene 9.500 elementos de arcilla, como animales y flores, y pesa 12 toneladas.

LA MAZAMORRA DE FRUTA MÁS GRANDE

El 30 de agosto de 2018, se prepararon 751,3 kg de este postre de fruta, elaborado con aguaje triturado, agua, azúcar y especias como canela y anís estrellado. La Universidad San Ignacio de Loyola y el Gobierno Regional de Loreto (ambos de Perú) presentaron la monumental mazamorra en la plaza de Armas de Iquitos, Perú.

EL MOSAICO DE CUENTAS MÁS GRANDES (IMAGEN)

Un total de 450 kg de cuentas se usaron para crear un mural de 81,55 m² para el 25.º Encuentro Internacional del Mariachi y la Charrería en Guadalajara, Jalisco, México. El mosaico fue obra de artesanos huicholes, célebres por sus cuentas de cristal, quienes necesitaron más de 780 horas para su confección. La obra de arte se presentó el 20 de agosto de 2018 y se centra en los trajes y los artículos asociados a la charrería, el deporte nacional mexicano.

LA CAUSA MÁS GRANDE

La causa es un plato tradicional peruano que consiste en puré de patatas aliñado y dispuesto en capas con otros ingredientes, como pescado o verduras, y que se sirve frío. La Universidad San Ignacio de Loyola y la Universidad Nacional de San Antonio Abad del Cusco (ambas de Perú) unieron sus fuerzas el 27 de mayo de 2018 para preparar una ración de causa en Cusco, Perú, que batió todos los récords. Se necesitaron seis horas para preparar todo el plato, que pesó 590,65 kg.

ENE 1 El presidente estadounidense Theodor Roosevelt celebra el primer día de 1907 con la **mayor cantidad de apretones de mano de un jefe de estado (en un mismo evento)**. Saluda a 8.513 personas durante una ceremonia oficial.

ENE 2 En 1932, el sudafricano Gerhard Hamilton *Gerry* Brand consigue el **gol de drop de rugby desde más distancia**: 77,7 m, en un encuentro contra Inglaterra en Twickenham (R.U.).

LA CARRERA DE CICLISMO DE DESCENSO URBANO MÁS LARGA

El 2 de diciembre de 2018, un grupo de 26 osados ciclistas de todo el mundo se lanzaron a las empinadas calles de la Comuna 13 en Medellín, Colombia, para competir en una exigente carrera de descenso de 2,274 km de longitud. Después de superar escalones, esquinas vertiginosas e incluso un ascensor en 3 min y 49 s, el chileno Pedro Ferreira se hizo con los 5.000 dólares del primer premio. PX Sports (México) organizó la carrera.

LA ROSCA DE REYES MÁS LARGA

Un equipo de 300 alumnos de la Universidad Vizcaya de las Américas (México) se involucró para celebrar el día de Reyes a lo grande con una rosca de 2.065 km de longitud, el 6 de enero de 2019 en Saltillo, Coahuila de Zaragoza, México. La Rosca de reyes es una especie de pan dulce aromatizado con vainilla y azahar que se come tradicionalmente durante la Epifanía.

Este año, Adam Millward, nuestro editor sénior, ha redoblado nuestros esfuerzos y ha aumentado nuestra cartera de expertos. Me complace dar la bienvenida a la School of Ants, al Laboratorio de Sismología de Berkeley y al Real Jardín Botánico de Kew, por nombrar solo a tres. Puedes consultar la lista completa de nuestros asesores y colaboradores en las págs. 250-251.

Evan Ackerman, asesor de robótica, es otra de las nuevas incorporaciones al GWR. Evan es periodista, bloguero y comunicador de ciencia, y forma parte del equipo del Institute of Electrical and Electronics Engineers, además de ser un reputado experto en robótica. ¿Quién mejor que él para supervisar el capítulo especial de este año? Desde los vehículos sin conductor hasta las enormes máquinas de las fábricas, los robots están cada vez más presentes en nuestra vida cotidiana y pulverizan récords con regularidad. En la pág. 146 encontrarás la selección de Evan de robots superlativos.

Nuestros cazadores de talentos han recorrido el mundo, como siempre, pero este año, además, han asistido a una cantidad de eventos más diversa que nunca. Hemos estado en exposiciones de

LA CLASE DE PREVENCIÓN DEL CRIMEN ORGANIZADO MÁS LARGA

El exjuez de lo penal y actual abogado Alejandro rebolledo (Venezuela) dio una conferencia sobre cómo combatir el crimen organizado que duró 24 h y 40 min en el Miami Dade College de Florida, EE.UU., el 8 y 9 de marzo de 2019. El doctor Rebolledo trató una extensa casuística delictiva, como el blanqueo de dinero y los delitos informáticos, en un evento organizado por International Solidarity for Human Rights (EE.UU.).

LA CARRERA DE CICLISMO DE DESCENSO POR ESCALERAS MÁS LARGA

Bogotá, decidida a no verse superada por su ciudad rival, Medellín (ver arriba), organizó su propia carrera de ciclismo superlativa, con la complicación añadida de que un 84,5 % de esta consistía en un descenso por escaleras. Organizada por Red Bull Colombia, la segunda edición de la Devotos de Monserrate se celebró el 16 de febrero de 2019. El vertiginoso recorrido de 2,4 km, que incluye un total de 1.060 escalones, serpentea ladera abajo del cerro de Monserrate, una colina en el centro de la capital de Colombia que se eleva 3.152 m sobre el nivel del mar.

En 2019, el ciclista local Marcelo Gutiérrez (detalle) triunfó con un tiempo de 4 min y 42,48 s. Su hermano Rafael llegó el segundo, con un crono de 4 min y 45,1 s.

ENE 3 En 1996, el fotógrafo de aviación Ryuji Furusho (Japón) inicia su andadura para ser la **persona que ha volado en más líneas aéreas**. El 13 de enero de 2014, ya había volado en 156.

ENE 4 Lakshan Wanniarachchi (Sri Lanka) compite contra el **mayor número de oponentes simultáneos en Scrabble** (40) en Colombo, Sri Lanka, en 2015. Para lograr este récord, derrota a 31 jugadores.

5

CARTA DEL EDITOR

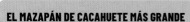

LA CATA DE CAFÉ MÁS MULTITUDINARIA

Marca País Honduras (Honduras) ofreció a 739 amantes del café una buena dosis de cafeína en Gracias, Lempira, Honduras, el 30 de noviembre de 2018. En total se probaron tres variedades de café. En el mismo evento se sirvió también la **taza de café más grande**, que, con 3,3 m de altura, tenía capacidad para 18.012 litros de café americano.

EL MAZAPÁN DE CACAHUETE MÁS GRANDE

El 19 de julio de 2018, Mazapán de la Rosa (México) presentó en la plaza Fundadores de Guadalajara, Jalisco, México, un prodigioso dulce de cacahuete que pesaba 8.296,1 kg para conmemorar el 75.º aniversario de la confitería. El monstruoso dulce medía 34 m de diámetro y 1,2 de altura, y en su elaboración participaron 70 personas, que trabajaron durante más de tres horas.

LA FILA DE PERRITOS CALIENTES MÁS LARGA

Cuatro marcas de alimentación colaboraron para aportar los ingredientes necesarios que permitieron esta hazaña culinaria que culminó con una hilera de 10.000 perritos calientes con una longitud total de 1.464 m. FUD aportó las salchichas, Grupo Bimbo los bollos, Embasa el kétchup y McCormick la mostaza y la mayonesa. La fila se dispuso en Zapopan, Jalisco, México, el 12 de agosto de 2018.

automóviles, festivales de perros, convenciones de videojuegos y maratones.

Uno de los eventos más destacado ha sido la SkillCon 2018, celebrado en Las Vegas, Nevada, EE.UU. Los duelos de sables de luz, el *speedcubing* y los combates de malabares no son más que tres de las disciplinas de este acontecimiento extremo. En el libro, hemos agrupado este tipo de récords bajo el epígrafe de «Deportes virales»,

porque son muy populares en las redes sociales como YouTube o Instagram. El capítulo dedicado a estos récords empieza en la pág. 98. No te olvides de disfrutar de nuestros vídeos exclusivos de la SkillCon en **www.guinnessworldrecords.com/2020**.

Nuestro equipo de vídeo ha tenido más trabajo que nunca y ha grabado cientos de horas de material para el canal de GWR en YouTube. Busca el icono ▶ en el libro. Cuando lo veas, significa

que en la página web encontrarás un vídeo relacionado.

«Panorámica» es otra de las secciones nuevas del *GWR 2020*. Encontrarás estas páginas estilo póster al principio de cada capítulo. Para crear estas páginas, nuestros editores han trabajado estrechamente con el equipo de diseñadores de 55Design y el diseñador especializado en 3D de GWR Joseph O'Neil para contextualizar visualmente algunos de los récords.

Uno de los ejemplos es la **estatua más alta** (págs. 190-191). Se halla en una región remota de la India, por lo que la mayoría de nosotros tenemos muy pocas probabilidades de ver con nuestros propios ojos esta estructura de 182 m de altura. Por lo tanto, y para que puedas hacerte una idea de su enorme tamaño, la hemos trasladado a orillas del río Támesis, en R.U., junto a la noria London Eye de Londres. Junto a este conocido referente, seguro que percibes mejor su enorme altura.

MÁS PIZZAS ELABORADAS EN 12 HORAS (EQUIPO)

La Asociación Propietarios de Pizzerías y Casas de Empanadas de la Argentina (Argentina) hizo honor a su nombre con un apetitoso récord el 11 de noviembre de 2018. Además de preparar 11.089 pizzas en medio día, esta institución con sede en Buenos Aires también logró **servir más empanadas en ocho horas** (11.472). Todos los beneficios conseguidos se destinaron a fines benéficos.

LA MAYOR RACIÓN DE ARROZ CON GANDULES

Para conmemorar su 40.º aniversario, la cadena de alimentación Supermercados Selectos (Puerto Rico) sirvió una ración gigantesca de arroz con gandules que pesaba 697,6 kg en Caguas, Puerto Rico, el 28 de abril de 2018. Enrique Piñeiro, el famoso chef local, dirigió al equipo que preparó esta especialidad puertorriqueña a base de arroz, cerdo y palos de gandules.

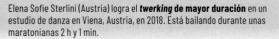

ENE 5 — Elena Sofie Sterlini (Austria) logra el **twerking de mayor duración** en un estudio de danza en Viena, Austria, en 2018. Está bailando durante unas maratonianas 2 h y 1 min.

ENE 6 — En 2017, Jon Lovitch (EE.UU.) construye el **pueblo de pan de jengibre más grande**, compuesto por 1.251 edificios. Lo expone en el New York Hall of Science de Corona, Nueva York, EE.UU.

LA CATA DE CHOCOLATE MÁS MULTITUDINARIA

La Universidad San Ignacio de Loyola, con la colaboración del Gobierno Regional de Ucayali (ambos de Perú), añadió otro récord a su colección culinaria (ver pág. 4) el 10 de agosto de 2018. Invitaron a 797 apasionados del chocolate de Pucallpa, Perú, a que degustaran un trío de chocolates elaborados con diferentes porcentajes de cacao. Perú es uno de los mayores exportadores de cacao del mundo.

MÁS COMBATES INVICTOS DE UN CAMPEÓN MUNDIAL DE BOXEO EN TODA LA CARRERA (MUJERES)

Entre el 20 de enero de 2007 y el 8 de diciembre de 2018, Cecilia Brækhus (Noruega), nacida en Colombia y conocida como *La primera dama*, se impuso en todos las peleas que disputó como profesional: 35 combates. Arriba la vemos en acción durante su última victoria contra Aleksandra Lopes en Carson, California, EE.UU. Brækhus también es la **campeona mundial de boxeo con el reinado más largo.** A 23 de mayo de 2019, llevaba 10 años y 70 días en la cima.

Quizá te preguntes «¿Y por qué Londres?». La respuesta es que, durante 65 años, la capital de R.U. ha sido la sede del *Libro Guinness de los Récords*. Fue aquí, en 1954, cuando Norris y su hermano gemelo Ross empezaron a trabajar para compilar un libro de récords, y nuestra oficina central se ha mantenido en esta ciudad desde entonces.

Si quieres lograr algún récord y ver tu nombre en el anuario más popular del mundo, ponte en contacto con nosotros a través de **www.guinnessworldrecords.com.** Puedes presentar tu solicitud en tanto que persona individual, familia, escuela, organización benéfica o empresa. Estaremos encantados de leer tus propuestas. Ahora que empieza una nueva década, es el momento ideal para tachar «lograr un récord del mundo» de tu lista. Sin embargo, avísanos con tiempo, porque ese mismo día recibiremos como mínimo otras 99 solicitudes...

Craig Glenday
Editor jefe

LA DECORACIÓN FLORAL MÁS GRANDE (NÚMERO DE FLORES)

El 21 de julio de 2018, el Gobierno Autónomo Descentralizado Pedro Moncayo (Ecuador) presentó una asombrosa decoración floral con 546.364 rosas en Tabacundo, una ciudad del norte de Ecuador. La obra final, confeccionada por unos 1.500 voluntarios, incluyó una pirámide de Cochasquí, uno de los iconos del rico patrimonio arqueológico de la región.

LA ALFOMBRA FLORAL MÁS GRANDE

El 8 de diciembre de 2018, el adjudicador de GWR Carlos Tapia Rojas (detalle, a la derecha) tuvo que sobrevolar Teotihuacán, México, en un globo aerostático para certificar esta obra de arte viva, que cubría 17.805,2 m². Diseñada por Jardines de México (México), la alfombra incluía 150.000 poinsetias en flor. Las plantas se dispusieron de modo que formaran la Pirámide del Sol de la mundialmente conocida ciudad antigua cercana.

ENE 7 — En 1972, Los Angeles Lakers ganan su 33.º partido consecutivo y logran así la **racha de victorias más larga de la NBA**. Dos días después, los Milwaukee Bucks ponen fin a esta racha, iniciada el 5 de noviembre de 1971.

ENE 8 — En 2011, Ashrita Furman (EE.UU.) añade la **milla más rápida con zancos con latas y cordeles** a su épica lista de títulos GWR. Completa la carrera en 11 min y 5 s en Ottawa, Ontario, Canadá.

7

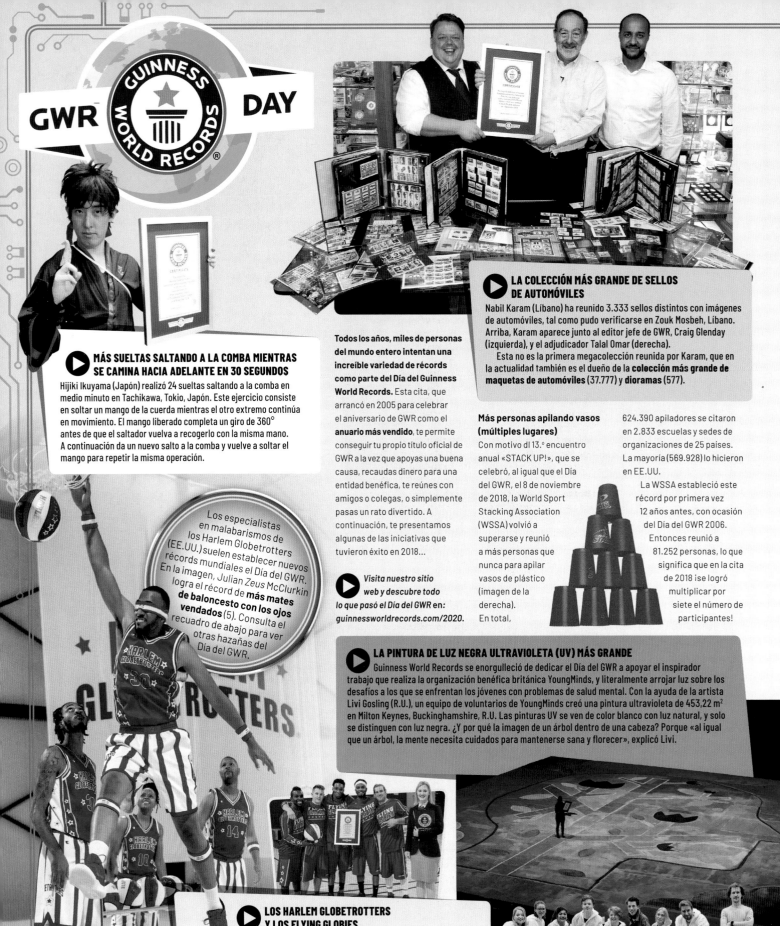

GWR DAY

MÁS SUELTAS SALTANDO A LA COMBA MIENTRAS SE CAMINA HACIA ADELANTE EN 30 SEGUNDOS

Hijiki Ikuyama (Japón) realizó 24 sueltas saltando a la comba en medio minuto en Tachikawa, Tokio, Japón. Este ejercicio consiste en soltar un mango de la cuerda mientras el otro extremo continúa en movimiento. El mango liberado completa un giro de 360° antes de que el saltador vuelva a recogerlo con la misma mano. A continuación da un nuevo salto a la comba y vuelve a soltar el mango para repetir la misma operación.

Los especialistas en malabarismos de los Harlem Globetrotters (EE.UU.) suelen establecer nuevos récords mundiales el Día del GWR. En la imagen, Julian Zeus McClurkin logra el récord de **más mates de baloncesto con los ojos vendados** (5). Consulta el recuadro de abajo para ver otras hazañas del Día del GWR.

Todos los años, miles de personas del mundo entero intentan una increíble variedad de récords como parte del Día del Guinness World Records. Esta cita, que arrancó en 2005 para celebrar el aniversario de GWR como el **anuario más vendido**, te permite conseguir tu propio título oficial de GWR a la vez que apoyas una buena causa, recaudas dinero para una entidad benéfica, te reúnes con amigos o colegas, o simplemente pasas un rato divertido. A continuación, te presentamos algunas de las iniciativas que tuvieron éxito en 2018...

▶ *Visita nuestro sitio web y descubre todo lo que pasó el Día del GWR en:* guinnessworldrecords.com/2020.

LA COLECCIÓN MÁS GRANDE DE SELLOS DE AUTOMÓVILES

Nabil Karam (Líbano) ha reunido 3.333 sellos distintos con imágenes de automóviles, tal como pudo verificarse en Zouk Mosbeh, Líbano. Arriba, Karam aparece junto al editor jefe de GWR, Craig Glenday (izquierda), y el adjudicador Talal Omar (derecha).

Esta no es la primera megacolección reunida por Karam, que en la actualidad también es el dueño de la **colección más grande de maquetas de automóviles** (37.777) y **dioramas** (577).

Más personas apilando vasos (múltiples lugares)

Con motivo dl 13.º encuentro anual «STACK UP!», que se celebró, al igual que el Día del GWR, el 8 de noviembre de 2018, la World Sport Stacking Association (WSSA) volvió a superarse y reunió a más personas que nunca para apilar vasos de plástico (imagen de la derecha). En total, 624.390 apiladores se citaron en 2.833 escuelas y sedes de organizaciones de 25 países. La mayoría (569.928) lo hicieron en EE.UU.

La WSSA estableció este récord por primera vez 12 años antes, con ocasión del Día del GWR 2006. Entonces reunió a 81.252 personas, lo que significa que en la cita de 2018 ise logró multiplicar por siete el número de participantes!

LA PINTURA DE LUZ NEGRA ULTRAVIOLETA (UV) MÁS GRANDE

Guinness World Records se enorgulleció de dedicar el Día del GWR a apoyar el inspirador trabajo que realiza la organización benéfica británica YoungMinds, y literalmente arrojar luz sobre los desafíos a los que se enfrentan los jóvenes con problemas de salud mental. Con la ayuda de la artista Livi Gosling (R.U.), un equipo de voluntarios de YoungMinds creó una pintura ultravioleta de 453,22 m² en Milton Keynes, Buckinghamshire, R.U. Las pinturas UV se ven de color blanco con luz natural, y solo se distinguen con luz negra. ¿Y por qué la imagen de un árbol dentro de una cabeza? Porque «al igual que un árbol, la mente necesita cuidados para mantenerse sana y florecer», explicó Livi.

LOS HARLEM GLOBETROTTERS Y LOS FLYING GLOBIES

Zeus McClurkin logró el récord de **más triples anotados lanzando de espaldas en un minuto** (3) en Atlanta, Georgia, EE.UU. Sus compañeros del equipo estadounidenses establecieron dos récords más «en un minuto»: **más volteretas pasándose la pelota entre las piernas (mujeres)**, fijado en 32 por *Torch* George; y la **canasta a más distancia dando un salto mortal hacia atrás**, con 17,71 m, por *Bull* Bullard. Mientras tanto, el equipo de mates acrobáticos de los Flying Globies (detalle), logró el récord de **más mates de un equipo pasándose el balón entre las piernas usando un trampolín en un minuto** (28).

ENE 9 En 1863, se inaugura en Londres, R.U., el **primer sistema de ferrocarril subterráneo**. El tramo inicial de la línea Metropolitana recorre 6 km entre Paddington y Farringdon Street.

ENE 10 En 2013, Quvenzhané Wallis (n. el 28 de agosto de 2003) se convierte en la **actriz más joven nominada al Óscar a la mejor actriz**, con 9 años y 135 días. Solo tenía seis años cuando apareció en *Bestias del sur salvaje* (EE.UU., 2012).

▶ MÁS GIROS EN UN TÚNEL DEL VIENTO MIENTRAS SE REALIZA UNA APERTURA DE PIERNAS FRONTAL EN UN MINUTO

La instructora de paracaidismo acrobático *indoor* Danielle Doni Gales (Australia) realizó 55 giros mientras mantenía una apertura de piernas frontal en el iFLY Downunder de Penrith, Nueva Gales del Sur, Australia. Gracias a su pasión por el baile, logró superar este gran desafío físico. «He bailado toda mi vida, nací y me crié en ese ambiente. Eso me ayudó a mejorar mi vuelo», declaró a GWR.

El más rápido en montar cinco figuras de PLAYMOBIL

Hu Yufei (China) montó un conjunto de cinco figuras de PLAYMOBIL en solo 59,88 s durante la Shanghai Kids Fun Expo celebrada en Shanghái, China.

Otros compatriotas que acudieron al evento también se hicieron con varios títulos GWR: el **más rápido en hacer 21 fideos de plastilina con Play-Doh** (39,32 s, a cargo de Jin Zuan); el **más rápido en clasificar 30 vehículos de juguete** (20,92 s, por Xu Qin); y el **más rápido en cambiar las fundas de un asiento de seguridad infantil** (1 min y 58,44 s, por Qi Haifeng).

Más trucos de malabares botando pelotas en un minuto (con tres pelotas de baloncesto)

Luis Diego Soto Villa (México) realizó 213 trucos de malabares botando tres pelotas en 60 s en Ciudad de México, México.

▶ EL MÁS RÁPIDO EN RESOLVER TRES CUBOS DE RUBIK USANDO SIMULTÁNEAMENTE MANOS Y PIES

Que Jianyu (China) resolvió simultáneamente tres cubos de Rubik usando manos y pies en 1 min y 36,39 s en Xiamen, provincia de Fujian, China.

El mismo día, se colgó de un palo para establecer el récord del **más rápido en resolver un cubo de Rubik boca abajo** (15,84 s).

▶ EL RELOJ DE SOL HECHO CON BLOQUES DE LEGO® MÁS GRANDE (CON SOPORTES)

Playable Design (China) presentó un reloj de sol completamente funcional de 2,91 m de diámetro y 0,8 m de grosor construido con 45.000 bloques de LEGO DUPLO®. Los relojes de sol son uno de los instrumentos de medición del tiempo más antiguos (1500 a.C.).

Más veces haciendo rebotar una pelota de pimpón contra una pared con la boca en 30 segundos

Ray Reynolds (R.U.) lanzó una pelota de pimpón contra una pared y la atrapó con su boca tras rebotar 34 veces en 30 s en Londres, R.U.

Más tiempo saltando a la comba mientras se hace girar un hula-hoop

Zhang Jiqing (China) realizó un total de 142 saltos a la comba mientras hacía girar un hula-hoop durante 1 min y 32,653 s en la Beijing Chaoyang Normal School de Pekín, China. Zhang estableció este récord a la edad de 63 años para demostrar su fuerza y buena condición física durante el Día del GWR.

Más rosquillas apiladas en un minuto (con los ojos vendados)

Katie Nolan (EE.UU.) apiló siete rosquillas a ciegas en el programa de TV *Always Late with Katie Nolan* de ESPN en Nueva York, EE.UU., el 7 de noviembre de 2018.

> La construcción de este reloj gigante requirió más de tres meses de trabajo y la participación de varios astrónomos e ingenieros.

▶ El más rápido en envolver una persona en film transparente

El youtuber «Dekakin» (Japón) solo necesitó 1 min y 59,71 s para envolver en film transparente a Ichiho Shirahata, una de las integrantes del *Gekijo-ban* (grupo de chicas) Gokigen Teikoku, en Minato, Tokio, Japón.

Más luces utilizadas en un espectáculo permanente de luz y sonido

El espectáculo Montaña de luz de Wenzhou, en Zhejiang, China, es una atracción turística que utiliza 707.667 luces para iluminar la ladera de una montaña, edificios, puentes, etc. a ambos lados del río Ou. Lo instaló Beijing Landsky Environmental TeChinaology Co., Ltd (China), y recibió el reconocimiento oficial de récord mundial el Día del GWR 2018.

▶ EL *SLIME* CASERO MÁS ESTIRADO EN 30 SEGUNDOS

El videobloguero japonés «Yocchi» (arriba, en el centro), de BomBom TV, estiró 3,87 m un pedazo de *slime* en Tokio, Japón.

El mismo día, un grupo de BomBom TV estableció el récord del *slime* casero más estirado en 30 segundos (equipo de ocho): 13,78 m.

▶ EL SALTO EN SILLAS DE RUEDAS DESDE UNA RAMPA MÁS LARGO

Aaron *Wheelz* Fotheringham (EE.UU.) realizó un salto de 21,35 m desde una rampa en Woodward West, Tehachapi, California, EE.UU. Ese mismo día, también estableció los récords del **salto desde más altura sobre un cuarto de tubo en silla de ruedas** y del *handplant* **a más altura en silla de ruedas**, ambos con una marca de 8,4 m (consulta la pág. 95 para más información).

ENE 11 En 2016, Li Xingnan (China) ejecuta el **salto mortal hacia atrás a más altura tras impulsarse en una pared**, en el programa *Guinness World Records Special* de la CCTV, en Pekín, China.

ENE 12 En 2012, el guacamayo arlequín llamado *Zac* consigue la **mayor cantidad de latas de refresco abiertas por un loro en un minuto**, en San José, California, EE.UU.: 35 gaseosas abiertas usando únicamente el pico.

LOS VÍDEOS MÁS VISTOS DE GWR

Animales adorables, acrobacias que desafían a la muerte, humanos increíbles y talentos extraordinarios... Nadie te acerca más a la acción que GWR. Estés donde estés, vivas donde vivas, siempre podrás encontrarnos en las redes sociales. En estas páginas hemos recopilado las listas de nuestros vídeos más populares en YouTube. ¿Cuál es tu preferido?

En los últimos años, la explosión de las redes sociales ha permitido a GWR llegar a audiencias de todo el mundo. Tanto si nos buscas en YouTube, Facebook, Instagram o PopJam, te garantizamos que encontrarás imágenes impactantes de todo lo que es Oficialmente Asombroso. Además, nos encanta recibir mensajes de todos nuestros seguidores así como sus opiniones y comentarios acerca de los récords.

En noviembre de 2018, celebramos que la reproducción total de vídeos del GWR en YouTube había superado la increíble cifra de las 1.000 millones de horas. Nuestro vídeo más popular, en el que el personal de la empresa de electrodomésticos y electrónica Aaron's (EE.UU.) baten el récord del **mayor dominó humano con colchones**, ha sido reproducido más de 46.000.000 veces (ver a la derecha). No obstante, seguimos al acecho del vídeo que consiga batir esta marca y, cada mes,

nuestro equipo digital compila un resumen de las mejores y más recientes secuencias.

Nos sentimos especialmente orgullosos de la serie «Conoce a los artífices», que ofrece una visión exclusiva de las estrellas que hay detrás de las hazañas. Tener acceso a las personas que baten los récords nos permite descubrir sus increíbles historias de primera mano. Comprueba a continuación cuáles son nuestros vídeos más populares en YouTube.

GWR SE VUELVE GLOBAL

Desde que empezaron en 1998, los programas de televisión oficiales de GWR se han visto en más de 190 territorios de todo el mundo, desde Norteamérica a Oriente Medio, pasando por Asia y Australia. Aquí, Sultan Kösen (Turquía), el **hombre más alto** (ver págs. 58-59), aparece en el plató de *CCTV - Guinness World Records Special* de China, junto a otros artífices de récords.

LOS VÍDEOS MÁS VISTOS EN YOUTUBE DE «CONOCE A LOS ARTÍFICES»

	VÍDEO	PUBLICACIÓN	VISUALIZACIONES
1.	Las uñas de una mano más largas (de todos los tiempos)	29 sep 2015	15.317.359
2.	La mujer con las piernas más largas	9 sep 2017	9.256.334
3.	El perro más alto del mundo	12 sep 2012	7.163.951
4.	Un disfraz cosplay de Batman bate el récord del mundo	24 ago 2016	6.910.558
5.	Maestro de artes marciales intenta batir el récord mundial de katana – Gira japonesa	2 mar 2017	5.981.577
6.	La piel de *Jamie Cabeza de lata* succiona... literalmente	31 mar 2016	4.468.971
7.	El peinado *high top fade* más alto	14 sep 2017	4.331.221
8.	El caballo más alto del mundo	12 sep 2012	3.872.814
9.	Britney Gallivan: ¿Cuántas veces puedes doblar una hoja de papel?	26 nov 2018	3.720.518
10.	El chico de las dominadas	5 may 2016	3.439.371

Cifras actualizadas a 18 de febrero de 2019

El *Libro Guinness de los Récords*, el **anuario más vendido de todos los tiempos**, no es el único sitio donde puedes descubrir hazañas asombrosas. También capturamos o recopilamos récords en vídeo, que luego compartimos en línea con nuestros millones de seguidores. Busca el símbolo de «reproducir» mientras lees el GWR 2020. Todos los récords que aparecen acompañados de este símbolo tienen un vídeo asociado que no te puedes perder. Míralos todos en:

www.guinnessworldrecords.com/2020.

ENE 13 En 1981, la niña Donna Griffiths (R.U.) empieza a estornudar y no para hasta el 16 de septiembre de 1983, 976 días después. Es el **ataque de estornudos más largo**. Solo el primer año estornuda ya 1 millón de veces.

ENE 14 En 2012, el competidor de engullir comida Patrick *Deep Dish* Bertoletti (EE.UU.) ingiere la **mayor cantidad de dientes de ajo en 1 min** (36), en Sierra Studio, East Dundee, Illinois, EE.UU.

LOS 25 VÍDEOS MÁS VISTOS DE GWR EN YOUTUBE

	VÍDEO	PUBLICACIÓN	VISUALIZACIONES
1.	El mayor dominó humano con colchones	7 abr 2016	51.446.906
2.	La piel más elástica del mundo	12 ene 2009	37.396.345
3.	La bicicleta más larga	10 nov 2015	19.648.054
4.	Más camisetas mojadas puestas en un minuto	8 jun 2015	16.606.141
5.	*Parkour*: el salto mortal hacia atrás más alto tras impulsarse en una pared	11 nov 2016	15.851.965
6.	Las piernas femeninas más largas	11 mar 2009	15.345.386
7.	Las uñas más largas de una mano (de todos los tiempos)	29 sep 2015	15.317.359
8.	La captura de una pelota de críquet cayendo desde más altura	5 jul 2016	14.783.638
9.	Más minipiezas de dominó tumbadas	29 jul 2014	14.222.140
10.	El hombre más alto del mundo: Xi Shun	14 abr 2008	12.675.322
11.	La cama de faquir con más pisos	5 feb 2016	12.287.653
12.	Más arañas sobre el cuerpo durante 30 segundos	27 jul 2007	11.882.364
13.	La lengua más larga del mundo	9 sep 2014	10.990.528
14.	Dominó de libros	16 oct 2015	9.473.611
15.	La mujer con las piernas más largas	9 sep 2017	9.256.334
16.	Se bate el récord de estacionamiento en paralelo en el lanzamiento del nuevo Mini	31 may 2012	8.766.424
17.	El vuelo más largo en *hoverboard*	22 may 2015	8.694.963
18.	La distancia más larga corriendo sobre una pared (*parkour*)	30 nov 2012	8.581.682
19.	Atletas olímpicos estadounidenses intentan batir el récord del globo de chicle más grande del mundo	31 jul 2016	8.025.513
20.	El perro más alto del mundo	12 sep 2012	7.163.951
21.	Un disfraz *cosplay* de Batman bate el récord del mundo	24 ago 2016	6.910.558
22.	El gato con el ronroneo más potente	21 may 2015	6.751.925
23.	El tiempo más veloz en abrir cuatro cocos... ¡con un DEDO!	11 abr 2013	6.682.935
24.	Ultimate Guinness Record Show - Episodio 2: tanques de cerveza, plátanos y un cubo humano	5 abr 2012	6.660.398
25.	Más cambios de vestuario en un minuto	30 sep 2016	6.640.954

Cifras actualizadas a 18 de febrero 2019

El 23 de julio de 2016, Stylution Int'l y Ayd Group (ambos de China) elevaron el récord del **mayor dominó humano con colchones** a 2.016 personas.

La suma del tiempo que los usuarios han invertido en ver vídeos del GWR en YouTube equivale a unos 2.500 años.

 En 1984, Tim McVey (EE.UU.) se convierte en la **primera persona que logra 1.000 millones de puntos en un videojuego**. Alcanza 1.000.042.270 después de 44 h y 45 min jugando a *Nibbler*, en Ottumwa, Iowa, EE.UU.

 En 2003, un equipo de 10 cirujanos lleva a cabo el **primer trasplante de mandíbula** en el Istituto Regina Elena de Roma, Italia. La operación, a un paciente de 80 años de edad, dura 11 horas.

LA PLANTA CON MAYOR TOLERANCIA A LA SAL

El alga verde *Dunaliella salina* puede sobrevivir en niveles de salinidad de entre el 0,2 y el 35 %, por lo que es el microorganismo eucariota (organismo con células con núcleo diferenciado) con **mayor tolerancia a la sal**. También es extraordinariamente tolerante al calor y puede soportar temperaturas desde los 0 a los 40 ºC. Puede encontrarse por todo el mundo, normalmente en hábitats como océanos, lagunas saladas y marismas salobres.

En condiciones hostiles, como una salinidad elevada, temperaturas extremas o la reducción del contenido en nutrientes, la *D. salina* aumenta la producción de betacaroteno, un pigmento natural que la protege. Esta vista aérea muestra *D. salina* después de esta transformación en el lago Yuncheng (conocido como el mar Muerto chino) en la provincia de Shanxi, China.

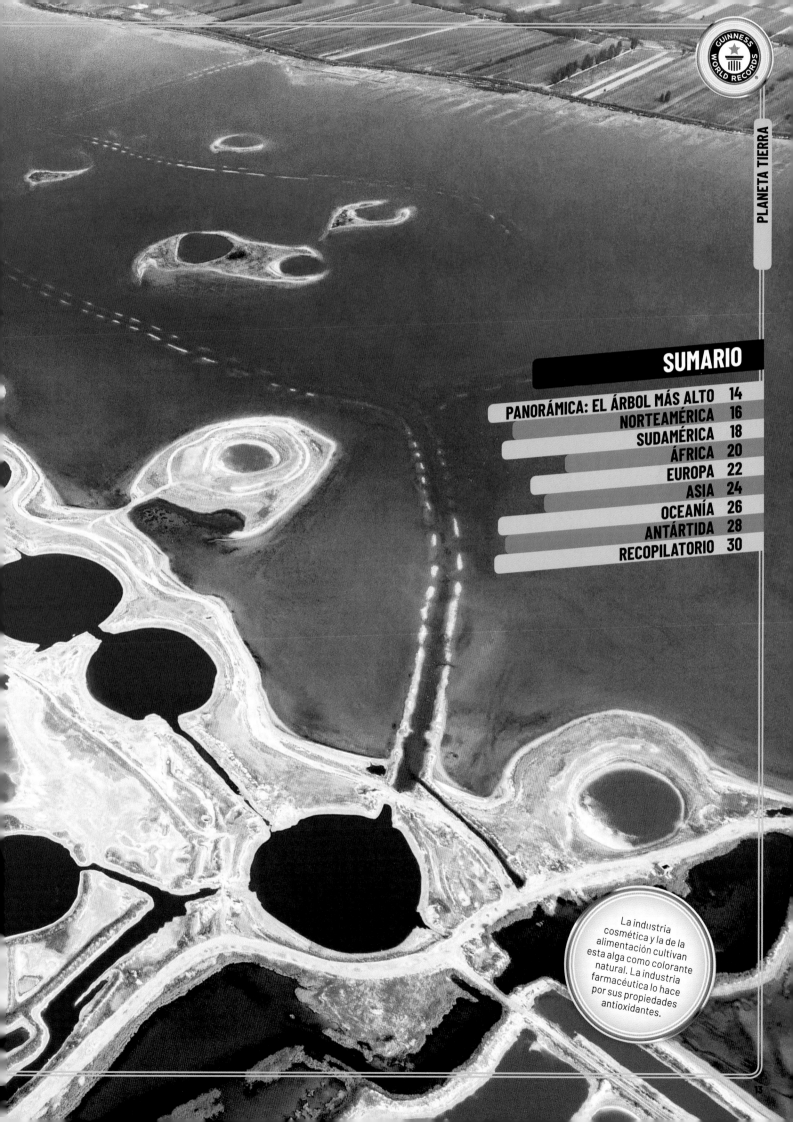

SUMARIO

La industria cosmética y la de la alimentación cultivan esta alga como colorante natural. La industria farmacéutica lo hace por sus propiedades antioxidantes.

PANORÁMICA
EL ÁRBOL MÁS ALTO

En el oeste de EE.UU. viven las secuoyas, esculturales árboles como rascacielos que superan a casi todos los demás en altura y pueden vivir más de 2.000 años. Imaginemos una al lado del palacio de Westminster de Londres, que alberga las cámaras del Parlamento británico. ¿Daría la talla ante la torre del reloj más famoso del mundo?

Las secuoyas crecen rectas y muy alto. Para ello necesitan mucha humedad, por lo que solo se encuentran en una franja de 720 km que recorre la costa del Pacífico de EE.UU., desde el sur de Oregón al norte de California, donde predomina la niebla.

La distinción de **especie de árbol más alta** del mundo es compartida por secuoyas, eucaliptos (o árboles de caucho) y abetos de Douglas, pues todos pueden superar los 113 m. El **árbol más alto** hoy en día es una secuoya roja (*Sequoia sempervirens*) llamada «Hyperion», que media 115,85 m a 2017. La descubrieron Chris Atkins y Michael Taylor (ambos de EE.UU.) en el Parque Nacional Redwood, California, EE.UU., en 2006.

¿Por qué crecen tanto las secuoyas? Influye un clima suave, lluvias intensas, nieblas de verano (que ayudan a reducir la evaporación de las hojas), suelos fértiles y la protección al viento que ofrecen las propias secuoyas.

En las ramas más altas de una secuoya roja, dentro de la compleja copa, pueden encontrarse otras plantas. Conocidas como «epífitas», incluyen musgo, líquenes, arbustos de arándanos, incluso otros árboles, como pinos. Las secuoyas producen hojas en abundancia, que luego caen y se asientan en sus ramas, donde echan raíces. El compost resultante es una base fértil para que crezcan otras plantas. En este ecosistema de altura también habitan muchos animales, como insectos, salamandras e incluso pequeños mamíferos, como topillos.

Hyperion es casi 20 m más alta que la Elizabeth Tower, más conocida como el Big Ben, la célebre torre que se alza en el extremo norte del palacio de Westminster. En sentido estricto, Big Ben no es el nombre de la torre, sino de la campana de 13,7 toneladas que cuelga en su interior, la cual sonó por primera vez en 1859. Al colocar a Hyperion al lado de este icónico edificio nos hacemos una idea de la majestuosa altura que alcanzan las secuoyas, si bien es cierto que a los londinenses les costaría más saber la hora…

GRANDES SECUOYAS A PARTIR DE UNOS CONOS DIMINUTOS… 100%

Con tan solo unos 2,5 cm de largo, estos objetos minúsculos pueden dar lugar a majestuosos árboles de muchos metros de altura. Los conos dibujan una espiral de láminas (o «escalas»), con unas 50-60 semillas dentro, cada una de solo 3-4 mm de largo. Permanecen dentro entre ocho y nueve meses hasta que están maduras. Entonces, el cono pasa de verde a marrón y las láminas se abren para soltar las semillas.

Las raíces de una secuoya roja no son muy profundas, aunque pueden alcanzar los 30 m, poco menos que un tercio de la altura del Big Ben (izquierda).

DOS ÁRBOLES GIGANTES VISTOS DESDE EL LONDON EYE

Tal vez Hyperion (ilustrado en la izquierda) sea el árbol más alto en la actualidad, pero el árbol más alto de todos los tiempos (derecha) lo habría eclipsado. El récord de todos los tiempos de un árbol en pie es muy discutido, pero uno de los principales aspirantes es el eucalipto de 146,3 m medido por G. Klein en Black Spur, cerca de Healesville, en Victoria, Australia. En 1867, el que por entonces era el botánico del gobierno de Victoria, el barón Ferdinand von Mueller, dejó constancia de semejante hallazgo. Arriba aparecen los dos árboles junto a la noria London Eye, ce l35 m, situada junto al río Támesis; ver también las págs. 190-191.

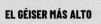

POBLACIÓN
579 millones

SUPERFICIE TOTAL
24,71 millones de km²

PAÍSES
23

MONTAÑA MÁS ALTA
Denali: 6.190 m

LAGO MÁS GRANDE
Superior: 82.414 km²

RÍO MÁS LARGO
Misuri: 4.087 km

La montaña más alta

El Mauna Kea, en la isla de Hawái, EE.UU., alcanza los 4.205 m de altura medido desde el nivel del mar, casi 2 km menos que la cumbre más alta de Norteamérica (ver abajo a la izquierda). Pero lo que asoma sobre la superficie es solo la punta del iceberg, porque el Mauna Kea tiene su base a varios kilómetros de profundidad. Medida desde su punto más bajo en el fondo marino, la altura total de la montaña es de unos 10.205 m, 1,3 km más que el Everest.

Las aguas que rodean Hawái también albergan la **mayor área marina protegida** según los criterios de la UICN. El Monumento Nacional Marino de Papahānaumokuākea fue ampliado en 2016 por el entonces presidente de EE.UU., Barack Obama, hasta alcanzar 1.508.870 km².

La reserva, que cuenta con protección legal frente a la pesca y la captura de minerales, es un refugio para la vida marina, como la **esponja más grande del mundo**. Esta esponja vítrea del tamaño de un monovolumen fue descubierta por dos vehículos operados a distancia en 2015. Mide 3,5 m de largo por 2 m de alto y 1,5 m de ancho.

Los pastizales más grandes

Las Grandes Llanuras forman un cinturón de 3 millones de km² que recorre el corazón de EE.UU. de norte a sur. Esta vasta pradera, que se extiende desde las Montañas Rocosas hasta el río Misuri, es más grande que Argentina, el octavo país más grande del mundo. Algunos de sus habitantes más famosos son las manadas de bisontes itinerantes (ver pág. 39).

La planta que vive a más profundidad

En octubre de 1984, mientras reconocían con un sumergible un monte submarino inexplorado en la isla de San Salvador, Bahamas, los botánicos retirados del Smithsonian Mark y Diane Littler (ambos de EE.UU.) recogieron un tipo de alga roja coralina que crecía a 269 m de profundidad. Esta planta de color marrón es capaz de realizar la fotosíntesis a pesar de que el 99,9995 % de la luz del sol no puede llegar hasta ella.

El tornado medido más grande

EE.UU. es tristemente célebre por su temporada de tormentas (de junio a noviembre), en particular en la franja de estados que van de Texas a Dakota del Sur, conocida como «Tornado Alley». El 31 de mayo de 2013, un tornado de 4,18 km de diámetro (equivalente a 1.900 campos de fútbol) golpeó El Reno, en Oklahoma. El Servicio Meteorológico Nacional de EE.UU. midió esta supertormenta.

Los días 27 y 28 de abril de 2011, durante una tormenta de cuatro días en el sur de EE.UU., la Organización Meteorológica Mundial registró 207 tornados, la **mayor cantidad de tornados en 24 horas**.

La mayor subida de la marea

La bahía de Fundy, que separa las provincias de Nueva Escocia y New Brunswick, en la costa atlántica de Canadá, experimenta la mayor subida media de la marea del mundo. Durante el equinoccio de primavera, la carrera de marea puede llegar a los 14,5 m.

LA MAYOR CONCENTRACIÓN DE CAÑONES DE RANURA

Los cañones de ranura son simas con aberturas muy estrechas, formadas en rocas sedimentarias como resultado de tormentas de arena e inundaciones repentinas. La meseta de Colorado, en el suroeste de EE.UU., alberga más cañones de ranura que cualquier otro lugar de la Tierra (unos 10.000). En la imagen de arriba se muestra el cañón del Antílope, en Arizona, uno de los más fotografiados del mundo.

El volcán más septentrional

El monte Beerenberg, de 2.276 m de altura, se encuentra a 71° N en la isla de Jan Mayen, en el mar de Groenlandia. Su última erupción tuvo lugar en 1985.

Más al norte (latitud 75,1° N), se encuentra la árida isla de Devon, en la bahía de Baffin, Canadá. Gran parte de sus 55,247 km² están cubiertos de hielo y barrancos helados, y es la **isla deshabitada más grande**.

Todavía más al norte está Oodaaq, un diminuto islote en el norte de Groenlandia que fue descubierto en 1978. Ubicado a 83,67° N, ha sido descrito como el **punto de tierra firme más septentrional**, aunque algunos geólogos argumentan que se trata de una banco de grava transitorio, y no de auténtica tierra.

EL LAGO DE AGUA DULCE CON UNA SUPERFICIE MÁS GRANDE

El lago Superior (arriba), en la frontera entre EE.UU. y Canadá, es el más extenso de los Grandes Lagos, con una superficie total de 82.414 km². Alcanza una profundidad máxima de 406 m.

Por su parte, el **lago más grande en un solo país** es el vecino lago Michigan, cuyos 57.800 km² se encuentran en su totalidad dentro de EE.UU.

EL DESIERTO MÁS HÚMEDO

Aunque puede alcanzar los 40 °C en verano, el desierto de Sonora recibe anualmente entre 76 mm y 500 mm de lluvia, y en ciertas regiones las precipitaciones suelen ser mayores. Este desierto, que se extiende por el sur de Arizona y California, EE.UU, y por áreas de los estados mexicanos de Sonora y Baja California, tiene la particularidad de experimentar dos estaciones húmedas, una entre diciembre y marzo y otra entre julio y septiembre.

EL GÉISER MÁS ALTO

Entre los géiseres activos, el más grande es el géiser Steamboat, en el parque nacional de Yellowstone, Wyoming, EE.UU. Sus erupciones pueden alcanzar los 91,4 m de altura.

Pese a ello, no es el **géiser más alto de todos los tiempos**, récord que ostenta el géiser Waimangu, en Nueva Zelanda, que en 1903 lanzaba chorros de agua y materia a unos 460 m de altura a intervalos de entre 30 y 36 horas. Se mantiene inactivo desde 1904.

ENE 17 En 1989, Shirley Metz y Victoria «Tori» Murden (ambas de EE.UU.) se convierten en las **primeras mujeres en llegar al Polo Sur por tierra**, al formar parte de la South Pole International Overland Expedition, compuesta por once personas.

ENE 18 En 1896, los equipos de la Universidad de Iowa y la Universidad de Chicago (ambos de EE.UU.) disputan el **primer partido de baloncesto universitario** en el Iowa City Armory, EE.UU.

LA GARGANTA TERRESTRE MÁS GRANDE

Con sus 446 km de longitud, el Gran Cañón, en Arizona, EE.UU., es uno de los accidentes geográficos más icónicos de Norteamérica. El río Colorado, que todavía fluye por él, se ha encargado de tallarlo a lo largo de millones de años. El abismo se hunde hasta 1,6 km de profundidad, y sus bordes norte y sur están separados por distancias que van de 0,5 a 29 km.

Serían necesarios más de 3.700 billones de litros de agua para llenar el Gran Cañón. Si se vertiera todo el agua de todos los ríos del mundo en esta garganta gigantesca, ¡solo se conseguiría llenar hasta la mitad!

EL ÁRBOL CON EL DIÁMETRO DEL TRONCO MÁS GRANDE

Un ciprés de Montezuma de 2.000 años de edad (*Taxodium Mucronato*, detalle y abajo) en Santa María, Tule, Oaxaca, México, tenía un diámetro de aproximadamente 36,2 m cuando se midió en 2005. Según la leyenda local, el «Árbol del Tule» fue plantado por un dios azteca de la tormenta.

El **árbol con el diámetro más grande de todos los tiempos** fue un castaño europeo (*Castanea sativa*) que creció en el monte Etna, Sicilia, Italia. Según la medición realizada en 1780, alcanzaba los 57,9 m. El tronco todavía existe, aunque troceado.

LOS CRISTALES DE YESO MÁS GRANDES

La Cueva de los Cristales, descubierta en 2000, se encuentra en el subsuelo del desierto de Chihuahua, México. La combinación de agua saturada de minerales y el calor intenso que irradia el magma que pasa por debajo de la cueva generaron las condiciones idóneas para la floración de yeso durante 500.000 años. El cristal más grande mide 11 m de largo, aproximadamente lo mismo que un autobús escolar.

ENE 19 En 2010, el gobierno popular de la ciudad de Yichun, en China, promueve la **escultura de hielo más alta**, una figura de un dinosaurio de 16,22 m, casi tres veces la altura de una jirafa adulta.

ENE 20 El demócrata John F. Kennedy (nacido el 29 de mayo de 1917) es proclamado presidente de EE.UU. en 1961 con 43 años y 236 días: el **presidente electo más joven**.

17

SUDAMÉRICA

POBLACIÓN
422,5 millones

SUPERFICIE TOTAL
17,84 millones de km²

PAÍSES
12

MONTAÑA MÁS ALTA
Aconcagua: 6.962 m

LAGO MÁS GRANDE
Titicaca: 8.372 km²

RÍO MÁS LARGO
Amazonas: 6.400 km

La cordillera continental más larga

La cordillera de los Andes, que se extiende a lo largo de 7.600 km por la costa occidental de la región, suele recibir el apelativo de «columna vertebral de Sudamérica». En ella encontramos alrededor de 100 picos que superan los 6.000 m de altura.

Los Andes también albergan una gran riqueza natural. Según un estudio global sobre la diversidad de aves en las cordilleras más grandes del mundo publicado en la revista *Nature* en enero de 2018, la cordillera andina es el hogar de al menos 2.422 especies de aves, cifra que la convierte en la **cordillera con una avifauna más diversa**.

El lago apto para la navegación comercial a más altura

El lago Titicaca se encuentra a 3.810 m sobre el nivel del mar, en la frontera entre Bolivia y Perú en la zona del Altiplano, la segunda meseta más grande del mundo después de la meseta Tibetana en Asia. Con una profundidad máxima de 180 m, incluso los grandes buques de carga podrían navegar por él.

El período de sequía sostenida más largo

Además de acoger el **lugar más seco** (ver abajo a la derecha), Chile, el **país más estrecho**, también soportó la sequía sostenida más larga. Según la Organización Meteorológica Mundial, entre octubre de 1903 y enero de 1919 no cayó una sola gota de agua en la ciudad de Arica. En total, 172 meses, ¡o más de 14 años!

El campo de géiseres activo a más altura

El Tatio, situado a 4.300 m sobre el nivel del mar en el norte de Chile, acoge más de 80 géiseres activos, así como piscinas de barro y aguas termales. Con una extensión de unos 30 km², es el campo de géiseres más grande en el hemisferio sur. Debido a su altura, el agua hierve aquí a 86,6 °C, en lugar de a los a 100 °C a que lo hace a nivel del mar.

El Tatio también acoge el **géiser más regular**. A lo largo de seis días en 2012, «El Jefe», como es conocido, registró 3.531 erupciones a intervalos de apenas 132,2 segundos.

La laguna más grande

La Lagoa dos Patos se encuentra en la costa del Río Grande del Sur, en el sur de Brasil. Con 280 km de largo y 9.850 km² de área, una estrecha lengua de arena la separa del océano Atlántico. Debe su nombre a las muchas aves acuáticas que acuden allí, entre ellas patos, garzas, somormujos y flamencos.

El cráter de impacto más reciente en la Tierra

El 15 de septiembre de 2007, una condrita (meteorito pedregoso) cayó sobre un cauce seco cerca del pueblo de Carancas, al sur del lago Titicaca, en Perú, y formó

LA CUMBRE MONTAÑOSA A MÁS DISTANCIA DEL CENTRO DE LA TIERRA

El Everest (ver pág. 25) es la **montaña más alta medida desde el nivel del mar**, y el Mauna Kea, en Hawái (ver pág. 16), es la **montaña más alta medida desde su base submarina**, pero el monte Chimborazo, en Ecuador, supera a ambos medido desde el núcleo de la Tierra. Debido al fenómeno conocido como «bulto ecuatorial», la cumbre de este pico andino se encuentra a 6.384,4 km del centro del planeta, y bate al Everest por poco más de 2 km.

una depresión de 14,2 m de ancho y al menos 3,5 m de profundidad. Es uno de los escasísimos impactos de meteoritos presenciados por humanos.

La mayor concentración de rayos

Según las observaciones realizadas entre 1998 y 2013 en el lago Maracaibo, en el sur de Venezuela, las tormentas acaecidas durante 297 noches arrojaron una media de 233 rayos anuales por km². El fenómeno se explica por el modo en que el aire húmedo y caliente interactúa con las montañas circundantes.

El desierto más pequeño

Con una superficie total de 105.200 km², un área similar al estado de Kentucky, EE.UU., el desierto de Atacama, Chile, es el más pequeño de la Tierra.

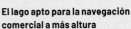

LA BROMELIÁCEA MÁS GRANDE

De la misma familia que la piña, la «reina de los Andes» (*Puya raimondii*) es una planta alpina endémica de la zona altoandina de Bolivia y Perú. Sus hojas, parecidas a las de la yuca, pueden alzarse hasta 4 m del suelo, pero su imponente flor alcanza entre 12 y 15 m. Es también la **planta de floración más lenta**. Necesita entre 80 y 150 años para producir su primera y única flor, tras lo cual muere.

EL SALAR MÁS GRANDE

Con una extensión de unos 10.000 km², el salar de Uyuni, en el suroeste de Bolivia, tiene aproximadamente 100 veces el tamaño del salar de Bonneville, en Utah, EE.UU. En época prehistórica, fue parte del lecho de un lago gigantesco de agua hipersalina que se evaporó tras el paso de muchos milenios. Hoy en día, se estima que contiene unos 10.000 millones de toneladas de sal.

EL LUGAR MÁS SECO

Entre 1964 y 2001, la media anual de precipitaciones en una estación meteorológica cercana el pueblo chileno de Quillagua, en el desierto de Atacama, fue de solo 0,5 mm. En comparación, la media anual de precipitaciones en la cuenca amazónica (ver página siguiente) es unas 4.260 veces superior.

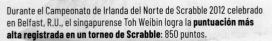

ENE 21 Durante el Campeonato de Irlanda del Norte de Scrabble 2012 celebrado en Belfast, R.U., el singapurense Toh Weibin logra la **puntuación más alta registrada en un torneo de Scrabble**: 850 puntos.

ENE 22 En 2015, en la ciudad de Nueva York, EE.UU., Bipin Larkin, como lanzador, y Ashrita Furman, como receptor, (ambos de EE.UU.) establecen el récord de **más cuchillos atrapados en un minuto** (56).

Si solo se tiene en cuenta el primer salto de agua del Kerepakupai Meru (Salto Ángel), tal como algunos hidrólogos defienden, el título recaería en el Salto del Tugela, en Sudáfrica, que se eleva hasta los 948 m y ostenta el título de la **cascada de varios niveles más alta**.

LA CASCADA MÁS ALTA

De acuerdo con las mediciones realizadas, la cascada venezolana de Kerepakupai Merú, también conocida como Salto Ángel, alcanza los 979 m de altura. Surge de lo alto del Auyantepui, una montaña de cima plana, y cae a lo largo de 807 m sobre el cañón que tiene a sus pies: la **mayor caída ininterrumpida de una cascada**. La mayor parte del agua se ha vaporizado cuando llega al fondo del cañón. Tras eso, se filtra por el suelo antes de emerger más abajo en una serie de cascadas más pequeñas que establecen la altura total, aunque este es un tema de debate (ver arriba a la izquierda).

LA SELVA TROPICAL MÁS GRANDE

La Amazonia se extiende a lo largo de nueve países, ocupa un área de al menos 6,24 millones de km², y alberga más del 10 % del total mundial de especies de flora y fauna.

El río Amazonas serpentea a través de la selva a lo largo de 6.400 km y arroja 200.000 m³ de agua, el equivalente de 80 piscinas olímpicas, en el Atlántico cada segundo, cifra que lo convierte en el **río más grande (por caudal)**.

EL HUMEDAL MÁS GRANDE

El Pantanal ocupa unos 160.000 km², casi cuatro veces el tamaño de Suiza, repartidos entre Brasil, Paraguay y Bolivia. La región, famosa por su biodiversidad, acoge especies como la anaconda verde (la **serpiente más pesada**) y los capibaras (el **roedor más grande**, ver pág. 49), así como plantas exóticas como la *Victoria amazonica*, el **lirio de agua más grande** (imagen de arriba).

ENE 23 El pakistaní Mohammad Hanif batea durante 16 h y 10 min para sumar 337 puntos contra el equipo de Indias Occidentales, en Bridgetown, Barbados, en 1958: la **mayor cantidad de puntos logrados por un jugador en un partido de test**.

ENE 24 En 1986, la *Voyager 2* realiza el **primer sobrevuelo de Urano**. La sonda se acerca a 81.500 km de las capas más altas de la atmósfera del planeta y se calcula que un día uraniano dura alrededor de 17 horas.

ÁFRICA

POBLACIÓN
1.256 millones

SUPERFICIE TOTAL
30,37 millones de km²

PAÍSES
54

MONTAÑA MÁS ALTA
Kilimanjaro: 5.895 m

LAGO MÁS GRANDE
Victoria: 59.947 km²

RÍO MÁS LARGO
Nilo: 6.695 km

El continente habitado desde hace más tiempo

Conocida como la «cuna de la humanidad», África es el lugar donde, hace millones de años, aparecieron los primeros humanos y los grandes simios. En 2017, se encontraron restos de cráneos y mandíbulas de al menos cinco humanos anatómicamente modernos (*Homo sapiens*) datados en hace unos 315.000 años. El hallazgo se produjo en una zona desértica de Marruecos, Jebel Irhoud, una antigua mina situada a 100 km al oeste de Marrakech. Hasta entonces, los científicos creían que el *H. sapiens* había aparecido en el este de África más de 100.000 años después.

Actualmente, también es el **continente con el mayor número de países**: 54

La cordillera más antigua

El cinturón de rocas verdes de Barberton, en Sudáfrica, conocido también como montañas de Makhonjwa, tiene una antigüedad de unos 3.600 millones de años. Las montañas alcanzan los 1.800 m sobre el nivel del mar. Se calcula que el monte Kilimanjaro, que es la montaña más alta de África, tiene «solo» 2,5 millones de años.

La isla más antigua

Situada frente a la costa sudeste de África, Madagascar se convirtió en una isla hace aproximadamente 80-100 millones de años, cuando se separó del subcontinente indio. Con una superficie de 587.041 km², es la cuarta isla más grande del mundo.

El sistema de rift más largo

El sistema de rift de África oriental, o el Gran Valle del Rift, tiene unos 4.400 km de longitud, con una anchura media de entre 50 y 65 km. Sus escarpadas laderas tienen una altura media de 600-900 m. Se estima que esta enorme grieta nace en el golfo de Adén y se extiende hasta Mozambique, en el sudeste de África. Se empezó a formar hace 30 millones de años, cuando la placa Arábiga empezó a separarse de la Africana.

El lago más largo

El lago Tanganica tiene una longitud de 673 km y es el segundo lago más profundo del planeta después del Baikal (ver pág. 24). Esta estrecha masa de agua, que hace de frontera entre Zambia, Tanzania, la República Democrática del Congo y Burundi, tiene entre 16 y 72 km de ancho.

El lago Nyos, en Camerún, es el **lago más mortífero** (el que ha causado un mayor número de muertes que no han sido por ahogamiento). La noche del 21 de agosto de 1986, una gran liberación natural de dióxido de carbono mató a entre 1.600 y 1.800 personas, así como innumerables animales.

El río más profundo

En julio de 2008, científicos del Servicio Geológico de los Estados Unidos y el Museo de Historia Natural de los Estados Unidos descubrieron que el río Congo, que atraviesa el África central, tiene una profundidad máxima de al menos 220 m.

EL LAGO TROPICAL MÁS GRANDE

Con una superficie de aproximadamente 59.947 km² según datos de 2016, el lago Victoria (conocido también como Nam Lolwe, Nyanza, Nalubaale o Ukerewe) es el lago más grande situado en el trópico. Con unos 2.424 km³ de agua, lo que equivale a 327 veces el volumen del lago Ness, en Escocia, R.U., es la principal fuente del Nilo, el **río más largo del planeta**.

El punto más profundo del río Támesis, en Londres, R.U., es de unos 20 m.

La mina de diamantes más grande

Con 1,18 km², la mina a cielo abierto de Orapa, en Botsuana, tiene una superficie equivalente a 165 campos de fútbol.

Solo en 2017, se extrajeron aproximadamente 9,8 millones (1.960 kg) de quilates, según Paul Zimnisky, analista independiente de la industria del diamante.

En 2014, el delta del Okavango se convirtió en el lugar número 1.000 que entró a formar parte de la Lista del Patrimonio Mundial de la UNESCO.

EL «BOSQUE DE PIEDRA» MÁS GRANDE

El Gran Tsingy, en el oeste de Madagascar, es un bosque de 600 km² formado por unas puntiagudas agujas calcáreas que datan del Jurásico. Con el tiempo, la lluvia ha ido erosionando la piedra caliza, que se ha transformado en un espectacular paisaje de elevados picos con una altura de hasta 90 m.

EL MAYOR DELTA INTERIOR DE UN RÍO

Los 40.000 km² que forman el delta del Okavango, en Botsuana, son una inmensa llanura regada por las crecidas del río homónimo, que nace en las tierras altas de Angola. Una superficie de más de 14.000 km² se inunda al menos una vez cada diez años. En la región viven leones, elefantes, más de 400 especies de aves y unas 70 especies de peces. El *mokoro*, un tipo de canoa, es el medio de transporte tradicional en el delta.

ENE 25
En 2013, se constata que un pelo de la barriga de Elaine Martin (EE.UU.) alcanza los 16,77 cm, en Owensboro, Kentucky, EE.UU: el **pelo de una barriga más largo**. «¡Es digno de ver!», asegura la protagonista.

ENE 26
En 1972, la azafata de vuelo yugoslava Vesna Vulović sobrevive milagrosamente cuando el DC-9 en el que trabaja explota a 10.160 m de altura. Es la **caída a mayor altura a la que se ha sobrevivido sin paracaídas**.

El Sáhara es más grande que EE.UU. y su superficie es aproximadamente el doble de la selva amazónica.

EL DESIERTO CÁLIDO MÁS GRANDE

Cerca de una octava parte de la superficie del mundo es árida, al registrarse menos de 25 cm de precipitaciones al año. El Sáhara es el desierto cálido más grande (ver pág. 28 para el **desierto más grande del planeta**). En su punto más largo, mide 5.150 km de este a oeste, mientras que de norte a sur su longitud oscila entre los 1.280 y 2.250 km. Tiene una superficie de 9,1 millones de km².

Dos tercios de África se han convertido en desierto o zona árida, por lo que es el **continente más afectado por la desertificación**; un tercio de África sufre una desertificación moderada o grave. Ello se debe a varias causas naturales, como la variación climática y la erosión del suelo, aunque la actividad humana, como la agricultura superintensiva, la deforestación e incluso la migración de refugiados ha agravado el proceso. En la imagen superior, la arena del desierto invade el interior de una vivienda en Kolmanskop, una antigua ciudad minera, ahora abandonada, en el sur de Namibia.

EL DESIERTO CON MÁS AÑOS DE ANTIGÜEDAD

El Namib es un desierto costero de 2.000 km de longitud que se extiende por Angola, Namibia y Sudáfrica, y que registra menos de 10 mm de precipitaciones anuales. Ha sido una zona árida o semiárida durante al menos 80 millones de años debido a la masa de aire frío y seco que impulsan las gélidas aguas de la corriente oceánica de Benguela.

EL TORRENTE DE LAVA MÁS RÁPIDO

El monte Nyiragongo es un volcán en escudo situado en la República Democrática del Congo. Cuando hizo erupción el 10 de enero de 1977, la lava, que es muy fluida debido a su bajo contenido en sílice, se filtró por las grietas de sus flancos y circuló a una velocidad de hasta 60-100 km/h.

En el interior del cráter del Nyiragongo (arriba) se encuentra el **mayor lago de lava**, con aproximadamente 250 m de diámetro y 600 m de profundidad.

ENE 27 En 2018, el Grupo de Escuelas Kaligi Ranganathan Montford (India) concentra al **mayor número de personas intentando resolver un cubo de Rubik** (3.997), en el estadio Jawaharlal Nehru de Chennai, India.

ENE 28 En 2017, Diplom-Is (Noruega) construye la **mayor pirámide con bolas de helado**, en Strömstad, Suecia. La estructura final mide 1,1 m de alto y contiene 5.435 bolas de helado.

EUROPA

POBLACIÓN
741,4 millones*

SUPERFICIE TOTAL
10,18 millones de km²*

PAÍSES
51*

MONTAÑA MÁS ALTA
Elbrus: 5.642 m

LAGO MÁS GRANDE
Ladoga: 17.700 km²

RÍO MÁS LARGO
Volga: 3.530 km

*Solo se contabilizan los territorios europeos de los países transcontinentales.

El país más pequeño

El Estado de Ciudad del Vaticano es un enclave dentro de la capital de Italia, Roma, que ocupa apenas 0,44 km², por lo que cabría hasta ocho veces en el Central Park de Nueva York, EE.UU. El 11 de febrero de 1929, el gobierno italiano reconoció su soberanía bajo los términos fijados por el Tratado de Letrán.

La Ciudad del Vaticano también tiene la **frontera terrestre más corta**, 3,2 km de línea divisoria que la separan de Italia.

La erupción volcánica continuada más prolongada

El monte Stromboli, ubicado en la isla homónima situada en el mar Tirreno, al oeste de Italia, es conocido como el «faro del Mediterráneo» debido a la regularidad sin parangón de sus erupciones. Registra actividad volcánica ininterrumpida desde al menos el siglo VII a.C., cuando fue documentada por primera vez por los colonos griegos. A unos 170 km al sur del Stromboli se encuentra otro volcán de récord, el Etna (ver página siguiente).

La masa de agua subterránea más profunda

En 2015, el buzo espeleólogo polaco Krzysztof Starnawski se sumergió hasta 265 m de profundidad en el abismo de Hranice, una cueva subacuática en la República Checa, pero no alcanzó el fondo. Un año después, dirigió un ROV (vehículo operado a distancia) en el sistema de cuevas que reveló que la profundidad era al menos de 404 m.

El relámpago más prolongado

El 30 de agosto de 2012, un relámpago de nube a nube recorrió cerca de 200 km sobre el sureste de Francia en 7,74 s. De media, un rayo dura 0,2 s. El récord fue verificado por la Organización Meteorológica Mundial en 2016.

El arrecife de creta más largo

El buzo Rob Spray y un equipo de conservacionistas descubrieron un arrecife de unos 300 millones de años en 2010. Este monumento natural contiene arcos y barrancos tallados por la marea y se extiende a lo largo de más de 32 km frente a la costa de Norfolk, R.U.

El remolino natural más fuerte

En el estrecho que separa Skjerstadfjorden y Saltfjorden, en el norte de Noruega, el agua del mar puede alcanzar los 40 km/h durante la marea. Cuando el nivel del agua llega a su punto máximo, las corrientes producen fuertes remolinos que pueden llegar a medir unos 10 m de ancho y 5 m de profundidad. Las corrientes alcanzan su intensidad máxima durante la luna llena.

El cañaveral más grande

El delta del río Danubio, situado en la costa del mar Negro repartido entre Rumania y

LOS ANILLOS DE VAPOR MÁS GRANDES

La lava y la ceniza no son las únicas sustancias que produce el volcán activo más grande de Europa (ver a la derecha). De vez en cuando, el monte Etna también emite gigantescos anillos de vórtice de vapor que pueden alcanzar los 200 m de ancho y elevarse alrededor de 1 km. Se cree que este extraño fenómeno está causado por «pulsos rápidos de gas» que son expulsados a alta presión desde pequeños respiraderos circulares.

Ucrania, está calificado como Reserva de la Biosfera por la UNESCO y es el humedal más grande de Europa. También es el lugar donde crece un cañaveral de 1.563 km², el área equivalente a 3.552 Ciudades del Vaticano (ver arriba a la izquierda). Además de albergar muchas especies animales, sobre todo aves, el cañaveral es un sistema vital de filtración natural del agua del río antes de que este desemboque en el mar.

El mar salobre más grande

Con una extensión de 377.000 km², el mar Báltico, en el norte de Europa, es la masa de agua salobre (es decir, una mezcla de agua dulce y salada) más grande del mundo. Su salinidad media va del 0,23 al 3,27 %, cifra que lo convierten en el **mar menos salado**. En comparación, el agua del mar contiene de media cerca de un 3,5 % de sal. Esta salinidad reducida es producto de la gran cantidad de agua dulce que desemboca en el mar Báltico desde los países limítrofes.

MÁS PLAYAS CON BANDERA AZUL

Olvídate del Caribe o Australia, el país con más playas con bandera azul es España, con 590 a 30 de julio de 2018. Gestionado por la Fundación Europea de Educación Ambiental (FEE), este programa internacional voluntario evalúa las playas en base a criterios estrictos relativos a la calidad del agua, la información y educación ambiental, y la gestión ambiental.

LA COLONIA CLONAL MÁS GRANDE DE PLANTAS MARINAS

En 2006, se descubrió una vasta pradera de *Posidonia oceanica* de unos 8 km de ancho al sur de Ibiza, en el archipiélago de las Baleares, España. Esta especie de planta autorreplicante forma grandes praderas en el fondo marino, y se calcula que tiene al menos 100.000 años de antigüedad.

EL ALCORNOQUE MÁS GRANDE

Plantado en 1783 en Águas de Moura, Portugal, «el Silbador» produjo 825 kg de corcho crudo en 2009, ¡lo suficiente como para 100.000 tapones de botellas de vino! El corcho se forma en la corteza de los alcornoques (*Quercus suber*) y se extrae cada nueve años aproximadamente. Este ejemplar superlativo, que debe su nombre a los cantos de las muchas aves que viven en sus ramas, fue declarado árbol europeo del año en 2018.

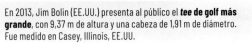
ENE 29 En 2013, Jim Bolin (EE.UU.) presenta al público el *tee de golf más grande*, con 9,37 m de altura y una cabeza de 1,91 m de diámetro. Fue medido en Casey, Illinois, EE.UU.

ENE 30 En 2018, un total de 17.303 participantes aprenden a adoptar un estilo de vida completamente sostenible en la **clase de reciclaje más multitudinaria**. El acto es organizado por Virudhunagar Toastmasters Club (India) en Tamil Nadu, India.

LA SERIE MÁS LARGA DE ERUPCIONES VOLCÁNICAS

Aunque Europa está lejos del volátil «anillo de fuego», la **mayor zona volcánica de la tierra**, que colinda con países que bordean el océano Pacífico, no es ajena a la actividad volcánica.

La primera erupción registrada en el monte Etna, en la isla italiana de Sicilia, se remonta a hace unos 3.500 años, en el 1500 a.C. El volcán más grande del continente, de 3.329 m de altura, ha entrado en erupción más de 200 veces desde entonces.

Más recientemente, el estratovolcán entró en erupción en septiembre de 2013, fenómeno que se ha repetido en algún grado después de esa fecha. El 24 de diciembre de 2018, las cenizas empezaron a surgir por la ladera del Etna, la primera «erupción lateral» que el volcán experimentaba en más de una década. Provocó un terremoto de magnitud 4,8, así como muchos temblores de menor intensidad.

EL ARRECIFE DE CORAL DE AGUAS PROFUNDAS MÁS GRANDE

El arrecife de Røst, situado frente a las islas noruegas de Lofoten (en la foto), se extiende a lo largo de un fondo marino con un área equivalente a 14 campos de fútbol. Situado a entre 300 y 400 m por debajo de la superficie, está formado principalmente de coral pedregoso *Lophelia*, que atrae a un tipo de vida marina muy diferente de la que se encuentra en los hábitats de los arrecifes tropicales.

MÁS TORNADOS POR ÁREA (PAÍS)

Entre 1980 y 2012, Inglaterra registró una media anual de 2,2 tornados por 10.000 km², lo que contrasta con los 1,3 tornados al año que se dan en EE.UU. Alrededor del 95 % de los tornados de Inglaterra pertenecían a la categoría EF0-EF1 (105-175 km/h). La foto muestra los destrozos provocados por el paso de un tornado EF2 (hasta 220 km/h) por Birmingham, R.U., en julio de 2005.

ENE 31 En 1920, Joe Malone (Canadá) logra siete tantos para los Quebec Bulldogs contra los Toronto St Patricks en Quebec, Canadá, la **mayor cantidad de goles marcados por un jugador en un partido de hockey sobre hielo de la NHL**.

FEB 1 El **primer estudio de cine**, una superestructura de madera forrada de papel negro conocido como «Black Maria», se termina de construir en 1893 en West Orange, Nueva Jersey, EE.UU. Su creación es idea de Thomas Edison (EE.UU.).

23

ASIA

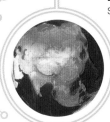

El lago más grande

Situado en la frontera entre Europa sudoriental y Asia, el mar Caspio tiene un total de 7.000 km de costa y una superficie de 371.000 km², que equivale aproximadamente a la de Japón. El mar Caspio es un lago endorreico o «cerrado», es decir, no tiene una salida directa al mar.

El lago más profundo

El lago Baikal es un lago de agua dulce de 636 km de longitud que ocupa una fosa tectónica al sudeste de Siberia. En 1999, un equipo internacional de hidrógrafos y limnólogos reevaluó los datos anteriores para crear un mapa batimétrico digitalizado más preciso del lago. Se constató que alcanzaba una profundidad de al menos 1.642 m.

El lago Baikal contiene unos 23.615 km³ de agua, casi el doble que el Lago Superior de Norteamérica, lo que lo convierte también en el **lago de agua dulce con mayor volumen**.

Las dunas de arena más altas (estacionarias)

Las grandiosas dunas del desierto de Badain Jaran, en Mongolia Interior, en el norte de China, tienen una altura media de 330 m, pero han llegado a medir entre 460 y 480 m, más que el Empire State Building. Los geólogos han descubierto que la arena contiene una gran cantidad de agua, lo que contribuye a su integridad estructural y a explicar, en parte, la majestuosa altura de estas dunas.

El desierto de arena continuo más grande

El mar de arena (o *erg*) Rub al Jali («cuartel vacío») ocupa una superficie aproximada de 560.000 km² en el desierto de Arabia. Rub al Jali está situado principalmente en Arabia Saudí, pero también se extiende en zonas colindantes de Omán, Yemen y los Emiratos Árabes Unidos.

En Arabia Saudí también se encuentra el oasis de Al-Ahsa, que ocupa unos 85,4 km² y es regado por más de 280 manantiales artesianos. Es el **oasis más grande** con 2,5 millones de palmeras datileras.

El arco natural más grande

El Xian Ren Qiao (Puente de las Hadas), una subclase de arco conocido como puente natural, se formó cuando el río Buliu atravesó la montaña de piedra caliza cárstica en la provincia de Guangxi, China. En octubre de 2010, una expedición de la Natural Arch and Bridge Society midió el arco, que tiene unos 120 m de ancho.

La flor más grande (individual)

Originaria del sudeste asiático, la *Rafflesia arnoldii* puede medir hasta 91 cm de diámetro y pesar hasta 11 kg, mientras que sus pétalos tienen un grosor de 1,9 cm. La *Rafflesia* carece de hojas, tallo y raíces. Es una planta parásita que crece en forma de enredadera en selvas tropicales. A veces se la conoce como la «flor cadáver» debido al olor a carne podrida que desprende para atraer a las moscas, una característica que comparte con la **flor más alta** (ver págs. 30-31).

EL MAR MÁS PEQUEÑO

Situado en la periferia de los océanos, por lo general un mar es una masa de agua salada que está parcialmente rodeada de tierra. Situado en Turquía, el mar de Mármara (arriba) tiene 280 km de largo y unos 80 km de diámetro en su punto más ancho. Su superficie total es de 11.350 km², con una profundidad media de 494 m.

El **mar más grande** también está situado en Asia, y es el mar de la China Meridional, con una extensión aproximada de 3,5 millones de km².

La montaña que crece más rápido

Situada en el norte del Pakistán, al oeste del Himalaya, el Nanga Parbat crece a un ritmo de unos 7 mm al año. Con sus 8.125 m sobre el nivel del mar, es la novena montaña más alta del mundo.

LA LLUVIA MÁS ABUNDANTE EN 48 HORAS

En tan solo dos días, del 15 al 16 de junio de 1995, en Cherrapunji, en el estado indio de Meghalaya, cayeron 2,493 m de lluvia, tal y como registró la Organización Meteorológica Mundial. Cherrapunji está situada a 1.313 m de altura, lo que contribuye a que experimente un índice elevado de precipitaciones anuales.

POBLACIÓN
4.463 millones

SUPERFICIE TOTAL
44,58 millones de km²

PAÍSES
49*

MONTAÑA MÁS ALTA
Everest: 8.848 m

LAGO MÁS GRANDE
Mar Caspio:
371.000 km²

RÍO MÁS LARGO
Yangtze: 6.300 km

*No se incluyen las islas-estado del Pacífico de Oceanía (págs. 26-27)

LA CASCADA CON MÁS PUENTES NATURALES

Descubierta en 1952, la Cueva de los Tres Puentes, en Tannurín, Líbano, alberga una cascada que cae desde 255 m de altura cruzando tres puentes de piedra naturales. Solo se puede presenciar en marzo y abril, cuando la nieve se derrite. La piedra caliza que la cascada atraviesa se formó en el Jurásico, hace unos 160 millones de años.

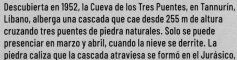

EL MAYOR FRUTO DE UN ÁRBOL

Originario de la India y Malasia, la yaca (*Artocarpus heterophyllus*) produce unos frutos de 0,9 m de largo y unos 34 kg de peso, por lo que pesa 250 veces más que una naranja. El 23 de junio de 2016, un ejemplar rompió todos los récords al pesar 42,72 kg, convirtiéndose en el **fruto de yaca más grande registrado**.

FEB 2 En 2014, el cómico Tetsuro Degawa (Japón) cubre todo su cuerpo con 674 notas adhesivas en el plató de *Grand Whiz-Kids TV*, en Shibuya, Tokio, Japón: la **mayor cantidad de notas adhesivas pegadas al cuerpo durante 5 min**.

FEB 3 Elisabeth Windisch (Alemania) presenta la **gelatina más grande** en Schmitt Waagenbau GmbH, Düsseldorf, Alemania, para que la pesen. ¡Alcanza la friolera de 512 kg!

En su punto más elevado, ¡Hang Son Đoòng es más del doble de alta que la Estatua de la Libertad!

LA CUEVA MÁS GRANDE

Atendiendo a sus dimensiones totales, la Gruta Hang Son Đoòng (Cueva del Río de la Montaña) es la galería subterránea más grande del mundo. Mide unos 200 m de alto, 150 m de ancho y al menos 6,5 km de largo. Está situada en el parque nacional Phong Nha-Ke Bang, en la provincia de Quang Binh, Vietnam.

La cueva, a la que solo se puede acceder haciendo rápel (detalle superior), fue descubierta en 1991 por Ho Khanh, un agricultor de la zona. Sin embargo, tardó otros 18 años en volver sobre sus pasos y localizarla de nuevo. En abril de 2009, lideró un equipo de espeleólogos británicos en una excursión de seis horas a través de la selva hasta Hang Son Đoòng, y consiguieron hacer una inspección parcial de la cueva.

LA MONTAÑA MÁS ALTA SOBRE EL NIVEL DEL MAR

El Everest (también llamado Sagarmatha o Chomolungma), en el Himalaya, hace de frontera natural entre el Tíbet y Nepal y tiene una altitud de 8.848 m sobre el nivel del mar. Sin embargo, el Everest no es la **montaña más alta** (ver pág. 16).

Asia es el continente con mayor distancia vertical: hay 9.278 m desde la cumbre del Everest hasta la base del valle del Jordán, que está situado a 430 m por debajo del nivel del mar.

EL CRÁTER DE METANO QUE ARDE DESDE HACE MÁS TIEMPO

Conocido como «la Puerta del Infierno», el cráter de Darvaza, de 30 m de profundidad, arde desde 1971. Está situado en un yacimiento natural de gas en el desierto de Karakum, en Turkmenistán, a unos 250 km al norte de Asjabad. Se cree que el suelo se hundió durante las perforaciones y que se le prendió fuego de forma intencionada para que se consumieran los gases tóxicos de la fuga de metano.

El aventurero George Kourounisa (Canadá) fue la **primera persona que exploró el cráter de Darvaza.** Descendió al fondo del pozo en noviembre de 2013 con un traje de aluminio ignífugo (en la imagen).

FEB 4

En 1994, el poseedor de varios récords mundiales Paddy Doyle (R.U.) realiza el **mayor número de *burpees* en una hora** (1.840), en el *pub* Bull's Head de Polesworth, Birmingham, R.U.

FEB 5

En 2016, *Didga* y su dueño Robert Dollwet (EE.UU./Australia) completan el **mayor número de trucos ejecutados por un gato en un minuto** (24), entre ellos dar la pata, hacer volteretas y montar en monopatín.

25

OCEANÍA

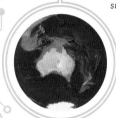

Oceanía es una región geográfica del sur del océano Pacífico que contiene numerosos países insulares, entre ellos Nueva Zelanda y Nueva Guinea. El mayor territorio con diferencia en Oceanía es el continente insular de Australia. Las cifras del panel (abajo a la izquierda) hacen referencia a toda Oceanía.

El continente más pequeño

Según la mayoría de fuentes, incluida GWR, el récord lo ostenta Australia con una anchura de oeste a este de unos 4.042 km y una superficie de 7.617.930 km².

Con una elevación media de poco más de 330 m por encima del nivel del mar, Australia es también el **continente más plano**. Su punto más alto es el monte Kosciuszko, con 2.228 m, casi la mitad que el Puncak Jaya, o Pirámide de Carstensz, en Nueva Guinea, la cima más alta de Oceanía.

El lago efímero más grande

A diferencia del lago permanente de Corangamite (ver panel de la izquierda), el lago Eyre, en el sur de Australia, normalmente contiene poca agua o está vacío, pero a veces se inunda con las intensas lluvias monzónicas. Cuando está más lleno, esta llanura salada se convierte en un mar interior temporal con una superficie de unos 9.690 km².

El atolón más grande

El atolón de Kwajalein, una de las islas Marshall del Pacífico central, es un delgado arrecife en forma de anillo de 283 km de largo. Encierra una laguna de 2.850 km², una superficie mayor que Luxemburgo.

POBLACIÓN
38,3 millones

SUPERFICIE TOTAL
8,5 millones de km²

PAÍSES
14

MONTAÑA MÁS ALTA
Puncak Jaya:
4.884 m

LAGO MÁS GRANDE
Lago Corangamite:
234 km²

RÍO MÁS LARGO
Murray: 2.508 km

LA NUBE DE SOLITÓN MÁS GRANDE

Las nubes de solitón son formaciones atípicas que mantienen su forma pese a moverse a velocidad constante. Las más largas y regulares son las nubes «*morning glory*», que retroceden y se forman en el golfo de Carpentaria, Australia. Pueden alcanzar los 1.000 km de largo y 1 km de alto, y viajar hasta 60 km/h.

La cueva marina más grande

Las mediciones de la cueva Matainaka, en la isla Sur de Nueva Zelanda, realizadas en octubre de 2012, fijaron su longitud total en 1,54 km. La cueva, fruto de la acción de las olas del océano, sigue creciendo a lo largo gradualmente.

La aguja marina más alta

Las agujas marinas son columnas de roca costeras formadas por la erosión de las olas. La Pirámide de Ball, cerca de Lord Howe Island, en el océano Pacífico, se alza 561 m, más que la CN Tower de Canadá. En 2001, unos científicos que ascendieron a ese remoto afloramiento descubrieron una pequeña colonia de insectos palo de Howe (*Dryococelus australis*), el **insecto menos común**. Considerado extinto, ahora la especie está clasificada en

«peligro crítico de extinción», con una población estimada de entre 9 y 35 ejemplares en estado salvaje.

La duna de arena costera más alta

El Mount Tempest, una duna costera en la isla Moreton, en el sudeste de Queensland, mide 280 m de alto, el triple que la Estatua de la Libertad.

La fuente termal más grande (superficie)

La anchura máxima del Frying Pan Lake (o Waimangu Cauldron) en Nueva Zelanda alcanza los 200 m y cubre unos 38.000 m². La temperatura media de su agua ácida se encuentra entre los 50 y los 60 °C.

La mayor ráfaga de viento en superficie

La mayor ráfaga de viento en superficie medida por un anemómetro alcanzó los 408 km/h. Se registró en una estación meteorológica automática de Barrow Island, Australia occidental, el 10 de abril de 1996 durante el ciclón tropical Olivia. La correcta medición de la velocidad fue ratificada por la Organización Meteorológica Mundial en 2010.

LA ORQUÍDEA MÁS ALTA

Se han registrado ejemplares de *Pseudovanilla foliata*, una orquídea que crece en los árboles en descomposición de los bosques australianos de hasta 15 m. Esta planta trepadora es un saprófito, es decir, se alimenta de materia orgánica muerta o podrida.

Originariamente el Uluru formaba parte de una cadena montañosa, pero los picos de alrededor fueron desapareciendo por la erosión.

EL MONOLITO DE ARENISCA MÁS GRANDE

El Uluru, también conocido como Ayers Rock, se alza 348 m sobre las planicies desérticas del Territorio del Norte, en Australia. Se estima que ronda los 600 millones de años de antigüedad y tiene 2,5 km de longitud y 1,6 km de anchura. El tono rojizo del Uluru se debe a la oxidación del hierro presente en la superficie de la roca.

LA MINA DE DIAMANTES NATURALES MÁS GRANDE POR VOLUMEN DE PRODUCCIÓN (MINA ÚNICA)

Según cifras de Paul Ziminsky Diamond Analytics, la mina de diamantes Argyle, en Australia Occidental, produjo 17,1 millones de quilates de diamantes naturales en 2017. También es la única fuente conocida de diamantes rosas. No obstante, debido a las reservas menguantes, se prevé el cierre de la mina para 2020.

FEB 6 En 1952, la reina Isabel II del R.U. accede al trono tras la muerte de su padre, el rey Jorge VI. A 21 de abril de 2019, llevaba reinando ininterrumpidamente 67 años y 74 días, el **reinado más largo de una monarca**.

FEB 7 En la Super Bowl XLIV de 2010, el pateador Matt Stover (EE.UU.) consigue 5 puntos con los Indianapolis Colts con 42 años y 11 días y se convierte en el **jugador más longevo en haber participado en una Super Bowl**.

EL ARRECIFE MÁS LARGO

La Gran Barrera de Coral, en el noreste australiano, mide 2.027 km de largo, aproximadamente la distancia entre R.U. y Malta. De hecho, es un «sistema de arrecifes» que comprende unas 2.900 colonias independientes que cubren 207.200 km². El coral vivo crece en pólipos muertos que pueden remontarse hasta hace 20 millones de años.

El arrecife es un ecosistema diverso pero frágil que afronta numerosas amenazas, como el «blanqueamiento», que se produce cuando las aguas calientes del océano expulsan las algas simbióticas y dejan blanco el coral. Un estudio de 2018 reveló que la Gran Barrera sufrió una ola de calor marino sin precedentes de nueve meses en 2016, cuando murió casi el 30 % del coral del arrecife.

LA SELVA TROPICAL MÁS ANTIGUA

El bosque de Daintree, en Queensland, Australia, cubre unos 1.200 km² y forma parte de las zonas húmedas del trópico de Queensland. Es el bloque contiguo único más grande de selva en Australia, y se calcula que tiene 180 millones de años de antigüedad, es decir, que data del Jurásico.

LA PENDIENTE INVERTIDA MÁS GRANDE

Situada en la cara norte de Hyden Rock, en Australia Occidental, la Wave Rock mide unos 110 m de largo y hasta 12 m de alto, con un área expuesta aproximada de 1.320 m². Está compuesta por granito de 27.000 millones de años de antigüedad, erosionado por las condiciones ácidas del suelo que lo cubría.

FEB 8

En 2004, los chefs del hotel y casino Mohegan Sun de Uncasville, Connecticut, EE.UU., elaboran el **pastel de boda más grande**. Pesa 6.818 toneladas.

FEB 9

En 2018, se inaugura el Gevora Hotel en Dubái, EAU. El edificio, de color dorado, tiene 528 habitaciones en 75 plantas y mide 356,33 m de alto, por lo que se convierte en el **hotel más alto**.

ANTÁRTIDA

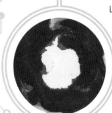

El continente con menos países

La Antártida carece de población nativa y por debajo de la latitud de 60° S no hay ningún país reconocido. Aunque son varios los que han reclamado partes del territorio antártico, en el tratado de 1959, que en la actualidad cuenta con el respaldo de 53 países, se estipuló la preservación del continente para la investigación científica pacífica que además excluye cualquier actividad militar.

Según British Antarctic Survey, si se excluyen las plataformas de hielo, la altitud media de la Antártida es de 2.194 m sobre el geoide OSU91A (un sistema que mide el nivel del mar teniendo en cuenta la forma irregular de la Tierra). Esto convierte a la Antártida en el **continente más elevado**.

El desierto más extenso

Un desierto no es más que una región con precipitaciones nulas o muy escasas. Según esta definición, el desierto más extenso del planeta es el de la plataforma de hielo antártica, que abarca más del 99 % de los 14.000.000 km² del continente antártico.

Cada año, la región recibe precipitaciones promedio «equivalentes en agua» (por ejemplo, lluvia, nieve o granizo) de unos 50 mm, que disminuyen a medida que se avanza hacia el interior. Esto significa que el de la Antártida es también el **desierto más seco**.

No resulta sorprendente que la plataforma de hielo antártica sea el **desierto más frío**. Según British Antarctic Survey, en invierno, la temperatura promedio en la costa es de -20 °C y en el interior se puede desplomar hasta superar los -60 °C. La Antártida también ha experimentado la **temperatura más baja del planeta de todos los tiempos** (ver recuadro a la derecha).

Irónicamente, y a pesar de ser un desierto, la plataforma de hielo antártica es también el **cuerpo de agua dulce más grande**: 30 millones de km² aprox., o un 70 % de toda la del mundo, aunque esté congelada. Es casi 400 veces el volumen del mar Caspio, el lago más grande (pág. 24).

Las dunas de arena más meridionales

Las dunas de arena no son exclusivas de los desiertos calientes. Las dunas del valle Victoria en la Antártida alcanzan 70 m de altura y están a unos 77,3° S.

El hielo flotante más grueso

La corriente de hielo de Rutford discurre por la cara oriental de los montes Ellsworth en la Antártida occidental. En enero de 1975, el Dr. Charles Swithinbank, junto con otros miembros del equipo del British Antarctic Survey, obtuvieron datos de radio eco-sondaje que indicaron que la corriente tiene 1.860 m de grosor en la línea de apoyo (el punto en el que empieza a flotar), aproximadamente a 77,6° S, 84,2° O, donde la corriente llega a la barrera de hielo Filchner-Ronne.

POBLACIÓN
0

SUPERFICIE TOTAL
14 millones de km²

PAÍSES
0

MONTAÑA MÁS ALTA
Monte Vinson:
4.892 m

LAGO MÁS GRANDE
Lago subglacial
Vostok:
15.000 km²

RÍO MÁS LARGO
Onyx: 32 km

EL VIENTO CATABÁTICO MÁS RÁPIDO

Estos vientos se generan a gran altitud, por el aire denso y frío que desciende por la fuerza de la gravedad, y los ejemplos más rápidos se dan en los escarpes costeros de la Antártida. En 1915, el geólogo y explorador Douglas Mawson (que dirigió la Expedición Antártica Australasiana en 1911-1914) describió haber experimentado rachas de viento con velocidades esporádicas superiores a los 270 km/h en el cabo Denison, bahía de la Commonwealth, Antártida.

LA TEMPERATURA MÁS BAJA REGISTRADA EN LA TIERRA

El 21 de julio de 1983, la temperatura en la base rusa Vostok de la Antártida se desplomó hasta los -89,2 °C, unos 54 °C por debajo de la temperatura invernal promedio en la zona. En 2018, los satélites registraron temperaturas todavía inferiores: -98 °C en la meseta antártica oriental. Sin embargo, la Organización Meteorológica Mundial mantiene que estas medidas deberían tomarse a una altura estándar en una estación meteorológica protegida. Por lo tanto GWR esperará la confirmación de pruebas de suelo antes de ratificar estos informes.

Menos luz solar

El Polo Sur no recibe luz solar durante 182 días del año. Durante seis meses, el Sol no se alza nunca por encima del horizonte. Por su parte, el Polo Norte carece de luz solar durante 176 días.

El glaciar más grande

El glaciar Lambert-Fisher mide unos 96,5 km de ancho y 402 km de largo, por lo que es también el **glaciar más largo**. Lo descubrió en 1956 la tripulación de un avión australiano durante una misión de prospección fotográfica.

El árbol más remoto

En la subantártica isla de Campbell hay una pícea de Sitka (*Picea sitchensis*) cuyo compañero más próximo está a más de 222 km de distancia, en las islas Auckland. Aunque localmente es conocido como el árbol de Ranfurly (nombre que recibe por el gobernador de Nueva Zelanda que supuestamente lo plantó en 1901), un estudio de 2017 sugirió que su plantación fue posterior.

LA MAYOR FRECUENCIA DE POLVO DE DIAMANTES

El polvo de diamantes son nubes de pequeños prismas de hielo que se forman a nivel de tierra en situaciones de inversión térmica (cuando el aire templado sobre el suelo se mezcla con el aire frío que tiene debajo). La base Plateau, una estación de investigación estadounidense (ahora inactiva) en el centro de la meseta antártica, puede experimentar un promedio de 316 días anuales de nubes de polvo de diamantes.

FEB 10 — En 2013, el club Skydive Dubái (EAU) logra el **mayor número de paracaidistas saltando desde un globo aerostático simultáneamente** cuando 25 de sus miembros se lanzan al aire sobre Dubái.

FEB 11 — En 2018, Mujtaba Hassan Mughal (Pakistán) recupera el record del **mayor número de nueces aplastadas con nunchakus en un minuto** cuando aplasta un total de 118 nueces en Karachi, Pakistán.

LA MONTAÑA ANTÁRTICA MÁS ALTA

El monte Vinson alcanza los 4.892 m sobre el nivel del mar. Forma parte de la cordillera Sentinel en los montes Ellsworth, a unos 1.200 km del Polo Sur, y fue coronado por primera vez en 1966 por un equipo combinado compuesto por miembros del American Alpine Club y de la National Science Foundation. Actualmente, forma parte del desafío de montañismo de las Siete Cumbres. Es el pico más remoto de la lista y también el último en ser conquistado.

El monte Vinson es la menos acometida de las Siete Cumbres, en parte debido a la temperatura promedio de -30 °C y a los fuertes vientos que azotan la zona.

LA PLATAFORMA DE HIELO MÁS EXTENSA

La barrera de hielo de Ross fue descubierta por el capitán James Clark Ross (R.U.) en 1841. Cubre unos 472.000 km² del mar de Ross, una gran bahía en la sección pacífica de la Antártida, y es el trozo de hielo flotante más grande del mundo. El borde de la plataforma tiene una longitud superior a los 600 km y una altura de entre 10 y 15 m, y presenta una cara casi vertical al océano Antártico.

EL MAR MÁS CLARO

El 13 de octubre de 1986, científicos del Alfred Wegener Institute de Bremerhaven, Alemania, midieron la claridad del mar de Weddell, frente a la Antártida. Sumergieron un disco de Secchi (un instrumento de 30 cm de diámetro que permite medir la transparencia del agua) en el mar hasta que dejaron de verlo. Fue visible hasta los 80 m de profundidad, unos 1,5 m más que la altura de la Columna de Nelson, en Londres.

FEB 12 En 2002, un equipo de paleontólogos a cargo del profesor Peter Doyle (R.U.) anuncia el descubrimiento del **vómito más antiguo**: una comida de 160 millones de años de antigüedad regurgitada por un ictiosaurio, un colosal reptil marino.

FEB 13 En la ceremonia de entrega de los premios Grammy 2011 en Los Ángeles, California, EE.UU., E! Entertainment (EE.UU.) organiza la **mayor reunión de imitadores de Lady Gaga** y 121 imitadores posan para los *paparazzi*.

29

RECOPILATORIO

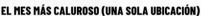

La erupción volcánica submarina a mayor profundidad documentada

En diciembre de 2015, un vehículo submarino no tripulado que buscaba fuentes hidrotermales al oeste de la fosa de las Marianas (el **punto más profundo del océano**), en el Pacífico, descubrió, a unos 4.450 m bajo el nivel del mar, una franja de 7,3 km de longitud de oscura lava vítrea, resultado de una reciente erupción a mucha profundidad. En 2016, se exploró más a fondo con vehículos operados por control remoto y los descubrimientos se publicaron el 23 de octubre de 2018 en *Frontiers in Earth Science*.

El sistema de cuevas subterráneas más largo explorado

En enero de 2018, un equipo de buceadores confirmó que el sistema Sac Actún, de 264 km de longitud, y el cenote Dos Ojos, de 84 km de longitud (ambos en la península de Yucatán, México), están conectados por un canal hasta entonces inexplorado. En julio de 2018, la longitud combinada de este sistema de cuevas submarinas se determinó en 353 km, según datos del Quintana Roo Speleological Survey. Según el protocolo de espeleología vigente, cuando se demuestra que dos o más sistemas de cuevas están conectados, la cueva resultante adopta el nombre del sistema más grande.

EL MES MÁS CALUROSO (UNA SOLA UBICACIÓN)

En 2018, se alcanzaron temperaturas de récord en todo el mundo. Desde el 1 de julio al 31 de julio, la temperatura diurna promedio en el valle de la Muerte, California, EE.UU., fue de 42,3 °C, según las lecturas de la estación meteorológica cercana al Centro de Visitantes de Furnace Creek. En cuatro días consecutivos (del 24 al 27 de julio), la temperatura superó los 52,7 °C.

El 26 de junio y durante un período de 24 horas en la ciudad costera de Quriyat (imagen en detalle), en Omán, la temperatura ambiente no bajó de los 42,6 °C, la **temperatura mínima más elevada**. La máxima ese mismo día alcanzó los 49,8 °C.

EL ÁRBOL VIVO MÁS LONGEVO

Los árboles más antiguos son los pinos longevos (*Pinus longaeva*) de las Montañas Blancas, California, EE.UU. Con el paso del tiempo, el viento, la lluvia y el hielo los han deformado y retorcido (como se aprecia en la imagen). El doctor Edmund Schulman (EE.UU.) descubrió el ejemplar más antiguo, al que llamó «Matusalén», que, en 1957, se estimó que tenía más de 4.800 años de antigüedad.

La sala subterránea más grande (volumen)

La sala Miao forma parte del sistema de cuevas de Gebihe, en el Parque Nacional Ziyun Getu He, provincia de Guizhou, China. En 2013, un equipo de geólogos dirigido por británicos y financiado por *National Geographic* cartografió la cueva con escáneres láser tridimensionales y calculó que tenía un volumen de 10,78 m³, suficiente para acomodar cuatro pirámides de Keops.

El arcoíris de mayor duración

El 30 de noviembre de 2017, miembros del departamento de Ciencias Atmosféricas de la Universidad de la Cultura China (China Taipéi) observaron al menos un arcoíris (en un momento dado hubo cuatro) de forma continuada durante 8 h y 58 min. Las observaciones se realizaron desde distintas plataformas de observación en la universidad, en la ladera de una colina en Yangminghsan, en Taipéi. La altitud del punto de observación, las condiciones atmosféricas y el ángulo del sol crearon unas condiciones ideales para la observación de este espectáculo natural.

La reserva natural a mayor altitud

El Parque Nacional del Monte Qomolangma, fundado en 1988, llega hasta la cima del Everest (8.848 m), el **punto más alto de la Tierra**. Ubicado dentro de la frontera china, abarca unos 33.810 km² de la zona central de la cordillera del Himalaya en la Región autónoma del Tíbet.

> Este no es más que un ejemplo de pino longevo. La ubicación concreta de «Matusalén» se mantiene en secreto para protegerlo del vandalismo.

LA FLORACIÓN DE MACROALGAS MÁS GRANDE

Las algas marinas de gran tamaño también son conocidas con el nombre de «macroalgas». En junio de 2018, los niveles de sargazos (*Sargassum*) marrones lograron la cobertura promedio máxima de todos los tiempos con 6.317 km², una biomasa húmeda estimada de al menos 8.900.000 toneladas. Las algas cubrieron unos 8.300 km desde el golfo de México hacia la costa occidental de África. En la imagen, unos trabajadores retiran sargazos de la playa de la bahía de Solimán, en Tulum, península de Yucatán, México.

FEB 14 En 2014, un grupo de 651 solteros y solteras en busca del amor participan en el **evento de citas rápidas más multitudinario**, celebrado en el museo de la ciencia TELUS Spark de Calgary, Alberta, Canadá.

FEB 15 Sammy *Slammy* Miller (EE.UU.) alcanza los 399 km/h al volante del vehículo *Oxygen* en el helado lago George de Nueva York, EE.UU., en 1981. Es la **mayor velocidad alcanzada con un trineo propulsado por cohetes**.

A unos 400 m bajo el nivel del mar, la reserva natural de Enot Tsukim (o Ein Feshkha) es la **reserva natural a menor altitud**. Está junto al mar Muerto y, aunque este cuerpo de agua es tan salado que las plantas no pueden sobrevivir en él, la región pantanosa de 5,8 km de longitud a sus orillas (el **humedal a menor altitud**) se considera un oasis y tiene una salinidad más reducida, gracias al agua dulce subterránea que fluye desde los montes de Judea. Sin embargo, la caída continuada del nivel del mar Muerto amenaza la supervivencia de estos humedales.

También en Israel, al suroeste del mar Muerto y a los pies del monte Sodoma, se halla la cueva Malham, la **cueva de sal más larga**, con una longitud estimada de 10 km. El hallazgo se hizo público por la Universidad Hebrea de Jerusalén (Israel), tras un estudio

LAS TURBERAS TROPICALES MÁS GRANDES

Las turberas de la Cuvette Centrale, en la cuenca del Congo, se extienden sobre unos 145.400 km², más del doble que la superficie de Irlanda. Se estima que contienen unos 30.000 millones de CO_2, o el equivalente a 20 años de las emisiones de combustible fósil actuales en EE.UU. La Cuvette Centrale son uno de los sumideros de carbono (áreas que absorben más carbono del que liberan) más importantes del planeta.

de dos años de duración. Las cuevas de sal son poco comunes y no suelen medir más de 0,8 km de longitud.

La lluvia más copiosa en un minuto

Según la Organización Meteorológica Mundial, el 4 de julio de 1956 cayó un aguacero de 31,2 mm en 60 s en Unionville, Maryland, EE.UU.

Los pigmentos biológicos más antiguos

Con una antigüedad estimada de 1.100 millones de años, los pigmentos naturales más antiguos son de color rosa, rojo y morado, según un estudio publicado en *Proceedings of the National Academy of Sciences* el 9 de julio de 2018. Los pigmentos se extrajeron de una lutita (una roca) bajo el desierto del Sáhara en la cuenca de Taoudeni, Mauritania, y superan en más de 500 millones de años de antigüedad a otros pigmentos naturales conocidos.

LA CUEVA MÁS PROFUNDA

En marzo de 2018, un grupo de espeleólogos rusos liderados por Pavel Demidov e Ilya Turbanov descendieron hasta el fondo de la cueva Veryovkina en Transcaucasia, al noroeste de Georgia, y midieron su profundidad en 2,21 km. El equipo recogió muestras de varias especies troglófilas (que habitan en cuevas) muy poco comunes y, en algunos casos, nunca antes vistas, durante los 12 días que duró la expedición.

▶ LA PLANTA MÁS ALTA

El aro gigante (*Amorphophallus titanum*) crece más alto que cualquier otra planta. En octubre de 2018, Adam Millward (derecha, en la imagen del recuadro) visitó los Jardines de Kew para certificar la altura superlativa de la especie. El espécimen de Kew alcanzaba los 3 m y casi superó el récord de todos los tiempos: Louis Ricciardiello (EE.UU., arriba) cultivó un *A. titanum* de 3,1 m de altura, confirmada el 18 de junio de 2010 en Gilford, New Hampshire, EE.UU.

Estas plantas también son conocidas como «flor cadáver», por el hedor que despiden, similar al de la carne en descomposición. El hedor se puede detectar hasta a 0,8 km de distancia. Por eso, es considerada la **planta más apestosa**.

LA ZONA OCEÁNICA MÁS RECIENTE

Un estudio de los ecosistemas de los arrecifes de coral publicado en *Nature* el 20 de marzo de 2018 describió un bioma marino diferenciado (llamada «zona rarifótica») a unos 130-309 m por debajo de la superficie del mar. Se caracteriza por la escasez de la luz y, antes, se la conocía informalmente como «arrecifes de coral de la zona de penumbra». La imagen muestra un *Stichopathes*, una especie de coral desconocida hasta entonces y descubierta en esa zona.

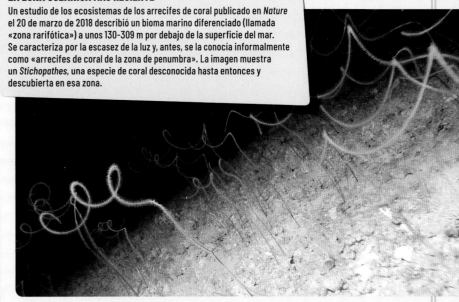

LA PRADERA TROPICAL CON MÁS BIODIVERSIDAD (FLORA)

El Cerrado, una sabana boscosa que cubre aproximadamente el 20 % de Brasil, contiene una variedad de flora superior a la de cualquier otro hábitat de pradera, con al menos 6.500 especies de plantas vasculares. El estudio comparativo se publicó en *Philosophical Transactions of the Royal Society* el 8 de agosto de 2016. El bioma también alberga a una rica variedad de fauna, como el lobo de crin (*Chrysocyon brachyurus*): el cánido más grande de Sudamérica.

FEB 16 Saeed Abdul Ghaffar Khouri (EAU) paga 14.200.000 dólares por la **matrícula de automóvil más cara**, compuesta únicamente por el dígito «1», en una subasta en Abu Dabi, EAU, en 2008.

FEB 17 En 1989, los maestros de ajedrez Ivan Nicolić y Goran Arsović (ambos de Serbia) se enfrentan en Belgrado, actual capital de Serbia, en una épica partida de 20 h y 15 min, y 269 movimientos: la **partida de ajedrez con más movimientos**.

ANIMALES

▶ EL CABALLO MÁS BAJO (MACHO)

Bombel mide 56,7 cm hasta la cruz (la parte que sobresale por debajo de los omoplatos), como se comprobó el 24 de abril de 2018 en el Kaskada Stable de Łódź, Polonia. ¡Es más bajo que un galgo! *Bombel* es un Apalusa enano que pertenece a Katarzyna Zielińska (Polonia). Aunque sus padres tenían una altura media, ya a los dos meses de vida fue evidente que el minúsculo poni de Katarzyna sería especial. No obstante, para obtener un certificado GWR, ¡se tuvo que buscar un sistema para medirlo que fuera lo suficientemente pequeño para él!

Por desgracia, en 2018 murió *Thumbelina*, la **yegua más baja**. Esta yegua enana alazana tostada, cuyos dueños eran Kay y Paul Goessling (ambos de EE.UU.), medía 44,5 cm hasta la cruz. *Thumbelina* se hizo famosa en todo el mundo cuando, en 2006, conoció el que entonces era el **caballo más alto**, *Radar*, 7,5 veces más alto que ella (abajo).

Una vez al mes, Bombel viaja a un hospital infantil para visitar a sus pacientes. «Los niños pueden cepillar su cola y su crin, ¡y les encanta jugar con él!», explicó Katarzyna, su dueña.

SUMARIO

Visualiza nuestros vídeos más salvajes
en guinnessworldrecords.com/2020.

El animal terrestre más tolerante al calor

En la naturaleza, las hormigas *Cataglyphis*, también conocidas como hormigas del desierto, que habitan en el Sáhara en el norte de África, pueden sobrevivir a temperaturas corporales de 53 °C, mientras que, en pruebas de laboratorio, la hormiga roja de la miel (*Melophorus bagoti*) alcanzó brevemente los 56,7 °C. La máxima temperatura corporal interna que el ser humano puede soportar antes de sufrir un golpe de calor es de 40 °C.

Las hormigas del desierto han desarrollado varios métodos para controlar la temperatura corporal, como unas largas piernas con las que separarse de la arena ardiente o velocidades elevadas para minimizar la exposición al sol.

La hormiga plateada del Sáhara (*C. bombycina*) es la **hormiga más rápida**. Puede alcanzar una velocidad máxima de 1,8 km/h, unas 100 veces su longitud corporal por segundo. ¡Es como si un hombre de estatura media esprintara a unos 650 km/h!

El zorro más pequeño

El feneco (*Vulpes zerda*) también habita en el Sáhara, especialmente en la zona de Argelia y Túnez. Con una longitud corporal máxima de 40 cm, es del tamaño de un gato doméstico pequeño y mide menos de la mitad que el zorro rojo más común (*Vulpes vulpes*), el **zorro más grande**. El pelaje pálido del feneco ayuda a reflejar la luz y sus enormes orejas irradian calor corporal.

El roedor más longevo

Esconderse bajo tierra permite escapar del calor implacable y eso es lo que hacen las ratas topo lampiñas (*Heterocephalus glaber*), que viven en extensas redes de túneles subterráneos que abarcan kilómetros. Son inmunes a muchas enfermedades, como el cáncer, y pueden sobrevivir con muy poco oxigeno, por lo que la esperanza de vida de estos extraordinarios animales supera los 28 años (la de un hámster raramente alcanza los 3 años).

Las ratas topo forman colonias cooperativas («eusociales»), como las de las abejas, y tienen una única reina reproductora y obreros que desempeñan diferentes tareas en beneficio de la comunidad. Esto también las convierte en los **mamíferos más eusociales**.

El hábitat más seco para un crustáceo

Aunque la mayoría de los crustáceos más conocidos, como los cangrejos y las langostas, viven en el agua o cerca, no todos estos invertebrados de caparazón duro siguen este estilo de vida. La cochinilla del desierto (*Hemilepistus reaumuri*) vive en terrenos secos de Oriente Medio y el norte de África. Puede sobrevivir en temperaturas de hasta 37 °C. Es un eslabón vital en la cadena trófica del desierto, ya que en algunas zonas, puede haber hasta 480.000 ejemplares por hectárea.

EL MOCHUELO MÁS PEQUEÑO

El mochuelo de los saguaros (*Micrathene whitneyi*), nativo de las regiones áridas de México y del suroeste de EE.UU., mide entre 12 y 14 cm de promedio y pesa menos que una pelota de tenis. Antes se creía que vivía exclusivamente en agujeros que excavaba en los cactus saguaro (imagen), pero ahora se sabe que también vive en árboles y, en ocasiones, incluso en postes de madera.

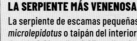

El lagarto más venenoso

Los monstruos de Gila (*Heloderma suspectum*) de México y EE.UU. tienen una DL_{50} de 0,4 mg/kg. La DL_{50} (dosis letal media) es una medida de la potencia de un veneno, basada en la cantidad de toxina necesaria para que la dosis resulte fatal para la mitad de los sujetos de estudio. Basta con entre 0,4 ml y 0,6 ml (menos de una décima parte de una cucharita) de su veneno para matar a una persona.

Por suerte, es muy poco probable que estos lagartos tímidos empleen tanto veneno en una única mordedura. Comparten su capacidad letal con la hormiga cosechadora de Maricopa (*Pogonomyrmex maricopa*). Con una DL_{50} de 0,12 mg/kg, es el **veneno de insecto más tóxico**, unas 20 veces más potente que el veneno de las abejas.

La araña más rápida

La araña acróbata marroquí (*Cebrennus rechenbergi*) ha desarrollado una manera muy ingeniosa de esquivar a los depredadores en las dunas que habita. Da volteretas hacia atrás, como los acróbatas de circo, que le permiten alcanzar hasta los 6,12 km/h.

> El canguro rojo es el **marsupial recién nacido más grande**. ¡Aunque las crías recién nacidas son del tamaño de una judía y pesan solo 0,75 g!

LA SERPIENTE MÁS VENENOSA

La serpiente de escamas pequeñas australiana (*Oxyuranus microlepidotus* o taipán del interior) tiene una DL_{50} (ver más arriba) de solo 0,01 mg/kg-0,03 mg/kg. Suele almacenar unos 60 mg de veneno en las glándulas, aunque un macho produjo 110 mg, ¡suficiente para matar a 125 personas! A pesar de su capacidad letal, hasta la fecha no se le han atribuido muertes humanas, probablemente por lo remoto de su hábitat.

EL MARSUPIAL MÁS GRANDE

El canguro rojo (*Macropus rufus*), el animal nacional australiano, mide 2,5 m de largo desde la cabeza hasta la cola. Los machos adultos pesan entre 22 y 85 kg y las hembras son algo más pequeñas. Es posible que los canguros sean conocidos sobre todo por su habilidad a la hora de dar saltos, un método supereficiente que les permite cubrir vastas distancias con el mínimo esfuerzo. El **salto de canguro más largo**, observado en 1951, fue de 12,8 m: aproximadamente la longitud de tres automóviles VW Beetle.

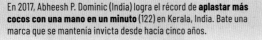

FEB 18 — En 2017, Abheesh P. Dominic (India) logra el récord de **aplastar más cocos con una mano en un minuto** (122) en Kerala, India. Bate una marca que se mantenía invicta desde hacía cinco años.

FEB 19 — En 1994, Mark Kenny (EE.UU.) cumple la ambición de toda su vida al lograr un GWR: los **50 m más rápidos caminando sobre las manos** (16,93 s). Mark practica andar con las manos desde que tenía 11 años.

EL LAGARTO CORNUDO MÁS GRANDE

El hábitat de los lagartos cornudos son los desiertos, las dunas y las praderas de EE.UU. y de México. El lagarto cornudo gigante (*Phrynosoma asio*) de la costa pacífica mexicana es el más grande conocido de su género, alcanzando longitudes de hasta 20 cm. Tanto su rostro chato como su cuerpo redondeado, que se intensifica cuando se hincha al verse amenazado, son dos características que acercan a estos reptiles a los anfibios.

Los lagartos cornudos tienen una táctica defensiva bastante truculenta para ahuyentar a depredadores. Bombean sangre a los senos bajo los ojos hasta que estallan y lanzan chorros de sangre a una distancia de hasta 11,5 m.

EL JERBO MÁS GRANDE

Los jerbos son roedores del desierto que se valen de sus largas patas traseras para saltar como los canguros (ver pág. anterior). Su técnica de huida suele consistir en saltar en múltiples direcciones y hasta a 3 m de altura para despistar a sus perseguidores. El gran jerbo (*Allactaga major*) se encuentra sobre todo en las estepas áridas de Asia central y mide 18 cm de largo. Además, tiene una cola de 26 cm que le permite mantener el equilibrio cuando realiza un salto.

LOS INVERTEBRADOS MÁS RÁPIDOS

Aunque también son conocidos como «arañas camello» y pertenecen al género de los arácnidos, los solífugos no son arañas. Estos habitantes de los desiertos del norte de África y de Oriente Medio pueden alcanzar una velocidad punta de 16 km/h. Superan la velocidad que pueden alcanzar la mayoría de los seres humanos, si excluimos a atletas como Usain Bolt, el **hombre más rápido**.

EL CAMELLO MÁS GRANDE

Con sus gigantescas pezuñas almohadilladas, largas pestañas y despensas integradas (las jorobas son depósitos de grasa), los camellos están perfectamente adaptados a la vida en el desierto. Los dromedarios (camellos con una sola joroba), de hasta 3,5 m de largo y 2,4 m hasta la cruz, son ligeramente más grandes que sus parientes cercanos, los camellos asiáticos (con dos jorobas). En la actualidad solo existen grupos salvajes y la **mayor población** de estos se encuentra en Australia, donde habitan 300.000 camellos.

FEB 20 — Catherine (1952), Carol (1953), Charles (1956), Claudia (1961) y Cecilia (1966) son hijos de Carolyn y Ralph Cummins (EE.UU.) y todos nacieron en este mismo día. Son la **mayor cantidad de hermanos nacidos el mismo día**.

FEB 21 — En 1995, Steve Fossett (EE.UU.) completa la **primera travesía del Pacífico en globo aerostático en solitario**. Parte de Seúl, Corea del Sur, el 17 de febrero y aterriza en Mendham, Saskatchewan, Canadá, a los cuatro días.

37

PRADERAS

EL ANIMAL MÁS ALTO

Las jirafas macho adultas (*Giraffa camelopardalis*), que viven en las sabanas secas y en los bosques abiertos del África subsahariana, alcanzan entre 4,6-5,5 m de altura. El cuello de entre 1,5-1,8 m (el **cuello más largo de un animal**) representa la tercera parte de su elevada estatura. Lo usan para el cortejo, para pelear con sus rivales y, junto a la enorme lengua que se extiende unos 45 cm, para llegar a las jugosas hojas de las copas de los árboles.

El animal terrestre más grande

El elefante africano de sabana macho adulto (*Loxodonta africana*) pesa unas 5,5 toneladas (aproximadamente lo mismo que cinco vacas lecheras) y mide 3,7 m hasta la cruz.

Estos herbívoros tan pesados pueden reclamar para sí varios récords relativos al tamaño. Tienen el **cerebro más pesado de todos los mamíferos terrestres** (5,4 kg, casi cuatro veces más que un cerebro humano), así como la **nariz más pesada**. Su trompa multifuncional, que usan para todo, desde sorber agua hasta comunicarse con otros elefantes y manipular objetos, pesa hasta 200 kg.

El primate más rápido

El mono patas (*Erythrocebus patas*) se pasa la mayor parte del tiempo buscando comida en las regiones semiáridas de África. Su esqueleto y su musculatura han evolucionado para poder huir rápidamente y puede alcanzar velocidades de hasta 55 km/h.

La migración de animales terrestres más larga

Para las especies que se alimentan fundamentalmente de hierba, desplazarse para encontrar pastos nuevos es un modo de vida. Las manadas de caribú de Grant (*Rangifer tarandus granti*), compuestas por cientos de miles de ejemplares, recorren hasta 4.800 km sobre la tundra y las llanuras de Canadá y Alaska (EE.UU.). A pesar de lo colosales que puedan parecer estas manadas,

EL AVE SILVESTRE MÁS ABUNDANTE

El quelea común (*Quelea quelea*) es originario de África y se estima que tiene una población adulta de unos 1.500 millones de ejemplares. En comparación, se cree que «solo» hay unos 400 millones de palomas en todo el mundo. Se conoce a los quelea como «langostas voladoras», por su capacidad de arrasar grandes extensiones de cultivo. Una bandada de 1 millón de ejemplares puede arruinar 10 toneladas de cosecha en un solo día.

no constituyen la **migración terrestre más numerosa**. El título se lo lleva el ñu azul (*Connocaetes taurinus*). Cada año, entre 1 y 2 millones de estos rumiantes se embarcan en un circuito entre Tanzania y Kenia, que los lleva a travesar el río Mara, infestado de cocodrilos.

El animal terrestre venenoso más grande

El peso de un macho adulto del dragón de Komodo (*Varanus komodoensis*) de Indonesia varía entre los 79 y los 91 kg. Con una longitud promedio de 2,59 m, es también el **lagarto más largo**. Aunque ya se sabía que su saliva contiene bacterias patógenas, hasta 2009 no se descubrió que alberga glándulas secretoras de veneno en la mandíbula inferior.

El mamífero terrestre con la lengua más larga

El oso hormiguero gigante (*Myrmecophaga tridactyla*) habita en varias regiones de América del Sur y Central, pero hacia el sur de su territorio (p. e. Uruguay, Brasil y Argentina) prefiere las templadas praderas de la pampa. Uno de sus rasgos más característicos es la larga lengua cubierta de espinas diminutas y de saliva pegajosa que se extiende hasta 61 cm fuera de la boca: seis veces el tamaño de la **lengua humana más larga**. Es perfecta para atrapar a las hormigas y a las termitas dentro de sus nidos.

El cuerpo de este mamífero mide entre 1,2 y 2 m incluyendo la cola, larga y peluda, y es también el **piloso más grande** (un grupo de mamíferos del Nuevo Mundo que comprende a los osos hormigueros, los tamandúas y los perezosos).

El pájaro volador más pesado

La avutarda kori (*Ardeotis kori*) comparte llanura con el **ave más grande** (ver pág. siguiente) y, aunque pesa hasta 18,1 kg, puede emprender el vuelo, a diferencia del avestruz. De todos modos, solo lo hace como último recurso y prefiere perseguir gusanos y reptiles entre las hierbas altas.

La mariposa más pequeña (envergadura alar)

La *Oraidium barberae*, o enana azul, vive en las praderas de Sudáfrica, pesa menos de 10 mg y tiene una envergadura alar de 1,4 cm.

EL DEPREDADOR MÁS EXITOSO

El licaón (*Lycaon pictus*) vive en manadas de 10 a 30 ejemplares en la sabana subsahariana. La combinación de capacidad de adaptación, trabajo en equipo y oportunismo le permite alcanzar entre un 50 y un 80 % de efectividad en la caza, unas probabilidades de éxito muy superiores a otros cazadores en grupo, como los leones y las hienas, cuya probabilidad de éxito se reduce al 30 %.

EL ÉQUIDO SALVAJE MÁS GRANDE

La cebra de Grévy (*Equus grevyi*) es el équido más grande sin contar las razas domésticas. Puede pesar hasta 450 kg y medir entre 140 y 160 cm hasta la cruz.

En las llanuras de Kenia y de Etiopía solo quedan unos 2.680 ejemplares de cebra de Grévy, por lo que es también la **especie de cebra más escasa**. Hay menos ejemplares de cebra de montaña (*E. zebra zebra*), aunque actualmente se considera una subespecie.

FEB 22 En 2002, Jan Hempel (Alemania) logra el **salto más largo hacia atrás en estático** (2,01 m en Múnich, Alemania), para *Guinness World records - Die Show der Rekorde*.

FEB 23 La *Mir* rusa sufre el **primer incendio en una estación espacial** en 1997, por las «velas» de perclorato de litio que le suministran oxígeno. La tripulación estuvo a punto de tener que escapar de la *Mir* en su «nave salvavidas», la *Soyuz*.

EL ANIMAL TERRESTRE MÁS RÁPIDO (LARGA DISTANCIA)

Aunque el guepardo puede vencer a cualquier animal terrestre en distancias cortas, no puede mantener esa punta de velocidad tan increíble durante más de 30 s. El berrendo (*Antilocapra americana*), por el contrario, es un corredor de larga distancia. Se ha visto a este ungulado americano correr a 56 k/h durante 6,6 km.

Todo el cuerpo del guepardo está concebido para correr. Las patas largas y la columna flexible le otorgan una zancada enorme, mientras que las garras no retráctiles le proporcionan tracción. La larga cola lo ayuda a equilibrarse en los giros bruscos.

EL ANIMAL TERRESTRE MÁS RÁPIDO (CORTA DISTANCIA)

El guepardo (*Acinonyx jubatus*) se ha adaptado a los grandes espacios abiertos de África y Asia central y puede superar los 100 km/h cuando persigue a presas como antílopes. El 20 de junio de 2012, una hembra llamada *Sara* corrió los **100 m más rápidos de un mamífero terrestre**. Tras una salida en estático, completó la carrera, organizada por el Cincinnati Zoo en la Mast Farm del condado de Clermont, Ohio, EE.UU., en 5,95 s y mejoró así la marca de Usain Bolt en 3,63 s.

100 %

EL AVE MÁS RÁPIDA EN TIERRA

El guepardo usa la velocidad para atrapar a su presa y el avestruz (*Struthio camelus*) la usa para evitar convertirse en una, precisamente. A máxima velocidad, el **ave más grande** (ver el **ave más grande de todos los tiempos** en las págs. 54-55) puede alcanzar los 72 km/h.

La velocidad no sirve de mucho si no ves venir el peligro... Afortunadamente, el avestruz es el **animal terrestre con los ojos más grandes**. Con un diámetro de 5 cm de córnea a retina, los ojos del avestruz son más grandes que su cerebro.

EL ANIMAL MIGRATORIO TERRESTRE MÁS GRANDE

El bisonte americano (*Bison bison*), símbolo de las Grandes Praderas estadounidenses (las **praderas más extensas**, pág. 16), es el animal terrestre más grande de Norteamérica y pesa un promedio de una tonelada. Comúnmente conocido como búfalo, se desplaza con las estaciones y en primavera se dirige a terrenos más elevados. Estos rumiantes colosales casi llegaron a extinguirse en la década de 1800 como consecuencia de la caza, pero ahora su población se ha recuperado y alcanza unos 500.000 ejemplares.

FEB 24 En 1988, Luciano Pavarotti (Italia) interpreta a Nemorino en la ópera de Donizetti *L'elisir d'amore* en la Ópera Alemana de Berlín, Alemania y pasa a ser el **artista que vuelve a escena más veces al ser aclamado** (165).

FEB 25 En 1956, una gallina blanca de raza livornesa pone el **huevo de gallina más pesado** en Vineland, Nueva Jersey, EE.UU. Pesa 454 g (nueve veces más que la media) y tiene dos yemas y doble cáscara.

MONTAÑAS

El felino pequeño más grande
El puma (*Puma concolor*) es el cuarto felino más grande; solo el tigre (ver pág. 44), el león y el jaguar lo superan, aunque en general no es considerado un «gran felino». Puede medir hasta 2,75 m de longitud y un macho adulto puede pesar hasta 100 kg.

También es el **mamífero con más nombres comunes**; solo en inglés existen más de 40 para designar a este felino. En español se le conoce como puma, león de montaña o gato montés, entre otros.

El mono más herbívoro
A pesar de sus impresionantes dientes caninos, el gelada (*Theropithecus gelada*), que vive en la altiplanicie de Etiopía, es herbívoro, y la hierba de los prados constituye hasta el 90 % de su alimentación. Este mono del Viejo Mundo es uno de los primates más terrestres. Sin embargo, no es el **primate que vive a mayor altitud**. Los bosques de coníferas de la cordillera de Yun-ling, en el Tíbet y la provincia de Yunnan, China, son el hábitat del langur negro de nariz chata (*Rhinopithecus bieti*), que se sabe que es capaz de vivir a 4.700 m de altitud.

La cría de mamífero placentario más pequeña en relación con el tamaño del cuerpo adulto
Un panda gigante recién nacido (*Ailuropoda melanoleuca*) es rosado y no tiene pelo. Pesa entre 60 y 200 g, lo que representa 1/900 del tamaño de su madre; como comparación, un bebé humano pesa cerca de 1/20 parte del peso de una mujer adulta.

El ungulado más meridional
El guanaco (*Lama guanicoe*) es el ungulado (mamífero con pezuñas) que vive en una latitud más meridional. Su hábitat se extiende hasta la isla Navarino (latitud 55° S), frente a la Tierra del Fuego, en Argentina, que es el punto más austral de Sudamérica. Como la vicuña (ver a la derecha), estos herbívoros son los parientes pequeños de las llamas, ya que no superan los 1,1 m de alto. Para saber cuál es el **ungulado que vive más al norte**, consulta la pág. 51.

EL OSO CON LA DIETA MÁS VARIADA
El oso andino o de anteojos (*Tremarctos ornatus*), que vive en Sudamérica, se alimenta de al menos 305 especies de plantas, principalmente bromelias y fruta, pero también cactus, musgo, helechos, orquídeas, bambú y 17 plantas de cultivo. Además, come al menos 34 tipos de animales: 22 mamíferos, nueve especies de insectos, un pájaro, un anélido (gusano con el cuerpo provisto de anillos) y un molusco. Documentado a una latitud de 23° S en el norte de Argentina, es también la **especie de oso más meridional**.

El primate más septentrional
El macaco japonés (*Macaca fuscata*) vive en la zona montañosa de Jigokudani de la isla de Honshu, Japón, cerca de la ciudad de Nagano (36,6°N). Excluyendo a los humanos, es el primate con un hábitat más septentrional. También se conocen como «monos de las nieves» y sobreviven a temperaturas de −15 °C en invierno calentándose en pozas volcánicas.

El ciervo más pequeño
Oriundo de los Andes de Colombia, Perú y Ecuador, el pudú del norte (*Pudu mephistophiles*) es el miembro más pequeño de la familia de los cérvidos. Mide 35 cm de altura hasta la cruz y pesa menos de 6 kg. El ciervo-ratón (ver pág. 45) es más pequeño, pero no es realmente un ciervo.

El camélido más bajo
Las vicuñas (*Vicugna vicugna*) están estrechamente emparentadas con la llama. Los ejemplares adultos miden una media de 90 cm hasta la cruz, que es la altura aproximada del poni de las Shetland.

La vicuña, que vive en páramos situados hasta a 4.800 m de altura en los altos Andes de Sudamérica, es también el **camélido salvaje que vive a mayor altitud**.

EL AVE RAPAZ MÁS GRANDE
Los cóndores andinos machos (*Vultur gryphus*) alcanzan una envergadura alar de 3,2 m y pesan entre 7,7 y 15 kg, lo que equivale al peso de un niño de cuatro años. Estas aves rapaces viven en la cordillera de los Andes, desde Venezuela hasta la Tierra del Fuego, al sur de Argentina. Dado su notable peso, prefieren vivir en zonas altas y ventosas, donde pueden planear en las corrientes de aire sin esfuerzo.

LAS HEBRAS DE PELO ANIMAL MÁS FINAS
Autóctono del altiplano tibetano, el chiru o antílope tibetano (*Pantholops hodgsonii*) posee unas finas hebras de pelo que miden tan solo entre 7 y 10 micrómetros de diámetro, una décima parte del grosor de un pelo humano estándar. Este fino pelaje le proporciona un aislamiento indispensable para sobrellevar la dureza de la estepa, donde la temperatura puede caer hasta −40 °C en invierno. A raíz del comercio de la valiosa lana de chiru (conocida en el lugar como *shahtoosh*), el número de ejemplares se ha reducido en gran medida. Con una población estimada de menos de 150.000 ejemplares, actualmente esta especie está incluida en la Lista Roja de Especies Amenazadas de la UICN.

FEB 26 En 2014, se estrena *En el nombre del rey 3: La última misión*, la décima película del director alemán Uwe Boll basada en un videojuego, el **director más prolífico de adaptaciones cinematográficas de videojuegos**.

FEB 27 En 2016, TangoTab and Friends (EE.UU.) reúnen al **mayor número de gente haciendo bocadillos a la vez** (2.586) en el centro de convenciones Kay Bailey Hutchison de Dallas, Texas, EE.UU.

▶ LOS DEPREDADORES TERRESTRES QUE VIVEN A MAYOR ALTITUD

El leopardo de las nieves (*Uncia uncia*, abajo), un animal esquivo y difícil de avistar, cuya distribución se extiende por 12 países en regiones montañosas del Asia central y meridional, ha sido fotografiado a una altitud de 5.800 m. En la década de 1990, se observó un puma a una altitud similar en los Andes. El leopardo de las nieves es también el **gran felino menos peligroso para los humanos**, con tan solo dos ataques confirmados.

El leopardo de las nieves es el **gran felino con la cola más larga respecto al tamaño de su cuerpo.** Su cola, de hasta 1 m de largo, mide cerca de la mitad de su longitud.

EL LAGARTO QUE VIVE A MAYOR ALTITUD

Se sabe que el lagarto de las nieves (*Phrynocephalus theobaldi*) puede llegar a vivir a una altitud de hasta 5.200 m en el lado tibetano del Everest y de hasta 5.400 m en el Tíbet occidental. Las hembras son vivíparas, una característica que es más común entre los reptiles originarios de hábitats extremos.

LA ARAÑA QUE VIVE A MAYOR ALTITUD

En 1924, se descubrió una especie de araña saltadora de la familia *Salticidae* a una altura de 6.700 m en el Everest, Nepal. Se catalogó como especie desconocida hasta que finalmente, en 1975, se describió y recibió el nombre de araña saltarina del Himalaya (*Euophrys omnisuperstes*). Su nombre científico significa, acertadamente, «la que está por encima de todo».

EL UNGULADO QUE VIVE A MAYOR ALTITUD

El hábitat del íbice siberiano (*Capra sibirica*, abajo) son las abruptas laderas y praderas alpinas del Himalaya, a más de 6.700 m de altitud sobre el nivel del mar, lo que lo convierte en el ungulado que vive a mayor altitud. Cerca, en el altiplano tibetano a 6.100 m, habitan los yaks silvestres (*Bos mutus*), por lo que son los **bovinos que viven a mayor altitud.**

FEB 28 En el Mediterranean Dive Show 2016 de Barcelona, España, Aleix Segura Vendrell (España), especialista en buceo libre, logra el **mayor tiempo conteniendo la respiración bajo el agua (hombres)**: 24 min y 3,45 s.

FEB 29 En 2004, el surfista Dale Webster (EE.UU.) pasó 10.407 días seguidos haciendo surf, el **mayor número de días consecutivos surfeando**. Prolongó la hazaña hasta 2015, con un total de 14.641 días.

41

OCÉANO ABIERTO

El pez más grande

Las medidas del esquivo tiburón ballena (*Rhincodon typus*) varían de forma notable de un estudio a otro, y también entre regiones. Los ejemplares que se han examinado hasta la fecha median entre 4 y 12 m de largo, aunque excepcionalmente una hembra que se encontró frente a las costas de la India en 2001 medía 18,8 m de longitud. A pesar de su enorme tamaño, son animales dóciles y se alimentan de plancton. Viven en las zonas más cálidas de los océanos Atlántico, Pacífico e Índico.

El pez depredador más grande

Los especímenes adultos del gran tiburón blanco (*Carcharodon carcharias*) tienen una longitud media de 4,45 m y suelen pesar entre 520 y 770 kg, aunque hay avistamientos de especímenes de hasta 10 m que no se han podido corroborar.

El **tiburón más grande de todos los tiempos** fue el megalodón o «diente grande» (*Carcharodon megalodon*), de 16 m de largo, que se extinguió hace 2,6 millones de años aproximadamente. Su nombre es muy acertado: ¡sus dientes podían ser el doble de grandes que los del gran tiburón blanco!

El tiburón más reciente

Tal como documentó la revista *Marine Biodiversity* en agosto de 2018, la especie de tiburón más reciente que se ha descrito es el tiburón gato enano falso (*Planonasus indicus*). Localizado a profundidades de 200-1.000 m, este tiburón vive en las aguas del sudoeste de la India y Sri Lanka.

La medusa más pesada

Las medusas se componen principalmente de agua y de partes blandas, por lo que es difícil determinar su peso exacto. No obstante, por su enorme tamaño corporal, volumen y masa de sus tentáculos, se calcula que la medusa melena de león (*Cyanea capillata*) pesa más de 1 tonelada.

El pez que vive a mayor profundidad

Una anguila abisal de brosmio (*Abyssobrotula galatheae*) fue capturada a 8.370 m en la fosa de Puerto Rico, en la frontera del mar Caribe y el océano Atlántico. Esto solo son 500 m menos que la altura del Everest.

La **inmersión más profunda de un mamífero** es de 2.992 m, y fue protagonizada por un zifio de Cuvier (*Ziphius cavirostris*) cerca de la costa del sur de California, EE.UU, tal y como se documentó en 2013.

El cetáceo menos numeroso

La población total en estado salvaje de la vaquita marina (*Phocoena sinus*) era de unos 30 ejemplares a noviembre de 2016. Se cree que esta cifra desciende cada año un 50 % a causa de la endogamia y de las capturas por accidente en redes de pesca. La vaquita marina, una especie de marsopa, vive exclusivamente en la parte septentrional del golfo de California, frente a la costa del noroeste de México.

El mamífero más longevo

La ballena boreal (*Balaena mysticetus*) es una especie de misticeto (no tiene dientes) que vive en las aguas árticas y subárticas. Un estudio de 1999 llevado a cabo por el Instituto Scripps de Oceanografía y el North Slope Borough Department of Wildlife Management (ambos de EE.UU.) determinaron la edad de un ejemplar en 211 años. Para ello usaron el método de datación de la racemización del ácido aspártico, que analiza los aminoácidos presentes en el cristalino del ojo. En vista de su precisión, sugieren que la edad del ejemplar de 211 años podría haber oscilado entre 177 y 245. Descubre un pez aún más longevo en la pág. 55.

El mayor número de vueltas en el aire realizadas por un delfín

Los delfines tienen fama de que les encanta jugar y dar saltos fuera del agua, pero algunas especies son más acrobáticas que otras. El delfín acróbata de hocico largo (*Stenella longirostris*) es capaz de dar siete vueltas en un mismo salto.

El ojo más grande

El calamar gigante del Atlántico (*Architeuthis dux*) es el animal con el ojo más grande de todos los tiempos (vivo o extinto). Se ha calculado que un ejemplar capturado en 1878 en la bahía de Thimble Tickle, en Newfoundland, Canadá, tenía unos ojos que medían 40 cm, casi el doble del diámetro de un balón de voleibol.

LA MIGRACIÓN DE PECES MÁS LARGA

Muchas especies de peces emprenden cada año viajes maratonianos entre sus lugares de alimentación. La distancia en línea recta más larga que se sabe que ha recorrido un pez son 9.335 km; fijó el récord un atún rojo (*Thunnus thynnus*) que salió como una flecha de Baja California, México, en 1958 y fue capturado 483 km al sur de Tokio, Japón, en abril de 1963.

EL PEZ ÓSEO MÁS PESADO

Un pez luna adulto del género *Mola* («muela» en latín) pesa alrededor de 1.000 kg y tiene una longitud media de 1,8 m entre los extremos de las aletas. El mayor ejemplar del que se tiene constancia pertenece a la especie *Mola alexandrini* (en la imagen), reconocible por su cabeza prominente, y se capturó frente a Kamogawa, Chiba, Japón, en 1996. Tenía una longitud de 2,72 m y pesaba 2.300 kg, ¡más que un rinoceronte negro adulto!

Durante muchos años, se creyó que este enorme espécimen era un pez luna de la especie *Mola mola*, pero un estudio realizado por Etsuro Sawai, de la Universidad de Hiroshima, Japón, para la revista *Ichthyological Research* del 5 de diciembre de 2017 reveló que era un ejemplar de la especie *Mola alexandrini*.

BALLENA AZUL (*BALAENOPTERA MUSCULUS*)

RÉCORD	MEDIDAS
Animal más grande	160 toneladas; 24 m
Lengua más pesada	4 toneladas
Pulmones más grandes	Capacidad de 5.000 litros
Corazón más grande	199,5 kg; 1,5 m
Pene más largo de un animal	2,4 m
Frecuencia cardíaca más baja en un mamífero	4-8 latidos por min

EL TIBURÓN MÁS VELOZ

Está comprobado que el marrajo común (*Isurus oxyrinchus*) es capaz de nadar a velocidades superiores a 56 km/h. Para cazar, primero nada por debajo de su presa para no ser descubierto y luego se lanza hacia arriba para atacarla.

El marrajo común es también el **tiburón que da los saltos más altos**, ya que es capaz de impulsarse al menos 6 m por encima del agua, aunque se han registrado saltos más altos.

MAR 1 En Chennai, India, Bhargav Narasimhan (India) logra el **menor tiempo en resolver cinco cubos de Rubik (con una mano)** en 2015, en tan solo 1 min y 23,93 s.

MAR 2 En 2017, Lyudmila Darina (Rusia) introduce el **mayor número de gente en una pompa de jabón** (374) en Omsk, Rusia. La pompa, de 2,5 m de alto, está hecha con agua, jabón, glicerina y espesantes.

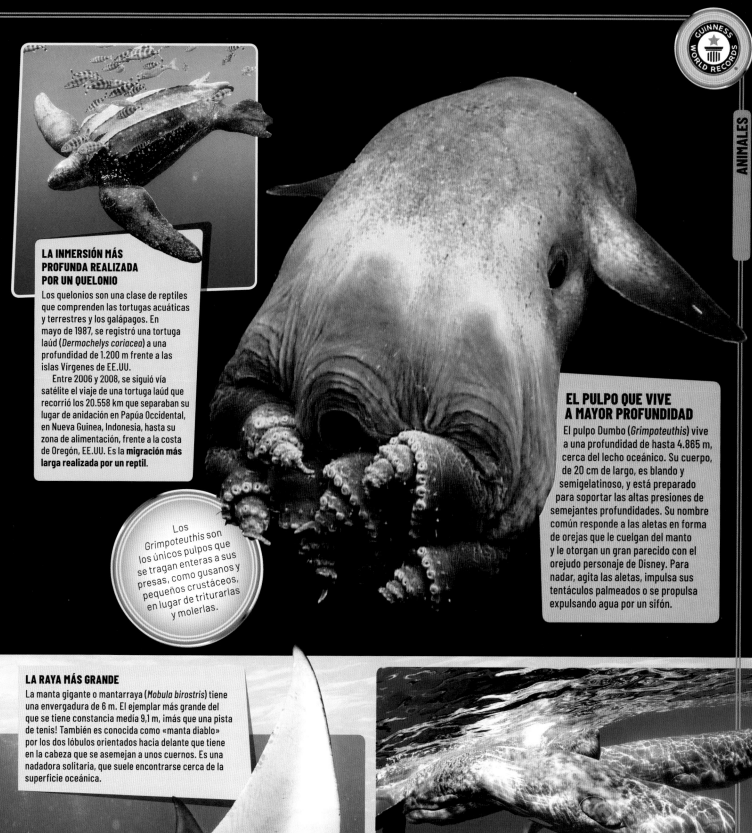

LA INMERSIÓN MÁS PROFUNDA REALIZADA POR UN QUELONIO

Los quelonios son una clase de reptiles que comprenden las tortugas acuáticas y terrestres y los galápagos. En mayo de 1987, se registró una tortuga laúd (*Dermochelys coriacea*) a una profundidad de 1.200 m frente a las islas Vírgenes de EE.UU.

Entre 2006 y 2008, se siguió vía satélite el viaje de una tortuga laúd que recorrió los 20.558 km que separaban su lugar de anidación en Papúa Occidental, en Nueva Guinea, Indonesia, hasta su zona de alimentación, frente a la costa de Oregón, EE.UU. Es la **migración más larga realizada por un reptil.**

Los Grimpoteuthis son los únicos pulpos que se tragan enteras a sus presas, como gusanos y pequeños crustáceos, en lugar de triturarlas y molerlas.

EL PULPO QUE VIVE A MAYOR PROFUNDIDAD

El pulpo Dumbo (*Grimpoteuthis*) vive a una profundidad de hasta 4.865 m, cerca del lecho oceánico. Su cuerpo, de 20 cm de largo, es blando y semigelatinoso, y está preparado para soportar las altas presiones de semejantes profundidades. Su nombre común responde a las aletas en forma de orejas que le cuelgan del manto y le otorgan un gran parecido con el orejudo personaje de Disney. Para nadar, agita las aletas, impulsa sus tentáculos palmeados o se propulsa expulsando agua por un sifón.

LA RAYA MÁS GRANDE

La manta gigante o mantarraya (*Mobula birostris*) tiene una envergadura de 6 m. El ejemplar más grande del que se tiene constancia medía 9,1 m, ¡más que una pista de tenis! También es conocida como «manta diablo» por los dos lóbulos orientados hacia delante que tiene en la cabeza que se asemejan a unos cuernos. Es una nadadora solitaria, que suele encontrarse cerca de la superficie oceánica.

EL SONIDO DE ANIMAL MÁS FUERTE

Los chasquidos unidireccionales que emiten los cachalotes (*Physeter macrocephalus*) bajo el agua pueden alcanzar los 236 decibelios; es decir, son 44 veces más intensos que un trueno. Los cachalotes usan la ecolocalización para cazar en las oscuras profundidades marinas y son capaces de detectar las vocalizaciones de sus compañeros a decenas de kilómetros de distancia.

MAR 3 — En 1923, se publica la primera edición de la revista *Time*. El 37.º presidente de los EE.UU., Richard Milhous Nixon, ostenta el récord de **mayor número de apariciones en la portada del *Time*: 55.**

MAR 4 — En 2012, *Happie* (EE.UU.) de Fort Myers, Florida, EE.UU., logra la **mayor distancia recorrida por una cabra en monopatín.** Completó los 36 m en 25 s.

SELVA TROPICAL Y BOSQUES

El reptil más pequeño

Tres especies de camaleón enano de Madagascar comparten este récord: el camaleón enano de Nosy Bé (*Brookesia minima*, arriba), el camaleón enano de Nosy Hara (*B. micra*) y el camaleón enano de la hoja de Mount D'Ambre (*B. tuberculata*). La longitud de los machos adultos de las tres especies no supera los 14 mm desde el hocico hasta la cloaca.

El loro más pesado

El kapapo (*Strigops habroptilus*) es un loro no volador confinado en tres islotes boscosos frente a la costa de Nueva Zelanda. Los machos son más grandes que las hembras y pesan hasta 4 kg en la edad adulta. En parte, este peso responde a su capacidad de acumular grasa corporal como reserva de energía.

El guacamayo jacinto (*Anodorhynchus hyacinthinus*) de Sudamérica es el **loro más largo**, con 1 m de longitud.

El insecto más pesado

Estas cuatro especies de escarabajo Goliat (familia de los escarabeidos): *Goliathus regius*, *G. meleagris*, *G. goliatus* (= *G. giganteus*) y *G. druryi* superan en peso a todos los demás insectos. En varios machos, la longitud desde el extremo de los pequeños cuernos frontales hasta el final del abdomen alcanzó los 11 cm, y el peso, los 70-100 g. Todos son endémicos de África ecuatorial.

El ciervo más grande

En septiembre de 1989, derribaron en el territorio del Yukón canadiense un alce de Alaska (*Alces alces gigas*) que medía 2,34 m hasta los omoplatos y pesaba unos 816 kg. La estatura media de las hembras es de 1,8 m.

Las **cuernas, o cornamenta, de mayor envergadura** registradas midieron 204,8 m y pertenecían a un alce cazado cerca de la bahía de Redoubt, Alaska, EE.UU., en diciembre de 1958.

EL FELINO MÁS GRANDE

Los machos de tigre siberiano (*Panthera tigris altaica*) miden entre 2,7 y 3,3 m de la nariz a la punta de la cola, y pesan entre 180 y 306 kg. El ejemplar salvaje más pesado alcanzó los 384 kg tal y como se constató en 1950.

Por el contrario, el **gato salvaje más pequeño** es el gato herrumbroso (*Prionailurus rubiginosus*) de India y Sri Lanka. La longitud de la cabeza y el cuerpo es de 35 a 48 cm, y pesa unos 1,5 kg, menos de la mitad que un gato doméstico.

LOS OJOS MÁS SEPARADOS (EN RELACIÓN CON EL TAMAÑO CORPORAL)

Las moscas de ojos saltones (familia Diopsidae) tienen pedúnculos oculares y una separación entre los ojos mayor que cualquier otro animal. En algunas especies, la distancia supera incluso su longitud corporal. Un macho grande de *Cyrtodiopsis whitei* (arriba), nativa del subcontinente indio y del sudeste asiático, tiene una longitud corporal de 7,5 mm y una distancia interocular de 10,5 mm.

El oso más pequeño

El oso malayo (*Helarctos malayanus*) vive en la India subtropical y en el sudeste asiático. Los adultos alcanzan 1,5 m de longitud y 70 cm hasta la cruz y pesan entre 30 y 65 kg, menos de una quinta parte de un oso pardo macho adulto.

A pesar de su tamaño, es el **oso con la lengua más larga**: 25 cm. La emplea para extraer miel e insectos de los troncos de los árboles y de los nidos.

El **mamífero con la lengua más larga (en relación con el tamaño corporal)** es el *Anoura fistulata*, un murciélago cuyo labio inferior está enrollado y tiene forma de tubo. Vive en los bosques nubosos de los Andes ecuatorianos y su lengua puede alcanzar los 8,49 cm de longitud, que equivale a 1,5 veces a la longitud total de su cuerpo. En la pág. 38 encontrarás el **mamífero con la lengua más larga**.

El mamífero con el período de destete más largo

Ningún mamífero desteta a sus crías más tarde que los orangutanes (género *Pongo*) de Borneo y Sumatra. Un estudio de 2017 sugiere que estos simios pueden amamantar a crías de hasta 8,8 años de edad.

El país con más anfibios

Brasil alberga al menos a 1.154 de las 7.965 especies de anfibios conocidas (a febrero de 2019), lo que significa que dentro de sus fronteras viven el 14,5 % de todos los anfibios.

Uno de ellos es el **anfibio más transparente**, la rana de cristal (familia Centrolenidae) de América del Sur y Central. La piel abdominal translúcida de esta particular rana recuerda al cristal esmerilado y deja ver los órganos internos y sus verdes huesos.

EL LÉMUR MÁS GRANDE

El indri (*Indri indri*) puede alcanzar los 72 cm de longitud. La cabeza y el cuerpo representan el 90 % de la misma y apenas tiene cola. Puede pesar hasta 7,5 kg y vive en las copas de los árboles de las selvas orientales de Madagascar. Las más de 100 especies de lémur existentes (incluida la ya extinta *Archaeoindris fontoynontii*, del tamaño de un gorila y el **lémur más grande de todos los tiempos** con hasta 200 kg de peso) son endémicas de esta isla africana.

MAR 5 La Cámara de Comercio de Santa Rosa de Cabal (Colombia) presenta el **chorizo más grande** (de 1.917,8 m de longitud) en el parque Bolívar de Santa Rosa de Cabal, Colombia, en 2011.

EL PRIMATE MÁS GRANDE

Los machos de gorila oriental de llanura (*Gorilla beringei graueri*) del Congo oriental alcanzan unos 1,75 m erguidos y pueden pesar hasta 163 kg. Viven en selvas tropicales, tanto en llanuras como en terrenos montañosos. Desde la década de 1990 (cuando había unos 170.000 ejemplares), la caza furtiva, la explotación minera y maderera y los disturbios civiles en la República Democrática del Congo han diezmado la población de la especie. Según la Wildlife Conservation Society y Fauna & Flora International, podrían quedar menos de 4.000 ejemplares.

Los gorilas construyen los **nidos de mamíferos más grandes**. Cada día, estos grandes simios construyen nuevas zonas de descanso con ramas y hojas. Las camas temporales son circulares y con un diámetro de 1,5 m.

Los gorilas orientales de llanura son una de las cuatro subespecies de estos grandes simios. Sus parientes cercanos, los gorilas occidentales (*G. gorilla*), sumaban unos 316.000 ejemplares en 2018, y aún están en peligro crítico de extinción.

EL AVE SILVESTRE CON LAS PLUMAS MÁS LARGAS

Las plumas centrales de la cola del faisán venerado (*Syrmaticus reevesii*), de los bosques montanos de China, pueden superar los 2,4 m de longitud, ¡más que la envergadura alar de un águila real! El faisán las eleva en pleno vuelo cuando quiere frenar y cambiar rápidamente de trayectoria para escapar de un depredador.

EL INSECTO CON LA VISIÓN CROMÁTICA MÁS COMPLEJA

Según una investigación publicada en 2016, la mariposa botella azul (*Graphium sarpedon*) cuenta con 15 tipos de fotorreceptores sensibles a la luz ultravioleta y a la luz visible para el ojo humano. Supera con creces los dos fotorreceptores de los ojos de los gatos, perros y caballos, los tres de los humanos y los cuatro de la mayoría de aves. Esta mariposa, nativa del sur de Asia y de Australia, acostumbra a vivir en el dosel de la selva.

EL UNGULADO MÁS PEQUEÑO

El mamífero ungulado más pequeño es el ciervo-ratón pequeño o kanchil (*Tragulus kanchil*), que crece hasta los 55 cm de longitud con una cruz inferior a los 25 cm y un peso máximo de 2,5 kg. Es fundamentalmente nocturno y vive en los densos bosques tropicales del sureste asiático. Los machos adultos se caracterizan por sus largos colmillos superiores, que sobresalen de la mandíbula.

MAR 6 — En 2010, Ian Batey (R.U.) aplasta en Dubái (EAU) 61.106 latas de refresco conduciendo un camión monstruo de 9.072 kg de peso y logra el récord de **más latas aplastadas con un vehículo en tres minutos**.

MAR 7 — En la ceremonia de los Oscars de 2010, Kathryn Bigelow (EE.UU.) se convierte en la **primera mujer que gana un Oscar a la mejor dirección** por su película *En tierra hostil* (EE.UU., 2008).

ARRECIFES Y COSTA

EL CRUSTÁCEO TERRESTRE MÁS RÁPIDO

Los cangrejos fantasma tropicales del género *Ocypode* (*O. quadrata*, arriba) habitan en madrigueras por encima de la marca de la marea alta en playas de arena, sobre todo en el límite del océano Pacífico oeste y el Índico. Pese a correr de lado y no hacia delante, alcanzan velocidades de hasta 4 m/s.

El pelaje más denso

El pelaje de la nutria marina (*Enhydra lutris*) está formado por entre 100.000 y 400.000 pelos por cm². El espesor varía según la zona del cuerpo, y el de las patas, por ejemplo, es menos denso. Las nutrias marinas viven en el noreste del Pacífico, en las costas de Canadá, EE.UU. y Rusia.

El pez que come más rápido

El pez pipa de bahía (*Syngnathus leptorhynchus*), el pez pipa de rayas azules (*Doryrhamphus excisus*) y el pez trompeta (*Macroramphosus scolopax*) pueden detectar y engullir a su presa en solo 2 milisegundos. Sus ataques son tan veloces gracias a los tendones elásticos con retroceso, que les permiten movimientos rápidos de cabeza y hocico antes de engullir su comida (sobre todo crustáceos pequeños) por succión.

La sepia más grande

La sepia gigante (*Sepia apama*) crece hasta 1 m de longitud, incluidos los tentáculos extendidos. Vive a 100 m de profundidad y está presente en el sudeste australiano en arrecifes, praderas marinas y el lecho marino. Como otros cefalópodos, cambia el color de la piel como forma de comunicación.

El ave marina fértil más longeva (espécimen)

Con por lo menos 68 años, una hembra de albatros de Laysan (*Phoebastria immutabilis*) llamada *Wisdom* puso un huevo en el Midaway Atoll National Wildlife Refuge, en el océano Pacífico, en diciembre de 2018. Hace décadas que los conservacionistas la controlan y, si todo va bien, podría ser su 37.ª cría. Estas aves solo suelen vivir unos 40 años.

El pez más tóxico

Los peces piedra (de la familia Synanceiidae) son autóctonos de las aguas bajas costeras de los océanos Índico y Pacífico. La especie *Synanceia horrida* tiene las glándulas venenosas más grandes de todos los peces conocidos. La neurotoxina inyectada por solo entre tres y seis de sus 13 espinas dorsales puede ser una dosis letal para los humanos.

Pero el veneno, a parte de inyectarse con un mordisco o una picadura, también puede ingerirse. El ○ **pez comestible más venenoso** es el pez globo (familia Tetraodontidae), que vive en el mar Rojo y en los océanos Índico y Pacífico. Su cuerpo contiene tetrodotoxina, que con solo 16 mg podría matar a un ser humano de 70 kg. Sin embargo, algunos consideran este pez (conocido como «fugu» en Japón) una delicia... ¡si se cocina con cuidado!

El material biológico conocido más fuerte

Las lapas «excavan» la roca en busca de comida con sus minúsculos dientes con una fuerza de tensión de 4,9 gigapascales (GPa), más que cualquier otra sustancia natural y la mayoría de materiales artificiales. Los dientes están hechos de nanofibras formadas a partir de goetita, con base de hierro. Este hallazgo, publicado en la revista de la Royal Society *Interface* en 2015, desbancó a la seda de araña (cuyo límite es de 4,5 GPa) como el biomaterial más fuerte. En comparación, la banda Kevlar tiene una fuerza de tensión de 3-3,5 GPa.

La especie de pingüino menos común

Clasificado «en peligro de extinción» por la UICN desde 2000, el pingüino de las Galápagos (*Spheniscus mendiculus*) tiene una población estimada de entre 1.800 y 4.700 especímenes según el último censo de 2009.

Habita en las islas Galápagos, que se extienden por el Ecuador, así que es también el **pingüino más septentrional**.

EL CABALLITO DE MAR MÁS PEQUEÑO

De media, el caballito de mar pigmeo de Satomi (*Hippocampus satomiae*) mide solo 13,8 mm de largo, menos que una uña humana. Formalmente descrita como nueva especie en 2008, este diminuto pez marino habita los mares de la isla indonesia de Derawan, frente a Borneo.

100 %

LA ESTRELLA DE MAR MÁS PESADA

La *Thromidia catalai* es autóctona del oeste del océano Pacífico. El 14 de septiembre de 1969, se capturó un espécimen de cinco brazos que pesaba unos 6 kg frente al islote Amédée, en Nueva Caledonia. Más tarde se entregó a un acuario de la capital, Numea.

LA COLONIA DE TORTUGAS VERDES MÁS GRANDE

Durante la temporada de reproducción, hasta 60.000 tortugas verdes hembra (*Chelonia mydas*) migran miles de kilómetros para poner sus huevos en Raine Island, al norte de Queensland, Australia. Más de 15.000 ejemplares pueden anidar a la vez en la playa de 1,8 km de largo de esta pequeña isla en la Gran Barrera de Coral, **el arrecife más largo del mundo** (ver pág. 27).

EL PEZ CON LA VIDA MÁS CORTA

El *Eviota sigillata* tiene una longevidad máxima registrada de solo 59 días. Es autóctono de los arrecifes de coral tropicales de los océanos Índico y Pacífico. Su vida excepcionalmente fugaz convierte a este góbido, además, en el **vertebrado con la vida más corta**.

MAR 8 — En 2004, Manuel Pérez Pérez (España) presenta el **boniato más pesado** en Güime, Lanzarote, España. Este tubérculo descomunal alcanza los 37 kg.

MAR 9 — En Los Ángeles, California, en 2017, Ali Spagnola (EE.UU.) entra en los libros de récords al lograr los **100 m más rápidos sobre una pelota saltarina (mujeres)**: 38,22 s.

EL PELÍCANO MÁS GRANDE

El pelícano ceñudo (*Pelecanus crispus*) puede llegar a alcanzar 1,8 m de largo, pesar 12 kg y tener una envergadura alar de 3,2 m. Su amplia distribución abarca desde el sur de Europa a China.

No obstante, no es el ave con el **pico más largo**. Ese título lo ostenta el pelícano australiano (*P. conspicillatus*), cuyo pico puede llegar a los 47 cm de largo, ¡casi como un recién nacido!

Los pelícanos ceñudos viven en los deltas de los ríos, estuarios y lagos. La colonia más grande, con unas 1.400 parejas reproductoras, está en el pequeño lago Prespa, en la frontera entre Grecia y Albania.

LA ANGUILA MORENA MÁS PESADA

En términos de masa, la anguila morena gigante (*Gymnothorax javanicus*) es la anguila más grande, y puede pesar hasta 30 kg, ¡como un niño de nueve años! Además, esta especie crece hasta los 3 m de largo. Las anguilas gigantes viven en lagunas y en los márgenes de los arrecifes de coral de la región indo-pacífica, y en ocasiones han llegado a atacar a submarinistas.

LA INMERSIÓN MÁS LARGA DE UNA VACA MARINA

También conocidas como sirenios, las vacas marinas son un orden de ungulados acuáticos formado por los manatís y los dugones. La inmersión más larga confirmada de un sirenio es de 24 min, y fue protagonizada por un manatí antillano (*Trichechus manatus*, a la derecha) en Florida, EE.UU.

El **sirenio más grande de todos los tiempos** fue la vaca marina de Steller (*Hydrodamalis gigas*). Los adultos medían 8-9 m de largo y pesaban hasta 10 toneladas, mucho más que cualquier sirenio moderno. Codiciado por su carne, su grasa y su piel, este mamífero marino de lentos movimientos se extinguió en 1768, solo 27 años después de ser descubierto.

MAR 10 En el festival Attukal Pongala de 2009 en Kerala, India, la **reunión anual de mujeres más grande** atrae a 2,5 millones de participantes. El acto lo organiza la Attukal Bhagavathy Temple Trust (India).

MAR 11 En 2001, Catherine Hartley y Fiona Thornewill (ambas de R.U.) parten de la Isla de Ward Hunt, Canadá, y completan en tan solo 55 días el **viaje en esquí más rápido hasta el Polo Norte (mujeres)**.

RÍOS, LAGOS Y HUMEDALES

El pez de agua dulce más pequeño

En 2006, un grupo de científicos anunció el hallazgo de un pariente transparente de la carpa, llamado *Paedocypris progenetica*, en las ciénagas de turba muy ácida de Sumatra y Sarawak, en Borneo, Malasia. El espécimen adulto más pequeño registrado fue una hembra de 7,9 mm; el macho adulto más pequeño medía 8,2 mm.

El viaje más largo de un pez de agua dulce

La anguila común (*Anguilla anguilla*) tiene que realizar un maratoniano viaje de entre 4.800 y 6.400 km para desovar. Tras vivir entre 7 y 15 años en ríos y lagos europeos, pasa a un estado reproductivo, se vuelve plateada, se le alarga el hocico y le crecen los ojos. Tras estos cambios, inicia un viaje al Atlántico occidental y sus zonas de desove del mar de los Sargazos. Todo el viaje dura aproximadamente seis meses.

Los peces anádromos son los que nacen en agua dulce, migran al mar cuando todavía son ejemplares juveniles y vuelven al agua dulce a reproducirse. El **pez anádromo más grande** es el esturión beluga (*Huso huso*), que alcanza los 2,3 m de largo de media y pesa un máximo de 130 kg. Vive en el mar Negro (desova en el río Danubio), en el mar Caspio (río Ural) y en el mar de Azov (río Don).

El insecto volador más rápido

En arranques explosivos cortos, la libélula australiana (*Austrophlebia costalis*) puede alcanzar una velocidad máxima de 58 km/h, más que un caballo al galope.

El caballito helicóptero del diablo (*Megaloprepus caerulatus*) de Centroamérica y Sudamérica es la **libélula más grande**. Puede alcanzar los 12 cm de largo y una envergadura alar de 19,1 cm.

La presa de castor más larga

En el Wood Buffalo National Park de Alberta, Canadá, puede encontrarse una presa de castor de 850 m de largo. Esta imponente construcción mide más del doble que la presa Hoover situada en el río Colorado. Fue descubierta en 2007 por el investigador ambiental Jean Thie (Canadá) cuando estudiaba fotografías satelitales de la región. Tras revisar imágenes antiguas, Thie concluyó que la presa debía ser obra de varias generaciones de castores que probablemente llevaban trabajando en ella desde mediados de la década de 1970.

EL AVE ACUÁTICA MÁS RÁPIDA

Entre los patos, gansos y cisnes, el ganso espolonado (*Plectropterus gambensis*) es el que vuela más rápido, llegando a alcanzar los 142 km/h. Debe su nombre a las «espuelas» huesudas de sus alas, que usa para luchar con aves rivales. Esta especie también es el **ave acuática más tóxica**. El ganso espolonado retiene en su cuerpo un veneno llamado cantaridina procedente de los meloidos que come a veces. Solo 10 mg de esta toxina pueden ser letales para los humanos.

El anfibio más tolerante al frío

La salamandra siberiana, también conocida como tritón siberiano (*Salamandrella keyserlingii*), y el tritón Schrenck (*S. schrenckii*) pueden soportar temperaturas de -35 °C en el permafrost de Siberia. Estos animales de sangre fría pueden aguantar condiciones extremas gracias a los químicos naturales «anticongelantes» que sustituyen el agua en su sangre y les permiten permanecer en un estado sólido de congelación en invierno y salir de su letargo en primavera. El tritón Schrenck vive sobre todo en la región rusa de Sijoté-Alin, mientras que el hábitat de la salamandra siberiana es mucho más extenso.

El **anfibio más tolerante al calor** es la rana japonesa (*Buergeria japonica*). Se han encontrado renacuajos en aguas termales (*onsen*) a temperaturas de 46,1 °C en la isla Kuchinoshima, un islote volcánico en la prefectura de Kagoshima, Japón. Vivir en aguas tan calientes puede ayudar a estos anfibios a acelerar su crecimiento y además a mejorar su inmunidad.

▶ EL GENOMA DE ANFIBIO MÁS GRANDE

Un genoma contiene todo el material genético de una especie. El ajolote (*Ambystoma mexicanum*) o salamandra mexicana tiene un genoma que contiene 32.000 millones de pares de base (unidades básicas de ADN), como mínimo 10 veces más que los presentes en el genoma humano. Este anfibio en grave peligro de extinción conserva rasgos juveniles durante toda su vida y destaca por poder regenerar partes del cuerpo.

EL DELFÍN DE RÍO MÁS GRANDE

El delfín rosado (*Inia geoffrensis*) de los ríos Amazonas y Orinoco de Sudamérica crece hasta los 2,6 m de largo. Debe su tono rosado a los vasos sanguíneos bajo la piel que regulan su temperatura corporal. Los delfines de río son más flexibles que sus parientes del océano, por eso pueden rodear árboles cuando los ríos se desbordan.

LA COLONIA DE FLAMENCOS MÁS GRANDE

En los lagos de soda del este africano vive una población permanente de 1,5-2,5 millones de flamencos enanos (*Phoeniconaias minor*), sobre todo en el norte de Tanzania. Su peculiar color se debe a las algas que comen, que crecen en los **lagos más alcalinos**, en el valle del Riff de Kenia y Tanzania. Esta agua tiene un nivel de pH de 10-12, suficiente para que salgan ampollas en la piel humana.

 MAR 12 En 2017, Kazuyoshi Miura (Japón, n. el 26 de febrero de 1967) se convierte en el **jugador profesional de fútbol de más edad en marcar un gol en un campeonato de liga** con el Yokohama FC a los 50 años y 14 días.

MAR 13 En 2018, David Smith Jr. (conocido como el *Hombre bala*) alcanza la **mayor distancia recorrida por una bala de cañón humana** (59,43 m) en el Raymond James Stadium de Tampa, Florida, EE.UU.

Esta anaconda de 6 m fue fotografiada en Venezuela en 2012. Esta especie pasa casi toda su vida en el agua (ver fotografía a la derecha, tomada en el Río Formoso, Brasil).

LA SERPIENTE MÁS PESADA

La anaconda verde (*Eunectes murinus*) habita en ciénagas, ríos y llanuras aluviales de Sudamérica y Trinidad. Hacia 1960, se encontró en Brasil una hembra que pesó 227 kg, casi lo mismo que un piano de cola, y midió 8,45 m de largo.

En la actualidad, la mayoría de herpetólogos se muestran más conservadores respecto al tamaño de esta especie, y establecen su longitud máxima en unos 7,5 m. La variada dieta de las anacondas incluye peces, pájaros, reptiles y mamíferos, como las capibaras (ver abajo).

LA TORTUGA MORDEDORA MÁS GRANDE

Natural de las Américas, este reptil debe su nombre a su tendencia a morder con las mandíbulas en forma de pico si se siente amenazado. La más grande es la tortuga caimán de EE.UU. (*Macrochelys temminckii*), que puede superar los 100 kg y medir entre 60 y 80 cm de largo. Para cazar, mueve un apéndice de la lengua que parece un gusano, con lo que consigue atraer a los peces.

EL ROEDOR MÁS GRANDE

La capibara o carpincho (*Hydrochoerus hydrochaeris*) mide entre 1 y 1,3 m, casi lo mismo que un border collie, y puede llegar a pesar hasta 79 kg. Este roedor gigante habita en la cuenca de los ríos Paraná y Uruguay y en los humedales de Argentina y Brasil. Es un animal social, y vive en familias de 10 a 20 especímenes.

En 2015, el ilusionista Rick Smith Jr. (EE.UU.) asombra a la multitud en el Great Lakes Science Center de Cleveland, Ohio, EE.UU., con el **lanzamiento más alto de un naipe**: 21,41 m al aire.

En 2009, el competidor de engullir comida Takeru Kobayashi (Japón) logra la **mayor cantidad de perritos calientes ingeridos en 3 min**: seis, en el programa de Fuji TV *Bikkuri Chojin 100 Special #2*, en Kashiwa, Japón.

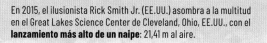

TUNDRA Y POLOS

EL BÚHO MÁS SEPTENTRIONAL

El búho nival (*Bubo scandiacus*) es nativo de las regiones árticas de Eurasia y Norteamérica y se aventura más al norte en busca de presas (principalmente aves y mamíferos medianos y pequeños) que cualquier otra ave. Es una de las pocas aves que pasan la mayoría del año en el Ártico superior y se ha avistado en una latitud de 82° N, en la isla de Ellesmere, Canadá, durante la gélida oscuridad de mediados de invierno.

El oso más grande de todos los tiempos

El *Ursus maritimus tyrannus* medía 1,83 m hasta la cruz, tenía un cuerpo de 3,7 m de longitud y un peso promedio de 1 tonelada, por lo que era casi tres veces más pesado que un oso pardo macho adulto (subespecie del *U. arctos*). Esta subespecie fósil evolucionó a partir de una población aislada de osos pardos árticos en el Pleistoceno tardío (hace 250.000-100.000 años) y fue el **mamífero terrestre carnívoro más grande de todos los tiempos**. Más abajo conocerás a su descendiente contemporáneo, que también bate récords.

El colmillo de cetáceo más largo

En el pasado, se creía que el colmillo helicoidal de marfil del narval macho (*Monodon monoceros*) era el cuerno del legendario unicornio.

El narval suele presentar un único colmillo (aparece en pares en muy raras ocasiones) que alcanza una longitud de 2 m de promedio, aunque puede llegar a superar los 3 m y pesar hasta 10 kg. Los narvales viven exclusivamente en las frías aguas del Ártico.

Los colmillos de morsa más largos

Los colmillos de las morsas (*Odobenus rosmarus*) son dientes caninos superiores muy grandes que suelen medir unos 50 cm de longitud. En 1997, se descubrieron dos colmillos de morsa superlativos en la bahía de Bristol, Alaska, EE.UU. El derecho medía 96,2 cm de longitud y su pareja era 2,5 cm más corto.

Los pingüinos que ponen menos huevos al año

Tanto el pingüino emperador (pág. siguiente) como el pingüino rey (*Aptenodytes patagonicus*) del sur de Sudamérica ponen un único huevo al año. Todas las demás especies de pingüino ponen dos.

El pingüino de las Antípodas (*Eudyptes sclateri*) pone los **huevos con el mayor dimorfismo de todas las aves (misma nidada)**. El segundo huevo (el «huevo B») puede ser entre un 80-85 % más pesado que el primero (el «huevo A»).

El pingüino más común

El pingüino macaroni (*Eudyptes chrysolophus*) es un ave crestada que habita en las islas subantárticas y en la península Antártica. Hay unas 6.300.000 parejas reproductivas, pero el abrupto descenso de su población desde la década de 1970 ha llevado a que la UICN lo clasifique como «vulnerable».

La migración más larga de un pájaro

El charrán ártico (*Sterna paradisaea*) cría al norte del círculo polar ártico, vuela al sur de la Antártida para el invierno septentrional y regresa al norte.

Este trayecto alcanza casi 80.400 km, prácticamente el doble de la circunferencia terrestre.

La subespecie de reno más pequeña

El reno de Svalbard (*Rangifer tarandus platyrhynchus*) adulto solo mide unos 0,8 m hasta la cruz y pesa unos 80 kg, la mitad que otras subespecies de reno. Son nativos de las islas Svalbard de Noruega, en el círculo polar ártico.

El mamífero con la temperatura corporal más baja

En 1987, Brian Barnes, de la Universidad de Alaska Fairbanks (ambos de EE.UU.) registró una temperatura corporal de -2,9 °C en suslics árticos (*Urocitellus parryii*) en hibernación. Estos roedores norteamericanos pueden llegar a sobrevivir a temperaturas bajo cero «superenfriando» sus fluidos corporales antes de la hibernación y expulsando así las moléculas de agua que, de otro modo, se congelarían.

La **leche de oso más nutritiva** es la del oso polar. Contiene hasta un 48,4 % de grasa y resulta vital para los oseznos, que deben sobrevivir en un entorno gélido.

EL PINNÍPEDO MÁS PELIGROSO

El suborden Pinnipedia comprende a morsas, leones marinos y focas. El leopardo marino (*Hydrurga leptonyx*) es la única especie de foca que tiene fama de atacar a seres humanos sin causa aparente. Se han documentado casos de leopardos marinos que se han lanzado a través de aperturas en el hielo para morder los pies de personas y se ha informado de como mínimo un ataque a submarinistas. En la imagen, un leopardo marino ha capturado a un desdichado pingüino adelaida.

EL OSO MÁS GRANDE

Los osos polares (*U. maritimus*) machos adultos pesan entre 400 y 600 kg y miden hasta 2,6 m de longitud de la nariz a la cola.

La especie habita en latitudes 65-85° N, por lo que es el **oso más septentrional**. También es el **mamífero terrestre con un hábitat más extenso**: las osas polares adultas de la bahía de Hudson, Canadá, disponen de vastos territorios de hasta 350.000 km², aproximadamente el tamaño de Alemania.

MAR 16 En 1952, en Cilaos, en la isla de Reunión, océano Índico, se registra la **mayor precipitación en 24 horas**. Caen un total de 1.870 mm de lluvia en un día.

MAR 17 En 2011, Reza Pakravan (Irán) completa la **travesía del Sáhara en bicicleta más veloz** en 13 días, 5 h, 50 min y 14 s. Parte de Argelia el 4 de marzo y termina su épico viaje en Sudán.

Una investigación publicada en 2018 recogió el seguimiento por satélite de 20 pingüinos emperador en el mar de Ross en 2013. Un ejemplar permaneció sumergido durante 32 min y 12 s, la **inmersión más larga de un ave**.

EL PINGÜINO MÁS GRANDE

El pingüino emperador (*Aptenodytes fosteri*) habita en el helado continente antártico. Los machos tienden a ser ligeramente más grandes que las hembras, con una altura de hasta 1,3 m y un peso de hasta 45 kg.

La especie incuba un único huevo durante un período de 62 a 67 días, la **incubación más prolongada de un pingüino**. Se encarga íntegramente el macho, algo poco habitual.

EL PINNÍPEDO MÁS GRANDE

Los machos de elefante marino (*Mirounga leonina*), nativos de las islas subantárticas, son más grandes que los osos polares. Miden unos 5 m desde el extremo de su hocico en forma de trompa (que inspira su nombre común) hasta el extremo de las aletas de la cola. Pueden pesar unos asombrosos 3.500 kg, ¡más que siete pianos de cola!

EL UNGULADO MÁS SEPTENTRIONAL

El buey almizclero (*Ovibos moschatus*) vive en la tundra de Canadá continental, en las islas del Canadá ártico y llega al extremo norte de Groenlandia, hasta los 83° N. Ha desarrollado varias características que lo ayudan a sobrevivir en este entorno tan duro, como cascos que se ensanchan como raquetas de nieve y una capa anual de lana (*qiviut*) que da ocho veces más calor que la lana de oveja.

MAR 18 En 2010, Michele Fucarino y Elisa Lazzarini (ambos de Italia) se dan el **beso bajo el agua y en apnea más largo**: dura 3 min y 24 s en Roma, Italia.

MAR 19 En 1877, finaliza el **primer partido de test de críquet** en el Melbourne Cricket Ground de Victoria, Australia. Un combinado formado por jugadores de Melbourne y Sídney derrota a un equipo inglés por 45 carreras.

ANIMALES DOMÉSTICOS

▶ **Más patitas ofrecidas alternativamente por un perro en un minuto**
El Jack Russell terrier *Jacob* le dio un «apretón de manos» a su propietaria, Rachael Grylls (R.U.), un total de 80 veces en Exeter, Devon, R.U. el 17 de febrero de 2018.

▶ **Más perros paseados a la vez por una sola persona**
El 17 de junio de 2018, la adiestradora canina profesional Maria Harman (Australia) sacó a pasear con correa a 36 perros por la Wolston Creek Bushland Reserve en Queensland, Australia.

▶ **Más objetos atrapados consecutivamente por un perro**
Hagrid, un leonberger, cazó nueve salchichas seguidas lanzadas por su propietario, David Woodthorpe-Evans (R.U.), en Salford, R.U. el 6 de septiembre de 2018.

▶ **El perro con la lengua más larga**
Mochi, el san bernardo de Carla y Craig Rickert (ambos de EE.UU.), tiene una lengua de 18,58 cm de longitud, medida en Sioux Falls, Dakota del Sur, el 25 de agosto de 2016.
Increíblemente, la lengua de *Mochi* mide aproximadamente lo mismo que el

▶ **MÁS NÚMEROS DE EXHIBICIÓN DE UN CERDO EN UN MINUTO**
Joy, una cerdita miniatura, y su propietaria, Dawn Bleeker (EE.UU.) completaron 13 números de exhibición en 60 s en Newton, Iowa, EE.UU. el 16 de enero de 2018. Algunos de los trucos de Joy fueron sacar un aro de un soporte (imagen), desplegar una alfombra e incluso tocar un piano de juguete con el hocico.

gato más pequeño de todos los tiempos.
Tinker Toy, el gato himalayo de Katrina y Scott Forbes de Taylorville, Illinois, EE.UU., medía 19 cm de longitud y 7 cm de altura ya de adulto.

▶ **El salto más largo de un gato**
Waffle the Warrior Cat (EE.UU.) saltó 2,13 m y superó el récord anterior en unos 30 cm en Big Sur, California, EE.UU., el 30 de enero de 2018.
Por su parte, el **salto más largo de un conejo** fue de 3 m. *Yabo*, adiestrado por Maria B. Jensen (Dinamarca), lo consiguió el 12 de junio de 1999 en Horsens, Dinamarca.

▶ **El conejo más longevo**
El 16 de febrero de 2019, se comprobó que el conejo agouti *Mick* tenía 16 años y 7 días. Rescatado de un refugio para animales en 2004, ahora vive con Liz Rench (EE.UU.), el perro *Sheri* y otros dos conejos en Berwyn, Illinois, EE.UU.

▶ **La tortuga más rápida**
Una tortuga leopardo llamada *Bertie* alcanzó los 0,28 m/s en el Adventure Valley de Brasside, County Durham, R.U., el 9 de julio de 2014. «Corrió» los 5,48 m de la pista en 19,59 s.

▶ **El salto más alto de un caballo miniatura**
Castrawes Paleface Orion, de Robert Barnes (Australia), logró un salto de 108 cm en Tamworth, Nueva Gales del Sur, Australia, el 15 de marzo de 2015. Es toda una hazaña si tenemos en cuenta que solo mide 93 cm hasta la cruz.

▶ **El yak con los cuernos más largos**
El 23 de diciembre de 2018, los cuernos de un yak llamado *Jericho* medían 3,46 m desde la punta de uno a la del otro pasando sobre la cabeza del bóvido. Vive en una granja de Welch, Minnesota, EE.UU., con Hugh y Melodee Smith (ambos de EE.UU.).

▶ **La llama más rápida en saltar 10 vallas**
Caspa, de Sue Williams (R.U.), saltó 10 vallas en 13,96 s en Arley Hall, Cheshire, R.U. el 6 de septiembre de 2017.

▶ **MÁS NÚMEROS DE EXHIBICIÓN DE UN CONEJO EN UN MINUTO**
Taawi, un conejo mestizo de cuatro años de edad, completó 20 trucos junto a su propietario, Aino Kivikallio (Finlandia) en Turku, Finlandia, el 15 de diciembre de 2018. Las imágenes de abajo muestran dos de ellos: hacer rodar la pelota y saltar un obstáculo. Aino ha entrenado a *Taawi* usando el refuerzo positivo y premiándolo con golosinas cada vez que aprende un nuevo truco.

▶ **EL GATO DOMÉSTICO MÁS LARGO**
El 22 de mayo de 2018, *Barivel* medía 120 cm de longitud, según se comprobó en Vigevano, Pavía, Italia. El Maine Coon aparece en la imagen con su propietaria, Cinzia Tinnirello (Italia).
El **gato doméstico más largo de todos los tiempos** fue *Mymains Stewart Gilligan* (o *Stewie*), con 123 cm, cuyos dueños fueron Robin Hendrickson y Erik Brandsness (ambos de EE.UU.).

▶ **EL BUEY MÁS BAJO**
Humphrey (derecha) es un cebú miniatura que medía 67,6 cm hasta la cruz, tal y como se confirmó el 27 abril de 2018 en la Kalona Veterinary Clinic de Iowa, EE.UU. Joe y Michell Gardner (ambos de EE.UU.) son sus queridos propietarios.
La **vaca más baja** es una vaca de raza vechur llamada *Manikyam*, que medía 61,1 cm desde la pezuña hasta la cruz el 21 de junio de 2014 en Kerala, India. Es propiedad de Akshay N. V. (India).

MAR 20
En 2010, los médicos confirman que Akshat Saxena (India) tiene 14 dedos en las manos (7 en cada una) y 20 en los pies (10 en cada uno). Es la **mayor cantidad de dedos en manos y pies (polidactilia) al nacer**.

MAR 21
En 2013, se verifica en Lakeville, Nueva York, EE.UU que Mark Temperato (EE.UU.) tiene la **batería más grande**: 813 piezas. Tardó 20 años en reunir todo el equipo, con múltiples tambores, cencerros y platillos.

▶ MÁS NÚMEROS DE EXHIBICIÓN DE UN PERRO EN UN MINUTO

El Super collie *Hero* y Sara Carson (Canadá) completaron 49 números de exhibición en 60 s en Palmdale, California, EE.UU., el 18 de febrero de 2018. Este extraordinario perro puede llevar a cabo una amplia diversidad de trucos, como atrapar un disco volador, ir en monopatín o hacer equilibrios sobre los pies de Sara. La pareja apreció en *America's Got Talent* en 2017 y quedó en quinto lugar.

EL ANIMAL CON MÁS CUERNOS

La oveja de Jacob es una raza doméstica de R.U. y América del Norte, aunque se cree que es originaria de Oriente Medio. Tanto machos como hembras acostumbran a tener cuatro cuernos, aunque algunos especímenes pueden presentar seis. Entre los que tienen cuatro cuernos, uno de los pares suele crecer en vertical y, con frecuencia, superar los 60 cm de longitud.

En el mismo programa que *Simba*, Lenny «el perro murciélago» se convirtió en el **perro más rápido en saltar cinco vallas desplazándose con un monopatín:** 2,46 s.

▶ MÁS LAZOS DE REGALO DESATADOS POR UN PERRO EN UN MINUTO

El 20 de noviembre de 2018, la Jack Russell *Simba* desató ocho lazos de paquetes de regalo en el plató de *La Notte dei Record* en Roma, Italia. *Simba* fue entrenada por su propietaria, Valeria Caniglia (Italia).

EL GATO CON MÁS SEGUIDORES EN INSTAGRAM

Nala Cat sigue siendo el felino preferido en Instagram, con 4,03 millones de seguidores a 11 de febrero de 2019. Desde que su propietaria, Varisiri Methachittiphan (EE.UU.), la rescatara de un refugio, este cruce de siamés y romano ha cautivado a la red con sus grandes ojos azules, sus gorritas cucas y su afición por acurrucarse dentro de cajas.

CERTIFICATE

Nala Cat (USA) is the most popular cat on Instagram with 3.4 million followers as of 3 May 2017

OFFICIALLY AMAZING

 MAR 22 En el Campeonato Mundial de Patinaje Artístico sobre Hielo de 1997, Tara Lipinski (EE.UU., n. el 10 de junio de 1982) se convierte en la **campeona mundial de patinaje artístico más joven** (14 años y 285 días de edad).

 MAR 23 En 2012, la Morecambe Community High School (R.U.) organiza la **carrera de cucharas con huevos más multitudinaria** en Lancashire, R.U. Cameron Ball fue el primero de los 1.445 participantes, con un tiempo de 28,59 s.

53

Les huellas de dinosaurio más pequeñas

100% El 15 de noviembre de 2018, *Scientific Reports* anunció el descubrimiento de unos rastros de didáctilos (dos dedos) de una longitud media de 10,33 mm y una anchura media de 4,15 mm (ver a la izquierda). Estas impresiones diminutas, hechas por un dinosaurio del tamaño de un gorrión, se hallaron cerca de la ciudad de Jinju, en Corea del Sur. Las huellas se han atribuido a un nuevo género y especie conocido solo por restos de fósiles (*Dromaeosauriformipes rarus*). Los dromeosaurios vivieron en el Cretácico, hace entre 145 y 66 millones de años.

El pájaro más grande de todos los tiempos

Los pájaros elefante de Madagascar se extinguieron hace unos mil años. El mayor de todos fue el *Vorombe titan* («gran pájaro»), que podía alcanzar los 3 m de altura. Se calcula que pudo llegar a pesar 860 kg, aunque su peso medio era de 642,9 kg, tal y como se describió en un artículo publicado en *Royal Society Open Science* el 26 de septiembre de 2018. Para saber cuál es el **ave más grande** en la actualidad, consulta la pág. 39.

El simio más reciente

Tal y como documentó la revista *Science* en junio de 2018, el gibón ya extinto *Junzi imperialis* no es solamente la última especie de simio que se ha descubierto, sino también el **género de primate más reciente**. Los restos del gibón formaban parte de una colección de animales salvajes que fue hallada en 2004 en unas excavaciones de una tumba que se remonta a entre 2.200 y 2.300 años atrás, situada cerca de Xi'an, antigua capital imperial, en la provincia de Shaanxi, China.

Durante el siglo XVIII, la especie fue víctima de la **primera extinción de simios provocada por humanos**, debido a la desforestación, la caza y el tráfico de mascotas.

El cocodrilo más reciente

En octubre de 2018, un estudio publicado en la revista *Zootaxa* reveló que el cocodrilo hocifiquino centroafricano (*Mecistops leptorhynchus*) debía considerarse una nueva especie de cocodrilo al demostrarse que es distinta a su homólogo del África occidental (*M. cataphractus*). Este réptil prefiere los ríos de agua dulce y su hábitat se extiende desde Camerún y Gabón, en el oeste, hasta Tanzania, en el este.

EL MAMÍFERO QUE VUELA MÁS RÁPIDO

Autóctono del sud de EE.UU., México, Centroamérica y Suramérica, el murciélago cola de ratón (*Tadarida brasiliensis*) puede alcanzar velocidades de 44,5 m/s (160,2 km/h) cuando vuela. Se cree que su cuerpo aerodinámico y sus alas estrechas ayudan a esta extraordinaria habilidad para volar. Estos registros se tomaron desde un avión en julio de 2009, en las proximidades de Frio Bat Cave, cerca de la ciudad de Concan, en Texas, EE.UU.

LAS CHIMPANCÉS GEMELAS MÁS LONGEVAS

En la imagen inferior aparecen las pequeñas gemelas *Golden* y *Glitter* junto a su madre, *Gremlin*. Nacidas el 13 y 14 de julio de 1998, a 8 de noviembre de 2018, la más joven tenía 20 años y 117 días. Las hermanas viven en la reserva de chimpancés Gombe Stream de Tanzania, donde se lleva a cabo el **estudio más largo sobre primates salvajes**. Lo inició en 1960 la primatóloga Jane Goodall (R.U., abajo a la derecha) en lo que ahora es el Parque Nacional Gombe y continúa hoy, 59 años después, a cargo del Instituto Jane Goodall. Se han recogido datos durante más de 165.000 horas dedicadas a la observación de más de 320 chimpancés.

Las primeras hormigas «bomba» conocidas

El grupo de especies *Colobopsis cylindrica* son unas hormigas carpinteras arbóreas que viven en el sudeste de Asia. Se las conoce comúnmente como «hormigas bomba» debido al mecanismo de defensa suicida que usan. Este consiste en dividir sus cuerpos en dos para liberar una sustancia tóxica y pegajosa contra los insectos enemigos, con lo que evitan que ataquen su colonia.

El primer santuario de ballenas beluga

Las organizaciones benéficas para la conservación de la vida marina Whale and Dolphin Conservation y SEA LIFE Trust (ambas de R.U.) han creado la primera reserva en aguas abiertas para ballenas beluga (*Delphinapterus leucas*) en la bahía de Klettsvik, en la isla Heimaey, frente a la costa sudoeste de Islandia. La ensenada natural donde está situado el santuario ocupa una superficie de 32.000 m², que equivale aproximadamente a 25 piscinas olímpicas, y tiene una profundidad máxima de 9,1 m.

La araña más longeva de todos los tiempos

La araña más longeva de la que se tiene constancia fue «Número 16», una hembra de la especie *Gaius villosus*, del suborden de los migalomorfos, que es endémica de Australia. Como señaló la revista *Pacific Conservation Biology* el 19 de abril de 2018, fue documentada por primera vez en marzo de 1974 por la especialista australiana Barbara York Main y fue vista con vida por última vez hacia abril de 2016, cuando tenía al menos 43 años. El viejo arácnido residía en la reserva de North Bungulla Nature, cerca de Tammin, en el oeste de Australia.

Los megafósiles de animales más antiguos

Los megafósiles son antiguos restos orgánicos lo suficientemente grandes para poder ser observados a simple vista. El ejemplar más antiguo que se conoce de un megafósil animal es un *Dickinsonia*, un género de organismos ovalados con el cuerpo blando que vivieron hace unos 558 millones de años y alcanzaban los 1,4 m de longitud. Durante décadas, los científicos no pudieron asegurar si estas

100%

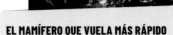

LA ABEJA MÁS GRANDE

La abeja de Wallace (*Megachile pluto*) puede alcanzar los 4,5 cm de longitud hasta las mandíbulas. Los entomólogos temían que esta especie se hubiera extinguido en su hábitat natural, pero en enero de 2019 la hembra de la imagen (arriba) fue localizada por un equipo de EE.UU. y Australia en las islas Molucas del norte, en Indonesia. Es el primer ejemplar vivo que se ha filmado. Como se aprecia, una abeja melífera (que en la imagen superior aparece encima de ella) es cuatro veces más pequeña.

MAR 24 En 2003, se mide el **carpín dorado más largo** (47,4 cm desde el extremo anterior de la cabeza hasta el extremo de la aleta caudal) en Hapert, Países Bajos. Es más largo que un bolo. Su dueño es Joris Gijsbers (Países Bajos).

MAR 25 En 2012, el cineasta James Cameron (Canadá) consigue la **inmersión en solitario a más profundidad** (10.898 m) a bordo de un «torpedo vertical» sumergible en la fosa de las Marianas, en el océano Pacífico.

EL ANIMAL TERRESTRE MÁS LONGEVO

Jonathan, una tortuga gigante de Aldabra (*Aldabrachelys gigantea*), vive en Santa Elena, una isla remota del Atlántico Sur. Se cree que nació alrededor de 1832, por lo que en 2019 tenía unos 187 años. El cálculo de la edad de *Jonathan* es bastante fiable porque, según atestiguan, estaba «totalmente desarrollado» (es decir, tenía al menos 50 años) cuando llegó de las Seychelles en 1882.

La criptobiosis más larga de un animal

La criptobiosis es el estado de latencia en el que entran algunos organismos cuando las condiciones ambientales en que viven son desfavorables. En mayo de 2018, la publicación *Doklady Biological Sciences* reveló que dos especies de nematodos (gusanos de cuerpo cilíndrico) que se hallaron congeladas en depósitos de permafrost del Ártico de hace 41.000 o 42.400 años fueron reanimadas tras ser cultivadas en un laboratorio. Los gusanos (*Panagrolaimus aff. detritophagus* y *Plectus aff. parvus*) fueron recogidos en 2015 cerca del río Alazeya, en el nordeste de Rusia.

EL BUEY CON LA MAYOR ENVERGADURA DE CUERNOS DE TODOS LOS TIEMPOS

Sato, un buey de la raza longhorn de nueve años, tenía una envergadura de cuernos (distancia entre los extremos de sus cuernos) de 3,2 m el 30 de septiembre de 2018, como se confirmó en Bay City, Texas, EE.UU. Sus dueños son Scott y Pam Evans (ambos de EE.UU.).

formas de vida eran animales, organismos unicelulares gigantes o algo totalmente distinto. En 2018, sin embargo, un estudio bioquímico realizado por la Universidad Nacional Australiana detectó colesterol fosilizado en el interior de restos orgánicos de *Dickinsonia* conservados, lo que confirma su naturaleza animal.

El vertebrado que madura sexualmente más rápido

El killi africano (*Nothobranchius furzeri*) vive en las zonas inundadas estacionales de Mozambique y Zimbabue. Debido al carácter transitorio de su hábitat, adquiere la capacidad de reproducirse a los 14 o 15 días, como señaló *Current Biology* el 6 de agosto de 2018.

EL DEPREDADOR FELINO MÁS EFICAZ

Observaciones del gato patinegro (*Felis nigripes*) revelan que hasta un 60 % de sus ataques son letales, aunque es uno de los gatos salvajes más pequeños del mundo (ver también la pág. 44). Originario de Sudáfrica, Namibia y Botsuana, este felino tiene una alimentación muy variada, que incluye pequeños mamíferos, invertebrados, reptiles, aves y los huevos de estas. En una sola noche, un ejemplar adulto de *F. nigripes* mata una media de 10 a 14 roedores o pequeñas aves.

Existen informes (no confirmados científicamente) de cazadores locales que afirman que estas ardillas atacan pollos e incluso ciervos.

EL PEZ MÁS LONGEVO

Un estudio de 2016 descubrió que un tiburón de Groenlandia (*Somniosus microcephalus*) había alcanzado la edad de 392 años, la mayor esperanza de vida para una especie de pez; también es el **vertebrado más longevo**. Esta criatura, que vive a una gran profundidad, crece apenas 1 cm al año y no alcanza la madurez sexual hasta los 150 años. Habita las frías aguas del Atlántico Norte, un entorno que supuestamente ayuda a su longevidad.

LA COLA MÁS VOLUMINOSA

La ardilla de tierra copetuda (*Rheithrosciurus macrotis*) es originaria de la isla de Borneo. Su cola extraordinariamente mullida es un 130 % el volumen del resto de su cuerpo, lo que la convierte en el mamífero con la cola más grande en proporción con su cuerpo. El propósito de este apéndice tan mullido no está claro. No obstante, los investigadores sospechan que puede servir para que la ardilla parezca más grande y, por tanto, más amenazadora para sus depredadores.

MAR 26 En 2009, Richard Jenkins (R.U.) alcanza la **mayor velocidad en tierra con un vehículo propulsado por el viento** en el lago seco de Ivanpah, Nevada, EE.UU. El *Greenbird*, fabricado con fibra de carbono, llegó a los 202,9 km/h.

MAR 27 La **camiseta de fútbol más cara que se ha subastado** alcanza la cifra de 225.109 $ en Londres, R.U., en 2002. Es la emblemática camiseta con el n.º 10 que llevó Pelé (Brasil) en la final del Mundial de 1970.

55

EL HOMBRE MÁS TATUADO

Lucky Diamond Rich (Australia, n. en Nueva Zelanda), hace malabarismos con sierras mecánicas y equilibrios en monociclo, se traga espadas y ha invertido más de 1.000 horas tatuándose. Empezó cubriéndose la piel con dibujos de todo el mundo y de varios colores, y posteriormente los cubrió totalmente con tinta negra, sobre la que siguió tatuándose con tinta blanca y luego otros dibujos de colores. Ahora tiene más de un 200 % de la piel tatuada, incluidos los párpados, la delicada piel entre los dedos de los pies, la parte superior de los canales auditivos e incluso las encías. Este retrato frente a un espejo formó parte de una fotorreportaje exclusivo para GWR realizado en un hotel del Londres, R.U., en 2018.

SUMARIO

Lucky tiene las cosas muy claras. «No me importa en absoluto lo que los demás puedan pensar de mí», insiste. «Mi autoestima no depende de lo que piensen los demás.»

EL HOMBRE MÁS ALTO

En septiembre de 2009, el turco Sultan Kösen llegó a Londres, R.U., en el primer viaje que realizó fuera de su país. Se fotografió junto a algunos de los símbolos más emblemáticos de la ciudad, desde las cabinas de teléfono rojas hasta los autobuses de dos pisos. A continuación, repasamos ese día memorable, y aprovechamos para comparar a Sultan con el **hombre más alto de todos los tiempos.**

Dimos la bienvenida a Sultan, que mide 251 cm, al R.U. antes de que se publicara el *GWR 2010* y tuvimos la oportunidad de enseñarle Londres. Este gigante afable, que en la foto espera en una típica parada de autobús londinense, se las tuvo que ingeniar para subir en los famosos autobuses de la ciudad. Al fin y al cabo, ¡sobrepasa la mitad de lo que mide uno de ellos!

Nacido en una familia de cinco hijos (todos sus hermanos son de estatura media), no había nada de extraordinario en la altura de Sultan hasta que cumplió 10 años. Fue entonces cuando un tumor en su glándula pituitaria, que secreta varias hormonas, como las que afectan el crecimiento, exacerbó su ritmo de crecimiento. No fue hasta 2008 cuando dejó de crecer, al someterse a una operación que le salvó la vida, pero para entonces Sultan ya era el hombre más alto del mundo. De hecho, es la tercera persona más alta de quien se tiene constancia: solo John F. Carroll (EE.UU., que murió en 1969), con 263 cm, y el extraordinario Robert Wadlow (ver a la derecha) lo superaron en estatura. Es también una de las pocas personas confirmadas que han rebasado los 243 cm de altura.

La inigualable estatura de Sultan plantea una gran cantidad de retos, por supuesto: necesita ropa a medida e incluso una cama hecha a medida. Tampoco resulta fácil comprarse unos zapatos ¡cuando tus pies miden 36,5 cm de largo! Como es lógico, esta altura de récord también tiene graves consecuencias para la salud: Sultan debe utilizar muletas para andar, ya que con el movimiento, sus articulaciones se ven sometidas a una gran presión.

Durante su visita a Londres, Sultan confesó a los periodistas que:
«Mi mayor sueño es casarme... Estoy buscando el amor». Vio cumplido su sueño cuatro años más tarde, cuando se casó con Merve Dibo, que mide 175,2 cm, en la ciudad turca de Mardin.

SULTAN FRENTE A ROBERT

Arriba a la derecha, vemos el que es ahora el **hombre más alto** junto con dos iconos emblemáticos de Londres: la Torre Elizabeth (más conocida como el Big Ben, ver págs. 14-15) y una clásica cabina de teléfono roja, conocida como «K2». En la foto también aparece el **hombre más alto de todos los tiempos**, Robert Wadlow (EE.UU., izquierda), que con una altura de 272 cm media casi lo mismo que una cabina de teléfono (274 cm).

La estatura de Sultan a veces tiene ventajas inesperadas. Durante el vuelo al R.U., pudo ocupar dos asientos. Además, en el hotel le dieron una habitación de lujo, ya que disponía de una cama de matrimonio extragrande, ¡aunque no fue suficiente y tuvieron que añadirle una cama individual!

BUS STOP

Euston Road

towards

Oxford Circus

24 hour **C2**

Buy tickets before boarding on all routes

Pásatelo en grande con los vídeos de Sultan que encontrarás en guinnessworldrecords.com/2020.

LAS MANOS MÁS GRANDES

En 2011, las manos de Sultan med an 28,5 cm desde la muñeca hasta la punta del dedo corazón. Actualmente también es quien tiene la **palma más ancha**, 30,48 cm, como se confirmó en 2010. Mira arriba: ¡te harás una idea de lo que mide la monumental mano derecha del turco en relación con las páginas que estás leyendo ahora mismo!

LOS MÁS LONGEVOS

La persona más longeva de todos los tiempos

Jeanne Louise Calment (Francia) es el ser humano que ha alcanzado una mayor edad autentificada de todos los tiempos: 122 años y 164 días. Nació el 21 de febrero de 1875, un año antes de que Alexander Graham Bell patentara el teléfono. Jeanne empezó a practicar esgrima a los 85 años y montó en bicicleta hasta los 100. Murió en Arlés, en el sur de Francia, el 4 de agosto de 1997.

El **hombre más longevo de todos los tiempos** fue Jiroemon Kimura (Japón), que nació el 19 de abril 1897 y murió el 12 de junio de 2013, con 116 años y 54 días.

El matrimonio vivo más longevo (edad combinada)

Masao Matsumoto (n. el 9 de julio de 1910) se casó con Miyako Sonoda (n. el 24 de noviembre de 1917, ambos de Japón) el 20 de octubre de 1937. A 25 de julio de 2018, esta pareja tan estable llevaba casada 80 años y 278 días, y Masao tenía 108 años y 16 días y Miyako, 100 años y 243 días, lo que suma una edad combinada de 208 años y 259 días.

El peluquero en activo de más edad

A 8 de octubre de 2018, Anthony Mancinelli (EE.UU., n. el 2 de marzo de 1911 en Italia) seguía cortando el pelo con 107 años y 220 días. Trabaja cinco días a la semana, desde el mediodía hasta las 20:00, en Fantastic Cuts, New Windsor, Nueva York, EE.UU.

El premio Nobel más longevo

El 3 de octubre de 2018, Arthur Ashkin (EE.UU., n. el 2 de septiembre de 1922) recibió el premio Nobel de Física

LA MAYOR EDAD COMBINADA DE 16 HERMANOS VIVOS

Los 16 hijos de Louis-Joseph Blais e Yvonne Brazeau del Quebec, Canadá (sentados en el centro, en la imagen en detalle), tenían una edad combinada de 1.203 años y 350 días a 11 de diciembre de 2018. El hermano mayor, Jean-Jacques (n. el 23 junio de 1933), de 85 años, y la más pequeña, Lucie (n. el 29 de marzo de 1954) se llevan 21 años. Esta familia excepcional (en la foto de arriba, donde aparecen 15 de sus miembros) está formada por 6 hombres y 10 mujeres.

(con Donna Strickland y Gérard Mourou) a los 96 años y 31 días de edad, por su trabajo sobre las pinzas ópticas.

La farmacéutica en activo más longeva

A 23 de noviembre de 2018, Eiko Hiruma (Japón, n. el 6 de noviembre de 1923) seguía trabajando con 95 años y 17 días en la farmacia Hiruma de Itabashi, Tokio, Japón.

La monarca reinante más longeva

Nacida el 21 de abril de 1926, Su Majestad la reina Isabel II (R.U.) cumplió 93 años en 2019. El 23 de enero de 2015, se convirtió en la monarca de más edad, tras la muerte del rey Abdullah de Arabia Saudí.

El conductor de vehículos pesados más longevo

Richard Thomas Henderson (R.U., n. el 13 de abril de 1935) ya es bisabuelo, pero no se cansa de conducir camiones. Realizó un transporte el 7 de enero de 2019, con

83 años y 269 días, en Selkirk, R.U. Cada año debe someterse a una revisión médica para poder seguir conduciendo.

La saltadora de comba en activo más longeva

El 23 de febrero de 2019, Annie Judis (EE.UU., n. el 23 de noviembre de 1943) compitió con 75 años y 92 días en el Open Jump Rope Championship en Coronado, California, EE.UU.

El entrenador de la Premier League más veterano

El exentrenador inglés Roy Hodgson (R.U., n. el 9 de agosto de 1947) dirigió al Crystal Palace con 71 años y 255 días en un partido de liga contra el Arsenal disputado el 21 de abril de 2019. Su equipo ganó por 3 goles a 2.

EL JUGADOR DE FÚTBOL MÁS VETERANO EN ACTIVO

El guardameta Isaak Hayik (Israel) tenía 73 años y 95 días cuando disputó un partido con su equipo, el Maccabi Ironi Or Yehuda, de quinta división, contra el Hapoel Ramat Israel, el 5 de abril de 2019. Batió el récord anterior por casi veinte años. Isaak nació en Irak en 1945 y emigró a Israel a los cuatro años. Tras el encuentro, posó con su certificado GWR oficial (arriba). «Estoy preparado para otro partido», aseguró.

EL CHEF MÁS LONGEVO DE UN RESTAURANTE CON TRES ESTRELLAS MICHELIN

Con 93 años y 128 días a 4 de marzo de 2019, Jiro Ono (Japón, n. el 27 de octubre de 1925) seguía ejerciendo como jefe de cocina del Sukiyabashi Jiro, un restaurante de sushi en Chūō, Tokio, Japón. Situado en una estación de metro, el restaurante de Jiro tiene una barra donde caben solo 10 comensales, y el menú degustación diario se decide la misma mañana. Jiro prepara él mismo todo el sushi.

LA VIDEOJUGADORA MÁS LONGEVA EN YOUTUBE

Con exactamente 83 años a 2 de abril de 2019, Shirley Curry (EE.UU., n. en 1936) ha grabado centenares de vídeos para su canal de YouTube que lleva su nombre, que cuenta con más de medio millón de suscriptores y acumula más de 11 millones de visualizaciones. Shirley se aficionó a los videojuegos en la década 1990 por su hijo, y suele compartir sus aventuras en el juego de rol de acción *The Elder Scrolls V: Skyrim* (Bethesda, 2011).

MAR 28 En 2016, Guy Martin (R.U.) logra la **velocidad máxima en un muro de la muerte**. Alcanza los 125,77 km/h y completa una vuelta en 3,41 s ante las cámaras en el aeródromo de Manby, en Louth, Lincolnshire, R.U.

MAR 29 En 2015, Gaber Kahlwai Gaber Ali (Egipto) ejecuta el **mayor número de volteretas laterales en un minuto** (67) en el estadio de la Universidad de El Cairo, en Guiza, Egipto.

LAS DIEZ PERSONAS VIVAS DE MÁS EDAD		
NOMBRE	FECHA DE NACIMIENTO	EDAD
Kane Tanaka (Japón)	2 ene 1903	116 años y 73 días
Maria-Giuseppa Robucci-Nargiso (Italia)	20 mar 1903	115 años y 361 días
Lucile Randon (Francia)	11 feb 1904	115 años y 33 días
Shin Matsushita (Japón)	30 mar 1904	114 años y 351 días
Jeanne Bot (Francia)	14 ene 1905	114 años y 61 días
Shigeyo Nakachi (Japón)	1 feb 1905	114 años y 43 días
Haruno Yamashita (Japón)	19 feb 1905	114 años y 25 días
Kame Ganeko (Japón)	10 abr 1905	113 años y 340 días
Ellen Dolly Gibb (Canadá)	26 abr 1905	113 años y 324 días
Alelia Murphy (EE.UU.)	6 jul 1905	113 años y 253 días

Fuente: Grupo de Investigación Gerontológica, a 16 de marzo de 2019

LA PERSONA VIVA DE MÁS EDAD

El 16 de marzo de 2019, Kane Tanaka (Japón, n. el 2 enero de 1903) tenía 116 años y 73 días tal y como se verificó en Fukuoka, Japón. Nació en el mismo año que los hermanos Wright realizaron el **primer vuelo propulsado**, y trabajó gestionando un negocio familiar que vendía arroz glutinoso, fideos y dulces. Actualmente, Kane vive en un asilo, y entre sus aficiones, se encuentran las matemáticas y jugar al juego de mesa Othello.

Kane aspiraba a convertirse en la **persona viva de más edad** desde que cumplió los 100 años. Lo celebró con bombones.

LA DJ PROFESIONAL MÁS LONGEVA

Sumiko Iwamuro, conocida como *DJ Sumirock* (Japón, n. el 27 de enero diez 1935), sigue siendo el alma de la fiesta a sus 83 años, tal y como se confirmó el 25 de mayo de 2018 en el barrio de Shinjuku de Tokio, Japón. Empezó a pinchar discos a los 77 años. En sus sesiones predomina el tecno, que mezcla con temas de jazz, bandas sonoras de anime y música clásica. Sumirock también ha actuado en Nueva Zelanda y Francia.

LA PERSONA MÁS LONGEVA EN RECORRER CANADÁ EN BICICLETA (MUJERES)

La profesora jubilada Lynnea Salvo (EE.UU., n. el 21 septiembre de 1949) tenía 68 años y 339 días cuando completó una ruta en bicicleta por el segundo país más grande del mundo el 26 de agosto de 2018. Recorrió 6.616 km en 70 días.

El 23 de octubre de 2016, Lynnea ya se había convertido en la **persona más longeva en recorrer EE.UU. en bicicleta (mujeres)**, con 67 años y 32 días.

LA PERSONA MÁS LONGEVA QUE HA IDO EN BICICLETA DESDE LAND'S END HASTA JOHN O' GROATS

Entre el 8 y el 25 de septiembre de 2018, Alex Menarry (R.U., n. el 8 de diciembre de 1932) cruzó la isla de Gran Bretaña de punta a punta, hasta el extremo nororiental de Escocia, con 85 años y 291 días. Recorrió una media de 101 km diarios. Alex, que había sido corredor de montaña, afirmó que el reto psicológico que le supuso la ruta fue más duro que las exigencias físicas.

 MAR 30 En 2012, el bajo Tim Storms (EE.UU.) interpreta la **nota musical más grave**: G −7 (0,189 Hz), ocho octavas por debajo de la G más grave en un piano, en los Citywalk Studios de Branson, Missouri, EE.UU.

 MAR 31 El 1889, se inaugura la Torre Eiffel en París, Francia. Con 300 m de altura, es la estructura más majestuosa de su época, y hoy en día sigue siendo la **estructura de hierro más alta**.

Con más de 5 m, el pelo de Xie Qiuping es casi tan largo como una jirafa macho adulta.

EL PELO MÁS LARGO (MUJERES)

Los exuberantes mechones de Xie Qiuping (China) tenían una longitud de 5,62 m, tal y como se verifico el 8 de mayo de 2004. Se empezó a dejar el pelo largo en 1973, cuando tenía solo 13 años. «No me molesta para nada, estoy acostumbrada», aseguró a GWR. «Pero debes tener paciencia y mantenerte muy erguida cuando tienes un pelo así».

1. La cresta de mohicano más alta

El diseñador de moda Kazuhiro Watanabe (Japón) se dejó crecer este peinado al estilo mohicano durante 15 años, hasta que alcanzó una altura de 1,23 m, como se comprobó en el Dwango Hanzomon Studio de Tokio, Japón, el 23 de abril de 2014. Un equipo de estilistas necesitó dos horas para esculpir esta espléndida cresta además de tres botes de laca y uno de gomina.

2. Más victorias en el Campeonato Mundial de Barbas y Bigotes

Karl-Heinz Hille (Alemania) ganó ocho títulos en el Campeonato Mundial de Barbas y Bigotes entre 1999 y 2013. Se impuso en la categoría de «barba parcial imperial» en siete ocasiones y se proclamó campeón absoluto en 1999 y 2003. Para poder participar en la categoría de barba parcial imperial, el pelo solo debe cubrir las mejillas y el labio superior.

3. El peinado más alto

El 21 de junio de 2009, se creó una torre de pelo natural y sintético de hasta 2,66 m de altura en un acto organizado por KLIPP Unser Frisör (Austria) en Wels, Austria. Dos estilistas necesitaron dos días (y 22 m de pelo artificial) para batir el récord.

4. La peluca más ancha

El 27 de enero de 2017, la estrella de Hollywood Drew Barrymore (EE.UU.) apareció en el plató de *The Tonight Show* en Nueva York, EE.UU., luciendo una monumental peluca de 2,23 m de ancho. La peluca fue creada por Kelly Hanson y Randy Carfagno Productions (ambos de EE.UU.). Se necesitaron cuatro personas para ponerle la peluca a la actriz.

5. La mujer más joven con barba completa

Harnaam Kaur (R.U., n. el 29 de noviembre de 1990) tenía 24 años y 282 días cuando se confirmó que tenía una barba completa (patillas, barbilla, parte de las mejillas y labio superior) el 7 de septiembre de 2015. Su vello facial se debe a un desequilibrio hormonal provocado por el síndrome del ovario poliquístico. Actualmente, Harnaam es modelo *freelance* y da charlas motivacionales, y asegura que le ilusiona «mostrar al mundo lo que es realmente la belleza y de qué modo todos podemos ser nosotros mismos».

6. El bigote más largo de todos los tiempos

El bigote titánico de Ram Singh Chauhan (India) medía 4,29 m a 4 de marzo de 2010, tal y como se constató en el plató de *Lo Show dei Record* en Roma, Italia. Ram empezó a dejarse crecer el vello facial en 1970 y se peinaba el bigote cada día con aceite de coco y de mostaza. Su bigote le valió incluso un cameo en la película de James Bond *Octopussy* (R.U./EE.UU., 1983).

ABR 1 — En 2009, 114 aficionados al fútbol se reúnen para ver un partido de Inglaterra con trajes de buzo en una piscina gigante de The Underwater Studio en Basildon, Essex, R.U.: la **mayor cantidad de gente viendo la TV bajo el agua.**

ABR 2 — En 1988, Rémy Bricka (Francia) empieza el **«paseo» más rápido por el océano Atlántico** con unos esquís flotantes de 4,2 m de largo. Recorre 5.636 km en 59 días.

7. La familia peluda más numerosa

Jesús *Chuy* Fajardo Aceves y Luisa Lilia De Lira Aceves (ambos de México) son dos de los 19 miembros de una familia, que comprende a cinco generaciones, todos ellos afectados de hipertricosis generalizada congénita. Esta enfermedad rara se caracteriza por un exceso de vello en el rostro y el torso. Las mujeres están cubiertas por una capa de vello fino o de grosor medio, mientras que los hombres tienen un vello grueso en aproximadamente el 98 % del cuerpo, incluso en las palmas de las manos y en las plantas de los pies.

8. La cabellera afro más grande (mujeres)

El 31 de marzo de 2012, el peinado afro de Aevin Dugas (EE.UU.) medía 16 cm de alto desde la coronilla, con una circunferencia total de 1,39 m. Aevin se recortaba el peinado afro dos o tres veces al año y usaba hasta cinco acondicionadores a la vez cuando se lo lavaba.

La **cabellera afro más grande** medía 25,4 cm de alto y tenía una circunferencia de 1,77 m. Su dueño, Tyler Wright (EE.UU.), tenía solo 12 años cuando se le midió el peinado, el 19 de junio de 2015.

9. La barba más larga de un hombre vivo

A 8 de septiembre de 2011, la barba de Sarwan Singh (Canadá) tenía una longitud de 2,49 m. Sarwan es el líder de una congregación de Gurú Nanak en Surrey, Columbia Británica, Canadá.

La **barba más larga de todos los tiempos** medía 5,33 m y la lució Hans N. Langseth (Noruega). Fue medida tras su muerte, en 1927.

LA ADOLESCENTE CON EL PELO MÁS LARGO

La cabellera de Nilanshi Patel (India, n. el 16 de agosto 2002), de 16 años, alcanzaba una longitud de 1,75 m a 21 de noviembre de 2018. Se ha dejado crecer el pelo desde los seis años y se refiere a él como su «amuleto de la suerte». Se lo lava una vez a la semana y tarda media hora en secárselo y el doble en peinarse. Nilanshi suele llevar el pelo recogido en una trenza, pero se hace un moño para jugar a pimpón.

ABR 3 En 2017, el carnicero Barry John Crowe (Irlanda) bate el récord de **mayor número de salchichas elaboradas en un minuto** en el *Big Week on the Farm* de RTÉ. Hace 78, es decir, una cada 0,76 s.

ABR 4 En 1933, el *USS Akron* se hace añicos en una tormenta frente a las costas de Nueva Jersey, EE.UU., y mueren 73 pasajeros y la tripulación, la **peor tragedia de un dirigible**. Solo sobreviven tres personas.

63

CUERPOS MODIFICADOS

Más tatuajes del mismo nombre

El 25 de enero de 2017, se verificó que Mark Evans (R.U.) se había tatuado el nombre de «Lucy» 267 veces en la espalda para celebrar el nacimiento de su hija.

▶ Más modificaciones corporales (matrimonio)

Víctor Hugo Peralta (Uruguay) y su esposa Gabriela (Argentina) sumaban un total de 84 modificaciones corporales, según se verificó el 7 de julio de 2014: 50 *piercings*, ocho perforaciones microdermales, 14 implantes corporales, cinco implantes dentales, cuatro expansores de las orejas, dos pernos de oreja y una lengua bífida.

▶ Más expansores en la cara

Joel Miggler (Alemania) tenía 11 expansores (joyas huecas con forma de tubo) en su cara, como se verificó en Küssaberg, Alemania, el 27 de noviembre de 2014. El diámetro de los expansores iba de los 3 a los 34 mm.

Más personas tatuándose con henna a la vez

La henna es un tinte natural de color marrón rojizo que se extrae de la planta *Lawsonia inermis*. En un evento organizado por Shree Ahir Samaj Seva Samiti-Surat, Natubhai Ranmalbhai Bhatu y Jerambhai Vala (todos de la India), 1.982 personas se tatuaron con henna al mismo tiempo en Gujarat, India, el 3 de febrero de 2018.

LA CINTURA MÁS ESTRECHA DE TODOS LOS TIEMPOS

En 1929, Ethel Granger (R.U.) empezó a reducirse la cintura de 56 cm usando corsés cada vez más estrechos. En 1939, la cintura le medía 33 cm. Ethel, pionera de la modificación corporal, también llevaba varios *piercings* faciales. *Mile Polaire*, alias de Émilie Marie Bouchaud (Francia, 1874-1939), también redujo su cintura hasta ese mismo tamaño.

EL CUELLO MÁS LARGO

Algunas mujeres de la tribu padaung (o kayan) de Myanmar y Tailandia alargan el cuello usando pesados aros de latón. Un estudio publicado en 2018 testificó la existencia de mujeres padaung con cuellos de hasta 19,7 cm de longitud (medidos desde la clavícula hasta la mandíbula inferior). La longitud del cuello de un adulto suele ser de entre 8 y 10 cm.

La persona mayor con más *piercings*

El *Príncipe Albert*, alias de John Lynch (R.U., n. el 9 de noviembre de 1930), lucía 241 *piercings* (151 de ellos en la cabeza y el cuello) según el recuento llevado a cabo en Hammersmith, Londres, R.U., el 17 de octubre de 2008.

Más personas maquilladas en una hora (por un equipo de cinco personas)

El 7 de septiembre de 2018, un equipo de cinco maquilladores de Sephora Deutschland (Alemania) maquilló a 148 clientes en el centro comercial Main-Taunus-Zentrum de Sulzbach, Alemania.

Más personas con los labios pintados

El 9 de septiembre de 2018, un total de 6.900 personas se pintaron los labios durante el Ganda for All Music Festival en Ciudad Quezón, Manila, Filipinas. Los asistentes al festival tenían que llevar los labios pintados con un labial de Vice Cosmetics (Filipinas) para poder entrar.

El 27 de julio de 2018, la maquilladora Melis İlkkılıç consiguió el récord de **más labios pintados en un minuto**: pintó los labios de ocho modelos con la ayuda de Avon Türkiye (ambos de Turquía).

Más personas afeitadas en una hora con una maquinilla eléctrica (individual)

El barbero Furkan Yakar (Turquía) afeitó a 69 personas en Berlín, Alemania, el 31 de octubre de 2018. Los organizadores del evento fueron L'Oréal Men Expert y la Movember Foundation (ambos de Alemania).

El maquillaje más grueso

El *chutti* se emplea exclusivamente en el estilo de danza teatro clásico del Kathakali en la India. Los personajes llevan «máscaras» elaboradas durante horas usando pasta de arroz y papel. Una vez terminado, el maquillaje puede llegar a tener un grosor de hasta 15 cm.

▶ MÁS PERSONAJES DE CÓMIC DE MARVEL TATUADOS EN EL CUERPO

Rick Scolamiero (Canadá) tiene 31 personajes distintos del universo Marvel tatuados en el cuerpo, como pudo constatarse el 3 de marzo de 2018. Algunos de estos son la Viuda Negra en el torso (detalle imagen superior) y Venom en la rodilla izquierda (detalle imagen inferior). También se ha tatuado el autógrafo de Stan Lee en la muñeca.

EL ARTE LABIAL MÁS CARO

Para celebrar su 50.º aniversario, el 7 de septiembre de 2018, Rosendorff Diamonds (Australia) decoró los labios de la modelo Charlie Octavia con 126 diamantes valorados en 545.125 dólares. La obra de arte fue diseñada y ejecutada por la maquilladora Clare Mac (en la imagen junto a Octavia), que empezó por aplicar una capa de pintalabios mate de color negro, sobre el que adhirió las gemas usando pegamento para pestañas postizas.

100%

LA MODELO DE MAYOR EDAD EN APARECER EN LA REVISTA *VOGUE*

Bo Gilbert (R.U., n. en 1916) protagonizó una campaña publicitaria a los cien años de edad para los grandes almacenes de lujo Harvey Nichols que se publicó en el número de mayo de 2016 de la edición británica de *Vogue*. Bo apareció para conmemorar el centenario de la revista. «Me visto para gustarme a mí misma», afirmó. «¡No me visto para los chicos!».

 ABR 5 En 1930, M. K. Gandhi (India) llega a Dandi tras liderar a 78 seguidores en la **manifestación más larga**: un viaje de 383,8 km a través del estado indio de Gujarat para protestar por el impuesto británico sobre la sal.

 ABR 6 Lucy Wardle (EE.UU.) realiza el **salto más alto desde un trampolín (mujeres)** cuando se lanza desde 36,8 m de altura a una piscina del Ocean Park en Hong Kong, China, en 1985.

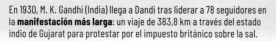

LAS EXTENSIONES DE UÑAS MÁS LARGAS

El sombrerero, fan acérrimo de Barbra Streisand y *enfant terrible* confeso Odilon Ozare (EE.UU.) creó 10 llamativas extensiones de uñas de 1,21 m de longitud cada una, verificadas el 26 de agosto de 2018 en Tampa, Florida. Están hechas con 30 capas de acrílico cosmético cubierto de poliacrílico aplicado con aerógrafo. La idea se le ocurrió mientras practicaba «yoga aviar» junto a sus amadas cacatúas ninfa. Ahora está trabajando en la creación del zapato más largo.

Odilon también es el autor del ► **sombrero más alto** (derecha), que mide 4,8 m. Para validar el récord, tuvo que caminar más de 10 m llevándolo puesto.

EL TRATAMIENTO COSMÉTICO NO QUIRÚRGICO MÁS FRECUENTE

Según la International Society of Aesthetic Plastic Surgery (ISAPS), el tratamiento cosmético que no requiere cirugía más popular en el mundo es la inyección de toxina botulímica (bótox). En 2017 se aplicó 5.033.693 veces y supuso el 39,9 % de todos los tratamientos no quirúrgicos.

► LA PERSONA MAYOR CON MÁS TATUAJES (HOMBRES)

Desde que se hizo el primer tatuaje en la década de 1950, Charles *Chuck* Helmke (EE.UU.) ha llegado a cubrir e 97,5 % de su cuerpo, como se verificó en Melbourne, Florida, EE.UU. el 9 de diciembre de 2016. La pareja de Chuck, Charlotte Guttenberg (EE.UU.), asimismo es la ► **persona mayor más tatuada (mujeres)** y la ► **mujer más tatuada** en general. El 7 de noviembre de 2017 tenía tatuado el 98,7 % del cuerpo.

EL CANAL DE MODA Y BELLEZA DE YOUTUBE CON MÁS SUSCRIPTORES

Yuya, alias de Mariand Castrejón Castañeda (México), contaba con 23.666.883 suscriptores a 29 de abril de 2019, por lo que su canal es uno de los 50 con más suscriptores de YouTube. También conocida como «lady16makeup», *Yuya* abrió su videoblog en 2009. Se centra sobre todo en cuestiones de moda y maquillaje, aunque también cuelga vídeos sobre estilo de vida en general.

ABR 7 En 2014, Jack Sexty (R.U.) completa la **maratón más rápida sobre un pogo saltarín**. Cruza la meta a saltos tras 16 h y 24 min de carrera en la maratón de Manchester, R.U.

ABR 8 En 2017, el **peral más antiguo** (una variedad de Manchuria) alcanza una edad estimada de 458 años. Está plantado en el municipio de Shenchuan, provincia de Gansu, China.

65

CUERPO Y TECNOLOGÍA

El exoesqueleto casero más fuerte

The Hacksmith, alias de James Hobson (Canadá), ha diseñado y construido exoesqueletos mecánicos para la parte superior e inferior de su cuerpo que le permiten levantar las ruedas traseras de un camioneta de 2.272 kg de peso y cargar con facilidad una barra de halterofilia de 220 kg, tal y como pudo demostrar en enero de 2016. Hobson activa el exoesqueleto con su propio cuerpo, pero su fuerza proviene de dos potentes cilindros neumáticos.

LOS PRIMEROS...

Ordenador portátil

En 1961, los matemáticos Edward O. Thorp y Claude Shannon (ambos de EE.UU.), del Instituto de Tecnología de Massachusetts, construyeron un ordenador del tamaño aproximado de una baraja de cartas diseñado para predecir resultados en el juego de la ruleta. El dispositivo se ataba a la cintura, y con unos interruptores ocultos en un zapato se entraban los datos requeridos.

El profesor Steve Mann (Canadá), creó las **primeras gafas con cámara** en 1980. El artilugio, que funcionaba como cámara y dispositivo de visualización óptica, podía presentar gráficos frente a los ojos del usuario.

El primer «ciborg» reconocido oficialmente

En 2004, Neil Harbisson (R.U., ver abajo, pág. siguiente), que no puede distinguir ningún color, se implantó una antena *eyeborg* en la parte posterior del cráneo que le permite percibir los colores como notas musicales. La antena está conectada con una cámara que cuelga frente a sus ojos y convierte las ondas de luz en ondas sonoras. Neil lleva la *eyeborg* en todo momento, y aparece con ella incluso en la fotografía de su pasaporte.

EL PRIMER BRAZO PROTÉSICO FUNCIONAL DE BLOQUES DE LEGO® FABRICADO POR SU USUARIO

El andorrano David Aguilar, que nació sin el antebrazo derecho, diseñó y construyó un brazo totalmente funcional con los elementos del helicóptero del set de LEGO® Technic 9396. Aguilar, alias *Hand Solo*, construye prótesis con bloques de LEGO desde su infancia (detalle), y perfecciona constantemente sus diseños. Completó la primera versión de su brazo en 2017. Su obra más reciente, que luce en la imagen de arriba, es un miembro motorizado con dedos que controla mediante movimientos sutiles de su brazo residual.

Biohacker con tecnología de detección de terremotos

Moon Ribas (España, ver abajo, pág. siguiente) lleva implantes en sus pies que la alertan de un terremoto en cualquier lugar de la Tierra. Los implantes, colocados en 2017, funcionan con una aplicación para teléfonos inteligentes que detecta la actividad sísmica. La intensidad de las vibraciones es proporcional a la intensidad del terremoto.

Implantes de imanes sellados en los dedos

En 2005, el pionero de las modificaciones corporales Steve Haworth creó el primer implante magnético sellado en colaboración con Jesse Jarrell y Todd Huffman (todos de EE.UU.). Se trata de un imán de neodimio recubierto de oro y silicona, colocado bajo la piel de la punta de uno de sus dedos para sellarlo y aislarlo del resto del cuerpo.

Córnea impresa en 3D

El 30 de mayo de 2018, científicos de la Universidad de Newcastle, R.U., anunciaron que habían impreso una córnea artificial en 3D. El equipo usó una impresora biológica 3D con un inyector de 200 micrómetros para superponer capas de «biotinta» (hecha de células córneas, colágeno y alginato) con la forma de una córnea escaneada previamente. La técnica permite la reproducción de la compleja estructura interna del estroma corneal.

En enero de 2019, se anunció el **implante de la primera costilla impresa en 3D**. El servicio de impresión en 3D 3dbgprint (Bulgaria) la fabricó en menos de 24 horas con un material a base de nailon. Se implantó al paciente Ivaylo Josifov en el Hospital Tokuda de Sofia, Bulgaria.

LA MARATÓN MÁS RÁPIDA COMPLETADA DE FORMA AUTÓNOMA CON UN CAMINADOR ROBÓTICO

Simon Kindleysides (R.U.) completó la maratón de Londres 2018 con la ayuda de un exoesqueleto robótico denominado ReWalk colocado en la mitad inferior de su cuerpo. Cruzó la línea de meta después de 36 h y 46 min, tras dar 60.373 pasos y caminar un tiempo efectivo de 27 h y 32 min. Claire Lomas (R.U., abajo), **la primera persona en completar una maratón con un caminador robótico**, terminó la maratón de Londres 2012 en 16 días, también con la ayuda de un ReWalk. El 15 de abril de 2018, terminó la maratón del Gran Manchester en ocho días, la **maratón más rápida con un caminador robótico (mujeres)**.

Los futuros implantes podrían proporcionar al cerebro de los usuarios una respuesta sensorial que les permita «sentir» con el miembro protésico.

EL PRIMER BRAZO PROTÉSICO COMPLETAMENTE INTEGRADO

En enero de 2013, un camionero sueco anónimo que había perdido su brazo 10 años atrás se sometió al implante de una prótesis en el hueso que conservaba, la cual podía controlar con sus propios nervios. Investigadores de la Universidad de Tecnología de Chalmers (Suecia) insertaron un implante permanente de titanio en la médula ósea del húmero antes de colocar una prótesis controlada por electrodos.

ABR 9 En 1860, el inventor Édouard-Léon Scott de Martinville (Francia) realiza la **primera grabación de voz**. Es un fragmento de 10 s de una persona cantando la canción «Au clair de la lune».

ABR 10 En 1815, finaliza una erupción de seis días del volcán Tambora en la isla indonesia de Sumbawa. Libera entre 150 y 180 km³ de materia: la **mayor erupción por volumen**.

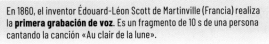

MÁS PERCUSIONES EN UN MINUTO USANDO UNA BAQUETA PROTÉSICA

El 25 de julio de 2018, el músico Jason Barnes realizó 2.400 percusiones en 60 s utilizando un brazo protésico creado por Gil Weinberg (ambos de EE.UU.) en el Instituto de Tecnología de Georgia, Atlanta, Georgia, EE.UU. Una banda electromiográfica capta la actividad eléctrica en el tejido muscular del antebrazo de Jason, y hace reaccionar al miembro robótico.

Jason perdió su brazo debido a un accidente eléctrico. «Me niego a que la pérdida de un brazo me impida cumplir mis sueños. Nada me detendrá», dijo.

LOS PRIMEROS IMPLANTES DENTALES CON BLUETOOTH

Los artistas cíborg Neil Harbisson (R.U., imagen de la izquierda, a la derecha) y Moon Ribas (España, a su izquierda) tienen sendos implantes dentales con Bluetooth denominados «WeTooth» que les permiten comunicarse entre sí. Cuando se presiona sobre uno de ellos, este emite una señal que hace que el otro vibre gracias a una aplicación móvil. Harbisson y Ribas pueden así intercambiarse mensajes en código morse.

EL EXOESQUELETO TETRÁPODO MÁS GRANDE

Prosthesis es un gigantesco exoesqueleto de carreras todoterreno producto de 12 años de trabajo invertidos por Jonathan Tippett (Canadá). Mide 3,96 m de altura, 5,1 m de largo y 5,51 m de ancho, y su peso ronda los 3.500 kg, tal y como se verificó el 26 de septiembre de 2018. Las piernas y el cuerpo están hechos de tubos de acero cromado, un material de alto rendimiento que suele emplearse en la industria aeroespacial.

ABR 11

En 1999, nace en Queensland, Australia, la **mayor camada de koalas**, unos gemelos idénticos llamados *Euca* y *Lyptus*. La mayoría de koalas hembras tienen una bolsa cuyo tamaño permite albergar a una única cría.

ABR 12

En el Campeonato Mundial de Llenado de Contenedores de Carbón de 1998 en Victoria, Australia, Christine Adams (Australia) mueve con una pala cuadrada 250 kg de carbón en 38,29 s: las **paladas de carbón más rápidas (mujeres)**.

EL TAMAÑO IMPORTA

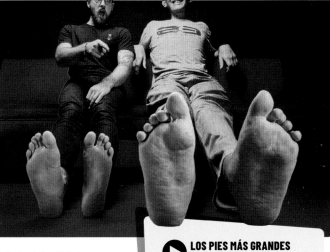

LOS MÁS ALTOS...

- **Bailarín de ballet**: Fabrice Calmels (Francia) medía 199,73 cm, como se comprobó el 25 de septiembre de 2014. Es bailarín principal del Joffrey Ballet de Chicago, Illinois, EE.UU.
- **Político**: El concejal Robert E. Cornegy Jr. (EE.UU.) medía 209,6 cm, tal y como se validó en Brooklyn, Nueva York, EE.UU., el 14 de enero de 2019.
- **Mujer**: En diciembre de 2012, Siddiqa Parveen (India) medía 222,25 cm tumbada. Siddiqa no puede mantenerse en pie, pero el médico que la midió calculó que su estatura mínima rondaba los 233,6 cm.
- **Mujer de todos los tiempos**: Zeng Jinlian (China, 1964-1982) medía 246,3 cm cuando murió.
- **Hombre de todos los tiempos**: Robert Pershing Wadlow (EE.UU., 1918-1940) es la persona más alta registrada por la historia médica. La última vez que lo midieron, el 27 de junio de 1940, su estatura era de 272 cm.

LOS MÁS BAJOS...

- **Persona en el espacio**: La astronauta estadounidense Nancy Currie medía 152 cm cuando partió en la misión espacial STS-57 en junio de 1993.
- **Líder mundial**: Benito Juárez (1806-1872) fue presidente de México entre 1858 y 1872. Medía 137 cm.
- **Madre**: Stacey Herald (EE.UU., 1974-2018), cuya estatura era de 72,39 cm, tuvo a su primer hijo en Dry Ridge, Kentucky, EE.UU., el 21 de octubre 2006. Tuvo dos hijos más, uno en 2008 y otro en 2009.
- **Mujer de todos los tiempos**: Pauline Musters, conocida como la *Princesa Pauline* (Países Bajos, 1876-1895), midió 30 cm al nacer. Cuando murió, a los 19 años, medía apenas 61 cm.

- **Espía**: Ya de adulto, Richebourg (Francia, 1768-1858) medía tan solo 58 cm. Durante la Revolución francesa (1789-1799), hizo de mensajero secreto en París disfrazado de bebé en un carrito que llevaba su «niñera».
- ▶ **Hombre de todos los tiempos**: Chandra Bahadur Dangi (Nepal, 1939-2015) medía 54,6 cm, como se constató en la clínica CIWEC de Lainchaur, Katmandú, Nepal, el 26 de febrero de 2012. Es la persona más baja en la historia cuya estatura se ha podido registrar.

EL ADOLESCENTE CON LAS MANOS MÁS GRANDES

La mano derecha de Mathu-Andrew Budge (R.U., n. el 28 de diciembre de 2001) mide 22,5 cm desde la muñeca hasta la punta del dedo corazón, mientras que la izquierda mide 22,2 cm, tal y como se verificó en Londres, R.U., el 13 de febrero de 2018.

Lars Motza (Alemania, n. el 21 de septiembre de 2002) es el **adolescente con los pies más grandes**. Su pie izquierdo mide 35,05 cm y el derecho, 34,98 cm, como se comprobó el 19 de noviembre de 2018 en Berlín, Alemania.

▶ LOS PIES MÁS GRANDES

El pie derecho y el izquierdo de Jeison Orlando Rodríguez Hernández (Venezuela) medían 40,55 cm y 40,47 cm, respectivamente, tal y como se comprobó en el parque de Saint Paul, Beauvais, Francia, el 3 de junio de 2018. Jeison necesita unos zapatos a medida que se fabrican en Alemania especialmente para él. Ostenta este récord desde 2014, cuando su pie derecho medía 40,1 cm de largo y su pie izquierdo, 39,6 cm, ¡y siguen creciendo!

La **mujer con los pies más grandes** es Julie Felton (R.U.), de Ellesmere, Shropshire, R.U. Su pie derecho medía 32,9 cm de largo y su pie izquierdo, 32,73 cm, como se verificó el 23 de marzo de 2019.

Paulo y Katyucia se casaron el 17 de septiembre de 2016. Dos meses después, fueron invitados de honor al Día del GWR de ese mismo año.

▶ EL HOMBRE MÁS PESADO

Actualmente esta categoría permanece vacante... En 2016, Juan Pedro Franco Salas (México) pesaba 594,8 kg cuando lo examinó un equipo médico en Guadalajara, Jalisco, México. Sin embargo, tras someterse a una operación de baipás gástrico, en noviembre de 2018 había logrado adelgazar hasta los 304 kg. Esta foto fue tomada en febrero de ese año, y se aprecian los evidentes beneficios de la dieta de adelgazamiento que siguió. Queremos felicitar a Juan Pedro por su nuevo título de la «antigua persona» más pesada del mundo.

▶ EL MATRIMONIO MÁS BAJO CONOCE AL HOMBRE MÁS ALTO

Paulo Gabriel da Silva Barros y Katyucia Lie Hoshino, de Brasil, tienen una estatura combinada de 181,41 cm, como se verificó el 3 de noviembre de 2016 en Itapeva, São Paulo, Brasil.

En la imagen aparecen junto a Sultan Kösen (Turquía), **el hombre más alto** con 251 cm. El célebre trío se conoció en noviembre de 2018 en un acto organizado por GWR en Moscú, Rusia. Para saber más acerca de Sultan y verlo al lado del **hombre más alto de todos los tiempos** (ver arriba), consulta la pág. 58.

ABR 13 En 2003, Paula Radcliffe (R.U.) corre la **maratón más rápida** en Londres, con un tiempo de 2 h, 15 min y 25 s. Mejora su propio récord en casi dos minutos.

ABR 14 En 1986, caen en el barrio de Gopalganj de Bangladés las **piedras de granizo más pesadas** registradas. Pesan hasta 1 kg, aproximadamente como una piña, y matan a 92 personas.

El padre de Khagendra comentó en una ocasión: «Era tan pequeño que, cuando nació, cabía en la palma de la mano, y costaba horrores bañarlo porque era minúsculo».

EL HOMBRE MÁS BAJO CON MOVILIDAD

Khagendra Thapa Magar (Nepal, n. el 14 de octubre de 1992) tenía una estatura de 67,08 cm cuando fue medido en el Fewa City Hospital de Pokhara, Nepal, el 14 de octubre de 2010. GWR se citó con Khagendra en diciembre de 2018 para saber cómo transcurría un día normal en su vida; habló del tiempo que pasaba en el comercio familiar y de sus actividades preferidas de ocio, como tocar la guitarra y recorrer su ciudad natal montado en moto con su hermano (detalle superior).

El **hombre más bajo sin movilidad** es Junrey Balawing (Filipinas, n. el 12 de junio de 1993; derecha). El 12 de junio de 2011, en el Sindangan Health Centre de Zamboanga del Norte, Filipinas, se constató que medía 59,93 cm de alto: ¡era más bajo que una raqueta de tenis!

Consulta los vídeos de GWR sobre todos los tamaños en guinnessworldrecords.com/2020.

LA MUJER MÁS BAJA

Jyoti Amge (India) medía 62,8 cm el 16 de diciembre de 2011, cuando cumplió 18 años, en Nagpur, India. Hasta esa fecha, había sido la **adolescente más baja (mujeres)**. Jyoti es también la **actriz más baja**, y ha interpretado el papel de Ma Petite en la serie *American Horror Story* del canal estadounidense FX. Aquí aparece junto a Erika Ervin, que interpreta a Amazon Eve, coprotagonista de la serie, quien con 201 cm de estatura había sido la **modelo profesional más alta**.

EL MATRIMONIO MÁS ALTO

El 14 de noviembre de 2013, Sun Mingming (el **jugador de baloncesto más alto**) y su mujer Xu Yan (ambos de China) medían 236,17 cm y 187,3 cm, respectivamente, lo que supone una estatura combinada de 423,47 cm. Fueron medidos en Pekín, China, la misma ciudad donde se casaron el 4 de agosto de ese mismo año.

ABR 15 En 1934, es inaugurado el Shankweiler's Drive-in Theater en Orefield, Pensilvania, EE.UU., con una capacidad para 275 coches. Hoy en día sigue en funcionamiento, por lo que es el **autocine más antiguo**.

ABR 16 Durante la Baltimore Tattoo Arts Convention de 2016 celebrada en Maryland, EE.UU., Casey Severn (EE.UU.) logra el **mayor número de ratoneras accionadas con la lengua en un minuto**: 13.

69

RECOPILATORIO

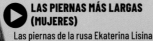

▶ LAS PIERNAS MÁS LARGAS (MUJERES)

Las piernas de la rusa Ekaterina Lisina tenían una longitud de 132,8 cm (pierna izquierda) y 132,2 cm (pierna derecha), tal y como se constató el 13 de junio de 2017 en Penza, Rusia. Las medidas se tomaron desde el talón hasta la parte superior de la cadera.

Con 205,16 cm, Ekaterina también es la **modelo profesional más alta** (ver la antigua poseedora del récord en la pág. 69). Además, formó parte del equipo de baloncesto ruso que ganó una medalla de bronce en los Juegos Olímpicos de 2008.

Las manos más largas de todos los tiempos

Robert Pershing Wadlow (EE.UU.), el **hombre más alto de todos los tiempos**, tenía unas manos que medían 32,3 cm (una longitud mayor que la de un balón de fútbol americano) desde la muñeca hasta la punta del dedo corazón. Su talla de anillo era la 25.

Wadlow también fue el **hombre con los pies más grandes de todos los tiempos**. Calzaba aproximadamente un 75, que equivale a unos 47 cm de largo. Para saber más sobre esta figura legendaria, ver págs. 58-59.

Los lóbulos de oreja más largos (estirados)

Monte Pierce (EE.UU.) puede estirarse el lóbulo de su oreja izquierda hasta alcanzar los 12,7 cm, y el de su oreja derecha, hasta los 11,43 cm. Sin estirar, los lóbulos de sus orejas miden casi 2,54 cm.

Los ojos más saltones

Kim Goodman (EE.UU.) puede sacar sus globos oculares de las órbitas hasta 12 mm. Este récord se registró en Estambul, Turquía, el 2 de noviembre de 2007.

Más modificaciones corporales

Rolf Buchholz (Alemania) lucía 516 modificaciones en el cuerpo, tal y como se verificó el 16 de diciembre de 2012 en Dortmund, Alemania. Entre estas se incluyen 481 *piercings*, dos implantes subdérmicos con forma de cuerno y cinco implantes magnéticos en las yemas de los dedos de su mano derecha.

María José Cristerna (México) es la ◐ **mujer con más modificaciones corporales** (49). Tiene gran parte del cuerpo cubierto con tatuajes, varios implantes transdérmicos en la frente, el pecho y los brazos, y múltiples perforaciones en las cejas, los labios, la lengua, los lóbulos de las orejas, el ombligo y los pezones.

La operación de cirugía plástica estética más popular

Según el informe anual más reciente de la Sociedad Internacional de Cirugía Plástica Estética (ISAPS, por sus siglas en inglés), el aumento de pecho es la operación de estética más popular en el mundo, con 1.677.320 intervenciones en 2017. En total, la ISAPS registró 10.766.848 operaciones, y el aumento de pecho representaba un 15,6 % de estas.

LA LENGUA MÁS ANCHA

Byron Schlenker (EE.UU.) tiene una lengua de 8,57 cm de ancho (más que una pelota de béisbol), tal y como se comprobó el 2 de noviembre de 2014 en Siracusa, Nueva York, EE.UU. Su hija Emily (EE.UU., detalle) presenta la **lengua más ancha (mujeres)**, con 7,33 cm, verificado el mismo día.

La ◐ **lengua más larga** mide 10,1 cm desde la punta hasta la mitad del labio superior cerrado y pertenece a Nick Stoeberl (EE.UU.), como se verificó en Salinas, California, EE.UU., el 27 de noviembre de 2012. Chanel Tapper (EE.UU.) cuenta con la ◐ **lengua más larga (mujeres)**: midió 9,75 cm el 29 de septiembre de 2010, en California.

LA ADOLESCENTE MÁS PELUDA

El 4 de marzo 2010, Supatra Sasuphan (Tailandia), conocida como Nat, fue declarada, en Roma, Italia, la joven más peluda según el método de evaluación Ferriman-Gallwey, que mide el hirsutismo femenino. Nat padece el síndrome de Ambras, del que solo se han documentado 50 casos desde la Edad Media. A principios de 2018, se comunicó que ahora está felizmente casada (detalle) y que se afeita regularmente. GWR le da la más sincera enhorabuena a Nat y hace un llamamiento a nuevos aspirantes para esta categoría.

EL DIENTE DE LECHE MÁS LARGO

El 17 de enero de 2018, se le extrajo un diente de leche de 2,4 cm de largo a Curtis Buddie (EE.UU.), de 10 años. El doctor Scott Bossert (arriba a la derecha) fue quien se encargó, en The Gentle Dentist de Columbus, Ohio, EE.UU.

El **diente más largo extraído** midió 3,67 cm y perteneció a Urvil Patel (India). La extracción fue practicada por el doctor Jaimin Patel el 3 de febrero 2017.

ABR 17 — En 2014, Philip Joseph Santoro (EE.UU.) consigue el **menor tiempo en comer un dónut relleno de mermelada sin usar las manos** (11,41 s) en San Francisco, California, EE.UU. ¡No hizo falta ni que se lamiera los labios!

ABR 18 — Gracias a su vista de lince, Joe Alexander (Alemania) logra **atrapar el mayor número de flechas con la mano en un minuto** (15) en el plató de *Lo Show dei Record* en Roma, Italia, en 2012.

▶ LAS UÑAS MÁS LARGAS EN AMBAS MANOS (MUJERES)

Ayanna Williams (EE.UU.) luce unas uñas con una longitud total combinada de 576,4, como se confirmó en Houston, Texas, EE.UU., el 7 de febrero de 2017. Se las ha dejado crecer durante más de veinte años y sigue unas estrictas normas para cuidarlas; por ejemplo, nunca lava los platos y para dormir apoya las uñas sobre una almohada.

La **operación de cirugía estética más popular entre los hombres** es la blefaroplastia (corrección de los párpados), según la misma fuente: en 2017, se practicaron 292.707 intervenciones. En total, los hombres se hicieron 1.550.263 retoques estéticos en 2017, lo que representa un 14,4 % de todas las operaciones estéticas.

El mayor número de insectos tatuados en el cuerpo
La piel de Joshua Thornton (EE.UU.) contiene 281 hormigas, tal y como se verificó el 30 de noviembre de 2018. Cinco artistas se las tatuaron en el Skeleton Skin Tattoo de Carson City, Nevada, EE.UU.

▶ La boca más ancha

Abierta, la boca de *Chiquinho*, alias de Francisco Domingo Joaquim (Angola), alcanza los 17 cm de ancho, que es lo que mide un lápiz estándar, tal y como se comprobó en Roma, Italia, el 18 de marzo de 2010.

Más gente pintándose las uñas de las manos a la vez
El 11 de febrero de 2018, 1.956 personas se decoraron las uñas en un acto con el objetivo de informar sobre la prevención y tratamiento del cáncer de mama, organizado por Oye Foundation, Simran Jethwani y Polycab Wires (todos de la India), en Pune, India.

▶ LAS UÑAS MÁS LARGAS DE UNA MANO (DE TODOS LOS TIEMPOS)

Las uñas de la mano izquierda de Shridhar Chillal (India) tenían una longitud total combinada de 909,6 cm (más del doble que un Volkswagen Beetle) verificada el 17 de noviembre de 2014 en Pune, Maharastra, India. Tras 66 años dejándoselas crecer, este octogenario finalmente decidió cortarse las uñas con una sierra eléctrica el 11 de julio de 2018 en la ciudad de Nueva York, EE.UU. Las uñas ahora están expuestas en el museo Ripley's Believe It or Not! de la ciudad (detalle).

100 %

LAS UÑAS MÁS LARGAS DE UN PAR DE MANOS DE TODOS LOS TIEMPOS

Melvin Boothe (EE.UU., extremo izquierdo) tenía unas uñas con una longitud combinada de 985 cm, como se ratificó en Troy, Michigan, EE.UU., el 30 de mayo de 2009. Falleció en diciembre de ese mismo año.
La titular ▶ **femenina** de este récord es Lee Redmond (EE.UU., izquierda). En total, sus uñas midieron 865 cm el 23 de febrero de 2008 en el plató de *Lo Show dei Record* en Madrid, España. Lee perdió las uñas en un accidente de tráfico a principios de 2009.

Aquí se muestra a tamaño real el extremo enrollado de la uña del pulgar de Shridhar.

ABR 19 En 1897, John J. McDermott (EE.UU.) gana la primera maratón de Boston, de 39,4 km, con un tiempo de 2 h, 55 min y 10 s. Hoy en día es la **maratón anual más antigua celebrada sin interrupción**.

ABR 20 En 2006, Joe Carlucci (EE.UU.) ejecuta el **lanzamiento más alto de pizza** en el Mall of America, en Minneapolis, Minnesota, EE.UU. Lanzó una masa de 567 g a una altura de 6,52 m y la atrapó.

71

RECORDOLOGÍA

LA MAYOR COLECCIÓN DE ARTÍCULOS RELACIONADOS CON *TRANSFORMERS*

A 11 de mayo de 2017, Louis Georgiou (R.U.) había reunido 2.111 artículos, desde figuras a cómics, relacionados con el universo *Transformers*, como pudo comprobarse en Manchester (R.U.). Louis inició su colección en 2011, cuando compró los juguetes de Dinobot, Starscream y Grimlock para su hijo. Las compras despertaron sus recuerdos de infancia, en la que había disfrutado de la serie de dibujos animados *Transformers*, y la nostalgia que lo invadió lo inspiró a empezar la colección.

Louis disfruta del proceso de buscar objetos nuevos para la colección, y también admira la creatividad invertida en las figuras: «el diseño, las ilustraciones, el material gráfico, los envoltorios, la ingeniería... y las maravillosas transformaciones». Siempre ha mantenido que cuando GWR reconociera oficialmente su colección dejaría de comprar más artículos y que, quizá, incluso empezaría a venderlos. ¡Estaremos atentos!

Louis también es un apasionado coleccionista de vinilos de la década de 1960, relojes digitales de las décadas de 1970 y 1980 y de sets clásicos de LEGO® Technic.

SUMARIO

LA PIZZA MÁS GRANDE

Coge uno de los tesoros nacionales más apreciados, combínalo con otro y... ¡tendrás la catedral de San Pablo con una deliciosa cobertura de pizza! Lo cierto es que la **pizza más grande del mundo** no ha decorado este emblemático edificio de Londres, pero de haberlo hecho, ¡habría cubierto la cúpula y habría sido un banquete para las palomas de la ciudad!

C on una superficie total de 1.261,65 m² y un diámetro medio de 40,07 m, esta enorme pizza margarita habría cubierto de sobras la famosa cúpula de la catedral de San Pablo, aunque la linterna de la cúpula de la catedral habría dejado un agujero considerable en el medio...

Bautizada como «Ottavia» en honor al primer emperador de Roma, Octavio Augusto, la descomunal pizza sin gluten fue preparada por Dovilio Nardi, Andrea Mannocchi, Marco Nardi, Matteo Nardi y Matteo Giannotte (todos de Italia), de NIPfood en Fiera Roma, Roma, Italia, el 13 de diciembre de 2012. Puede que la pizza sea uno de los platos de comida rápida favorito del mundo, pero elaborar este plato de récord fue de todo menos rápido. La masa se tuvo que preparar unos días antes para cumplir con la estricta normativa alimentaria. Las bases de pizza rectangulares de un tamaño aproximado de 4 × 6 m se hornearon ligeramente y se congelaron, y luego se juntaron con un pegamento comestible para formar una pizza redonda extragrande. En total, se necesitaron unos dos días para hornearla, en más de 5.200 porciones individuales. La cobertura, que incluye 4.535 kg de salsa de tomate y 3.990 kg de mozzarella, se cocinó con chorros de aire caliente a temperaturas de 300 a 600 °C.

Lo único que faltaba era que los jueces de GWR midieran la enorme pizza y confirmaran que realmente había batido el récord vigente, ¡que se había mantenido durante más de 20 años! Después se cortó y se calentó en una pizzería cercana, y la mayoría de las porciones se destinaron a comedores sociales. Si quisieras colocar una pizza margarita gigante sobre un edificio famoso de Londres, (¿te lo imaginas?), tu mayor reto sería, probablemente, trasladarla volando hasta allí. Para ahorrar el coste que supone preparar una megaplato como este y luego alquilar un helicóptero para transportarlo o una grúa para levantarlo, nuestros diseñadores gráficos simplemente han combinado la fotografía de una pizza de tamaño normal y otra de la catedral de San Pablo. Pero si realmente quieres batir el récord, atrévete a hacer una pizza grande de verdad (ver abajo).

LA CATEDRAL DE SAN PABLO

Al menos se han erigido cuatro iglesias dedicadas a San Pablo en Ludgate Hill en la City de Londres, y la más antigua data del 604 d.C. La catedral actual fue construida por Christopher Wren entre 1675 y 1710, después que la anterior fuera devastada en 1666 por el gran incendio de Londres. La cúpula, de 111,3 m de alto, una de las más grandes del mundo, pesa alrededor de 66.040 toneladas. Alberga la famosa «galería de los susurros», llamada así porque es posible escuchar el murmullo de alguien que está situado en el otro extremo, a unos 34 m de distancia.

RECETA PARA EL ÉXITO

¿Dispones de todos los ingredientes para preparar una Ottavia? Necesitarás:

- 8.980 kg de harina, preferiblemente sin gluten
- 1.128 l de levadura
- 675 kg de margarina
- 250 kg de sal gema
- 9.387 l de agua
- 173 l de aceite de oliva
- 4.535 kg de salsa de tomate
- 3.990 kg de queso mozzarella
- 125 kg de queso parmesano
- 100 kg de rúcula
- 25 kg de vinagre balsámico

1. Para cada una de las bases de pizza, mezcla la harina, la levadura, la margarina y la sal.
2. Añade el agua y el aceite de oliva y remueve bien la mezcla para elaborar la masa.
3. Amásala sobre una superficie espolvoreada con harina y luego colócala en una bandeja para hornearla.
4. Une todas estas partes con pegamento comestible.
5. Añade la salsa de tomate, los quesos, la rúcula y el vinagre balsámico.
6. ¡Cocina la cobertura con una placa superpotente!

La catedral de San Pablo fue el edificio más alto de Londres durante más de dos siglos. Hasta 1939 no fue superada por la central eléctrica de Battersea.

COLECCIONES

Bálsamos labiales

A 7 de mayo de 2017, Bailey Leigh Sheppard (R.U.), de 11 años de edad, había acumulado 730 bálsamos labiales en dos años. Se contaron en Durham, R.U.

Artículos relacionados con *Días felices*

A 18 de febrero de 2018, Giuseppe Ganelli (Italia) contaba con 1.439 artículos relacionados con la clásica comedia de televisión estadounidense *Días felices* en Codogno, Lodi, Italia. Es fan de la serie desde la década de 1970 y su colección empezó con un muñeco de El Fonz.

Rompecabezas

Luiza Figueredo (Brasil) ha construido una colección de rompecabezas a lo largo de 48 años. A 9 de julio de 2017, disponía de 1.047 rompecabezas distintos, verificados en São Paulo, Brasil.

Soportes de árbol de Navidad

A 10 de julio de 2018, Stanley Khol (EE.UU.) había reunido 1.197 soportes para árboles de Navidad, reales o artificiales. Datan desde el siglo XIX hasta la actualidad y están expuestos en la Kohl's Stony Hill Tree Farm en Milton, Pensilvania, EE.UU.

Artículos de Scooby Doo

A 21 de marzo de 2018, Danielle Meger (Canadá) había coleccionado 1.806 artículos relacionados con Scooby Doo, verificados en Rocky View, Alberta, Canadá.

Periódicos distintos

La colección de Sergio F. Bodini (Italia) se compone de 1.444 periódicos distintos, según se verificó en Roma, Italia, el 2 de junio de 2018.

LA COLECCIÓN MÁS GRANDE DE TROLLS

A 20 de septiembre de 2018, Sherry Groom (EE.UU.) contaba con 8.130 trolls de juguete. Sherry batió este récord por primera vez en 2012 y, desde entonces, ha añadido más de 5.000 muñecos a su colección. Es la propietaria de The Troll Hole Museum en Alliance, Ohio, EE.UU., donde, ataviada como Sigrid la reina troll, ofrece visitas guiadas de su tesoro y narra historias acerca de estas criaturas fantásticas.

LA COLECCIÓN MÁS GRANDE DE...

Camisetas de fútbol

Daniel Goldfarb (EE.UU.) acumulaba 402 camisetas de fútbol a 2 de abril de 2018. Las contaron en Bal Harbour, Florida, EE.UU.

Hojas de cálculo

Ariel Fischman (EE.UU.) tiene 506 artículos de programas de hojas de cálculo, tal y como se verificó en 414 Capital, en Ciudad de México, México, el 15 de mayo de 2018.

LA COLECCIÓN MÁS GRANDE DE BOLSITAS DE TÉ

Este récord, imbatido desde 2013, cambió de manos dos veces en 2018. La primera en conseguirlo fue Márta Menta Czinkóczky (Hungría), con una colección de 743 bolsitas (imagen), pero fue superada por Freja Louise Kristiansen (Dinamarca), cuya colección consta de 1.023 unidades.

LA COLECCIÓN MÁS GRANDE DE ARTÍCULOS DE *FUTURAMA*

Adam Taylor (EE.UU.) tiene 803 artículos oficiales relacionados con la serie animada *Futurama*, como se confirmó en Pittsburgh, Pensilvania, EE.UU., el 3 de septiembre de 2017. La colección incluye muñecos, ropa y carteles, pero también guiones, dibujos y recuerdos hechos para el personal de producción, las agencias de publicidad y los asistentes a convenciones. Adam es un ferviente fan de la serie (creada por Matt Groening, autor de *Los Simpson*), desde que se estrenó en 1999.

Artículos de *Los Teleñecos*

Rhett Safranek (EE.UU.) atesora 1.841 artículos relacionados con *Los Teleñecos*, tal y como se verificó en Merna, Nebraska, EE.UU., el 1 de octubre de 2017. El objeto favorito de Rhett es un Gonzo de tamaño real muy poco frecuente.

Sintonías de noticias por televisión

Victor Vlam (Países Bajos) ha creado un archivo de sintonías obtenidas de programas de noticias y de deportes desde enero de 2002. A 8 de abril de 2019, la colección equivalía a 1.876 h, 2 min y 52 s (80 días) de música.

▶ Juegos de Monopoly

A 5 de septiembre de 2018, Neil Scallan (R.U.) de Crawley, West Sussex, R.U., tenía 2.249 juegos de Monopoly distintos, recopilados por todo el mundo.

Sellos con imágenes de aves

A 26 de octubre de 2018, Jin Feibao (China) había coleccionado 14.558 sellos de temática aviar, verificados en Kunming, provincia de Yunnan, China.

Artículos de la Cenicienta

Tal y como se verificó el 19 de julio de 2018 en Shibuya, Tokio, Japón, la colección de Masanao Kawata (Japón) constaba de 908 artículos relacionados con la Cenicienta.

Kimonos

Hironori Kajikawa (Japón) es el orgulloso propietario de 4.147 kimonos a 22 de febrero de 2018, tal y como se verificó en Kōriyama, prefectura de Fukushima, Japón.

Por su parte, Takako Yoshino (Japón) atesora la **mayor colección de obis** (4.516), tal y como se comprobó en Nagoya, prefectura de Aichi, Japón, a 30 de enero de 2018. Takako tardó 40 años en reunir su colosal colección.

Anillos de juguete

Bruce Rosen (EE.UU.) había acumulado 18.350 anillos de plástico en Rose Valley, Pensilvania, EE.UU. a 20 de octubre de 2018. Empezó a coleccionarlos en 1990.

▶ LA COLECCIÓN MÁS GRANDE DE ARTÍCULOS DE *LOS ÁNGELES DE CHARLIE*

Desde 1976, Jack Condon (EE.UU.) ha acumulado 5.569 artículos relacionados con la serie de televisión *Los ángeles de Charlie*. Jack vio el episodio piloto del programa el 21 de marzo de 1976 y una semana después de la emisión del primer episodio, el 22 de septiembre de 1976, adquirió el primer artículo: un ejemplar de la revista *TV Guide* con los tres «Ángeles» originales (Kate Jackson, Farrah Fawcett y Jaclyn Smith) en la portada.

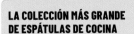

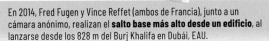

LA COLECCIÓN MÁS GRANDE DE ESPÁTULAS DE COCINA

A 6 de mayo de 2017, Renee Wesberry (EE.UU.) tenía una colección de 1.636 espátulas de cocina, tal y como se comprobó en un concurso estatal de repostería en Everett, Washington, EE.UU. Empezó a coleccionarlas el día de Acción de Gracias de 1998, cuando se dio cuenta de lo mucho que se tardaba en limpiar una entre plato y plato. «Me encanta tener un bote lleno de espátulas de colores en mi encimera», comenta Renee. «¡Es como tener un ramo de flores que no se marchitan y con las que puedes elaborar pasteles deliciosos!».

ABR 21 En 2014, Fred Fugen y Vince Reffet (ambos de Francia), junto a un cámara anónimo, realizan el **salto base más alto desde un edificio**, al lanzarse desde los 828 m del Burj Khalifa en Dubái, EAU.

ABR 22 Nace, en 1937, el actor Jack Nicholson (EE.UU.), que entre 1970 y 2003, recibe el **mayor número de nominaciones a los Oscar (actor)**: 12. Ocho son al mejor actor y cuatro al mejor actor secundario. Lo ganó en tres ocasiones.

LA COLECCIÓN MÁS GRANDE DE ARTÍCULOS SOBRE OVEJAS

A 19 de febrero de 2017, Alessia Citti (Italia) había reunido 1.822 artículos relacionados con las ovejas, como se confirmó en Ciampino, Roma, Italia. Su madre le regaló el primer peluche de una oveja cuando solo tenía seis meses de edad. Guarda la mayor parte de la colección en su dormitorio, al que ha bautizado como «el templo sagrado de las ovejas» (*Il Vittoriale delle Pecore*).

La prodigiosa colección de Alessia cuenta con casi 500 artículos más que el récord anterior.

▶ Encuentra la colección de vídeos de GWR en www.guinnessworldrecords.com/2020.

LA COLECCIÓN MÁS GRANDE DE ARTÍCULOS DEL MUNDO DE LA MAGIA

Victoria Maclean (R.U.) posee 3.686 artículos relacionados con las sagas de *Harry Potter* y *Animales fantásticos*, tal y como se verificó en Neath, West Glamorgan, R.U., el 28 de febrero de 2019. Victoria está tan hechizada por las creaciones de J. K. Rowling que ha construido una réplica de la tienda de antigüedades de Borgin y Burkes en el callejón Knockturn. Su posesión más preciada un rompecabezas de una snitch dorada chapada en oro de 24 quilates procedente de Japón.

LA COLECCIÓN MÁS GRANDE DE VASOS DE PAPEL

A 5 de septiembre de 2017, V. Sankaranarayanan (India) había coleccionado 736 vasos desechables de papel, como se constató en Tamil Nadu, India. Los recipientes, que normalmente contendrían zumo, bebidas calientes o helado, están en perfecto estado.

ABR 23 Kanellos Kanellopoulos (Grecia) pedalea en su aeronave *Daedalus 88* a lo largo de 115,11 km desde Heraclión, en Creta, hasta la isla griega de Santorini en 1988, el **vuelo en un avión de tracción humana más largo**.

ABR 24 En 2004, Chad Fell (EE.UU.) hace el **globo de chicle más grande** (50,8 cm de diámetro) en Winston County, Alabama, EE.UU. Usa tres chicles Dubble Bubble.

100 %

EL ARÁNDANO MÁS PESADO

El 19 de julio de 2018, en Lima, Perú, se pesó un arándano de variedad «eureka» cultivado por Agrícola Santa Azul S.A.C (Perú) en una balanza digital. De acuerdo con la medición, el arándano pesaba 15 g, y superaba el anterior récord por 2,6 g establecido a principios de 2018 en Australia. Recolectada de una planta de arándano rojo del norte, el diámetro de esta fruta superlativa era de 34,5 mm.

LOS MÁS GRANDES...

Ración de sopa de fideos

El 21 de julio de 2018, la empresa vietnamita de fideos instantáneos VIFON celebró su quinto aniversario con una ración de sopa de fideos de arroz con carne de ternera de 1.359 kg en Ciudad Ho Chi Minh, Vietnam. Para su preparación, fue necesario el trabajo de un equipo de 52 cocineros y 31 colaboradores.

▶ Ración de fish and chips

El 9 de febrero de 2018, Resorts World Birmingham (R.U.) sirvió un filete gigantesco de fletán con patatas fritas con un peso total de 54,99 kg. Para poder optar al récord, el peso de las patatas sin cocinar no podía ser más del doble que el del pescado. Cocinar el enorme fletán precisó más de 90 minutos.

Pastel de pescado

El 30 de junio de 2018, la empresa mayorista de pescado Fonn Egersund y el cocinero Tore Torgersen (ambos de Noruega) prepararon un pastel de pescado de 231 kg en la plaza mayor de Egersund, Noruega. Con sus 3,6 m de diámetro y un peso 50 veces superior al de un salmón del Atlántico de tamaño medio, fue necesario un montacargas para darle la vuelta en la sartén. En menos de 20 minutos, los hambrientos vecinos del pueblo dieron buena cuenta de él.

Menudo

El 28 de enero de 2018, para celebrar el Mes Nacional del Menudo, Juanita's Foods (EE.UU.) preparó 1.106,31 kg (aproximadamente lo mismo que 3.000 latas de sopa) de este plato tradicional mexicano elaborado con tripa de vaca cocida en caldo. Como condimentos, se le añadió 20,4 kg de puré de pimientos rojos, 65,3 kg de especias, 24,4 kg de cebolla picada y 875 limas.

Laddu (individual)

El 6 de septiembre de 2016, Mallikharjuna Rao (India) elaboró un laddu (un dulce indio con forma de esfera) de 29.465 kg de peso, el equivalente a unos siete elefantes asiáticos, en Tapeswaram, Andhra Pradesh, India. El laddu se preparó siguiendo una receta tradicional boondi que incluía ingredientes como anacardos, almendras, cardamomo y ghee.

▶ LA RACIÓN DE GUACAMOLE MÁS GRANDE

El 6 de abril de 2018, la ciudad de Tancítaro, en Michoacán, México, celebró su séptimo Festival Anual del Aguacate con una enorme ración de guacamole de 3.788 kg. Más de 350 personas colaboraron en la preparación de esta salsa a base de aguacate que también contenía tomates, limas y cilantro.

Baklava

El 22 de marzo de 2018, se presentó un pastel de 513 kg, más pesado que un piano de cola, durante la Ankara Gastronomy Summit 2018, en Turquía. La marca de helados Mado y la Confederación Culinaria Taşpakon (ambos de Turquía) se encargaron de prepararlo.

Rollo de canela

El 10 de abril de 2018, la panadería gourmet Wolferman's (EE.UU.) elaboró un rollo de canela de 521,5 kg, aproximadamente lo mismo que pesan ocho hombres, en Medford, Oregón, EE.UU. Para cocinar la masa se emplearon quemadores de propano colocados bajo una sartén hecha a medida.

Pastel de boniato

El 7 de abril de 2018, la Honshu-Shikoku Bridge Expressway Company (Japón) preparó 319 kg de este postre tradicional de EE.UU. en el área de servicio de Awaji, prefectura de Hyōgo, Japón. El pastel medía más de 2 m de ancho y fue elaborado con boniatos locales de la variedad naruto kintoki.

Mazamorra de frutas

El 30 de agosto de 2018, voluntarios de Iquitos, Perú, prepararon una ración de 751,3 kg de mazamorra de frutas, un postre ligero elaborado con aguaje, azúcar y maicena. El evento fue organizado por la Universidad de San Ignacio de Loyola y el Gobierno Regional de Loreto (ambos de Perú).

LA TARTA MÁS LARGA

El 7 de mayo de 2018, la asociación Jiangxi Bakery (China) elaboró una tarta de frutas de 3,18 km de longitud con motivo del Festival Internacional del Turismo Pan de Zixi, provincia de Jiangxi, China. 60 pasteleros y 120 ayudantes necesitaron casi un día entero para preparar la tarta, que es más larga que el National Mall de Washington D.C., EE.UU.

LA RACIÓN DE HUEVOS REVUELTOS MÁS GRANDE

El 27 de octubre de 2018, la empresa productora de huevos Inicia (Mauricio) preparó una enorme ración de huevos revueltos que pesaba 2.466 kg en Bagatelle, Mauricio. Se necesitaron más de dos horas para cocinar el plato, que también incluía mantequilla, leche, sal y pimienta. Más de 250 personas participaron en la preparación de más de 10.000 raciones.

ABR 25 En 1960, el submarino de propulsión nuclear USS *Triton* llega al archipiélago de San Pedro y San Pablo, en el océano Atlántico, después de completar la **primera circunnavegación submarina** en 60 días y 21 h.

ABR 26 El barco de esclavos *Whydah* se hunde en 1717. En el naufragio perece el pirata Samuel *Black Sam* Bellamy (R.U.), el **pirata más rico**, que había acumulado una fortuna equivalente a más de 130.000.000 de $ actuales.

▶ LA PIZZA MÁS GRANDE COMERCIALMENTE DISPONIBLE

¿Te apetece picar algo? Pues cómete con los ojos «The Bus», una pizza rectangular de 2,438 × 0,812 m y un área total de 1,98 m², tal como pudo verificarse el 26 de mayo de 2018. Preparada por Moontower Pizza Bar (EE.UU.) en Burleson, Texas, EE.UU., «The Bus» cuesta 299,95 dólares más impuestos y se tiene que encargar con al menos dos días de antelación.

La pizza «The Bus» se hornea en tan solo 30 minutos dentro de un horno giratorio y se entrega en una gigantesca caja a medida.

▶ Deleita la mirada con vídeos de comida en guinnessworldrecords.com/2020.

LA TAZA DE CACAO/CHOCOLATE CALIENTE MÁS GRANDE

El 6 de enero de 2018, el Municipio de Uruapan (México) llenó una taza gigante con 4.816,6 litros de chocolate caliente en Uruapan, Michoacán, México. Esta bebida dulce se preparó para celebrar el día de Reyes y contenía más de 600 kg de chocolate semidulce de producción local.

LA GALLETA RELLENA DE CREMA MÁS GRANDE

El fabricante de galletas Mondelēz Bahrain preparó una galleta OREO de 73,4 kg en Manama, Bahréin, el 16 de abril de 2018. Esta galleta colosal era casi tres veces más grande que la anterior poseedora del récord, y 6.495 veces más grande que una galleta OREO normal.

LAS FRUTAS Y VERDURAS MÁS PESADAS DE 2018		
Calabaza	Jeremy Terry (EE.UU.)	174,41 kg
Apio	Gary Heeks (R.U.)	42 kg
Melón	Danny Vester (EE.UU.)	29,89 kg
Col lombarda	Tim Saint (R.U.)	23,7 kg
Puerro (a la derecha)	Paul Rochester (R.U.)	10,7 kg
Berenjena	Ian Neale (R.U.)	3,06 kg
Aguacate	Felicidad Pasalo (EE.UU.)	2,49 kg
Melocotón	A. & L. Pearson (EE.UU.)	816,46 g
Pimiento	Ian Neale (R.U.)	720 g
Nectarina	Eleni Evagelou Ploutarchou (Chipre)	500 g
Guindilla	Dale Toten (R.U.)	420 g

ABR 27 En 2013, el forzudo sacerdote Kevin Fast (Canadá) logra el récord de **más personas subidas sobre los hombros** (11) en Cobourg, Ontario, Canadá. Todas las personas pesan más de 60 kg.

ABR 28 En 2001, el empresario Dennis Tito (EE.UU.) llega a la *Estación Espacial Internacional (ISS)* a bordo de una nave espacial rusa *Soyuz* y se convierte en el **primer turista espacial**. Permanece allí hasta el 6 de mayo.

DIVERSIÓN CON LA COMIDA

Más crema de chocolate ingerida en un minuto

A André Ortolf (Alemania) no hay nada que le guste más que romper récords relacionados con la comida. El 30 de noviembre de 2017, engulló 359 g de crema de chocolate en Augsburgo, Alemania.

La torre de magdalenas más alta

El 19 de enero de 2019, Preethi Kitchen Appliances y Food Consulate Chennai (ambos de la India) levantaron una torre de magdalenas de 12,69 m de altura en Chennai, Tamil Nadu, India.

Más personas elaborando kimchi

Invitadas por Mercedes-Benz en Corea y el Gobierno Metropolitano de Seúl, 3.452 personas elaboraron el tradicional plato coreano de verduras fermentadas, en Seúl, Corea del Sur, el 4 de noviembre de 2018.

La maratón de cocina más larga

Este récord se batió en dos ocasiones en 2018. El 18-20 de septiembre, como parte del Día Nacional del Arroz Frito, los chefs Andrey Shek (Uzbekistán) y Raymundo Méndez (México), de la cadena de restauración Benihana (EE.UU.), cocinaron cada uno por su cuenta durante 42 horas seguidas en Nueva York, EE.UU.

Sin embargo, se vieron superados por Rickey Lumpkin II (EE.UU.), que preparó la receta secreta de pollo frito de su madre durante 68 h, 30 min y 1 s durante un evento para recaudar fondos para World Vision organizado en Los Ángeles, California, EE.UU.

▶ EL LANZAMIENTO Y RECEPCIÓN DE UN PERRITO CALIENTE CON SU BOLLO A MÁS DISTANCIA

El 24 de octubre de 2018, el exquarterback de los Jacksonville Jaguars Mark Brunell (EE.UU., arriba, en el centro) completó un pase de campeonato lanzando un perrito caliente a 20,96 m de distancia, para que lo recepcionara Ryan Moore (R.U., arriba, derecha) en Londres, R.U. El perrito caliente fue cortesía de los organizadores del evento, Denny Fire & Smoke (Irlanda).

Más ositos de goma ingeridos con un palillo en un minuto

Kevin *L.A. Beast* Strahle (EE.UU.) devoró 31 ositos de goma en 60 s valiéndose de un palillo en Ridgewood, Nueva Jersey, EE.UU., el 24 de mayo de 2017. Formó parte de su «Beasty's Buffet», en el que intentó lograr seis GWR de una sentada. Logró cinco, como el de ▶ **más nubes ingeridas en un minuto (sin manos)**, 19, y el ▶ **menor tiempo en beber una taza de café**: 4,78 s. «¡Si ni siquiera toma café!», exclamó su madre.

MÁS VICTORIAS EN EL NATHAN'S HOT DOG EATING CONTEST

El Nathan's Hot Dog Eating Contest es una competición anual que se celebra el 4 de julio en Brooklyn, Nueva York, EE.UU. En 2018, Joey Chestnut (EE.UU., arriba a la derecha) ganó su 11.º cinturón del título masculino al engullir el **mayor número de perritos calientes de todos los Nathan's Hot Dog Eating Contest** (74, con sus bollos) en 10 min. La mujer que ha logrado más victorias en el Nathan's Hot Dog Eating Contest es Miki Sudo (EE.UU., arriba a la izquierda), con cinco victorias de 2014 a 2018.

El beso más largo tras ingerir chile habanero

El 11 de junio de 2016, Carly Waddell y Evan Bass (ambos de EE.UU.), participantes del programa de la ABC *Bachelor in Paradise*, hicieron que la temperatura se disparara cuando se besaron durante 1 min y 41 s después de haber comido chiles habaneros superpicantes. El acontecimiento tuvo lugar en Puerto Vallarta, Jalisco, México.

La fila de perritos calientes más larga

El 12 de agosto de 2018, se dispuso una fila de 10.000 perritos calientes y 1,46 km de longitud en Zapopán, Jalisco, México. Cuatro marcas se hicieron responsables de un ingrediente concreto del festín: Embasa (kétchup), Grupo Bimbo (bollos), McCormick (mostaza y mayonesa) y FUD (salchichas).

La **fila de tortitas más larga** alcanzó los 110,85 m de longitud y fue obra de Nutella

Australia en la Universidad de Sídney, Nueva Gales del Sur, Australia, el 28 de febrero de 2018.

Más galletas glaseadas en una hora

El 13 de diciembre de 2018, un equipo de voluntarios, presentadores e invitados a *Good Morning America* decoraron 1.696 galletas en Nueva York, EE.UU., en un evento coorganizado junto a So Yummy (todos de EE.UU.)

El menor tiempo en encontrar y ordenar alfabéticamente las letras de un bote de sopa de letras

El 13 de febrero de 2018, Cody Jones (EE.UU.) de Dude Perfect, ordenó la sopa de la A a la Z en 3 min y 21 s en Frisco, Texas, EE.UU.

▶ MÁS BOLAS DE HELADO EN EQUILIBRIO SOBRE UN CUCURUCHO

El 17 de noviembre de 2018, Dimitri Panciera (Italia) mantuvo en equilibrio 125 bolas de helado en un cucurucho durante 10 s en el plató de *La Notte dei Record* en Roma, Italia. Fue la quinta vez que Dimitri lograba este mismo récord, como parte de una disputa que ya dura seis años con Ashrita Furman (ver a la derecha) para hacerse con el récord definitivamente.

MÁS SKITTLES® LANZADOS Y ATRAPADOS CON LA BOCA EN UN MINUTO

El 5 de febrero de 2018, Ashrita Furman (arriba, a la derecha) atrapó con la boca 70 golosinas con sabor a fruta que Bipin Larkin (arriba, a la izquierda, ambos de EE.UU.) le lanzaba desde una distancia mínima de 4,5 m en Siem Reap, Camboya.

El voraz apetito de títulos GWR de Ashrita no tiene fin. Tras regresar a Jamaica, en la ciudad de Nueva York, EE.UU., logró **el menor tiempo en beber 200 ml de mostaza** (13,85 s), el 12 de mayo de 2018.

ABR 29 *Jumpin'* Jeff Clay (EE.UU.) logra **saltar más automóviles en una hora** en 1989, cuando supera limpiamente el techo de 101 automóviles en Fort Oglethorpe, Georgia, EE.UU.

ABR 30 En 2013, *The Midnight Swinger*, alias de David Scott (EE.UU.), termina el **monólogo cómico más largo** tras 40 h y 8 min de actuación en el Diamond Jo Casino de Dubuque, Iowa, EE.UU.

▶ EL MENOR TIEMPO EN COMER UN PLATO DE PASTA

La profesora de matemáticas Michelle Lesco (EE.UU.) vive una doble vida como la competidora de engullir comida *Cardboard Shell*. El 17 de septiembre de 2017, engulló un plato de pasta en 26,69 s en el evento organizado para recaudar fondos «Carbs for a Cause» y superó el récord anterior en 14 s. El 13 de septiembre de 2018 en Las Vegas, Nevada, EE.UU., Michelle se hizo con dos récords más: el de **menor tiempo en comer un perrito caliente sin manos** (21,60 s) y la **mayor cantidad de mayonesa ingerida en tres minutos** (2,448 kg), el equivalente a unos tres botes y medio.

MÁS UVAS COMIDAS AGARRADAS CON LOS PIES EN 3 MIN

Arpit Lall (India) comió 53 uvas tras agarrarlas con los pies en 180 s en la iglesia anglicana del norte de India de Chhattisgarh, India, el 25 de febrero de 2018. Para poder validarlas en el recuento, tenía que haberse tragado todas las uvas en el tiempo establecido.

El 4 de septiembre de 2018, Arpit también logró el récord de más **huevos crudos cascados y comidos en 39 segundos**, al sorber nueve huevos de una longitud mínima de 6 cm. ¡Esta vez sí que usó las manos!

MÁS SANDÍAS PARTIDAS CON LA CABEZA EN 30 SEGUNDOS

El 6 de mayo de 2018, Muhammad Rashid (Pakistán) abrió 29 sandías con la cabeza en medio minuto en Karachi, Sindh, Pakistán. Las sandías pesaban un mínimo de 4 kg y estaban maduras y con la piel firme, según las directrices de GWR. Muhammad, fundador y presidente de la Academia de Artes marciales de Pakistán, superó el récord anterior en cuatro sandías.

MAY 1
En 1996, la sonda espacial *Ulysses* atraviesa un haz de partículas cargadas que forma parte de la **cola de cometa más larga registrada**. La cola se extiende a lo largo de 570 millones de km desde el cometa Hyakutake.

MAY 2
En los juegos de Tårnby de 2015 celebrados en Copenhague, Dinamarca, Majken Sichlau (Dinamarca) corre los **100 m más veloces con zapatos de tacón (mujeres)**: 13,557 s. Los tacones eran de 9,5 cm.

PARTICIPACIÓN MULTITUDINARIA

Más personas duchándose a la vez

La marca de jabón y gel de baño Irish Spring (EE.UU.) montó una estructura de tuberías y duchas en el Firefly Music Festival celebrado en Dover, Delaware, EE.UU., el 15 de junio de 2018. Esta ducha comunitaria reunió a 396 polvorientos asistentes al festival.

Más personas controlando pelotas de fútbol

El 14 de junio de 2018, 1.444 personas controlaron una pelota de fútbol sin que cayera al suelo durante 10 segundos, en la plaza mayor de Cracovia, Polonia. Este fue el segundo gran récord deportivo de la empresa de medios de comunicación Grupa RMF (Polonia), ya que el 24 de agosto del año anterior, 1.804 personas habían establecido el récord de **más personas controlando pelotas de voleibol**.

LA CARRERA/CAMINATA BENÉFICA MÁS MULTITUDINARIA

El 6 de mayo de 2018, 283.171 personas participaron en una carrera benéfica organizada por el grupo religioso filipino Iglesia ni Cristo (Iglesia de Cristo) en Manila, Filipinas. La prueba formaba parte de una serie de carreras benéficas simultáneas en todo el mundo. En conjunto, estos eventos atrajeron a 773.136 participantes, y también batieron el récord de la **carrera/caminata benéfica más multitudinaria celebrada en distintos lugares**.

Más personas realizando el *floss dance*

El 4 de diciembre de 2018, 793 alumnos de colegios de Estocolmo, Suecia, desafiaron una temperatura de 2 °C para practicar el baile de moda del año: el *floss dance* o «baile del hilo dental». Sveriges Television (Suecia) grabó esta actuación multitudinaria para emitirla en sus programas de televisión infantiles *Lilla Aktuellt* y *Lilla Sportspegeln*.

El 12 de julio de 2013, los Lake Erie Crushers (EE.UU.) establecieron el récord de **más personas usando el mismo trozo de hilo dental**: 1.527 personas compartieron un trozo de hilo de 3.230 m en Avon, Ohio, EE.UU.

MÁS PERSONAS...

Participando en un hackatón

El Hajj Hackathon 2018, organizado por la Federación Saudí para la Ciberseguridad, Programación y los Drones (Arabia Saudí), alcanzó un récord de 2.950 participantes el 2 de agosto de 2018. Celebrado en Jeddah, Arabia Saudí, triunfó una aplicación para que los peregrinos pudieran traducir las señales de circulación sin tener conexión a internet.

En una clase de ajedrez

El 20 de septiembre de 2018, dos clubes de ajedrez y dos colegios del municipio de Muttenz, Suiza, acogieron la clase de ajedrez más multitudinaria. Un total de 1.459 niños aprendieron las reglas y algunas estrategias básicas de este antiguo juego de mesa.

MÁS PERSONAS BAÑÁNDOSE DESNUDAS

El 9 de junio de 2018, Deirdre Featherstone (Irlanda) logró persuadir a 2.505 mujeres para nadar desnudas en el mar de Irlanda, cerca Wicklow, Irlanda. El sol brillaba sobre las bañistas, que recaudaron fondos para la asociación benéfica de lucha contra el cáncer infantil Aoibheann Pink Tie. Aunque no hizo un día de playa ideal, las temperaturas rondaron los 20 °C.

En una clase de yoga

El 21 de junio de 2018, Patanjali Yogpeeth, el Gobierno de Rayastán y la Administración del Distrito de Kota (todos de la India) reunieron a 100.984 personas para celebrar el Día Internacional del Yoga en una multitudinaria clase de yoga en Kota, Rayastán, India. Duplicaron el récord del año anterior en Mysuru, India, también con motivo del Día Internacional del Yoga.

Haciendo una melé de rugby

El 23 de septiembre de 2018, un total de 2.586 vecinos de Toyota, Japón, se unieron para formar una gigantesca melé de 200 m de largo. El evento, organizado por el Grupo de Jóvenes Emprendedores de Toyota (Japón), tuvo como escenario el estadio de Toyota, uno de los recintos que albergarán partidos de la Copa del Mundo de Rugby 2019.

Bailando música disco

Ante el lanzamiento en DVD de *Mamma Mia 2: Here We Go Again* (R.U./EE.UU., 2018), una «supertroupe» de 324 reinas (y reyes) del baile tomaron Londres, R.U., el 26 de noviembre de 2018. Conducido por los bailarines profesionales Ola y James Jordan, conocidos por el programa de TV británico *Strictly Come Dancing*, el acto lo organizó Universal Pictures Home Entertainment (R.U.).

Jugando a las estatuas

El 14 de septiembre de 2018, 1.393 adultos y niños participaron en una multitudinaria partida de las estatuas organizada por la empresa de cuidado de niños IBO Duffel (Bélgica) en Amberes, Bélgica. El ganador fue Alexander Dewit, de seis años.

Degustando chocolate

El 10 de agosto de 2018, la Universidad San Ignacio de Loyola y el Gobierno Regional de Ucayali (ambos de Perú) organizaron una cata de chocolate en Pucallpa, Perú, en la que 797 personas probaron tres tipos de chocolate negro. La región es una de las principales productoras de cacao del mundo.

LA *CREAM-TEA PARTY* MÁS MULTITUDINARIA

La empresa de moda y artículos para el hogar Cath Kidston (R.U.) invitó a 978 personas a tomar té y bollos en Alexandra Palace, Londres, R.U., el 1 de julio de 2018. Este evento típicamente británico sirvió para celebrar el 25.º aniversario de la marca y tuvo como anfitriona a Mary Berr, que había sido jueza del programa de TV británico *Great British Bake Off*.

LA MAYOR CONCENTRACIÓN DE GASTRONETAS

El aire estaba cargado de los olores tentadores de platos como el *nasi dagang* (pescado al curry con arroz con coco) y el *kukus berempah* (pollo con especias y arroz) en Batu Kawan, distrito de Penang, Malasia, donde se reunieron 158 gastronetas para participar en el Festival Internacional de la Comida de Penang 2018. La concentración se celebró el 28 de abril, el penúltimo día de este evento culinario de 16 días de duración dedicado a la comida callejera de todo el mundo.

MAY 3 Geelong logra la **puntuación más alta de un equipo en un partido de la Liga de fútbol australiano** al conseguir 239 puntos (37-17) en el partido contra Brisbane en 1992 en el estadio Carrara de Gold Coast, Australia.

Al evento asistió el editor de Marvel C. B. Cebulski y la actriz Carolina Ravassa (la voz de Sombra en *Overwatch*).

LA MAYOR CONCENTRACIÓN DE PERSONAS DISFRAZADAS DE SPIDER-MAN

Marvel Entertainment (EE.UU.) y Sony Interactive Entertainment Europe (R.U.) reunieron a 547 fans de Peter Parker en Estocolmo, Suecia, el 16 de septiembre de 2018. El evento se celebró durante la Comic Con Stockholm y formó parte de una serie de actos celebrados con motivo del lanzamiento del videojuego *Spider-Man* en 2018.

LA IMAGEN HUMANA MÁS GRANDE DE UN SÍMBOLO DE ACCESIBILIDAD EN SILLA DE RUEDAS

El 27 de febrero de 2018, 816 personas pertenecientes a las instituciones de St. Britto, una organización educativa de Chennai, India, se vistieron con camisetas y gorras blancas para dar forma a la imagen humana más grande de un símbolo de accesibilidad en silla de ruedas.

CARE FOR THE DISABLED

LA CLASE CON BALONES DE EJERCICIO MÁS MULTITUDINARIA

El 11 de enero de 2018, como parte de su campaña «Sudar es salud», el YMCA del Área Metropolitana de Toronto (Canadá) organizó una multitudinaria clase con balones de ejercicio con 454 personas. La profesora de fitnes Eva Redpath, el gerente de fitnes de YMCA Sherry Pérez y el nadador canadiense ganador olímpico Mark Tewksbury fueron los conductores y anfitriones del evento.

MAY 4

En 1536, el comerciante italiano Francesco Lapi usa la @ como la unidad *amphorae* para registrar la llegada de un tesoro de los conquistadores españoles de Perú: el **primer uso del símbolo @**.

MAY 5

Prabhakar Reddy P y Sujith Kumar E (ambos de la India) establecen el récord de **más proyecciones de la misma persona en un minuto (artes marciales)**: 42, en Andhra Pradesh, India, en 2018.

FUERZA Y RESISTENCIA

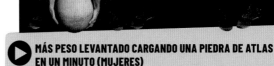

Más peso muerto sumo levantado en una hora (hombres)

El 22 de mayo de 2018, Walter Urban (EE.UU.) levantó 59.343 kg, más de lo que pesa un tanque M1 Abrams, tras unos 12.000 levantamientos de peso muerto sumo en 60 min. Walter estableció el récord en directo en el plató de *The Today Show*, en Nueva York, EE.UU. En el peso muerto sumo, la separación de los pies tiene que ser mayor que la anchura de los hombros.

El vehículo más pesado remolcado 30,5 m (mujeres)

El 31 de marzo de 2018, la culturista y excorredora Nardia Styles (Australia) remolcó 30,5 m un camión cargado con un coche, con un peso combinado de 11.355 kg, en Gold Coast, Queensland, Australia. Nardia recaudaba fondos para la campaña contra la violencia doméstica de White Ribbon y Barnardos Australia.

El 5 de julio de 2017, Kevin Fast (Canadá) estableció el récord del **vehículo más pesado remolcado 30,5 m (hombres)** en Cobourg, Ontario, Canadá: 99.060 kg.

El barco más pesado remolcado con los dientes

El 30 de octubre de 2018, en Chornomorsk, Ucrania, *Mr Tug-Tooth*, alias del pediatra ucraniano Oleg Skavysh, remolcó más de 15 m las 614 toneladas del *Vereshchagino* con un cable apretado entre sus dientes.

Más peso levantado realizando fondos de banco con los tríceps

El 29 de septiembre de 2018, Trenton Williams (EE.UU.) realizó fondos de banco con un cinturón de pesas de 106,59 kg en Alpharetta, Georgia, EE.UU. Veterano retirado, Trenton recurre al ejercicio físico como terapia contra el trastorno por estrés postraumático.

El menor tiempo en romper 16 bloques de hormigón sobre el cuerpo (hombres)

El 18 de marzo de 2017, en Muğla, Turquía, Ali Bahçetepe colocó 16 bloques de hormigón sobre su estómago que su ayudante, Nizamettin Aykemür (ambos de Turquía), se encargó de partir con un martillo en 4,75 s. Ali batía así su propia marca de 6,33 s.

▶ MÁS PESO LEVANTADO CARGANDO UNA PIEDRA DE ATLAS EN UN MINUTO (MUJERES)

El 1 de febrero de 2017, la atleta de CrossFit Michelle Kinney (EE.UU.) levantó un peso total de 539,77 kg después de cargar repetidas veces en 60 s una piedra de Atlas en Venice, California, EE.UU. Michelle también estableció el récord de los **tres minutos (mujeres)**, con 1.397,06 kg, y **más *burpees* con dominadas en un minuto (mujeres): 19**.

Los 10 km más rápidos cargando un paquete de 45,35 kg (hombres)

El 7 de julio de 2018, Michael Summers (EE.UU.) recorrió 10 km con un paquete de 45,35 kg cargado a la espalda en 1 h, 25 min y 16 s en la pista de atletismo de la Milan High School, en Indiana, EE.UU.

Más tiempo realizando la postura de yoga ganda bherundasana

El 22 de julio de 2018, Tanya Tsekova Shishova (Bulgaria) levantó su cuerpo y mantuvo la espalda arqueada mientras tocaba el suelo con la barbilla, los hombros y el pecho durante 21 min y 26 s en Sofía, Bulgaria.

Más tiempo realizando la postura de yoga tolasana

El 15 de mayo de 2018, B. Prakash Kumar (India) mantuvo la postura tolasana 5 min y 28 s en Tamil Nadu, India. Esta posición consiste en sentarse con las piernas cruzadas y levantar el cuerpo apoyándose sobre las manos.

▶ Más flexiones haciendo el pino en un minuto (hombres)

El 3 de mayo de 2018, Siarhei Kudayeu (Bulgaria) realizó 51 flexiones haciendo el pino en 60 segundos en Minsk, Bielorrusia.

El récord **femenino** es de 12 flexiones, establecido por Rachel Martinez (EE.UU.) en representación de la marca deportiva Reebok en Nueva York, EE.UU., el 1 de febrero de 2017.

Más *burpees* en 24 horas (mujeres)

El 23 de febrero de 2018, Eva Clarke (Australia) realizó 5.555 *burpees* en Abu Dhabi, EAU. Esta cifra supone también los récords de **un minuto** (31) y **12 horas** (4.785) del mismo ejercicio.

▶ MÁS BLOQUES DE HIELO ROTOS EN UN MINUTO

El 20 de noviembre de 2018, J. D. Anderson (EE.UU.) rompió 88 bloques de hielo en *La Notte dei Record*, en Roma, Italia. Los bloques habían sido congelados completamente en un congelador industrial a al menos -2 °C y tenían un ancho mínimo de 10 cm. Conocido como *Iceman*, Anderson también ha sido el titular del récord de **más bloques de hielo rotos como ariete humano**, actualmente en manos de Uğur Öztürk (Turquía) con 17.

MÁS LEVANTAMIENTOS DE UNA PERSONA POR ENCIMA DE LA CABEZA EN UN MINUTO

El 23 de abril de 2019, en Londres, R.U., *Iron Biby*, alias de Cheick Ahmed al-Hassan Sanou, de Burkina Faso, levantó 82 veces los 60 kg que pesa la directora de marketing de GWR Emily Noakes por encima de su cabeza. Biby es un forzudo muy competitivo, y ya ganó el Log Lift World Champion de 2019 después de sostener en alto un peso de 220 kg.

▶ EL AVIÓN MÁS PESADO REMOLCADO MÁS DE 100 METROS POR UN EQUIPO EN SILLAS DE RUEDAS

El 23 de noviembre de 2018, un equipo de 98 usuarios de sillas de ruedas remolcó 106 m un 787-9 Boeing Dreamliner de 127,6 toneladas en el aeropuerto de Heathrow, Londres, R.U. El evento «Wheels4Wings» fue una colaboración entre el aeropuerto de Heathrow, British Airways y Aerobility (todos de R.U.) para recaudar fondos y ayudar a personas con discapacidad a participar en la aviación.

MAY 6 En 1948, nace la ligresa *Shasta* en el zoológico de Hogle, en Salt Lake City, Utah, EE.UU. Hija de un león y una tigresa, vivió hasta los 24 años y 74 días, lo que la convierte en el **ligre más longevo**.

MAY 7 Se proyecta en Hollywood el filme *The Summer of Massacre* (EE.UU., 2011), dirigido por Joe Castro y producida por Steven J. Escobar. Ostenta el récord de **más muertes en una película de terror de género *slasher*: 155**.

La pareja hizo gala de su mano dura durante una visita a la sede de GWR en 2017. ¡Accidentalmente irompieron nuestro televisor durante una demostración de taekwondo!

LOS MÁS RÁPIDOS PARTIENDO 1.000 TEJAS

En 2018, los profesores de taekwondo Chris y Lisa Pitman (R.U.) posaron para GWR en una sesión de fotos dedicada a su afición por romper cosas y batir récords. Lisa ostenta el título **femenino** en partir 1.000 tejas (1 min y 23,98 s), mientras que Chris es el titular del equivalente **masculino** (51,08 s). El 9 de abril de 2018, ambos sumaron los récords de **◗ más tablas de pino partidas en un minuto con una mano**, Lisa con 230 (**mujeres**) y Chris con 315 (**hombres**).

EL MÁS RÁPIDO REMOLCANDO UN TANQUE 10 METROS

El 17 de marzo de 2018, Eddie Williams (Australia) ganó la «World of Tanks PC Tank Pull» en el Arnold Strongman Australia Championships celebrado en Melbourne, Victoria, después de remolcar 10 m un FV102 Striker de 8 toneladas en 36,65 s. El propio Arnold Schwarzenegger asistió al evento y presenció la victoria de Eddie sobre 11 forzudos competidores. Exmúsico profesional, Eddie trabaja ahora con niños discapacitados.

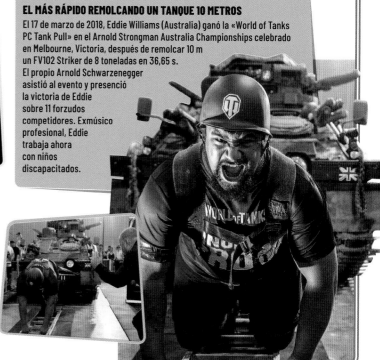

MÁS DOMINADAS CON LOS MEÑIQUES CONSECUTIVAS

El 7 de octubre de 2018, Tazio Gavioli (Italia) hizo 36 dominadas seguidas con los meñiques en Cavezzo, Módena, Italia. Batía así su propio récord de 23, establecido el año anterior. Tazio, un practicante de la escalada libre y artista que se llama a sí mismo la «Mariposa italiana», también ostenta el récord de **más tiempo colgando en peso muerto (detalle)**: 13 min y 52 s, establecido el 14 de abril de 2018.

 MAY 8 En 1995, un gallo llamado *Tugaru-Ono-94* realiza el **canto de gallo más largo del que se tiene constancia**: 23,6 segundos a todo pulmón en la ciudad de Ueda, Nagano, Japón.

 MAY 9 En 2013, el parlamento de Zimbabue aprueba su nueva constitución, que reconoce 16 idiomas, entre ellos el ndau, la lengua de signos y el xhosa, lo que lo convierte en el **país con más idiomas oficiales**.

85

TALENTOS PECULIARES

La mayor distancia recorrida sobre unos balones suizos

Tyler Toney (EE.UU.), uno de los componentes del equipo de pruebas deportivas de Youtube Dude Perfect, recorrió 88,39 m deslizándose encima de unos balones suizos en Frisco, Texas, EE.UU., el 16 de octubre de 2018.

El menor tiempo en hacer un barco de origami con la boca

El 2 de diciembre de 2017, Gao Guangli (China) creó un barquito de papel con la boca en 3 min y 34 s en Jining, Shandong, China.

La mayor distancia recorrida descalzo sobre bloques de LEGO®

El videobloguero Russell Cassevah (EE.UU.), conocido como «BrainyBricks», caminó descalzo 834,41 m sobre bloques de LEGO en el Brick Fest Live! de Filadelfia, Pensilvania, EE.UU., el 21 de abril de 2018.

El menor tiempo en ponerse 10 manguitos inflables

El 25 de julio de 2018, Izabelle Edge (R.U.) se puso 10 manguitos previamente inflados en 7,35 s en Blackpool Pleasure Beach, Lancashire, R.U.

Más flexiones con una espada tragada

Franz Huber (Alemania) se introdujo una espada en el esófago en la Tattoo & Piercing Expo de Eggenfelden, Alemania, el 9 de septiembre de 2017, y luego realizó 20 flexiones.

LA MAYOR DISTANCIA RECORRIDA EN UN CARRO DE LA COMPRA CON UN ÚNICO IMPULSO

El 6 de julio de 2017, el presentador de radio Richie Firth (R.U.) se deslizó 10,56 m en un carro de la compra tras un único impulso en Croydon, R.U. El reto se organizó después de que Richie afirmara en Absolute Radio que es uno de los mejores deslizándose sobre estos cestos con ruedas.

El mayor número de motos que han pasado por encima de una persona

Un total de 121 motos, cada una de las cuales pesaba 257 kg sin conductor, pasaron por encima de Pandit Dhayagude (India) en Bombay, India, el 28 de agosto de 2016. Pandit se tumbó entre dos tramos de un carril, y las motos pasaron por encima de su barriga para completar el recorrido completo.

Más piñas cortadas por la mitad encima de la cabeza en 30 segundos

El 20 de noviembre de 2018, Reddy P. Prabhakar (India) cortó 20 piñas con una espada de samurái en Nellore, India.

▶ El mayor número de paneles de vidrio templado atravesados sucesivamente

Danilo del Prete (Italia) se abrió paso a través de 24 paneles de vidrio de seguridad en el plató de La Notte dei Record en Roma, Italia, el 13 de noviembre de 2018.

Más lápices perforando una bolsa llena de agua en un minuto

El 21 de febrero de 2018, Malachi Barton (EE.UU.) introdujo 15 lápices en una bolsa de plástico llena de agua en 60 s en Los Ángeles, California, EE.UU. Los lápices debían salir por ambos lados sin provocar fugas.

Más saltos a la comba con botas de esquiar y esquís en un minuto

El 27 de noviembre de 2016, Sebastian Deeg (Alemania) realizó 61 saltos a la comba con las botas de esquiar y los esquís en el programa de la ZDF Fernsehgarten en Garmisch-Partenkirchen, Alemania.

El menor tiempo en teclear una frase con un solo dedo

El 10 de octubre de 2018, Kushal Dasgupta (India) tecleó la oración

MÁS SELFIS SACADOS EN TRES MINUTOS

El 22 de enero de 2018, James Smith (EE.UU.) se hizo 168 selfis en tan solo 180 s a bordo del crucero Carnival Dream. James, un apasionado de los cruceros, logró este récord en la cubierta del barco durante una de sus últimas vacaciones por el océano.

«Guinness World Records has challenged me to type this sentence with one finger in the fastest time» (Guinness World Records me ha retado a escribir esta frase con un dedo en el menor tiempo posible) en 21,99 s. El récord se consiguió en la ciudad de Puttaparthi, India.

▶ Más tiempo mojando una misma galleta en una bebida caliente

Una galleta que Cherry Yoshitake (Japón), más conocido como Mr. Cherry, mojó en una bebida caliente, permaneció entera durante 5 min y 17,1 s en el plató de La Notte dei Record en Roma, Italia, el 15 de noviembre de 2018.

Más libros escritos con un ordenador de atrás hacia delante

A 24 de marzo de 2018, Michele Santelia (Italia) había reescrito 77 libros de atrás hacia adelante (o, lo que es lo mismo, 4.117.858 palabras, 23.220.387 caracteres, 31.339 páginas, 291.096 párrafos y 625.761 líneas). Este récord se confirmó en Campobasso, Italia.

EL MAYOR NÚMERO DE TRÉBOLES DE CUATRO HOJAS RECOGIDOS EN UNA HORA (UNA PERSONA)

Estos símbolos de la buena suerte no son tan difíciles de encontrar como crees... Katie Borka (EE.UU.) recogió 166 en 60 min en Spotsylvania, Virginia, EE.UU., el 23 de junio de 2018. Por el camino, encontró ejemplares de cinco y seis hojas, e incluso uno de nueve hojas, aunque ninguno de estos le sirvió para lograr este récord.

▶ MÁS PAJITAS INTRODUCIDAS EN LA BOCA

Nataraj Karate (India) se metió 692 pajitas en la boca en Salem, Tamil Nadu, India, el 25 de agosto de 2018. El mismo día, Nataraj también batió el récord de más pajitas introducidas en la boca sin manos: 650.

LA TORRE MÁS ALTA DE VASOS DE PAPEL

Unos trabajadores de Haier Washing Machine Co. (China) construyeron una escultura de 10,08 m de alto con vasos de papel en Qingdao, provincia de Shandong, China, el 28 de junio de 2017. Tardaron 4 h y 15 min en levantar la majestuosa torre, que superaba en altura a cinco hombres adultos colocados uno encima del otro, y cuya base eran cuatro tambores de lavadoras Leader.

MAY 10 En 1902, se funda la Sociedad Estadounidense de Magos, la **sociedad de magos más antigua**, en la tienda de magia Martinka, en Nueva York, EE.UU. Entre sus presidentes más recientes cabe citar a Harry Houdini.

MAY 11 Leigh Purnell, Paul Archer y Johno Ellison (todos de R.U.) regresan a Londres, R.U., en 2012 tras haber completado el **viaje en taxi más largo**: 69.716 km. ¡El taxímetro marcaba un total de 127.530 dólares!

▶ MÁS PALILLOS INSERTADOS EN LA BARBA

Joel Strasser (EE.UU.) se insertó 3.500 palillos de dientes en la barba en Lacey, Washington, EE.UU., el 7 de julio de 2018. Le llevó 3 h y 13 min alcanzar esta cifra de récord. Cuando GWR visitó a Joel, se preparaba para batir el récord de **más pajitas insertadas en la barba**. Finalmente lo logró el 18 de marzo de 2019, con 312 pajitas (detalle), con lo que batió el récord anterior de 259, en manos de Isaac Kochman (EE.UU.) desde el 7 de julio de 2018.

El 11 de mayo de 2017, Dean Carter (R.U.) logró la **mayor cantidad de palillos insertados en la barba en un minuto** (33) en el Devon Cliffs Holiday Park de Sandy Bay, Exmouth, Devon, R.U.

Para que el récord sea válido, el participante debe asegurarse de que todos los palillos, que ha de insertarse personalmente, se aguantan en la barba durante al menos 10 segundos.

▶ No te pierdas nuestros vídeos más peculiares en guinnessworldrecords.com/2020.

MÁS CORBATAS USADAS A LA VEZ

Jeremy Muñoz (EE.UU.) se puso 287 corbatas en Lubbock, Texas, EE.UU., el 4 de abril de 2018. Todas las corbatas que usó eran de su propiedad. Con esta hazaña, Jeremy finalmente vio cumplida su ambición de lograr un récord Guinness, con el que había soñado desde que empezó a coleccionar los anuarios del *GWR* a los 10 años.

EL MÁS RÁPIDO EN REVENTAR 20 GLOBOS DE AGUA CON LOS PIES

Farhan Ayub (Pakistán) reventó 20 globos de agua en 2,75 s pisoteándolos en Lahore, Punjab, Pakistán, el 23 de julio de 2018. Superó el récord anterior en casi 3 s.

El récord de **más rápido en reventar 100 globos con los pies**, con 29,70 s, está en manos de Ashrita Furman (EE.UU.), titular de varios récords GWR, y lo consiguió el 16 de diciembre de 2015 en la ciudad de Nueva York, EE.UU.

MÁS CAMISETAS USADAS A LA VEZ

Ted Hastings (Canadá) se puso 260 camisetas en Kitchener, Ontario, Canadá, el 17 de febrero de 2019. Para lograr su objetivo, se fue poniendo camisetas de tallas cada vez más grandes: empezó con una mediana y acabó con una de la talla 20X. Padre de dos hijos, Ted tuvo la idea después de leer el *GWR 2019* con su hijo William, quien retó a su padre a batir un GWR. Con la intención de darles a sus hijos una buena lección de esfuerzo y compromiso, Ted lo aceptó y ¡demostró que todo es posible si te lo propones!

MAY 12 En 2002, el velocista de bicicleta de montaña Éric Barone (Francia) alcanza los 172 km/h en las laderas del volcán Cerro Negro en Nicaragua. Es la **mayor velocidad alcanzada en descenso en bicicleta sobre tierra/gravilla**.

MAY 13 Con la ayuda de su dueña, Samantha Valle (EE.UU.), *Gerónimo*, un cruce de border collie y kelpie, logra el **mayor número de saltos a la comba por un perro en un minuto** (91), en 2012.

87

GRANDES HAZAÑAS

MÁS BURPEES CON ZAPATOS DE TACÓN ALTO (HOMBRES)

El 7 de diciembre de 2017, Raneir Pollard (EE.UU.) realizó 38 burpees (combinación de un salto hacia delante en cuclillas seguido de un salto vertical) calzando zapatos de tacón alto en 60 s en Los Ángeles, California, EE.UU. Cuando no está ocupado entrenando con zapatos de tacón de aguja, Raneir trabaja como monitor de fitnes y humorista.

de un lugar a otro por una fuerza invisible. El 28 de agosto de 2018, el mago Scott Tokar (EE.UU.) «transportó» instantáneamente a una ayudante a 285,33 m de distancia en el Farm Progress Show celebrado en Boone, Iowa, EE.UU.

Más tiempo realizando malabarismos con tres objetos en una tabla de equilibrio

El 8 de febrero de 2019, Yutaro Nagao (Japón) realizó juegos malabares con tres bolas durante 41 min y 19 s subido en una tabla de equilibrio en Tokio, Japón.

MÁS...

Esquiadores acuáticos realizando simultáneamente un salto mortal hacia delante desde la misma rampa

El 23 de abril de 2017, 11 esquiadores acuáticos realizaron simultáneamente un salto mortal hacia delante desde la misma rampa en el lago Grassy, en Winter Haven, Florida, EE.UU.

Saltos mortales con tirabuzón hacia atrás en un patinete en un minuto

El 23 de noviembre de 2018, Dakota Schuetz (EE.UU.) realizó 21 saltos mortales con tirabuzón hacia atrás en un patinete en un minuto en el plató de La Notte dei Record, en Roma, Italia.

LA DISTANCIA MÁS LARGA RECORRIDA EN UN UNICICLO USANDO UNA PIERNA

El 19 de julio de 2018, el uniciclista Israel Arranz Parada (España) recorrió 894,35 m (más de ocho veces la longitud de un campo de fútbol americano) propulsándose solo con su pierna derecha. La prueba se realizó en Valencia de Alcántara, Cáceres, España.

El head slide de break dance más largo

En este truco acrobático, el ejecutante se desliza por el suelo apoyado sobre la parte superior de su cabeza mientras el resto del cuerpo está en posición vertical. El head slide más largo del que se tiene constancia alcanzó 2,6 m y fue realizado por el campeón de break dance de 18 años Michele Gagno (Italia) en Roma, Italia, el 24 de noviembre de 2018.

La ilusión de teletransportación a más distancia

Las reglas de GWR definen este truco de magia como una ilusión en la que una persona u objeto parecen haber sido movidos

LA FLECHA CAPTURADA EN PLENO VUELO A MÁS DISTANCIA DESDE UN COCHE EN MOVIMIENTO

Una flecha disparada por el arquero olímpico Laurence Baldauff (abajo) viajó 57,5 m antes de ser cogida al vuelo por el profesional de las artes marciales Markus Haas desde el techo solar de un Škoda Octavia RS 245 a los mandos del piloto profesional Guido Gluschitsch (todos de Austria). El evento, organizado por Škoda Austria, tuvo lugar el 28 de julio de 2018 en Zeltweg, Austria.

Matrículas partidas por la mitad en un minuto

El 22 de agosto de 2018, el forzudo profesional Bill Clark (EE.UU.) partió por la mitad 23 matrículas de coche en 60 s en Binghamton, Nueva York, EE.UU.

Triatlones remolcando a una persona en un mes

El 18 de noviembre de 2018, la atleta Caryn Lubetsky completó su cuarto triatlón en un mes remolcando al periodista tetrapléjico Kerry Gruson (ambos de EE.UU.).

Volteretas laterales en un minuto (sin manos)

El 15 de agosto de 2011, Zhang Ziyi (China) realizó 45 volteretas laterales sin manos en 60 s en el plató de CCTV - Guinness World Records Special, en Pekín, China.

Copas de vino en equilibrio sobre la barbilla

El 11 de noviembre de 2018, Sun Chao Yang (China) mantuvo 142 copas de vino en equilibrio sobre la barbilla en el plató de La Notte dei Record, en Roma, Italia. Batió su récord de 133 copas establecido en 2012.

LOS MÁS RÁPIDOS EN...

Levantar y lanzar a 10 personas (mujeres)

El 17 de noviembre de 2018, Liefia Ingalls (EE.UU.) levantó a 10 personas por encima de su cabeza y las lanzó en 39,5 s en el plató de La Notte dei Record, en Roma, Italia.

Recorrer 110 m realizando saltos hippy

En esta maniobra, el patinador salta de un monopatín en movimiento, supera un obstáculo y aterriza sobre la tabla. El 19 de junio de 2013, Steffen Köster (Alemania) recorrió 110 m en 29,98 s en el programa de TV Wir Holen Den Rekord Nach Deutschland.

Correr 100 m vallas con aletas de natación (mujeres)

El 8 de diciembre de 2010, Veronica Torr (Nueva Zelanda) cubrió 100 m en 18,52 s calzando aletas de natación en el plató de Zheng Da Zong Yi – Guinness World Records Special, en Pekín, China.

Recorrer 100 m con zancos con muelles

El 5 de octubre de 2018, Ben Jacoby (EE.UU.) recorrió 100 m en 13,45 s en Boulder, Colorado, EE.UU.

Pasar por debajo de 10 barras de limbo patinando

El 9 de septiembre de 2018, R. Naveen Kumar (India) pasó patinando por debajo de 10 barras de limbo en 2,06 s en Chennai, Tamil Nadu, India. Las barras estaban situadas a 24 cm de altura a intervalos de 1 m.

LA MAYOR DISTANCIA RECORRIDA CONTROLANDO UN BALÓN DE FÚTBOL EN UNA HORA (HOMBRES)

El 12 de marzo de 2018, el futbolista de freestyle John Farnworth (R.U.) recorrió 5,82 km controlado un balón de fútbol en el desierto del Sáhara, Marruecos. El año anterior, había logrado la mayor ascensión vertical dando toques a un balón de fútbol en una hora (197 m) en Kala Patthar, Nepal. Mantuvo el balón en el aire en todo momento sin usar las manos ni los brazos.

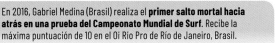

MAY 14 — En 2016, Gabriel Medina (Brasil) realiza el **primer salto mortal hacia atrás en una prueba del Campeonato Mundial de Surf**. Recibe la máxima puntuación de 10 en el Oi Rio Pro de Río de Janeiro, Brasil.

MAY 15 — En 2014, Ruan Liangming (China) carga el **manto de abejas más pesado** (63,7 kg) en la ciudad de Yichun, provincia de Jiangxi, China. Coloca 60 abejas reinas sobre su cuerpo para atraer al enjambre.

Brittany ha dedicado mucho tiempo a perfeccionar sus habilidades acrobáticas. Compitió como gimnasta a nivel nacional e internacional durante 12 años, actividad de la que se retiró con apenas 18 años.

▶ EL DISPARO DE UNA FLECHA A MÁS DISTANCIA CON LOS PIES

El 31 de marzo de 2018, Brittany Walsh (EE.UU.) disparó una flecha con un arco que manejaba con los pies y dio casi en el centro de una diana de 30,4 cm de radio situada a 12,31 m de distancia. Su hazaña tuvo como escenario la escuela Creston de Portland, Oregón, EE.UU. Hace más de 11 años que Brittany exhibe sus habilidades con los pies en espectáculos de circo y teatro.

LA MAYOR DISTANCIA RECORRIDA A GATAS BAJO ALAMBRE DE ESPINO EN 12 HORAS

El 13 de julio de 2018, durante la Spartan Death Race disputada en Pittsfield, Vermont, EE.UU., Eric Hutterer (Canadá) recorrió 12,13 km en 12 horas. Eric, que completó más de 31 vueltas a un circuito embarrado de 386,79 m de longitud pasando por debajo de alambre de espino apoyándose en manos y rodillas, dejó en la cuneta a los otros 10 corredores «espartanos» que participaron en la prueba.

▶ MÁS TIEMPO HACIENDO EL PINO CON LA ESPALDA ARQUEADA

El 15 de diciembre de 2018, Jamie Stroud (EE.UU.) se sostuvo sobre las manos con la espalda arqueada durante 60,03 s en Las Vegas, Nevada, EE.UU. El logro tuvo lugar en el Rio All-Suite Hotel & Casino con motivo del SkillCon 2018 (más información sobre este evento en las págs. 98-107).

MÁS GIROS CONSECUTIVOS DE 180° SOBRE UNA TABLA DE EQUILIBRIO

El 27 de julio de 2017, Silvio Sabba (Italia) completó 107 giros de 180° sobre una tabla de equilibrio en Rodano, Milán, Italia. Entre otros muchos títulos de GWR, Silvio también comparte el récord de **más flexiones de rodillas sobre en una tabla de equilibrio en un minuto** (64) con el ucraniano Dmytro Kharlov.

MAY 16 En 1929, las estrellas de cine se reúnen en el Hotel Roosevelt en Hollywood, California, EE.UU., para los **primeros Premios de la Academia**. La ceremonia dura 15 minutos y no se emite por radio ni televisión.

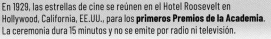
MAY 17 Tras el lanzamiento de la versión alfa pública de *Minecraft* en 2009, «Muku» solo necesita 49 min para publicar una imagen de la **primera estructura construida por un jugador en *Minecraft***, un puente de nueve bloques.

89

POMPAS DE JABÓN

La guirnalda de pompas de jabón más larga
Para hacer una guirnalda hay que juntar unos aros de modo que sea posible hacer muchas pompas a la vez. El 23 de septiembre de 2018, Alekos Ottaviucci, Annea Egle Sciarappa (ambos de Italia) y Mariano Guz (Argentina) hicieron una guirnalda de 12,6 m de largo en el festival Bubble Daze 5 de Caernarfon, Gales, R.U. (ver pág. 91).

La pompa de jabón más larga
El 9 de agosto de 1996, Alan McKay (Nueva Zelanda) dio forma a una pompa de jabón de 32 m de largo (más que una ballena azul, el **animal más grande**) en Wellington, Nueva Zelanda.

La cadena de burbujas más larga (apilada)
El 13 de enero de 2011, *Blub*, alias de Gennadij Kil (Alemania), levantó una torre autónoma de 21 pompas de jabón apiladas, en el Centro de Creación y Formación Joven de Guía de Isora, Tenerife, España.

Más tiempo encerrado en una pompa de jabón
The Highland Joker, alias de Eran Backler, encerró a su mujer, Lauren (ambos de R.U.), en una burbuja de jabón durante 1 min y 2,92 s, antes de que estallara. Consiguieron la hazaña en Peterborough, Cambridgeshire, R.U., el 22 de diciembre de 2018.

La pompa de jabón congelada más grande
El 28 de junio de 2010, *Samsam Bubbleman*, alias de Sam Heath (R.U.), congeló una pompa de jabón con un volumen de 4.315,7 cm³ en el Absolut Vodka Bar de Londres, R.U. Sam (en la imagen de abajo a la izquierda) también ostenta el récord de la **pompa de jabón botada más veces**, establecido en el festival Bubble Daze 5. Provisto de un guante, botó una pompa de jabón 215 veces y superó por 20 el récord anterior, establecido por Kuo-Sheng Lin (China Taipéi) en 2012.

La pompa flotante al aire libre más grande
El 20 de junio de 2015, Gary Pearlman (EE.UU.) creó una pompa de jabón de 96,27 m³, en Cleveland, Ohio, EE.UU.
El 19 de junio de 2017, *Marty McBubble*, alias de Graeme Denton (Australia), creó la **pompa flotante en interior más grande**: 19,8 m³, en el colegio de primaria de Lockleys, Adelaida, Australia.

Más personas encerradas en pompas de jabón en 30 segundos
Este récord cambió de manos dos veces en 2018. El primero en lograrlo fue Eran Backler (R.U.), quien envolvió a nueve personas en pompas de jabón con forma de tubo en el festival Bubble Daze 5. Más tarde, el 9 de noviembre de 2018, Steven Langley

LA POMPA DE JABÓN MÁS GRANDE HECHA CON LAS MANOS
Mariano Guz (Argentina) sumergió una mano en una solución jabonosa y sopló entre sus dedos índice y pulgar hasta lograr una pompa de 45.510 cm³ en el festival Bubble Daze 5.

(EE.UU.) elevó el récord a 13 personas en Huntersville, Carolina del Norte, EE.UU. En ambos intentos, todos los participantes medían al menos 150 cm.
Sin límite de tiempo, el 2 de marzo de 2017, la artista Lyudmila Darina (Rusia) encerró a 374 personas en una burbuja de 2,5 m de altura en Omsk, Rusia, el récord de **más personas dentro de una pompa de jabón**.

Más cúpulas concéntricas de pompas de jabón
El 26 de abril de 2012, Su Chung-Tai (China Taipéi) colocó 15 pompas de jabón hemisféricas una dentro de otra en Taipéi.
Tres años después, el 13 de enero de 2015, estableció el récord de **más pompas de jabón dentro de una pompa más grande** (779) en Jiangyin, provincia de Jiangsu, China. Para lograrlo, hizo una gran pompa de jabón, pegó los labios a su superficie y sopló pompas más pequeñas en el interior.
El 28 de marzo de 2018, en Tianjin, China, Su realizó la **pompa de jabón con forma de cúpula más grande** (diámetro de 1,4 m, altura de 0,65 m y volumen de 0,644 m³).

LA CADENA COLGANTE DE POMPAS DE JABÓN MÁS LARGA
El 22 de febrero de 2017, Stefano Righi (Italia) realizó una cadena colgante formada por 40 pompas de jabón en Empoli, cerca de Florencia, Italia. Este artista de las pompas le había prometido a su hijo, Thomas, que batiría el récord anterior (35), ¡y dicho y hecho!

LA POMPA DE JABÓN EXPLOSIVA CON FORMA DE CÚPULA MÁS GRANDE
El 20 de febrero de 2018, Stefano Righi (también en la imagen de arriba) hizo una pompa de jabón de 66 cm de diámetro en Empoli, Italia. Para este récord, se forma una pompa sobre una superficie plana, se llena con gas inflamable (detalle de abajo) y se acerca una llama para prenderla. ¡Este récord solo está al alcance de «pompólogos» expertos!

EL BOTE Y LA VARITA PARA POMPAS DE JABÓN MÁS GRANDES
El 25 de marzo de 2018, Matěj Kodeš (República Checa) presentó una varita y un bote con una solución jabonosa para hacer pompas de 1,38 m de altura en Lysá nad Labem, República Checa. Cinco meses después, el 6 de agosto de 2018, Kodeš estableció el récord de **más pompas de jabón realizadas soplando en un minuto** (1.257) en el mismo lugar, aunque no con el bote y la varita gigantes.

MAY 18 En 1968, El bateador de 2 m de altura de los Washington Senators Frank Howard (EE.UU.) logra su noveno y décimo home run en siete días: la **mayor cantidad de home runs en una semana**.

MAY 19 En 2012, un total de 245 escaladores alcanzan la cima del Everest en esta fecha: la **mayor cantidad de ascensos al Everest en un día**. La montaña se llena de escaladores, que provocan un atasco cerca de la cumbre.

BUBBLE DAZE 5

El 23 de septiembre de 2018, GWR «apareció flotando» junto al castillo de Caernarfon, en Gales, R.U., para encontrarse con algunos de los principales expertos mundiales del arte de las pompas de jabón (detalle) en este festival anual dedicado en exclusiva a las burbujas. Ese día, el Dr. Zigs Extraordinary Bubbles (R.U.) organizó una serie de récords asombrosos, entre ellos el de **más personas haciendo pompas de jabón con aros al mismo tiempo** (317, abajo), el de **más personas haciendo pompas de jabón de gran tamaño con cuerdas al mismo tiempo** (318), y algunos otros que encontrarás en estas páginas...

MÁS PASES DE UNA POMPA DE JABÓN

El 13 de abril de 2016, *Ray Bubbles*, alias de Umar Shoaib (R.U.), y su hijo Rayhaan (Francia) se pasaron 10 veces una pompa de jabón en la École la Grange de Rungis, Francia. Para este récord, se emplearon unas «raquetas» provistas de una película de una solución jabonosa en lugar de cuerdas.

MÁS BOTES DE UNA POMPA SOBRE UNA PELÍCULA JABONOSA

Después de dos intentos sin demasiado éxito, Farhaan Shoaib (Francia) logró una impresionante marca al hacer botar 113 veces una pompa de jabón durante el festival Bubble Daze 5. Su habilidad con las pompas de jabón viene de familia: el padre y el hermano de Farhaan ostentan sus propios títulos de GWR (ver izquierda).

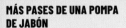

¿Ya lo has intentado en casa? ¡Es más complicado de lo que parece! Las pompas explotan con facilidad, o se pegan a la raqueta.

MÁS POMPAS HECHAS DE UNA SOLA VEZ

Con solo mojar su aro una sola vez, *Samsam Bubbleman*, alias de Sam Heath, hizo 445 pompas de jabón durante el festival Bubble Daze 5. Sam eligió un récord que no requería experiencia o herramientas especializadas y pudiera servir de inspiración a aficionados de todas las edades que quieran conseguir su propio título de GWR.

RECORDOLOGÍA

MAY 20 En 1927, Charles Lindbergh (EE.UU.) inicia el **primer vuelo transatlántico en solitario** desde el campo de aviación Roosevelt, en Nueva York, EE.UU. Aterriza en París, Francia, después de un viaje de 33 h, 30 min y 29 s.

MAY 21 En 1977, la rana de nariz puntiaguda (*Ptychadena oxyrhynchus*) *Santjie* realiza el **salto más largo de una rana en una competición** (10,3 m) en tres saltos combinados en un encuentro celebrado en Pietersburg, Sudáfrica.

91

¡FUEGO!

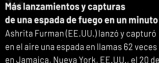

THE FIRE SCHOOL

GWR quiere agradecer a The Fire School su ayuda para elaborar estas páginas. Es el primer centro del R.U. dedicado a las artes relacionadas con el fuego, está ubicado en Londres y lo fundó Sarah Harman (artista circense, maestra y «directora de fuego») en 2012. La escuela ofrece un entorno seguro y profesional donde aprender una amplia variedad de habilidades relacionadas con el fuego para todos los niveles.

Más lanzamientos y capturas de una espada de fuego en un minuto

Ashrita Furman (EE.UU.) lanzó y capturó en el aire una espada en llamas 62 veces en Jamaica, Nueva York, EE.UU., el 20 de abril de 2018. Una «espada de fuego» es una espada con la hoja impregnada de combustible y prendida.

Cuatro meses después y en el mismo lugar, logró el récord de **más tiempo sosteniendo una antorcha encendida con los dientes** (5 min y 1,68 s). Para esta prueba, el artista inclina la cabeza hacia atrás, baja la antorcha, la introduce parcialmente en la boca y la sujeta con los dientes.

▶ Más llamas sopladas en un minuto

El 9 de enero de 2015, el tragafuegos chino Zhu Jiangao sopló 189 llamas en 60 segundos en el plató de *CCTV - Guinness World Records Special*, en Jiangyin, provincia de Jiangsu, China.

El 1 de agosto de 2015, Tobias Buschick (Alemania) sopló 387 llamas seguidas (el **mayor número de llamas sopladas consecutivamente sin reponer combustible**) en Neuenbürg, Alemania. Antes de empezar, solo se metió en la boca un trago de fluido para escupir fuegos.

Más aros de fuego girando simultáneamente

Casey Martin (EE.UU.) hizo girar cuatro aros de fuego simultáneamente con su cuerpo en el Port Credit Busker Fest de Mississauga, Ontario, Canadá, el 14 de agosto de 2014. Cada aro contenía cuatro mechas y Casey logró hacerlos girar ocho veces.

MÁS ANTORCHAS APAGADAS POR UN TRAGAFUEGOS EN UN MINUTO

FireGuy, alias de Brant Matthews (Canadá), apagó 101 antorchas con la boca en 60 segundos en West Allis, Wisconsin, EE.UU., el 10 de agosto de 2018. Esta espectacular exhibición tuvo lugar en la Feria Estatal.

Pippa *The Ripper* Coram (Australia) logró **hacer girar más aros de fuego simultáneamente con la postura del espagat** (3) en Londres, R.U., el 14 de septiembre de 2012. Para cumplir con la normativa GWR, mantuvo los aros en llamas girando en los brazos y el cuello durante 10 s.

Más personas haciendo girar cadenas de fuego

Ameno Signum (Alemania) logró que 250 participantes hicieran girar cadenas de fuego en Neunburg vorm Wald, Alemania, el 1 de septiembre de 2012.

Más globos explotados por un tragafuegos

Colin Llewellyn Chapman (R.U.) hizo explotar 131 globos soplando aire en su interior en Londres, R.U., el 22 de octubre de 2017.

La primera persona en surfear una ola con el cuerpo en llamas

El 22 de julio de 2015, el surfista profesional Jamie O'Brien (EE.UU.) se prendió fuego y surfeó sobre una de las olas más grandes del mundo: Teahupo'o, en Tahití, Polinesia Francesa, en respuesta a una sugerencia en Instagram. Además del riesgo que suponen las llamas, la propia ola es ya muy potente y peligrosa, ya que rompe sobre un arrecife de coral a poca profundidad.

El salto al agua con cable elástico desde más altura envuelto en llamas

Yoni Roch (Francia) saltó desde una altura de 65,09 m envuelto totalmente en llamas con un cable elástico desde el viaducto del Souleuvre en Normandía, Francia, el 14 de septiembre de 2012. El fuego se apagó cuando se sumergió en el río Souleuvre.

▶ MÁS ANTORCHAS APAGADAS A CIEGAS EN UN MINUTO (UNA SOLA ANTORCHA)

El 27 de enero de 2019, Sarah Harman (R.U.) apagó una antorcha en llamas 91 veces en The Fire School de Londres, R.U., de la que es la directora. En esta prueba, el artista mantiene una mecha encendida y la usa para volver a prender la antorcha recién apagada.

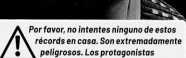

▶ MÁS TIEMPO CON EL CUERPO ENVUELTO EN LLAMAS SIN OXÍGENO

El 23 de noviembre de 2013, Josef Tödtling (Austria) estuvo envuelto en llamas desde los tobillos hasta la nuca durante 4 min y 41 s sin aporte de oxígeno en el parque de bomberos de Salzburgo, Austria. Llevaba varias capas de ropa ignífuga y se aplicó un gel resistente al calor (sobre todo en la cabeza y el cuello) para prevenir las quemaduras.

MÁS SALTOS MORTALES HACIA ATRÁS ESCUPIENDO FUEGO EN UN MINUTO

Ryan Luney (R.U.) completó 14 saltos mortales hacia atrás escupiendo fuego en 60 segundos en la Riverside School de Antrim, R.U., el 23 de junio de 2017. La prueba formó parte de las celebraciones de fin de curso. Encontró la inspiración para intentar este récord después de haber visto a Steve-O, antiguo protagonista de *Jackass*, hacerlo en el canal de YouTube «The Slow Mo Guys».

⚠ **Por favor, no intentes ninguno de estos récords en casa. Son extremadamente peligrosos. Los protagonistas de estas páginas son expertos y acumulan años de entrenamientos para lograr estas hazañas. Saben exactamente cómo prepararse sin ponerse en riesgo.**

MAY 22 En 1960, el **terremoto más potente** asola Chile. Se origina a unos 160 km de la costa, registra 9,5 M_w en la escala de magnitud de momento, y causa más de 2.000 víctimas mortales.

MAY 23 En 2009, Rishi Thobhani (R.U.) presenta los **pantalones más grandes** en Leicester, East Midlands, R.U. Se trata de unos calzoncillos térmicos largos de 12,19 m de longitud y una cintura de 7,92 m.

Laura y Noelia actúan juntas desde hace años y tienen una gran confianza mutua, vital para afrontar las hazañas que requieren tragar fuego en equipo.

▶ MÁS ANTORCHAS APAGADAS ALTERNATIVAMENTE EN UN MINUTO (PAREJA)

En esta prueba, un artista presenta una antorcha encendida al otro, que la apaga con la boca y presenta a su vez otra, para que su compañero la apague. *Isobel Midnight*, alias de Laura Sutton (R.U., arriba a la izquierda), y *Lady Noelia*, alias de Noelia Hueso (España, arriba a la derecha), apagaron alternativamente 73 antorchas en el tiempo establecido en The Fire School el 27 de enero de 2019.

Durante esa misma sesión, *Isobel Midnight* consiguió el récord de **más antorchas apagadas en un minuto (dos antorchas)**: 78 (detalle).

▶ MÁS MEDUSAS DOBLES APAGADAS EN UN MINUTO

En una «medusa doble», el artista alza dos antorchas en el aire y las hace descender bruscamente; las llamas se desprenden de la antorcha y adoptan una forma semejante a la de una medusa antes de apagarse. Roman Ackley (R.U.) creó 24 medusas dobles en 60 segundos en The Fire School el 27 de enero de 2019.

También consiguió el récord de **más medusas individuales apagadas en un minuto**: 34.

LA LLAMA MÁS ALTA PRODUCIDA POR UN TRAGAFUEGOS

El 11 de enero de 2011, Antonio Restivo (EE.UU.) expulsó una llama de 8,05 m de altura en un almacén de Las Vegas, Nevada, EE.UU., usando parafina líquida como combustible. La llama alcanzó el techo de la nave. El año anterior, Antonio había mostrado su habilidad manipulando fuego en *America's Got Talent* y llegó hasta la semifinal.

MAY 24 En 1991, un Boeing 747 de El Al transporta al **mayor número de pasajeros en una aeronave** (unos 1.088) como parte de la Operación Salomón, para evacuar a judíos etíopes de Adís Abeba, Etiopía, a Israel.

MAY 25 La rata común *Rodney* fallece a los 7 años y 4 meses de edad en 1990 y se convierte en la **rata más longeva de todos los tiempos**. Su dueño era su tocayo Rodney Mitchell, de Tulsa, Oklahoma, EE.UU.

93

PEOPLE ARE AWESOME™

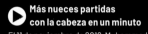

«People Are Awesome» (Gente Extraordinaria) es un canal de YouTube dedicado a aquellos que desafían los límites de la capacidad humana y logran cosas aparentemente imposibles. Cuenta con vídeos centrados en la habilidad física, ambición e ingenio de las personas, y funciona como punto de encuentro de los creadores de vídeos con más talento del mundo, a los que ofrece una plataforma donde mostrar sus logros. Y, por supuesto, también ha servido para establecer muchos nuevos récords: todas las personas increíbles que os presentamos a continuación aparecen en el canal y ostentan algún título de Guinness World Records.

EL MÁS RÁPIDO EN SALTAR ENTRE 10 PELOTAS SUIZAS

El 12 de enero de 2016, Neil Whyte (Australia) saltó entre 10 pelotas suizas separadas por al menos 1 m de distancia en 7,8 s en Pekín, China. Logró superar el récord anterior de 8,31 s al tercer intento.

Diez años antes, el 25 de agosto de 2006, Neil había establecido el récord del **salto más largo entre dos pelotas suizas**: 2,3 m, en el Zest Health Club, de Perth, Australia.

▶ Más nueces partidas con la cabeza en un minuto

El 11 de noviembre de 2018, Muhammad Rashid (Pakistán) empleó literalmente la cabeza para partir 254 nueces en Roma, Italia.

La mayor altura alcanzada tras ser proyectado desde una bolsa de aire (*blobbing*)

El *blobbing* es una actividad acuática en la que una persona se sienta en el borde de una gran bolsa de aire parcialmente inflada (también conocida como *blob*) y es proyectada al aire cuando otra persona salta sobre la bolsa desde una plataforma situada en el lado opuesto. El 7 de junio de 2012, el *blobber* Christian Elvis Guth alcanzó una altura de 22 m impulsado por los saltadores

Christian von Cranach y Patrick Baumann (todos de Alemania) en Hamburgo, Alemania.

Más peldaños consecutivos subidos con un brazo

El 9 de enero de 2014, Tazio Gavioli (Italia) se valió únicamente de su brazo izquierdo para subir 39 peldaños en el Heilan International Equestrian Club, provincia de Jiangsu, China. (Más récords de Tazio en la pág. 85).

El más rápido en escalar un corredor vertical solo con los pies

El 21 de noviembre de 2012, en Pekín, China, Fang Zhisheng (China) necesitó 28,3 s para trepar entre dos paredes hasta una altura de más de 18 m usando solo sus pies.

Más molinos con las piernas abiertas en un caballo con arcos en un minuto

Conocido por los *breakdancers* y los gimnastas, un molino con las piernas abiertas consiste en apoyarse alternativamente en uno de los brazos mientras se balancean las piernas en círculos. El 21 de abril de 2009, Louis Smith (R.U.) realizó 50 molinos en Londres, R.U. Alberto Busnari (Italia) igualó la marca el 10 de julio de 2014. Ambos son gimnastas reconocidos internacionalmente.

Los 10 m más rápidos manteniendo un *split* a horcajadas (mujeres)

Para realizar esta postura hay que extender las piernas hacia ambos lados del torso y crear un ángulo de unos 180°. El 12 de marzo de 2012, Kazumi Kawahara (Japón) recorrió 10 m en esta posición en 16,9 s en Roma, Italia.

▶ LA ZAMBULLIDA SUPERFICIAL DESDE MÁS ALTURA

El 9 de septiembre de 2014, el *Profesor Splash* (alias de Darren Taylor, EE.UU.) se lanzó desde una altura de 11,56 m a una piscina de 30 cm de profundidad en Xiamen, provincia de Fujian, China.

¿No te parece lo bastante aterrador? Pues, el 21 de junio de ese mismo año, realizó la **zambullida superficial desde más altura en una piscina en llamas**: 8 m. La superficie de la piscina se prendió justo antes del salto.

> Las reglas de GWR establecen que los concursantes deben mantener la posición del pino durante el intento.

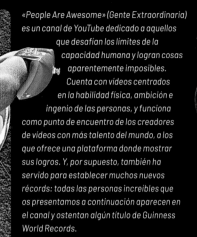

▶ MÁS ESCALONES CONSECUTIVOS SUBIDOS CON LA CABEZA

El 5 de enero de 2015, en Jangyin, provincia de Jiangsu, China, Li Longlong (China) subió 36 escalones apoyándose sobre la cabeza. Superó su propio récord en dos peldaños.

LA MUJER MÁS RÁPIDA EN METERSE DENTRO DE UNA CAJA

El 15 de septiembre de 2011, la contorsionista Skye Broberg (Nueva Zelanda) tardó 4,7 s en meterse en una caja de 52 × 45 × 45 cm en Londres, R.U.

En la imagen de abajo, Skye pasa a través de una raqueta de tenis, una habilidad que la llevó a ostentar varios títulos GWR. Hoy, dos de sus récords han sido superados por Thaneswar Guragai (Nepal): la **persona que más veces ha pasado el cuerpo a través de una raqueta de tenis en tres minutos** (96) y la **persona más rápida en pasar tres veces por una raqueta de tenis** (4,91 s).

MAY 26 En 1991, un equipo de 14 estudiantes de la Universidad de Stanford, California, EE.UU., establece el récord de la **mayor distancia recorrida saltando a la rana** tras cubrir 1.603,2 km alrededor de una pista de tenis en 244 h y 43 min.

MAY 27 En 1985, se realiza la **cadena de margaritas más larga (equipo)**. Un grupo de 16 vecinos del pueblo de Good Easter, cerca de Chelmsford, Essex, R.U., dedican siete horas a formar una cadena de flores de 2,12 km de largo.

¿Qué empujó a Aaron a intentar un récord tan arriesgado? En sus propias palabras: «¡Quiero lograr este récord para mostrar al mundo que las sillas de ruedas pueden volar!».

▶ EL SALTO EN SILLA DE RUEDAS DESDE UNA RAMPA MÁS LARGO

El 20 de julio de 2018, Aaron Fotheringham (EE.UU.) realizó un salto de 21,35 m de longitud en silla de ruedas desde una rampa en Woodward West, Tehachapi, California, EE.UU. Fue uno de los tres récords que Aaron estableció ese día, junto con el **salto desde más altura sobre un cuarto de tubo en silla de ruedas** y el *handplant* a **más altura en silla de ruedas** (imágenes de la derecha): ambos a 8,4 m.

MÁS BLOQUES DE HORMIGÓN ROTOS EN UN MINUTO

El 17 de noviembre de 2012, Ali Bahçetepe (Turquía) partió 1.175 bloques de hormigón en 60 segundos en Cumhuriyet Meydanı, Datça, Turquía. Gracias a su mano de hierro, Ali también ostenta los récords de **más bloques de hormigón rotos en 30 segundos** (683), establecido en 2012, y **más bloques de hormigón formando una sola pila rotos** (37), logrado en 2015. (Más récords de Ali en la pág. 84).

EL MÁS RÁPIDO EN TREPAR POR UNA CUERDA DE 5 METROS

El 30 de septiembre de 2018, Nick *The KO Ninja* Kostreski (EE.UU., arriba) trepó por una cuerda de 5 m, más o menos la altura de una jirafa adulta, en solo 4,11 s en Santa Mónica, California, EE.UU.

Ese mismo día, Natalie Duran (EE.UU., derecha) estableció el récord de la **más rápida en trepar por una cuerda de 5 m**: 7,67 s.

▶ MÁS FLEXIONES CON UN SOLO DEDO EN 30 SEGUNDOS

El 8 de diciembre de 2011, Xie Guizhong (China) realizó 41 flexiones en 30 segundos apoyándose en un solo dedo, en Pekín, China. Xie superó con comodidad su récord anterior de 25.

El 11 de diciembre de 2010, este hombre con dedos de acero ya había logrado el récord del **más rápido empujando un coche con un dedo durante 50 m**: 47,7 s, en la ciudad de Shenzhen, provincia de Guangdong, China.

MAY 28 En 2006, Xue Chen (China, n. el 18 de febrero de 1989) se convierte en la **jugadora más joven en ganar un título internacional de voleibol playa** después de ganar el China Shanghai Jinshan Open con 17 años y 99 días.

MAY 29 En 1989, Rory Blackwell (R.U.) se convierte en el **hombre orquesta que toca más instrumentos diferentes al mismo tiempo**: 108 (19 melódicos y 89 de percusión), en Dawlish, Devon, R.U.

95

RECOPILATORIO

LA MARATÓN DE ACORDEÓN MÁS LARGA

Entre el 11 y el 13 de julio de 2018, Anssi K. Laitinen (Finlandia) estuvo tocando el acordeón durante 40 h, 3 min y 10 s en Kuopio, Finlandia. Anssi interpretó 610 piezas distintas, desde música finlandesa a música popular internacional, y lo hizo totalmente de memoria. En 2010 ya había conseguido este propio récord con un tiempo de 31 h y 25 min.

El mayor número de naipes memorizados en una hora

La adolescente Munkhshur Narmandakh (Mongolia) se convirtió en la primera mujer en ganar el Campeonato Mundial de Memoria de Shenzhen, en la provincia de Cantón, China, del 6 al 8 de diciembre de 2017. Memorizó 1.924 naipes (37 barajas enteras), en 60 minutos y luego los enumeró correctamente en 2 horas.

En ese mismo evento, la gemela de Munkhshur, Enkhshur Narmandakh (Mongolia), fue capaz de recordar 5.445 unos y ceros, la **mayor cantidad de números binarios memorizados en 30 minutos**. En 2018, este récord fue superado por Enkhtuya Lkhagvadulam (Mongolia), quien memorizó 5.597 dígitos.

El pase de hockey sobre hielo más largo

El 20 de noviembre de 2018, Zach Lamppa y el exdelantero de la Liga Nacional de Hockey Tom Chorske (ambos de EE.UU.) aunaron fuerzas para completar un pase de hockey sobre hielo de 275,63 m. La hazaña tuvo lugar en el lago helado de las Islas, en Minneapolis, Minnesota, EE.UU.

▶ El balón de fútbol lanzado a más altura que se ha voleado para macar un gol

El 24 de julio de 2018, el futbolista de estilo libre John Farnworth (ver pág. 88) y el que fuera estrella de la Premier League Jimmy Bullard (ambos de R.U.) volearon sendos balones que habían sido lanzados desde un helicóptero desde una altura de 45,72 m. Esta exhibición de chuts tuvo lugar en el aeródromo de White Waltham, en Maidenhead, R.U.

La maratón más rápida por relevos

El 15 de junio de 2018, un equipo de 59 atletas de la ciudad de Kansas recorrieron 42,1 km en 1 h, 30 min y 40,31 s. Esta carrera benéfica, celebrada en el Johnson County Community College de Overland Park, Kansas, EE.UU., fue organizada por Joe y Phil Ratterman (ambos de EE.UU.). El equipo contaba con velocistas de secundaria y universitarios, cada uno de los cuales corrió un relevo de 200 m para batir un récord vigente desde hacía 20 años.

El primer triple salto mortal hacia atrás en una *slackline*

Louis Boniface (Francia) completó el primer triple salto mortal hacia atrás, que empezó y terminó sentado, el 8 de octubre de 2018, como verificó la International Slackline Association. La *slackline*, de 26 m, estaba tendida a 3,10 m del suelo en Saint-Lambert, Francia.

▶ EL TROZO DE PAPEL QUE SE HA DOBLADO MÁS VECES

El 27 de enero de 2002, la estudiante de secundaria Britney Gallivan (EE.UU.) escribió dos ecuaciones matemáticas que le permitieron doblar un trozo de papel por la mitad hasta 12 veces. Para hacerlo, usó un pañuelo de papel de 1.219 m de largo. Respecto a su proeza, Britney nos dijo: «Espero que los demás vean esto... ¡Que abran su mente y se aventuren a conseguir sus propios retos "imposibles"!»

▶ LA MAYOR CONCENTRACIÓN DE PERSONAS DISFRAZADAS DE DINOSAURIO

El 26 de enero de 2019, el célebre *youtuber* Elton Castee (EE.UU.) invitó a mil personas para que le ayudaran a batir 10 títulos GWR mientras grababa su vídeo musical *The Fun in Life* en Los Ángeles, California, EE.UU. Para uno de los récords, 252 personas se disfrazaron de dinosaurios; también se batieron los récords de **mayor número de nacionalidades besadas en un minuto** y **mayor número de nacionalidades que han participado en un abrazo colectivo**, 50 en ambos casos.

Unos dinosaurios bailarines aparecen en el videoclip de Elton realizando movimientos como el «Carniwar» y el «Tyrannasaur Twerk».

MAY 30 En 2016, Kyle Lobpries (EE.UU.) planea sobre Davis en California, EE.UU., durante ocho minutos y medio. En este tiempo, recorre 32,094 km, la **mayor distancia absoluta recorrida con un traje aéreo**.

MAY 31 En 1975, el competidor de engullir comida Peter Dowdeswell (R.U.) registra el **menor tiempo en ingerir dos pintas de leche** (3,2 s) en Dudley's Top Rank Suite, en la región de las Tierras Medias Occidentales, R.U.

▶ EL MAYOR NÚMERO DE GIROS DESCENDENTES DE 360º BAJO EL AGUA EN UN MINUTO

El 12 de diciembre de 2018, la artista sirena Ariana Liuzzi (EE.UU.) logró ejecutar 32 giros descendentes completos bajo el agua en 60 s en el Silverton Casino Hotel de Las Vegas, Nevada, EE.UU. Nadadora de sincronizada ya retirada, ahora Ariana vive prácticamente en un acuario de 442.893 litros de agua salada ¡junto con 4.000 peces tropicales, tiburones y varias rayas venenosas!

Su compañera sirena, Logan Halverson (EE.UU.), se unió al espectáculo con el **mayor número de anillos de burbujas hechos bajo el agua en un minuto**: 48 (detalle inferior), también el 12 de diciembre de 2018.

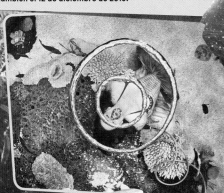

> Las sirenas Silverton pueden estar hasta 15 minutos actuando bajo el agua, y cogen aire a través de «puertos de narguile» especiales construidos en los arrecifes artificiales.

▶ LA MUÑECA DE PORCELANA MÁS GRANDE

Tras diez años de trabajo, los artistas Wang Chu y Deng Jiaqi (ambos de China), presentaron una muñeca de porcelana de 172 cm de alto en la provincia de Jiangxi, China. Esta sobrecogedora figura a tamaño real tiene un contorno de pecho de 70 cm, un ancho de cintura de 52 cm y un ancho de cadera de 74 cm.

El vehículo más pesado arrastrado con el pelo

Mahmood Shamshun Al Arab (EAU) remolcó un camión de 10.380 kg valiéndose únicamente de su pelo en Fujairah, EAU, el 2 de diciembre de 2017.

El conjunto de tubas más grande

Los 835 músicos de la Kansas City Symphony (EE.UU.) ofrecieron una interpretación de «Silent Night» en TUBACHRISTMAS 2018, el 7 de diciembre en Kansas, Missouri, EE.UU. El conjunto fue dirigido por Scott Watson, y los participantes tenían edades comprendidas entre los 11 y los 86 años. Para este récord, se permiten los instrumentos de metal graves, como tubas, barítonos y eufonios.

▶ El barco dragón más largo

El 12 de noviembre de 2018, un barco dragón de 87,3 m de longitud se presentó en la provincia de Prey Veng, Camboya. Había sido construido por la Unión de Federaciones Juveniles de Camboya de la misma provincia y financiado por la administración provincial Prey Veng (ambos de Camboya). La embarcación tenía capacidad para 179 remeros.

El menor tiempo en desarmar y armar una muñeca rusa con los ojos vendados

El 27 de octubre de 2018, Georgi Kask (Rusia) desarmó y volvió a armar una muñeca rusa de cinco unidades en 8,01 s en el centro comercial Kashirskaya Plaza en Moscú, Rusia. El acto fue organizado por ENKA TC (Rusia).

El mayor número de gente plantando plantas a la vez

Durante un acto para hacer tareas de limpieza comunitaria en Portsmouth, Ohio, EE.UU., 1.405 voluntarios de Friends of Portsmouth (EE.UU.) plantaron plantas en tiestos y macetas por toda la ciudad, el 18 de agosto de 2018.

El mayor número de hoyos de golf completados por una persona en 24 horas (a pie)

El 23 de abril de 2019, Eric Byrnes (EE.UU.) recorrió 169 km a pie en el campo de golf Half Moon Bay de California, EE.UU., y jugó 420 hoyos. Batió su propia marca de 401 hoyos, que había defendido durante 48 años.

LA PERSONA MÁS RÁPIDA EN VISITAR TODOS LOS PARQUES TEMÁTICOS DE DISNEY

Lindsay Nemeth (Canadá) visitó los 12 parques temáticos de Disney en 75 h y 6 min en 2017. Empezó por Disneyland, en California, EE.UU. (en la imagen), y luego voló hasta Florida, EE.UU., para más tarde trasladarse hasta París, Shanghái y Hong Kong. Su viaje terminó felizmente en el Tokyo DisneySea de Urayasu, prefectura de Chiba, Japón, el 6 de diciembre.

 JUN 1 En 2016, se inaugura el **túnel ferroviario más largo**. El túnel de base de San Gotardo mide 57 km de largo y se extiende por debajo de los Alpes, entre Göschenen y Airolo, Suiza.

 JUN 2 En 2016, el forzudo Cosimo Ferrucci (Italia) levanta en cuclillas una plataforma con 11 personas en siete ocasiones en Trani, Italia. Es el **mayor número de personas levantadas en arrancada en cuclillas**.

DEPORTES VIRALES

Bienvenido a nuestro capítulo de retos divertidos y rebosantes de habilidad. ¡Son ideales para captarlos en vídeo y compartirlos en línea! Nos hemos inspirado en la SkillCon, una convención anual de tres días de duración sobre los deportes menos convencionales (¿Quién se apunta al combate de malabares?) y que tiene lugar en Las Vegas, Nevada, EE.UU. Nuestros adjudicadores visitaron el evento en diciembre de 2018 para supervisar múltiples intentos de lograr nuevos récords. En estas páginas, podrás leer acerca de muchos de ellos y encontrarás otras demostraciones increíbles de habilidad y de destreza.

Déjate asombrar por estos grandes talentos, desde malabaristas y volteadores de botellas a auténticos profesionales en resolver un cubo de Rubik en tiempos asombrosos, pasando por expertos con el pogo saltarín. Luego, visita www.guinessworldrecords.com/2020, donde algunas de estas personas de récord compartirán contigo vídeos con consejos y secretos. Y tras acceder a todo este nuevo conocimiento, ¿por qué no atreverse a intentar alguno de estos récords? Una vez que lo tengas dominado, sube un vídeo para que te podamos ver en acción. Quién sabe, puede que consigas tu propio éxito viral y, si eres lo bastante bueno, ¡quizá incluso un GWR!

SkillCon

Descubre más vídeos de deportes virales en www.guinnessworldrecords.com/2020.

98

▶ LA COMPETICIÓN MÁS MULTITUDINARIA DE DUELOS DE SABLES DE LUZ

El 15 de diciembre de 2018, un grupo de 60 duelistas se enfrentaron en la SkillCon usando material inspirado en las armas luminiscentes de la saga *Star Wars*. Cang Snow (derecha) ganó la competición y es también el fundador de la Liga de sables de luz (ambos de EE.UU.), la entidad organizadora del evento.

En febrero de 2019, Francia reconoció oficialmente como deporte esta nueva forma de esgrima y los clubes de esgrima del país cuentan con sus propios sables de luz de policarbonato.

En un duelo de sables de luz, se ganan puntos cuando la «espada» de uno de los duelistas toca al otro. El primero que alcanza una puntuación preestablecida, gana. Los duelos se suelen celebrar en una zona definida («caja de luz»), cuyos límites están marcados con luces.

SUMARIO

MALABARISMOS

La antigua actividad de hacer malabares potencia nuestra coordinación óculo-manual y mejora muchos otros aspectos, como la capacidad de concentración y la conciencia espacial. Ayuda al desarrollo del cerebro, puede ser relajante y estimulante, y lo mejor de todo: ¡es divertida! Si todavía no eres malabarista, es bastante fácil aprender lo básico, y si necesitas un empuje, puedes inspirarte en los habilidosos personajes que aquí te presentamos, algunos de los cuales hacen malabares de un modo que **en ningún caso** deberías intentar. Grabarte podría ayudarte a mejorar tu técnica, y si subes el vídeo a internet, ¡podrías tener más éxito del que pensabas e inspirar a otros a intentarlo!

MÁS CAPTURAS CRUZANDO BOLAS POR LA ESPALDA EN UN MINUTO

El cruce de bolas consiste en lanzar las bolas por un lado de la espalda y recogerlas por el otro sin detenerse y alternando las direcciones. El 16 de diciembre de 2018, Matan Presber (EE.UU.), campeón mundial de la Asociación Internacional de Malabaristas, realizó 162 capturas en 60 s en Skillon, en Las Vegas, Nevada, EE.UU.

LOS JUEGOS MALABARES CON MAYOR PESO COMBINADO

El 17 de julio de 2013, Denys Ilchenko (Ucrania) arrojó al aire alternativamente tres neumáticos, cuyo peso sumaba 26,98 kg, durante 32,43 s. Su hazaña tuvo como escenario el plató de *Officially Amazing* en Nairn, R.U.

MÁS TIEMPO MANTENIENDO DOS GLOBOS EN EL AIRE CON LA CABEZA

Malabarismos, pero no como los conocías... El 1 de junio de 2018, Abhinabha Tangerman (Países Bajos) mantuvo un par de globos en el aire dando cabezazos durante 1 min y 9 s en Leiria, Portugal.

¡No intentes esto en casa!

Los malabarismos con objetos afilados y pesados son exclusivamente para los profesionales.

JOSH HORTON

El 6 de septiembre de 2018, el artista estadounidense *Juggling Josh* (alias de Josh Horton, arriba) y su esposa Cassie consiguieron el récord de **más manzanas cortadas haciendo malabares con cuchillos en un minuto**: 36. Con Jake Triplet (EE.UU.), Josh también logró el récord de los **30 segundos**, cortando 17 manzanas por la mitad el 4 de septiembre de 2017.

DAVID RUSH

Titular de varios títulos GWR, este malabarista de EE.UU. acomete récords para ayudar a promover la educación STEM (sigla inglesa para Ciencia, Tecnología, Ingeniería y Matemáticas). El 28 de octubre de 2018, David logró el récord de **más capturas haciendo malabares en un uniciclo (con los ojos vendados)**: 30, en la Centennial High School de Boise, Idaho, EE.UU. A principios de año, el 16 de junio, había establecido el récord de **más capturas consecutivas haciendo malabares con hachas**: 839, en el Rhodes Skate Park de Boise. El 17 de agosto, también igualó el récord de Milan Roskopf (Eslovaquia) de 2011 de **más bolas de bolos empleadas para hacer malabares**: tres.

JUN 3 En 2015, Paul Thompson (R.U.) se embarca en el **viaje más largo en una furgoneta de reparto de leche**. Recorre 1.659,29 km por todo R.U. a una velocidad media de apenas 16 km/h.

JUN 4 En 2016, Łukasz Budner (Polonia) lanza el **raquetazo de tenis de mesa más rápido**, un rayo de casi 116 km/h, durante una partida disputada en Częstochowa, Polonia.

«Golpe de codo»: Haz botar la bola en tu codo manteniéndola en el aire. Si consigues hacerlo con ambos brazos, ¡cuenta como dos trucos!

«Por encima del hombro»: Haz pasar la bola por tu espalda por cualquiera de los dos lados del cuerpo.

«Por debajo de la pierna»: De nuevo, puedes hacerlo con ambas piernas. Cada una cuenta como un truco distinto.

MÁS TRUCOS DE MALABARES EN UN MINUTO (TRES BOLAS)

El 16 de diciembre de 2018, la malabarista Taylor Glenn (EE.UU.) completó 39 trucos de malabares, entre ellos los tres que pueden verse aquí (izquierda), con tres bolas en 60 s en la SkillCon, en Las Vegas. Taylor aprendió los fundamentos de los juegos malabares con tres bolas cuando tenía 12 años, y de ahí pasó a ejercicios con cuatro y cinco bolas, y también con mazas, durante la adolescencia.

INTÉNTALO EN CASA

¿Te ves capaz de superar a Taylor haciendo malabares? Si crees que sí, asegúrate de seguir las reglas de GWR…

• Todos los trucos que realices deben ser ejercicios de malabares estándar.

• Necesitaremos que antes de tu intento de récord nos hagas llegar una lista completa de todos los ejercicios que vas a ejecutar y del orden en que los vas a realizar.

• En tu solicitud, también puedes incluir vídeos o fotografías que muestren cómo realizas los ejercicios.

• Asegúrate de usar tres bolas de malabares disponibles en tiendas.

• Una vez hayas empezado, tendrás que completar cada ejercicio antes de pasar al siguiente. Y cada ejercicio solo se puede realizar una vez.

• Tendrás que anunciar cada nuevo ejercicio en voz alta a medida que los realizas.

• ¡No dejes que se te caiga ninguna bola! Si eso sucede, tu intento de récord habrá terminado.

• Deberá haber dos testigos independientes que verifiquen tu intento de récord. Estos deben ser malabaristas experimentados, y tu solicitud debe ir acompañada de una prueba de su competencia.

• Tus testigos tendrán que revisar el vídeo de tu intento de récord y confirmar que has completado todos los ejercicios en el orden correcto. Puedes encontrar la normativa GWR oficial completa en **guinnessworldrecords. com/2020.**

Consigue el tutorial de malabarismos de Taylor en guinnessworldrecords.com/2020

JUN 5 En 2013, Satyajit Hota (India) establece el récord de **más peso sostenido con un párpado**: 3,5 kg, más que un ladrillo de tamaño estándar, en el plató de *Rekorlar Dünyasi*, en Estambul, Turquía.

JUN 6 En 2016, fallece la boa arco iris colombiana llamada *Ben* (n. el 31 de mayo de 1974) con 42 años y 6 días, la **serpiente en cautividad más longeva de todos los tiempos**. Vivió con la familia Hatterman en Valdosta, Georgia, EE.UU.

COMO UN PROFESIONAL

Conoce a los artífices de récords que han llevado sus aficiones al extremo y han transformado el ocio en una profesión. Los verás subidos en un pogo saltarín, dando toques con una peculiar pelota, botando sobre pelotas saltarinas o haciendo acrobacias con el yoyó. Todos han invertido miles de horas practicando para convertirse en los mejores del mundo en lo que hacen. Si tienes algún pasatiempo que te apasiona, ya estás a medio camino de unirte a las filas de quienes consiguen batir récords. Inspírate en ellos y, nunca se sabe, ¡quizá veas tu nombre en el próximo Libro Guinness de los Récords!

▶ MÁS HULA-HOOPS GIRANDO A LA VEZ

El 25 de noviembre de 2015, Marawa Ibrahim (Australia) hizo girar 200 hula-hoops simultáneamente alrededor de su cuerpo en Los Ángeles, California, EE.UU. A lo largo de los años, Marawa ha ido acumulando varios récords asociados a estos aros, como los **50 m más rápidos haciendo girar un hula-hoop** (8,76 s) y los **100 m más rápidos sobre patines en línea haciendo girar tres hula-hoops** (27,26 s).

▶ FENÓMENOS DEL *FOOTBAG*

Controlar estas pequeñas pelotas rellenas de semillas exige resistencia física y rapidez de reflejos. El 15 de diciembre de 2018, Derrick Fogle (EE.UU., izquierda) necesitó de ambas cualidades para conseguir la **mayor distancia recorrida en una hora controlando una footbag con el pie** (5,05 km).

Mathieu Gauthier (Canadá, derecha) logró la **mayor cantidad de toques con un pie de dos *footbags*** (71). Los dos récords se lograron el 15 de diciembre de 2018 durante la SkillCon, celebrada en Las Vegas, Nevada, EE.UU.

EL SALTO MÁS ALTO CON UN POGO SALTARÍN

Dmitry Arsenyev (Rusia) saltó 3,4 m de altura (aproximadamente lo que mide un elefante africano adulto) en Roma, Italia, el 20 de noviembre de 2018.

El 5 de noviembre de 2017, este atleta profesional del Xpogo también logró la **mayor cantidad de saltos con rotación consecutivos con un pogo saltarín** (26). Este salto consiste en rotar con el pogo 360° en el aire antes de volver a tocar el suelo.

LA TORRE MÁS ALTA DE BLOQUES LEGO® EN CRUZ CONSTRUIDA EN 30 SEGUNDOS CON UNA SOLA MANO

Silvio Sabba (Italia) construyó una torre de 29 bloques de LEGO en medio minuto en Milán, Italia, el 3 de marzo de 2017. Este superapilador también construyó la **torre con más tapones de plástico en un minuto** (43) y alzó la **mayor cantidad de CD en equilibrio sobre un dedo** (247).

LOS 100 M MÁS RÁPIDOS SOBRE UNA PELOTA SALTARINA (MUJERES)

La cómica y estrella de las redes sociales Ali Spagnola (EE.UU.) recorrió una pista de 100 m sobre una pelota saltarina en solo 38,22 s en el estadio Drake de la Universidad de California, en Los Ángeles, California, EE.UU., el 9 de marzo de 2017.

Ashrita Furman (EE.UU.), poseedor de múltiples récords, logró los **100 m más rápidos sobre una pelota saltarina (absolutos)** cuando recorrió la distancia en 30,2 s el 16 de noviembre de 2004.

JUN 7 En 2015, Christian Schäfer (Alemania) logra el récord de **memorizar más naipes bajo el agua** en Maguncia, Alemania. Durante una sola respiración, memoriza 56 naipes que recuerda en la secuencia correcta de vuelta a la superficie.

JUN 8 En 2014, Mario Barth (Alemania) finaliza un espectáculo cómico épico en el Estadio Olímpico de Berlín, Alemania, presenciado por un total de 116.498 personas: la **mayor audiencia para un cómico en 24 horas**.

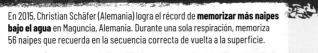

MÁS TROMPOS GIRANDO SIMULTÁNEAMENTE

El 17 de marzo de 2012, Mark mantuvo 27 trompos girando al mismo tiempo en el Canal Park Playhouse de la ciudad de Nueva York, EE.UU. El logro formó parte de una serie de intentos para conseguir distintos títulos GWR que Mark y su compañero de escenario, Jonathan Burns, abordaron al final de su espectáculo cómico, *Stunt Lab*.

▶ LA MAYOR DISTANCIA «PASEANDO AL PERRITO» CON UN YOYÓ

El cómico Mark Hayward (EE.UU.) es también un campeón mundial de yoyó y de los trompos. Por lo tanto, no debería sorprenderte que ostente el récord de «pasear el perrito». Este truco consiste en lanzar el yoyó hacia el suelo de modo que, cuando lo toca, sigue girando y rueda hacia adelante. Mark batió este récord en la SkillCon el 15 de diciembre de 2018, cuando consiguió que su yoyó recorriera unos inauditos 8,28 m.

▶ Mark comparte sus trucos con el yoyó en www.guinnessworldrecords.com/2020.

INTÉNTALO EN CASA

¿Eres capaz «pasear el perrito» más lejos que Mark? Si quieres optar a lograr el GWR, no te olvides de seguir nuestras directrices...

- Asegúrate de usar un yoyó disponible en tiendas que no haya sido modificado de ninguna manera. Necesitarás contar con testigos que lo confirmen.

- Debes ejecutar el truco sobre una superficie plana.

- El yoyó debe seguir girando durante todo el recorrido. Si se detiene, ¡ahí acaba tu tentativa de lograr un récord!

- Tu testigo debe medir la distancia horizontal que ha recorrido el yoyó, por lo que tendrá que marcar con una señal el punto en el que toca el suelo por primera vez.

- La distancia que se mide termina en el punto en el que el yoyó se levanta del suelo para regresar a la mano. De nuevo, un testigo debe indicarlo con una marca.

- Cuando el yoyó se empiece a levantar del suelo, asegúrate de que regresa a la mano de forma controlada.

- Debes pronometrar el intento y entregar este registro junto al resto de pruebas.

- Asegúrate de que grabas la prueba en vídeo y de principio a fin, incluyendo cuando se mide la distancia recorrida por el yoyó. Necesitaremos también la secuencia a cámara lenta. Si quieres consultar la normativa GWR oficial completa, visita **www.guinnessworldrecords.com/2020.**

JUN 9 En el Skowhegan Moose Festival de Maine, EE.UU., de 2018, 1.054 residentes se reúnen para lograr el **mayor número de personas haciendo la llamada del alce simultáneamente**. Vamos, ¡todos juntos!: «¡Uuuuunnnngggghhhhhhh!»

JUN 10 ¡Chis! En 2015, se registra el **lugar más silencioso**. La cámara anecoica de Microsoft en Redmond, Washington, EE.UU. tiene un nivel de ruido ambiental de –20,35 dB… por debajo del umbral de audición del oído humano.

103

CUESTIÓN DE EQUILIBRIO

Si tienes un pulso firme y una cabeza serena, aquí encontrarás un amplio abanico de récords que intentar. Además, es muy posible que ya tengas en casa muchos de los objetos que necesitarás para ello. Naipes, botellas de plástico o incluso los cubiertos de la cocina pueden servirte para lograr un récord. ¡Mira lo que han conseguido estas ingeniosas personas con todo ello! Tu hazaña de equilibrio se puede convertir en un éxito viral y, por qué no, quizá iniciar la próxima locura en las redes sociales.

EL CASTILLO DE NAIPES SIN SOPORTE MÁS ALTO

Bryan Berg (EE.UU.) es un verdadero mago de los naipes y construyó un castillo de 7,86 m de altura el 16 de octubre de 2007 en Dallas, Texas, EE.UU. También construyó el **castillo de naipes más alto en una hora** (26 pisos) en *Live with Kelly and Ryan* en Nueva York, EE.UU., el 12 de septiembre de 2018.

LA MILLA MÁS RÁPIDA CON UNA BOTELLA DE LECHE EN EQUILIBRIO SOBRE LA CABEZA

En 2004, el prolífico hombre récord Ashrita Furman (EE.UU.) recorrió una milla (1,6 km) en 7 min y 47 s... ¡con una botella de leche en equilibrio sobre la cabeza! Siete años después, decidió volver a romper un récord con una botella de leche sobre la cabeza y completó una **media maratón** en 2 h, 33 min y 28 s.

LOS 100 M MÁS RÁPIDOS CON UN BATE DE BÉISBOL EN EQUILIBRIO SOBRE UN DEDO

Además de ser un malabarista extraordinario (ver pág. 100), el 5 de octubre de 2018, David Rush (EE.UU.) corrió 100 m con un bate de béisbol en equilibrio sobre un dedo en 14,28 s en la Boise High School, Idaho, EE.UU. Ese mismo año, David también batió los récords de los 100 m más rápidos (y la **milla más rápida**) llevando una cuchara **con un huevo en la boca**: 18,47 s, y 8 min y 2,44 s, respectivamente, ambos en Boise, Idaho, EE.UU.

MÁS CUCHARAS COLGANDO DEL ROSTRO

¿Eres capaz de sujetar los cubiertos con la cara? En 2009, Aaron Caissie (Canadá, arriba) sostuvo 17 cucharas sobre su rostro durante los 5 segundos que exige la normativa de GWR. En la actualidad, el récord está en manos de Dalibor Jablanović (Serbia), que alzó el listón hasta 31 cucharas en Stubica, Serbia, el 28 de septiembre de 2013. ¿Te ves capaz de superarlo?

MÁS GALLETAS EN EQUILIBRIO SOBRE EL HOCICO DE UN PERRO

¡Tu perro también te podría hacer conseguir un récord! ¿Cuántas galletas puede mantener en equilibrio sobre el morro antes de que se le derrumben (o sea él quien sucumba a la tentación)? A la izquierda verás a *Monkey*, que logró el récord cuando consiguió mantener en equilibrio 23 galletas durante los 3 s mínimos exigidos en 2013. El campeón actual es *George*, el husky siberiano híbrido de Dima Yeremenko (R.U.), que logró sostener una torre de 29 galletas el 9 de mayo de 2015 en el London Pet Show, R.U.

JUN 11 El SR.N1, de la compañía Saunders-Roe y de 4 toneladas de peso, realiza el **primer vuelo público de un aerodeslizador** en Cowes, isla de Wight, R.U., en 1959. Alcanza una velocidad de 68 nudos (126 km/h).

JUN 12 En 1999, el P/1999 J6 se convierte en el **cometa que más se ha aproximado a la Tierra** al pasar a 0,012 unidades astronómicas (1.795.174 km), un poco menos de cinco veces la distancia a la Luna.

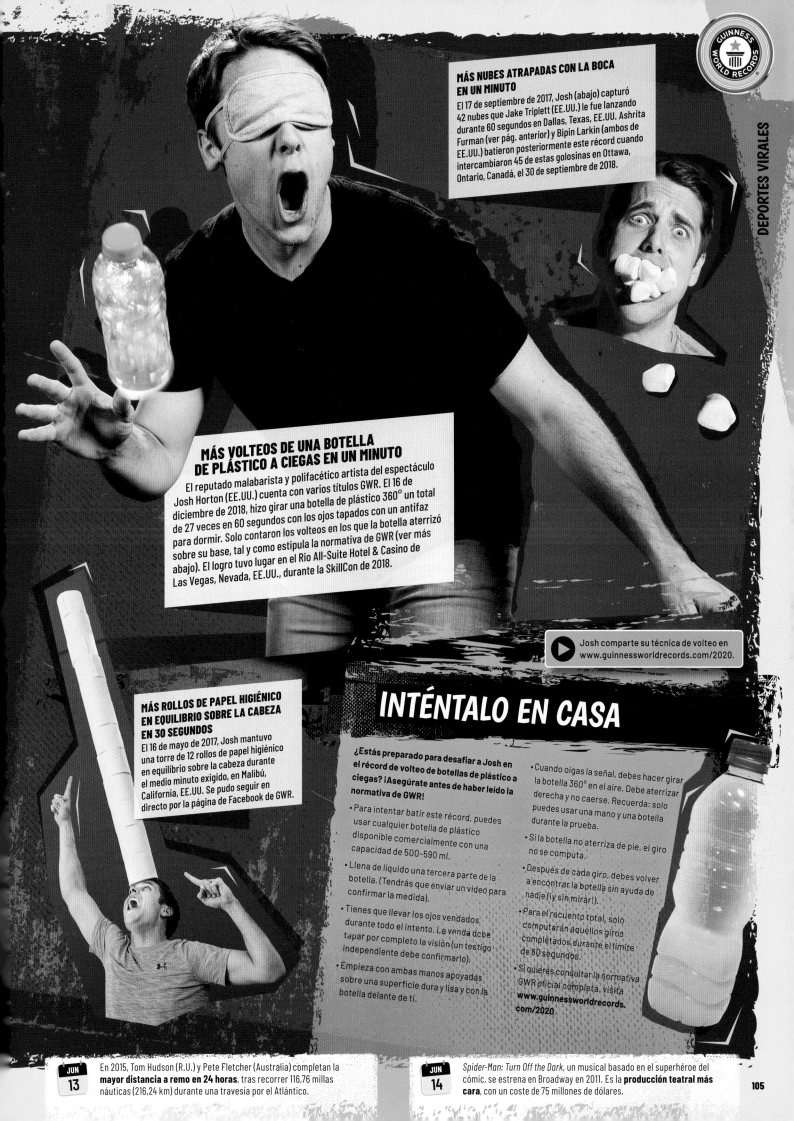

MÁS NUBES ATRAPADAS CON LA BOCA EN UN MINUTO

El 17 de septiembre de 2017, Josh (abajo) capturó 42 nubes que Jake Triplett (EE.UU.) le fue lanzando durante 60 segundos en Dallas, Texas, EE.UU. Ashrita Furman (ver pág. anterior) y Bipin Larkin (ambos de EE.UU.) batieron posteriormente este récord cuando intercambiaron 45 de estas golosinas en Ottawa, Ontario, Canadá, el 30 de septiembre de 2018.

MÁS VOLTEOS DE UNA BOTELLA DE PLÁSTICO A CIEGAS EN UN MINUTO

El reputado malabarista y polifacético artista del espectáculo Josh Horton (EE.UU.) cuenta con varios títulos GWR. El 16 de diciembre de 2018, hizo girar una botella de plástico 360° un total de 27 veces en 60 segundos con los ojos tapados con un antifaz para dormir. Solo contaron los volteos en los que la botella aterrizó sobre su base, tal y como estipula la normativa de GWR (ver más abajo). El logro tuvo lugar en el Rio All-Suite Hotel & Casino de Las Vegas, Nevada, EE.UU., durante la SkillCon de 2018.

▶ Josh comparte su técnica de volteo en www.guinnessworldrecords.com/2020.

MÁS ROLLOS DE PAPEL HIGIÉNICO EN EQUILIBRIO SOBRE LA CABEZA EN 30 SEGUNDOS

El 16 de mayo de 2017, Josh mantuvo una torre de 12 rollos de papel higiénico en equilibrio sobre la cabeza durante el medio minuto exigido, en Malibú, California, EE.UU. Se pudo seguir en directo por la página de Facebook de GWR.

INTÉNTALO EN CASA

¿Estás preparado para desafiar a Josh en el récord de volteo de botellas de plástico a ciegas? ¡Asegúrate antes de haber leído la normativa de GWR!

- Para intentar batir este récord, puedes usar cualquier botella de plástico disponible comercialmente con una capacidad de 500-590 ml.

- Llena de líquido una tercera parte de la botella. (Tendrás que enviar un vídeo para confirmar la medida).

- Tienes que llevar los ojos vendados durante todo el intento. La venda debe tapar por completo la visión (un testigo independiente debe confirmarlo).

- Empieza con ambas manos apoyadas sobre una superficie dura y lisa y con la botella delante de ti.

- Cuando oigas la señal, debes hacer girar la botella 360° en el aire. Debe aterrizar derecha y no caerse. Recuerda: solo puedes usar una mano y una botella durante la prueba.

- Si la botella no aterriza de pie, el giro no se computa.

- Después de cada giro, debes volver a encontrar la botella sin ayuda de nadie (¡y sin mirar!).

- Para el recuento total, solo computarán aquellos giros completados durante el límite de 60 segundos.

- Si quieres consultar la normativa GWR oficial completa, visita **www.guinnessworldrecords.com/2020.**

JUN 13 En 2015, Tom Hudson (R.U.) y Pete Fletcher (Australia) completan la **mayor distancia a remo en 24 horas**, tras recorrer 116,76 millas náuticas (216,24 km) durante una travesía por el Atlántico.

JUN 14 *Spider-Man: Turn Off the Dark*, un musical basado en el superhéroe del cómic, se estrena en Broadway en 2011. Es la **producción teatral más cara**, con un coste de 75 millones de dólares.

105

SPEEDCUBING

En 2020, el rompecabezas inventado por el húngaro Ernö Rubik celebrará el 40.º aniversario de su lanzamiento internacional. El formato original de 3 × 3 × 3 se ha expandido e incluye el dodecaédrico Megaminx, el Pyraminx y el Clock (un rompecabezas de reloj con doce esferas de reloj que hay que alinear), entre otros. Grégoire Pfennig (Francia) ha construido una versión de 33 × 33 × 33, cada una de las cuales tiene doce esferas de reloj que hay que alinear), entre otros. Grégoire Pfennig (Francia) ha construido una versión de 33 × 33 × 33, el **cubo de Rubik con más piezas**, con 6.153. Sin embargo, si eres un novato de los cubos de Rubik, ¡empieza con algo más sencillo! En internet encontrarás vídeos que te mostrarán cómo resolver el icónico rompecabezas de 3 × 3 × 3. Cuando lo domines, podrás subir tus vídeos en acción para inspirar a otros. Y si te apetece intentar conseguir un GWR cúbico, estos son algunos de tus contendientes.

LA RESOLUCIÓN MÁS VELOZ DE UN CUBO DE RUBIK

Du Yusheng (China) resolvió un cubo de Rubik estándar de 3 × 3 × 3 en solo 3,47 segundos el 24 de noviembre de 2018 en el Open de Wuhu, provincia de Anhui, China. Aunque no hay registrado un vídeo oficial de la prueba, las imágenes de CCTV (detalle superior) capturaron el momento en el que los veloces dedos de Yusheng resolvieron el cubo bajo la supervisión de un juez oficial.

¡PON EL TURBO A TU CUBO!

(Todos los récords aparecen en las imágenes inferiores, de izquierda a derecha).

El menor tiempo en resolver...
• Un cubo de Rubik sobre un pogo saltarín: 24,13 s, por George Turner (R.U.)
• ▶ Tres cubos de Rubik mientras se hacen malabares: 5 min y 2,43 s, por Que Jianyu (China)
• Dos cubos de Rubik simultáneamente bajo el agua: 53,86 s, por Krishnam Raju Gadiraju (India)

Más cubos de Rubik resueltos...
• Sobre un monopatín: 151, por Nikhil Soares (India)
• Con una mano manteniéndose a flote en el agua durante una hora: 137, por Shen Weifu (China)
• En bicicleta: 1.010, por P. K. Arumugam (India)
• En monociclo: 250, por Caleb McEvoy (EE.UU.)

EL MENOR TIEMPO PROMEDIO EN RESOLVER UN CUBO DE RUBIK DE 3 × 3 × 3 EN COMPETICIÓN

Feliks Zemdegs (Australia) logró un tiempo promedio de 5,80 segundos el 15 de octubre de 2017 en el Malaysia Cube Open en Bangi. Lo consiguió en la primera ronda del campeonato, con tiempos individuales de 5,99 s, 5,28 s, 5,25 s, 6,13 s y 9,19 s. Feliks fue el ganador de la categoría 3 × 3 × 3. Anteriormente, había logrado la **resolución más rápida de un cubo de Rubik**, con un tiempo de 4,22 s, aunque Du Yusheng batió ese récord en noviembre de 2018 (ver arriba a la izquierda).

JUN 15 En 1982, el húngaro László Kiss consigue el **hat-trick más rápido en un partido de la Copa Mundial de la FIFA** al perforar la red tres veces en 7 minutos contra El Salvador en Elche, España.

JUN 16 En 2009, *Rutt Mysterio*, alias de Michele Forgione (Italia), expulsa el **eructo más largo** (con una duración de 1 min y 13 s) en la competición Ruttasound del 13.º Festival Hard Rock de la Cerveza en Reggiolo, Italia.

▶ EL MENOR TIEMPO EN RESOLVER UN CUBO DE RUBIK DE 6 × 6 × 6

Max (ver entrada principal a la derecha) solo tardó 1 min y 13,82 s en resolver un cubo de Rubik de 6 × 6 × 6 en el WCA Asian Championship celebrado en Taipéi, China Taipéi, el 17-19 de agosto de 2018. El prolífico Max también ha logrado el menor tiempo en resolver muchos otros cubos de Rubik, como:
- 4 × 4 × 4: 18,42 s
- 5 × 5 × 5: 37,28 s
- 7 × 7 × 7: 1 min y 47,89 s.

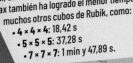

▶ EL MENOR TIEMPO PROMEDIO EN RESOLVER UN CUBO DE RUBIK CON UNA SOLA MANO

Max Park (EE.UU.) resolvió un cubo de 3 × 3 × 3 en un tiempo promedio de tan solo 9,42 s durante el Berkeley Summer 2018 en California, EE.UU., el 15-16 de septiembre. Los tiempos individuales fueron 9,43 s, 11, 32 s, 8,80 s, 8,69 s y 10,02 s. Tal y como establece la normativa de la World Cube Association, el mayor y el menor tiempo no computaron para establecer el promedio.

EL MÁS RÁPIDO EN RESOLVER UN CUBO DE...

3 × 3 × 3	Du Yusheng (China, izquierda)	3,47 s
2 × 2 × 2	Maciej Czapiewski (Polonia)	0,49 s
3 × 3 × 3 a ciegas	Jack Cai (Australia)	16,22 s
3 × 3 × 3 con una mano	Feliks Zemdegs (Australia, izquierda)	6,88 s
3 × 3 × 3 con los pies	Daniel Rose-Levine (EE.UU.)	16,96 s
Megaminx	Juan Pablo Huanqui Andia (Perú)	27,81 s
Pyraminx	Dominik Górny (Polonia)	0,91 s
Clock	Suen Ming Chi (China)	3,29 s
Skewb	Jonathan Kłosko (Polonia)	1,10 s
Square-1	Vicenzo Guerino Cecchini (Brasil)	5,00 s

Fuente: World Cube Association, a 12 de abril de 2019

▶ Encontrarás muchos vídeos de cubos de Rubik en www.guinnessworldrecords.com/2020.

EL MENOR TIEMPO EN RESOLVER UN CUBO DE RUBIK 4 × 4 × 4 A CIEGAS

El 20 de mayo de 2018, Stanley Chapel (EE.UU.) resolvió un cubo de Rubik de 4 × 4 × 4 con los ojos tapados en 1 min y 29 s en Fort Wayne, Indiana, EE.UU. Batió el récord en el World Cube Association's Cubing USA Great Lakes Championship. En el recuadro de la derecha encontrarás la normativa de la WCA para la resolución de rompecabezas.

▶ Stanley comparte sus trucos para resolver cubos en www.guinnessworldrecords.com/2020.

INTÉNTALO EN CASA

La World Cube Association (WCA) ha establecido una normativa para las competiciones de speedcubing. Aquí te ofrecemos un resumen de las directrices de la WCA para resolver cubos a ciegas, pero en www.worldcubeassociation.org encontrarás la normativa completa.

- Debes traer tu propia venda a la prueba.
- Todas las categorías de resolución de velocidad tienen un tiempo límite, que los organizadores anuncian antes de cada prueba.
- Si hay probabilidades de que completes el cubo en menos de 10 minutos, se usará un StackMat, que es el cronómetro oficial que se usa en los eventos de la WCA. Si se estima que es probable que la prueba dure más, el juez usará un cronómetro normal.

- Antes de la prueba, un juez se encargará de mover y mezclar aleatoriamente todas las piezas de tu cubo. A continuación, se tapará el cubo.
- Cuando estés listo, el juez te preguntará «¿OK?». Cuando des el consentimiento, destaparán el cubo y, si usan un StackMat, se activará en cuanto levantes las manos.
- Tendrás tiempo de memorizar el aspecto del cubo antes de que te venden los ojos para que empieces a resolverlo. Sin embargo, no puedes empezar a manipularlo hasta que te hayan tapado los ojos.
- Cuando creas que has terminado, debes soltar el cubo para que detengan el cronómetro.

JUN 17 · La esperadísima secuela de Pixar *Buscando a Dory* (EE.UU.) se estrena en 2016. En solo dos días en los cines norteamericanos, se convierte en la **película animada en recaudar 100 millones de dólares más rápidamente**.

JUN 18 · En 2007, Jeremy Harper (EE.UU.) empieza a contar durante 16 horas diarias, hasta que alcanza su objetivo del millón el 14 de septiembre, 88 días después. Es el **número más elevado contado en voz alta**.

107

ESPÍRITU AVENTURERO

LA BICICLETA REMOLCADA A MÁS VELOCIDAD

El 16 de septiembre de 2018, Denise Mueller-Korenek (EE.UU.) alcanzó los 296,009 km/h en el salar de Bonneville, Utah, EE.UU. Un dragster la remolcó hasta alcanzar una velocidad de unos 80,5 km/h, momento en que se soltó y comenzó a pedalear protegida por la estela del coche (la imagen de detalle muestra la vista desde el interior del carenado del dragster). Denise no solo batió su propio récord femenino, sino que también mejoró el récord masculino de 268,831 km/h establecido por Fred Rompelberg (Países Bajos) en 1995.

A la derecha puede verse a Denise momentos antes de lograr su sensacional récord junto con la piloto del dragster, Shea Holbrook.

KHS Bicycles se encargó de fabricar el cuadro de carbono de la bicicleta de Denise. Sus ruedas de motocicleta de 43 cm mejoran la estabilidad a altas velocidades, y la horquilla de suspensión reduce las vibraciones.

SUMARIO

EL GLOBO AEROSTÁTICO MÁS GRANDE

Las miradas de todo el mundo se centraron en Felix Baumgartner el 14 de octubre de 2012. El aventurero austriaco se estaba preparando para ascender hasta las capas superiores de la atmósfera en una cápsula suspendida del globo aerostático tripulado más grande de todos los tiempos y, a continuación, intentar una espectacular caída libre hacia la Tierra. Si tenía éxito, batiría múltiples récords mundiales. Pero si no…

Tras siete años de preparación, culminó la misión de salto estratosférico Red Bull Stratos, un proyecto que proporcionaría información valiosa a la NASA y a la Fuerza Aérea estadounidense… y rompería algunos récords vigentes desde hacía más de cincuenta años.

Felix despegó de Roswell, Nuevo México, EE.UU. a las 9:28 de la mañana hora local (15:28 GMT). Cuando, un par de horas después, llegó al punto de salto, el globo de helio, construido con polietileno de 0,02 mm de grosor, se había expandido hasta los casi 850.000 m³ y un diámetro de 129,2 m. Se convirtió en el **globo tripulado más grande**, con un volumen que multiplicaba por casi 11 el del *Virgin Otsuka Pacific Flyer*, pilotado por Richard Branson (R.U.) y Per Lindstrand (Suecia) en 1991 durante la **primera travesía del Pacífico en globo aerostático**, y por aproximadamente 40 el de los globos aerostáticos de pasajeros más grandes que se fabrican en la actualidad.

Felix salió de la cápsula a 38.969 m de altitud e inició su arriesgadísimo salto, en el que alcanzó una velocidad Mach 1,25 (1.357,6 km/h), la **mayor velocidad en caída libre** (ver pág. siguiente). Su vertiginoso descenso también le supuso convertirse en el **primer humano en romper la barrera del sonido en caída libre**, exactamente 65 años después de que el capitán de la Fuerza Aérea estadounidense Chuck Yeager (EE.UU.) fuera el primero en volar más rápido que el sonido, pero a bordo de un avión-cohete Bell-X-1.

Aquí, nuestros diseñadores gráficos han hecho aterrizar el globo de récord junto a otro edificio icónico de Londres. Como cuesta hacerse una idea de lo grande que es algo que flota a casi 39 km de altitud, nos hemos permitido cierta licencia artística. En realidad, el globo jamás podría alcanzar su capacidad máxima de inflado tan cerca del suelo. Dicho esto, cuando despegó era más alto: 167,6 m frente a los 101,8 m en su apogeo.

El helio en el interior de la funda es más ligero que el aire y solo podría expandirse hasta este punto una vez alcanzada la estratosfera superior, donde la presión del aire es el 2 % de la que se experimenta al nivel del mar. Llegado allí (a la «altitud de flotación») y a medida que la densidad del aire en el interior del globo se fue equiparando a la del exterior, se transformó de su forma alargada a otra más ovoide, con una anchura que duplicaba con creces la de la luz central del puente de la Torre de Londres.

RECONOCIMIENTO POR TODO LO ALTO: CELEBRANDO UN LOGRO ESTRATOSFÉRICO

GWR estuvo encantado de entregar a Felix Baumgartner el diploma que certificaba su extraordinaria hazaña. «Nuestro principal objetivo siempre ha sido mejorar la seguridad aeroespacial», explicó. «Sin embargo, recibir el certificado de Guinness World Records fue un recordatorio tangible de que mi sueño supersónico por fin se había hecho realidad».

AL FILO DE LA HISTORIA

Felix alcanzó una altitud tan extrema en la cápsula que pudo ver la curvatura de la Tierra. «Sé que el mundo me está mirando», dijo por la radio cuando llegó a su punto de salto. «Ojalá pudierais ver lo que veo ahora. A veces tienes que subir muy alto para entender lo pequeño que eres... Ahora volveré a casa». Y saltó.

Poco después del salto, Felix empezó a caer en tirabuzón y casi perdió el conocimiento, pero usó sus habilidades de paracaidista para lograr estabilizarse. Pudo controlar el descenso, a pesar de que el visor se le empañó, y desplegó el paracaídas a una altitud aproximada de 1.525 m. Aterrizó en el desierto cerca de Roswell, unos nueve minutos después de haber saltado de la cápsula.

Justo dos años después, el 24 de octubre de 2014, Alan Eustace (EE.UU.) batió el record de Felix del **salto en paracaídas desde mayor altitud** y del **vuelo con globo aerostático tripulado a mayor altitud** (41.422 m).

POR TIERRA

Más países visitados en bicicleta en siete días (hombres)

David Haywood (R.U.) circuló por 13 países, desde Moelingen, en Bélgica, hasta Bratislava, en Eslovaquia, entre el 12 y el 18 de octubre de 2017.

El viaje más largo en coche por un único país

Greg Cayea y Heather Thompson (ambos de EE.UU.) recorrieron 58.135,87 km por Estados Unidos entre el 11 de julio y el 9 de noviembre de 2016.

El **viaje más largo en moto por un único país** lo realizó Gaurav Siddharth (India) entre el 17 de septiembre de 2015 y el 27 de abril de 2017: 115.093,94 km por la India.

El más rápido en cruzar Japón en bicicleta de norte a sur

Hiroki Nagaseki (Japón) solo necesitó 7 días, 19 h y 37 min para cruzar Japón en bicicleta. Empezó en el cabo Sōya, Hokkaido, el 19 de julio de 2018, y llegó una semana más tarde al cabo Sata, en Kyushu.

La poseedora del récord femenino es Paola Gianotti (Italia), que cruzó Japón en 8 días, 16 h y 19 min entre el 24 de mayo y el 1 de junio de 2017. En 2014, esta ciclista de ultrafondo también logró el récord de la **circunnavegación más rápida en bicicleta (mujeres):** 144 días.

La travesía más rápida del desierto de Simpson a pie

El 26 de enero de 1998, Pat Farmer (Australia) recorrió 379 km a través del desierto de Simpson, el cuarto más grande de

EL VIAJE EN BICICLETA MÁS RÁPIDO A TRAVÉS DE EURASIA

Jonas Deichmann (Alemania) cruzó Eurasia de este a oeste desde Cabo da Roca, Portugal, hasta Vladivostok, Rusia, en 64 días, 2 h y 26 min entre el 2 de julio y el 4 de septiembre de 2017.

Más continentes visitados en un día natural

El 29 de abril de 2017, Thor Mikalsen y su hijo Sondre Moan Mikalsen (ambos de Noruega) estuvieron en ciudades de cinco continentes: Estambul (Turquía, Asia), Casablanca (Marruecos, África), Lisboa (Portugal, Europa), Miami (EE.UU., Norteamérica) y Barranquilla (Colombia, Sudamérica).

Igualaban así la hazaña de Gunnar Garfors (Noruega) y Adrian Butterworth (R.U.), que viajaron entre Estambul y Caracas (Venezuela, Sudamérica) el 18 de junio de 2012.

Australia, en 3 días, 8 h y 36 min. Desafiando temperaturas de hasta 50 °C, promedió una velocidad de 4,75 km/h y cruzó 1.162 dunas.

El matrimonio formado por Mark y Denny French (ambos de Australia) ostenta el récord de la **travesía más rápida del desierto de Simpson en un vehículo terrestre movido con energía solar:** 4 días, 21 h y 23 min. Llegaron a Birdsville, Queensland, el 11 de septiembre de 2017.

El viaje más largo descalzo

Del 1 de mayo al 12 de agosto de 2016, Eamonn Keaveney (Irlanda) recorrió descalzo 2.080,14 km por Irlanda.

La persona más joven en circunnavegar la Tierra en moto

Kane Avellano (R.U., n. el 20 de enero de 1993) completó la vuelta al mundo en moto en el ayuntamiento de South Shields,

EL MÁS RÁPIDO EN RECORRER LA CARRETERA PANAMERICANA EN BICICLETA

Michael Strasser (Austria) tardó 84 días, 11 h y 50 min en viajar desde la bahía de Prudhoe, en Alaska, EE.UU., hasta Ushuaia, en el extremo sur de Argentina, donde llegó el 16 de octubre de 2018. Michael partió de la bahía de Prudhoe tan solo dos meses después de que el anterior titular del récord, Dean Stott (R.U.), estableciera allí su marca. Stott recorrió la carretera de sur a norte en 99 días, 12 h y 56 min entre el 1 de febrero y el 11 de mayo.

Tyne and Wear, R.U., el 19 de enero de 2017, un día antes de cumplir 24 años. Tras partir el 31 de mayo de 2016, su épico viaje lo llevó por 36 países y seis continentes en un recorrido de 45.161 km.

El viaje más rápido desde Land's End a John o'Groats en un cortacésped

El 30 de julio de 2017, Andy Maxfield (R.U.) completó un viaje de 5 días, 8 h y 36 min desde un extremo de Gran Bretaña al otro para recaudar fondos para la Alzheimer's Society.

LA CIRCUNNAVEGACIÓN EN BICICLETA MÁS RÁPIDA (MUJERES)

Del 16 de junio al 18 de octubre de 2018, Jenny Graham (R.U.) dio la vuelta al mundo en 124 días y 11 h, viaje que empezó y terminó en Berlín, Alemania. Jenny no contó con ningún apoyo, por lo que tuvo que cargar con todo su equipo.

Mark Beaumont (R.U.) ostenta el récord absoluto de la **circunnavegación en bicicleta más rápida,** con 78 días, 14 h y 40 min. Su «Desafío la vuelta al mundo en 80 días» arrancó en el Arco del Triunfo de París, Francia, el 2 de julio de 2017, y finalizó en el mismo lugar el 18 de septiembre de 2017.

LA PERSONA EN CRUZAR EE.UU. A PIE MÁS RÁPIDO

Pete Kostelnick (EE.UU.) corrió desde el ayuntamiento de San Francisco, California, hasta el ayuntamiento de Nueva York en 42 días, 6 h y 30 min entre el 12 de septiembre y el 24 de octubre de 2016.

El hecho de que el récord de la **mujer en cruzar EE.UU. a pie más rápido** se mantenga vigente desde hace más de 40 años pone de manifiesto la exigencia de este reto. Mavis Hutchinson (Sudáfrica) estableció un tiempo de 69 días, 2 h y 40 min entre el 12 de marzo y el 21 de mayo de 1978.

JUN 19 En 1963, la cosmonauta soviética Valentina Tereshkova completa un vuelo de 2 días, 22 h y 50 min (y 48 órbitas terrestres) a bordo de la *Vostok 6*. Fue la **primera mujer en volar al espacio,** y recibió el título de «Heroína de la Unión Soviética».

JUN 20 En 2017, la esmeralda Rockefeller de 18,04 quilates se convierte en la **esmeralda más cara por quilate** al ser vendida por 5.511.500 dólares, incluida la prima del comprador, en Christie's, Nueva York, EE.UU.

90 MILE STRAIGHT
AUSTRALIA'S LONGEST STRAIGHT ROAD
146.6 km

LA CIRCUNNAVEGACIÓN MÁS RÁPIDA EN BICICLETA TÁNDEM (HOMBRES)

Los británicos John Whybrow (izquierda) y George Ágata (derecha) dieron la vuelta al mundo en una bicicleta tándem en 290 días, 7 h y 36 min. Su viaje, con inicio y final en Canterbury, R.U., tuvo lugar entre el 8 de junio de 2016 y el 25 de marzo de 2017. La pareja, que durante su viaje fue conocida como The Tandem Men, cubrió más de 29.946,80 km en una bicicleta Orbit hecha a medida que apodaron «Daisy».

El dúo recaudó miles de libras para tres instituciones benéficas: Porchlight, que presta ayuda a personas sin hogar, el Great Ormond Street Hospital de Londres y Water Aid.

LA MAYOR DISTANCIA RECORRIDA EN 24 HORAS EN UNA SILLA DE RUEDAS MOTORIZADA DIRIGIDA CON LA BOCA

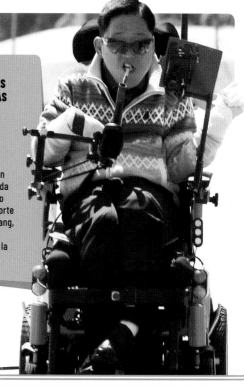

Entre el 19 y el 20 de abril de 2017, el surcoreano Choi Changhyun recorrió una distancia de unos 280 km en su silla de ruedas motorizada por la ruta 7 desde el pueblo costero de Giseong, en el norte de la provincia de Gyeongsang, hasta el observatorio de la Unificación de Goseong, en la provincia de Gangwon.

EL VIAJE MÁS LARGO EN TRANSPORTE PÚBLICO PROGRAMADO POR UN PAÍS

Durga Charan Mishra y su esposa Jotshna (ambos de la India) recorrieron 29.119 km por la India en transporte público entre el 18 de febrero y el 30 de marzo de 2018. La pareja comenzó y terminó su viaje en la estación de tren de Puri, en Odisha. Increíblemente, el matrimonio superó el récord anterior por más de 19.300 km.

JUN 21 · *Manikyam* se convierte en la **vaca más baja** con una estatura de 61,1 cm de la pezuña a la cruz (la parte más alta del lomo) en 2014. Es propiedad de Akshay N V (India), que reside en Kerala, India.

JUN 22 · En 2017, Ashrita Furman (EE.UU.) establece la marca de la **mayor distancia recorrida a pie mientras se mantiene un cortacésped (en marcha) en equilibrio sobre la barbilla** con 71,5 m, en Nueva York, EE.UU.

POR AIRE

La primera persona en volar horizontalmente

El 24 de junio de 2004, el aviador suizo Yves Rossy voló durante 4 minutos a 180 km/h a unos 1.600 m de altura sobre el campo de aviación de Yverdon, cerca del lago Neuchâtel en Suiza. Su equipo de «hombre volador» constaba de dos motores de queroseno a reacción con alas plegables de carbono de 3 m de longitud.

El salto con un traje aéreo a mayor altitud

El 11 de noviembre de 2015, James Petrolia (EE.UU.) saltó sobre Davis, California, EE.UU., con un traje aéreo desde una altitud de 11.407,4 m, casi 14 veces más que el Burj Khalifa en Dubái (EAU), el **edificio más alto**.

El salto en caída libre sin paracaídas desde más altura

El 30 de julio de 2016, Luke Aikins (EE.UU.) saltó sin paracaídas desde un avión a 7.600 m de altitud y aterrizó en una red de 929 m² en Simi Valley, sur de California, EE.UU. Se había preparado durante un año y medio para el salto, al que llamó «Heaven Sent» (enviado del cielo), que fue televisado en directo. Usó un GPS para orientarse hacia la red y alcanzó una velocidad de 193 km/h en su caída libre, que duró 2 min.

LA CIRCUNNAVEGACIÓN MÁS RÁPIDA EN VUELOS REGULARES, VISITANDO SEIS CONTINENTES (EQUIPOS)

Gunnar Garfors (Noruega), Ronald Haanstra y Erik de Zwart (ambos de los Países Bajos), de izq. a dcha. en la imagen, visitaron todos los continentes excepto la Antártida en 56 h y 56 min entre el 31 de enero y el 2 de febrero de 2018. Desde Sídney (Australia) volaron a Santiago de Chile (Sudamérica), Panama City (Norteamérica), Madrid (Europa), Argel (África) y Dubái (Asia) antes de regresar a Sídney.

La persona más joven en circunnavegar el globo en aeronave (en solitario)

El 27 de agosto de 2016, Lachlan Smart (Australia, n. el 6 de enero de 1998) completó su vuelta al globo tripulando un *Cirrus SR22* al aterrizar en el aeropuerto Sunshine Coast de Queensland, Australia, con 18 años y 234 días de edad. Durante el épico viaje, que emprendió el 4 de julio de 2016, recorrió 45.000 km e hizo escala en 24 ubicaciones de 15 países a lo largo de las siete semanas de duración.

La mayor velocidad en caída libre

El 13 de septiembre de 2016, Henrik Raimer (Suecia) alcanzó 601,26 km/h en el Campeonato Mundial de la Federación Aeronáutica Internacional (FAI) en Chicago, Illinois, EE.UU. Como comparación, un halcón peregrino, el **ave más rápida en vuelo en picado**, puede llegar a alcanzar una velocidad terminal de unos 300 km/h.

La mayor velocidad horizontal con un traje aéreo

El 22 de mayo de 2017, Fraser Corsan (R.U.) voló a 396,88 km/h con un traje aéreo sobre Davis, California, EE.UU. El acto sirvió para recaudar fondos para la asociación sin ánimo de lucro SSAFA de las fuerzas armadas.

El vuelo en planeador a mayor altitud (hombres)

Jim Payne (EE.UU.) y su copiloto Morgan Sandercock (Australia) ascendieron hasta los 15.902 m en su planeador *Perlan 2* de Airbus el 3 de septiembre de 2017. Remolcados hasta los 3.200 m de altitud en la Patagonia argentina, aprovecharon las corrientes de aire para seguir ascendiendo.

La caída libre *indoor* más prolongada

El 10 de julio de 2018, los rusos Viktor Kozlov y Sergey Dmitriyev llevaron a cabo una caída libre de 8 h, 33 min y 43 s en el túnel de viento de FreeFly Technology de Perm, Rusia.

LA DISTANCIA MÁS LARGA RECORRIDA CON UN *HOVERBOARD*

El 30 de abril de 2016, el excampeón de moto acuática Franky Zapata (Francia) viajó 2,25 km en un *hoverboard* (tabla voladora) en Sausset-les-Pins, Francia. Esta distancia multiplicaba por más de ocho la del récord anterior. La máquina voladora de Zapata, llamada *Flyboard Air*, cuenta con un motor a reacción con una potencia aproximada de 1.000 CV (745,7 kW). Se dirige con un controlador manual que regula el impulso y la elevación, y por el desplazamiento del peso del piloto sobre la plataforma, como en un Segway.

EL TIEMPO MÁS RÁPIDO EN VIAJAR A LOS SIETE CONTINENTES

Kasey Stewart y Julie Berry (ambos de EE.UU.) tardaron 3 días, 20 h, 4 min y 19 s en realizar un trayecto entre los siete continentes. El viaje terminó el 17 de diciembre de 2017 en la isla del Rey Jorge, Antártida. La intrépida pareja decidió romper este récord para salir de su zona de confort e inspirar a otros a acometer la hazaña.

EL VIAJE MÁS RÁPIDO A TODOS LOS PAÍSES SOBERANOS

Cassandra De Pecol (EE.UU.) visitó todos los países soberanos en 1 año y 193 días, desde el 24 de julio de 2015 al 2 de febrero de 2017. Su meticulosamente preparado itinerario (ver detalle superior) incluyó los 193 países miembro de la ONU, además de la Ciudad del Vaticano (estado observador), China Taipéi y Palestina (observador permanente de la ONU). El objetivo del viaje era promover la paz mundial a través de la organización sin ánimo de lucro Peace Through Tourism.

JUN 23 En 2009, la pareja de novios Erin Finnegan y Noah Fulmor (ambos de EE.UU.) dicen «Sí, quiero» a bordo del *G-Force One*, un Boeing 727-200 modificado. Es la **primera boda a gravedad cero**.

JUN 24 A Wazir Muhammand Jagirani (Pakistán) le extraen el **cálculo renal más pesado** del riñón derecho en Sind, Pakistán, en 2008. Pesa 630 g, aproximadamente lo mismo que una pelota de baloncesto.

114

LA MAYOR DISTANCIA HORIZONTAL EN VUELO CON PARACAÍDAS

Sinichi Ito (Japón) cubrió una distancia de 46,2 km en paracaídas sobre Davis, California, EE.UU., el 24 de febrero de 2018. Saltó del avión y abrió el paracaídas a una altitud aproximada de 7.600 m. Durante el vuelo, Ito aceleró hasta una velocidad horizontal máxima de 279 km/h.

En 2011, Ito logró la **mayor velocidad horizontal en vuelo con traje aéreo**. Posteriormente, el récord actual superó su velocidad en más de 30 km/h (ver pág. anterior).

LA CIRCUNNAVEGACIÓN MÁS RÁPIDA CON VUELOS REGULARES A TRAVÉS DE PUNTOS APROXIMADAMENTE ANTIPODALES

La vuelta al mundo más rápida usando exclusivamente vuelos regulares y a través de puntos más o menos diametralmente opuestos entre ellos sobre la superficie terrestre duró 52 h y 34 min y fue protagonizada por Andrew Fisher (Nueva Zelanda) entre el 21 y el 23 de enero de 2018. La ruta de Fisher lo llevó de Shanghái (China), a Auckland (Nueva Zelanda), Buenos Aires (Argentina) y Ámsterdam (Países Bajos) antes de regresar a Shanghái.

MÁS CAMPOS DE AVIACIÓN VISITADOS EN 24 H POR UNA AERONAVE DE ALAS FIJAS

El 13 de junio de 2017, Mike Roberts y Nicholas Rogers (ambos de R.U.) despegaron de Wellesbourne, Warwickshire, R.U. a las 3:32 de la madrugada y aterrizaron en 87 campos de aviación antes de regresar a Wellesbourne a las 9:38 de la noche. Donaron las ganancias a la organización sin ánimo de lucro Air Ambulance. Roberts había logrado anteriormente este récord en solitario.

JUN 25 En 1977, un relámpago alcanza al guardabosques Roy Sullivan (EE.UU.) por séptima vez en su vida: la **persona que ha sobrevivido a más relámpagos**. Sufre quemaduras en las cejas y en un hombro, y pierde una uña del pie.

JUN 26 Zeng Jinlian (China), la **mujer más alta de todos los tiempos**, nace en 1964 en Yujiang, un pueblo de la provincia de Hunan, China. Cuando fallece el 13 de febrero de 1982, mide 246,3 cm.

POR AGUA

Las primeras hermanas en cruzar un océano a remo juntas

El 19 de enero de 2018, Camilla y Cornelia Bull (ambas de Noruega) llegaron a Antigua después de haber cruzado el Atlántico a remo como miembros de las Rowegians, un equipo de cuatro mujeres a bordo del *Ellida*. Zarparon de La Gomera, en las Islas Canarias, España, el 14 de diciembre de 2017, y completaron su viaje en 36 días, 9 h y 53 min.

La persona más joven en cruzar a remo un océano en pareja

Jude Massey (R.U., n. el 6 de marzo de 1999) tenía 18 años y 318 días cuando empezó la travesía del Atlántico, de Gran Canaria a Barbados, en compañía de su hermanastro Greg Bailey. Remaron del 18 de enero al 11 de marzo de 2018 a bordo del *Peter*.

La persona más joven en cruzar a remo el Atlántico como miembro de un equipo (ruta de los vientos Alisios II)

El 19 de enero de 2018, Duncan Roy (R.U., n. el 16 de agosto de 1990) comenzó su travesía de Mindelo, Cabo Verde, a la Guayana Francesa con 27 años y 156 días. Completó las 1.765 millas náuticas (3.269 km) en 27 días, 16 h y 50 min como miembro de un equipo de cinco remeros a bordo del *Rose*.

La travesía más rápida a remo del Atlántico de oeste a este desde Canadá

Entre el 27 de junio y el 4 de agosto de 2018, Bryce Carlson (EE.UU.) remó desde San Juan de Terranova, Canadá, a St Mary's Harbour, Islas Sorlingas, R.U., en 38 días, 6 h y 49 min. Recorrió 2.302 millas náuticas (4.263 km) a una velocidad media de 2,5 nudos (4,63 km/h) a bordo de su embarcación de clase abierta *Lucille*.

La primera persona en cruzar un océano impulsándose con un remo instalado en la popa de su embarcación

Hervé le Merrer (Francia) cruzó el Atlántico de este a oeste en 58 días. Empezó su aventura en El Hierro, Islas Canarias, el 28 de diciembre de 2017, y llegó a Martinica el 24 de febrero de 2018. Propulsó su embarcación *Eizh an Eizh*, construida expresamente para este viaje, con un solo remo.

El primer cruce a nado de ida y vuelta del canal de la Mancha de un equipo de relevos formado por dos personas (hombres)

El 9 de julio de 2018, John Robert Myatt y Mark Leighton (ambos de R.U.) nadaron de Inglaterra a Francia en 10 h y 41 min y volvieron a Inglaterra en 12 h y 8 min, un tiempo total de 22 h y 49 min. Los dos hombres se alternaron en turnos de 1 hora de duración.

El 22 de julio de 2018, los miembros del equipo

Edgley tuvo que soportar un molesto traje de neopreno, 37 picaduras de medusas y problemas en la lengua por la exposición al agua del mar.

LA PRIMERA VUELTA A NADO A GRAN BRETAÑA POR ETAPAS

Entre el 1 de junio y el 4 de noviembre de 2018, Ross Edgley (R.U.) completó la primera vuelta a nado a Gran Bretaña por etapas y con asistencia por las costas de Inglaterra, Gales, Irlanda y Escocia, con principio y fin en Margate, Kent, R.U. Edgley nadó varias horas día y noche, y realizó hasta 40.000 brazadas diarias. Su viaje maratoniano se compuso de 209 tramos repartidos en 157 días, y cubrió un total de 2.884 km. La World Open Water Swimming Association verificó el récord.

Sportfanatic, Dezider Pék, Ondrej Pék y Richard Nyary (todos de Eslovaquia), lograron el **primer cruce a nado de ida y vuelta del canal de la Mancha de un equipo de relevos formado por tres personas**. Nadaron de Inglaterra a Francia en 10 h y 14 min y regresaron a Inglaterra en 12 h y 20 min, un tiempo total de 22 h y 34 min. Ambos récords fueron establecidos bajo la supervisión de la Channel Swimming Association (CSA).

La primera persona en nadar el canal de la Mancha a lo largo

El 12 de julio de 2018, Lewis Pugh (R.U./Sudáfrica) partió de Land's End, Cornwall, R.U., y nadó 560 km antes de llegar a Admiralty Pier, en Dover, Kent, R.U., el 29 de agosto de 2018, según confirmó la CSA. Pugh nadó entre 10 y 20 km diarios durante 49 días.

La persona de más edad en completar la Triple Corona de natación en aguas abiertas

El 30 de junio de 2018, Pat Gallant-Charette (EE.UU., n. el 2 de febrero de 1951) completó a nado los 45,8 m de la circunnavegación de Manhattan conocida como los «20 puentes». Tenía 67 años y 148 días. Previamente, el

18 de octubre de 2011, recorrió a nado el canal Catalina (32,5 km), entre la isla de Santa Catalina y el sur de la California continental, EE.UU., y el 17 de junio de 2017 cruzó el canal de la Mancha (33,7 km).

La ola más grande surfeada haciendo kitesurf

El 8 de noviembre de 2017, Nuno Figueiredo (Portugal) surfeó una ola de 19 m de altura en Praia do Norte, Nazaré, Portugal. Este récord fue ratificado por la International Federation of Kitesports Organisations (IFKO).

La primera patrona en ganar una regata alrededor del mundo

El 28 de julio de 2018, Wendy Tuck (Australia) lideró al equipo Sanya Serenity Coast hasta lograr la victoria en la regata Clipper Round the World 2017-18. Cruzaron seis océanos y cubrieron 40.000 millas náuticas (74.080 km) en 11 meses.

LA MILLA NÁUTICA MÁS RÁPIDA HACIENDO WINDSURF (HOMBRES)

El 21 de julio de 2018, el windsurfista Vincent Valkenaers (Bélgica, izquierda) alcanzó una velocidad de 42,23 nudos (78,21 km/h) en el Speed Sailing Event celebrado en La Palme, Francia. El mismo día, Zara Davis (R.U.) logró el récord de la **milla náutica más rápida haciendo windsurf (mujeres)**: 37,29 nudos (69,06 km/h). El World Sailing Speed Record Council verificó ambos récords.

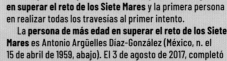

EL RETO DE LOS SIETE MARES

El reto de los Siete Mares es una maratón de natación en aguas abiertas donde los participantes tienen que cruzar siete canales de todo el mundo: el canal del Norte, el canal de la Mancha, el canal Catalina, el estrecho de Gibraltar, el estrecho de Tsugaru, el canal de Molokai y el estrecho de Cook.

El 29 de agosto de 2013, Darren Miller (EE.UU., n. el 13 de abril de 1983, derecha) completó el desafío cruzando a nado el canal del Norte, entre Irlanda del Norte y Escocia, con 30 años y 138 días, y se convirtió en la **persona más joven en superar el reto de los Siete Mares** y la primera persona en realizar todas las travesías al primer intento.

La **persona de más edad en superar el reto de los Siete Mares** es Antonio Argüelles Díaz-González (México, n. el 15 de abril de 1959, abajo). El 3 de agosto de 2017, completó con éxito la última travesía con 58 años y 110 días.

JUN 27 — Sophie Smith (R.U.), de 10 años de edad, gana el Campeonato Mundial de Encantamiento de Lombrices 2009, en Willaston, Cheshire, R.U. Atrajo a 567 lombrices de tierra en 30 min, la **mayor cantidad de lombrices encantadas**.

JUN 28 — En 2005, la gata *Smarty* realiza su 79.º viaje en avión, la **mayor cantidad de vuelos realizados por una mascota**. Viajó siempre entre Egipto y Chipre, en compañía de sus propietarios, Peter y Carole Godfrey (ambos de R.U.).

LA TRAVESÍA DEL ATLÁNTICO A REMO MÁS RÁPIDA (MUJERES, RUTA DE LOS VIENTOS ALISIOS I)

Entre el 1 de febrero y el 22 de marzo de 2018, Kiko Matthews (R.U.) remó de Gran Canaria, Islas Canarias, al Puerto Saint Charles, Barbados, en 49 días, 7 h y 15 min. Recorrió 2.602 millas náuticas (4.819 km) a una velocidad media de 2,2 nudos (4 km/h) a bordo del *Soma*. Su récord fue verificado por la Ocean Rowing Society.

A Matthews se le diagnosticó la enfermedad de Cushing en 2009 y ha superado dos tumores. Remó para recaudar fondos para el hospital donde la trataron.

LOS HERMANOS MAS JÓVENES EN CRUZAR A REMO UN OCÉANO (MEDIA DE EDAD)

Entre el 12 de diciembre de 2017 y el 29 de enero de 2018, los hermanos Kiran (R.U., n. el 11 de septiembre de 1998, en la parte superior de la imagen) y Jay Olenicz (R.U., n. el 17 de junio de 1995) cruzaron a remo el Atlántico de este a oeste en tándem en 48 días, 6 h y 31 min a bordo del *White Darf*. Al inicio de su odisea a remo, su media de edad era de 20 años y 318 días.

LA FINALIZACIÓN MÁS RÁPIDA DE LA REGATA SYDNEY HOBART

Celebrada por primera vez en 1945, la regata Sydney Hobart comienza todos los años el Boxing Day (26 de diciembre). Los veleros navegan de Sídney, en Nueva Gales del Sur, a Hobart, en Tasmania, Australia. El 26 y 27 de diciembre de 2017, el *LDV Comanche* completó el recorrido en 1 día, 9 h, 15 min y 24 s. Se le reconoció la victoria después de que el primero en cruzar la línea de meta, el *Wild Oats XI*, sufriera una penalización de una hora por su implicación en una colisión que estuvo a punto de ocurrir al inicio de la carrera.

LA MÁS RAPIDA EN COMPLETAR MARATONES DE NATACIÓN DE 10 KM EN SEIS CONTINENTES Y SUBCONTINENTES (MUJERES)

En 2018, Jaimie Monahan (EE.UU.) completó seis maratones de natación de 10 km de longitud en seis continentes y subcontinentes distintos en 15 días, 8 h y 19 min. Comenzó en Colombia el 13 de agosto de 2018, y siguió nadando en Australia, Singapur, Egipto y Suiza/Francia antes de terminar en Nueva York, EE.UU., el 28 de agosto de 2018.

 JUN 29 En 2012, James Stephens (EE.UU.) establece el récord de **más salchichas engullidas en un minuto**: 10, en el plató de *Guinness World Records Gone Wild!* de Los Ángeles, California, EE.UU.

 JUN 30 En 2005, se vende el guion personal de 173 páginas de *El padrino* (EE.UU., 1972) propiedad de la estrella cinematográfica Marlon Brando por 312.800 $, el **guion de una película más caro vendido en una subasta**.

117

POR MONTAÑAS

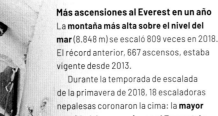

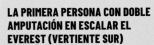

Más ascensiones al Everest en un año

La **montaña más alta sobre el nivel del mar** (8.848 m) se escaló 809 veces en 2018. El récord anterior, 667 ascensos, estaba vigente desde 2013.

Durante la temporada de escalada de la primavera de 2018, 18 escaladoras nepalesas coronaron la cima: la **mayor cantidad de ascensiones al Everest de mujeres de un mismo país en un año**.

Más hermanos que han escalado el Everest

El 23 de mayo de 2018, Dawa Diki Sherpa se convirtió en el séptimo hijo de Chhiring Nurbu Sherpa y Kimjung Sherpa (todos de Nepal) en llegar a la cima del Everest. Seis de sus hermanos lo habían hecho antes que él. Se igualaba así el récord establecido por los vástagos de Nima Tsiri Sherpa, el «correo» de Edmund Hillary durante la primera ascensión al Everest en 1953; y los de Pema Futi Sherpa (ambos de Nepal), cuyo séptimo hijo llegó a la cumbre del Everest el 23 de mayo de 2007. Los hijos de este último también ostentan el récord de **más ascensiones al Everest de unos hermanos (total)**: ¡63 veces!

La ascensión más rápida al Everest y al K2

El nepalí Sherpa Mingma Gyabu llegó a la cumbre del Everest el 21 de mayo de 2018 y a la del K2 (8.611 m), la segunda montaña más alta sobre el nivel del mar, el 21 de julio de 2018. Esto equivale al récord

de 61 días establecido por Robert *Rob* Hall (Nueva Zelanda) entre el 9 de mayo (Everest) y el 9 de julio de 1994 (K2). Ambos montañeros subieron con ayuda de oxígeno suplementario.

La **mujer más rápida** en lograr esta hazaña es la alpinista china He Changjuan. Coronó el Everest el 16 de mayo de 2018 y alcanzó la cima del K2 66 días después.

La montaña a más altitud que no ha sido escalada en invierno

A marzo de 2019, el K2 sigue sin haber sido coronado durante la temporada de invierno, tanto la del calendario (del 20 de diciembre al 20 de marzo) como la meteorológica (del 1 de diciembre al 28 de febrero). Hasta el momento, se ha intentado escalar en invierno solo en cinco ocasiones, todas ellas sin éxito.

Más ascensiones al K2 (individual)

Fazal Ali (Pakistán) ha coronado tres veces el K2: el 26 de julio de 2014, el 28 de julio de 2017 y el 22 de julio de 2018. Las tres ascensiones las realizó sin oxígeno suplementario.

La **mayor cantidad de ascensiones al K2 en un año** fue de 64, en 2018, marca que superaba las 51 de 2004.

Más ascensiones al Kangchenjunga en un año

La tercera montaña más alta sobre el nivel del mar (8.586 m) se escaló 46 veces la temporada de escalada de 2018, seis más que el récord anterior, establecido en 1989.

EL PRIMER DESCENSO CON ESQUÍES DEL K2

El 22 de julio de 2018, después de alcanzar la cima del K2 sin oxígeno suplementario, Andrzej Bargiel (Polonia) se convirtió en la primera persona en esquiar hasta el campamento base, un descenso que duró alrededor de 8 horas.

El primer descenso esquiando del Lhotse

El 30 de septiembre de 2018, Hilaree Nelson y Jim Morrison (ambos de EE.UU.) escalaron la cumbre himalaya del Lhotse (8.516 m), la cuarta montaña más alta sobre el nivel del mar, y bajaron esquiando hasta el campamento 2, a 6.400 m de altura.

La ascensión más rápida del Lhotse-Everest (mujeres)

Qu Jiao-Jiao (China) alcanzó las cimas del Lhotse y del Everest en un intervalo de tiempo de 21 h y 30 min. Llegó a la cima del Lhotse a las 8:20 del 20 de mayo de 2018, y coronó el Everest a las 5:50 del día siguiente.

Más ascensiones a ochomiles sin oxígeno suplementario

Denis Urubko (Kazajistán/Rusia) ha realizado 20 ascensiones a ochomiles sin la ayuda de oxígeno suplementario. Comenzó en el Everest el 24 de mayo de 2000, y su escalada más reciente fue la del Kangchenjunga, el 19 de mayo de 2014.

LA ASCENSIÓN MÁS RÁPIDA DE EL CAPITÁN

El 6 de junio de 2018, Alex Honnold y Tommy Caldwell (ambos de EE.UU.) coronaron la «nariz» de El Capitán, en el parque nacional Yosemite, California, EE.UU., en 1 h, 58 min y 7 s. Fue la tercera vez en una semana que la pareja establecía un nuevo récord en la ascensión a este monolito de granito de 1.095 m de altura, con la que se convirtieron en los primeros en bajar de la barrera de las dos horas.

MÁS ASCENSIONES DEL EVEREST (INDIVIDUAL)

El 16 de mayo de 2018, Kami Rita Sherpa, también conocido como *Thapkhe* (Nepal), coronó la cima del Everest por 22.ª vez en su carrera. Este sherpa de 48 años superaba así la marca que compartía con Apa Sherpa (Nepal) y Phurba Tashi Sherpa (Nepal, ver pág. 119). Kami Rita subió al Everest por primera vez el 13 de mayo de 1994.

LA PRIMERA PERSONA CON DOBLE AMPUTACIÓN EN ESCALAR EL EVEREST (VERTIENTE SUR)

El 14 de mayo de 2018, Xia Boyu (China), de 69 años, llegó a la cima del Everest por la vertiente sur. En 1975, le amputaron los dos pies por congelaciones durante un intento previo de escalar esta montaña. En 1996, le amputaron las piernas por debajo de la rodilla a causa de un cáncer.

La **primera persona con doble amputación en escalar el Everest** es Mark Inglis (Nueva Zelanda), que el 15 de mayo de 2006 completó la ascensión por la cara norte.

MÁS ASCENSIONES AL EVEREST (INDIVIDUAL, MUJERES)

El 16 de mayo de 2018, Lakpa Sherpa (Nepal) llegó a la cima del Everest por novena vez. El 18 de mayo de 2000, completó su primera ascensión por la vertiente sur; las otras ocho las ha realizado por la cara norte. Lakpa reside en Connecticut, EE.UU., donde trabaja como lavaplatos.

JUL 1 En 2015, *Mr. Cherry*, alias de Cherry Yoshitake (Japón), establece el récord de **más judías con salta de tomate ingeridas con palillos en un minuto** (71), en el plató de *Officialy Amazing* en la RAF Bentwaters, Suffolk, R.U.

JUL 2 En 2011, Juicy's Outlaw Grill, en Corvallis, Oregón, EE.UU., ofrece en un menú la **hamburguesa más cara** por 5.000 dólares. Pesa 352,44 kg, aproximadamente lo mismo que cinco hombres adultos.

Plain concibió su proyecto de récord «7 en 4» (siete cumbres en cuatro meses) en 2014 mientras se recuperaba de una «fractura del ahorcado», una lesión traumática en el cuello que sufrió mientras nadaba.

▶ LA ASCENSIÓN MÁS RÁPIDA A LAS SIETE CUMBRES INCLUYENDO LA PIRÁMIDE DE CARSTENSZ (HOMBRES)

Cuando Steven Plain (Australia) llegó a la cima del Everest el 14 de mayo de 2018, completó el ascenso a los puntos más elevados de cada uno de los siete continentes en solo 117 días, 6 h y 50 min. Comenzó el 16 de enero de 2018 coronando el macizo de Vinson, en la Antártida (detalle de la izquierda), al que siguieron los montes Aconcagua (Sudamérica), el Kilimanjaro (África, detalle de la derecha), la Pirámide de Carstensz (Australasia), el Elbrus (Europa), el Denali (Norteamérica) y finalmente, el Everest. El 3 de marzo también escaló los 2.228 m del monte Kosciuszko, el punto más alto de la Australia continental.

LA PRIMERA ASCENSIÓN INVERNAL DEL GORA POBEDA

Con 3.003 m de altura, el Gora Pobeda (también conocido como Pik Pobeda) es el punto más alto del círculo polar ártico de Siberia y uno de los lugares más fríos del planeta. El 11 de febrero de 2018, los italianos Tamara Lunger (izquierda) y Simone Moro (derecha) se enfrentaron a temperaturas de -40 °C para llegar hasta su cima.

LA ASCENSIÓN MÁS RÁPIDA A TRES DE LOS OCHOMILES MÁS ALTOS SOBRE EL NIVEL DEL MAR (MUJERES)

Entre el 29 de abril y el 23 de mayo de 2018, Nima Jangmu Sherpa (Nepal) llegó a la cima de tres de los cinco ochomiles más altos en un intervalo de tiempo de 23 días, 18 h y 30 min. Escaló el Lhotse y el Everest antes de enfrentarse al Kangchenjunga, la tercera montaña más alta sobre el nivel del mar del planeta. Todas las ascensiones se realizaron con ayuda de oxígeno suplementario.

MÁS ASCENSIONES A OCHOMILES

El 18 de septiembre de 2017, Phurba Tashi Sherpa (Nepal) sumó su 35.ª ascensión a uno de los 14 ochomiles después de coronar el Manaslu (8.163 m), en Nepal, por séptima vez. Phurba Tashi ha escalado el Everest en 21 ocasiones, tan solo una vez menos que Kami Rita Sherpa (ver pág. 118).

JUL 3 En 2012, el concursante de *American Ninja Warrior* Brent Steffensen (EE.UU.), realiza un dulce salto de fe desde 8,8 m de altura en *Guinness World Records Gone Wild!*: el **salto desde más altura sobre nubes de gominola**.

JUL 4 En 2015, Rohan Dennis (Australia) establece el **récord de la velocidad media más alta en una etapa del Tour de Francia (individual)**: 55,446 km/h, y consigue la victoria en la primera etapa de la prueba.

POR HIELO

LOS PRIMEROS...

En llegar al Polo Sur

El 14 de diciembre de 1911, un equipo noruego liderado por el capitán Roald Amundsen alcanzó el Polo Sur después de 53 días de marcha con trineos remolcados por perros desde la bahía de las Ballenas, en el mar de Ross.

En atravesar la Antártida

Un grupo compuesto por 12 personas y liderado por el explorador británico Vivian Fuchs completó la primera travesía costa a costa del continente antártico el 2 de marzo de 1958. El viaje en tractor a lo largo de 3.473 km desde la base Shackleton a la base Scott, pasando por el Polo Sur, duró 99 días.

Un equipo de apoyo procedente de la base Scott llegó al polo antes que Fuchs, para dejar alimentos y combustible. Lo lideró Sir Edmund Hillary (Nueva Zelanda), quien también fue el **primero en ascender al Everest** en 1953 junto a Tenzing Norgay (Tíbet/India).

En atravesar el océano Ártico

La Expedición Británica Transártica, liderada por Wally Herbert (R.U.), partió de Point Barrow, Alaska, EE.UU., el 21 de febrero de 1968 y llegó al archipiélago de las Siete Islas, al noreste de Svalbard, Noruega, 463 días después, el 29 de mayo de 1969. El viaje, con trineos remolcados por perros husky, cubrió 4.699 km con una desviación de 1.100 km. La distancia en línea recta era de 2.674 km. Los otros miembros de la expedición fueron el comandante Ken Hedges, Allan Gill y el doctor Roy *Fritz* Koerner (todos de R.U.).

Expedición en solitario al Polo Norte

El 29 de abril de 1978, Naomi Uemura (Japón) llegó al Polo Norte después de haber recorrido unos 770 km a través del hielo del mar Ártico en trineo tirado por perros. Había salido de la isla de Ellesmere, frente al norte de Canadá, 55 días antes.

La **primera expedición en solitario al Polo Sur** fue el trayecto de 1.400 km que realizó Erling Kagge (Noruega) con esquís y sin asistencia. Salió de la isla de Berkner y llegó al polo el 7 de enero de 1993.

Circunnavegación en solitario de la Antártida en barco de vela

Fedor Konyukhov (Rusia) rodeó la Antártida a bordo del *Trading Network Alye Parusa* en 102 días, 1 h, 35 min y 50 s antes de regresar a Australia el 7 de mayo de 2008.

Lisa Blair (Australia) logró el récord **femenino** a bordo del *Climate Action Now* cuando llegó a Albany, Australia Occidental, el 25 de julio de 2017 tras 183 días, 7 h, 21 min y 38 s. El World Speed Sailing Record Council validó ambos récords.

LOS MÁS RÁPIDOS...

1 km a nado en aguas heladas (mujeres)

El 6 de enero de 2019, Alisa Fatum (Alemania) nadó 1 km en aguas heladas en 12 min y 48,70 s en el Ice Swimming German Open de Veitsbronn, Alemania. Sven Elfferich (Países Bajos) logró el récord

masculino el 16 de febrero de 2019, con un tiempo de 11 min y 55,40 s, en Freizeitverein Altenwörth, Austria. La International Ice Swimming Association ratificó ambos récords.

Travesía en solitario de la Antártida

Y también la **primera travesía en solitario de la Antártida**. Børge Ouslan (Noruega) completó un viaje con esquís y cometa de tracción el 19 de enero de 1997, 65 días después de haber salido de la isla de Berkner, en el mar de Weddell. Tiró de un trineo con provisiones que pesaba 185 kg hasta que llegó a la base Scott, en el estrecho de McMurdo.

LA PRIMERA CIRCUNNAVEGACIÓN DE LA ANTÁRTIDA EN BARCO DE VELA AL SUR DEL PARALELO 60

El 23 de diciembre de 2017, el capitán Mariusz Koper y una tripulación de ocho personas (todos de Polonia) zarparon de Ciudad del Cabo, Sudáfrica, a bordo del velero *Katharsis II* para rodear la Antártida íntegramente por debajo del círculo que traza el paralelo 60 (imagen en detalle). El 5 de abril de 2018, después de 102 días, 22 h, 59 min y 5 s de viaje, llegaron a Hobart, Tasmania, Australia. Completaron el círculo antártico al sur de los 60° de latitud en 72 días y 6 h, entre las 8:00 UTC (tiempo universal coordinado) del 7 de enero y las 14:00 UTC del 20 de marzo de 2018.

El 26 de diciembre de 2018, el atleta de resistencia Colin O'Brady (EE.UU.) anunció que había completado la primera travesía de la Antártida en solitario y sin asistencia. Había esquiado entre las plataformas de hielo de Ronne y de Ross, pasando por el Polo Sur, en 54 días. Su anuncio ha generado un encendido debate en la comunidad de exploradores de los polos sobre lo que es una verdadera travesía de la Antártida si se cambian los puntos de referencia. GWR está revisando esta cuestión.

Caminata al Polo Norte

El 14 de abril de 2010, David Pierce Jones (R.U.), Richard Weber (Canadá), Tessum Weber y Howard Fairbank (Sudáfrica) llegaron al Polo Norte geográfico después de una caminata de 41 días, 18 h y 52 min. El equipo no recibió asistencia, solo un reabastecimiento durante el recorrido de 785 km.

LA NAVEGACIÓN EN KAYAK A MÁS ALTITUD

El 7 de marzo de 2018, Daniel Bull (Australia) arrastró un kayak ladera arriba del Ojos del Salado, el **volcán activo a más altitud** (cima: 6.887 m), situado en la frontera entre Chile y Argentina. Cuando llegó a los 5.707 m, remó 2,5 km en un lago semicongelado.

A principios de 2019, Bull perdió el récord de la **persona más joven en ascender las Siete Cumbres y las Siete Cumbres Volcánicas** ante Satyarup Siddhanta (India, n. el 29 de abril de 1983), que tenía 35 años y 261 días de edad cuando hizo su 14.ª cumbre (el monte Sidley, en la Antártida) el 15 de enero.

LA PERSONA MÁS JOVEN EN HACER UNA TRAVESÍA HASTA EL POLO SUR

Lewis Clarke (R.U., n. el 18 de noviembre 1997) tenía 16 años y 61 días de edad cuando llegó al Polo Sur geográfico el 18 de enero de 2014 junto a su guía, Carl Alvey. Habían esquiado 1.123,61 km desde la ensenada de Hércules, que está a unos 670 km tierra adentro de la costa antártica.

La **persona más joven en hacer una travesía hasta el Polo Norte** es Tessum Weber (Canadá, n. el 9 de mayo de 1989). Tenía 20 años y 340 días cuando completó un viaje a pie hasta el Polo Norte geográfico el 14 de abril de 2010 como parte de una expedición de cuatro personas.

LA VELOCIDAD PROMEDIO MÁS RÁPIDA A REMO EN LAS AGUAS ABIERTAS DEL OCÉANO ÁRTICO

Entre el 20 y el 27 de julio de 2017, el equipo Polar Row remó a un promedio de 2.554 nudos (4,73 km/h) entre Tromsø, Noruega, y Longyearbyen, islas Svalbard. El equipo estaba compuesto por Fiann Paul (Islandia), Tathagata Roy (India), Jeff Willis (R.U.), Carlo Facchino (EE.UU.) y Tor Wigum (Noruega).

JUL 5 En 2018, el maestro de los maratones musicales Pandit Sudarshan Das (R.U.) completa el **redoble de tambor individual más largo** en Londres, R.U. El redoble duró un total de... atención... ¡14 horas!

JUL 6 En 2012, Jerry Mumma (EE.UU.) adquiere el **pastel más caro vendido en una subasta**. Paga 3.100 dólares por una tarta de mantequilla de cacahuete y plátano en Rich Hill, Missouri, EE.UU.

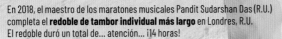

LA PRIMERA ESCALADA DE LAS CATARATAS DEL NIÁGARA HELADAS

El 27 de enero de 2015, el veterano aventurero Will Gadd (Canadá) escaló la semicongelada catarata de la Herradura (la mayor de las tres cascadas que componen las cataratas del Niágara) en la frontera entre EE.UU. y Canadá, en un evento patrocinado por Red Bull.

Ese mismo día, Sarah Hueniken (Canadá) repitió la hazaña y consiguió la **primera escalada de las cataratas del Niágara heladas (mujeres)**. Ambos escaladores recorrieron una franja de hielo de 9 m de anchura en la mitad izquierda de la cascada. En la imagen de abajo, el intrépido dúo se abraza tras haber conseguido sus respectivas hazañas.

Al recordar la sensación de escalar por el hielo una de las cascadas más colosales del mundo, Gadd dijo: «Hace que te vibren las entrañas y que te sientas muy muy pequeño...».

MÁS PISTAS ESQUIADAS EN 8 HORAS

Jimmy DeMartini (EE.UU.) descendió por 70 pistas en 8 horas en el Beaver Creek Resort de Avon, Colorado, EE.UU., el 17 de marzo de 2017. Después afirmó con cierta modestia que había logrado la hazaña «encarándose colina abajo y dejando que la gravedad hiciera todo el trabajo».

LA MAYOR DISTANCIA VERTICAL RECORRIDA SOBRE UN *SNOWBOARD* EN 12 HORAS

El 12 de marzo de 2017, Keith Hayes (R.U.) descendió 19.000 m sobre su *snowboard* en 12 horas en el Sun Peaks Resort, en la Columbia Británica, Canadá. Hayes hizo 40 descensos en un período de 9 h y 48 min y empleó un telesilla para volver de nuevo a la cima. Se entrenó durante nueve meses para este reto, con el que recaudó fondos para Epilepsy Action.

LA MAYOR DISTANCIA VERTICAL RECORRIDA EN *SNOWBIKE* EN 24 HORAS (EQUIPO DE DOS PERSONAS)

Para este récord, dos ciclistas descienden repetidamente una pendiente y se calcula toda la distancia recorrida. Hermann Koch y Harald Brenter (ambos de Austria) descendieron 63.638 m en *snowbike* entre el 11 y 12 de abril de 2018 en Obertauern, Salzburgo, Austria. Esta distancia es siete veces más que el Everest, la **montaña a más altitud**. Para mantener la moral, condujeron el uno al lado del otro durante la mayoría de los descensos y se turnaron a lomos de una *snowbike* «maestra». Para el cálculo del total, solo se tuvo en cuenta la distancia recorrida sobre este vehículo.

La pareja también ha logrado los récords de distancia vertical recorrida en *snowbike* en **una hora** (3.086 m) y en **12 horas** (32.736 m).

JUL 7 En 2007, Chad Netherland (EE.UU.) logra el **mayor tiempo sujetando dos aviones**. Impide el despegue de dos aviones Cessna ligeros que tiraban en direcciones opuestas durante 1 min y 0,6 s.

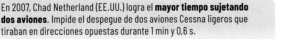

JUL 8 En 1990, Pedro Monzón (Argentina) se convierte en el **primer jugador en ser expulsado de una final de la Copa Mundial de la FIFA** por tarjeta roja (minuto 65). Argentina termina el partido con nueve jugadores y Alemania gana 1-0.

LA MUJER MÁS RÁPIDA EN CORRER UNA ULTRAMARATÓN EN TODOS LOS CONTINENTES Y SUBCONTINENTES

Como parte del World Marathon Challenge, Nahila Hernández San Juan (México) participó en siete carreras de 50 km en otros tantos continentes y subcontinentes en 6 días, 11 h, 29 min y 3 s, del 23 al 30 de enero de 2017. Este desafío épico la llevó a la Antártida (detalle), Chile, EE.UU., España, Marruecos, EAU y Australia (arriba). Su carrera más rápida fue la que disputó en Punta Arenas, Chile: 5 h, 11 min y 46 s.

LA MAYOR DISTANCIA RECORRIDA EN BICICLETA ELÉCTRICA EN 12 HORAS

El 26 de agosto de 2018, Christopher Ramsey (R.U.) recorrió en medio día 286,16 km en una bicicleta eléctrica en el Museo del Transporte Grampian, en Alford, Aberdeenshire, R.U. Ramsey, que se define como un «aventurero sostenible», buscó con este récord fomentar la reducción de emisiones en las principales ciudades.

La mujer más rápida en completar una maratón en cada uno de los 50 estados de EE.UU.

Entre el 3 de octubre de 1999 y el 20 de agosto de 2017, Suzy Seeley (EE.UU.) corrió una maratón en cada uno de los estados de EE.UU. con un tiempo total de 176 h, 35 min y 40 s. Suzy completó todas las pruebas en menos de cuatro horas.

El viaje en bicicleta a través de Europa (Cabo da Roca a Ufa) más rápido en solitario

Entre el 10 y el 26 de septiembre de 2018, Leigh Timmis (R.U.) viajó en bicicleta desde el punto más occidental del Portugal continental hasta la ciudad rusa de Ufa en 16 días, 10 h y 45 min. Timmis, que recaudaba fondos para una asociación benéfica, logró mejorar en 10 días el récord anterior.

El récord de un **equipo** en esta misma ruta es de 29 días, 5 h y 25 min, conseguido por Helmy Elsaeed (Egipto), Måns Möller, Christer Skog, Tony Duberg y Per-Anders Lissollas (todos de Suecia) entre el 21 de mayo y el 19 de junio de 2017.

El viaje más largo en bicicleta por un único país (solitario)

Del 10 de junio de 2017 al 10 de febrero de 2018, Benjamin Woods (Australia) recorrió 18.922,47 km por Australia.

El **viaje más largo en bicicleta por un único país (equipo)** se estableció dos meses después. Del 2 de octubre de 2017 al 3 de abril de 2018, MJ Pavan y Bhagyashree Sawant (ambos de la India) recorrieron 19.400,83 km por la India. La pareja visitó 21 estados y cinco territorios de la unión, y por el camino se detuvo en unas 600 escuelas para llamar la atención sobre la polio y la importancia de la educación.

Menos tiempo en cruzar el desierto de Atacama a pie

El 15 de septiembre de 2018, el ultramaratoniano Michele Graglia (Italia) partió de San Pedro de Atacama, en Chile, y corrió alrededor de 1.200 km por el árido desierto de Atacama, que alberga el lugar más seco de la Tierra (ver pág. 18), en dirección sur hasta Copiapó en 8 días, 16 h y 58 min. En julio de 2018, Graglia ganó la Badwater 135, una ultramaratón que se anuncia como la «carrera más dura del mundo», cuyo recorrido va desde el valle de la Muerte hasta el monte Whitney, en California, EE.UU.

El más rápido en visitar todos los países en transportes públicos de superficie

Entre el 1 de enero de 2009 y el 31 de enero de 2013, el aventurero Graham Hughes (R.U.) visitó 197 países en 4 años y 31 días sin tomar un solo vuelo. En total, visitó los 193 países miembros de la ONU, así como Kosovo, Ciudad del Vaticano, Palestina y China Taipéi. A lo largo de su viaje, Hughes vio el despegue de un transbordador espacial, eludió piratas en las Seychelles y fue arrestado en Estonia y Camerún.

El más rápido en visitar todos los estados miembros de la UE

Sabin Stanescu (Rumanía) visitó los 28 países de la Unión Europea en 3 días, 22 h y 39 min. Empezó su viaje el 5 de septiembre de 2017 en Irlanda y terminó en Bulgaria.

La circunnavegación más rápida en coche

El récord de **primer hombre** y **primera mujer** en circunnavegar la Tierra en coche con **mayor rapidez** cruzando seis continentes según las reglas vigentes en 1989 y 1991, con una distancia recorrida superior a la longitud del ecuador (40.075 km), lo ostentan Saloo Choudhury y su esposa Neena Choudhury (ambos de la India). El viaje duró 69 días, 19 h y 5 min, desde el 9 de septiembre al 17 de noviembre de 1989. La pareja, que conducía un Hindustan «Contessa Classic» de 1989, empezó y terminó su viaje en Delhi, India.

▶ LA MAYOR ALTITUD ALCANZADA EN UN COCHE ELÉCTRICO

El 24 de septiembre de 2018, Chen Haiyi (China) condujo un automóvil todoterreno eléctrico NIO ES8 hasta una altitud de 5.715 m de camino al glaciar Purog Kangri, en Tíbet, China. Este intento de récord se organizó para demostrar la fiabilidad del ES8 en condiciones extremas. En su viaje hacia el tercer glaciar más grande del mundo, el vehículo tuvo que soportar temperaturas bajo cero.

▶ Tienes muchos vídeos por descubrir en guinnessworldrecords.com/2020.

JUL 9 En 2011, Sudán del Sur (capital: Juba) se separa de Sudán para convertirse en el **país independiente más reciente**. Es el estado más reciente desde la formación de Montenegro en 2006.

JUL 10 En 2009, en Brasil, Karoline Mariechen Meyer (Brasil) establece el récord de **más tiempo sosteniendo la respiración de forma voluntaria** (mujeres): 18 min y 32,59 s. Antes del intento, Karoline inhala oxígeno durante 24 min.

El viaje más largo en un barco movido con energía solar

Entre el 27 de septiembre de 2010 y el 4 de mayo de 2012, el MS *TÛRANOR PlanetSolar* dio la vuelta al mundo en dirección oeste. Su recorrido, de 32.410 millas náuticas (60.023 km), empezó en Mónaco y pasó por el canal de Panamá antes de terminar de nuevo en el principado 1 año y 220 días después: la **primera**

LAS 100.000 MILLAS EN BICICLETA MÁS RÁPIDAS (APROBADO POR LA WUCA)

Entre el 15 de mayo de 2016 y el 11 de julio de 2017, Amanda Coker (EE.UU.) batió un récord vigente desde hacía 77 años al recorrer 100.000 millas (160.934 km) en 423 días, según pudo verificar la World UltraCycling Association (WUCA). Este récord supone también la **mayor distancia recorrida en bicicleta en un año (aprobada por la WUCA): 139.326,34 km.**

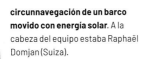

LA MAYOR DISTANCIA RECORRIDA HACIENDO ESQUÍ ACUÁTICO REMOLCADA POR UN DIRIGIBLE

El 13 de marzo de 2018, Kari McCollum (EE.UU.) recorrió 11,1 km haciendo esquí acuático en el lago Elsinore, en California, EE.UU., remolcada por un dirigible que avanzaba a 17 nudos (31,4 km/h). Esta estudiante de 20 años se impuso al resto de participantes en una competición acuática organizada por la empresa de telecomunicaciones T-Mobile (EE.UU.).

circunnavegación de un barco movido con energía solar. A la cabeza del equipo estaba Raphaël Domjan (Suiza).

En tierra, el Proyecto SolarCar de la Hochschule Bochum (Alemania) estableció el récord del **viaje más largo en un automóvil eléctrico solar**: 29.753 km. El equipo, que partió el 26 de octubre de 2011, pasó más de un año conduciendo alrededor del mundo antes de poner fin a su viaje en el monte Barker, Australia, el 15 de diciembre de 2012.

El viaje más largo en un coche que emplea combustible alternativo

Entre el 15 de noviembre de 2009 y el 4 de mayo de 2010, Tyson Jerry y el equipo Driven to Sustain (ambos de Canadá) completaron un viaje por carretera de 48.535,5 km en un coche propulsado con biodiésel y aceite vegetal. Jerry comenzó su aventura en Columbia, Carolina del Sur, EE.UU., y terminó en Vancouver, Columbia Británica, Canadá.

La mayor distancia recorrida en un barco eléctrico (no solar) con una sola carga

Del 20 al 21 de agosto de 2001, *Pike* recorrió 220,4 km sin detenerse a lo largo del río Támesis, en Oxfordshire, R.U. El barco estaba equipado con un motor alimentado con una batería eléctrica de la Thames Electric Launch Company.

El cruce más rápido del estrecho de Florida en *paddleboard* (mujeres)

Del 26 al 27 de junio de 2018, Victoria Burgess (EE.UU.) desafió la fuerza del viento y recorrió en *paddleboard* la distancia que separa La Habana, Cuba, de Cayo Hueso, en Florida, EE.UU., en 27 h y 48 min. Burgess decidió acometer este récord para llamar la atención sobre la conservación de los océanos y animar a más mujeres a practicar deporte.

La persona de más edad en cruzar a nado el canal de la Mancha (mujeres)

El 21 de agosto de 2018, Linda Ashmore (R.U., n. el 21 de octubre de 1946) nadó de Inglaterra a Francia con 71 años y 305 días y batió su propio récord de 2007, cuando cruzó el canal con 60 años y 302 días.

 LA FORMACIÓN MÁS NUMEROSA DE PIRÁMIDES HUMANAS HACIENDO ESQUÍ ACUÁTICO

El 18 de agosto de 2018, en Janesville, Wisconsin, EE.UU., Mercury Marine Pyramid (EE.UU.) levantó una formación de pirámides humanas de 80 personas haciendo esquí acuático. Organizados en distintas pirámides de cuatro pisos, los miembros del Rock Aqua Jays Water Ski Show Team mantuvieron una formación durante más de 350 m en el río Rock y usaron boyas de colores para mantener la separación entre ellos.

EL VIAJE MÁS RÁPIDO DE LAND'S END A JOHN O'GROATS EN UNA BICICLETA PARA TRES PERSONAS

Del 16 al 22 de junio de 2018, el trío formado por Harry Fildes (centro) y los hermanos Alexander (derecha) y Fergus Gilmour (todos de R.U.) cruzaron Gran Bretaña en una bicicleta para tres personas en 6 días, 13 h y 30 min. El trío se embarcó en esta maratón para recaudar dinero para Whizz-Kidz, una organización benéfica que ayuda a jóvenes con discapacidad, así como para un hospital local.

 JUL 11 En 2014, el voraz comedor Takeru Kobayashi (Japón) establece el récord de **más hamburguesas comidas en tres minutos** (12) en Milán, Italia. Añade mayonesa como único condimento permitido.

 JUL 12 En 2014, la feria Deja Moo Country de Cowaramup, Australia, reúne a 1.352 participantes en el **encuentro más multitudinario de personas disfrazadas de vacas**.

SOCIEDAD

EL CANAL DE YOUTUBE DE UN «POSPOSMILENIAL» MÁS VISTO

A 1 de febrero de 2019, «Ryan Toy's Review» había sido visualizado 27.143.288.795 veces (y contaba con 18.052.910 suscriptores) desde su lanzamiento el 16 de marzo de 2015. Es el canal de YouTube con más visualizaciones de una persona nacida en o después de 2010 (un «posposmilenial» o miembro de la Generación Alfa). El protagonista es un niño de ocho años, Ryan (EE.UU., n. el 6 de octubre de 2010), quien sube vídeos de sí mismo (y a veces de su familia) jugando con juguetes y videojuegos, de los que posteriormente comparte su opinión. Para preservar la privacidad de su hijo en la medida de lo posible, sus padres decidieron ocultar el apellido de Ryan.

Ryan también cuenta con un segundo canal de YouTube, llamado «Ryan's Family Review». El canal se centra más en las actividades, viajes y vacaciones que disfruta toda la familia, formada por sus padres y sus hermanas gemelas pequeñas, Emma y Kate.

WALKS & STOMPS!

MOTORIZED!

2½ FEET TALL!

STANDS & ROARS!

プラレール

E7系
北陸新幹線
SERIES E7 HOKURIKU SHINKANSEN

TOMICA
HYPERCITY トミカ

WINGS FLAP!

LA PERSONA MÁS RICA

Es el director de la todopoderosa Amazon, **la tienda en línea más grande**, y el propietario del periódico *Washington Post*, así que no debería sorprendernos que Jeff Bezos (EE.UU.) esté cómodamente instalado en la franja de los superricos. Pero ¿cuál es el tamaño de su fortuna? ¿Qué proporciones alcanzaría si se transformara en una montaña de dinero?

Con una fortuna neta estimada de 112.000 millones de dólares a 6 de marzo de 2018, según la lista *Forbes*, Jeffrey Preston Bezos es la persona más rica del planeta. Si plasmáramos su fortuna en una pirámide de billetes de dólar, esta se alzaría unos 77 m sobre el suelo, muy por encima del palacio de Buckingham de Londres. Para derrocharla toda en un año, ¡tendrías que gastarte 3.550 dólares por segundo!

Bezos nació el 12 de enero de 1964 en Albuquerque, Nuevo México, EE.UU., y su genio inventivo se hizo evidente muy pronto: desmanteló su propia cuna con un destornillador cuando apenas era un niño y, de adolescente, inventó una alarma para evitar que sus hermanos entraran a su habitación. En el instituto, concibió el «Dream Institute», un campamento de verano que pretendía inspirar a los alumnos. En 1990, empezó a trabajar en el banco de inversiones D. E. Shaw & Co., donde fue ascendiendo hasta convertirse en el vicepresidente más joven en la historia de la empresa. Sin embargo, a esas alturas, Bezos ya era consciente del infinito potencial de las ventas por internet y, en 1994, dejó su trabajo para montar una librería en línea desde su garaje en Seattle, Washington, EE.UU.

EL PRIMER CIENMILMILLONARIO

Su fortuna neta de 112.000 millones de $ coloca a Bezos en una categoría propia. Sin embargo, la riqueza es algo relativo. Si ajustásemos la inflación, la fortuna neta de Bill Gates (EE.UU.) en 1999 superaría los 136.000 millones de $ actuales. Y el magnate del petróleo John D. Rockefeller (EE.UU.) aún habría sido más rico.

Obviamente, solo podemos hablar de las fortunas «calculables» de la historia. ¿Qué diríamos de Gengis Kan, cuyo imperio abarcó casi toda Asia? ¿O de Mansa Musa, emperador de Bali en el siglo XIV y de quien la revista *Time* ha dicho que fue «más rico de lo que nadie podría describir»? Solo podemos llegar a imaginar lo colosal de sus fortunas.

Un billete de dólar pesa aproximadamente un gramo, por lo que esta montaña de dinero pesaría unas 112.000 toneladas, ¡más que cuatro Estatuas de la Libertad juntas!

Bezos llamó a su empresa Amazon (aunque había considerado Cadabra y MakeItSo.com, inspirado en *Star Trek*) y vendió su primer libro en julio de 1995. El negocio empezó a crecer rápidamente. En 1999, *Time* nombró a Bezos «Persona del año» y, en 2018, lo incluyó en la lista de las 100 personas más influyentes del mundo. Amazon no tardó en empezar a vender música, películas y mucho más y, en 2006, añadió un servicio de nube digital. Pronto siguieron el libro electrónico Kindle, series de televisión y películas, así como el servicio prioritario de entrega Amazon Prime. En 2000, Bezos fundó la empresa de vuelos espaciales Blue Origin, con la intención de expandir su actividad al viaje suborbital. En noviembre de 2015, su vehículo espacial *New Shephard* llevó a cabo el **primer aterrizaje controlado de un cohete suborbital**.

Por supuesto, la propietaria del palacio de Buckingham tendría algo que decir acerca de todo ese dinero en su patio... Quizá te sorprenda saber que la fortuna de Bezos es 200 veces la de la reina Isabel II.

EL PATIO DEL PALACIO DE BUCKINGHAM

El palacio de Buckingham, que en 1703 se construyó como un único edificio, se amplió en la década de 1820 para añadirle dos alas y una entrada triunfal (Marble Arch) que dieron al edificio forma de «U». En 1847, el arco se trasladó a las inmediaciones de Hyde Park y fue sustituido por una cuarta ala, que dio forma al patio que nosotros hemos llenado con la fortuna de Bezos en la imagen principal.

AULAS DE RÉCORD

La tasa de matriculación más elevada de alumnos en edad escolar

Según el Instituto de Estadística de la UNESCO, en 2015 (el año más reciente del que se disponen datos bastante completos), un 99,94 % de los niños de edad escolar del R.U. fueron matriculados en educación primaria.

Según la misma fuente, el país con una **tasa de matriculación más baja de alumnos en edad escolar** es Liberia, con un 37,68 %. Liberia también registró la **tasa de matriculación más baja de alumnos de secundaria**, con un 15,48 %. La **tasa de**

matriculación más alta de alumnos de secundaria fue del 99,99 %, en Suecia.

El presupuesto en educación más elevado

Según las últimas cifras presentadas por *The Economist* para 2018, Dinamarca invierte algo más de un 8 % de su producto interior bruto (PIB) en educación. Zimbabue y Malta le siguen de cerca, ya que también destinan más de un 8 % a esta área.

La trayectoria profesional más larga como profesora

Medarda de Jesús León de Uzcátegui (Venezuela, 8 junio de 1899-2002) empezó a dar clases a los 12 años en una escuela que había fundado junto con sus dos hermanas en Caracas, Venezuela. Tras casarse en 1942, dirigió su propia escuela desde su casa en la misma ciudad. En 1998, 87 años después, seguía dando clases.

La persona de más edad en empezar educación primaria

El 12 de enero de 2004, el bisabuelo Kimani Ng'ang'a Maruge (Kenia), de 84 años, se matriculó en el primer curso de la Kapkenduiyo Primary School de Eldoret, Kenia. Al cabo de un año, pronunció un discurso ante las Naciones Unidas sobre la importancia de la educación primaria gratuita.

La persona que se ha matriculado en más escuelas

Wilma Williams (EE.UU.) se matriculó en 265 escuelas distintas entre 1933 y 1943. Sus padres se dedicaban al mundo del espectáculo.

LA ESCUELA DE SANTA CLAUS MÁS ANTIGUA

Todos sabemos que solo existe un Santa Claus. Sin embargo, para aquellos que deseen convertirse en este personaje por un día, existe la Charles W. Howard Santa Claus School. Fundada en Albion, Nueva York, EE.UU., en octubre de 1937, en diciembre de 2018 aún estaba operativa, ahora en Midland, Michigan. Cada mes de octubre, la escuela ofrece un curso intensivo de tres días dedicado a explorar el mundo de Santa Claus, e incluye un taller de hacer juguetes y clases de paseo en trineo.

El mayor número de promociones consecutivas representadas en una reunión de secundaria

El 20 de octubre de 2018, la Independence High School All Class Reunion 2018 (EE.UU.) convocó a 41 promociones consecutivas de antiguos alumnos en San José, California, EE.UU. Para celebrar este récord, los alumnos establecieron otro al plasmar el **mayor número de firmas en un anuario en 24 horas**, un total de 1.902. Aunque disponían del día entero, lograron el récord en tan solo tres horas y media.

La reunión de un curso escolar tras un período de tiempo más largo

En 1999, la promoción de 1929 de Miss Blanche Miller's Kindergarten and Continuation School de Bluefield, Virginia Occidental, EE.UU., se reunió por primera vez después de 70 años.

La reunión de alumnos de un mismo centro escolar más concurrida

4.268 alumnos asistieron a una reunión organizada por Bhashyam Rama Krishna y Bhashyam Educational Institutions (ambas de la India) en Guntur, Andhra Pradesh, India, el 24 de diciembre de 2017.

LA ESCUELA SITUADA A MAYOR ALTITUD

Entre 1986 y agosto de 2017, el municipio de Pumajiangtangxiang, en el Tíbet, China, contaba con una pequeña escuela de primaria situada a una altitud aproximada de 5.022 m. Cuando se clausuró, contaba con unos 100 estudiantes procedentes de la comunidad nómada local. El cierre se atribuyó, entre otras razones, al frío extremo, la falta de suministros y los bajos niveles de oxígeno, que afectaban a la concentración de los alumnos.

LA TRAYECTORIA MÁS LARGA COMO...

Profesor de lengua: El profesor chino de enseñanza media Ren Zuyong (n. el 14 de marzo de 1939, arriba a la derecha) ejerció durante 58 años, entre 1959 y el 30 de agosto de 2017, en Xinghua, en la provincia de Jiangsu, China.
Profesor de música: Charles Wright (EE.UU., n. el 24 de mayo de 1912, arriba a la izquierda) empezó a dar clases particulares como profesor de piano en 1931. Ejerció este trabajo durante los siguientes 76 años hasta que murió el 19 de julio de 2007, a la edad de 95 años y 56 días.

EL MAYOR NÚMERO DE GEMELOS EN EL MISMO CURSO ACADÉMICO EN UNA MISMA ESCUELA

Entre los alumnos de primer año del curso 2016/2017 del New Trier High School de Winnetka, Illinois, EE.UU., había 44 pares de gemelos, tal y como se constató el 18 de mayo de 2017. Solo tres pares (todo chicas) eran idénticos, mientras que otros dos habían nacido en días diferentes. Ese curso académico contó con algo más de 1.000 alumnos matriculados, lo que significa que el número de gemelos casi triplicaba la media nacional estadounidense de nacimientos múltiples.

JUL 13 En 2015, S. K. Ashraf (India) consigue el **menor tiempo en mecanografiar del 1 al 50** en Hyderabad, India, con 14,88 s. Para que el récord sea válido, tiene que incluir un punto entre cada cifra.

JUL 14 En 2013, se verifica la **mayor colección de libros de cocina**, con 2.970 títulos. Su propietaria es Sue Jiménez (EE.UU./Canadá), que guarda su biblioteca gastronómica en casa, en Albuquerque, Nuevo México, EE.UU.

El Institut Le Rosey ha ostentado este récord desde la primera edición de Guinness World Records, en 1955, cuando su cuota era de 2.800 $ anuales por estudiante.

LA ESCUELA MÁS CARA

El Institut Le Rosey es un internado mixto situado en Rolle, Suiza, con un campus de invierno en la estación de esquí de Gstaad (detalle). La cuota anual por estudiante es de 118.299 $. La escuela no suele contar con más de 400 alumnos matriculados, que están a cargo de un equipo de unas 200 personas. Entre los alumnos distinguidos que han pasado por el centro, cabe citar varios reyes y jefes de estado, como el rey Juan Carlos I; miembros de destacadas sagas de empresarios, como los Rockefeller y los Rothschild; así como muchos otros hijos de ricos y famosos.

LA ESCUELA MÁS GRANDE (NÚMERO DE ALUMNOS)

El 16 de enero de 2019, la City Montessori School de Lucknow, India, contaba con 55.547 alumnos matriculados. En la escuela admiten a niños a partir de los tres años, que pueden seguir estudiando hasta completar la secundaria. Fundada por los Dr. Jagdish y Bharti Gandhi, abrió sus puertas en 1959 en un local de alquiler con tan solo cinco estudiantes. La institución, que no para de crecer y ya cuenta con más de 1.000 aulas en diversos campus distribuidos por la ciudad, celebra su sexagésimo aniversario en 2019.

LA CLASE DE ROBÓTICA MÁS MULTITUDINARIA

St. Paul's School Pernambut, St. Joseph's School Pallalakuppam y Rotary Club of Pernambut (las tres de la India) organizaron una clase de ingeniería robótica para 1.021 estudiantes en Tamil Nadu, India, el 2 de agosto de 2018. Durante la clase, que duró 1 h y 4 min, los participantes estudiaron cómo diseñar y construir robots y aprendieron cómo se emplea la robótica en la vida diaria. En las págs. 146-147 encontrarás un capítulo dedicado a los robots.

JUL 15 En 2018, Muhammad Rashid (Pakistán) logra el **mayor número de nueces aplastadas con la mano en un minuto** (284) en Karachi, Pakistán. Superó por seis nueces la marca anterior, conseguida solo dos meses antes.

JUL 16 Burnaby Q. Orbax (Canadá), uno de los componentes de Monsters of Schlock, logra el récord de **más clavos insertados en la nariz en 30 s**: 15, en Saint John, New Brunswick, Canadá.

GRANDES NEGOCIOS

La bolsa de valores más antigua

La Bolsa de valores de Ámsterdam, Países Bajos, se fundó en 1602. En ella se negociaba con acciones impresas de la Compañía Neerlandesa de las Indias Orientales.

El **bono activo más antiguo** lo emitió en 1624 la Hoogheemraadschap Lekdijk Bovendams (Países Bajos) para financiar las reparaciones de las defensas contra los desbordamientos del río Lek. Debido a la inflación y los cambios de moneda, en 2018 el bono daba aproximadamente unos dividendos anuales de apenas 15 €.

La oficina de operaciones bursátil más grande de todos los tiempos

Una oficina de operaciones bursátil de la empresa de servicios financieros UBS en Stamford, Connecticut, EE.UU., medía 125 × 69 m, lo que supone un área de 8.625 m² o el equivalente a 33 pistas de tenis. Tras la crisis bancaria, el personal se trasladó a oficinas más económicas y la sala quedó vacía. Finalmente se puso a la venta en 2016.

LA EMPRESA MÁS GRANDE POR ACTIVOS

Según cifras de *Forbes* de 2018, el Banco Industrial y Comercial de China (ICBC) posee 4.120.900.000.000 de dólares en activos, más que el PIB de Alemania. El ICBC, uno de los «cuatro grandes» bancos comerciales chinos de propiedad estatal, se fundó como sociedad anónima en 1984.

El chimpancé con más éxito en Wall Street

En 1999, *Raven*, un chimpancé de seis años, se aupó al puesto nº 22 del *ranking* de agentes de bolsa con más éxito de EE.UU. después de elegir su cartera de acciones lanzando dardos a una lista con 133 empresas de internet. Su índice, conocido como MonkeyDex, obtuvo unos beneficios del 213 %, por delante de lo logrado por más de 6.000 agentes profesionales.

La acción más valiosa

El 22 de febrero de 2000, una única acción del proveedor de servicios de internet Yahoo! Japón (EE.UU./Japón) alcanzó un precio máximo a lo largo de la sesión de 167.899.136 yenes (1.507.280 dólares) en el índice JASDAQ. El optimismo en el mercado de las puntocom había disparado los precios y limitado la oferta disponible de acciones de la empresa.

La empresa energética más grande por capitalización bursátil

Según el informe anual *Global Top 100 Companies* de PricewaterhouseCoopers, a 31 de marzo de 2018, el valor bursátil total de las acciones y los certificados de titularidad de ExxonMobil (EE.UU.) era de 316.000 millones de dólares.

En el mismo informe, se señala que el **banco más grande por capitalización bursátil** era JPMorgan Chase (EE.UU.), con un valor de 375.000 millones de $.

Para el **banco más grande por activos**, ver izquierda.

LA MAYOR OFERTA PÚBLICA DE VENTA (OPV)

El 19 de septiembre de 2014, los títulos ADR (*American depositary receipt*) en el Grupo Alibaba (China, ver pág. 134) se ofrecieron a 68 dólares por acción en la Bolsa de Nueva York. Los inversores se apresuraron a comprarlos en el mercado en línea. El valor de la operación llegó a la cifra récord de 25.000 millones de dólares después de que acciones adicionales «*greenshoe*» salieran también a la venta. En la foto, Jack Ma, fundador del Grupo Alibaba, levanta un mazo ceremonial antes de golpear una campana durante la salida a bolsa de su empresa.

La adquisición más cara

En febrero de 2002, el conglomerado alemán Mannesmann se fusionó con Vodafone AirTouch (R.U.) tras un acuerdo valorado en aproximadamente 159.000 millones de dólares de entonces.

La mayor pérdida comercial sostenida

En 2008, Howie Hubler, un operador de bonos hipotecarios que trabajaba para el banco estadounidense Morgan Stanley, hizo perder a la empresa alrededor de 9.000 millones de dólares en complicadas operaciones de canje en el mercado de crédito *subprime*. El jefe financiero del banco lo describió como «una carísima lección de humildad».

La cotización más alta al cierre del índice Dow Jones Industrial Average (DJIA)

El 3 de octubre de 2018, el DJIA, un índice bursátil que mide el desempeño diario de 30 grandes empresas de EE.UU., cerró en 26.828,39 puntos. Este récord estuvo seguido por una fuerte caída de 832 puntos el 10 de octubre.

El 15 de marzo de 1933, tuvo lugar la **mayor subida porcentual del DJIA en un solo día**: un 15,34 %. El 19 de octubre de 1987, conocido como «Black Monday», se dio la **mayor caída en un solo día**: un 22,61 %.

El país con más facilidades para hacer negocios

Según el informe del Banco Mundial de 2018 *Doing Business*, Nueva Zelanda es el país que presenta menos obstáculos para poner en marcha y gestionar un negocio. Tiene una puntuación de 86,55 en el *ranking* de la organización «Distance-to-Frontier».

El **país más difícil para hacer negocios** es Somalia, con una puntuación de 45,77 en ese mismo *ranking*.

LA ASISTENCIA MÁS MULTITUDINARA A UNA JUNTA GENERAL DE ACCIONISTAS

Conocida como el «Woodstock del capitalismo», la junta general de accionistas de la empresa inversora Berkshire Hathaway (EE.UU.) se celebra en el CHI Health Center Omaha, en Nebraska, EE.UU., una instalación con 18.975 localidades. Aunque no se publican cifras oficiales de asistencia, se calcula que el encuentro celebrado el 6 de mayo de 2017 reunió a unos 42.000 accionistas.

JUL 17 En 1991, nace el cerdo vietnamita *Ernestine* en Alberta, Canadá. Vivirá 23 años y 76 días, y se convertirá en el **cerdo más viejo de la historia** antes de fallecer el 1 de octubre de 2014.

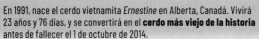

JUL 18 En los JJ.OO. de Montreal 1976, Canadá, Nadia Comăneci (Rumanía) logra el **primer 10 en una prueba de gimnasia olímpica** por su rutina en barras asimétricas en la competición por equipos.

LA PRIMERA EMPRESA COTIZADA EN BOLSA CON UN VALOR DE 1 BILLÓN DE $

El 2 de agosto de 2018, el gigante de la tecnología Apple (EE.UU.) superó la barrera del billón de $ de valoración cuando sus acciones alcanzaron un precio máximo de 207,05 $ durante la negociación. El valor de Apple se catapultó con las ventas del iPhone X.

Según las cifras publicadas por PricewaterhouseCoopers en su informe anual *Global Top 100 Companies*, el valor de Apple a 31 de marzo de 2018 era de 851.000 millones de $, lo que la convierte en la empresa más grande **por capitalización bursátil**.

Clientes de Apple en Australia (imagen principal) y Japón (detalle) se apresuran para estar entre los primeros dueños de un iPhone XS.

LA MAYOR CAÍDA EN UN SOLO DÍA DE UNA EMPRESA COTIZADA EN LA BOLSA DE NUEVA YORK

El 26 de julio de 2018, las acciones de Facebook (EE.UU.) perdieron el 19 % de su valor: una pérdida de 119.000 millones de $ en un solo día, mayor que la histórica caída de Intel de 97.000 millones de $ del 22 de septiembre de 2000, cuando la burbuja de las puntocom alcanzó su punto máximo. La pérdida de Facebook se atribuyó a una previsión de crecimiento inesperadamente débil en el informe de resultados de la empresa.

EL FABRICANTE DE TURISMOS QUE MÁS VENDE (AL POR MENOR, EN LA ACTUALIDAD)

Según un estudio sobre ventas minoristas anuales del 19 de noviembre de 2018, el fabricante de turismos que más vende era Volkswagen (Alemania), con unas ventas estimadas de 10.447.227 unidades en 2017. La cifra supera en casi tres millones la alcanzada por Toyota, que ocupa el segundo lugar en la lista. El Grupo Volkswagen aglutina marcas como VW, Porsche y Audi.

JUL 19 En 2009, Mauricio Baldivieso (Bolivia, n. el 22 de julio de 1996) debuta con el Aurora FC en La Paz, Bolivia, y se convierte en el **futbolista más joven en una primera división nacional**. Tiene 12 años y 362 días.

JUL 20 En los Global Games 2014 de la International Quidditch Association (IQA), EE.UU. se alza con el título tras derrotar por 210-0 a Australia: la **victoria más amplia en una final de la Copa del Mundo de la IQA**.

LOS MÁS RICOS

LOS INGRESOS ANUALES MÁS ELEVADOS (ACTUALIDAD)		
PROFESIÓN	NOMBRE	GANANCIAS ESTIMADAS
Jugador de fútbol	Lionel Messi (Argentina)	111 millones de $
Músico	Ed Sheeran (R.U.)	110 millones de $
Locutor de radio	Howard Stern (EE.UU.)	90 millones de $
Escritor	James Patterson (EE.UU.)	86 millones de $
Mago	David Copperfield (EE.UU.)	62 millones de $
Cocinero	Gordon Ramsay (R.U.)	62 millones de $
Cómico	Jerry Seinfeld (EE.UU.)	57 millones de $
Piloto de F1	Lewis Hamilton (R.U.)	51 millones de $
Jugador de golf	Tiger Woods (EE.UU.)	43 millones de $

Datos según Forbes, desde el 1 de julio de 2017 al 1 de julio de 2018

LA MUJER MÁS RICA

Según la lista de multimillonarios de *Forbes* de 2018, Alice Walton (EE.UU.) posee un patrimonio neto estimado de 46.000 millones de dólares. Alice, que es hija de Sam Walton, fundador de Walmart Inc., es una destacada mecenas de las artes.

La persona más rica de todos los tiempos (cifra ajustada a la inflación)

En 1913, la fortuna personal del magnate del petróleo John D. Rockefeller (EE.UU.) estaba estimada en unos 900 millones de dólares, el equivalente a al menos 189.600 millones de $ en la actualidad. Algunos cálculos elevan la cantidad actualizada a 340.000 millones de dólares, cifra que más o menos triplica el patrimonio neto de Jeff Bezos (EE.UU.), que con 112.000 millones de $, es la **persona más rica (actualidad)**. (Más información sobre Bezos en las págs. 126 y 127).

Más multimillonarios (ciudad)

A marzo de 2017, 82 de los 2.208 multimillonarios del mundo residían en Nueva York, EE.UU. *Forbes* estimó que su patrimonio neto combinado sumaba 397.900 millones de dólares, más que el PIB nominal de países como Irán (376.000 millones de dólares) y los Emiratos Árabes Unidos (371.000 millones de dólares).

De los 72 países que tienen al menos un ciudadano multimillonario, EE.UU. es el **país con más multimillonarios**: 585.

El multimillonario vivo de más edad

Nacido en 1918, el naviero Chang Yun Chung (China) apareció en la lista de multimillonarios de *Forbes* a la edad de 100 años gracias a su patrimonio neto de 1.900 millones de dólares. El señor Chang comenzó su carrera profesional en Singapur en 1949 y cofundó Pacific International Lines en 1967.

EL CRIPTOMILLONARIO MÁS RICO (ACTUALIDAD)

Según la primera lista realizada por los expertos en dinero de *Forbes* de los «más ricos» en criptomoneda, a 19 de enero de 2018 el criptomillonario más rico era Chris Larsen (EE.UU.), cuyo «patrimonio neto criptográfico» estaba estimado ese día en 7.500-8.000 millones de $. Larsen es el cofundador, presidente ejecutivo y exdirector general de Ripple, y posee 5.200 millones de XRP, una criptomoneda utilizada por los bancos para transferencias de fondos por medio del protocolo Ripple de «contabilidad distribuida».

EL MAYOR CRÉDITO BANCARIO POR ERROR

En junio de 2013, Christopher Reynolds (EE.UU.) inició sesión en su cuenta de PayPal y descubrió que disponía de un crédito de nada menos que 92.233.720.368.547.800 $. En teoría, esos inesperados 92.000 trillones de $ lo convertían en el hombre más rico del mundo, alrededor de un millón de veces más acaudalado que el siguiente en la lista. Por desgracia para Reynolds, el error fue subsanado poco después.

Los ingresos anuales más elevados de un famoso en la actualidad

Según *Forbes*, el boxeador Floyd *Money* Mayweather (EE.UU.) acumuló 285 millones de $ entre el 1 de julio de 2017 y el 1 de julio de 2018. Ganó 275 millones de dólares por el célebre combate que lo enfrentó contra el campeón de la UFC Conor McGregor el 26 de agosto de 2017, evento del que también fue promotor. (Para el récord de los **ingresos anuales más elevados de una famosa en la actualidad**, consulta la pág. siguiente).

LAS MAYORES SUMAS DE...

Pérdida de fortuna personal

El inversor japonés en tecnología Masayoshi Son vio como su patrimonio neto descendía de 78.000 millones de dólares en febrero de 2000, cuando estaba en su punto más alto, 19.400 millones de dólares en julio del mismo año (una pérdida total de 58.600 millones de dólares). Fue debido a la crisis de las puntocom, que volatilizó el valor de su conglomerado tecnológico SoftBank.

Donación para obras benéficas

El 26 de junio de 2006, el inversor y magnate empresario Warren Buffett (EE.UU.) se comprometió a donar 10 millones de acciones de clase B de su conglomerado inversor Berkshire Hathaway, valoradas entonces en 30.700 millones de dólares, a la Fundación Bill y Melinda Gates. A 16 de julio de 2018, después de las últimas donaciones, Buffett ya había hecho efectivos 24.500 millones de $ de la suma prometida.

Indemnización por despido

En previsión de su jubilación del conglomerado multinacional General Electric el 30 de septiembre de 2001, Jack Welch (EE.UU.) negoció un paquete de indemnizaciones valorado en 417 millones de dólares por GMI Ratings. Este incluía el uso de por vida de recursos de la empresa como jet privado, chófer personal y un apartamento de lujo en Manhattan.

Premio por una apuesta en línea

El 1 de junio de 2018, la gibraltareña Lottoland Limited pagó 90 millones de euros a la ganadora de la EuroJackpot, una limpiadora de 36 años de Berlín, Alemania, llamada Christina. Era solo la segunda vez que Christina jugaba a la lotería. Christina declaró que usaría el dinero para hacer realidad su sueño: recorrer EE.UU. en autocaravana.

EL FABRICANTE DE ARTÍCULOS DE LUJO MÁS RICO

Conocido como «el mayor creador de tendencias», Bernard Arnault (Francia) supervisa muchas de las marcas más prestigiosas del mundo como presidente de LVMH Moet Hennessy Louis Vuitton. De acuerdo con las estimaciones de *Forbes* publicadas el 6 de marzo de 2018, la dirección de este conglomerado de artículos de lujo le ha permitido amasar una fortuna de 72.000 millones de $.

LA MULTIMILLONARIA MÁS JOVEN (ACTUALIDAD)

A 3 de septiembre de 2018, la multimillonaria más joven era Alexandra Andresen (Noruega, nacida el 23 de julio de 1996), de 21 años. De acuerdo con las estimaciones de *Forbes*, su patrimonio neto era de 1.400 millones de $, que adquirió después de heredar el 42 % de la empresa de inversiones Ferd, propiedad de su familia, de su padre Johan Henrik Andresen. Su hermana Katharina, un año mayor, también posee un 42 %.

JUL 21 En 1998, Brian Milton (R.U.) completa la **primera circunnavegación en ultraligero** en un Pegasus Quantum 912, que comienza y termina en Brooklands, Surrey, R.U. Se pone en marcha el 22 de marzo.

JUL 22 Durante el Delhi Monsoon Open 2018 disputado en Ghaziabad, Uttar Pradesh, India, Shivam Bansal (India) establece el récord de **más cubos de Rubik resueltos con los ojos vendados**: 48 de 48 en menos de 1 hora.

LOS INGRESOS ANUALES MÁS ELEVADOS DE UNA FAMOSA (ACTUALIDAD)

Según las estimaciones publicadas por *Forbes* el 16 de julio de 2018, la estrella de los programas de telerrealidad y empresaria Kylie Jenner (EE.UU.) ganó 166,5 millones de $ entre el 1 de julio de 2017 y el 1 de julio de 2018, antes de cumplir 21 años. Jenner se hizo famosa en la 15.ª temporada del programa de TV *Keeping up with the Kardashians*, emitido en 2018. Kylie acumuló una enorme cantidad de seguidores en las redes sociales, y se convirtió en una *influencer* en asuntos de moda y belleza. Su empresa Kylie Cosmetics, de la que posee el 100 %, estaba valorada en casi 800 millones de $ solo tres años después de su fundación en 2015.

En noviembre de 2018, el buscador Lyst publicó su informe Year in Fashion donde se proclamaba a Kylie la celebridad más influyente de la moda, justo por delante de su hermanastra Kim.

LA PRIMERA MILLONARIA HECHA A SÍ MISMA

La esteticista Madam C. J. Walker (EE.UU., cuyo nombre de nacimiento fue Sarah Breedlove) vino al mundo en una plantación de algodón de Luisiana, EE.UU., y se quedó huérfana a los siete años. Se hizo rica con el «sistema de la cultura de la belleza Walker», una serie de productos de belleza y para el cabello dirigidos a las mujeres afroamericanas (ver imagen de abajo). En 1919, contaba con un equipo de 25.000 vendedores.

MADAM C.J.WALKER'S
WONDERFUL HAIR GROWER
MADE BY
THE MADAM C.J. WALKER
MANUFACTURING Cº
INDIANAPOLIS, IND.
PRICE 50 CENTS

EL CLUB DE FÚTBOL MÁS RICO

A 12 de junio de 2018, el Manchester United (Reino Unido) se mantenía al frente de la liga del dinero con un valor estimado de 4.120 millones de $, por delante del Real Madrid (España), valorado en 4.080 millones de $. Según el informe *The Business of Soccer* de la revista *Forbes*, el United obtuvo unos ingresos anuales de 737 millones de $ y unos ingresos operativos antes de impuestos de 254 millones de $.

JUL 23 En 2015, Stephen Rainey (R.U.) establece el récord de **más giros en una silla de ruedas manual en un minuto** (66) en Liverpool, R.U., en un evento para concienciar sobre los servicios para usuarios de sillas de ruedas.

JUL 24 En 1988, bajo la supervisión de Mike Rogiani, Palm Dairies (ambos de Canadá) elabora el **helado con frutas y nueces más grande** en Edmonton, Alberta, Canadá. Pesa 24,91 toneladas.

DE COMPRAS

EL CENTRO COMERCIAL MÁS GRANDE CON ACUARIO

El Dubai Mall, en Dubái, UAE, tiene una característica especial fuera de lo común. Además de los 1.200 comercios repartidos en sus 548.127 m² de espacio interior, el centro comercial alberga un acuario con una capacidad de 10 millones de litros. En él, los compradores pueden contemplar hasta 140 especies acuáticas impresionantes, entre las que se incluyen 300 tiburones y rayas, ie incluso pueden disfrutar de la experiencia de bucear entre tiburones!

El primer centro comercial

Diseñado por Apolodoro de Damasco y construido entre los años 100 y 112 d.C., el Foro de Trajano, en Roma, Italia, incluía una zona comercial con 150 tiendas y despachos en seis niveles de galerías.

La librería más antigua que aún está en funcionamiento

La primera librería Livraria Bertrand abrió sus puertas en 1732 en Lisboa, Portugal.

El centro comercial más grande (superficie bruta alquilable)

Inaugurado en 2005, el New South China Mall de Dongguan, en la provincia de Cantón, China, tiene 600.153 m² de espacio comercial disponible, por lo que es más grande que el **país más pequeño**, la Ciudad del Vaticano, cuya superficie es de 440.000 m².

La calle comercial peatonal más larga

Un tramo de 1,21 km de la Zhongyang Dajie («calle Mayor») en Harbin, en la provincia de Heilongjiang, China, está repleto de tiendas. Es peatonal desde 1997.

El alquiler más caro por un local comercial

Según el informe *Main Streets Across the World 2017*, de la consultora inmobiliaria Cushman & Wakefield's, alquilar un local comercial en la Quinta Avenida entre las calles 49 y 60 de la ciudad de Nueva York, EE.UU., puede costar hasta 32.258 $/m² al año.

La tienda de moda más grande

La tienda de Primark Stores (R.U.) en Birmingham, R.U., tiene una superficie comercial de 14.761 m², como se ratificó el 5 de abril de 2019. La tienda se llama Primark Pavilions ya que ocupa el espacio donde estuvo ubicado el antiguo centro comercial Pavilions.

LA EMPRESA DE COMERCIO ELECTRÓNICO MÁS GRANDE (COMPRADORES ACTIVOS)

A junio de 2018, el gigante chino de comercio electrónico Alibaba Group contaba con 552 millones de compradores activos anuales, una cifra que casi equivale a la población total de Norteamérica (Amazon tenía 310 millones, según los últimos datos disponibles). Alibaba Group posee varios sitios de venta en la red muy conocidos, como AliExpress, Alibaba.com y Tmall.

La primera tienda que vende en *streaming*

Entre el 26 y el 30 de septiembre de 2017, los compradores de quesos que visitaron la web de Kaan's Stream Store accedieron a la tienda en tiempo real mediante videochat para hacer sus compras. La tienda de venta en *streaming* fue una colaboración entre Jan Kaan (Países Bajos) y el banco ABN AMRO de Alkmaar, Países Bajos.

El primer supermercado libre de plásticos

El 28 de febrero de 2018, Ekoplaza, en Ámsterdam, Países Bajos, inauguró un supermercado con más de 700 productos de alimentación (carne, arroz, lácteos, cereales, fruta y verdura, entre otros) envueltos con materiales biodegradables y reciclables, como metal, cartón y vidrio.

EL MAYOR MINORISTA SEGÚN LOS INGRESOS

El gigante minorista Walmart Inc. (EE.UU.) tuvo unos ingresos totales de 500.300 millones de $ durante el ejercicio fiscal de 2018, principalmente derivados de ventas netas por valor de 495.800 millones de $. La empresa fue fundada por Samuel Moore Walton y James Lawrence Walton el 2 de julio de 1962. En enero de 2018, Walmart tenía 11.718 puntos de venta en 28 países, bajo 59 nombres comerciales diferentes.

LOS MAYORES INGRESOS ANUALES OBTENIDOS POR UNOS GRANDES ALMACENES

Durante 2016 y 2017, los grandes almacenes Harrods de Londres, R.U., generaron un volumen total de ventas de más de 2.700 millones de $, lo que supuso un beneficio antes de impuestos de 314,6 millones de $. Fundados por Charles Henry Harrod en 1849, actualmente Harrods cuenta con 330 departamentos distribuidos en más de 102.000 m² de superficie. Los almacenes son propiedad del fondo soberano de Qatar.

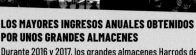

JUL 25 En 1978, nace la **primera bebé probeta**. Louise Brown (R.U.) viene al mundo por cesárea en el Oldham General Hospital de Lancashire, R.U., y pesa 2,6 kg.

JUL 26 En 2004, el alpinista Karl Unterkircher (Italia) completa el **ascenso más rápido al Everest y al K2 sin oxígeno suplementario**. Primero corona el K2 y, solo 63 días después, el Everest.

En 2017, Amazon envió más de 5.000 millones de artículos solo a través de su servicio Prime. Eso equivale a unos 158 artículos cada segundo.

LA MAYOR EMPRESA DE COMERCIO ELECTRÓNICO (VALOR DE MERCADO)

Según las cifras publicadas por PricewaterhouseCoopers en su informe anual *Global Top 100 Companies*, la empresa de comercio electrónico Amazon (EE.UU.) tenía un valor de 701.000 millones de $ a 31 de marzo de 2018. Sin embargo, sus ingresos totales de 193.200 millones de $ en el ejercicio 2017-2018 no fueron ni la mitad de los que obtuvo el líder del mercado Walmart (ver pág. anterior). En la imagen se muestra un almacén de distribución de Amazon en Peterborough, Cambridgeshire, R.U., preparando en 2013 el «Cyber Monday», uno de los días del año con mayor volumen de compras.

El 22 de enero de 2018, la empresa abrió una nueva tienda insignia en Seattle, EE.UU., llamada Amazon Go (detalle de la izquierda). Funciona de forma semiautomatizada, sin cajas ni personal, y para adquirir los artículos, los clientes deben escanear los códigos QR con la aplicación de su móvil. El importe se carga automáticamente en su cuenta de Amazon.

EL PRIMER CENTRO COMERCIAL DE PRODUCTOS RECICLADOS

ReTuna Återbruksgalleria en Eskilstuna, Suecia, es el primer centro comercial de productos reparados, reciclados y renovados. Los residentes depositan los productos que no desean, como muebles, ordenadores, equipos de audio, ropa, juguetes, bicicletas, herramientas de jardinería y materiales de construcción, que son restaurados antes de ponerse en venta.

LA TIENDA DE LEGO® MÁS GRANDE

Según el Grupo LEGO, su tienda más grande es la que está situada en Leicester Square, en el centro de Londres, R.U., con una superficie total construida de 914 m². En el local, de dos plantas, hay varias maquetas ambientadas en Londres, como la reproducción a tamaño real de un vagón de metro (arriba) formado por 637.902 bloques. A la derecha se muestra la mascota de la tienda, Lester, con un certificado GWR.

JUL 27 — En 2007, Richard Rodríguez (EE.UU.) empieza la **maratón más larga en una montaña rusa** en Pleasure Beach, en Blackpool, R.U. Estuvo montado en la Pepsi Max Big One y en la Big Dipper durante 405 h y 40 min.

JUL 28 — En 1945, Betty Lou Oliver (EE.UU.) sobrevive a una caída de 75 pisos en un ascensor, más de 300 m, en el Empire State Building, Nueva York, EE.UU. Es la **caída más larga en un ascensor a la que se ha sobrevivido**.

LOS MÁS CAROS

1. Güisqui

Una botella de güisqui de malta Macallan 1926 de 60 años se vendió por 1.102.670 $, incluida la prima del comprador, en Bonhams, Edimburgo, R.U., el 3 de octubre de 2018. El valor de este güisqui, del que se produjeron solo 12 botellas, aumentó en gran medida por la etiqueta, que fue diseñada por el artista Valerio Adami, que también la firmó junto con el que era entonces presidente de Macallan, Allan Shiach.

2. Vino

Una botella de vino tinto borgoña Domaine de la Romanée-Conti de 1945 se vendió por 558.000 $, incluida

la prima del comprador, en Sotheby's, ciudad de Nueva York, EE.UU., el 13 de octubre de 2018. La botella de 73 años se adjudicó por un precio que era más de 17 veces superior al de salida (32.000 $).

3. Ginebra

En noviembre de 2018, la «extremadamente limitada» ginebra de morera Morus LXIV se vendió de forma exclusiva en Harvey Nichols en Londres, R.U. Por 5.118 $, los compradores recibieron dos unidades de la ginebra en formatos de frascos de porcelana de 730 ml y 30 ml, junto con una taza de porcelana en un estuche de cuero.

La ginebra se destila de las hojas de una morera (*Morus nigra*) de más de cien años de antigüedad. La elabora la empresa Jam Jar Gin, cuyos propietarios son Dan y Faye Thwaites (ambos de R.U.).

▶ 4. Batido

A 1 de junio de 2018, el batido LUXE Milkshake se vendía por 100 $ en el restaurante Serendipity 3 de la ciudad de Nueva York, EE.UU. El batido es el resultado de una colaboración entre el restaurante, Swarovski y la diseñadora Kellie DeFries, conocida como *The Crystal Ninja*. Algunos de sus sabrosos ingredientes son tres tipos de nata,

le cremose baldizzone (una exclusiva salsa de caramelo hecha con leche de burra) y oro comestible de 23 quilates.

5. Bolso

Un bolso de lujo Himalaya Birkin 30 de Hermès, de color blanco perlado, se vendió por 377.238 $ a un postor anónimo el 31 de mayo de 2017. La venta tuvo lugar en la subasta de bolsos y accesorios organizada por Christie's en Hong Kong, China. Fabricado en 2014, el bolso contiene 176,3 g de oro blanco de 18 quilates y 10,23 quilates de diamantes.

6. Vino de Oporto

Un oporto Niepoort de 1863 en un decantador de cristal Lalique se vendió por 126.706 $ en una subasta organizada por Acker Merrall & Condit en el Grand Hyatt de Hong Kong, China, el 3 de noviembre de 2018.

El concepto «prima del comprador» que a menudo se emplea en las subastas se refiere al cargo que la casa de subastas añade al precio de venta para cubrir los costes administrativos.

7. Tarta de queso

Elaborada por el chef Raffaele Ronca (Italia/EE.UU.), una tarta de queso con trufa blanca se vendió por 4.592,42 $ en el Ristorante Rafele de la ciudad de Nueva York, EE.UU., el 30 de octubre de 2017. Algunos de sus ingredientes son: requesón de búfala, coñac de 200 años, vainilla de Madagascar y pan de oro.

8. Sandía

Producida por Green State Fertilizer Co. de Mongolia Interior (China), una sandía de

81,75 kg se subastó por 7.489 $ en Horqin Right Front Banner, Mongolia Interior, China, el 26 de agosto de 2018.

9. Cangrejo

El 7 de noviembre de 2018, los comerciantes de marisco Kanemasa-Hamashita Shoten (Japón) compraron un cangrejo de las nieves o Matsuba (*Chionoecetes opilio*) por 17.648 $. La venta tuvo lugar en la prefectura de Tottori, Japón. Los cangrejos de las nieves son un manjar muy apreciado en el país, y en los últimos años la escasez de capturas de esta especie a nivel mundial han hecho aumentar el precio.

JUL 29 — En los JJ.OO. 2012, Ryan Giggs (R.U., n. el 29 de noviembre de 1973), marca un gol contra los EAU con 38 años y 243 días, y se convierte en el **futbolista olímpico más veterano en anotar en unos JJ.OO. (hombres)**.

JUL 30 — En 2017, un total de 2.325 Ivanes asisten a una fiesta organizada por Kupreški Kosci (Bosnia-Herzegovina) en Kupres, Bosnia-Herzegovina. Es la **mayor concentración de personas con el mismo nombre**.

10. Cámara

Un coleccionista privado de Asia compró un prototipo de una cámara fotográfica Leica de 35 mm por 2,40 millones de € en la subasta de WestLicht Photographica celebrada en Viena, Austria, el 10 de marzo de 2018. Este modelo antiguo, conocido como Leica serie 0 núm. 122, fue una de las 25 cámaras que se fabricaron para ser probadas en 1923, dos años antes de que la primera Leica se pusiera a la venta. El precio de salida fue de 400.000 €.

11. Copa de coñac

El 21 de marzo de 2018, una copa de coñac de 40 ml de Rome de Bellegarde (R.U.) se vendió por 14.037 $ a Ranjeeta Dutt McGroarty (India) en el bar Hyde Kensington de Londres, R.U. El coñac se decantó de una botella encontrada en 2004 en las bodegas de Jean Fillioux Cognac, que se estima que data de 1894. Las ganancias de la venta se destinaron a la organización benéfica Global's Make Some Noise.

12. Caja de pañuelos de papel

Daishowa Paper Products (Japón) vendió una caja de pañuelos de papel por 90,39 $, como se confirmó en Chūō, Tokio, Japón, el 16 de junio de 2018. Los pañuelos «Juni-hitoe» vienen en 12 colores, y su nombre, que significa «túnicas de 12 capas», proviene de un tipo de kimono elegante.

13. Ilustración de libro

El 10 de julio de 2018, el Mapa original del Bosque de los Cien Acres, dibujado por E. H. Shepard (R.U.) para las guardas de *Winnie-the-Pooh* (1926), se vendió por 571.369 $, incluida la prima del comprador. La subasta tuvo lugar en Sotheby's, Londres, R.U. La ilustración se presenta como la obra del joven personaje Christopher Robin, y algunas localizaciones están mal escritas a propósito (por ejemplo: «Big Stones and Rox» y «Nice for Piknicks»).

14. Coche

En mayo de 2018, el empresario y piloto de carreras David MacNeil (EE.UU.) adquirió un Ferrari 250 GTO de 1963 por 70 millones de dólares en una subasta privada. Se construyeron menos de 40 unidades de este modelo. Además, este coche en concreto (chasis número 4153 GT) fue el vencedor del Tour de France Automobile de 1964, conducido por Lucien Bianchi y Georges Berger.

Este 250 GTO de 70 millones de $ está provisto de un motor V12 «Colombo» de 3 l, que le permite alcanzar una velocidad máxima de 280 km/h. Aunque es un coche de carreras muy antiguo, no ha tenido ningún accidente, lo que explica su precio de récord.

NU 25

Encontrarás muchos vídeos que no tienen precio en guinnessworldrecords.com/2020.

JUL 31 En 2012, se valida la **mayor colección de tostadoras** (1.284) en el domicilio del Dr. Kenneth Huggins (EE.UU.) en Columbia, Carolina del Sur, EE.UU. También colecciona tocadiscos, radios y automóviles.

AGO 1 Durante un acto culinario de cuatro días en Singapur en 2015, la Indian Chefs & Culinary Association (Singapur) preparan la **mayor ración de curri**. Pesa 15,34 toneladas.

TECNOLOGÍA DE CONSUMO

La maqueta de convertiplano controlada por control remoto (CR) más veloz

En el 75.º Goodwood Festival of Speed celebrado el 12 de julio de 2018 en Chichester, West Sussex, R.U., Luke Bannister (R.U.) pilotó el Wingcopter XBR a 240,06 km/h. El convertiplano por RC era una creación de Vodafone, XBlades Racing (ambos de R.U.) y Wingcopter (Alemania; ver pág. 160).

A pesar de que solo tiene 17 años de edad, Bannister es un veterano de las carreras de drones y ganó 250.000 dólares en el WorldDrone Prix de Dubái, EAU, el 12 de marzo de 2016. Con un total de 1.000.000 dólares, es el **campeonato de carreras de drones con mayor dotación de premios**.

Más altavoces Bluetooth reproduciendo una misma fuente a la vez

El 25 de abril de 2017, la empresa de tecnología y sistemas de audio para automóvil Harman International (EE.UU.) puso en marcha 1.000 altavoces Bluetooth que reprodujeron una misma fuente en Village Underground, Londres, R.U.

La pantalla táctil más grande

El 7 de abril de 2017, se presentaron dos pantallas de 48,77 m² (una superficie mayor que 12 camas extragrandes) durante el concurso televisivo *Candy Crush* en Los Ángeles, California, EE.UU. Se emplearon para jugar a una versión XXL del popular juego de King que da nombre al concurso. Los jugadores se tuvieron que suspender de arneses para poder alinear los caramelos multicolores.

El mosaico animado compuesto por móviles más grande

La empresa de electrónica china Xiaomi creó la imagen de un árbol de Navidad

LA MAYOR CARAVANA DE AUTOMÓVILES AUTÓNOMOS

El 28 de noviembre de 2018, la Chongqing Changan Automobile Company (China) organizó una caravana de 55 automóviles sin conductor en Chongqing (China). Tardaron 9 min y 7 s en completar la ruta de 3,2 km, sin ningún humano al volante. La caravana superó al convoy de 44 automóviles que la empresa había logrado anteriormente ese mismo día.

con 1.005 teléfonos Mi Play de Xiaomi en Pekín, China, el 24 de diciembre de 2018. La animación duró 1 min y 4 s.

Además de producir móviles, Xiaomi es también la **marca de tecnología ponible más vendida**. Un estudio llevado a cabo el 3 de diciembre de 2018 concluyó que Xiaomi había vendido 18.643.300 artículos de ropa inteligente en 2018.

La retransmisión en directo a mayor altitud con un teléfono inteligente

En un evento organizado por Huawei Sweden el 5 de septiembre de 2016, se fijó un modelo Honor 8 a una sonda meteorológica para que documentara su ascenso. El teléfono retransmitió imágenes de la Tierra en directo por Facebook hasta una altitud de 18,42 km.

La cadena más larga de cables alargadores

El 16 de mayo de 2018, el contratista eléctrico IES Residential (EE.UU.) escribió «IESR» con una cadena de cables alargadores de 22,8 km de longitud con motivo de su reunión anual de directivos celebrada en Dallas, Texas, EE.UU.

Este monstruoso alargador podría hacer buena pareja con otro objeto de récord: la **regleta eléctrica más larga**. Mide 3 m y fue obra de Mohammed Nawaz (India), del Aalim Muhammed Salegh College of Engineering. Se presentó para su medición en Tamil Nadu, India, el 11 de octubre de 2018. Tiene 50 enchufes operativos: 26 de tres agujeros y 24 de dos.

Más vehículos aéreos no tripulados (VANT) volando simultáneamente

El 15 de julio de 2018, Intel Corporation (EE.UU) celebró su 50.º aniversario a lo grande, elevando 2.066 drones sobre Folsom, California, EE.UU. Los VANT «Shooting Star» ofrecieron una rutina coreografiada de cinco minutos de duración, durante los que recrearon los logos de Intel a lo largo de la historia de la empresa.

Al otro lado del mundo, sobre el cielo nocturno de Dubái, EAU, un escuadrón de 30 drones formó las 11 letras necesarias para escribir «Dubai Police» el 3 de enero de 2019. El ▶ **mayor número de formaciones de VANT consecutivas** se logró como parte de las celebraciones para conmemorar los 50 años de la Academia de Policía de Dubái (EAU).

EL PALO SELFI MÁS LARGO

EL programa de desarrollo de talento Qatary Sky Climbers celebró su segunda ceremonia de graduación el 19 de septiembre de 2017 con una foto tomada con un palo selfi de 18 m de longitud en el Centro Nacional de Convenciones de Qatar, en Doha. Batió el récord anterior, logrado en 2017 con un ejemplar de 2 m.

LA PILA AA DE MAYOR DURACIÓN

El 12 de octubre de 2018, en las pruebas llevadas a cabo por la asesoría de ingeniería Intertek Semko AB en Kista, Suecia, la pila Energizer Ultimate Lithium de Energizer (EE.UU.) logró el mayor desempeño medio aprobado: 229,69 después de haber pasado por múltiples tests contra otras pilas de litio AA.

LA MAYOR DISTANCIA NADADA POR UN ROBOT CON UN ÚNICO JUEGO DE PILAS AA

Para conmemorar el centenario de Panasonic, el robot Mr EVOLTA NEO, de 17 cm de altura, nadó 3 km impulsado por dos pilas EVOLTA AA. Hizo la travesía desde el Japón continental hasta el arco *torii* del santuario Itsukushima, en la prefectura de Hiroshima, en 3 h, 22 min y 34 s, flotando sobre una minitabla de surf.

100 %

AGO 2

En 1917, E. H. Dunning (R.U.) logra el **primer aterrizaje en un barco en movimiento** cuando desciende con su avión sobre el portaviones *HMS Furious* en las islas Orcadas, R.U. Fallece el 7 de agosto intentando repetir la hazaña.

AGO 3

En 2009, Sarah Outen (R.U., n. el 26 de mayo de 1985) llega a Mauricio remando desde Fremantle, Australia. Cuando zarpó tenía 23 años y 310 días, por lo que es la **persona más joven en cruzar a remo el océano Índico en solitario**.

EL ASENTAMIENTO HUMANO PERMANENTE A MAYOR ALTITUD

La Rinconada está situado en el nevado de Ananea, en el sudeste del Perú, a una altitud de 5.100 m y en ella viven unas 50.000 personas. Con unas temperaturas que suelen bajar de los 0 °C y un peligroso acceso a través de un tortuoso sendero de montaña, apenas cuenta con turistas y carece de instalaciones de fontanería o sanitarias, de servicio de recogida de residuos, hospitales y hoteles. Su economía se basa mayoritariamente en minas de oro no reguladas.

Los mineros trabajan durante 30 días sin cobrar, pero a final de mes se les da un día libre para que vendan todo el oro que han encontrado.

LA MAYOR POBLACIÓN URBANA (COMO PROPORCIÓN DEL TOTAL)

El informe de la ONU *World Urbanization Prospects 2018* revela que, en 12 países y/o territorios, el 100 % de la población es urbana. Son Singapur, las islas Caimán, San Martín, Nauru, Mónaco, Gibraltar, Kuwait, Ciudad del Vaticano, Anguila, Bermudas, Macao y Hong Kong (abajo), el más poblado con 7,4 millones de habitantes.

LA MAYOR ZONA URBANA SIN COCHES

En la medina de Fez, Marruecos, no circulan los coches. Conocida también como Fes el-Bali, es la parte amurallada más antigua de la ciudad de Fez, que se remonta a finales del siglo IX d.C. En la medina viven más de 156.000 personas, pero nadie está autorizado a acceder en coche al interior de las murallas de la ciudad. Lo cierto es que es prácticamente imposible que los coches pasen por sus antiguos callejuelas (algunas apenas miden 60 cm de ancho).

AGO 8 En 2010, 102 personas desnudas montan en la montaña rusa Green Scream en Adventure Island, Essex, R.U por una causa benéfica: el **mayor número de personas desnudas que suben a una atracción de un parque temático**.

AGO 9 En 2010, el aventurero Ed Stafford (R.U.) se convierte en la **primera persona en recorrer el río Amazonas a pie**. Su trayecto maratoniano de 7.226 km dura 2 años y 129 días.

141

SOSTENIBILIDAD

EL TRAYECTO MÁS LARGO EN VEHÍCULO ELÉCTRICO (CARGA ÚNICA; NO SOLAR)

Entre el 16 y el 17 de octubre de 2017, un automóvil eléctrico construido por IT Asset Partners, Inc. (EE.UU.) recorrió 1.608,54 km con una sola carga en la Auto Club Speedway de Fontana, California, EE.UU. Bautizado como *Phoenix*, el vehículo se construyó con más de un 90 % de residuos de electrónica de consumo reciclados. El conductor fue uno de sus creadores, Eric Lundgren (EE.UU., arriba).

El mayor productor de electricidad procedente de...

Energías renovables: China genera aproximadamente el 25 % de la energía renovable mundial (unos 1.398 TWh) de electricidad. (Un teravatio-hora equivale a 1 billón de vatios operando durante 60 min). Esto equivale a la energía suficiente para suministrar electricidad a unos 930 millones de hogares chinos durante un año entero.

EL MAYOR PARQUE EÓLICO MARINO

El parque eólico marino Walney Extension, con una capacidad de 659 MW, se inauguró el 8 de septiembre de 2018. Está situado en el mar de Irlanda, a unos 19 km de la costa de la isla de Walney (R.U.), y cubre 145 km² de océano (unos 20.000 campos de fútbol). El parque fue desarrollado por la empresa danesa Ørsted y costó 1.300 millones de dólares.

Las 189 turbinas del parque, de 190 m de altura cada una, producen energía renovable suficiente para 590.000 hogares cada año.

Energía hidroeléctrica: los 32 GW de capacidad instalada de China producen 1.130 TWh de electricidad, o el 28,4 % de la energía hidroeléctrica mundial. El término «capacidad instalada» alude al potencial máximo de producción de electricidad en condiciones óptimas.

Energía eólica: EE.UU. cuenta con 72,6 GW de capacidad instalada y produce unos 193 TWh de electricidad (o el 23 % de la energía eólica global).

Sin embargo, el sector eólico chino está en pleno desarrollo y es posible que pronto supere al de EE.UU.

La fuente de los récords anteriores es el informe de la Agencia Internacional de la Energía (AIE) *Key World Energy Statistics* de 2017. En la página siguiente encontrarás el **mayor productor de energía solar**.

El horno solar más grande

En Font-Romeu-Odeillo-Via, en el sur de Francia, casi 10.000 espejos dispuestos en abanico dirigen los rayos del sol a un reflector parabólico de 2.000 m² que, a su vez, concentra los rayos en un pequeño punto focal que puede alcanzar temperaturas de 3.800 °C. Los científicos de la instalación, construida en 1969, destinan la energía a múltiples usos, como crear pilas de hidrógeno y llevar a cabo experimentos en varios ámbitos, desde la ingeniería solar a testar materiales para vehículos espaciales.

EL PRIMER TREN DE PASAJEROS DE HIDRÓGENO

Desarrollado por Alstom (Francia), el Coradia iLint es un tren «cero emisiones» que funciona con células que transforman el hidrógeno y el oxígeno en electricidad. El 16 de septiembre de 2018, dos de estos trenes inauguraron sus trayectos comerciales en el norte de Alemania, entre Buxtehude (un barrio de Hamburgo) y las ciudades cercanas de Bremerhaven y Cuxhaven.

El panel solar más eficiente (prototipo)

En 2014, se construyó un panel fotovoltaico experimental que transforma el 46 % de la energía de la luz del sol en electricidad. Fue el resultado de la colaboración entre el Fraunhofer Institute for Solar Energy Systems (Alemania), el instituto de investigación CEA-Leti y la empresa productora Soitec (ambos de Francia).

La central de energía mareomotriz más potente

La central de energía mareomotriz del lago Sihwa (Corea del Sur) tiene una capacidad productiva de 254 MW, generados por 10 turbinas sumergidas, cada una de ellas con una potencia de 25,4 MW. Esto supone energía suficiente para abastecer a unos 54.000 hogares.

La **turbina eólica más potente** es la V164-9,5 MW, producida por la empresa danesa MHI Vestas Offshore Wind. Se lanzó el 6 de junio de 2017 y puede generar 9,5 MW de energía. Tiene tres hojas de 80 m de longitud, la misma que nueve autobuses londinenses de dos pisos en hilera.

El estadio solar más grande

El exterior del National Stadium de Kaohsiung en Taipéi, China Taipéi, cuenta con 8.844 paneles solares sobre una superficie de 14.155 m². Puede generar 1,14 GWh (1 gigavatio son mil millones de vatios) anuales de electricidad, que bastan para satisfacer el 80 % de sus necesidades operativas. Si los generara una central eléctrica convencional, se emitirían a la atmósfera unas 660 toneladas de CO_2 anuales.

EL ÍNDICE MÁS ELEVADO DE RECICLAJE DE RESIDUOS

Alemania recicla un incomparable 66,1 % de sus residuos, según un informe publicado en 2017 por Eunomia (R.U.), una consultora de investigación medioambiental, y la Agencia Europea de Medio Ambiente. En la imagen, los operarios clasifican los residuos de plástico sobre una cinta transportadora de la planta del ALBA Group de Berlín, que recicla unas 140.000 toneladas anuales de material.

AGO 10 Brant *FireGuy* Matthews (Canadá) ilumina la Wisconsin State Fair de 2018 al lograr **apagar más antorchas de fuego con la boca en un minuto** (101) en West Allis, Wisconsin, EE.UU.

AGO 11 En 2014, el ilusionista y escapista Alexis Arts (Italia, n. Danilo Audiello) logra el **tiempo más rápido en escapar de una camisa de fuerza Posey reglamentaria** (2,84 s) en Foggia, Italia.

EL MAYOR PRODUCTOR DE ENERGÍA SOLAR

Según el informe *Key World Energy Statistics* de 2017 de la AIE, China genera al año aproximadamente 45 TWh de electricidad con placas fotovoltaicas, con una capacidad instalada de 43,2 GW. Esto representa el 18,3 % de la producción de energía solar mundial.

La imagen más a la izquierda muestra un parque solar en Chunjiangyuan, provincia de Zheijang, y la imagen principal muestra el segundo parque solar con temática de oso panda en China, en Guigang, provincia de Guangxi. En el detalle de abajo, hileras de paneles solares en la planta de Anhui Quanchai Engine Co., en la provincia de Anhui, China oriental.

EL MAYOR ÍNDICE DE RENDIMIENTO AMBIENTAL (PAÍS)

La edición de 2018 del *Índice de rendimiento ambiental*, producido conjuntamente por la Universidad de Yale y la Universidad de Columbia (ambas de EE.UU.) desde 2002, clasifica a Suiza como el país con el mejor rendimiento ambiental del mundo, con una puntuación global de 87,42. El índice tiene en cuenta 24 indicadores, como la pérdida de cubierta forestal, las emisiones de metano y de CO_2, el tratamiento de las aguas residuales y la contaminación de metales pesados.

MÁS RESIDUOS FLOTANTES RETIRADOS CON UN INTERCEPTADOR DE BASURA EN UN MES

Entre el 1 de abril y el 30 de abril de 2017, *Mr. Trash Wheel*, un interceptador de basura flotante operado por la Waterfront Partnership of Baltimore (EE.UU.), retiró 57,4 toneladas de residuos de la desembocadura del río Jones Falls en Baltimore, Maryland, EE.UU. *Mr. Trash Wheel* es un convector impulsado por energía solar y por una rueda hidráulica que ya ha impedido que unas 847,6 toneladas de residuos flotantes (incluidas unas 561.180 botellas de plástico) lleguen a la bahía de Chesapeake.

AGO 12 En 2012, un total de 4.514 miembros de la familia Porteau-Boileve forman la **reunión familiar más numerosa**. Georges Porteau y Madeleine Boileve iniciaron la saga familiar en el siglo XVII.

AGO 13 En 2014, Mike Newman (R.U.) alcanza **la mayor velocidad conduciendo un vehículo de un piloto invidente** (322,69 km/h) en Yorkshire, R.U. Mike es ciego desde los ocho años de edad.

143

RECOPILATORIO

El PIB más alto

El producto interior bruto (PIB) es el valor total de los bienes y servicios que produce un país durante un año. El Banco Mundial sitúa a EE.UU. como el país con el PIB más elevado, con una economía valorada en 19,39 billones de dólares en 2017. No obstante, si se tiene en cuenta las diferencias en el coste de la vida, China encabezaría la lista, con un PIB de 23,3 billones de dólares.

El PIB per cápita más alto

Una forma de analizar la situación económica de un país es dividiendo su PIB por su población. A 2017, el Banco Mundial considera Luxemburgo como el país con el PIB per cápita más alto: 104.103 dólares. No obstante, si se toma en consideración el coste de la vida, Qatar encabeza la lista, con un PIB per cápita de 128.378 dólares. La misma fuente sitúa al país africano de Burundi como el país con el **PIB per cápita más bajo**, con 320 dólares. Si se tienen en cuenta las diferencias en el coste de la vida, este valor aumenta y la República Centroafricana ocupa la última posición con 725 dólares.

El mayor superávit comercial anual (país)

Cuando el valor de las exportaciones de un país supera el de las importaciones, se genera un superávit comercial, o balanza comercial positiva. Según las cifras del Banco Mundial para 2016 (último año para el que se disponen de datos comparables a escala internacional), Alemania presenta el mayor superávit comercial, con una balanza comercial de 274.700 millones de dólares.

Según el Banco Mundial, EE.UU. presentaba el **mayor déficit comercial anual** (504.700 millones de dólares) en la misma fecha.

La tasa de inflación más baja

Como señaló la edición de abril de 2018 del *World Economic Outlook*, del Fondo Monetario Internacional (FMI), tanto Arabia Saudí como el Chad tuvieron una tasa de inflación del –0,9 % durante 2017.

LA EMBAJADORA DE BUENA VOLUNTAD DE UNICEF MÁS JOVEN

El 20 de noviembre de 2018, que es el Día Internacional del Niño, Millie Bobby Brown (R.U., n. el 19 de febrero de 2004) fue nombrada embajadora de buena voluntad de UNICEF con 14 años y 274 días. La actriz es conocida por su papel de Eleven en la serie *Stranger Things* (detalle), por el que fue nominada a un premio Emmy (ver pág. 205). El nuevo papel de Millie consistirá en promover los derechos de los niños y dar visibilidad a cuestiones que conciernen a los jóvenes, como el acoso escolar.

La mayor tasa de IVA

Según los datos recogidos por la empresa de servicios profesionales KPMG, el impuesto de valor añadido de Hungría era del 27 % en 2018.

El país caribeño de Aruba presenta el **tipo más alto en el impuesto sobre la renta**, según datos recopilados por KPMG en 2018. Todo aquel cuyos ingresos brutos anuales superen los 304.369 florines arubeños (168.602 dólares) está sujeto a un tipo impositivo de un 59 %.

A 2018, los Emiratos Árabes Unidos tenían el **tipo impositivo del impuesto de sociedades más alto**, según la misma fuente. Los emiratos de Abu Dabi, Sharjah y Dubái graban con un impuesto del 55 % del beneficio de explotación los negocios con ingresos netos superiores a los 5 millones de dírhams (1,3 millones de $).

El mayor número de periodistas encarcelados

En 2017, 272 periodistas fueron encarcelados por ejercer su oficio, según el censo mundial anual del Comité para la Protección de los Periodistas (CPJ, por sus siglas en inglés), una organización sin ánimo de lucro con sede en la ciudad de Nueva York. 2017 fue el peor año en cuanto al historial de periodistas presos desde que el CPJ empezó a registrar las encarcelaciones en 1990.

LA BANDERA MÁS GRANDE EN ONDEAR

El 2 de noviembre de 2017, Trident Support Flagpoles y Sharjah Investment and Development Authority (ambos de EAU) hicieron ondear una bandera de 2.448,56 m² en Sharjah, EAU.

Con un tamaño de casi el doble, la **bandera más grande que ha ondeado en un salto en paracaídas** (detalle) medía 4.885,65 m², ¡10 veces la superficie de una cancha de baloncesto! Lo consiguió Skydive Dubai (EAU) el 29 de noviembre de 2018.

LOS PRECIOS MÁS ALTOS SEGÚN LOS ÍNDICES COMPARATIVOS

Según datos de la Organización para la Cooperación y el Desarrollo Económicos (OCDE) para agosto de 2018, Islandia presenta los precios más altos del planeta. Una cesta de la compra estándar por valor de 100 dólares en EE.UU. costaría el equivalente a 149 dólares en Islandia. Según la misma comparativa, los siguientes países con los precios más altos son Suiza (138 dólares) y Dinamarca (127 dólares).

AGO 14 En 2018, en Larnaca, Chipre, María Paraskeva (Chipre) hace realidad un sueño de su infancia al caminar hasta el altar con el **velo de novia más largo**. Mide 6,96 km.

AGO 15 En 2003, Ron Hunt (EE.UU.) sobrevive a la caída sobre una broca de 46 cm. Unos cirujanos de Nevada, EE.UU., retiran la broca, que se convierte en el **objeto más grande que se ha extraído de un cráneo humano**.

EL MAYOR PRESUPUESTO EN DEFENSA

EE.UU. es el país que más gasta en defensa. Según las últimas cifras del Instituto Internacional de Estudios para la Paz de Estocolmo (SIPRI), el Departamento de Defensa de EE.UU. (que coordina los presupuestos para las Fuerzas Armadas de EE.UU.) contó con 609.758 millones de dólares en 2017, mientras que en 2016 recibió 600.000 millones de dólares.

EL PRIMER MINISTRO ACTUAL DE MÁS EDAD

El 10 de mayo 2018, Mahathir bin Mohamad (Malasia, n. el 10 de julio de 1925) tomó posesión de su cargo como primer ministro de Malasia, a los 92 años y 304 días, en la capital, Kuala Lumpur. Mohamad ya había desempeñado este cargo entre 1981 y 2003.

El mayor número de solicitudes de patentes

Según cifras recabadas por la Organización Mundial de la Propiedad Intelectual, en 2017 (el último año del que se disponen datos) se presentaron 1.381.594 solicitudes de patentes en China, 1.245.709 de la cuales proceden del propio país y 135.885, del extranjero.

El menor índice de población urbana (proporción del total)

Según el informe *World Urbanization Prospects 2018* de las Naciones Unidas, dos estados insulares del Pacífico ostentan el título de país menos urbanizado: Tokelau y las Islas Wallis y Futuna. Ninguno de ellos cuenta con unos asentamientos lo bastante grandes para cumplir la definición de *aglomeración urbana* que da la ONU, es decir, su población es 100 % rural.

La ciudad más cara para comprarse un coche

Singapur es la ciudad más cara del mundo para adquirir un nuevo automóvil, según el informe *2018 Mapping the World's Prices* del Deutsche Bank, que enumera el coste de los bienes y servicios en 50 grandes ciudades. Principalmente debido a los impuestos que buscan desincentivar la posesión de automóviles, un coche medio supone un desembolso de 86.412 dólares, casi el doble de lo que costaría en la segunda ciudad más cara, Copenhague, capital de Dinamarca (44.062 dólares).

El residuo plástico encontrado a mayor profundidad en el mar

Una bolsa de plástico se encontró a 10.898 m de profundidad en la fosa de las Marianas, en el océano Pacífico occidental, como desveló en octubre de 2018 la revista *Marine Policy*.

El mayor mosaico hecho con materiales reciclables (imagen)

El 29 de julio de 2018, Memories Events Management (EAU) y MTV SAL (Líbano) presentaron un mosaico de 971,37 m² en Dbayeh, Líbano. La obra, que contenía unas 10.000 piezas de material reciclable, representaba tres barcos en el mar.

La mayor cantidad de aguas residuales convertida en agua potable en 24 horas

El 16 de febrero de 2018, Groundwater Replenishment System (EE.UU.) purificó 378.541.208 litros de aguas residuales para poder ser reutilizados como H_2O potable en el condado de Orange, California, EE.UU.

La trayectoria más larga como...

• Cazador de huracanes: El meteorólogo James *Jim* McFadden (EE.UU.) ha trabajado en la Administración Nacional Oceánica y Atmosférica desde 1962 y suele volar al interior de ciclones tropicales para estudiar tormentas. Su primera misión fue examinar el huracán Inés el 6 de octubre de 1966, y la más reciente que ha emprendido fue el 10 de octubre de 2018 durante el reconocimiento del huracán Michael, lo que supone una trayectoria activa como cazador de huracanes de 52 años y 4 días.

• Trabajador en la misma empresa: A 2 de abril de 2018, Walter Orthmann (Brasil) había trabajado en el fabricante de confección textil Industrias Renaux (ahora RenauxView) en Brusque, Santa Catarina, Brasil, durante 80 años y 75 días. Su primer día de trabajo fue el 17 de enero de 1938.

LA MAYOR TASA DE INFLACIÓN

Según la edición de abril de 2018 del *World Economic Outlook*, del FMI, Venezuela es el país con la mayor tasa de inflación. La inflación media fue del 1.087,5 % durante 2017, y al final del período se situó en un 2.818,4 %. Las perspectivas del FMI para 2018 sugieren que la tasa ha aumentado de forma exponencial desde entonces, con una inflación media anual que se calcula en un astronómico 13.864,6 %.

MÁS DINERO GASTADO POR UN PAÍS EN APUESTAS

Según cifras publicadas en mayo de 2017 por la consultora internacional de juegos y apuestas H2 Gambling Capital, cada ciudadano australiano adulto perdió una media de 1.052 dólares en apuestas en 2016. Singapur ocupó el segundo lugar, con una media de 674 dólares per cápita, e Irlanda, el tercero, con 501 dólares. Se estima que aproximadamente un 70 % de los australianos realizan algún tipo de apuesta, sobre todo en las omnipresentes máquinas tragaperras.

A 16 de agosto 2018, cuando se tomó esta foto, un pollo costaba unos 14,6 millones de bolívares (2,20 dólares) en la capital de Venezuela, Caracas.

AGO 16 *Star of the King*, un tributo musical a Elvis Presley de 92 min, se estrena en Hungría en 2002. Su compositor, Adám Lörincz (Hungría, n. el 1 de junio 1988), tiene 14 años y 76 días: el **compositor más joven de un musical**.

AGO 17 En 1896, Bridget Driscoll (R.U.) se convierte en la **primera peatona atropellada por un coche**, al ser arrollada por un automóvil que circula a 6,4 km/h que participa en una exposición automovilística en Londres, R.U.

145

ROBOTS

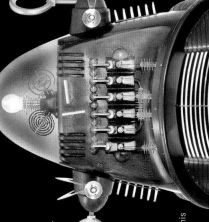

¿QUÉ ES UN ROBOT?

Durante la próxima década, veremos a los robots adquiriendo un papel mucho más activo en nuestra vida cotidiana. Con los sensores y los ordenadores más rápidos y baratos que nunca, es muy probable que los robots puedan pasar de los laboratorios al mundo real. Aunque, en función de lo que se entienda sobre qué es un robot, quizá ya formen parte de nuestras vidas desde hace muchas décadas. Así que, ¿qué es exactamente un robot?

Aunque ni siquiera los ingenieros en robótica cuentan con una definición universalmente aceptada de lo que es (o no es) un robot, es muy posible que la mayoría de ellos estuvieran de acuerdo con esta definición tan básica: un robot es un dispositivo que puede sentir, pensar y actuar. Esto significa que puede percibir su entorno, tomar decisiones a partir de lo que ve y, como resultado, hacer algo que modifique el mundo que lo rodea.

Si se profundiza más, la definición empieza a complicarse. Los robots sirvientes del cine de ciencia ficción de la década de 1950 (ver Robby el Robot, págs. 166-167) aún no existen, aunque hay dispositivos inteligentes autónomos que desempeñan muchas de sus tareas. Incluso algunos de los electrodomésticos más antiguos, como los termostatos, cumplen los criterios de sentir, pensar y actuar (aunque de un modo muy simple) y actuar autónomamente. Por el contrario, muchas de las cosas que tienen un aspecto más parecido al que esperaríamos de un robot (como la mayoría de cuadricópteros y de robots militares) en realidad están controladas a distancia por una persona, por lo que no encajan con la definición tradicional de robot.

En la práctica, el término «robot» significa cosas distintas en distintos contextos y abarca las múltiples maneras en que los seres humanos usan los automatismos en la actualidad. Una buena analogía sería el término «animal», que comprende una extraordinaria variedad de seres, desde microbios a elefantes.

UN ECOSISTEMA DE ROBOTS

El mundo de los robots se caracteriza por la especialización, al igual que la naturaleza. Los ingenieros en robótica pueden ser increíblemente creativos con sus diseños, a los que dan forma de modo que satisfagan las necesidades de un proyecto concreto o aprovechen una nueva tecnología. Hay robots con aspecto humano. Hay robots que recuerdan a animales y robots que no se parecen a nada de lo que podamos encontrar en la naturaleza. Los robots pueden ser microscópicos o gigantescos. Pueden ser más fuertes y más rápidos que nosotros y, en algunos aspectos, incluso más inteligentes.

A pesar de lo lejos que ha llegado la tecnología (ver ASIMO, más abajo), la tecnología aún tiene mucho camino que recorrer. Aunque los robots de las páginas siguientes muestran la innovación más puntera y digna de récord, todavía no pueden igualar la inteligencia o la adaptabilidad de un niño de dos o tres años. Sin embargo, durante los próximos años, estos récords se irán sucediendo cada vez a mayor velocidad, con generaciones de robots cada vez más rápidos, fuertes e inteligentes.

Recuerda que, tengan el aspecto que tengan, los robots están diseñados para ayudarnos. Desempeñan tareas monótonas, aburridas, sucias, molestas y peligrosas para el ser humano y, aunque aún han de mejorar mucho, ya hay robots asombrosos que se esfuerzan para lograr que nuestra vida sea mejor.

EVAN ACKERMAN, PERIODISTA DE ROBÓTICA

Evan Ackerman es el asesor de robótica de GWR y hace más de una década que escribe sobre este tema. En 2007, empezó su propio blog de robótica y ahora escribe para la revista *IEEE Spectrum*.

¿Cuál fue tu primera experiencia con los robots?
Cuando empecé a escribir acerca de ellos no sabía mucho del tema, pero recuerdo que, cuando asistí a mi primera convención de robótica, me quedé asombrado al ver la cantidad de robots distintos que existían. Y sigo siendo asombroso; por eso sigo escribiendo acerca de ello.

tienen nuestro sentido común, por lo que les resulta muy difícil adaptarse a situaciones nuevas o entender cosas para cuya comprensión no han sido programados específicamente.

¿Debería preocuparme que los robots puedan quitarme el empleo o dominar el mundo?
¡Lo más probable es que no! Algunos trabajos cambiarán a medida que los robots se vayan haciendo más útiles, pero las máquinas no sustituirán a la mayoría de humanos en un futuro cercano. Y tampoco es demasiado probable que conquisten el mundo... a no ser que los programemos para ello.

¿Cómo podría conseguir mi propio robot?
Los robots aspiradores, como la Roomba, son una manera muy sencilla de incluir un robot útil en la vida cotidiana. Si lo que quieres es construirlo tú mismo, una buena idea sería empezar por un kit de robótica sencillo que también te enseñe a programar.

¿Tienes algún robot preferido?
Me encantan todos por igual, aunque sí, hay alguno al que quizá mire con un poco más de cariño... Me gustan especialmente Keepon (un achuchable robot bailarín de color amarillo), PR2 (un robot de investigación con dos brazos) y mis cinco Roombas.

¿Por qué a los robots se les dan tan mal algunas de las cosas que para las personas son muy sencillas?
Los seres humanos contamos con toda una vida de experiencia que nos ayuda a entender el mundo que nos rodea. Los robots, no. Pueden aprender a hacer cosas específicas muy bien, pero no

BionicOpter

Int-Ball de JAXA

Boston Dynamics

Los robots se muestran a escala. El P2 media 182 cm de altura.

ASIMO

2000-

P3

1993-97

P2

P1

E5

1991-93

E1

1987-91

E0

1986

Kengoro

Robby el Robot

Robocar

Atlas

ASIMO

ASIMO, de Honda Research (Japón) es uno de los robots humanoides más reconocibles. El grupo trabaja en robots humanoides desde 1986 y los primeros fueron unos robots bípedos conocidos como la serie «E»; luego llegaron los humanoides de la serie «P» y, el año 2000, la famosa plataforma ASIMO. En 2019, unos 33 años después de que E0 diera sus primeros pasos, la empresa sigue activamente implicada en la investigación de robots humanoides (ver pág. 152), en lo que es el **programa de desarrollo de robots humanoides más prolongado.**

DARPA ALV

En 1985, DARPA (ver página siguiente) presentó el ALV (vehículo terrestre autónomo, por sus siglas en inglés), el primer vehículo autónomo de manera continua a velocidades útiles. El ALV navegaba gracias a una combinación de escáneres láser y cámaras, similar a la empleada por la actual generación de coches sin conductor. Provisto de ocho grandes ruedas, podía circular por pistas de tierra, por la noche y con lluvia o nieve.

VEHÍCULO DE REPARTO AUTÓNOMO STARSHIP

Para los vehículos robóticos más pequeños, las aceras pueden ser una excelente manera de moverse por ciudades y áreas residenciales. Los robots de Starship Technologies recogen artículos pequeños de las tiendas locales y los entregan dentro de un radio de unos pocos kilómetros utilizando una serie de sensores que les permiten circular de forma autónoma, evitar a los peatones, detenerse en los semáforos y utilizar los pasos de cebra. Estos robots han sido probados en 100 ciudades, donde han realizado 20.000 entregas y recorrido más de 201.000 km.

COCHES AUTÓNOMOS WAYMO

En octubre de 2018, los coches robóticos de Waymo sumaban 16 millones de km transitados por carreteras públicas, la **mayor distancia total recorrida por automóviles sin conductor**. Waymo, que se escindió de Google en 2016, ha probado vehículos autónomos en 25 ciudades de EE.UU., y ha experimentado con distintas condiciones de conducción. Las pruebas en el mundo real son la mejor forma para que los vehículos autónomos aprendan a conducir con seguridad, pero Waymo también está probando con simuladores: ¡sus coches virtuales recorren 16 millones de km por ciudades virtuales todos los días!

TAXI AUTÓNOMO NUTONOMY

En 2016, nuTonomy lanzó en Singapur el **primer servicio de taxi autónomo**. A través de una aplicación, se puede llamar a seis vehículos robóticos y emplearlos para moverse por el distrito comercial One-North, lo que reduce la dependencia de los vehículos particulares. De media, un automóvil pasa el 95 % del tiempo estacionado, y nuTonomy espera que, algún día, los taxis autónomos, que pasan la mayor parte del tiempo circulando, reduzcan en más de dos tercios el número de automóviles en las carreteras de Singapur.

LA SENDA HACIA LOS COCHES AUTÓNOMOS

ROBOTS

ROBOCAR

Los coches autónomos son los robots que, más probablemente, cambiarán nuestras vidas en un futuro próximo. En ciudades como Los Ángeles, los conductores dedican de media cerca de una hora en desplazamientos todos los días; si sus coches fueran capaces de funcionar solos, podrían dedicar ese tiempo a trabajar, relajarse o simplemente dormir.

Muchas tecnologías automotrices importantes empezaron a desarrollarse para ser usadas en deportes de motor, y los sistemas de conducción autónomos pueden aprender mucho de los rigores de la competición. A la cabeza de los avances en este campo se encuentra el Robocar, un vehículo autónomo futurista de la empresa emergente británica Roborace que actualmente se está probando en la Fórmula E, en la que compiten vehículos eléctricos.

El Robocar reemplaza al conductor humano con un sistema de inteligencia artificial que se ejecuta en la plataforma NVIDIA Drive PX2 que lleva incorporada. Las decisiones del robot se basan en los datos que le proporcionan un radar, cámaras LIDAR y el GPS. Por ahora, el coche sigue siendo un poco más lento que los vehículos conducidos por personas, pero su rendimiento no deja de mejorar. El 21 de marzo de 2019, Roborace demostró el impresionante ritmo de su vehículo cuando logró que alcanzara los 282,42 km/h, según confirmó la UK Timing Association, en Elvington, Yorkshire, R.U., lo

que supone el récord del ▶ **vehículo autónomo más rápido**.

Al final, las lecciones aprendidas en los circuitos pueden determinar el diseño de sistemas autónomos en vías públicas. Al calcular cómo tomar con seguridad un giro muy cerrado a alta velocidad, o al identificar cuándo los neumáticos pierden tracción, los vehículos con sistemas de inteligencia artificial aprenderán a conducir mejor que la mayoría de las personas, en especial en situaciones peligrosas.

En un futuro no tan lejano, la gente podrá subirse a un vehículo autónomo y disfrutar de las habilidades de un piloto de carreras virtual si surge un imprevisto.

EL GRAN DESAFÍO DE DARPA

En 2004 y 2005, la Agencia de Proyectos de Investigación Avanzados de Defensa de EE.UU. (DARPA) organizó carreras de vehículos autónomos en el desierto de Mojave. Estas competiciones atrajeron a equipos de todo el mundo (en la imagen de abajo, el *Sandstorm*, de la Universidad Carnegie Mellon) y dieron pie a una nueva ola de investigaciones con vehículos autónomos. Muchas empresas del sector actualmente activas tienen su origen en los equipos que participaron en estas pruebas.

EL PRIMER COCHE AUTÓNOMO EN COMPLETAR EL ASCENSO AL MONTE GOODWOOD

El 13 de julio de 2018, el Robocar recorrió los 1,86 km del ascenso al monte Goodwood, en West Sussex, R.U., en 1 min y 15 s. Este coche sin conductor fue diseñado por Daniel Simon (Alemania) y desarrollado por Roborace (R.U.). El recorrido discurre por una carretera sinuosa y combada (ligeramente convexa) que atraviesa un parque natural, y supone un gran desafío para un coche guiado por inteligencia artificial. El trazado no cuenta con marcas viales claras y los árboles que lo bordean hacen que los niveles de luz varíen a lo largo del recorrido. Los árboles también hacen que la navegación por GPS sea intermitente e imprevisible.

Una antena de radio y una cámara de 360° en la parte superior forman parte del sistema de navegación del vehículo.

El Robocar utiliza el GPS para monitorear su posición y compara los datos con un plano de la carretera elaborado durante los ensayos.

La rejilla de ventilación hace que la batería de 58 kWh del Robocar se mantenga a la temperatura ideal.

La carrocería del coche está hecha con fibra de carbono.

Cada rueda cuenta con su propio motor eléctrico. Juntos generan una potencia de más de 540 kW (720 CV).

Los extremos de los parachoques delanteros, los costados y la parte trasera cuentan con dispositivos LIDAR, unos sensores que miden distancias mediante haces láser.

El radar delantero está ubicado en el interior del morro. En la parte trasera hay instalado otro radar.

ROBORACE

149

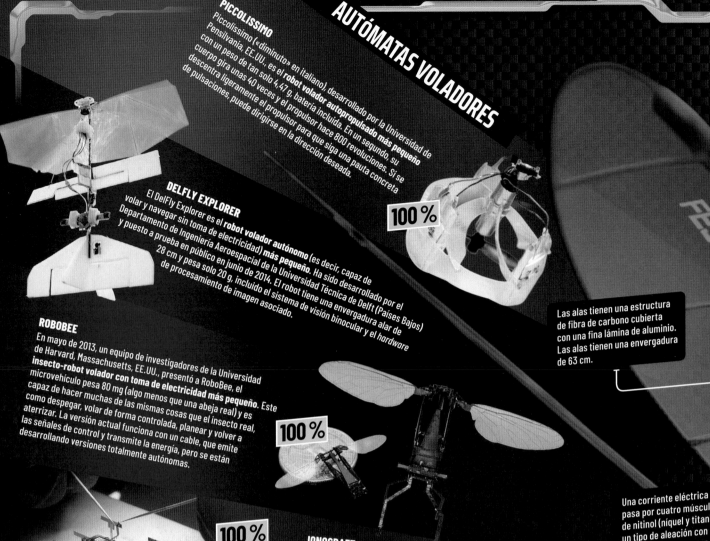

PICCOLISSIMO

Piccolissimo («diminuto» en italiano), desarrollado por la Universidad de Pensilvania, EE.UU., es el **robot volador autopropulsado más pequeño**. En un segundo, su cuerpo gira unas 40 veces y el propulsor hace 800 revoluciones. Si se descentra ligeramente el propulsor para que siga una pauta concreta de pulsaciones, puede dirigirse en la dirección deseada.

DELFLY EXPLORER

El DelFly Explorer es el **robot volador autónomo** (es decir, capaz de volar y navegar sin toma de electricidad) **más pequeño**. Ha sido desarrollado por el Departamento de Ingeniería Aeroespacial de la Universidad Técnica de Delft (Países Bajos) y puesto a prueba en público en junio de 2014. El robot tiene una envergadura alar de 28 cm y pesa solo 20 g, incluido el sistema de visión binocular y el hardware de procesamiento de imagen asociado.

ROBOBEE

En mayo de 2013, un equipo de investigadores de la Universidad de Harvard, Massachusetts, EE.UU., presentó a RoboBee, el **insecto-robot volador con toma de electricidad más pequeño.** Este microvehículo pesa 80 mg (algo menos que una abeja real) y es capaz de hacer muchas de las mismas cosas que el insecto real, como despegar, volar de forma controlada, planear y volver a aterrizar. La versión actual funciona con un cable, que emite las señales de control y transmite la energía, pero se están desarrollando versiones totalmente autónomas.

100 %

100 %

100 %

IONOCRAFT

Los insectos han servido de inspiración para producir robots voladores cada vez más pequeños, pero es posible que otra tecnología permita poder reducirlos todavía más. Un ionocraft, o dron propulsado por iones, carece de partes móviles. Lo que hace es generar plasma, que crea un flujo de aire para elevarlo. En un artículo publicado el 6 de junio de 2018, la Universidad de California, Berkeley, EE.UU., presentó el **ionocraft más pequeño**, un dron de tan solo 4 cm² de tamaño y 67 mg de peso.

Las alas tienen una estructura de fibra de carbono cubierta con una fina lámina de aluminio. Las alas tienen una envergadura de 63 cm.

Una corriente eléctrica pasa por cuatro músculos de nitinol (níquel y titanio), un tipo de aleación con memoria de forma, que permiten el movimiento de la cola y la cabeza.

ROBOTS

BIONICOPTER

Festo, una empresa alemana de automatismos, experimenta desde el año 2006 con distintos robots biónicos para estudiar cómo el diseño inspirado en animales podría beneficiar a los sistemas mecánicos. Ha desarrollado enjambres de hormigas mecánicas, gaviotas y mariposas robóticas e incluso un robot canguro.

BionicOpter es el **insecto-robot volador más grande:** una libélula mecanizada impresa en 3D, cuyo diseño imita los complejos movimientos de su referente real. Las libélulas son unos de los aviadores más ágiles y hábiles del planeta y atrapan al 95 % de las presas que persiguen. En contraste, los leones, solo tienen éxito el

30 % de las veces. Estos insectos deben parte de su habilidad a la estructura del cuerpo y de las alas, que les permite ejecutar maniobras imposibles para la mayoría de pájaros, como volar horizontalmente o planear sin moverse del sitio. Los pájaros tienden a volar como los aviones, generando impulso ascendente con unas alas que tienen forma de alerón. Por el contrario, los insectos aletean con gran rapidez para empujar el aire hacia abajo y ascender.

El BionicOpter tiene dos pares de alas, como las libélulas de verdad, que se pueden controlar de forma independiente. Modificar la dirección y la intensidad del impulso de cada ala permite mover el robot en cualquier dirección. Aunque suena muy complicado, los sistemas integrados

del aparato hacen la mayor parte del trabajo. Podrías controlar el BionicOpter con solo un teléfono inteligente (y algo de práctica). Tiene una envergadura alar de 63 cm y solo pesa 175 g. Para ahorrar peso, la cabeza y la cola están controladas por aleaciones de memoria de forma (AMF), unos cables de metal que se encogen con el calor y se expanden con el frío.

Integrar todos estos sistemas electrónicos y mecánicos en un robot que vuela y que parece una libélula de verdad es una hazaña extraordinaria. Y es posible que, en el futuro, podamos usar la información conseguida en su desarrollo para construir drones ágiles capaces de circular por espacios repletos de gente u obstáculos.

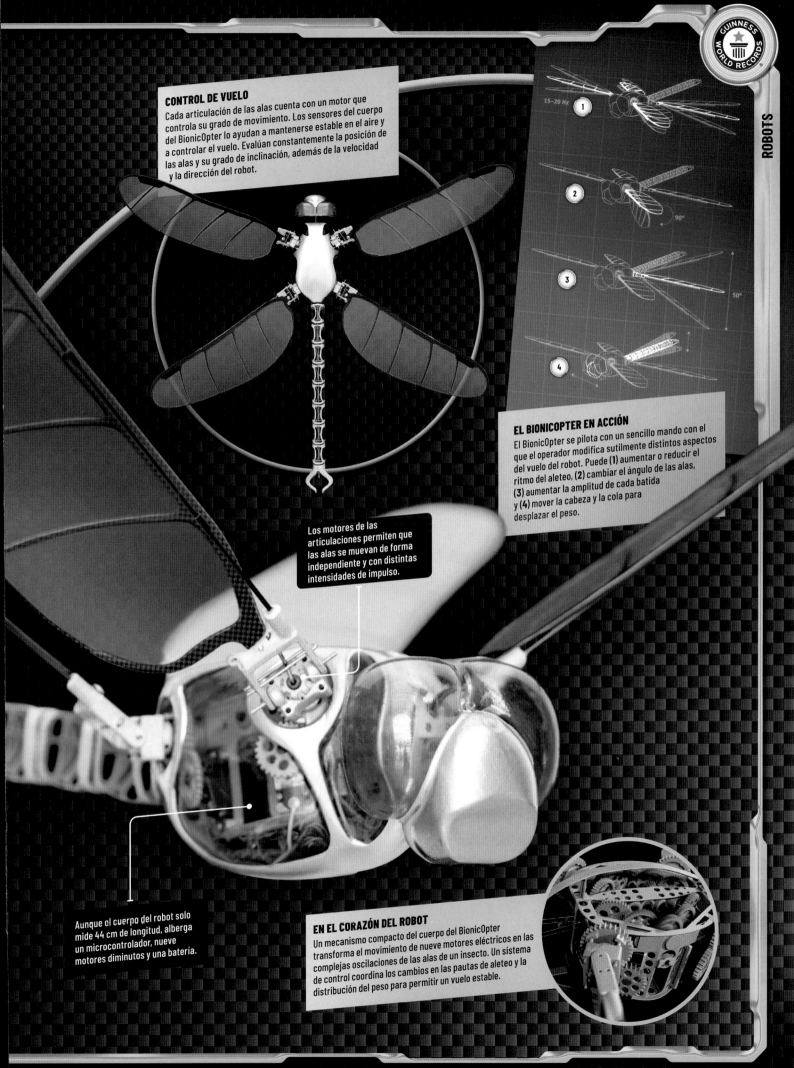

CONTROL DE VUELO

Cada articulación de las alas cuenta con un motor que controla su grado de movimiento. Los sensores del cuerpo del BionicOpter lo ayudan a mantenerse estable en el aire y a controlar el vuelo. Evalúan constantemente la posición de las alas y su grado de inclinación, además de la velocidad y la dirección del robot.

15–20 Hz
1
2
90°
3
50°
4

EL BIONICOPTER EN ACCIÓN

El BionicOpter se pilota con un sencillo mando con el que el operador modifica sutilmente distintos aspectos del vuelo del robot. Puede (1) aumentar o reducir el ritmo del aleteo, (2) cambiar el ángulo de las alas, (3) aumentar la amplitud de cada batida y (4) mover la cabeza y la cola para desplazar el peso.

Los motores de las articulaciones permiten que las alas se muevan de forma independiente y con distintas intensidades de impulso.

Aunque el cuerpo del robot solo mide 44 cm de longitud, alberga un microcontrolador, nueve motores diminutos y una batería.

EN EL CORAZÓN DEL ROBOT

Un mecanismo compacto del cuerpo del BionicOpter transforma el movimiento de nueve motores eléctricos en las complejas oscilaciones de las alas de un insecto. Un sistema de control coordina los cambios en las pautas de aleteo y la distribución del peso para permitir un vuelo estable.

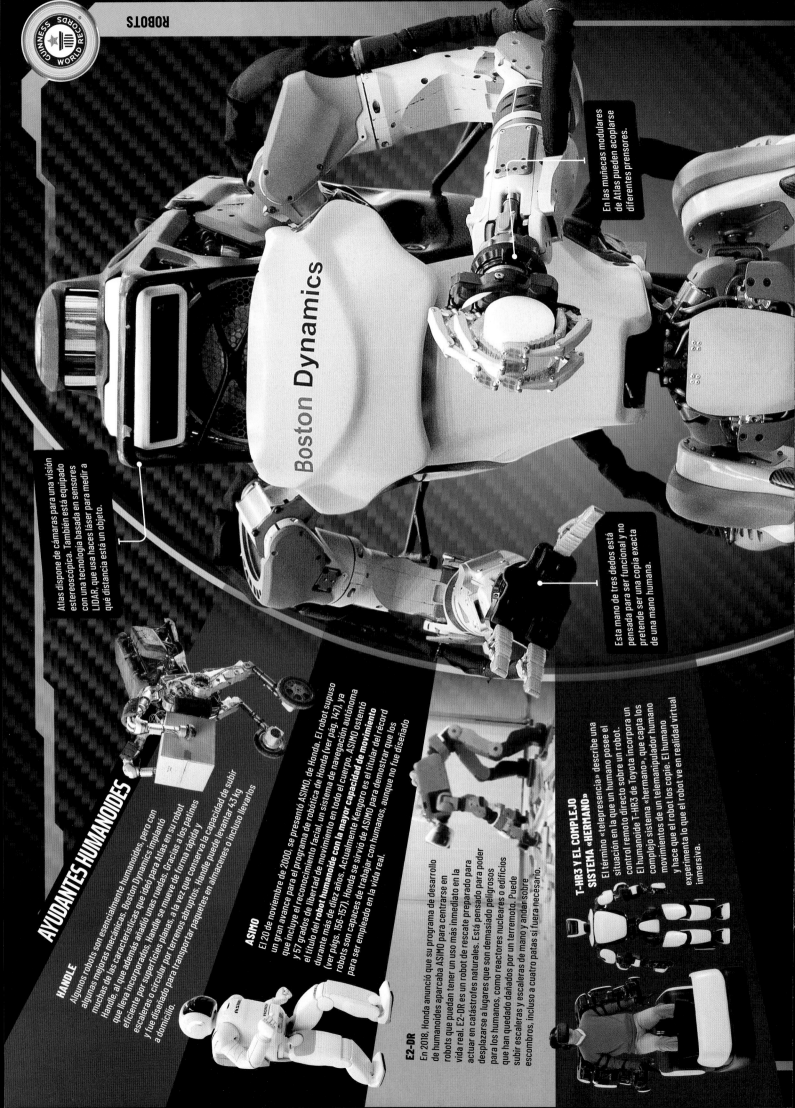

Atlas dispone de cámaras para una visión estereoscópica. También está equipado con una tecnología basada en sensores LIDAR, que usa haces láser para medir a qué distancia está un objeto.

Boston Dynamics

En las muñecas modulares de Atlas pueden acoplarse diferentes prensores.

Esta mano de tres dedos está pensada para ser funcional y no pretende ser una copia exacta de una mano humana.

AYUDANTES HUMANOIDES

HANDLE

Algunos robots son esencialmente humanoides, pero con algunas mejoras robóticas. Boston Dynamics implantó muchas de las características mecánicas de Atlas en su robot Handle, al que llevó además unas ruedas. Gracias a los patines que lleva incorporados, Handle se mueve de forma rápida y eficiente por superficies planas, a la vez que conserva la capacidad de subir escaleras o circular por terrenos abruptos. Handle puede levantar 43 kg y fue diseñado para transportar paquetes en almacenes o incluso llevarlos a domicilio.

ASIMO

El 20 de noviembre de 2000, se presentó ASIMO, de Honda. El robot supuso un gran avance para el programa de robótica de Honda (ver pág. 147), ya que incluye el reconocimiento facial, un sistema de navegación autónoma y 57 grados de libertad de movimiento en todo el cuerpo. ASIMO ostentó el título del **robot humanoide con la mayor capacidad de movimiento** durante más de diez años. Actualmente Kengoro es el titular del récord (ver págs. 156-157). Honda se sirvió de ASIMO para demostrar que los robots son capaces de trabajar con humanos, aunque no fue diseñado para ser empleado en la vida real.

E2-DR

En 2018, Honda anunció que su programa de desarrollo de humanoides aparcaba ASIMO para centrarse en robots que puedan tener un uso más inmediato en la vida real. E2-DR es un robot de rescate preparado para actuar en catástrofes naturales. Está pensado para poder desplazarse a lugares que son demasiado peligrosos para los humanos, como reactores nucleares o edificios que han quedado dañados por un terremoto. Puede subir escaleras y escaleras de mano y andar sobre escombros, incluso a cuatro patas si fuera necesario.

T-HR3 Y EL COMPLEJO SISTEMA «HERMANO»

El término «telepresencia» describe una situación en la que un humano posee el control remoto directo sobre un robot. El humanoide T-HR3 de Toyota incorpora un complejo sistema «hermano», que capta los movimientos de un telemanipulador humano y hace que el robot los copie. El humano y el robot ve en realidad virtual experimenta lo que el robot ve en realidad virtual inmersiva.

Como las manos, los pies planos, que parecen aletas, son puramente funcionales y su aspecto dista mucho del de los pies humanos.

Los sensores de las piernas hidráulicas de Atlas ayudan al robot a mantener el equilibrio.

Boston Dynamics usó la impresión 3D para integrar sistemas clave, tales como actuadores hidráulicos, directamente en las extremidades del robot. Esto reduce el número de piezas sueltas que se requieren y la cantidad de espacio desaprovechado, y posibilita que Atlas sea más ligero y compacto.

EL ROBOT HUMANOIDE BÍPEDO CON UN MODO DE ANDAR MÁS EFICIENTE

DURUS fue creado en 2016 por AMBER Lab (EE. UU.) y luego se ubicó en el Instituto de Tecnología de Georgia. En las pruebas rutinarias, el robot registró un coste de transporte (CoT) de 1,02. Una cifra baja en el coste de transporte implica un sistema más eficiente, que permite el desplazamiento a mayor distancia con un gasto de energía menor. El rendimiento del CoT para los humanos es de alrededor de un 0,2 para andar y de un 0,8 para correr.

El reto robótico de DARPA finalizó en 2015, pero Boston Dynamics siguió perfeccionando el *hardware* de Atlas a la vez que le enseñaba a hacer cosas nuevas. A principios de 2016, presentó una versión más hábil de Atlas, capaz de circular por una superficie irregular, transportar objetos pesados y levantarse tras un tropiezo. Más adelante, Atlas aprendió a correr y a saltar, e incluso se convirtió en el **primer robot humanoide en dar un salto mortal hacia atrás** (ver arriba), lo que lo convierte en uno de los robots humanoides más dinámicos que se han construido en la historia.

EL PRIMER SALTO MORTAL HACIA ATRÁS DE UN ROBOT BÍPEDO

Boston Dynamics, la empresa que construyó Atlas, mantiene en riguroso secreto sus proyectos de investigación. La mayoría de sus recientes progresos se han presentado al mundo a través de vídeos de YouTube cortos y enigmáticos. Hemos visto a Atlas ordenando cajas muy pesadas en un almacén (a la izquierda), corriendo por el campus de Boston Dynamics (abajo a la derecha) y, el 17 de noviembre de 2017, realizando un salto mortal hacia atrás, algo sin precedentes en un robot humanoide de tamaño real (abajo a la izquierda). Esta última hazaña, que requirió muchos intentos hasta lograrse, fue una auténtica demostración de la velocidad, fuerza y coordinación de Atlas.

ATLAS

ROBOTS

Desarrollar robots humanoides supone un reto de gran envergadura. Ahora bien, si queremos que los robots nos ayuden a trabajar, rescaten personas tras una catástrofe natural y nos cuiden cuando nos hagamos mayores, les será más fácil desempeñarse en lugares diseñados para las personas si presentan una forma humana.

A corto plazo, será posible crear robots más sencillos que los humanos en algunos aspectos. Por ejemplo, tener solo uno o dos dedos puede ser suficiente para algunas tareas. También se pueden diseñar con características que los humanos no poseen, como la capacidad de sustituir partes de su cuerpo con herramientas especializadas. Esto será fundamental cuando se usen para trabajos en el mundo real.

En 2012, la Agencia de Proyectos de Investigación Avanzados de Defensa de EE. UU. (DARPA) anunció dos retos robóticos con el propósito de demostrar que la tecnología robótica se puede emplear para afrontar grandes catástrofes. Para ganar el reto, los robots debían realizar tareas como limpiar escombros, usar herramientas eléctricas y conducir vehículos. DARPA escogió a Boston Dynamics para crear un robot estándar para el concurso, y en 2013 se presentó la primera generación del robot Atlas.

Atlas emplea unos pistones hidráulicos compactos para mover las extremidades, y es mucho más potente que aquellos que funcionan con motores eléctricos. La versión final de Atlas para DARPA medía 1,9 m de altura y pesaba 156 kg, y podía levantarse por sí solo si se caía.

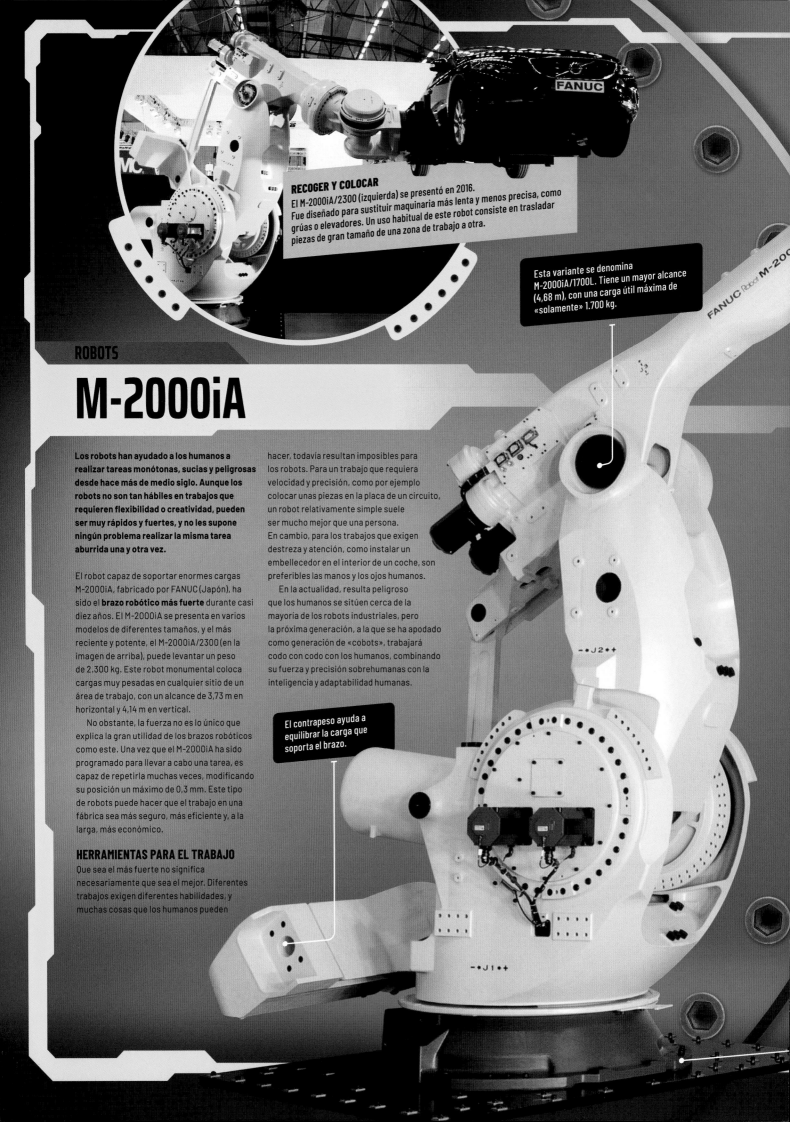

RECOGER Y COLOCAR

El M-2000iA/2300 (izquierda) se presentó en 2016. Fue diseñado para sustituir maquinaria más lenta y menos precisa, como grúas o elevadores. Un uso habitual de este robot consiste en trasladar piezas de gran tamaño de una zona de trabajo a otra.

Esta variante se denomina M-2000iA/1700L. Tiene un mayor alcance (4,68 m), con una carga útil máxima de «solamente» 1.700 kg.

M-2000iA

Los robots han ayudado a los humanos a realizar tareas monótonas, sucias y peligrosas desde hace más de medio siglo. Aunque los robots no son tan hábiles en trabajos que requieren flexibilidad o creatividad, pueden ser muy rápidos y fuertes, y no les supone ningún problema realizar la misma tarea aburrida una y otra vez.

El robot capaz de soportar enormes cargas M-2000iA, fabricado por FANUC (Japón), ha sido el **brazo robótico más fuerte** durante casi diez años. El M-2000iA se presenta en varios modelos de diferentes tamaños, y el más reciente y potente, el M-2000iA/2300 (en la imagen de arriba), puede levantar un peso de 2.300 kg. Este robot monumental coloca cargas muy pesadas en cualquier sitio de un área de trabajo, con un alcance de 3,73 m en horizontal y 4,14 m en vertical.

No obstante, la fuerza no es lo único que explica la gran utilidad de los brazos robóticos como este. Una vez que el M-2000iA ha sido programado para llevar a cabo una tarea, es capaz de repetirla muchas veces, modificando su posición un máximo de 0,3 mm. Este tipo de robots puede hacer que el trabajo en una fábrica sea más seguro, más eficiente y, a la larga, más económico.

HERRAMIENTAS PARA EL TRABAJO

Que sea el más fuerte no significa necesariamente que sea el mejor. Diferentes trabajos exigen diferentes habilidades, y muchas cosas que los humanos pueden hacer, todavía resultan imposibles para los robots. Para un trabajo que requiera velocidad y precisión, como por ejemplo colocar unas piezas en la placa de un circuito, un robot relativamente simple suele ser mucho mejor que una persona. En cambio, para los trabajos que exigen destreza y atención, como instalar un embellecedor en el interior de un coche, son preferibles las manos y los ojos humanos.

En la actualidad, resulta peligroso que los humanos se sitúen cerca de la mayoría de los robots industriales, pero la próxima generación, a la que se ha apodado como generación de «cobots», trabajará codo con codo con los humanos, combinando su fuerza y precisión sobrehumanas con la inteligencia y adaptabilidad humanas.

El contrapeso ayuda a equilibrar la carga que soporta el brazo.

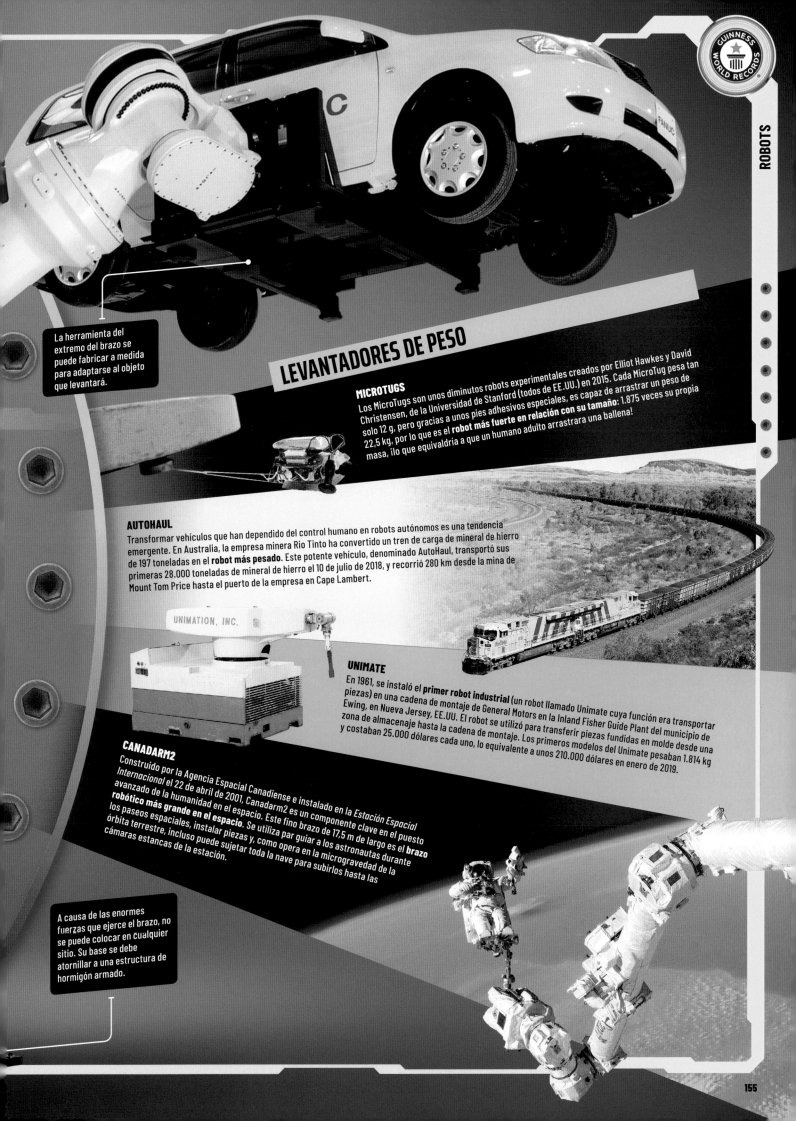

La herramienta del extremo del brazo se puede fabricar a medida para adaptarse al objeto que levantará.

LEVANTADORES DE PESO

MICROTUGS

Los MicroTugs son unos diminutos robots experimentales creados por Elliot Hawkes y David Christensen, de la Universidad de Stanford (todos de EE.UU.) en 2015. Cada MicroTug pesa tan solo 12 g, pero gracias a unos pies adhesivos especiales, es capaz de arrastrar un peso de 22,5 kg, por lo que es el **robot más fuerte en relación con su tamaño**: 1.875 veces su propia masa, ¡lo que equivaldría a que un humano adulto arrastrara una ballena!

AUTOHAUL

Transformar vehículos que han dependido del control humano en robots autónomos es una tendencia emergente. En Australia, la empresa minera Rio Tinto ha convertido un tren de carga de mineral de hierro de 197 toneladas en el **robot más pesado**. Este potente vehículo, denominado AutoHaul, transportó sus primeras 28.000 toneladas de mineral de hierro el 10 de julio de 2018, y recorrió 280 km desde la mina de Mount Tom Price hasta el puerto de la empresa en Cape Lambert.

UNIMATE

En 1961, se instaló el **primer robot industrial** (un robot llamado Unimate cuya función era transportar piezas) en una cadena de montaje de General Motors en la Inland Fisher Guide Plant del municipio de Ewing, en Nueva Jersey, EE.UU. El robot se utilizó para transferir piezas fundidas en molde desde una zona de almacenaje hasta la cadena de montaje. Los primeros modelos del Unimate pesaban 1.814 kg y costaban 25.000 dólares cada uno, lo equivalente a unos 210.000 dólares en enero de 2019.

CANADARM2

Construido por la Agencia Espacial Canadiense e instalado en la Estación Espacial Internacional el 22 de abril de 2001, Canadarm2 es un componente clave en el puesto avanzado de la humanidad en el espacio. Este fino brazo de 17,5 m de largo es el **brazo robótico más grande en el espacio**. Se utiliza par guiar a los astronautas durante los paseos espaciales, instalar piezas y, como opera en la microgravedad de la órbita terrestre, incluso puede sujetar toda la nave para subirlos hasta las cámaras estancas de la estación.

A causa de las enormes fuerzas que ejerce el brazo, no se puede colocar en cualquier sitio. Su base se debe atornillar a una estructura de hormigón armado.

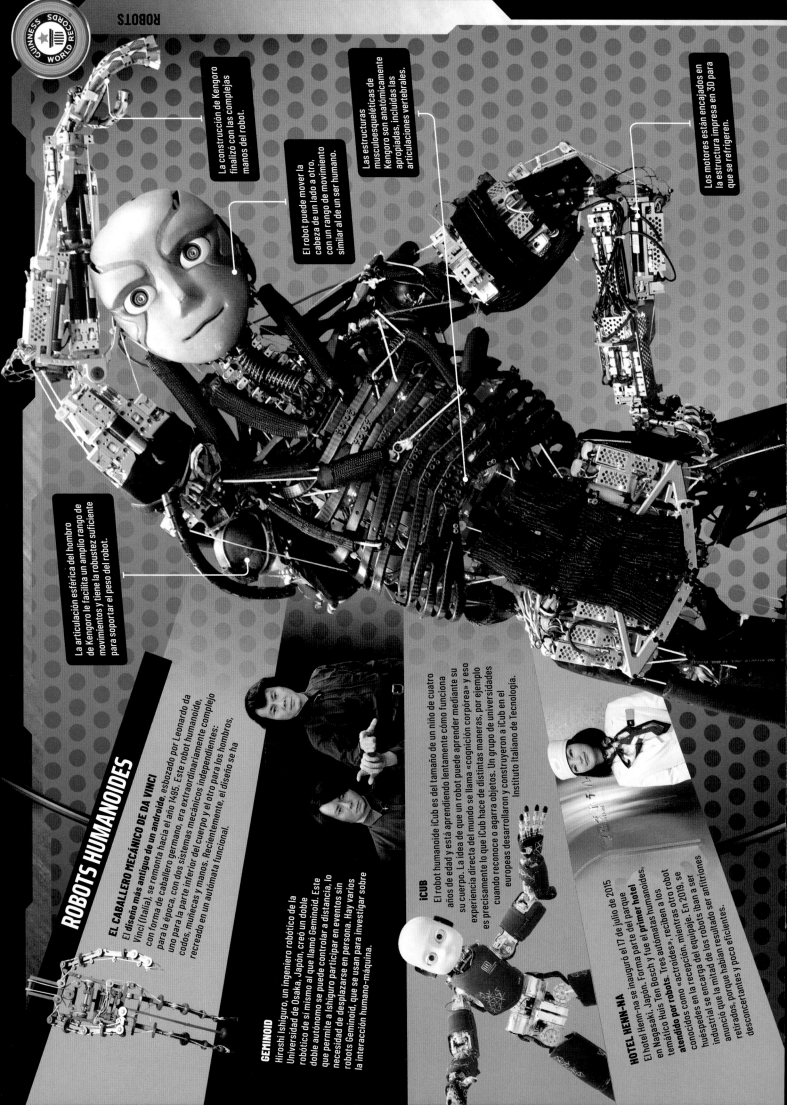

La construcción de Kengoro finalizó con las complejas manos del robot.

El robot puede mover la cabeza de un lado a otro, con un rango de movimiento similar al de un ser humano.

Las estructuras musculoesqueléticas de Kengoro son anatómicamente apropiadas, incluidas las articulaciones vertebrales.

Los motores están encajados en la estructura impresa en 3D para que se refrigeren.

La articulación esférica del hombro de Kengoro le facilita un amplio rango de movimientos y tiene la robustez suficiente para soportar el peso del robot.

ROBOTS HUMANOIDES

EL CABALLERO MECÁNICO DE DA VINCI

El diseño más antiguo de **un androide**, esbozado por Leonardo da Vinci (Italia), se remonta hacia el año 1495. Este robot humanoide, con forma de caballero germano, era extraordinariamente complejo para la época, con dos sistemas mecánicos independientes: uno para la parte inferior del cuerpo y el otro para los hombros, codos, muñecas y manos. Recientemente, el diseño se ha recreado en un autómata funcional.

GEMINOID

Hiroshi Ishiguro, un ingeniero robótico de la Universidad de Osaka, Japón, creó un doble robótico de sí mismo al que llamó Geminoid. Este doble autónomo se puede controlar a distancia, lo que permite a Ishiguro participar en eventos sin necesidad de desplazarse en persona. Hay varios robots Geminoid, que se usan para investigar sobre la interacción humano-máquina.

iCUB

El robot humanoide iCub es del tamaño de un niño de cuatro años de edad y está aprendiendo lentamente cómo funciona su cuerpo. La idea de que un robot puede aprender mediante su experiencia directa del mundo se llama «cognición corpórea» y eso es precisamente lo que iCub hace de distintas maneras, por ejemplo cuando reconoce o agarra objetos. Un grupo de universidades europeas desarrollaron y construyeron a iCub en el Instituto Italiano de Tecnología.

HOTEL HENN-NA

El hotel Henn-na se inauguró el 17 de julio de 2015 y fue el **primer hotel atendido por robots**. Forma parte del parque temático Huis Ten Bosch, en Nagasaki, Japón. Tres autómatas humanoides, conocidos como «actroides», reciben a los huéspedes como «actroides», mientras otro robot se encarga de la recepción. En 2019, se anunció que la mitad de los robots iban a ser retirados, porque habían resultado ser poco eficientes, industrial se encarga del equipaje. Iban a ser anfitriones desconcertantes y poco eficientes.

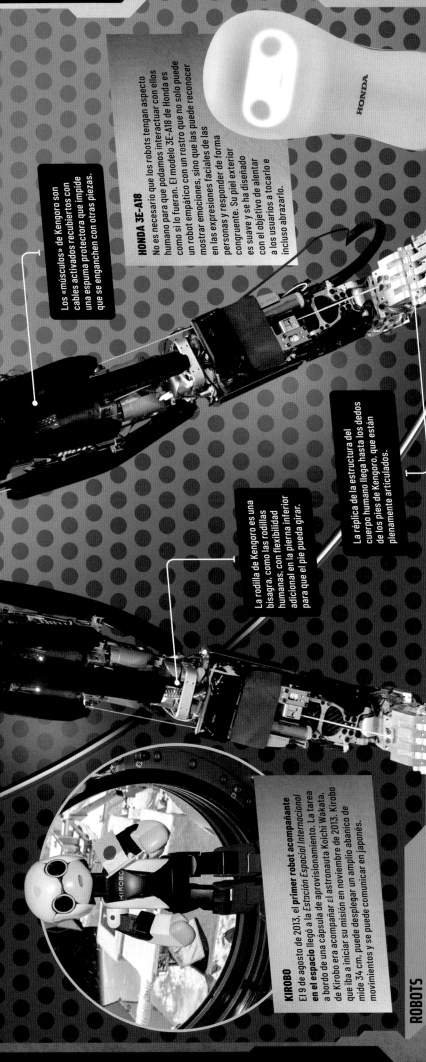

Los «músculos» de Kengoro son cables activados recubiertos con ellos una espuma protectora que impide que se enganchen con otras piezas.

HONDA 3E-A18

No es necesario que los robots tengan aspecto humano para que podamos interactuar con ellos como si lo fueran. El modelo 3E-A18 de Honda es un robot empático con un rostro que no solo puede mostrar emociones, sino que las puede reconocer en las expresiones faciales de las personas y responder de forma congruente. Su piel exterior es suave y se ha diseñado con el objetivo de alentar a los usuarios a tocarlo e incluso abrazarlo.

MÁS FLEXIONES CONSECUTIVAS DE UN ROBOT HUMANOIDE

En 2016, Kengoro, el robot de 167 cm de altura de la Universidad de Tokio, realizó cinco flexiones seguidas. La hazaña formó parte de una prueba para comprobar el sistema de refrigeración por evaporación de Kengoro, y los resultados se presentaron el 10 de octubre de 2016 en la Conferencia Internacional sobre Robots y Sistemas Inteligentes en Daedeok, Corea del Sur.

La rodilla de Kengoro es una bisagra, como las rodillas humanas, con flexibilidad adicional en la pierna inferior para que el pie pueda girar.

La réplica de la estructura del cuerpo humano llega hasta los dedos de los pies de Kengoro, que están plenamente articulados.

ROBOTS

KENGORO

KIROBO

El 9 de agosto de 2013, el **primer robot acompañante en el espacio llegó a la Estación Espacial Internacional** a bordo de una cápsula de aprovisionamiento. La tarea de Kirobo era acompañar al astronauta Koichi Wakata, que iba a iniciar su misión en noviembre de 2013. Kirobo que mide 34 cm, puede desplegar un amplio abanico de movimientos y se puede comunicar en japonés.

Dotar a los robots de brazos y piernas es una buena manera de ayudarlos a moverse en entornos construidos para seres humanos, pero la mayoría de los robots humanoides no tienen exactamente el mismo aspecto ni actúan como nosotros. El cuerpo humano es muy complejo y, para la mayoría de tareas, no es necesario que los robots imiten ni su estructura ni su aspecto.

Los robots que cuentan con ciertas características humanas recibe¯ el nombre de «antropomórficos», y los diseñados para ser exactamente como sea posible al ser humano se llaman «androides». Por ejemplo, muchos robots tienen pinzas de dos dedos para agarrar objetos, pero algunos cuentan con

manos más antropomórficas, con cuatro dedos y un pulgar. Hay cosas que solo se puede hacer una mano parecida a la de los humanos, pero construir manos antropomórficas es más caro y, además, son más difíciles de programar.

Los androides se han diseñado para que los seres humanos se sientan más cómodos interactuando con robots con un aspecto parecido al suyo. Si el robot no tiene el aspecto adecuado, podría resultar perturbador en lugar de ofrecer seguridad, en un fenómeno conocido como «valle inquietante».

El diseño de Kengoro, desarrollado en la Universidad de Tokio, imita con detalle un cuerpo humano y usa una estructura similar de huesos, articulaciones y músculos. Como resultado, es el **robot humanoide con más**

grados de libertad (174, incluyendo 30 en cada mano), lo que le ayuda a imitar con más precisión la movilidad del cuerpo humano.

Kengoro tiene la suficiente fuerza como para hacer flexiones y sentadillas, pero con tantos motores en el cuerpo, tiende a sobrecalentarse con grandes esfuerzos. Para paliar este problema, hace lo mismo que nosotros cuando tenemos calor: sudar. Los huesos de aluminio están construidos con una forma de impresión en 3D llamada «sinterizado selectivo por láser» que permite crear pequeños canales porosos, como esponjas. Los huesos absorben el calor de los motores montados sobre ellos y, al bombear agua por el esqueleto y permitir su evaporación, evitan el sobrecalentamiento de Kengoro mientras trabaja.

La cadera de Cassie tiene tres grados de libertad, como las de un ser humano.

Los motores están cerca de la cadera para reducir la masa que se balancea al caminar.

Las varillas transfieren el movimiento de los motores que controlan la rodilla y el tobillo a sus articulaciones respectivas.

SALTADORES DE ALTURA

SAND FLEA

Sand Flea, un rover del tamaño de una caja de zapatos y con un motor a pistón, es el **robot que salta más alto** al poder propulsarse a hasta los 10 m de altura. Sandia National Labs construyó en 2009 una primera versión que Boston Dynamics (ambos de EE.UU.) acabó de desarrollar posteriormente. En 2012, Boston Dynamics publicó un vídeo de Sand Flea saltando hasta el techo de un edificio.

MINITAUR

Minitaur, de Ghost Robotics, es el **robot cuadrúpedo con mayor agilidad vertical** (un parámetro que mide la altura y la frecuencia de salto): 1,12 m/s. Con solo 25 cm de altura, puede abrir una puerta de tamaño normal alzándose sobre dos patas, saltando hacia arriba y pulsando la manija con el pie delantero.

SALTO-1P

Salto-1P, desarrollado en la Universidad de California, EE.UU., se compone casi íntegramente de una sola pierna que tiene un motor, un muelle, una batería y un controlador en la parte superior. Tiene una agilidad de salto vertical de 1,83 m/s y es el **robot con mayor agilidad vertical**. Unos pequeños propulsores y una «cola» giratoria lo mantienen orientado en el aire.

JUMPEN

A los robots les cuesta saltar porque requiere mucha energía. Jumpen, de la Universidad de Nara en completamente del suelo, un robot del Instituto Nacional de Tecnología de Japón, es el ▶ **robot que más saltos da por minuto**: 106. Yamaiokoriyama, Japón.

Los tobillos activados permiten que Cassie pueda permanecer erguido sin necesidad de mover los pies constantemente.

El resistente plástico de la cubierta del robot lo protege en caso de caída.

Estas placas flexibles actúan como muelles, amortiguan los motores y permiten a Cassie poder hacer frente a terrenos impredecibles.

EL TORNEO DE SUMO ENTRE ROBOTS MÁS ANTIGUO

La empresa tecnológica japonesa Fujisoft organiza anualmente el All Japan Robot-Sumo Tournament desde 1990. La gran final de la última edición se celebró el 15-16 de diciembre de 2018. El sumo robótico se basa de forma aproximada en el deporte tradicional japonés. Los «luchadores» (robots autónomos de 20 × 20 cm) compiten para expulsar a su adversario del «ring», una plataforma circular de 1,54 m de diámetro. Los robots reaccionan a la velocidad del rayo, por lo que la mayoría de combates terminan en cuestión de segundos.

ROBOTS

CASSIE

La mayoría de robots se mueven por el mundo lenta y cautelosamente, porque son frágiles y caros. Sin embargo, esto se está empezando a cambiar a medida que los robots ganan en agilidad y usan movimientos enérgicos y dinámicos para manejarse por terrenos complicados.

HACER EL ROBOT

Los robots son conocidos por su habilidad para ejecutar repetidamente movimientos de alta precisión. Esto los convierte en excelentes operarios de líneas de montaje y en bailarines sorprendentemente buenos. El 1 de febrero de 2018, cuando la empresa de telecomunicaciones italiana TIM reunió a 1.372 robots Alpha 1S para lograr el récord de ⊙ **más robots bailando simultáneamente**, no hubo ni un solo paso en falso. Entre los bailarines robóticos encontramos también a SpotMini (cuyo baile al son de «Uptown Funk!» cuenta con más de 5.500.000 reproducciones en YouTube) y a ANYmal (que está aprendiendo a crear sus propias coreografías). En la pág. 163 encontrarás más información sobre estos robots cuadrúpedos.

Para un robot, un «terreno complicado» puede ser desde un tramo de escalera hasta la superficie de otro planeta. Robots de distintas formas y tamaños están aprendiendo a hacer cosas como correr o saltar para poder desarrollar las capacidades suficientes que les permitan adaptarse a distintos entornos.

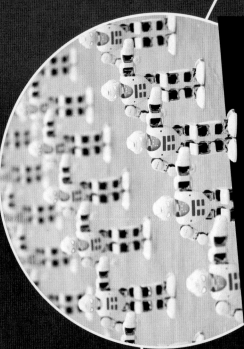

Diseñar robots ágiles es crucial si queremos que asuman las tareas molestas y peligrosas que los humanos preferiríamos no hacer.

Aunque la agilidad se puede medir de distintas maneras, uno de los parámetros que se usa con más frecuencia con los robots es la «agilidad vertical», o la altura que un robot puede alcanzar con un único salto en condiciones de gravedad terrestre, multiplicada por la frecuencia con la que puede realizar dicho salto.

Cassie, un robot bípedo diseñado por Agility Robotics (EE.UU.) y presentado en 2017, no puede saltar, pero presenta una excelente deambulación dinámica. En lugar de las zancadas cuidadosamente equilibradas y de aspecto artificial que presentan la mayoría de robots humanoides, Cassie camina de un modo muy parecido a un ser humano o a un animal y es capaz de mantener activamente el equilibrio, incluso en terrenos irregulares y complejos. Su aspecto tiene ciertas similitudes con el de un avestruz, debido a sus piernas, que se diseñaron con la finalidad de que fueran ligeras, robustas y, a la vez, muy eficientes.

Se espera que la suma de sensores (que permitan la autonomía) y de un par de brazos (para transportar cosas) permita a Cassie actuar como robot mensajero y entregar paquetes a domicilio. Durante unas pruebas llevadas a cabo el 30 de enero de 2019 en la Universidad de Michigan (EE.UU.), una versión de Cassie (llamada Cassie Maize & Blue) se expuso a la **menor temperatura soportada por un robot bípedo** y anduvo de forma continuada a temperaturas de -22 °C durante más de una hora antes de derrumbarse.

El X-47B alcanza una velocidad máxima subsónica y puede volar a una altura de 12.000 m.

AVIONES NO TRIPULADOS

NASA X-43A «HYPER-X»

El X-43A fue un dron experimental diseñado para probar un motor llamado scramjet. Dados los riesgos asociados a un motor cuyo diseño no había sido probado, el pilotaje automático era más seguro y eficiente. El X-43A alcanzó una velocidad máxima de Mach 9,6 (10.000 km/h aproximadamente) durante una prueba de vuelo realizada el 16 de noviembre de 2004, por lo que es el **avión más rápido con un motor a reacción**.

AIRBUS ZEPHYR

El Airbus Zephyr, un «pseudosatélite de gran altitud» (HAPS), es un dron de ala fija capaz de alcanzar los 21.000 m de altura. Desde esa posición, por encima del tráfico aéreo y de las inclemencias meteorológicas, puede proporcionar servicios de vigilancia y de comunicaciones durante semanas y de forma simultánea. En su vuelo inaugural, realizado del 11 de julio al 5 de agosto de 2018 en el cielo de Arizona, EE.UU. (derecha), el Zephyr-S realizó el **vuelo más largo de un vehículo aéreo no tripulado**: 25 días, 23 h y 57 min. También estableció el récord del **vuelo a más altitud de un vehículo aéreo no tripulado de ala fija**: 22.589 m, el 13 de julio de 2018.

DHL PAKETCOPTER

La naviera global DHL creó su programa Paketcopter («Paquetecóptero») a finales de 2014, y saltó a los titulares con el **primer servicio de entrega de paquetes con drones**, que funcionaba entre la Alemania continental y la isla de Juist, en el mar del Norte. La última generación del Paketcopter (construido por Wingcopter; ver pág.138) se presentó en octubre de 2018 durante el Lake Victoria Challenge, una competición pensada para probar la efectividad de los drones como sistema de reparto de artículos de primera necesidad a comunidades remotas en África.

DRON DE REPARTO ZIPLINE

Muchas empresas están ensayando la entrega de artículos con drones, pero pocas han llegado a realizarlas de forma rutinaria. Una que sí lo ha logrado es la estadounidense Zipline, que utiliza drones de ala fija relativamente sencillos para mandar hemoderivados y otros suministros médicos a clínicas y hospitales remotos de Ruanda y Ghana. Los drones de Zipline entraron en funcionamiento en 2016, y después de dos años han volado un total de 500.000 km, han realizado cerca de 10.000 entregas y han transportado más de 18.000 unidades de sangre.

EL VUELO MÁS LARGO DE UN AVIÓN NO TRIPULADO

Entre el 22 y el 23 de abril de 2001, un Northrop Gruman Global Hawk de la Fuerza Aérea de EE.UU. llamado *Southern Cross II* recorrió 13.219,86 km en un solo vuelo. Este avión de vigilancia de gran altitud y larga duración (en inglés, HALE) despegó de la base de la Fuerza Aérea Edwards, en California, EE.UU., y aterrizó en la base Edinburgh de la RAFA, en Adelaida, Australia, 23 h y 23 min después. Se convertía así en el **primer avión no tripulado en cruzar el océano Pacífico**.

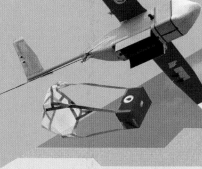

502

NAVY

502

N G

El sistema de combate aéreo no tripulado (UCAS) X-47B está impulsado por un motor turbofán en postcombustión Pratt & Whitney F100-PW-220U.

Aunque el avión nunca ha contado con armamento, dispone de un compartimento con capacidad para cargar 2.041 kg de munición.

La dirección de la rueda delantera se puede controlar por medio de un dispositivo manual cuando el avión está en pista.

Un armazón reforzado proporciona al avión una protección extra frente al aire salino del mar.

GUERRERO FURTIVO
El X-47B tiene un diseño de ala volante de perfil bajo similar al que se usó en el bombardero furtivo B-2. Esto dificulta su detección mediante radar o sensores de calor.

VIDA EN EL MAR
El X-47B está diseñado para operar en el mar. Sus alas pueden plegarse, lo que reduce su envergadura de 18,9 m a 9,4 m y le da un mejor «índice de estacionamiento», una medida relativa que indica cuántos aviones caben en la cubierta de un portaaviones.

ROBOTS

X-47B UCAS

Los vehículos aéreos no tripulados (VANT), también conocidos como drones, han ido más allá de sus aplicaciones militares iniciales y encontrado usos en muchas parcelas de la vida moderna. Su desarrollo avanza más rápido que el de casi cualquier otro tipo de robot, y muchos son lo suficientemente asequibles como para estar al alcance de particulares y pequeñas empresas.

Generaciones anteriores de drones, como el MQ-9 Reaper del ejército de EE.UU., tenían una autonomía limitada y necesitaban el apoyo de un piloto en tierra. Gracias a que el coste de los sensores y ordenadores que emplean ha disminuido, incluso los drones de bajo coste son ahora capaces de hacer más cosas de forma autónoma.

En cambio, los drones militares todavía son algunos de los VANT más avanzados, y cuentan con sistemas de inteligencia artificial que les permiten realizar de manera autónoma algunas maniobras impresionantes.

Un buen ejemplo de lo mucho que han evolucionado es el UCAS (sistema de combate aéreo no tripulado) X-47B de Northrop Grumman, desarrollado para la Marina de EE.UU. en 2011. El 10 de julio de 2013, el prototipo del X-47B se posó en la cubierta del *H W George Bush* frente a las costas de Virginia, EE.UU, completando con éxito el **primer aterrizaje de un dron autónomo en un portaaviones**. Aterrizar en un portaaviones es una de las maniobras más difíciles a las que se enfrentan los pilotos militares, que tienen que atrapar un gancho de detención en una pista de aterrizaje

en movimiento con una longitud de menos del 20 % de la de una pista normal en tierra.

Aunque los humanos siguen siendo los mejores pilotos, los drones autónomos tienen algunas ventajas: sus reflejos son supersónicos, puede permanecer en alerta durante días, y no les afectan las altas fuerzas g. Para los militares, el uso de drones implica además no tener que arriesgar vidas humanas en situaciones de peligro, sobre todo en operaciones rutinarias en las que un piloto es menos necesario.

Los VANT más pequeños también presentan ventajas sobre los aviones tripulados de uso comercial, ya que gracias a su tamaño y bajo coste son accesibles para su uso en actividades como la agricultura, donde sirven para monitorear cultivos o ganado, o como la medicina, para el transporte de material vital.

El ordenador de a bordo usa la información de un conjunto de sensores para estabilizar el WildCat cuando corre.

Defensas protectoras en caso de caídas a gran velocidad.

El motor de metanol del WildCat es demasiado ruidoso y peligroso para usar el robot en interiores.

Los actuadores hidráulicos proporcionan a las patas la fuerza necesaria para acelerar hasta los 25 km/h.

Las 14 articulaciones motorizadas del WildCat lo dotan de flexibilidad para girar a gran velocidad.

ROBOTS

WILDCAT

Como bípedos, los humanos sentimos afinidad por los robots con dos patas, pero es difícil negar que tener cuatro simplificaría muchas cosas. Tener más patas en el suelo al mismo tiempo facilita levantar cargas pesadas y todavía más mantener el equilibrio, en especial en terrenos abruptos o al moverse con rapidez.

Los robots cuadrúpedos son más versátiles que los robots con ruedas u orugas y más estables y fiables que los robots humanoides con dos patas. Por esta razón, es probable que los robots cuadrúpedos sean de los primeros en dar el salto desde los laboratorios y entornos controlados al impredecible mundo exterior. En un futuro, explorarán zonas que han sufrido una

catástrofe, inspeccionarán equipos e incluso llevarán paquetes hasta las puertas de nuestras casas.

CHEETAH Y WILDCAT

Muchas de las innovaciones clave en el diseño de robots cuadrúpedos se vieron por primera vez en las máquinas producidas por la empresa estadounidense Boston Dynamics. Durante la década de 2000 y principios de la década de 2010, adaptó sus estudios sobre los andares de los animales cuadrúpedos a su trabajo con robots de cuatro patas. Al imitar la marcha, el trote, el medio galope y el galope de los animales cuadrúpedos, esperaban lograr aumentar su velocidad y mejorar la eficiencia de sus movimientos.

El primer intento de Boston Dynamics de diseñar un robot cuadrúpedo veloz fue una máquina con alimentación externa llamada Cheetah, que podía correr en una cinta a una velocidad de 45,5 km/h. En 2013, tomaron el sistema de estabilización de Cheetah y lo montaron en un robot autónomo llamado WildCat que funcionaba con un motor de metanol. Este robot, con un peso de 154 kg, podía galopar a una velocidad de hasta 25 km/h en un terreno relativamente plano, lo que lo convierte en el **robot cuadrúpedo autónomo más rápido**.

Los robots de cuatro patas han progresado mucho desde 2013, pero ningún diseño ha sido capaz de igualar la velocidad de WildCat.

AMIGOS DE CUATRO PATAS

HAMR

El Harvard Ambulatory Microrobot (HAMR) se inspiró en la ágil y resistente cucaracha. Con solo 4,5 cm de largo y un peso de apenas 2,8 g es el **robot cuadrúpedo autónomo más pequeño.** La mayor parte de la estructura del HAMR está hecha de láminas planas que se despliegan y cierran como figuras de origami. Esta sencilla construcción permite el fácil montaje de grandes «enjambres» de robots.

ANYMAL

Creado en el Robotic Systems Lab del ETH Zúrich, Suiza, en 2016, ANYmal está diseñado para su uso en entornos abruptos. Construido con un robusto sistema modular, ANYmal puede actuar en entornos notoriamente hostiles a los robots, con lluvia, polvo o nieve. En el futuro, podremos ver estos robustos cuadrúpedos desatascando alcantarillas, haciendo mediciones en plataformas petrolíferas en alta mar o rescatando a personas en edificios en llamas.

CHEETAH 3

Este robot, construido en 2017, es el último de una larga serie de diseños de vanguardia producidos en el Instituto de Tecnología de Massachusetts (EE.UU.). Este cuadrúpedo excepcionalmente ágil es capaz de moverse por terrenos desiguales e inestables, y ostenta el récord del **salto más alto de un robot cuadrúpedo:** 78,7 cm. En la actualidad, el Cheetah 3 es solo una plataforma de investigación, pero sus diseñadores esperan adaptarlo para tareas de búsqueda y rescate. Planean incorporarle una mano para abrir puertas y hacerlo capaz de guiarse valiéndose solo de información táctil, algo esencial para moverse por espacios llenos de polvo o humo que inutilizarían sus sensores.

SPOTMINI

Tras varios años trabajando en proyectos de investigación, el primer diseño comercializado por Boston Dynamics es el SpotMini, un robot cuadrúpedo del que se espera que pronto esté prestando servicios útiles por todo el mundo. Al principio, sus tareas serán probablemente aburridas y relevarán a los humanos en trabajos repetitivos, como la inspección de obras o la vigilancia en edificios. Boston Dynamics espera que, a la larga, los SpotMini convivan con nosotros en nuestros hogares, y nos cuiden a medida que envejecemos.

BIGDOG & SPOT

BigDog, de Boston Dynamics (izquierda), fue un cuadrúpedo del tamaño de un burro desarrollado para DARPA en 2005. El proyecto consistía en una «mula de carga» robótica que debía ayudar a los soldados a transportar equipo pesado. En 2015, la experiencia acumulada en el desarrollo de BigDog, WildCat y otros robots se empleó para diseñar un nuevo robot Spot (derecha). Spot usa baterías para alimentar sus actuadores hidráulicos, por lo que podría usarse en interiores.

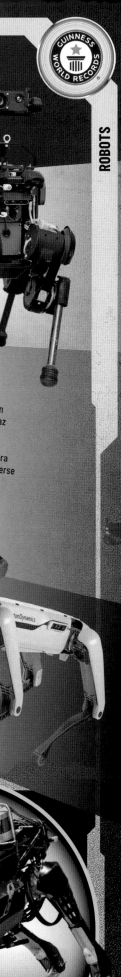

ROBOTS EN EL ESPACIO

LUNOKHOD Y YUTU-2

El *Lunokhod-1* (derecha) de la Unión Soviética fue el **primer rover planetario** y aterrizó en la Luna el 17 de noviembre de 1970. Aunque puede parecer muy sencillo para la perspectiva tecnológica actual, el *Lunokhod* disponía de un grado de autonomía significativo y contaba con sistemas que le permitían adaptar las instrucciones que recibía desde la Tierra a la compleja superficie lunar. La experiencia acumulada con el *Lunokhod* sirvió para aplicarla a los rovers posteriores, como el chino *Yutu-2* (derecha, en el recuadro), que hizo el **primer aterrizaje en la cara oculta de la Luna** en el interior del módulo de aterrizaje *Chang'e-4* el 3 de enero de 2019.

INT-BALL

Los astronautas de la *Estación Espacial Internacional* (EEI) pasan cerca del 10 % de su jornada de trabajo haciendo fotografías y grabando en vídeo los experimentos que llevan a cabo. Para ayudarlos en estas tareas, el 4 de junio de 2017, la Agencia Japonesa de Exploración Aeroespacial (JAXA) les envió la JEM Internal Ball Camera («Int-Ball»), la **primera cámara autónoma en una estación espacial**. Int-Ball cuenta con unos diminutos ventiladores que lo propulsan por el módulo *Kibo*, y puede usar marcadores visuales para desplazarse de una estación experimental a la siguiente.

ROBONAUT 2 & VALKYRIE

Robonaut 2 (derecha) fue el **primer robot humanoide en el espacio**. Llegó a la EEI a bordo de la lanzadera espacial *Discovery* el 26 de febrero de 2011 y se activó por primera vez el 22 de agosto de 2011. Después de pasar siete años en el espacio, Robonaut regresó a la Tierra en mayo de 2018 para ser reparado. En 2013, para proseguir con su investigación en robótica en la Tierra, la NASA desarrolló un robot humanoide experimental llamado Valkyrie (a la derecha del recuadro), del que se enviaron copias a los investigadores colaboradores de todo el mundo.

SPIRIT Y OPPORTUNITY

Los rovers gemelos Spirit y Opportunity (reproducción, a la izquierda) aterrizaron en Marte en enero de 2004. Eran significativamente más grandes y capaces que **el primer rover que aterrizó con éxito en Marte**, el Sojourner, que lo hizo con la misión Mars Pathfinder en 1997. Durante su prolongada misión (ver pág. 184), el software de los vehículos se actualizó en varias ocasiones para aumentar su autonomía y mejorar los sistemas de análisis que luego se usarían en el Curiosity.

ATERRIZAR CON SUAVIDAD

Aterrizar en Marte es una tarea compleja. A lo largo de los años, la NASA ha probado distintos métodos, como cohetes integrados y cápsulas con bolsas de aire. Sin embargo, el sistema más complejo es el de las grúas con retrocohetes que hicieron descender al *Curiosity* desde una plataforma flotante a unos 20 m sobre la superficie.

ROBOTS

CURIOSITY

Enviamos a robots a que exploren el espacio porque están mucho mejor preparados para ello que los seres humanos. Las personas somos frágiles, tenemos muchas necesidades y no podemos sobrevivir sin alimento, agua o una temperatura adecuada. Con el tiempo, los seres humanos regresarán a la Luna e incluso llegarán a Marte, pero hasta que dispongamos de la tecnología para ello, los robots nos seguirán sustituyendo en las tareas de exploración del sistema solar.

El 6 de agosto de 2012, la NASA hizo aterrizar al rover *Curiosity*, del tamaño de un automóvil, en Marte. El *Curiosity* pesa 899 kg (80 de los cuales corresponden a instrumentos científicos) y es el **rover planetario más pesado**. Este robot científico funciona con energía nuclear y lleva más de siete años trabajando para responder a la multitud de preguntas sin resolver acerca de nuestro vecino planetario.

MOVILIDAD

Operar un rover en Marte es mucho más que una cuestión de control remoto. Las señales de radio pueden tardar hasta 24 minutos en llegar de la Tierra a Marte, por lo que sería muy poco práctico que el *Curiosity* dependiera de las instrucciones humanas para todos sus movimientos. Por lo tanto, el rover es semiautónomo la mayor parte del tiempo y los operadores humanos en la Tierra se limitan a planificar las rutas y fijar los principales objetivos. Una vez transmitidos estos objetivos al *Curiosity*, sus ordenadores a bordo toman las decisiones acerca de los detalles más precisos de la planificación de las rutas, el despliegue del brazo o el enfoque del láser.

El rover transmite los datos que recoge con las cámaras y los instrumentos a la Tierra una o dos veces al día. Estos datos proporcionan una información de gran valor sobre Marte y su historia. El inminente rover *Mars 2020* de la NASA, que debería aterrizar en el cráter Jezero en febrero de 2021, será aún más grande que el *Curiosity*, con una masa total de 1.050 kg.

Esta parte del rover es el «mástil». Contiene el sistema de cámaras principal y el láser ChemCam.

El rover funciona gracias a un generador termoeléctrico de radioisótopos, que usa el calor de pélets de plutonio radiactivo para producir electricidad.

El brazo robótico cuenta con una cámara de lentes de mano Mars (cámara MAHLI) y un espectrómetro de rayos X (APXS).

AFICIONADO A LA FOTOGRAFÍA

El rover *Curiosity* de la NASA tiene 17 cámaras, incluidas las del extremo del brazo que usó el 31 de octubre de 2012 para tomar **el primer selfi completo en otro planeta**. La imagen es, en realidad, un mosaico de 55 imágenes unidas digitalmente de modo que se ha eliminado el brazo del primer plano.

Las ruedas del *Curiosity* han sufrido en la superficie rocosa de Marte y ahora presentan hendiduras, pinchazos y desgarros.

165

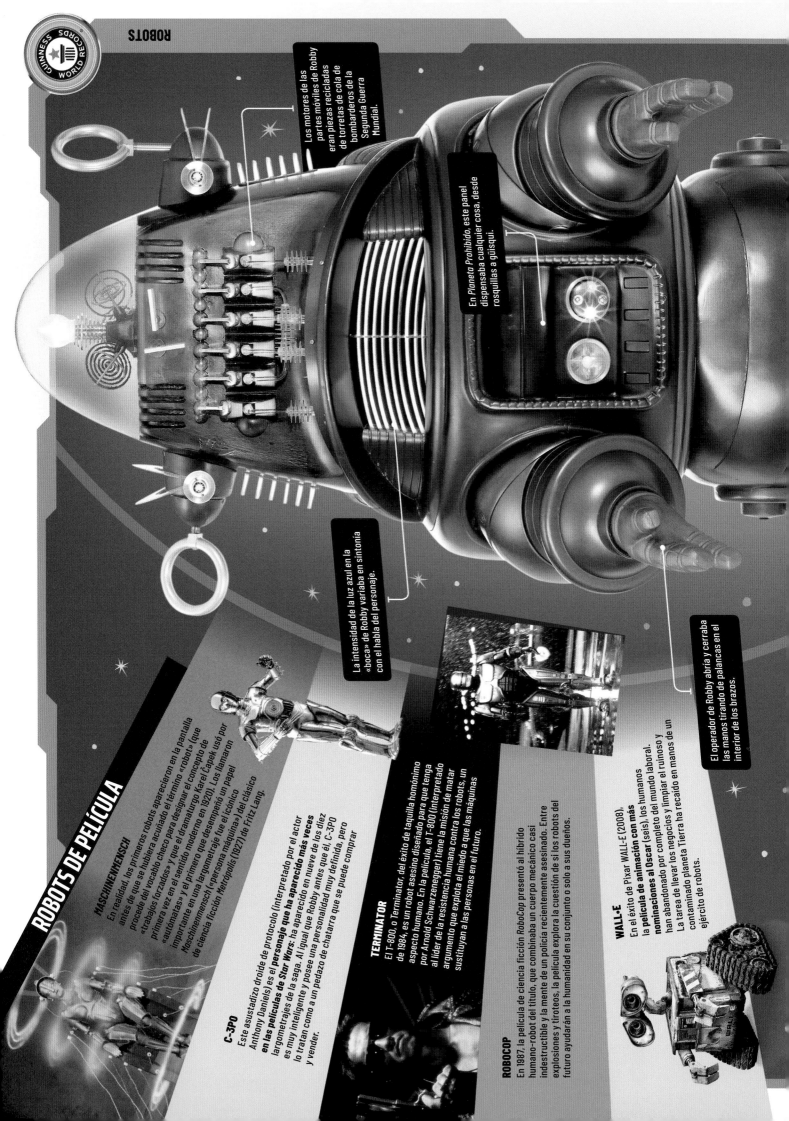

ROBOTS DE PELÍCULA

MASCHINENMENSCH
En realidad, los primeros robots aparecieron en la pantalla antes de que se hubiera acuñado el término «robot» (que procede del vocablo checo para designar «trabajos forzados») y que el dramaturgo Karel Čapek usó por primera vez en el sentido moderno en 1920). Los llamaron «autómatas» y el primero que desempeñó un papel importante en una largometraje fue el icónico Maschinenmensch («persona máquina») del clásico de ciencia ficción Metrópolis (1927) de Fritz Lang.

C-3PO
Este asustadizo droide de protocolo (interpretado por el actor Anthony Daniels) es el **personaje que ha aparecido más veces en las películas de Star Wars**; ha aparecido en nueve de los diez largometrajes de la saga. Al igual que Robby antes que él, C-3PO es muy inteligente y posee una personalidad muy definida, pero lo tratan como a un pedazo de chatarra que se puede comprar y vender.

TERMINATOR
El T-800, o Terminator, del éxito de taquilla homónimo de 1984, es un robot asesino diseñado para que tenga aspecto humano. En la película, el T-800 (interpretado por Arnold Schwarzenegger) tiene la misión de matar al líder de la resistencia humana contra los robots, un argumento que explota el miedo a que las máquinas sustituyan a las personas en el futuro.

ROBOCOP
En 1987, la película de ciencia ficción RoboCop presentó al híbrido humano-robot del título, que combinaba un cuerpo mecánico casi indestructible y la mente de un policía recientemente asesinado. Entre explosiones y tiroteos, la película explora la cuestión de si los robots del futuro ayudarán a la humanidad en su conjunto o solo a sus dueños.

WALL-E
En el éxito de Pixar WALL-E (2008), los humanos **la película de animación con más nominaciones al Oscar** (seis), los humanos han abandonado por completo del mundo laboral. La tarea de llevar los negocios y limpiar el ruinoso y contaminado planeta Tierra ha recaído en manos de un ejército de robots.

Los motores de las partes móviles de Robby eran piezas recicladas de torretas de cola de bombarderos de la Segunda Guerra Mundial.

En Planeta Prohibido, este panel dispensaba cualquier cosa, desde rosquillas a güisqui.

La intensidad de la luz azul en la «boca» de Robby variaba en sintonía con el habla del personaje.

El operador de Robby abría y cerraba las manos tirando de palancas en el interior de los brazos.

El cuerpo estaba hecho de plástico ABS moldeado al vacío sobre una estructura de metal.

ROBBY EL ROBOT

El 21 de noviembre de 2017, un pujador anónimo en Bonhams New York pagó la increíble cifra de 5.375.000 $ por el icónico robot televisivo, que se convirtió en la pieza de utilería de cine más cara vendida en una subasta. ¿Qué lo convertía en un objeto tan preciado?

La mayoría de personas vieron su primer robot en una película de ciencia ficción, un videojuego o una serie de televisión, y Robby el Robot es uno de los robots más famosos y reconocibles de la historia del cine. Lo crearon en 1956 para la película *Planeta prohibido*, donde era el criado y el protector del misterioso Dr. Morbius y su hija.

CÓMO FUNCIONABA

A diferencia de otros robots de películas anteriores, como Gort de *Ultimátum a la Tierra* (1951), era evidente que Robby era mucho más

que un actor vestido con un reluciente traje metálico. Con muchas partes móviles y luces brillantes, Robby era un ejemplo de cómo la tecnología del mundo real se acercaba gradualmente a la ficción.

El robot requería un mínimo de dos operadores para funcionar. El primero era el actor en el interior del robot, que compartía el apretado espacio con unos 365 m de cables eléctricos y miraba entre los espacios de la parrilla iluminada que formaba la «boca» de Robby. Un segundo operador, fuera de cámara, controlaba las antenas y las luces que componían la cabeza y el «corazón» de Robby, y activaba los efectos de luz y los movimientos necesarios en cada escena.

Aunque ahora nos aproximamos cada vez más a un mundo en el que los robots forman parte de la vida cotidiana, estas creaciones de ficción han modelado nuestra concepción de qué son y qué pueden llegar a ser los robots y de cómo pueden cambiar el mundo (para mejor o para peor).

ATRACCIÓN PRINCIPAL

Cuando lo construyeron en 1955, Robby fue una de las piezas de utilería más caras de la historia del cine. Costó unos 125.000 $ (el equivalente a 1.180.000 $ actuales) y supuso un 7 % de todo el presupuesto de *Planeta prohibido*. En consecuencia, el estudio quiso sacar el máximo partido a su nueva creación, a la que envió de giras promocionales y a la que hizo protagonizar el cartel de la película (derecha).

¿HÉROE O VILLANO?

Durante sus más de 20 años de carrera en el cine y la televisión, Robby plasmó múltiples visiones de lo que podrían ser los robots. En *Planeta prohibido* (arriba) era un criado obediente, pero en *El niño invisible* (1957) fue el instrumento de un superordenador siniestro. En un episodio de 1964 de *La dimensión desconocida*, interpretó a un robot que sustituía a los trabajadores de una fábrica como mano de obra barata.

DAR VIDA A ROBBY

El operador en el interior de Robby soportaba los 54 kg de peso del traje sobre un arnés de cuero y metal (izquierda) en el interior del torso. El espacio interior era limitado, por lo que los operadores internos tenían que medir un máximo de 160 cm y contar con una cintura de 76 cm. El otro operador se quedaba cerca y controlaba los circuitos eléctricos y el panel de control de la imagen inferior.

TECNOLOGÍA E INGENIERÍA

▶ LA NORIA SIN RADIOS MÁS ALTA

Esta versión futurista de la noria tradicional, que se alza 142,5 m sobre el río Bailang en la provincia de Shandong, China, ofrece vistas panorámicas del mar de Bohai y de la ciudad de Weifang.

La atracción, que se abrió al público el 16 de mayo de 2018, cuenta con una red de acero estacionaria que forma la «rueda», con 36 cabinas que se desplazan sobre raíles por el borde exterior. Fue construida por China Construction Sixth Engineering Division Corp y armada por Zhejiang Juma Amusement Equipment, para la Weifang Bailang River Scenic Spot Management Co (todos de China).

Aunque se trata de una noria colosal, es más pequeña que la noria más grande, inaugurada en Las Vegas, Nevada, EE.UU., el 31 de marzo de 2014. Conocida como la High Roller, tiene 167,5 m de altura y eleva a los visitantes a tres veces más altura que la Columna de Nelson de Londres, R.U.

▶ Sorpréndete con más vídeos de maravillas tecnológicas en www.guinnessworldrecords.com/2020.

La construcción de la noria se prolongó durante cuatro años. Se necesitaron 4.600 toneladas de acero solo para la red de apoyo de 126,25 metros de diámetro.

SUMARIO

LA ESTACIÓN ESPACIAL MÁS GRANDE

La *Estación Espacial Internacional (EEI)* es un laboratorio de investigación de microgravedad puntero que viaja por la órbita terrestre baja a una velocidad de 27.540 km/h. Es la **estación espacial más grande**, con una masa de 419.725 kg. Aquí se puede apreciar qué aspecto tendría la *EEI* si aterrizara en uno de los puntos más visitados de Londres, Trafalgar Square.

L a construcción de la *EEI* en el espacio empezó el 20 de noviembre de 1998, cuando se lanzó el módulo *Zarya* desde el cosmódromo de Baikonur, en Kazajstán. Los módulos presurizados fueron transportados a la órbita terrestre baja y se conectaron. La fase inicial terminó con el montaje del *Módulo Polivalente Permanente Leonardo* en febrero de 2011. Hoy en día, la *EEI* tiene un volumen total presurizado de 932 m³, parecido al del Boeing 747, aunque menos de la mitad es accesible.

La *EEI* es un proyecto conjunto de las agencias espaciales de EE.UU., Canadá, Rusia, Japón y Europa. La **primera tripulación residente de la EEI** estaba formada por Serguéi Krikalev, Iuri Pávlovich Gidzenko (ambos de Rusia) y William Shepherd (EE.UU.). Iniciaron la *Expedición 1* el 2 de noviembre de 2000 y permanecieron 136 días. Desde entonces, ha sido visitada por 200 astronautas de por lo menos 18 países. Pese a que la colaboración entre los miembros de la tripulación es básica, no todo se comparte: los astronautas rusos de la *EEI* tienen acceso a más de 300 platos distintos a bordo, incluido puré de patata, brócoli con queso, carne seca, melocotones y frutos secos, por lo que es el **menú espacial más amplio**.

Todavía siguen añadiéndose elementos a la estación espacial y sus 16 módulos presurizados. El **módulo de la EEI más grande** es *Kibo*, desarrollado por la agencia espacial japonesa JAXA y lanzado el 31 de mayo de 2008 a bordo del transbordador espacial *Discovery*. Mide 11,19 m de largo con un diámetro de 4,39 m y una masa de 14.800 kg. El módulo *Cupola* tiene un grupo de siete ventanas en forma de cúpula de sílice fundido y vidrio de borosilicato. Su ventana central mide 80 cm de ancho y es la **ventana más grande en el espacio**. *Cupola* está orientado a la Tierra y ofrece una visibilidad excelente para actividades externas, como el manejo del brazo robótico Canadarm2.

Actualmente, se espera que la *EEI* siga operativa hasta por lo menos 2028. El coste total de la estación espacial hasta la fecha se calcula en unos 150.000 millones de dólares, de modo que es el **objeto fabricado por el hombre más caro**.

Aunque sea divertido imaginar la *EEI* aterrizado en Trafalgar Square, lo cierto es que, cuando se retire, será desorbitada de forma controlada durante más de 12 meses hasta acabar en una zona de océano abierto, así que los turistas y las palomas pueden estar tranquilos.

Aquí aparece la EEI invertida, con la cúpula Cupola de cara al cielo. Con unos 110 m de ancho, Trafalgar Square sería una «plaza de aparcamiento» muy justa para la EEI, cuyo armazón tiene una longitud de 109 m.

EL HÁBITAT ESPACIAL HINCHABLE MÁS GRANDE

El *Bigelow Expandable Activity Module (BEAM)* es un módulo hinchable experimental montado en la *EEI* (no aparece en la imagen principal abajo) con un volumen interno de 16 m³. Se infló y presurizó del todo el 28 de mayo de 2016, con un período de prueba previsto de dos años para valorar su idoneidad como hábitat expandible. En octubre de 2017, la NASA anunció que el *BEAM* podría seguir montado en la *EEI* hasta principios de 2020.

Los módulos expandibles como el *BEAM* pueden ser cruciales en futuras misiones a Marte porque permiten crear grandes zonas habitables sin necesidad de que los lance un cohete enorme.

LA MAYOR CANTIDAD DE PASEOS ESPACIALES DESDE UNA ESTACIÓN ESPACIAL

A 11 de diciembre de 2018, se habían realizado un total de 213 paseos espaciales, también conocidos como actividades extravehiculares (EVA, por sus siglas en inglés), fuera de la *EEI* para el montaje y mantenimiento del laboratorio en órbita. La mayoría fueron desde la cámara *Quest*, pero otros se hicieron desde el módulo de acoplamiento *Pirs* y el módulo *Poisk*. El tiempo total acumulado en el espacio en 213 EVA es de 1.355 h y 2 min.

CON RUEDAS Y A LO LOCO

El automóvil más peludo

Maria Lucia Mugno y Valentino Stassano (ambos de Italia) tienen un Fiat 500 cubierto con 120 kg de cabello humano. Se verificó en Padula Scalo, Salerno, Italia, el 15 de marzo de 2014.

La bicicleta a pedales más alta

Stoopidtaller mide 6,15 m de altura. Es obra de Richie Trimble (EE.UU.) y se midió en Los Ángeles, California, EE.UU., el 26 de diciembre de 2013. ¿Por qué la llamó así? ¡Porque una de las primeras grandes bicicletas de Richie se llamaba *Stoopidtall*!

▶ **La limusina más pesada**

Midnight Rider, diseñada por Michael Machado y Pamela Bartholomew (ambos de EE.UU.), pesa 22,933 toneladas y mide 21,3 m de largo y 4,16 m de alto.

El mayor peso remolcado por un automóvil eléctrico

El 15 de mayo de 2018, un Model X proporcionado por Tesla Australia remolcó un Boeing 787-9 de 130 toneladas de peso a lo largo de 30,4 m. El acontecimiento tuvo lugar en el centro de mantenimiento de la aerolínea Qantas en Melbourne, Victoria, Australia.

El eslalon más rápido de un vehículo

Jia Qiang (China) condujo un Chevrolet Camaro RS entre 50 postes indicadores en 48,114 s en Shaoguan, Guangdong, China, el 16 de diciembre de 2018. La separación entre los postes era de un máximo de 15,2 m. Chevrolet China organizó el evento.

La caravana de grúas más larga

La empresa de asistencia en carretera Fier D'Être Dépanneur (Francia) alineó 491 grúas en Moulins, Francia, el 13 de octubre de 2018.

La quema de ruedas simultánea más multitudinaria

En una «quema de ruedas», el conductor acelera y frena al mismo tiempo; el vehículo permanece estático y las ruedas posteriores giran y echan humo. El 4 de enero de 2019, Rare Spares (Australia) organizó una quema de ruedas en la que participaron 126 vehículos en Street Machine Summernats, Canberra, Australia.

Más trompos consecutivos de un automóvil con el conductor sentado en el techo

Naji Bou Hassan (Líbano) puso su automóvil a hacer trompos y se sentó en el techo mientras el automóvil hacía 52 giros. La vertiginosa hazaña tuvo lugar en Aley, Líbano, el 26 de agosto de 2018.

▶ **LA MAYOR DISTANCIA QUEMANDO RUEDA CON UNA MOTOCICLETA**

El especialista Maciej Dop Bielicki (Polonia, arriba) condujo 4,47 km sobre una Harley-Davidson Street Rod 2017 quemando rueda en Rzeszów, Polonia, el 20 de mayo de 2017. Lo logró en colaboración con Game Over Cycles, el propietario del mayor concesionario Harley-Davidson del país, con sede en Rzeszów.

La **mayor distancia quemando rueda con un automóvil** es de 487,07 m, lograda por Ron Buckholz (EE.UU.) en un Chevrolet Malibu de 1964, el 13 de octubre de 2018. Unos 600 espectadores presenciaron la hazaña en la pista Pacific Raceways de Kent, Washington, EE.UU.

Más personas en una motocicleta

58 miembros del equipo de motociclismo Indian Army's Tornadoes rodaron sobre una Royal Enfield de 500 cc en Karnataka, India, el 19 de noviembre de 2017.

LOS MÁS RÁPIDOS...

Cortacésped

El 5 de noviembre de 2015, Per-Kristian Lundefaret (Noruega) alcanzó una velocidad de 214,96 km/h sobre un cortacésped modificado Viking T6 en Vestfold, Noruega.

Vehículo *indoor*

Mikko Hirvonen (Finlandia) alcanzó los 140 km/h en un Speedcar XTREM Crosskart en el Helsinki Expo Centre de Finlandia el 25 de febrero de 2013.

Escúter para personas con movilidad reducida

Sven Ohler (Alemania) condujo una escúter trucada a 180,26 km/h durante un evento organizado por *GRIP-Das Motormagazin* en Klettwitz, Alemania, el 25 de mayo de 2017.

Carro de la compra motorizado

El 18 de marzo de 2013, Matt McKeown (R.U.) condujo a 113,298 km/h de velocidad en el Elvington Airfield de Yorkshire (R.U.) un carro de la compra equipado con un motor de arranque de helicóptero Chinook de 150 caballos modificado.

El **carrito de la compra motorizado más grande** mide 8,23 m de longitud y 4,57 m de altura y fue obra de Fred Reifsteck (EE.UU.) en 2012. Está expuesto en South Wales, Nueva York, EE.UU.

LA COREOGRAFÍA CON AUTOMÓVILES MÁS NUMEROSA

El 23 de octubre de 2018, un total de 180 vehículos interpretaron una rutina en un evento organizado por Nissan Middle East (EAU) en Dubái, EAU. Los automóviles dibujaron la forma de un halcón sobre la arena del desierto, en un guiño al modelo Safari Falcon de Nissan Patrol.

En 1960, Mickey Thompson (el padre de Danny) se convirtió en el primer estadounidense en romper la barrera de los 643 km/h con el *Challenger I*.

LA MAYOR CARAVANA DE FURGONETAS DE HELADOS

El 16 de octubre de 2018, una caravana de 84 furgonetas de helados, bautizada como «Ice Cream Van Dream Team» se puso en marcha en Crewe, Cheshire, R.U. La caravana, organizada por Edward Whitby, de Whitby Morrison (ambos de R.U.), tardó 25 minutos en recorrer 3,2 km y sirvió para promocionar una exposición de dos días de duración de la industria heladera en la ciudad.

EL AUTOMÓVIL CON MOTOR DE PISTONES MÁS RÁPIDO

El *Challenger 2*, conducido por Danny Thompson (EE.UU.), alcanzó una velocidad media de 722,204 km/h en la quinta milla de su recorrido en el salar de Bonneville, Utah, EE.UU., el 11-12 de agosto de 2018.

Está algo lejos del **automóvil más rápido** en general. Con Andy Green (R.U.) al volante, el *Thrust SSC* alcanzó los 1.227,985 km/h en un tramo de más de 1,6 km en el desierto de Black Rock, Nevada, EE.UU., el 15 de octubre de 1997.

AGO 18 En 1984, Arvind Pandya (India) se embarca en el intento de ser el más **veloz en cruzar EE.UU. corriendo hacia atrás**. Corre 2.400 km desde Los Ángeles, California, a Nueva York en 107 días.

AGO 19 En 2015, el cantautor francés Gérald Genty realiza el **mayor número de conciertos en 12 horas** (37) en Bruselas, Bélgica. Interpreta un mínimo de cinco canciones ante un mínimo de 10 personas en cada sala.

EL VEHÍCULO HUMANOIDE MÁS GRANDE

Masaaki Nagumo (Japón, detalle) diseñó a Mononofu, que se construyó en la fábrica de maquinaria agrícola Sakakibara-kikai. Mide 8,46 m de altura y pesa unas 7,3 toneladas, según se verificó en Kitagunma, prefectura de Gunma, Japón, el 7 de diciembre de 2018. La cabina tiene capacidad para un conductor, que puede mover los brazos, las manos y las piernas de Mononofu con palancas y comprobar su avance en pantallas de vídeo.

De niño, Masaaki era un gran aficionado de las serie de anime *Mobile Suit Gundam*, en la que un héroe adolescente pilotaba un robot gigante. Ahora, que ya ha pasado de los 40, ha convertido esa fantasía en una realidad espectacular.

LA CABAÑA DE JARDÍN MÁS VELOZ

El 16 de septiembre de 2017, Kevin Nicks (R.U.) condujo una cabaña de jardín a 129,831 km/h en South Yorkshire, R.U. Kevin transformó su Volkswagen Passat en este vehículo autorizado para circular y fue desde Land's End a John O'Groats acompañado de su hija Sophie para recaudar dinero para el hospital oncológico que había tratado a su madre.

EL VEHÍCULO MÁS EFICIENTE ENERGÉTICAMENTE (PROTOTIPO)

Un prototipo construido por Duke Electric Vehicles (EE.UU.) puede viajar 100 km con el equivalente energético de 0,01614 litros de gasolina. Eso equivale a 5.158 km/litro. Recibe el nombre de *Maxwell*, funciona con baterías de hidrógeno y se probó en el GALOT Motorsports Park en Benson, Carolina del Norte, EE.UU., el 21 de julio de 2018. El equipo de la Universidad de Duke lo construyó para el Shell Eco Marathon, un concurso que reta a jóvenes diseñadores a crear vehículos energéticamente eficientes.

AGO 20 — En 2009, se reúne el **mayor conjunto de trompa de los Alpes**, compuesto por 366 músicos, en la montaña Gornergrat, cerca de Zermatt, Suiza. Tocan seis canciones en un concierto que dura 20 min.

AGO 21 — En 2008, se logra el récord de **más personas sobre un patinete tamaño estándar** (22) durante la grabación del videoclip «Troublemaker» de Weezer, en Los Ángeles, California, EE.UU.

MEGACIENCIA

El láser más potente

El 6 de agosto de 2015, los científicos del Institute of Laser Engineering de la Universidad de Osaka, Japón, activaron el Láser para Experimentos de Ignición Rápida, con una potencia de 2.000 billones de vatios (2 petavatios). La duración del rayo es de solo 1 billonésima de segundo, pero contiene 1.000 veces la energía eléctrica integrada que se consume en todo el mundo en un día normal. El objetivo principal de este láser es generar haces cuánticos de alta energía, que tienen multitud de aplicaciones posibles, como el tratamiento del cáncer.

El campo magnético más potente generado por el hombre

En abril de 2018, Shojiro Takeyama (Japón) y su equipo de la Universidad de Tokio en Japón registraron el mayor campo magnético de todos los tiempos generado en un ensayo de laboratorio. Produjo 1.200 teslas e hizo saltar por los aires las

EL BARCO-PLATAFORMA MÁS GRANDE

El *Floating Instrument Platform*, o FLIP, es una plataforma de investigación marina de 108 m de longitud capaz de flotar «en vertical» con 17 m de su longitud sobre la superficie del agua y 91 m sumergida. La nave rota 90° e inunda grandes tanques que, a medida que se van hundiendo, elevan la popa del FLIP, que alberga los camarotes de los 16 tripulantes y el material. Pertenece a la Scripps Institution of Oceanography de la Universidad de California, en San Diego, EE.UU.

El diseño del FLIP ofrece a los científicos una plataforma estable desde donde estudiar ciencias como la meteorología, la geofísica y la acústica submarina.

puertas del contenedor de acero inoxidable que albergaba el experimento. El campo magnético solo duró 40 microsegundos, pero fue unas 400 veces más potente que los generados por los imanes de las máquinas de resonancia magnética y unos 50 millones de veces más potente que el campo magnético de la Tierra.

Es posible que algún día se necesiten campos magnéticos de tan alta intensidad para reactores de fusión nuclear (como el Wendelstein 7_X de la pág. siguiente), donde la temperatura plasmática supera la tolerancia de todos los materiales conocidos. Los campos magnéticos pueden contener el plasma e impedir que destruyan el reactor.

▶ El acelerador de partículas más grande

El Gran Colisionador de Hadrones (LHC, por sus siglas en inglés) es el equipo científico más grande y más complejo de todos los tiempos. El colisionador ocupa un túnel circular de 27 km de longitud bajo Ginebra, Suiza, y pesa un total de 38.000 toneladas.

Desde su activación el 10 de septiembre de 2008, el trabajo con el LHC ha llevado a importantes descubrimientos científicos y a muchos más récords. Algunos de ellos son la generación de la **temperatura artificial más elevada** (4 billones de grados centígrados, o 800 veces la temperatura de la superficie del Sol) en 2012, y las **colisiones de iones de más energía en un acelerador de partículas**, en 2015, cuando produjo 1.045 TeV (teraelectronvoltios).

Estos experimentos también requieren un pequeño ejército de científicos. Un estudio de 2015 que produjo mediciones de

EL TELESCOPIO AÉREO MÁS GRANDE

El Stratospheric Observatory for Infrared Astronomy (SOFIA) es un Boeing 747SP equipado con un telescopio reflectante con una apertura de 2,5 m. SOFIA es un proyecto conjunto de la NASA (EE.UU.) y el DLR (Alemania). Hizo sus primeras observaciones desde el aire el 26 de mayo de 2010.

masa más precisas para el bosón de Higgs, una partícula elemental, contó con 5.145 autores: la **mayor cantidad de autores en un artículo de investigación**.

El ordenador cuántico más potente

En una reunión de la American Physical Society celebrada el 5 de marzo de 2018, los investigadores de Google (EE.UU.) presentaron un ordenador funcional de 72 qubit que albergaba un procesador al que llamaron *Bristlecone*. (Un «qubit» es un bit cuántico). En la actualidad, los ordenadores cuánticos dan muchos errores, por lo que son menos útiles que los discos duros de los modelos convencionales. Esperemos que *Bristlecone* permita a los científicos descubrir cómo mejorarlos.

La temperatura artificial más baja

Un equipo del Instituto de Tecnología de Massachusetts (MIT), en Cambridge, Massachusetts, EE.UU., liderado por Aaron Leanhardt, logró una temperatura de 450 picokelvin (0,00000000045 K sobre el cero absoluto, la **temperatura más baja posible**). Los detalles de su investigación aparecieron el 12 de septiembre de 2013 en un artículo de la revista *Science*.

El espejo convexo más grande

En mayo de 2017, la empresa alemana Schott forjó el espejo secundario (M2) para el Telescopio Extremadamente Grande (ELT, por sus siglas en inglés) que el Observatorio Europeo del Sur tiene previsto terminar en 2024. El espejo tiene un diámetro de 4,2 m y está hecho de una vitrocerámica llamada Zerodur, un material con una expansión térmica muy baja que lo hace ideal para estos objetos, donde la calidad de la imagen es vital. Tardó un año en enfriarse después de la fabricación y ahora lo pulirán y lo recubrirán para prepararlo mientras terminan el resto del ELT.

El simulador sísmico en 3D más grande

E-Defense es un simulador sísmico que permite estudiar la resistencia de edificios y otras estructuras en caso de terremoto. Se halla en Miki, prefectura de Hyōgo, Japón, mide 300 m² y puede soportar estructuras con masas de hasta 1.200 toneladas. El simulador hace vibrar sus cargas con una aceleración de 1 g horizontalmente en dos dimensiones y de 1,5 g verticalmente.

LA CÁMARA DE VACÍO MÁS GRANDE

La Space Power Facility en el Glenn Research Center que la NASA tiene en la Plum Brook Station, Sandusky, Ohio, EE.UU., mide 30,4 m de diámetro y 37 m de altura. La cámara se usa para probar material y naves espaciales antes del lanzamiento. Puede simular radiaciones solares con una matriz de lámparas de cuarzo de 4 MW y producir temperaturas tan bajas como -195,5 °C.

AGO 22 En 1980, Fuatai Solo (Fiyi) logra el **ascenso más rápido a un cocotero** al trepar descalzo a un ejemplar de 9 m en 4,88 s en el Concurso Anual de Ascenso de Cocoteros en Sukuna Park, Fiyi.

AGO 23 En 2007, se certifica que la yegua *JJS Summer Breeze* es el **caballo con la cola más larga**: 3,81 m. Es propiedad de Crystal y Casey Socha, de Augusta, Kansas, EE.UU.

174

La fusión nuclear funciona uniendo núcleos de átomos. El nombre «stellarator» alude a las estrellas, que generan energía mediante este mismo proceso.

EL STELLARATOR MÁS GRANDE

Un stellarator es una máquina con forma de rosquilla que confina plasma supercaliente mediante campos magnéticos para producir reacciones de fusión nuclear controladas. El Wendelstein 7-X es el mayor de estos dispositivos. Mide 15 m de ancho y tiene un volumen de plasma interno de 30 m³, por lo que es tan grande que se puede caminar por su interior (detalle). Usa bobinas magnéticas superconductoras que contienen plasma a temperaturas de hasta 129.999.727 °C. Construido en abril de 2014, el Wendelstein 7-X se halla en el Instituto Max Planck de Física Plasmática de Greifswald, Alemania.

EL ORDENADOR MÁS RÁPIDO

El 8 de junio de 2018, el Oak Ridge National Laboratory del Departamento de Energía de EE.UU. en Tennessee, EE.UU., presentó el superordenador *Summit*. Construido por IBM, tiene un rendimiento registrado de 143.500 representaciones de coma flotante por segundo (143,5 petaflops). En comparación, un ordenador personal doméstico potente puede gestionar unos 300 gigaflops en las mismas pruebas de rendimiento (apenas un 0,0002 % de la velocidad de *Summit*).

EL VOLTAJE MÁS ELEVADO CON UNA PILA DE FRUTAS

El profesor Saiful Islam (Paquistán/R.U.) y su equipo generaron 1.275 voltios con una pila compuesta por 2.106 mitades de limón en la Royal Institution de Londres, R.U. El experimento, filmado por la BBC para las Conferencias Navideñas de la Royal Institution, se grabó el 13 de diciembre de 2016 y se emitió el 29 de diciembre de ese mismo año. La pila se midió con un voltímetro suministrado y calibrado por el Laboratorio Nacional de Física.

AGO 24 En el 394 d.C., se inscribieron los **últimos jeroglíficos**, conocidos como la inscripción de Esmet-Akhom, en el Templo de Isis, situado en la isla de Filé en el río Nilo, Egipto. La fecha está incluida en el texto.

AGO 25 Tras un trayecto de tres años desde Urano, la *Voyager 2* completa la **primera aproximación a Neptuno** en 1989. La sonda llega a 4.800 km de distancia del casquete de nubes sobre el polo norte del planeta.

COSAS GRANDES

La alfombra roja más larga

El 25 de octubre 2018, Bogaris Retail (España) desplegó una alfombra roja que medía 6,35 km en el Centro Comercial Torrecárdenas de Almería, España. Supera en longitud a la **pista de aterrizaje más larga**, la del aeropuerto de Qamdo Bamda, en el Tíbet, China, que mide 5,5 km. Esta alfombra roja conmemora la historia de la cultura cinematográfica de Almería, donde se han rodado clásicos cinematográficos como *El bueno, el feo y el malo* (Italia, 1966).

La alfombra más larga

El 16 de septiembre de 2018, The Children are Painting the World Social Fund y los ciudadanos de Almaty, en Kazajistán, crearon una alfombra de 10,9 km de largo.

LA SOMBRILLA MÁS GRANDE

El 24 de marzo de 2018, Khalifa Student Empowerment Program - Aqdar (EAU) abrió una sombrilla con un diámetro de 24,5 m y una altura de 15,22 m en la playa de Corniche, en Abu Dabi, EAU. La tela, con los colores de la bandera nacional de los EAU, se creó para celebrar la Agenda de la Felicidad de los Emiratos.

El mayor número de luces en un árbol de Navidad artificial

Los empleados de Universal Studios Japan soñaban con una Navidad luminosa cuando colgaron 580.806 luces en un árbol de Navidad artificial gigante en sus estudios de Osaka, Japón. El récord fue validado el 23 de octubre de 2018.

LOS MAYORES...

Atrapasueños

El 21 de julio de 2018, Vladimir Paranin (Lituania) colgó un atrapasueños de 10,14 m de diámetro en el Asveja Regional Park de Lituania durante el festival Masters of Calm. El atrapasueños pesaba 156 kg y estaba hecho de madera de pino, 1.250 m de cable sintético, 700 palos y ramas, 319 cuentas y cinco plumas.

▶ Pieza de ajedrez

El 6 de abril de 2018, el World Chess Museum (EE.UU.) presentó la pieza de un rey de ajedrez de 6,09 m de alto y con una base de 2,79 m de diámetro en San Luis, Misuri, EE.UU. Era 53 veces más grande que una pieza de rey estándar Champion Staunton.

Flor de papiroflexia

El 1 de septiembre de 2018, Arbnora Fejza Idrizi (Kosovo) creó una escultura floral de papel plegado de 8,7 m de diámetro en Skenderaj, Kosovo. Arbnora lleva más de 10 años creando figuras de papiroflexia.

Tarro de mermelada

El 4 de junio de 2018, el Instituto Tecnológico Superior de Los Reyes (México) presentó un tarro de mermelada que pesaba 559,8 kg en Los Reyes, Michoacán, México. Contenía mermelada elaborada con 600 kg de moras cultivadas en la zona.

Para abrir este tarro, puede que necesites aumentar la masa muscular con el **envase más grande de proteínas en polvo**. Creado por True Nutrition y Douglas Smith (ambos de EE.UU.), el peso de este recipiente, de 1.000 kg, fue validado el 2 de mayo de 2018.

Guitarra acústica de cuerdas de metal

Long Yunzhi (China) aumento a escala una guitarra acústica Yamaha MG700MS y creó un instrumento de 4,22 m de largo, 1,60 m de ancho y 0,33 m de fondo. El récord se certificó el 8 de septiembre de 2018. La guitarra pesa 130 kg y se necesitan dos personas para poder tocarla apropiadamente.

Cepillo de carpintero tradicional funcional

Schreinerei Fust (Suiza) construyó una herramienta de carpintero que medía 7,13 m de largo, 4,37 m de alto y 2,10 m de ancho. Las medidas se validaron el 6 de mayo de 2017.

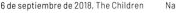

EL *DIRNDL* MÁS GRANDE

El 4 de septiembre de 2016, Maria Aberer (Austria) presentó un *dirndl* (vestido alpino tradicional) de 7,03 m de largo ante 8.000 espectadores en el festival de la cosecha de Dorfbeuern, Austria. El traje medía 4,20 m de contorno de cintura y 5,28 m de contorno de pecho. Maria se inspiró en un reportaje que escuchó en la radio sobre el **lederhosen** (pantalón corto de cuero tradicional) **más grande**, creado por Gerhard Ritsch (Austria) en 2014.

Otro de los inventos de Peter es un aeromodelo construido con unos envases de comida rápida rotativos a modo de alas.

▶ EL ENCENDEDOR PARA BARBACOAS MÁS GRANDE

Los *youtubers* Peter Sripol (arriba) y Samuel Foskuhl (ambos de EE.UU.) caldearon los ánimos con su encendedor gigante para barbacoas, cuya longitud de 2,17 m fue validada el 26 de octubre de 2018, durante una barbacoa celebrada en Beavercreek, Ohio, EE.UU. Se creó a partir de un quemador de maleza, un soplete y un sistema de encendido eléctrico modificado. Y bien, ¿cómo quieres la hamburguesa?

AGO 26 En 2013, el piloto de trial Thomas Öhler (Austria) recorre **los 400 m vallas más rápidos en bicicleta** (44,62 s), en una carrera contra el doble medallista de oro olímpico Félix Sánchez, en Linz, Austria.

AGO 27 En 1896, Gran Bretaña y Zanzíbar (ahora parte de Tanzania) entran oficialmente en guerra a las 9 de la mañana. El conflicto finaliza 45 min después, por lo que se trata de la **guerra más corta**. Hubo 500 víctimas.

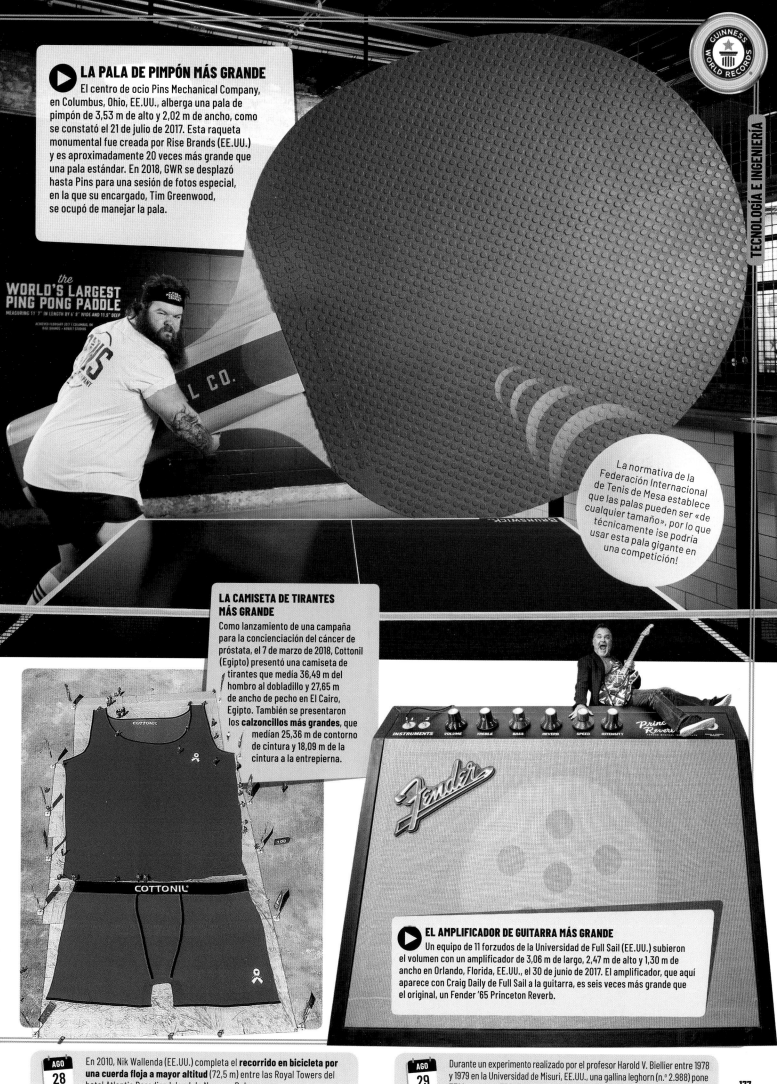

▶ LA PALA DE PIMPÓN MÁS GRANDE

El centro de ocio Pins Mechanical Company, en Columbus, Ohio, EE.UU., alberga una pala de pimpón de 3,53 m de alto y 2,02 m de ancho, como se constató el 21 de julio de 2017. Esta raqueta monumental fue creada por Rise Brands (EE.UU.) y es aproximadamente 20 veces más grande que una pala estándar. En 2018, GWR se desplazó hasta Pins para una sesión de fotos especial, en la que su encargado, Tim Greenwood, se ocupó de manejar la pala.

the
WORLD'S LARGEST
PING PONG PADDLE
MEASURING 11' 7" IN LENGTH BY 6' 8" WIDE AND 11,5" DEEP

La normativa de la Federación Internacional de Tenis de Mesa establece que las palas pueden ser «de cualquier tamaño», por lo que técnicamente ¡se podría usar esta pala gigante en una competición!

LA CAMISETA DE TIRANTES MÁS GRANDE

Como lanzamiento de una campaña para la concienciación del cáncer de próstata, el 7 de marzo de 2018, Cottonil (Egipto) presentó una camiseta de tirantes que medía 36,49 m del hombro al dobladillo y 27,65 m de ancho de pecho en El Cairo, Egipto. También se presentaron los **calzoncillos más grandes**, que medían 25,36 m de contorno de cintura y 18,09 m de la cintura a la entrepierna.

▶ EL AMPLIFICADOR DE GUITARRA MÁS GRANDE

Un equipo de 11 forzudos de la Universidad de Full Sail (EE.UU.) subieron el volumen con un amplificador de 3,06 m de largo, 2,47 m de alto y 1,30 m de ancho en Orlando, Florida, EE.UU., el 30 de junio de 2017. El amplificador, que aquí aparece con Craig Daily de Full Sail a la guitarra, es seis veces más grande que el original, un Fender '65 Princeton Reverb.

AGO 28 En 2010, Nik Wallenda (EE.UU.) completa el **recorrido en bicicleta por una cuerda floja a mayor altitud** (72,5 m) entre las Royal Towers del hotel Atlantis Paradise Island de Nassau, Bahamas.

AGO 29 Durante un experimento realizado por el profesor Harold V. Biellier entre 1978 y 1979 en la Universidad de Misuri, EE.UU., una gallina leghorn (n.º 2.988) pone 371 huevos en 364 días, y se convierte en la **gallina más prolífica**.

MEGAJUGUETES

La pista de Hot Wheels más larga
La filial rusa de Mattel montó una pista de Hot Wheels de 560,3 m (más larga que una pista de carreras de velocidad estándar) en Moscú, el 25 de agosto de 2018.

El caballito balancín más grande
Gao Ming (China) presentó un caballito balancín de 8,20 m de altura y 12,72 m de longitud en Linyi, provincia de Shandong, China, el 7 de julio de 2014. Triplica el tamaño de un autobús londinense de dos pisos.

El rompecabezas más grande
El 7 de julio de 2018, DMCC (EAU) presentó un rompecabezas de 6.122 m² en conmemoración del difunto jeque Zayed en Dubái, EAU. ¡Tiene una superficie mayor que la de la Casa Blanca estadounidense!

El tablero de Monopoly más grande
Hasbro y la Ceres Student Association (ambos de los Países Bajos) crearon una versión de 900 m² del popular juego inmobiliario en Wageningen, Países Bajos. Es del tamaño de tres pistas de tenis y se midió el 30 de noviembre de 2016 en la universidad de la ciudad.

El tiempo más rápido en colocar las piezas de un ajedrez gigante
Nurzat Turdaliev (Kazajistán) tardó 46,62 s en colocar las piezas de un ajedrez gigante en el Kashirskaya Plaza de Moscú, Rusia, el 28 de octubre de 2018. Según la normativa de GWR, las piezas más pequeñas (los peones) debían medir un mínimo de 20 cm de altura.

LA NORIA CON BLOQUES DE LEGO® MÁS GRANDE
Tomáš Kašpařík (República Checa) construyó una noria de 3,38 m de diámetro con bloques de LEGO, tal y como se ratificó el 22 de octubre de 2017 en Utrecht, Países Bajos. Medía 3,64 m de altura y tenía 43 cabinas. Tomáš necesitó unas 200 horas y 37.000 bloques de plástico para diseñarla y construirla.

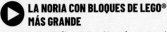

LA MAQUETA DE AUTOMÓVIL IMPULSADA POR MOTORES LEGO® TECHNIC MÁS GRANDE
LEGO Technic (Dinamarca) construyó un Bugatti Chiron conducible de 1,21 m de altura, 2,03 m de anchura y 4,54 de longitud con bloques de plástico, tal y como se ratificó en agosto de 2018 en Kladno, República Checa. La maqueta contiene más de un millón de elementos de LEGO Technic y su construcción duró 13.438 horas. El coche alcanza unos modestos 28 km/h.

La pistola de dardos Nerf más grande
Mark Rober (EE.UU.), inventor y exingeniero de la NASA, construyó una pistola de dardos de gomaespuma de 1,82 m de longitud, tal y como se comprobó el 22 de junio de 2016 en Sunnyvale, California, EE.UU. En 2017, creó la **pistola de agua más grande**, en colaboración con Ken Glazebrook y Daní Yuan (todos de EE.UU.). La superarma acuática medía 2,22 m de largo y 1,22 m de alto.

El set de LEGO más grande de...
- **Un Batmóvil**: el 28 de febrero de 2017, el artista Nathan Sawaya (EE.UU.) presentó un Batmóvil a escala real construido con bloques de LEGO y que medía 5,51 m de longitud. Compuesto por unos 500.000 bloques, formó parte de un espectáculo inspirado en DC Comics, en Londres, R.U.

- **Una autocaravana**: el 26 de septiembre de 2018, Ben Craig (EE.UU.), también conocido como *The Brick Builder*, construyó una autocaravana con 288.630 bloques de Lego en Brisbane, Australia.
- **Un cerezo en flor (con soporte)**: para celebrar su primer aniversario, LEGOLAND Japón construyó un cerezo en flor de 4,38 m de alto con 881.479 bloques de LEGO en Nagoya, prefectura de Aichi, Japón, el 28 de marzo de 2018.
- **Barco (con soporte)**: el 17 de agosto de 2016, la naviera DFDS (Dinamarca) presentó el barco *Jubilee Seaways* construido con bloques de LEGO, en Copenhague, Dinamarca. La maqueta contenía más de 1.200.000 bloques de plástico y medía 12 m de longitud. Como no podía ser de otro modo, se estrelló una botella de champán de LEGO contra el casco durante el bautizo del barco.

EL *SPINNER* MÁS GRANDE
Giovanni Catalano (Italia) construyó un *spinner* de 74 cm de longitud, tal y como se confirmó en Rozzano, Milán, Italia, el 21 de noviembre de 2018. Aunque estos juguetes existen desde principios de la década de 1990, en 2017 experimentaron un inexplicable auge de popularidad.

AGO 30 En 2010, Troy Polamalu (EE.UU.), jugador profesional de fútbol americano e imagen de una marca de champú, aseguró su característica melena por 1.000.000 de $: la **póliza más elevada de una cabellera**.

AGO 31 La **col verde más pesada** inclina la balanza hasta los 62,71 kg en la Feria Estatal de Alaska de 2012 en Palmer, Alaska, EE.UU. «¡Por fin he alcanzado la cima!», declara el agricultor Scott A. Robb (EE.UU.)

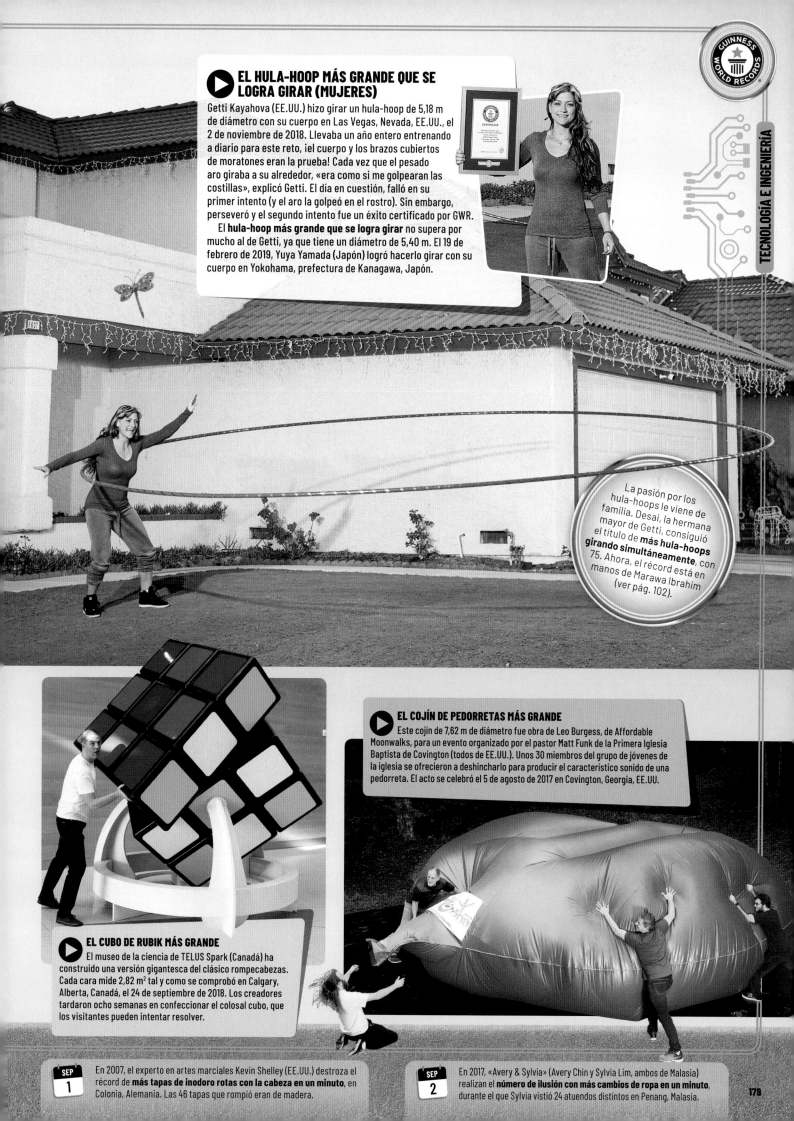

▶ EL HULA-HOOP MÁS GRANDE QUE SE LOGRA GIRAR (MUJERES)

Getti Kayahova (EE.UU.) hizo girar un hula-hoop de 5,18 m de diámetro con su cuerpo en Las Vegas, Nevada, EE.UU., el 2 de noviembre de 2018. Llevaba un año entero entrenando a diario para este reto, ¡el cuerpo y los brazos cubiertos de moratones eran la prueba! Cada vez que el pesado aro giraba a su alrededor, «era como si me golpearan las costillas», explicó Getti. El día en cuestión, falló en su primer intento (y el aro la golpeó en el rostro). Sin embargo, perseveró y el segundo intento fue un éxito certificado por GWR.

El **hula-hoop más grande que se logra girar** no supera por mucho al de Getti, ya que tiene un diámetro de 5,40 m. El 19 de febrero de 2019, Yuya Yamada (Japón) logró hacerlo girar con su cuerpo en Yokohama, prefectura de Kanagawa, Japón.

La pasión por los hula-hoops le viene de familia. Desai, la hermana mayor de Getti, consiguió el título de **más hula-hoops girando simultáneamente**, con 75. Ahora, el récord está en manos de Marawa Ibrahim (ver pág. 102).

▶ EL COJÍN DE PEDORRETAS MÁS GRANDE

Este cojín de 7,62 m de diámetro fue obra de Leo Burgess, de Affordable Moonwalks, para un evento organizado por el pastor Matt Funk de la Primera Iglesia Baptista de Covington (todos de EE.UU.). Unos 30 miembros del grupo de jóvenes de la iglesia se ofrecieron a deshincharlo para producir el característico sonido de una pedorreta. El acto se celebró el 5 de agosto de 2017 en Covington, Georgia, EE.UU.

▶ EL CUBO DE RUBIK MÁS GRANDE

El museo de la ciencia de TELUS Spark (Canadá) ha construido una versión gigantesca del clásico rompecabezas. Cada cara mide 2,82 m² tal y como se comprobó en Calgary, Alberta, Canadá, el 24 de septiembre de 2018. Los creadores tardaron ocho semanas en confeccionar el colosal cubo, que los visitantes pueden intentar resolver.

SEP 1 En 2007, el experto en artes marciales Kevin Shelley (EE.UU.) destroza el récord de **más tapas de inodoro rotas con la cabeza en un minuto**, en Colonia, Alemania. Las 46 tapas que rompió eran de madera.

SEP 2 En 2017, «Avery & Sylvia» (Avery Chin y Sylvia Lim, ambos de Malasia) realizan el **número de ilusión con más cambios de ropa en un minuto**, durante el que Sylvia vistió 24 atuendos distintos en Penang, Malasia.

ARQUITECTURA

El edificio con forma de ave más grande

Ubicada en Kembanglimus, Magelang, Indonesia, la Gereja Ayam (o «iglesia de la gallina») mide aproximadamente 56,41 m desde el pico hasta la cola. Daniel Alamsjah la construyó como casa de oración con forma de paloma entre los años 1988 y 2000 y el edificio adquirió el apodo de «gallina» cuando Alamsjah colocó una corona sobre la cabeza de la paloma, lo que le dio el desafortunado aspecto de la cresta de un gallo.

El edificio temporal con el exterior más oscuro

El Pabellón Hyundai fue una estructura temporal de 10 m de altura que se abrió al público el 9 de febrero de 2018 durante los Juegos Olímpicos de Invierno en Pyeongchang, Corea del Sur. Fue diseñado por el arquitecto británico Asif Khan y su exterior estaba cubierto con Vantablack Vbx2, una capa ultranegra de tubos verticales que absorben el 99 % de la luz y que crea la ilusión de vacío.

El primer edificio atravesado por una autopista

La Gate Tower en Osaka, Japón, tiene 71,9 m de altura y una peculiaridad muy inusual en las plantas 5 a 7: la salida Umeda de la autopista Hanshin, que las atraviesa directamente. El edificio, terminado en 1992, no toca la autopista, que se alza sobre pilares, y cuenta con aislamiento adicional para minimizar el ruido y las vibraciones.

El funicular más empinado

Un funicular es un ferrocarril operado por cable donde los vagones ascendentes y descendentes se contrapesan. El funicular de Schwyz-Stoos de la estación de esquí alpino en Stoos, Suiza, tiene un desnivel de 47,7° (110 %) en el punto más empinado. Se inauguró en diciembre de 2017 y costó 53 millones de dólares. Cuenta con cuatro vagones con capacidad para 34 personas cada uno, y están diseñados como cilindros que rotan para adaptarse a la pendiente y permitir que los pasajeros permanezcan de pie durante los cuatro minutos del trayecto.

El mayor aparcamiento automatizado

Las Emirates Financial Towers de Dubái, EAU, cuentan con un aparcamiento automatizado con 2.314 plazas, tal y como se verificó el 21 de octubre de 2017. Es un diseño de Robotic Parking Systems (EE.UU.) ejecutado por Mohamed Abdulmohsin Al-Kharafi & Sons (Kuwait). El sistema informático aparca y guarda los automóviles que los conductores dejan en las plataformas de transición. Recuerda el historial de aparcamiento del conductor y desplaza los automóviles hacia la salida antes de la hora programada para la misma.

EL MAYOR TECHO RETRÁCTIL CON FORMA DE IRIS

El estadio Mercedes-Benz de Atlanta, Georgia, EE.UU, sede del equipo de los Atlanta Falcons de la NFL, tiene un techo circular retráctil. Abarca un área de 5,8 hectáreas con una apertura ovalada de 104,5 m de diámetro en su punto más ancho. El techo del estadio consta de ocho pétalos que interseccionan (cada uno de 67 m de largo, 23 m de ancho y un peso de 435,5 toneladas) y que se apoyan sobre un sistema compuesto por 19.050 toneladas de acero y 16 motores eléctricos.

El panel publicitario más grande

El 5 de noviembre de 2018, la Emirates Intellectual Property Association (EAU) presentó un panel publicitario de 6.260 m² en Dubái, EAU. El panel estaba cubierto de logos de empresas para concienciar sobre los derechos de propiedad intelectual.

El edificio más alto

Inaugurado el 4 de enero de 2010, el Burj Khalifa de Dubái, EAU, tiene 160 plantas y mide 828 m de altura. El edificio fue construido por Emmar Properties (EAU) y se invirtieron 22 millones de horas de trabajo, con un coste de 1.500 millones de dólares.

La **torre más alta** es la Tokyo Skytree, que se eleva 634 m hasta lo alto de su antena. Se terminó en febrero de 2012 y se usa como torre de comunicaciones y de vigilancia.

EL PRIMER ASCENSOR MAGNÉTICO DE ALTURA

En 2017, ThyssenKrupp (Alemania) instaló en una torre de pruebas en Rottweil, Alemania, el prototipo MULTI, un sistema de ascensores de tres pistas que usa cabinas magnéticas que se desplazan sobre pistas electromagnéticas. Esto significa que, además de no tener cable, se pueden desplazar en vertical y en horizontal. Las cabinas cambian de pista y así ascienden, descienden o se desplazan lateralmente para llegar a su destino.

EL CASTILLO DE BOTELLAS DE PLÁSTICO MÁS GRANDE

En 2017, Robert Bezeau (Canadá), el «rey del plástico», construyó un castillo de cuatro plantas y 14 m de altura en Bocas Del Toro, Panamá, usando 40.000 botellas de plástico. Forma parte del ecopoblado Plastic Bottle Village y cuenta con cuatro habitaciones de invitados, una zona para celebraciones y un mirador en la planta superior.

LA CIUDAD CON MÁS RASCACIELOS

Hong Kong, uno de los grandes motores económicos de Asia Oriental, está ubicado sobre una extensión de 1.106,34 km² y cuenta con una de las mayores densidades residenciales del mundo. El Skyscraper Center estimó que, a marzo de 2019, la ciudad albergaba 2.580 edificios de un mínimo de 100 m de altura, que cobijan a parte de sus 7.000.000 de ciudadanos y trabajadores. Hong Kong es también la **ciudad con más edificios de más de 150 m: 385.**

SEP 3 Durante la tercera edición del Annual Sideshow Gathering and Sword Swallowers Convention de 2004, Natasha Veruschka (EE.UU.) logra el récord de **más espadas tragadas simultáneamente (mujeres): 13.**

SEP 4 En 2015, Hunter Ewen (EE.UU.) logra el récord de **más globos inflados en una hora por una persona** (i910!), en el Wild Basin Lodge Event Center de Allenspark, Colorado, EE.UU.

Los visitantes deben llevar fundas especiales en el calzado para proteger los paneles de cristal.

EL PUENTE CON SUELO DE CRISTAL MÁS LARGO

El puente colgante de cristal del Gran Cañón de Zhangjiajie, en el parque natural de Hongyagu, provincia de Hebei, China, fue inaugurado en 2017 y mide 488 m de longitud. Fue diseñado por Haim Dotan y está construido con 1.077 paneles de cristal de 40 mm de grosor que se balancean deliberadamente para hacer más emocionante el recorrido sobre el precipicio de 214 m. El puente puede soportar el peso de 2.000 personas, aunque solo se permite pasar a 600 a la vez.

EL MUSEO DE LA CIENCIA MÁS GRANDE

El Guangdong Science Center (China) tiene una superficie de 126.513 m². El centro, cuya forma se asemeja a la de una flor de ceiba, alberga 10 pabellones temáticos permanentes con más de 510 exposiciones. Se inauguró en septiembre de 2008 y recibió el título GWR el 7 de noviembre de 2018, durante la celebración de su décimo aniversario.

EL TOBOGÁN A MAYOR ALTURA EN EL EXTERIOR DE UN EDIFICIO

El Skyslide en uno de los laterales de la US Bank Tower en Los Ángeles, California, EE.UU., tiene una altura máxima de 280 m sobre el suelo. El tobogán, totalmente cubierto, se construyó en 2016 con vidrio de 32 mm de grosor y mide 14 m de longitud. Desciende desde la planta 70 a la 69 del rascacielos y se concibió como una atracción para los turistas.

SEP 5 En 2008, Herbert Weber (Austria) celebra sus treinta años en Moser Holzindustrie, en Salzburgo, Austria. Es el responsable de **haber construido más ataúdes**: 707.335, todos hechos a mano.

SEP 6 En 2015, la Coordinadora de Peñas de Valladolid convoca la **reunión de personas con gafas de sol en la oscuridad más multitudinaria** (6.774), en Valladolid, España. El acto se celebra al aire libre, a las 22:00 horas.

COSAS PEGAJOSAS

El primer sello postal

El Penny Black, el primer sello postal con reverso adhesivo, salió a la venta en las principales oficinas de correos británicas el 1 de mayo de 1840 (aunque no se validó su empleo hasta el 6 de mayo). El sello mostraba el perfil de la reina Victoria a los 15 años de edad y se siguió imprimiendo hasta febrero de 1841.

La bola de pegatinas más grande

El 13 de enero de 2016, se verificó en Longmont, Colorado, EE.UU., que John Fischer (EE.UU.), había creado una esfera de 105,5 kg de peso hecha íntegramente con pegatinas.

El mosaico de pegatinas más grande (imagen)

El 15 de julio de 2018, antes de la final de la Copa Mundial de la FIFA Rusia 2018, CapitaLand Retail (China) presentó un mosaico de 385,3 m² de superficie compuesto por 154.000 pegatinas en Shanghái, China. Mostraba a las estrellas de los 32 equipos de fútbol que participaban en el campeonato.

El Post-it más caro

El 20 de diciembre de 2000, se vendió una nota adhesiva que contenía un dibujo al pastel y carboncillo titulado *After Rembrandt* por 939 dólares en una subasta en línea. El artista, R. B. Kitaj (EE.UU.), fue una de las celebridades que crearon miniobras de arte para conmemorar el vigésimo aniversario de Post-it Notes. La recaudación se destinó a obras sociales.

Más notas adhesivas pegadas en la cara en un minuto

Taylor Maurer (EE.UU.) se cubrió el rostro con 60 notas adhesivas, a un ritmo de una por segundo, en Sioux City, Iowa, EE.UU., el 16 de noviembre de 2014.

El *sticky toffee pudding* más grande

Farmhouse Fare Limited horneó un bizcocho de caramelo de 334 kg (el peso de un caballo) en Lancashire, R.U. el 17 de marzo de 2012.

El depósito natural de alquitrán más grande

Pitch Lake, en La Brea, Trinidad y Tobago, tiene un área de unos 457.294,8 m², el equivalente a 85 campos de fútbol americano. El lago contiene más de 10.000.000 toneladas de alquitrán y se estima que tiene una profundidad de 76 m, más que suficiente para acomodar la Columna de Nelson de Londres, R.U.

EL AUTOBÚS CON MÁS PEGATINAS

STL Sticker Swap (EE.UU.) pegó 29.083 pegatinas en un autobús en el Loufest de San Luis, Missouri, EE.UU., el 10 de septiembre de 2017. Entusiastas de todo el mundo habían enviado pegatinas para contribuir al récord y el alcalde proclamó el 10 de septiembre de 2017 como el «Día de enganchar pegatinas juntos en la ciudad» para conmemorar el evento.

El pez más pegajoso

El chupapiedras norteño (*Gobiesox maeandricus*) es una especie muy pequeña nativa de la costa pacífica de EE.UU. y Canadá. Tiene una fuerza adhesiva de 80-230 veces su peso, según un estudio de 2013. El pez usa una copa de succión modificada (equipada con microvilli, o proyecciones vellosas diminutas) en el abdomen, que le permite adherirse a las rocas. Los gecos tienen esa misma estructura en los dedos.

La tela de araña más antigua que conserva una presa atrapada

El primer espécimen conocido de una tela de araña con insectos atrapados en ella se ha fechado en el Cretácico inferior, hace unos 110.000.000 años. Se encontró en San Just, Teruel, España, y se informó de ella en junio de 2006. La tela se compone de 26 hilos de seda pegajosa preservados en una muestra de ámbar y contiene un escarabajo, un ácaro, una mosca y una avispa parásita, en la actualidad extinta.

EL PEGAMENTO NATURAL MÁS FUERTE

En 2006, investigadores de la Universidad de Indiana, EE.UU., descubrieron que la bacteria *Caulobacter crescentus* segrega una sustancia pegajosa que le permite adherirse a prácticamente cualquier superficie, incluso en el agua. La mezcla de moléculas de azúcar de cadena larga, o polisacáridos (abajo), produce una capacidad de adhesión siete veces superior a la de los pegajosos dedos de un geco.

En las pruebas, los científicos estudiaron 14 bacterias que se habían adherido a una base semejante a un vidrio. Concluyeron que la fuerza necesaria para separar los microbios de la base era de 7.000 newtons por cm², casi el triple que la necesaria para separar superficies pegadas con un pegamento extrafuerte comercial (imagen en del recuadro inferior).

EL USO MÁS ANTIGUO DEL PEGAMENTO

Los neandertales construían lanzas fijando puntas de sílex a varas de madera y pegando ambas piezas con una cola a base de corteza de abedul. Los científicos creían que el proceso de extraer esta cola era demasiado complejo para los neandertales, pero se han hallado evidencias de esta práctica en yacimientos del Pleistoceno medio (hace unos 200.000 años). En 2017, científicos de la Universidad de Leiden, en los Países Bajos, descubrieron que esta cola se podía elaborar calentando rollos de corteza de abedul sobre una hoguera.

EL USO MÁS ANTIGUO DEL PEGAMENTO EN OBRAS DECORATIVAS

Un equipo de la Universidad de Harvard (EE.UU.) y la Israel Antiquities Authority excavó en 1983 la cueva Nahal Hemar, cerca del mar Muerto, en Israel. Entre los inusuales hallazgos encontraron cráneos humanos decorados con un dibujo entrecruzado que se remontan a hace entre 8.310 y 8.110 años. Los dibujos se hicieron usando una cola a base de colágeno producida a partir de grasa y tejido animal.

EL CONCURSO DE MODA CON CINTA AMERICANA MÁS MULTITUDINARIO

El 14 de junio de 2014, en el 11.º Festival Anual de la Cinta Americana en Avon, Ohio, EE.UU., 340 personas recorrieron la pasarela para presentar prendas confeccionadas con cinta americana. El adjudicador de GWR Michael Empric (arriba, derecha), se integró en el evento y llevó a cabo sus tareas de juez vistiendo una chaqueta confeccionada con cinta americana.

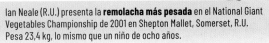 Ian Neale (R.U.) presenta la **remolacha más pesada** en el National Giant Vegetables Championship de 2001 en Shepton Mallet, Somerset, R.U. Pesa 23,4 kg, lo mismo que un niño de ocho años.

 En 2013, una jirafa reticulada llamada *Jang-soon* alumbra a su cría número 18 en el parque safari de Samsung Everland, en Yongin, Corea del Sur. Es la **jirafa que ha tenido más crías en cautividad**.

El pegamento especial que se usó en este hito se funde cuando se calienta y se solidifica cuando se enfría. Los cilindros se calentaron hasta una temperatura de 400 °C y, entonces, se les aplicó la cola. Cuando esta se fundió, los cilindros quedaron pegados.

EL MAYOR PESO LEVANTADO CON PEGAMENTO (NO DISPONIBLE COMERCIALMENTE)

El 22 de septiembre de 2013, se usó pegamento extrafuerte para mantener un camión de 16,09 toneladas elevado a aproximadamente 1 m sobre el suelo durante más de una hora. La hazaña fue obra del Centro Aeroespacial Alemán (Alemania) en sus instalaciones de Colonia, Alemania. En la prueba, se pegaron dos cilindros de acero

inoxidable con una resina termoplástica aplicada a un área de solo 39,6 cm² en cada uno de ellos. A continuación, conectaron un camión a los cilindros, que estaban enganchados al garfio de una grúa, elevaron el vehículo y lo dejaron suspendido en el aire sobre los cilindros.

MÁS PERSONAS HACIENDO SLIME SIMULTÁNEAMENTE

El 1 de julio de 2018, tuvo lugar en la ciudad de Carson, California, EE.UU., una sesión de producción masiva de *slime* en la que participaron 933 personas. Se organizó en el Día de la Amistad, como parte de las celebraciones del fin de semana del 4 de julio en la ciudad. Para elaborar la viscosa sustancia, los participantes mezclaron y amasaron un tercio de una taza de cola y un cuarto de una taza de almidón líquido, a lo que añadieron tinte rojo, blanco y azul y, en ocasiones, algo de purpurina.

EL AUTOMÓVIL VINILADO TOTALMENTE DE FORMA MÁS RÁPIDA

Vinilar un automóvil supone cubrir toda su superficie con una fina lámina de vinilo. A veces, se hace con el único objetivo de modificar su color, aunque normalmente tiene un diseño para anunciar una marca. El 15 de julio de 2018, un equipo de folien+zubehör (Alemania) viniló un Model X de Tesla con vinilo especializado en 22 min y 56,26 s en Flugplatz Schwarze Heide, en Hünxe, Alemania.

EL SUPERYATE MÁS GRANDE VINILADO

En febrero de 2015, el astillero Rybovich, propiedad del Wild Group en Miami, Florida, EE.UU., completó el vinilado de todo el casco del superyate *Aviva*, de Abeking & Rasmussen, de 68 m de longitud. Se usaron más de 800 m de vinilo metálico. La tarea se prolongó durante aproximadamente un mes y cada capa se colocó cuidadosamente de modo que solo se superpusiera 5 mm con las adyacentes.

SEP 9 En 1917, una carta del almirante John *Jacky* Fisher al ministro de Municiones Winston Churchill (ambos de R.U.) contiene la expresión «O.M.G.» (*Oh! My God!*). Es la **primera vez que «OMG» aparece por escrito**.

SEP 10 En 1977, se lleva a cabo la **última ejecución con guillotina**, en la prisión de Baumettes, Marsella, Francia. El reo es el asesino Hamida Djandoubi. La pena capital se abolió en Francia en 1981.

183

LA EXPLORACIÓN ESPACIAL

Más lanzamientos orbitales

La Unión Soviética/Federación Rusa ha llevado a cabo 3.064 lanzamientos orbitales exitosos a 19 de marzo de 2019, lo que equivale a más de la mitad de todos los lanzamientos orbitales desde el inicio de la era espacial. Solo en 1982, la Unión Soviética realizó 101 lanzamientos: el **mayor número de lanzamientos orbitales en un año.**

De los 14.379 fragmentos de basura espacial que ha registrado Space-Track.org a 4 de enero de 2019, aproximadamente 5.075 se pueden asociar a actividades espaciales soviéticas o rusas, por lo que este país es el **mayor generador de basura espacial.** El total incluye satélites inactivos, fases de cohetes desechadas, equipo perdido y otros materiales abandonados, como ojivas.

Más satélites en órbita

A 4 de enero de 2019, EE.UU. tenía 1.594 satélites orbitando la Tierra. La cifra incluye todos los satélites, ya sean gubernamentales o comerciales, controlados por entidades con sede en EE.UU.

La nave espacial más reutilizada

La lanzadera espacial *Discovery* de la NASA despegó por última vez el 24 de febrero de 2011. Fue su 39.º vuelo espacial (STS-133) y puso rumbo a la *Estación Espacial Internacional (EEI)*. El *Discovery* realizó su primer vuelo el 30 de agosto de 1984, en la misión STS-41D.

Más exoplanetas descubiertos por un único telescopio

A 19 de marzo de 2019, las observaciones del telescopio espacial *Kepler* han permitido identificar y confirmar 2.697 exoplanetas (fuera del sistema solar). Esto representa más de dos terceras partes de los 3.925 exoplanetas conocidos.

Más tiempo acumulado en paseos espaciales

El cosmonauta Anatoly Yakovlevich Solovyev (URSS/Rusia) acumuló un total de 82 h y 22 min en el espacio abierto durante sus cinco expediciones espaciales entre 1988 y 1998. Realizó un total de 16 paseos espaciales, todos ellos desde la estación espacial *Mir*.

El **mayor tiempo acumulado en paseos espaciales (mujeres)** es de 60 h y 21 min, logrado por Peggy Whitson (EE.UU.), que además supone la tercera marca de cualquier persona. El 23 de mayo de 2017, Whitson completó su décimo paseo espacial en el que pasó 2 h y 46 min fuera de la *EEI* reparando una caja de relés que se había estropeado.

MÁS LANZAMIENTOS EXITOSOS CONSECUTIVOS DE UN MISMO MODELO DE COHETE ESPACIAL

El cohete *Delta II* de la United Launch Alliance (EE.UU.) realizó 100 lanzamientos orbitales exitosos entre el 5 de mayo de 1997 y el 15 de septiembre de 2018. El último tuvo lugar el 15 de septiembre de 2018, cuando el *Delta-381* lanzó el *ICESat-2* desde la base Vandenberg de la Fuerza Aérea en California. Los cohetes *Delta II* han lanzado misiones históricas, como las de los observatorios espaciales *Kepler* y *Swift*.

Primer alunizaje en la cara oculta de la Luna

A las 02:26 UTC (Tiempo Universal Coordinado) del 3 de enero de 2019, el módulo lunar *Chang'e 4* (ver también págs. 164-165), operado por la Administración Espacial Nacional China, alunizó en el cráter Von Kármán. Aunque no es el primer objeto fabricado por el hombre que ha llegado a la cara oculta de la Luna, sí que es el primero que lo ha hecho de manera controlada. El *Chang'e 4* alberga varias bodegas de carga para ayudarnos a entender esta frontera no estudiada y cuenta con varios instrumentos astronómicos y una biosfera sellada con gusanos de seda y semillas. A bordo también viaja un explorador lunar que funciona con energía solar, el *Yutu-2*.

El rover que lleva más tiempo funcionando en Marte

El 10 de junio de 2018, el rover *Opportunity* de la NASA activó el modo de bajo consumo de emergencia debido a una tormenta de arena que cubrió sus paneles solares. Fue la primera pérdida de contacto total desde que llegara a Marte en 2004. El *Opportunity* y su gemelo *Spirit* se diseñaron para funcionar durante 90 días, pero resistieron de forma extraordinaria (el *Spirit* se apagó en 2010). El 13 de febrero de 2019, la NASA confirmó el

EL PLANETA MÁS EXPLORADO

A 27 de noviembre de 2018, se han llevado a cabo un total de 25 misiones total o parcialmente exitosas al planeta Marte. Estas misiones han colocado 14 satélites que orbitan el planeta rojo y nueve exploradores de superficie que han tenido, como mínimo, un éxito parcial. La misión más reciente que ha llegado a Marte es la del explorador *InSight* de la NASA (imagen superior), que tocó la superficie el 26 de noviembre de 2018.

fracaso de todos sus intentos por restablecer el contacto con el *Opportunity* y declaró terminada la misión tras 15 años y 19 días.

El primer vuelo de reconocimiento de Plutón

Nueve años después de despegar en enero de 2006, la nave espacial *New Horizons* de la NASA llegó a 12.472 km de la superficie de Plutón (la aproximación máxima) a las 11:49 UTC del 14 de julio de 2015. Luego llegó al objeto Ultima Thule, en el cinturón de Kuiper, el 1 de enero de 2019 (ver págs. 186-187).

La primera sonda en salir del sistema solar

Lanzada en septiembre de 1977, la sonda *Voyager 1* tenía que estudiar Júpiter, Saturno, Urano y Neptuno. En agosto de 2012, fue más allá de los límites de nuestro sistema solar y entró en el espacio interestelar. Actualmente, el *Voyager 1* está a más de 2.090 millones de km de la Tierra, pero sigue transmitiendo. Tardará unos 40.000 años en llegar a otra estrella.

EL SATÉLITE MÁS GRANDE DESPLEGADO DESDE UNA ESTACIÓN ESPACIAL

El *RemoveDEBRIS*, construido por Surrey Satellite Technology (R.U.), tiene una masa de 88,47 kg y mide 79 × 60 × 60 cm. El satélite, que tiene como misión recoger basura espacial, fue lanzado desde un NanoRacks Kaber Microsatellite Deployer (detalle) a bordo de la *EEI* el 20 de junio de 2018.

SEP 11 En 1978, el disidente búlgaro Georgi Markov muere después de recibir el impacto de un pequeño perdigón tóxico en la pierna con un paraguas en Londres, R.U. Es el **primer asesinato por envenenamiento con ricina.**

SEP 12 Gennady Ivanovich Padalka (Rusia) regresa a la Tierra tras su quinta misión espacial en 2015, después de haber pasado el **mayor tiempo en el espacio (acumulado):** 878 días, 11 h, 29 min y 24 s.

LA NAVE ESPACIAL QUE MÁS SE HA ACERCADO AL SOL

A las 03:27:52 UTC del 6 de noviembre de 2018, la *Parker Solar Probe* (EE.UU.) se acercó a 24.122.872 km de la superficie del Sol. La nave espacial no tripulada avanzaba a una velocidad heliocéntrica (relativa al Sol) de 95,32 km/s, por lo que es la **nave espacial más rápida.** La misión sigue avanzando y debería haberse aproximado hasta los 6.100.000 km en 2024.

De camino al Sol, la *Parker Solar Probe* realizó la mayor aproximación a Venus el 3 de octubre de 2018 (detalle), 52 días, 1 h y 13 min después de su lanzamiento desde la Tierra: el **viaje interplanetario más rápido.**

La sonda podría alcanzar velocidades de hasta 692.000 km/h: ¡lo suficiente como para viajar de Nueva York a Tokio en menos de un minuto!

EL OBSERVATORIO ESPACIAL CON EL PERÍODO OPERATIVO MÁS PROLONGADO

Lanzado el 24 de abril de 1990, el telescopio espacial *Hubble* (EE.UU.) seguía activo a 22 de enero de 2019, por lo que la misión ha durado 28 años y 273 días hasta esa fecha. El 2 de abril de 2018, un artículo publicado en *Nature Astronomy* reveló que el *Hubble* había detectado a una supergigante de tipo B a unos 9.000 millones de años luz de la Tierra. Recibió el nombre de «Ícaro» y es la **estrella observada más distante.**

EL VIAJE MÁS RÁPIDO A LA *EEI*

El 10 de julio de 2018, el vehículo no tripulado de abastecimiento *Progress MS-09* se acopló a la *EEI* después de un viaje de 3 h y 40 min, menos de la mitad de lo que dura un vuelo de Londres a Nueva York. La nave espacial fue lanzada desde Baikonur, Kazajistán, el 9 de julio a las 21:51 UTC y llegó al módulo de acoplamiento *Pirs* de la *EEI* a las 01:31 UTC del día siguiente.

SEP 13 En 2016, el partido de béisbol entre los White Sox de Chicago y los Indians de Cleveland (ambos de EE.UU.) atrae a 1.122 espectadores caninos: la **mayor asistencia de perros a un acontecimiento deportivo.**

SEP 14 En 2009, la contorsionista acrobática Leslie Tipton (EE.UU.) logra el **menor tiempo en entrar en una maleta** después de encerrarse ella misma en tan solo 5,43 s en el programa televisivo *LIVE! With Regis and Kelly.*

RECOPILATORIO

LA AERONAVE MÁS PESADA EN REALIZAR UN GIRO ACROBÁTICO

El 18 de julio de 2018, un Lockheed-Martin LM-100J de 36.740 kg de peso realizó un giro acrobático como parte de un vuelo de demostración en el Salón Aeronáutico de Farnborough, Hampshire, R.U. El piloto de pruebas Wayne Roberts y su copiloto, Steve Knoblock (ambos de EE.UU.), estuvieron a los mandos de la aeronave.

El primer cristal que se autorrepara

El 14 de diciembre de 2017, un equipo de científicos de la Universidad de Tokio publicó un artículo sobre el descubrimiento de un polímero semejante al cristal que puede «autorrepararse». El poliéter tiourea es duro, pero además es capaz de rellenar sus propias grietas a temperatura ambiente. Cuando se rompe, los pedazos se pueden volver a pegar. Basta con presionar sobre ellos con la mano durante 30 s a una temperatura de 21 °C y, al cabo de unas horas, el material vuelve a ser tan consistente como antes.

El motor a reacción más grande

La envergadura de la hélice del motor a reacción GE9X de General Electric es de 3,4 m (casi la misma altura que un elefante africano adulto y 10 cm más grande que su predecesor, el GE90-115B, el **motor a reacción más potente**). Se ha autorizado para los nuevos aviones Boeing 777-9.

La primera lente simple capaz de enfocar todos los colores en un solo punto

Las lentes de cristal y de plástico convencionales tienen el problema inherente de que enfocan los distintos colores en puntos diferentes, en lugar de enfocarlos todos en un único punto en el espacio. El 1 de enero de 2018, un equipo de investigadores de la Universidad de Harvard, EE.UU., publicó un artículo en la revista *Nature* sobre la primera «metalente» capaz de enfocar todos los colores del arcoíris (el espectro de luz visible para el ojo humano) simultáneamente en un único punto. Con el tiempo, las lentes ópticas serán más finas, baratas y efectivas que cualquier otra lente convencional.

La primera central eléctrica con huella de carbono cero

El 30 de mayo de 2018, la compañía eléctrica Net Power (EE.UU.) logró operar una estación termoeléctrica de gas sin emisiones de carbono en su planta experimental de La Porte, Texas, EE.UU. El sistema funciona impulsando una turbina con un bucle de CO_2 caliente a presión. El CO_2 se calienta por la combustión de una mezcla de gas natural y de oxígeno (extraído de la atmósfera en unas instalaciones independientes), y el CO_2 adicional que genera la combustión del gas se vacía con un sifón para mantener el equilibrio del sistema. Este exceso de CO_2 no se lanza a la atmósfera, sino que se guarda y se procesa. El coste del funcionamiento de esta central es similar al de las centrales eléctricas estándar de gas.

$$\min_G \max_D E_x\left[\log(D(x))\right] + E_y\left[\log(1 - D(G(y)))\right]$$

LA OBRA DE ARTE PRODUCIDA POR UNA INTELIGENCIA ARTIFICIAL VENDIDA MÁS CARA EN UNA SUBASTA

El 26 de octubre de 2018, el *Retrato de Edmond de Belamy* se vendió por 432.000 dólares en Christie's, Nueva York, EE.UU. Muestra a una persona imaginaria y fue obra de una forma de inteligencia artificial (IA) llamada Generative Adversarial Network (GAN), programada por los miembros de Obvious Art, un colectivo artístico francés. El sistema desarrolla imágenes nuevas a partir de obras de arte ya existentes, en este caso 15.000 retratos pintados del siglo XIV al XX. La «firma» (detalle) es el algoritmo usado para crear la obra.

▶ MÁS PUERTAS ATRAVESADAS POR UN DRON EN UN MINUTO

El 21 de noviembre de 2018, Luisa Rizzo (Italia) hizo pasar un vehículo aéreo no tripulado, comúnmente conocido también como dron, por 57 puertas en 60 s en *La Notte dei Record* en Roma, Italia. Hizo volar el dron por un recorrido de siete puertas (con una separación mínima de 4 m) en forma de ocho durante múltiples vueltas completas. Luisa, que va en silla de ruedas, confiesa que pilotar drones le transmite una gran sensación de libertad. Su dron Splinter 2S es obra de Stefano Mirabelli, de Model Drome.

El lanzamiento a más altura de un cohete propulsado por una pastilla efervescente

BYU Rocketry (EE.UU.), un equipo de estudiantes de la Universidad Brigham Young, envió un cohete propulsado por pastillas trituradas a 269,13 m de altura en el Complejo para visitantes del Centro Espacial Kennedy en Florida, EE.UU., el 12 de diciembre de 2018. El lanzamiento tuvo lugar en el segundo «Alka-Rocket Challenge» de Bayer, en el que cinco equipos compitieron por el premio de 30.000 dólares.

El mayor número aeronaves activas en órbita alrededor de otro planeta

A 14 de noviembre de 2018, seis naves espaciales operativas estaban en órbita alrededor de Marte. La última en llegar, el *ExoMars Trace Gas Orbiter*, lo hizo el 19 de octubre de 2016.

En la colosal estructura se emplearon 420.000 toneladas de acero: ¡suficiente para construir ocho puentes del puerto de Sídney!

EL PUENTE-TÚNEL MÁS LARGO

El puente Hong Kong-Zhuhai-Macao mide 29,6 km de longitud y une Hong Kong, Macao y Zhuhai en el estuario del río de las Perlas, China. Cuenta con cuatro islas artificiales, tres puentes atirantados de 22,9 km de longitud total y un túnel submarino de 6,7 km de longitud que une las dos islas que aparecen iluminadas en la imagen. La infraestructura, incluyendo las autovías de aproximación, abarca un total de 55 km.

SEP 15 En el Nickelodeon Slimefest de 2012, Nickelodeon consigue pringar a 3.026 personas con *slime* en Sídney, Australia: la **mayor cantidad de personas pringadas con *slime* a la vez**.

SEP 16 El **aeropuerto a mayor altitud** se inaugura en 2013. El aeropuerto Daocheng Yading se halla a una altitud de 4.411 m en la prefectura autónoma tibetana de Garzê, provincia de Sichuan, China.

La exploración de un objeto del sistema solar a más distancia de la Tierra

A las 05:33 UTC del 1 de enero de 2019, la sonda espacial *New Horizons* pasó junto a un asteroide en el cinturón de Kuiper, el 2014 MU69 (rebautizado como «Ultima Thule»). Las imágenes revelaron que el cuerpo, de 31 km de longitud, es un binario de contacto, con dos esferas conectadas.

La peonza mecánica que ha girado durante más tiempo (prototipo)

LIMBO es una peonza mecánica que giró durante 27 h, 9 min y 24 s ininterrumpidos en Tel Aviv, Israel, entre el 18 y el 19 de junio de 2018. Fue diseñada por Nimrod Back, de Fearless Toys (ambos de Israel) y se construyó en colaboración con Breaking Toys (EE.UU.).

La mayor distancia recorrida por un helicóptero eléctrico (prototipo)

El 7 de diciembre de 2018, un helicóptero eléctrico experimental, construido por Martine Rothblatt, Lung Technology y Tier One Engineering (todos de EE.UU.) voló 56,82 km pilotado por Ric Webb en Los Alamitos, California, EE.UU.

EL CABLE MÁS PESADO

Redaelli Tecna (Italia) produjo un cable Flexpack reforzado que pesaba 488,366 toneladas (más que la *Estación Espacial Internacional*) en Trieste, Italia, el 30 de octubre de 2017. Medía 4.050 m de longitud y el peso total se extrapoló a partir de una sección de muestra de 99,5 cm de longitud (ver detalle).

Los sectores del petróleo y del gas usan estos pesados cables de alambre de acero para el tendido de tuberías o las operaciones de recuperación.

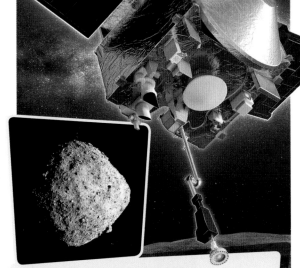

LA ÓRBITA MÁS PRÓXIMA A UN ASTEROIDE

A las 19:44 UTC del 31 de diciembre de 2018, la sonda de la NASA *OSIRIS-Rex* empezó a orbitar al pequeño asteroide 101955 Bennu (detalle). La órbita inicial, ligeramente elíptica, llevó a la sonda a 1.600 m del centro del asteroide en el punto más próximo.

El 3 de octubre de 2018, la nave espacial japonesa *Hayabusa2* hizo descender la tercera de sus cuatro sondas espaciales sobre la superficie del asteroide 162173 Ryugu: el **mayor número de sondas espaciales que han aterrizado en un asteroide**.

El astrolabio náutico más antiguo

Según se publicó en *The International Journal of Nautical Archaeology* en marzo de 2019, el 8 de mayo de 2014, David L. Mearns (R.U.) encontró un astrolabio de 1498 (+/- 2 años) en un naufragio acontecido en la costa de Omán.

El anuncio más pequeño

El 21 de septiembre de 2018, la empresa tecnológica holandesa ASML presentó un anuncio de 258,19 micrómetros cuadrados en Veldhoven, Países Bajos. Estaba grabado e impreso sobre una oblea electrónica y decía: «Para conseguir ser muy pequeño, hay que pensar a lo grande #Smallest_AD ASML».

Por el contrario, el **cartel de publicidad más grande** mide 28.922 m², ¡lo suficiente para tapar 2.000 plazas de aparcamiento! Fue obra de la cadena estadounidense de comida rápida Arby's para conmemorar su colaboración con Coca-Cola, y se presentó en Monowi, Nebraska, EE.UU., el 13 de junio de 2018. Se eligió a Monowi, que cuenta con un único habitante, al considerarse la población estadounidense más pequeña. Su única residente se llama Elsie Eiler.

EL BARCO DE JUGUETE QUE HA VIAJADO MÁS LEJOS

El *Adventure*, un barco pirata de Playmobil, navegó 6.072,47 km entre el 28 de mayo de 2017 y el 12 de mayo de 2018. Los hermanos Ollie y Harry Ferguson (ambos de R.U.) botaron el juguete en Peterhead, Aberdeenshire, R.U., y las corrientes lo llevaron hasta Escandinavia. Allí lo recogió el barco noruego *Christian Radich*, que lo volvió a botar a unos 160 km frente a la costa de Mauritania, desde donde prosiguió su viaje surcando el Atlántico Sur hasta casi llegar a Barbados. Durante el trayecto, un lastre ayudó al *Adventure* a mantenerse erguido, un relleno de poliestireno expandido lo mantuvo a flote y un dispositivo de seguimiento interno informó de su ubicación.

SEP 17 En 2017, el experto en artes marciales Anthony Kelly (Australia) demuestra sus reflejos cuando logra **atrapar la pelota de tenis más rápida** (248,09 km/h) en el programa *Officially Amazing* de la cadena CBBC, en Birchgrove, Australia.

SEP 18 En 2014, Ahmed Gabr (Egipto) protagoniza la **inmersión a mayor profundidad de un buceador** (332,35 m) en el mar Muerto, frente a Dahab, Egipto. La inmersión se prolonga 13 h y 50 min, aunque el descenso tan solo dura 14 min.

187

ARTE Y COMUNICACIÓN

GWR GAMER'S EDITION 2020

¿Eres un adicto a *Fortnite*? Hemos dedicado a este fenómeno en línea 14 páginas del *Gamer's Edition 2020*. Descubre a los mejores YouTubers y jugadores profesionales, como Richard Tyler Blevins, *Ninja*, y la evolución de su «Mapa de todas las temporadas». Descubre los secretos de las *skins* y las armas de *Fortnite* y atrévete con los retos creativos que planteamos a los lectores. Y, por supuesto, el *Gamer's Edition* también está repleto de los últimos récords del resto del mundo de los videojuegos.

EL PRIMER VIDEOJUEGO QUE SOPORTA EL JUEGO CRUZADO ENTRE LAS PLATAFORMAS DE SONY, MICROSOFT Y NINTENDO

El 26 de septiembre de 2018, después de un cambio en la política de Sony, el enormemente popular juego de disparos en tercera persona *Fortnite Battle Royale* (Epic, 2017), se convirtió en el primer juego que permitía competir a usuarios de las principales plataformas de videojuegos entre sí. Esto incluía la PS4 de Sony, la Xbox One de Microsoft, la Nintendo Switch y los PC, además de dispositivos móviles Android e iOS. Anteriormente, Sony había rechazado las primeras peticiones para que permitiera el juego cruzado para *Fortnite* en la PS4, pero tras la presión de los jugadores y de Epic, la empresa acabó encontrando una solución para los jugadores que usaban distintos dispositivos. La versión beta se probó en abierto por primera vez en la fecha anteriormente mencionada.

SUMARIO

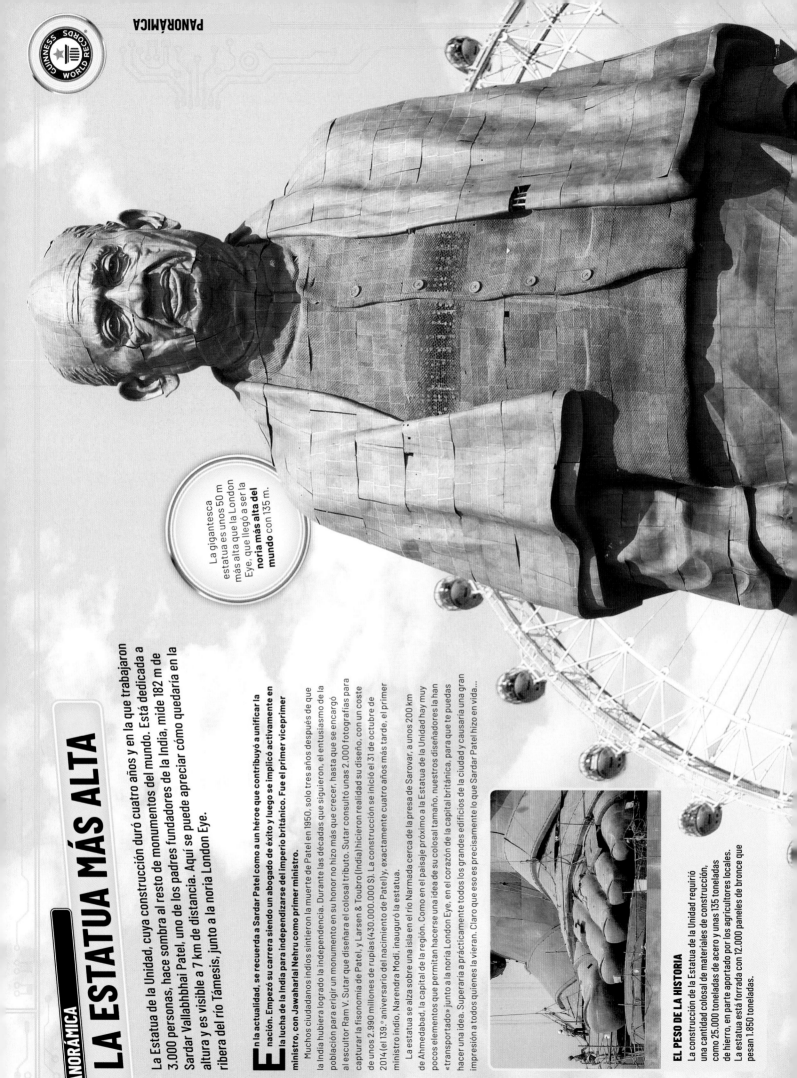

PANORÁMICA
LA ESTATUA MÁS ALTA

La Estatua de la Unidad, cuya construcción duró cuatro años y en la que trabajaron 3.000 personas, hace sombra al resto de monumentos del mundo. Está dedicada a Sardar Vallabhbhai Patel, uno de los padres fundadores de la India. Aquí se puede apreciar cómo quedaría en la ribera del río Támesis, junto a la noria London Eye.

En la actualidad, se recuerda a Sardar Patel como un héroe que contribuyó a unificar la nación. Empezó su carrera siendo un abogado de éxito y luego se implicó activamente en la lucha de la India para independizarse del imperio británico. Fue el primer viceprimer ministro, con **Jawaharlal Nehru como primer ministro.**

Muchos ciudadanos indios sintieron la muerte de Patel en 1950, solo tres años después de que la India hubiera logrado la independencia. Durante las décadas que siguieron, el entusiasmo de la población para erigir un monumento en su honor no hizo más que crecer, hasta que se encargó al escultor Ram V. Sutar que diseñara el colosal tributo. Sutar consultó unas 2.000 fotografías para capturar la fisonomía de Patel, y Larsen & Toubro (India) hicieron realidad su diseño, con un coste de unos 2.990 millones de rupias (430.000.000 $). La construcción se inició el 31 de octubre de 2014 (el 139.º aniversario del nacimiento de Patel), exactamente cuatro años más tarde, el primer ministro indio, Narendra Modi, inauguró la estatua.

La estatua se alza sobre una isla en el río Narmada cerca de la presa de Sarovar, a unos 200 km de Ahmedabad, la capital de la región. Como en el paisaje próximo a la Estatua de la Unidad hay muy pocos elementos que permitan hacerse una idea de su colosal tamaño, nuestros diseñadores la han «transportado» junto a la noria London Eye, en el corazón de la capital británica, para que te puedas hacer una idea. Superaría a prácticamente todos los grandes edificios de la ciudad y causaría una gran impresión a todos quienes la vieran. Claro que eso es precisamente lo que Sardar Patel hizo en vida....

La gigantesca estatua es unos 50 m más alta que la London Eye, que llegó a ser la **noria más alta del mundo** con 135 m.

EL PESO DE LA HISTORIA
La construcción de la Estatua de la Unidad requirió una cantidad colosal de materiales de construcción, como 25.000 toneladas de acero y unas 135 toneladas de hierro, en parte aportado por los agricultores locales. La estatua está forrada con 12.000 paneles de bronce que pesan 1.850 toneladas.

La Estatua de la Unidad está concebida para ser muy duradera. Puede soportar vientos de hasta 130 km/h y terremotos de hasta una intensidad de hasta 6,5 en la escala de Richter.

TRÍO DE TITANES

La Estatua de la Unidad se alza 54 m por encima de lo que antes era la estatua más alta del mundo, el Buda del Templo de Primavera, en la provincia de Henan, China. También es casi cuatro veces más alta que la Estatua de la Libertad (sin el pedestal) de Nueva York. De hecho, es más alta que estos dos monumentos juntos, uno encima del otro.

182 m

128 m

46 m

ÉXITOS DE TAQUILLA

LOS INGRESOS BRUTOS MÁS ELEVADOS DE...

Una película

Avatar (EE.UU/R.U., 2009) sigue siendo el mayor éxito de taquilla de todos los tiempos con unos ingresos brutos de 2.776.345.279 $. En el fin de semana del 29 al 30 de enero de 2010, esta historia de ciencia ficción del director James Cameron se convirtió en la **primera película en recaudar 2.000 millones de $**. Cameron también estuvo detrás de la cámara en el rodaje de la **primera película en recaudar 1.000 millones de $**: *Titanic* (EE.UU., 1997).

Una película de orígenes de un superhéroe

Black Panther, de Ryan Coogler (EE.UU., 2018) ha recaudado 1.348.258.224 $, lo que la convierte en la novena película con mayores ingresos brutos de todos los tiempos. Su argumento explica cómo T'Challa, también conocido con el nombre que da título a la película, superhéroe gobernante de la nación africana ficticia de Wakanda, se enfrenta a las amenazas que ponen en peligro su trono.

El 22 de enero de 2019, *Black Panther* se convirtió en la **primera película de superhéroes nominada al Oscar a la mejor película**. Aunque este galardón fue para *Green Book* (EE.UU., 2018), ganó los premios a la mejor banda sonora, mejor diseño de vestuario y mejor diseño de producción, la **mayor cantidad de premios Oscar ganados por una película de superhéroes**.

LA SERIE DE PELÍCULAS CON MAYORES INGRESOS BRUTOS

A 4 de abril de 2019, las películas de *Star Wars* habían recaudado 9.307.186.202 dólares en todo el mundo. La séptima entrega de esta exitosa franquicia de ciencia ficción, *El despertar de la Fuerza* (EE.UU., 2015, en la imagen) ha generado unos beneficios de 2.053.311.220 dólares, lo que la convierte en la tercera película más taquillera de todos los tiempos.

John Williams (EE.UU., detalle), el autor de su icónica banda sonora, es el **compositor más rentable de Hollywood**. A 28 de febrero de 2019, se estimaba que el valor que añadía a cada película ascendía a 10,7 millones de dólares.

EL MAYOR LANZAMIENTO CINEMATOGRÁFICO (UN ÚNICO MERCADO DOMÉSTICO)

La película favorita de las familias, *Gru, mi villano favorito 3* (EE.UU., 2017), se proyectó en 4.529 cines de Norteamérica el fin de semana de su estreno, del viernes 30 de junio al domingo 2 de julio. El segundo y tercer lugar lo ocupan dos películas de 2018: *Jurassic World: El reino caído* (EE.UU.), que se estrenó en 4.475 cines, y *Vengadores: Infinity War* (EE.UU.), que llegó a 4.474 salas.

EL *REMAKE* CON MAYORES INGRESOS BRUTOS

El *remake* de acción real de 2017 del clásico animado de Walt Disney de 1991 *La Bella y la Bestia* obtuvo unos ingresos brutos de 1.259.199.706 dólares. La película, que se inspira en el cuento de hadas francés de 1740 *La Belle et la Bête*, escrito por Gabrielle-Suzanne Barbot de Villeneuve, está protagonizada por Emma Watson y Dan Stevens (ambos a la derecha).

Un largometraje de animación

La película de Disney *Frozen* (EE.UU., 2013) ha recaudado 1.272.469.910 $. El lanzamiento de su secuela, *Frozen 2*, está programado para noviembre de 2019. El 13 de febrero de 2019, se dio a conocer un avance, que obtuvo, según Disney, 116,4 millones de visionados en un día, lo que lo convierte en el **tráiler de una película de animación más visto en 24 horas**, por delante de *Los increíbles 2* (ver derecha).

Una película animada tradicionalmente

El rey león, de Disney (EE.UU., 1994), alcanzó unos ingresos brutos de 986.214.868 $. Dibujada completamente a mano y dirigida por Roger Allers y Rob Minkoff, fue la película que generó más beneficios en 1994.

La **película animada en *stop-motion* con mayores ingresos brutos** es *Chicken Run: Evasión en la granja* (EE.UU./R.U./Francia, 2000), de Aardman Animations', con 227,8 millones de $.

Una película basada en un videojuego

Con la ayuda de Dwayne Johnson (ver pág. 194), *Rampage* (EE.UU., 2018), basada en el juego arcade de *Rampage* (1986), de Bally Midway, recaudó 428.056.280 $.

La **película inspirada en un videojuego con mayores ingresos brutos** es *Ready Player One* (EE.UU., 2018), con 579.290.136 $.

Una película de terror

It (EE.UU., 2017), adaptación de la novela homónima de Stephen King de 1986, logró unos ingresos brutos de 697.457.969 $. El estreno de la secuela *It: Capítulo 2* estaba previsto para septiembre de 2019.

Una película original el fin de semana de estreno

Mascotas (EE.UU., 2016), una idea totalmente nueva que no se basaba en guiones o personajes preexistentes, logró 104.352.905 $ en EE.UU. del 8 al 10 de julio de 2016.

LA PELÍCULA ANIME CON MAYORES INGRESOS BRUTOS

La fantasía romántica escrita y dirigida por Makoto Shinkai, *Tu nombre* (*Kimi no na wa*, Japón, 2016, arriba) ha cosechado unos ingresos brutos de 361.024.012 dólares en todo el mundo. A 4 de abril de 2019, la principal candidata a arrebatarle el récord, *Spider-Man: Un nuevo universo* (EE.UU., 2018) había alcanzado los 373.735.455 dólares, aunque existe un debate acerca de si esta película puede considerarse un verdadero anime.

Todas las cifras están tomadas de The-Numbers.com. Última fecha de actualización: 15 de marzo de 2019, a menos que se indique otra cosa.

SEP 19 En 1893, Nueva Zelanda se convierte en el **primer país en aprobar el sufragio femenino**. El gobernador Lord Glasgow otorga el consentimiento real al proyecto de ley electoral que reconoce el derecho al voto a las mujeres.

SEP 20 En 2013, *Grand Theft Auto V* (Rockstar Games) se convierte en el **videojuego en alcanzar más rápido unos ingresos brutos de 1.000 millones de dólares**. Alcanza esta cifra solo tres días después de su lanzamiento general.

LA PELÍCULA DE ANIMACIÓN ORIGINAL CON MAYORES INGRESOS BRUTOS

Los Increíbles 2 (EE.UU., 2018) ha recaudado 1.242.532.436 $ en las taquillas de todo el mundo (sexto lugar de todos los tiempos en la lista de películas con guión original). La secuela de esta historia de superhéroes es la segunda película de animación con mayores ingresos brutos de todos los tiempos, por detrás de *Frozen: El reino de hielo* (EE.UU., 2013, ver en la pág. anterior).

LA PELÍCULA MÁS LARGA EN GANAR UN OSCAR

El 26 de febrero de 2017, *O.J.: Made in America* (EE.UU., 2016), de Ezra Edelman y Caroline Waterlow (ambos de EE.UU.), ganó el Oscar al mejor largometraje documental en la 89.ª entrega de los Premios de la Academia. La película, que narra la historia real del éxito y caída de la estrella del fútbol americano O. J. Simpson, tiene una duración de 467 min.

LA PELÍCULA EN RECAUDAR MIL MILLONES DE DÓLARES BRUTOS CON MAYOR RAPIDEZ

El éxito de taquilla de Disney-Marvel *Vengadores: Infinity War* (EE.UU., 2019) superó los mil millones de dólares de recaudación en todo el mundo solo cinco días después de su lanzamiento (25-29 de abril de 2019). La 22.ª entrega del Universo Cinematográfico de Marvel recaudó 1.209 millones de dólares en ese período: la **película con los mayores ingresos brutos en la taquilla mundial durante el fin de semana de su estreno**.

LA PELÍCULA BIOGRÁFICA CON MAYORES INGRESOS BRUTOS

Con Rami Malek en el papel de Freddie Mercury, el carismático líder de la banda de rock británica Queen, *Bohemian Rhapsody* (R.U./EE.UU., 2018) ha sumado 773.633.838 dólares brutos de recaudación. El 24 de febrero de 2019, la película obtuvo cuatro Oscar en la 91.ª edición de los Premios de la Academia, entre ellos el de mejor actor para Malek.

SEP 21 En 2008, Peter Pedersen (Dinamarca) completa la **maratón más rápida ataviado con una armadura**: 6 h, 46 min y 59 s, en la maratón de HC Andersen de Odense, Dinamarca. Su armadura incluye casco y guanteletes.

SEP 22 En 2015, la Universidad de California, en Irvine (EE.UU.), organiza el **juego más multitudinario de capturar la bandera** (2.888 participantes). Sus estudiantes de primer curso intentan ganar un título GWR todos los años.

LA INDUSTRIA DEL CINE

Más nominaciones a los Oscars de una película de habla no inglesa

Roma (México/EE.UU., 2018) obtuvo 10 nominaciones para la 91.ª edición de los Premios de la Academia 2019, con lo que igualaba la hazaña de *Tigre y dragón*, China Taipéi/EE.UU., 2000. Se hizo con tres estatuillas: mejor película extranjera, mejor fotografía y mejor dirección, esta última para Alfonso Cuarón.

La primera persona candidata al Oscar a la mejor actriz y a la mejor canción original en la misma edición

En 2019, la Academia de Artes y Ciencias Cinematográficas nombró a la cantante, compositora y actriz Lady Gaga, cuyo verdadero nombre es Stefani Germanotta (EE.UU.), candidata a dos premios Oscar: mejor actriz, por su interpretación de la cantante de un club nocturno Ally Maine en el *remake Ha nacido una estrella* (EE.UU., 2018), y mejor canción original por «Shallow», que escribió con Mark Ronson para la misma película. Al final, Gaga ganó el Oscar a la mejor canción original minutos después de una actuación memorable durante la ceremonia de entrega junto a la otra estrella de la película, Bradley Cooper.

Más nominaciones a un premio Oscar sin ganar (actriz)

En 2019, Glenn Close (EE.UU.) abandonó la gala de los Oscars con las manos vacías por séptima vez en su carrera. Close ha sido candidata al premio a la mejor actriz en cuatro ocasiones, por *Atracción fatal* (EE.UU., 1987), *Las amistades peligrosas* (EE.UU./R.U., 1988), *Albert Nobbs* (R.U./Irlanda/Francia/EE.UU., 2011) y *La buena esposa* (R.U./Suecia/EE.UU., 2018); y tres veces candidata al premio a la mejor actriz de reparto, por *El mundo según Garp* (EE.UU., 1982), *Reencuentro* (EE.UU., 1983) y *El mejor* (EE.UU., 1984).

El récord de **más nominaciones a un premio Oscar sin ganar (actor)** lo ostenta Peter O'Toole (Irlanda) con ocho. En 2003 fue galardonado con el Oscar honorífico.

El nominado a un Oscar de más edad

El 4 de marzo de 2018, Agnès Varda (Bélgica/Francia, 30 de mayo de 1928–29 de marzo de 2019) fue candidata al Oscar al mejor largometraje documental por *Rostros y lugares* (Francia, 2017) con 89 años y 279 días. Su película sigue los pasos de Varda y de su colega artista y «photograffeur» JR (cuya verdadera identidad se desconoce) mientras viajan por la Francia rural.

El director de Hollywood más rentable

A 28 de febrero de 2019, el valor de Zack Snyder (EE.UU.) para la industria del cine se cifraba en 15.737.661 dólares por película. Las ocho películas de Snyder como director, entre las que se cuentan las historias de superhéroes de DC *Liga de la Justicia* (EE.UU., 2017), *Batman vs. Superman:*

El amanecer de la justicia (EE.UU., 2016), *El hombre de acero* (EE.UU., 2013) y *Watchmen* (EE.UU., 2009) suman unos ingresos brutos totales de 3.165.511.174 dólares.

El compositor de bandas sonoras con mayores ingresos brutos

A 23 de enero de 2019, las 100 películas a las que Hans Zimmer (Alemania) ha puesto música, entre las que se cuentan *Viudas* (EE.UU., 2018), *Interstellar* (EE.UU./R.U., 2014) y *El caballero oscuro: la leyenda renace* (R.U./EE.UU., 2012) habían recaudado 27.807.884.544 dólares en taquilla.

El actor de Bollywood con mayores ingresos (actualidad)

Según *Forbes*, la estrella más cotizada de Bollywood en la actualidad es Akshay Kumar, también conocido como Rajiv Hari Om Bhatia (Canadá, n. en la India). Entre el 1 de junio de 2017 y el 1 de junio 2018, Kumar ganó 40,5 millones de dólares.

Es la única estrella de Bollywood que figura en la lista de *Forbes* de ese año de los 100 famosos mejor pagados.

La **actriz de Bollywood con mayores ingresos (actualidad)** es Deepika Padukone (India, n. en Dinamarca). De acuerdo con los datos publicados por *Forbes India*, sus ganancias entre el 1 de octubre de 2017 y el 30 de septiembre de 2018 alcanzaban los 15,37 millones de dólares.

Más muertes en el cine en toda la carrera

El difunto Christopher Lee (R.U., 1922-2015) «murió» en al menos 61 de las más de 200 películas en las que apareció. Sus personajes han sido ahorcados, defenestrados, alcanzados por rayos, atacados con estacas, apuñalados, electrocutados, quemados, decapitados y se han estrellado contra la luna.

LA CARRERA MÁS LARGA COMO HÉROE DE MARVEL EN PELÍCULAS DE ACCIÓN REAL

Hugh Jackman (Australia, imagen de la derecha) y Patrick Stewart (R.U., imagen de la izquierda) han interpretado a dos superhéroes de Marvel, Lobezno y el profesor Charles Xavier, de *X-Men*, a lo largo de 16 años y 232 días. Hicieron su debut en *X-Men* (EE.UU., 2000), y más recientemente volvieron a dar vida a los mismos personajes en *Logan* (EE.UU., 2017, arriba). Ambos actores recibieron certificados de GWR en febrero de 2019 en reconocimiento a sus logros.

LAS GANANCIAS ANUALES MÁS ELEVADAS DE UN ACTOR DE CINE (ACTUALIDAD)

George Clooney (EE.UU., abajo) ganó 239 millones de dólares entre el 1 de julio de 2017 y el 1 de julio de 2018, según *Forbes*. Esto se debió en gran parte a la venta de la empresa de tequila Casamigos, que cofundó. El siguiente en la lista de actores con mayores ingresos fue Dwayne Johnson (EE.UU., izquierda), protagonista de *Jumanji: Bienvenidos a la jungla* (EE.UU., 2017), con 124 millones de dólares.

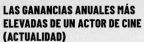

EL ACTOR PROTAGONISTA MÁS TAQUILLERO

Las 30 películas protagonizadas o coprotagonizadas por Robert Downey Jr. (EE.UU.) han generado unos ingresos brutos de 11.347.917.823 dólares. A abril de 2019, la película del actor con mayores ingresos brutos era *Vengadores: Infinity War* (EE.UU., 2018), con 2.048 millones de dólares. La otra estrella de esta película, Scarlett Johansson (EE.UU.), es la **actriz protagonista más taquillera**, con 25 películas que han recaudado unos ingresos brutos de 10.786.897.236 dólares.

LA ACTRIZ PROTAGONISTA DE PELÍCULAS MUSICALES QUE HA GENERADO MAYORES INGRESOS BRUTOS

A 7 de febrero de 2019, cuatro musicales protagonizados por Meryl Streep (EE.UU., izquierda) sumaban unos ingresos brutos de 1.550.488.703 $: *Mamma Mia!* (EE.UU., 2008), *Mamma Mia! Una y otra vez* (Suecia/R.U./EE.UU., 2018), *El regreso de Mary Poppins* (EE.UU., 2018) e *Into the Woods* (EE.UU., 2014). Por detrás de Streep se encuentra la coprotagonista de *Mamma Mia!* Amanda Seyfried (EE.UU., izquierda), con 1.400 millones de $.

SEP 23 En el Campeonato Nacional de Verduras Gigantes del Reino Unido 2016 celebrado en Malvern, R.U., Joe Atherton (R.U.) presenta la **zanahoria más larga**: 6,245 m.

SEP 24 En 2011, los estudiantes de la Universidad de Economía de Ho Chi Minh, Vietnam, completaron el **rompecabezas con más piezas** (551.232) en el pabellón deportivo Phú Tho de la ciudad.

Tom Cruise ha sido nominado al Oscar por su trabajo en tres películas: *Nacido el 4 de julio* (EE.UU., 1989), *Jerry Maguire* (EE.UU., 1996) y *Magnolia* (EE.UU., 1999).

LA ESTRELLA DE HOLLYWOOD MÁS RENTABLE

A 28 de febrero de 2019, el índice de rentabilidad de The Numbers estaba encabezado por Tom Cruise (EE.UU.), cuyo valor para la industria del cine ascendía a 20.934.185 dólares por película. En 2018, Cruise volvió a interpretar al agente especial Ethan Hunt en *Misión imposible: Fallout* (EE.UU., derecha). La película logró unos ingresos brutos de 787.456.552 dólares, y se convirtió en el largometraje más lucrativo en sus 38 años de carrera.

La **actriz protagonista más rentable de Hollywood** es Sandra Bullock (EE.UU.), con 14.533.088 dólares por película. En 2018, lideró un equipo de ladronas en *Ocean's 8* (EE.UU., en la imagen de detalle junto a una de las coprotagonistas, Rihanna).

EL PRODUCTOR MÁS RENTABLE DE HOLLYWOOD

A 28 de febrero de 2019, el valor de Kathleen Kennedy (EE.UU.) para la industria del cine ascendía a 15.541.558 dólares por película. Sus 35 títulos como productora han generado casi 12.000 millones de dólares, gran parte de ellos procedentes de películas de *Star Wars*, como *El despertar de la Fuerza* (EE.UU., 2015, ver pág. 192) y *Rogue One* (EE.UU., 2016).

EL GANADOR DE UN OSCAR DE MÁS EDAD

El 4 de marzo de 2018, James Ivory (EE.UU., n. el 7 de junio de 1928, izquierda) ganó el Premio de la Academia al mejor guion adaptado con 89 años y 271 días. Su guion para *Llámame por tu nombre* (Italia/Francia/Brasil/EE.UU., 2017), que adapta una novela de André Aciman, cuenta la relación entre Elio (Timothée Chalamet, arriba a la derecha), un precoz muchacho de 17 años, y el profesor Oliver (Armie Hammer, izquierda).

LA PRIMERA PERSONA QUE GANA UNA MEDALLA OLÍMPICA Y UN OSCAR

El 4 de marzo de 2018, el dos veces campeón olímpico Kobe Bryant (EE.UU.) sumó un Oscar a su vitrina de trofeos después de que *Dear Basketball* (EE.UU., 2017) ganara el premio al mejor cortometraje de animación, que compartió con el animador de Disney Glen Keane. La película se basa en un poema que Bryant escribió en 2015 para anunciar su retirada.

SEP 25 En 2016, la actriz y cantante Selena Gomez (EE.UU.) se convierte en la **primera persona con 100 millones de seguidores en Instagram** después de que el hashtag #SelenaBreakTheInternet sea tendencia en todo el mundo.

SEP 26 En 2016, un debate televisado entre Hillary Clinton y Donald Trump (ambos de EE.UU.) atrae a una media de 84 millones de espectadores y se convierte en el **debate presidencial televisado más visto**.

ARTISTAS MUSICALES

MÁS ESPECTADORES SIMULTÁNEOS DE UN VIDEO MUSICAL DE ESTRENO EN YOUTUBE

El 30 de noviembre de 2018, «Thank you, next», de Ariana Grande (EE.UU.), logró 829.000 visionados simultáneos en la función de programación de estrenos de YouTube.

Grande también logró el récord de **más cantidad de retransmisiones en** *streaming* **en Spotify en un año de una intérprete**, con 3.000 millones en 2018, mientras que «7 rings» se convirtió en la **canción más retransmitida en** *streaming* **en Spotify en una semana:** 71.467.874 veces del 18 al 24 de enero de 2019.

El 23 de febrero de 2019, se convirtió en la **primera artista solista en copar el Top 3 de la lista de sencillos de EE.UU.** con «Thank u, next», «Break up with your girlfriend, I'm bored» y «7 rings». También es la **primera artista en reemplazarse a sí misma en el n.º 1 de la lista de sencillos de R.U.:** «Break up with your girlfriend, I'm bored» desbancó a «7 rings» el 21 de febrero de 2019.

EL PRIMER ARTISTA QUE ENCABEZA CINCO LISTAS DE ÉXITOS DE MÚSICA *COUNTRY* EN EE.UU. AL MISMO TIEMPO

El 28 de octubre de 2017, Kane Brown (EE.UU.) ocupaba lo más alto de las cinco principales listas de música *country* de *Billboard*. El tema «What Ifs», interpretado junto a Lauren Alaina, encabezó las listas Hot Country Songs, Country Airplay y Country Streaming Songs, mientras que «Heaven» debutó en el n.º 1 de Country Digital Song Sales. Esa misma semana, su disco *Kane Brown* encabezó la lista Top Country Albums.

La primera canción de rap en ganar el Grammy a la canción del año

El 10 de febrero de 2019, en la 61.ª edición anual de los premios Grammy, «This Is America», de Childish Gambino (n. Donald Glover, EE.UU.), obtuvo cuatro galardones, entre ellos el de la canción del año. También fue la **primera canción de rap en ganar el premio Grammy a la grabación del año.**

El período más largo para lograr una canción en el Top 10 de EE.UU.

El 5 de enero de 2019, Robert *Bobby* Helms (EE.UU., 1933-97) logró su primer Top 10 en el Hot 100 de *Billboard* cuando «Jingle Bell Rock» ascendió al n.º 8. Habían pasado 60 años y 140 días desde el lanzamiento de su primera canción, «Borrowed Dreams» (18 de agosto de 1958).

Más semanas acumuladas en el n.º 1 en la lista de éxitos Hot Country Songs de EE.UU.

El 17 de noviembre 2018, el dúo Florida Georgia Line (Tyler Hubbard y Brian Kelley, ambos de Nashville, EE.UU.) sumaron su 106.ª semana no consecutiva en el n.º 1 de la lista de éxitos Hot Country Songs de *Billboard*. «Meant to be», su colaboración con la

vocalista pop Bebe Rexha, mejoró su propio récord de **más semanas consecutivas en el n.º 1 de la lista de éxitos Hot Country Songs:** 50, a esa misma fecha.

Más entradas simultáneas de un grupo en la lista de éxitos de EE.UU.

El 10 de febrero de 2018, el trío de rap Migos (EE.UU.) colocó 14 temas en la lista de éxitos Hot 100 de *Billboard*. Igualaban la hazaña de Los Beatles (R.U.) lograda el 11 de abril de 1964.

El tema de una artista más reproducido en Spotify

A 27 de marzo de 2019, «La Habana», de la cantante cubano-estadounidense Camila Cabello, un éxito de 2017 interpretado junto a Young Thug, acumulaba 1.182.041.228 reproducciones en Spotify.

El **tema más reproducido en Spotify** es «Shape of You», de Ed Sheeran (R.U.), que en diciembre de 2018 se convirtió en la primera canción en superar los 2.000 millones de reproducciones.

El **tema más reproducido en Spotify en 24 horas** es «All I want for Christmas is You», de Mariah Carey (EE.UU., ver a la derecha), que el 24 de diciembre de 2018 alcanzó las 10.819.009 reproducciones.

El **tema más reproducido en Spotify en 24 horas (hombres)** es «SAD!», de XXXTentacion (EE.UU., n. Jahseh Onfroy, 1998-2018): 10.415.088 reproducciones a 19 de junio de 2018. El interés por la

música del rapero de Florida se incrementó un día después de que recibiera un disparo mortal.

Más semanas en el n.º 1 de la lista Top Latin Albums de *Billboard* (hombres) Ozuna (n. Juan Carlos Ozuna Rosado, Puerto Rico) permaneció 46 semanas no consecutivas en el n.º 1 con *Odisea*, del 16 de septiembre de 2017 al 1 de septiembre de 2018.

LA CANCIÓN DE NAVIDAD DE UN ARTISTA SOLISTA MEJOR CLASIFICADA EN EL HOT 100

Lanzada por primera vez en 1994, «All I Want for Christmas Is You», de Mariah Carey (EE.UU.), alcanzó el puesto n.º 3 en el Hot 100 de *Billboard* el 5 de enero de 2019. «The Chipmunk Song», de The Chipmunks con David Seville (abajo), llegó al n.º 1 casi 60 años antes, el 22 de diciembre de 1958. Es la única canción de Navidad que ha llegado más alto que el gran éxito de Carey.

MÁS TEMAS EN LISTAS DE ÉXITOS LATIN AIRPLAY DE *BILLBOARD*

A 12 de marzo de 2019, el cantante de salsa Victor Manuelle (Puerto Rico, n. en EE.UU.) contaba con 72 temas en la lista de éxitos Tropical Songs de *Billboard*. Conocido como El Sonero de la Juventud, Manuelle es un exponente muy popular de la salsa romántica. El 16 de febrero de 2019, logró su 72.º éxito con «Con mi salsa la mantengo».

MÁS SENCILLOS DE UNA RAPERA N.º 1 EN EE.UU.

Cardi B (nombre artístico de Belcalis Almánzar, EE.UU.) ha encabezado el Hot 100 de *Billboard* con tres temas: «Bodak Yellow (Money Moves)» el 7 de octubre de 2017; «I like it» (con Bad Bunny & J. Balvin) el 7 de julio de 2018; y «Girls Like You» (Maroon 5 con Cardi B) el 29 de septiembre de 2018. La rapera participó como vocalista invitada en el *remix* de «Girls Like You», que apareció por primera vez en el disco *Red Pill Blues*, de Maroon 5 en 2017.

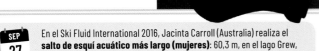

SEP 27 En el Ski Fluid International 2016, Jacinta Carroll (Australia) realiza el **salto de esquí acuático más largo (mujeres):** 60,3 m, en el lago Grew, Polk City, Florida, EE.UU.

SEP 28 En 2012, la artista *Zoe L'Amore*, alias de Zoe Ellis (Australia), establece el récord de **más trampas para ratones activadas con la lengua en un minuto (mujeres):** 24, en Londres, R.U.

EL PRIMER ÁLBUM EN ALCANZAR 1.000 MILLONES DE REPRODUCCIONES EN *STREAMING* EN UNA SEMANA

El 29 de junio de 2018, Drake (n. Aubrey Drake Graham, Canadá) lanzó el disco doble *Scorpion*, cuyos 25 temas fueron transmitidos por *streaming* más de 1.000 millones de veces en todo el mundo durante la semana siguiente. Tras ese hito, Drake logró los récords de **más temas de un solista en las listas de éxito de EE.UU. al mismo tiempo**, con 27 canciones en el Hot 100 de *Billboard* el 14 de julio de 2018, e, incluido en este, **más entradas simultáneas en el Top 10**: siete temas, todos de *Scorpion*, entre ellos el n.º 1, «Nice for What».

Las 25 canciones del disco de Drake *Scorpion* entraron en el Hot 100 de EE.UU. Acumula 193 entradas en toda su carrera (a 9 de marzo de 2019), lo que supone el **mayor número de entradas en el Hot 100 de EE.UU. de un solista.**

LA MUJER MÁS JOVEN EN ALCANZAR EL N.º 1 DE LA LISTA DE DISCOS DE ÉXITO DE R.U.

WHEN WE ALL FALL ASLEEP, WHERE DO WE GO?, el trabajo de estudio con el que debutó la cantante y compositora estadounidense Billie Eilish (n. el 18 de diciembre de 2001), entró en el n.º 1 de la lista de discos de éxito de R.U. el 11 de abril de 2019, cuando la artista tenía 17 años y 114 días.

Eilish también logró el récord de **más entradas de una mujer en el Hot 100 de *Billboard***: 14, en la lista del 13 de abril de 2019.

LOS SENCILLOS MÁS VENDIDOS EN R.U.

«Something About the Way You Look Tonight» y «Candle in the Wind 1997», este último compuesto por Elton John y Bernie Taupin (ambos de R.U.) en 1973, pero reversionado en honor de Diana, princesa de Gales (1961-97), tras su muerte, han vendido 4,9 millones de copias en R.U. Unos 50 años después de su primer éxito en el Top 10 de R.U. con «Your Song», Sir Elton se ha embarcado en la *Farewell Yellow Brick*, una gira mundial de tres años compuesta por más de 300 conciertos. Está previsto el estreno de una película biográfica dedicada a la estrella titulada *Rocketman* en mayo de 2019.

MÁS TIEMPO TRANSCURRIDO ENTRE EL LANZAMIENTO DE UNA GRABACIÓN ORIGINAL Y LA REGRABACIÓN DEL MISMO TEMA POR EL MISMO ARTISTA

En 1949, bajo el nombre artístico de Joe Bari, Tony Bennett (EE.UU.) hizo su debut discográfico con una versión del clásico de jazz escrito por George Gershwin «Fascinating Rhythm». El 3 de agosto de 2018, 68 años y 342 días después, el legendario cantante presentó una nueva versión del tema, grabado junto a Diana Krall.

SEP 29 — En 2014, Los fans de los Kansas City Chiefs (EE.UU.) lanzan el **grito más atronador de una multitud en un estadio deportivo**: 142,2 dBA durante un partido contra los New England Patriots, que ganaron por 41-14.

SEP 30 — En 2010, la **capilla para bodas más rápida** alcanza los 99 km/h en Shelbyville, Illinois, EE.UU. El *Best Man* es un camión de bomberos adaptado con vitrales, bancos y un púlpito.

MÚSICA EN DIRECTO

El primer concierto de rock and roll

El Moondog Coronation Ball, celebrado en el Cleveland Arena de Ohio, EE.UU., el 21 de marzo de 1952, ha sido descrito como el «Big Bang del rock and roll». Fue organizado por el DJ Alan Freed y Leo Mintz, dueño de una tienda de música. El concierto, en el que tocaron el saxofonista Paul Williams y los Hucklebuckers (todos de EE.UU.), terminó pasados unos 30 minutos debido al sobreaforo y los disturbios.

El concierto de rock gratuito con más espectadores

El 31 de diciembre de 1994, Rod Stewart (R.U.) reunió a unos 4,2 millones fans en un espectáculo de Año Nuevo celebrado en la playa de Copacabana, en Río de Janeiro, Brasil. Aunque parte de los asistentes pudieron acudir atraídos por el espectáculo de fuegos artificiales programado a medianoche, Stewart duplicó el anterior récord de asistencia.

El concierto de rock con más audiencia televisiva

The Beach Boys, David Bowie y Queen formaron parte del cartel de los conciertos con fines benéficos Live Aid celebrados en dos lugares distintos el 13 de julio de 1985, y que fueron vistos por 1.900 millones de personas en 150 países. Organizado por los músicos Bob Geldof (Irlanda) y Midge Ure (R.U.), el evento se transmitió simultáneamente desde el estadio Wembley, en Londres, R.U., y desde el estadio John F. Kennedy, en Filadelfia, Pensilvania, EE.UU.

El festival anual de música pop más longevo

The Reading Festival (R.U.) comenzó a celebrarse en 1961 como un evento itinerante con el nombre de National Jazz (& Blues) Festival, antes de mudarse a su sede permanente en Reading, Berkshire, en 1971. Se ha organizado todos los años exceptuando 1984 y 1985, cuando el espacio no estaba disponible.

El festival anual de música pop ininterrumpido más longevo es el Pinkpop Festival, que cumplió 50 años en junio de 2019. Se celebra anualmente en la provincia holandesa de Limburgo desde 1970.

El festival de música con mayores ingresos brutos (actualidad)

El Outside Lands Music and Arts Festival, celebrado en San Francisco, California, EE.UU., del 10 al 12 de agosto de 2018, logró unos ingresos brutos de más de 27,7 millones de dólares, según Pollstar. Este gran espectáculo de tres días de duración tuvo como cabezas de cartel a The Weeknd, Florence + The Machine y Janet Jackson.

LA GIRA MUSICAL DE UN DÚO CON MAYORES INGRESOS BRUTOS (ACTUALIDAD)

On the Tour Run II, de Beyoncé y Jay-Z (ambos de EE.UU.) logró unos ingresos brutos de 253,5 millones de dólares con 48 espectáculos en 2018, según las cifras ofrecidas a *Billboard Boxscore*. El 6 de junio, el dúo (también conocido como The Carters) inició una segunda gira con el mismo nombre que terminó el 4 de octubre en el CenturyLink Field de Seattle, Washington, EE.UU.

La gira musical de una artista con mayores ingresos brutos (de todos los tiempos)

Sticky & Sweet Tour, de Madonna (EE.UU.) logró unos ingresos brutos de 407,7 millones de dólares en 2008-09. Esta gira de 85 conciertos para presentar su nuevo disco *Hard Candy*, comenzó el 23 de agosto de 2008 en el Millennium Stadium de Cardiff, R.U., y terminó el 2 de septiembre de 2009 en el parque Yarkon de Tel Aviv, Israel. Acudieron a los conciertos 3,54 millones de fans.

Más actuaciones musicales en directo en 24 horas (varias ciudades)

Como parte de su *Never Give Up Tour*, Scott Helmer (EE.UU.) actuó en 12 conciertos benéficos el 28 y 29 de noviembre de 2016. El cantante y compositor comenzó su maratón musical en EE.UU. en San Diego, California, y terminó en Phoenix, Arizona, el día de «Giving Tuesday». Desde 2012, Helmer ha recaudado más de 2 millones de dólares para distintas causas benéficas por todo EE.UU.

El primer grupo de música en tocar en todos los continentes

El 8 de diciembre de 2013, Metallica (EE.UU.) se convirtió en el primer grupo de música en tocar en los seis continentes tras actuar ante 120 científicos y ganadores de un concurso en la estación Carlini, en la Antártida. El espectáculo fue apodado «Freeze 'Em All» (Congélalos a todos).

El primer concierto de música en directo transmitido al espacio

El 12 de noviembre de 2005, Paul McCartney (R.U.) ofreció una serenata a los astronautas de la *Estación Espacial Internacional* con dos canciones, «English Tea» y «Good Day Sunshine», que interpretó en directo desde Anaheim, California, EE.UU.

MÁS DISCOS EN DIRECTO PUBLICADOS

Sin contar las grabaciones piratas, desde 1969 la banda de rock The Grateful Dead (EE.UU.) ha publicado 167 álbumes de larga duración con música en directo, 150 de los cuales aparecieron tras la disolución del grupo californiano en 1995. Los discos retrospectivos en directo incluyen las grabaciones de conciertos archivadas en *Dick's Picks* (1993-2005), *Road Trips* (2007-11) y la serie *Dave's Picks* (2012-actualidad).

LA GIRA MUSICAL CON MAYORES INGRESOS BRUTOS

Los 110 espectáculos de la gira *U2 360° Tour* (imagen de la izquierda) de las estrellas irlandesas del rock generaron 736,4 millones de dólares entre el 30 de junio de 2009 y el 30 de julio de 2011. Como prueba de que siguen estando de rabiosa actualidad, entre el 2 de mayo y el 28 de octubre de 2018, U2 ganó 119,2 millones de dólares con los 55 espectáculos de su gira *eXPERIENCE + iNNOCENCE*, la **gira musical de un grupo con mayores ingresos brutos (actualidad)**.

MÁS ACTUACIONES DE UN MÚSICO EN EL MADISON SQUARE GARDEN

El 18 de julio de 2018, Billy Joel (EE.UU.) realizó su concierto n.º 100 en el Madison Square Garden de Nueva York, EE.UU. En «Tenth Avenue Freeze-Out» y «Born to Run» Bruce Springsteen lo acompañó en el escenario. Joel, que a 14 de febrero de 2019 acumulaba 107 actuaciones en este lugar tan emblemático, lleva desde el 27 de enero de 2014 ofreciendo un concierto al mes con su gira *Billy Joel in Concert*.

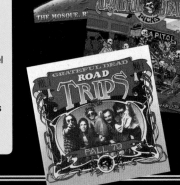

OCT **1** Abre las puertas la **aldea de globos más grande** en Xiamen Jimei New City, China. Hecha con 365.000 globos por el artista Guido Verhoef (Holanda) para el Festival Internacional de Globos 2016, cuenta con un palacio y un jardín panda.

OCT **2** En 2007, se verifica la **mayor colección de sobres de sal y pimienta**, que cuenta con 172 parejas distintas. Su propietario, Tim Leigh (R.U.), había pasado nueve años acumulándolos.

LA GIRA MUSICAL CON MAYORES INGRESOS BRUTOS EN UN AÑO

Los 99 conciertos de la gira ÷ [Divide] Tour de Ed Sheeran (R.U.) celebrados en 2018 generaron 429,5 millones de dólares y atrajeron a 4.800.441 personas. Esto supone los mayores ingresos brutos de una gira musical en un solo año desde que *Billboard Boxscore* se publicó por primera vez en 1990, y supera los 425,1 millones de dólares alcanzados por The Rolling Stones con su gira *Bigger Bang* en 2006.

La **gira musical con mayores ingresos brutos de una artista (actualidad)** es *Reputation Stadium Tour*, de Taylor Swift (EE.UU., derecha). Su quinta gira de conciertos recaudó 345,7 millones de dólares en 2018.

LAS MAYORES GANANCIAS ANUALES DE UN MÚSICO (MUJERES, ACTUALIDAD)

Según estimaciones publicadas por *Forbes*, la estrella del pop Katy Perry (EE.UU.) ganó 83 millones de dólares del 1 de junio de 2017 al 1 de junio de 2018. Esto se debe en gran parte a los 80 conciertos de su gira *Witness: The Tour*, cada uno de los cuales le supuso unos ingresos de 1 millón de dólares.

El récord **masculino** en el mismo período lo ostenta Ed Sheeran (R.U., ver arriba), con unas ganancias anuales de 110 millones de dólares según *Forbes*.

EL ÁLBUM EN DIRECTO MÁS VENDIDO

Se estima que el álbum de Eric Clapton (R.U.) *Unplugged* (1992), galardonado con múltiples premios Grammy, ha vendido 26 millones de copias en todo el mundo. Se grabó en directo en Bray Studios, cerca de Maidenhead, en Berkshire, R.U., el 16 de enero de 1992, e incluye el tema «Tears in Heaven» y una versión acústica de «Layla». A 25 de enero de 2019, la RIAA (Recording Industry Association of America) había certificado el envío de 10 millones de copias de *Unplugged*, cifra con la que ya se situaría como el tercer álbum en directo más vendido en EE.UU.

Left Shark, que saltó a la fama en el concierto que Katy Perry ofreció durante el descanso de la Super Bowl XLIX, la acompañó durante la gira.

OCT 3 En 1967, el piloto de pruebas de la USAF William *Pete* Knight alcanza una velocidad de Mach 6 (7.274 km/h) en el cielo de California, EE.UU., en el avión experimental X-15A-2, el **avión cohete más rápido**.

OCT 4 En 1997, un esqueleto de *T. rex* llamado «Sue» alcanza un precio de 8,3 millones de dólares en una subasta: los **huesos de dinosaurio más caros**. El esqueleto es adquirido por el Field Museum de Chicago, Illinois, EE.UU.

199

VIDEOJUEGOS

El *Guinness World Records Gamer's Edition* de este año, ya disponible, se centra en los personajes de videojuegos más populares de todos los tiempos. A continuación, te ofrecemos una muestra de los hechos, estadísticas e imágenes que encontrarás en el libro de récords de juegos más vendido del mundo.

El videojuego de Sonic mejor valorado por la crítica

A 29 de marzo de 2019, Sonic Mania (Sega, 2017) tenía una valoración media del 87,02 % en GameRankings. Superaba así el 86,51 % de valoración logrado por Sonic Adventure (Sega, 1999), titular del récord durante años. Lanzado para celebrar el 25 cumpleaños de este veloz erizo, Sonic Mania hace gala de un estilo retro y supone un regreso a los orígenes del 2D.

El videojuego de acción y aventura mejor valorado por la crítica

A 5 de febrero de 2019, The Legend of Zelda: Ocarina of Time (Nintendo, 1998) tenía una valoración del 97,54 % en GameRankings. El 5 de septiembre de 2018, Torje Amundsen (Noruega) estableció el récord de la **finalización más rápida de The Legend of Zelda: Ocarina of Time**: 17 min y 4 s. El juego es muy popular en Speedrun, con más de 5.000 partidas registradas en su base de datos y, aunque tiene más de 20 años, los jugadores más hábiles siguen encontrando rutas más rápidas.

La colección de videojuegos remasterizados más vendida

Uncharted: The Nathan Drake Collection (Sony, 2015) es una edición remasterizada para PS4 de los primeros tres juegos de esta serie. Ha sido un éxito en todo el mundo: a 21 de marzo de 2019, se habían vendido 5,7 millones de copias según el sitio web de seguimiento de ventas VGChartz. Esta exclusiva de PlayStation ve el salto de las aventuras de Drake de PS3 a PS4 con gráficos mejorados, nuevos trofeos y un modo foto añadido.

¿CONOCES EL JUEGO? ¡NOMBRA AL PERSONAJE!

A 5 de febrero de 2019, estos son los juegos mejor valorados por la crítica en sus respectivas franquicias, de acuerdo con los listados de GameRankings. ¿Eres capaz de identificar a sus protagonistas? Encontrarás las soluciones en la pág. 249.

10. Tekken 3

Un antihéroe de las artes marciales con un gen diabólico que lo hace tan poderoso como un demonio.

9. Resident Evil 4

Pasa de policía novato a agente especial que combate zombis y amenazas biológicas.

8. ------ Arkham City

Una tragedia durante la infancia lo transforma en el caballero oscuro de Gotham.

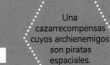

Una cazarrecompensas cuyos archienemigos son piratas espaciales.

7. Metroid Prime

6. Uncharted 2

Este personaje inspirado en Indiana Jones es un pícaro con debilidades entrañables.

La serie de videojuegos de disparos de ciencia ficción más vendida

Según VGChartz, a 21 de marzo de 2019 la franquicia de Microsoft Halo sumaba unas ventas globales de 65,08 millones de copias sin contar Halo Wars, una derivación de estos juegos de estrategia.

El **videojuego de la serie Halo más vendido** es Halo 3 (2007), con una cifra de ventas en todo el mundo de 12,13 millones de copias. Se trata de la única entrega de la franquicia con más de 10 millones de copias vendidas.

El videojuego mejor valorado por la crítica (actualidad)

El videojuego lanzado en 2018 (último año completo del que hay valoraciones disponibles) favorito de la crítica era Red Dead Redemption 2, de Rockstar. Según GameRankings, este wéstern se convirtió en un clásico instantáneo con una valoración media de un 96,45 % en base a 49 críticas. Su competidor más cercano fue God of War, de Sony, con una puntuación del 94,10 % en base a 63 valoraciones.

OCT 5 — En 1974, David Kunst (EE.UU.) completa la **primera circunnavegación a pie (verificada)**. Había empezado más de cuatro años antes, y recorrió un total de 23.250 km.

OCT 6 — En 2007, Kurt Hess (Suiza) establece el récord de la **mayor altura vertical ascendida por escaleras en 24 horas**: 18.585 m. Sube y baja 413 veces la torre Esterli, en Suiza.

EL PERSONAJE DE VIDEOJUEGOS MÁS OMNIPRESENTE

A 5 de febrero de 2019, Mario había aparecido en 217 títulos de videojuegos, excluyendo remakes y relanzamientos, y en 2019 estaba prevista la aparición de al menos otros dos, *Dr Mario World* y *Mario Kart Tour* (ambos de Nintendo). El personaje debutó en *Donkey Kong* (1981), donde era un carpintero llamado «Jumpman».

El **juego de Mario más vendido** es la versión para NES de *Super Mario Bros.* (Nintendo, 1985), con 40,24 millones de copias vendidas a 5 de febrero de 2019, según VGChartz. También es el **juego de plataformas más vendido**.

Un pandillero despiadado que desarrolla conciencia moral.

4. SoulCalibur

Conocido como «el pirata inmortal», su nombre real es...

5. Red Dead Redemption 2

3. Grand Theft Auto IV

Este inmigrante veterano de guerra pierde la fe en el sueño americano.

2. The Legend of Zelda: Ocarina of Time

Su archienemigo es Ganondorf y su aliada principal, la princesa Zelda.

¡Mamma mia! ¡El fontanero favorito del reino Champiñón!

1. ----- ----- Galaxy

El videojuego con una heroína más vendido

Con unas ventas totales confirmadas a 21 de marzo de 2019, *Tomb Raider*, de Square Enix, protagonizado por Lara Croft, supera al resto de franquicias con una protagonista femenina, según VGChartz. El personaje ha inspirado cómics y películas, entre ellas una gran recreación protagonizada por Alicia Vikander en 2018. El primer juego lo publicó Eidos Interactive el 25 de octubre de 1996.

El videojuego para PlayStation que ha otorgado más trofeos de platino

Un trofeo de platino es el premio más importante que se puede conseguir en un videojuego para PlayStation, y solo se obtiene después de sumar el resto de trofeos posibles. A 13 de febrero de 2018, los jugadores de *Assassin's Creed II* (Ubisoft, 2009) en PS3 había logrado 156.569 trofeos de platino, de acuerdo con el rastreo realizado por PSNProfiles en varios millones de cuentas de jugadores.

OCT 7 En 1990, los escaladores eslovenos Andrej y Marija Štremfelj se convierten en el **primer matrimonio en alcanzar la cima del Everest**. Llegan a la cumbre por el collado sur.

OCT 8 En 2001, David Meenan (EE.UU.) recorre la **distancia más larga bailando claqué**: 51,49 km en 7 h y 35 min, en el Count Basie Track and Field de Nueva Jersey, EE.UU.

FORTNITE

EL ARMA MÁS DAÑINA EN *FORTNITE* (DPS)

¿Quieres hacer un buen papel en *Fortnite Battle Royale* (Epic, 2017)? La escopeta de doble cañón legendaria **(1)**, la minipistola legendaria **(2)** y el subfusil raro **(3)** generan unos incomparables 228 daños por segundo (DPS).

El **arma más dañina de *Fortnite* (un disparo)** es el rifle legendario pesado de francotirador **(4)**. Con 157 daños por disparo, esta arma ultrarrara proporciona el impacto más contundente por proyectil. Pero su recarga es lenta, ¡así que tendrás que acertar a la primera!

El primer videojuego de *battle royale* con 250 millones de jugadores registrados

Hablar de *Fortnite* es hablar de *battle royale*. El 29 de marzo de 2019, Epic Games (EE.UU.) verificó que el juego contaba con 250 millones de jugadores registrados, más de tres veces y cuarto la población de R.U. Epic Games no suele hacer públicas las cifras de *Fortnite*, pero el 27 de noviembre de 2018, reveló que el juego contaba con 200 millones de jugadores registrados, un incremento del 60 % en relación con los 125 millones de junio de 2018.

El videojuego con más jugadores simultáneos

En marzo de 2019, *Fortnite* contabilizó 10,8 millones de jugadores simultáneos. Su éxito se explica por una serie de factores, entre los que destacan que esté disponible para consolas, PC y dispositivos móviles, así como que sea gratis (ver pág. 188).

El primer jugador de *Fortnite* en alcanzar las 100.000 eliminaciones

El jugador estadounidense «HighDistortion», alias de Jimmy Moreno, alcanzó este hito el 21 de enero de 2019. También ostenta el récord de **más eliminaciones acumuladas en *Fortnite***: 101.017, a 28 de enero de 2019.

El vídeo de YouTube sobre *Fortnite* con más visionados

A 29 de abril de 2019, «The Fortnite Rap Battle | #NerdOut ft Ninja, CDNThe3rd, Dakotaz, H2O Delirious & More» de NerdOut! sumaba 96.097.735 visionados. Este rap humorístico con imágenes de *Fortnite* se subió a YouTube el 10 de marzo de 2018.

La primera *skin* de *Fortnite* exclusiva para una consola

Disponer de una PlayStation 4 y ser miembro de PlayStation Plus es la única forma de adquirir la *skin* de líder del equipo azul, lanzada para la consola de Sony el 14 de febrero de 2018 junto con el planeador de rayas azules. Meses después, Microsoft lanzó su *skin* Eon para los propietarios de la Xbox One S, y Nintendo fue a la zaga con su traje de doble hélice.

El primer personaje de Marvel en *Fortnite*

El 8 de mayo de 2018, Thanos, el Titán Loco, descendió a *Fortnite* coincidiendo con el estreno en cines de *Vengadores: Infinity War* (EE.UU.), de Marvel Studios. Esta aparición temporal recibió el nombre de modo «guantelete del Infinito». Los jugadores podían transformarse en Thanos si encontraban el guantelete, que al principio del juego había aterrizado en un lugar aleatorio. Si Thanos era eliminado, el guante caía al suelo, y cualquier otro personaje podía recogerlo. Esta aparición finalizó el 15 de mayo de 2018.

Más canales en Twitch de un videojuego

A 29 de abril de 2019, *Fortnite* había sido retransmitido por 66.600 canales de Twitch. El segundo en la clasificación fue *Apex Legends* (2019), de Respawn, con un pico de retransmisiones de 18.919 canales.

El canal de Twitch más seguido

A 29 de abril de 2018, el jugador de *Fortnite* y presentador de videojuegos «Ninja», alias de Richard Tyler Blevins (EE.UU.), acumulaba 14.064.046 seguidores en Twitch, según Social Blade. Sus números se incrementaron en unos 2 millones pocas semanas después de la retransmisión del 14 de marzo de 2018, que contó con la presencia de la estrella del fútbol americano JuJu Smith-Schuster y los músicos Drake y Travis Scott. Desde entonces, su cuenta de seguidores no ha dejado de aumentar rápidamente.

EL ARMA DE *FORTNITE* HECHA CON BLOQUES DE LEGO® MÁS GRANDE

Construida por el diseñador de LEGO y youtuber «ZaziNombies LEGO Creations», cuyo nombre real es Kyle L.Neville (Canadá), esta réplica a escala de la potente minipistola de *Fortnite* medía 140 cm de largo, estaba hecha con más de 5.000 bloques de LEGO y pesaba 8 kg. Para construirla, Kyle tuvo que dedicarle unas 60 horas a lo largo de una semana. El 22 de febrero de 2018, la presentó en YouTube.

MÁS PARTICIPANTES EN UNA RUTINA EMOTE DE UN VIDEOJUEGO

Los «emotes» son gestos o bailes que el personaje de un jugador puede realizar en una partida. El 28 de octubre de 2018, un grupo de 383 fanáticos de *Fortnite* se pusieron el traje del líder del Equipo Cariñoso en una rutina emote masiva durante la Paris Games Week, celebrada en la capital de Francia. La horda de encapuchados ejecutó las rutinas de «Boogie Down», «Orange Justice» y «Groove Jam», entre otras, en un evento organizado por Epic Games.

A 1 de abril de 2019, el vídeo en YouTube en el que presenta la minipistola sumaba 812.255 visionados.

OCT 9 — En 2014, Shiko Kurihara (Japón) establece el récord de **más besos recibidos en un minuto** (131), en el pabellón deportivo Differ Ariake de Tokio, Japón.

OCT 10 — En 2016, una versión de la *Cosmographia* de Ptolomeo fechada en 1477 se vende por 3.990.930 dólares en Sotheby's, Londres, R.U., y se convierte en el **atlas más caro**.

MÁS VICTORIAS EN *FORTNITE*

Este juego en línea gratuito en el que gana el último que queda en pie ha superado a todos sus competidores desde su estreno el 26 de septiembre de 2017. En él, 100 jugadores saltan en paracaídas sobre una isla para luchar en solitario, en pareja o en equipo.

A 30 de octubre de 2018, el récord de **más victorias** jugando solo o en equipo lo ostentaba «Vinicius△mazingツ» (Brasil) con 5.567 (en 11.746 partidas). «COOLER eXzacT» (Croacia) firmaba la **racha de victorias en solitario más larga**, con 36 consecutivas, mientras que «FeroX M33P_» había logrado la **racha ganadora más larga como parte de un equipo**, con 66. A 13 de diciembre de 2018, el récord de **más finalizaciones en el primer puesto en solitario** estaba en poder de «SoaR PierXBL» (EE.UU.), con 4.351.

A finales de 2018, un nuevo parche para la temporada 6 de Fortnite dio entrada a los «monstruos del cubo» (zombis, en efecto). Para enfrentarse a ellos, los jugadores contaban con una nueva arma, la ballesta cazademonios.

MÁS VICTORIAS MAGISTRALES EN *FORTNITE* USANDO UN *QUADSTICK*

Después de que una grave caída lo dejara tetrapléjico, «RockyNoHands», cuyo nombre real es Rocky Stoutenburgh (EE.UU.), se entrenó para jugar con un *joystick* que maneja con la boca. A 26 de marzo de 2019, había logrado de este modo 509 victorias magistrales en *Fortnite*. También ostenta el récord de **más eliminaciones en una sola *battle royale* de *Fortnite* usando un *quadstick***: 11, el 3 de octubre de 2018.

LA *SKIN* MÁS RARA EN *FORTNITE*

Si te cruzas con una especialista en reconocimiento, asegúrate de hacer una captura de pantalla. Esta *skin* de la primera temporada solo estuvo disponible dos semanas, del 27 de octubre al 12 de noviembre de 2017, y tras eso había que desembolsar 1.200 paVos por este discreto atuendo. A 12 de noviembre de 2018, llevaba un año entero sin estar disponible en la tienda de *Fortnite*.

LA *SKIN* DE *FORTNITE* MÁS POPULAR

Los aficionados de *Fortnite* han ideado cientos de *skins*, pero ninguna ha volado tan alto como la del poderoso policía Protector Pollo (Tender Defender). Creada por Connor, hijo del usuario de Reddit «Tfoust10», maneja una batidora de huevos manual, usa una cáscara de huevo como mochila y vuela hacia la batalla a lomos de un compañero pollo. La propuesta fue publicada en Reddit el 12 de septiembre de 2018 y, a 31 de octubre de 2018, había conseguido más 44.700 votos positivos.

OCT 11 En 1919, se sirve el **primer servicio de comida en un vuelo** en un trayecto entre Londres y París de la compañía Handley Page Transport (R.U.). Se compone de un almuerzo previamente empaquetado de sándwiches y fruta.

OCT 12 En 2016, finaliza la **maratón de un DJ radiofónico más larga** tras 205 h, 2 min y 54 s de emisión en Radio B.B.S.I., en Alessandria, Italia. Stefano Venneri (Italia) había empezado su desafío casi nueve días antes, el 4 de octubre.

203

TV: LO MÁS DEMANDADO

PARROT ANALYTICS

Para evaluar y comparar la demanda de series de TV en distintas plataformas, GWR se ha asociado con Parrot Analytics, especialistas en análisis de datos. Esta empresa ha ideado un sistema de «medición de la demanda de contenidos para la televisión» que cuantifica el seguimiento de los programas por parte de los espectadores. Lo hace mediante el análisis de «expresiones de demanda» en todo el mundo, desde el consumo de vídeos (transmisión/descarga) hasta su evolución en redes sociales (*hashtags*, «me gusta», contenido compartido) y búsquedas y comentarios (cuántas personas leen o escriben acerca de un determinado programa, etc.). Cuanto más esfuerzo (es decir, tiempo) invierte el espectador, más importancia se le da. El interés por un programa se mide en «expresiones de demanda per cápita» (DEx/c); esto es, el seguimiento de un programa por parte de la audiencia global expresado como la media diaria por cada 100 personas dentro de un período establecido. Todos los récords «más demandados» que aquí se incluyen hacen referencia al período de 12 meses previo al 14 de enero de 2019.

LA SERIE DE TELEVISIÓN BASADA EN UNA ADAPTACIÓN DE UN LIBRO MÁS DEMANDADA: 6,271 DEx/c

Inspirada en la serie de novelas de fantasía *Canción de hielo y fuego*, de George R. R. Martin, *Juego de tronos* (HBO, EE.UU.) se estrenó en 2011. A lo largo de ocho temporadas (la última de las cuales comenzó a emitirse el 14 de abril de 2019), la serie explora las luchas dinásticas por el poder que se desarrollan en los Siete Reinos de Poniente y en el continente de Essos. En la foto puede verse al actor Kit Harington, que interpreta a Jon Snow, líder de la lucha contra el Rey de la Noche y su ejército de muertos vivientes, los caminantes blancos.

Acción y aventura: 5,235 DEx/c

El drama medieval *Vikingos* (History, Canadá; 2013-actualidad) sigue las aventuras de unos guerreros nórdicos y sus incursiones oceánicas por países cercanos.

Anime: 2,368 DEx/c

Parte de una veterana franquicia japonesa, *Dragon Ball Super* (Fuji TV, Japón; 2015-18) cuenta las aventuras del guerrero Goku y sus amigos.

Serie infantil: 2,561 DEx/c

Protagonizada por una entrañable esponja amarilla, *Bob esponja* (Nickelodeon, EE.UU.; 1999-actualidad) sigue encandilando a sus fans.

Documental: 1,246 DEx/c

Presentado por David Attenborough, la aclamada *Planeta Tierra* (BBC, R.U.; 2006) fue la serie documental de naturaleza más cara de la BBC. Más información acerca de este veterano presentador de TV en la pág. 211.

Terror: 3,016 DEx/c

Cada temporada de *American Horror Story* (FX, EE.UU.; 2011-actualidad) es una miniserie en sí misma. En esta serie de terror han actuado estrellas como la supermodelo Naomi Campbell, la figura del pop Lady Gaga, y Jyoti Amge, la **mujer más baja** (ver pág. 69).

EL *REALITY* DE TV MÁS DEMANDADO: 2.319 DEx/c

The Voice (*La Voz*), un concurso de talentos musicales con jueces «ciegos», se emitió por primera vez en Holanda en 2010 como *The Voice of Holland*. Poco después llegaron las ediciones internacionales, junto con programas derivados como *The Voice Kids*, *The Voice Teens* y *The Voice Senior*. El jurado actual de la edición estadounidense (en la foto, de izquierda a derecha) está formado por Adam Levine, John Legend, Kelly Clarkson y Blake Shelton.

Drama médico: 3,850 DEx/c

En *Anatomía de Grey* (ABC, EE.UU.; 2005-actualidad), Meredith Gray y su equipo se enfrentan a decisiones de vida o muerte todos los días, al tiempo que descubren que las relaciones nunca son blanco o negro.

Remake de una serie: 3,241 DEx/c

Shameless (Showtime, EE.UU.; 2011-actualidad) traslada la tragicomedia británica ambientada en un barrio de Mánchester al sur de Chicago.

Drama romántico: 1,815 DEx/c

En *Outlander* (Starz, EE.UU.; 2014-actualidad) la enfermera Claire Randall es transportada de 1945 a 1743, donde se enamora de un guerrero de las Tierras Altas.

Drama de ciencia ficción: 3,680 DEx/c

Westworld (HBO, EE.UU.; 2016-actualidad) se inspiró en la película del mismo título de 1973, y convirtió a este *western* futurista en la **serie de televisión basada en una adaptación cinematográfica más demandada**.

Telenovela: 1,311 DEx/c

Dinastía (The CW, EE.UU.; 2017-actualidad) recupera el clásico de la década de 1980 para una nueva generación.

Serie de superhéroes: 4,605 DEx/c

Un rayo proporciona a Barry Allen una velocidad sobrehumana en *The Flash* (The CW, EE.UU.; 2014-actualidad).

Serie de TV debutante: 2,956 DEx/c

Titanes (DC Universe, EE.UU.; 2018-actualidad) muestra a un equipo de jóvenes superhéroes liderados por Dick Grayson (el primer Robin de Batman) que se unen para luchar contra el mal.

Espectáculo de variedades: 1,640 DEx/c

El programa nocturno *Daily Show with Trevor Noah* (Comedy Central, EE.UU., 2015-actualidad) ofrece sátiras y charlas con famosos.

LA SERIE DRAMÁTICA DE TV PARA ADOLESCENTES MÁS DEMANDADA: 3,817 DEx/c

Basada en los personajes que aparecieron por primera vez en *Archie Comics*, la serie de Netflix *Riverdale* (The CW, EE.UU.) cuenta con K. J. Apa (centro) en el papel protagonista de Archie Andrews, y ofrece una perspectiva original del cómic que explora el lado surrealista y más oscuro de la vida de los pueblos pequeños. Se la ha comparado con la serie de la década de 1990 *Twin Peaks*, de David Lynch.

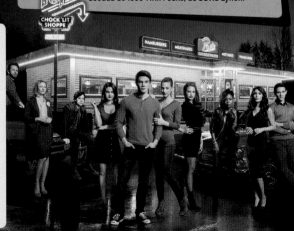

EL DRAMA LEGAL DE TV MÁS DEMANDADO: 2,927 DEx/c

Creada por Aaron Korsh, *Suits* se estrenó en 2011 y es la serie más veterana de USA Network. El personaje protagonista es Mike Ross (Patrick J. Adams, a la derecha), que se une a un bufete de abogados de Nueva York a pesar de haber abandonado los estudios universitarios. Meghan Markle interpretó a su novia Rachel (segunda por la derecha) hasta que se mudó a Reino Unido en 2017 debido a su compromiso con el príncipe Harry.

OCT 13

En 2012, Anderson Silva (Brasil) derrota a Stephan Bonnar en el primer asalto del combate UFC 153 de peso semipesado. Supone su 16.ª victoria consecutiva, el récord de **más victorias consecutivas en combates de la UFC**.

OCT 14

En 2013, Pavel Gerasimov (Rusia) cuenta con la **mayor colección de artículos relacionados con ardillas**: 1.103 objetos acreditados, entre ellos una estatuilla de un ardilla completamente de oro.

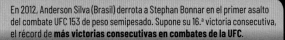

LA SERIE DE TV MÁS DEMANDADA: 6,999 DEx/c

The Walking Dead (AMC, EE.UU.) sigue las aventuras del sheriff Rick Grimes (interpretado por Andrew Lincoln, en la foto), quien después de despertar de un coma se encuentra con que la civilización ha desaparecido debido a un apocalipsis zombi. Grimes se une a una banda de supervivientes, y tiene que enfrentarse al peligro tanto de los muertos vivientes (conocidos como «caminantes») como de otros grupos de humanos que han desarrollado sus propios códigos morales. El lanzamiento de la décima temporada de la serie está programado para octubre de 2019. *The Walking Dead* es también es la **serie de televisión basada en la adaptación de un cómic más demandada**.

The Walking Dead está basada en la serie de cómics del mismo título creada por Robert Kirkman y Tony Moore. Ha ganado dos premios Eisner desde su estreno en 2003.

LA SERIE CÓMICA DE TV MÁS DEMANDADA: 4,793 DEx/c

The Big Bang Theory (CBS, EE.UU.) presenta a dos físicos cuya brillantez se ve obstaculizada por su torpeza social. Está protagonizada por Jim Parsons (EE.UU., en el centro, sentado), cuyos ingresos entre el 1 de junio de 2017 y el 1 de junio de 2018 se estiman en 26,5 millones de dólares, por lo que *Forbes* lo ha nombrado el **actor de TV con mayores ingresos** por cuarto año consecutivo. La serie es también la **comedia de situación más solicitada**.

LA SERIE DE ORIGEN DIGITAL MÁS DEMANDADA: 3,484 DEx/c

Una «serie de origen digital» es una serie producida para, o disponible por primera vez en, una plataforma de contenidos en *streaming*. Ambientada en la década de 1980, la mezcla de horror y ciencia ficción *Stranger Things* (Netflix, EE.UU.) se estrenó en 2016. La imagen de abajo muestra, de izquierda a derecha, a Caleb McLaughlin, Gaten Matarazzo (ambos de EE.UU.), Finn Wolfhard (Canadá) y Sadie Sink (EE.UU.).

LA SERIE DE ANIMACIÓN DE TV MÁS DEMANDADA: 2,794 DEx/c

La creación de Justin Roiland y Dan Harmon, *Rick y Morty* (EE.UU.) se estrenó en diciembre de 2013 en Adult Swim, la franja nocturna de Cartoon Network. Está centrada en la familia Smith: Jerry, Beth y sus hijos, Summer y Morty. El padre de Beth, Rick, es un científico excéntrico que vive con ellos y a menudo engatusa a su nieto Morty para que lo acompañe en increíbles viajes por el universo.

OCT 15 En 1969, parte la British Trans-African Hovercraft Expedition comandada por David Smithers (R.U.). Recorre unos 8.000 km por ocho países de África occidental: el **viaje más largo en aerodeslizador**.

OCT 16 En 2013, se arresta a dos comerciantes de vinos italianos por la falsificación de al menos 400 botellas de vino de Borgoña Romanée-Cont. Sus ganancias se estiman en 2,7 millones de dólares, el **fraude con vino más lucrativo**.

CÓMICS

El primer cómic

La mayoría de expertos coinciden en que la *Histoire de Mr. Vieux Bois* (*Los amores del señor Vieux Bois*), del dibujante Rodolphe Töpffer, creado en 1827 y publicado una década después, es el cómic más antiguo. Tenía unas 30 páginas estructuradas en seis viñetas con una leyenda narrativa al pie.

El primer cómic protagonizado por un personaje femenino

El personaje de Sheena, Reina de la selva, apareció en el primer número de *Wags*, publicado en R.U. en 1937. Un año después debutó en EE.UU. en el número de septiembre de 1938 de *Jumbo Comics*. Su propio cómic, *Sheena, Reina de la selva*, llegó la primavera de 1942. *Wonder Woman* también apareció en 1942, pero en verano.

La edición más vendida de un cómic

El primer número de *X-Men* (Marvel Comics, 1991), creado Chris Claremont (R.U.) y Jim Lee (EE.UU.), alcanzó unas ventas de 8,1 millones de ejemplares. Lee dibujó cuatro portadas alternativas para este número (1A, 1B, 1C y 1D), todas con fecha de octubre de 1991.

LA VIÑETA CON UNA IMAGEN GRÁFICA MÁS GRANDE EN UN CÓMIC DIGITAL

El 19 de abril de 2018, Papyless (Japón) presentó un cómic con una única viñeta, *Hitokoma no Kuni no Alice* (*Las aventuras de Alicia en una tierra querida*). Tenía 320 píxeles independientes de la densidad (dp) de ancho y 163.631 dp de largo. La tecnología «dp» conserva el tamaño original de una imagen sin importar en qué dispositivo se vea, de modo que para disfrutar de la viñeta completa los lectores tienen que desplazarse hacia abajo el equivalente a 25,56 m. La viñeta se realizó para promocionar el TateComi, un servicio que permite a los usuarios leer manga sin interrupciones.

Combinadas, forman una imagen más grande usada en la portada desplegable de 1E, que apareció un mes después.

Más portadas de un cómic de superhéroes

El n.º 666 de *The Amazing Spider-Man*, prólogo del arco narrativo de Dan Slott «Spider-Island», salió a la venta con 145 portadas alternativas, muchas dedicadas a propietarios de tiendas de cómics.

Más números de un cómic

El primer número del cómic mexicano *Pepín* se imprimió el 4 de marzo de 1936. Aunque al principio se trataba de una antología de cómics con periodicidad semanal, al final se convirtió en una publicación diaria que apareció hasta el 23 de octubre de 1956. Se editaron un total de 7.561 números.

Más números consecutivos de un cómic dibujado y escrito

El canadiense Dave Sim fue el autor de un total de 300 números de su cómic independiente *Cerebus*, que apareció entre diciembre de 1977 y marzo de 2004 y narraba las aventuras del cerdo hormiguero del mismo nombre.

Shotaro Ishinomori (Japón, 1938-98) tiene el récord de **más cómics publicados por un autor**: 770 títulos (500 volúmenes).

La editorial de manga más grande

Shueisha (Japón), fundada en Tokio en 1925, es la editorial de manga más grande del mundo, con unos ingresos de 1.100 millones de dólares en el ejercicio fiscal 2016/17. Su título más representativo es *Shōnen Jump*, que se publicó por primera vez en 1968.

EL CÓMIC PUBLICADO MÁS GRANDE

Turma da Mônica (*La pandilla de Mónica*), obra de Mauricio de Sousa Produções y publicado por Panini Brasil (ambos de Brasil), mide 69,9 cm de ancho y 99,8 cm de alto cerrado, un área de 6.976 cm². Se midió en São Paulo, Brasil, el 5 de agosto de 2018. Este volumen de 18 páginas tuvo una tirada de 120 ejemplares.

EL CÓMIC SEMANAL DE MÁS LARGA DURACIÓN

El cómic británico *The Beano* (hoy titulado simplemente *Beano*) fue lanzado el 30 de julio de 1938 (arriba a la izquierda) por DC Thomson y desde entonces ha aparecido todas las semanas, salvo un período durante la Segunda Guerra Mundial en el que su frecuencia se redujo por la escasez de papel. Es el cómic semanal más antiguo que mantiene el mismo nombre y sistema de numeración. Arriba a la derecha puede verse el n.º 3.950, fechado el 1 de septiembre de 2018.

El cómic más valioso

Según la guía de precios de cómics de Nostomania, a 21 de enero de 2019, el n.º 1 de *Action Comics* (junio de 1938), editado por DC Comics (EE.UU.), estaba valorado en 4.620.000 dólares. En él, debuta Superman, el **primer superhéroe con superpoderes**.

Superman también fue la estrella de portada del n.º 1.000 de **Action Comics** (abril de 2018). Esta edición de lujo conmemoraba el octogésimo aniversario de la **serie más larga de un cómic de superhéroes**.

Más tiras cómicas publicadas de la misma serie de manga yonkoma

El término «yonkoma» describe tiras cómicas de cuatro viñetas dispuestas verticalmente. Desde el 30 de septiembre de 1969, Shoji Izumi (Japón) ha creado 15.770 de estas tiras de la serie *Jan Ken Pon*, según pudo verificarse el 23 de enero de 2019. Se publica todos los días en el *Asahi Shogakusei Shimbun*, un periódico para niños de primaria.

MÁS PREMIOS EISNER*

Mejor antología	5	*Dark Horse Presents*, de Dark Horse Comics (EE.UU.; arriba a la izquierda)
Mejor dibujante	4	P. Craig Russell y Steve Rude (ambos de EE.UU.)
Mejor colorista	9	Dave Stewart (EE.UU.)
Mejor portadista	6	James Jean (EE.UU.)
Mejor serie nueva	4	*Saga*, de Brian K. Vaughan (EE.UU.; arriba a la derecha)
Mejor guionista	9	Alan Moore (R.U.)
En una categoría	17	Todd Klein (EE.UU.), por mejor rotulación

*A 8 de abril de 2019

OCT 17 En 2011, se iza una sección de una plataforma de gas de 23.178 toneladas de peso hasta 26,5 m de altura en un astillero de Hyundai en Ulsan, Corea del Sur. Es el **objeto más pesado izado en tierra**.

OCT 18 En 1998, Ken Thompson (R.U.) descubre la **tela de araña más grande** (al aire libre). Tejida por miles de linífidos, cubre un campo de juego de 4,54 ha en Kineton, West Midlands, R.U.

Nigel Parkinson, dibujante de Daniel el travieso en Beano desde 1998, ha dibujado esta viñeta especialmente para GWR.

UP NEXT
Classroom

NIGEL PARKINSON

EL CONCURSO «FINALIZA LA TIRA CÓMICA» CON MÁS PARTICIPANTES

Del 14 al 15 de septiembre de 2018, durante el festival 3D celebrado en el museo V&A Dundee, R.U., 723 personas participaron en un concurso para finalizar una tira cómica con personajes de *Beano*. Tres meses después, la propuesta de Louise Anderson (detalle) se proclamó ganadora. Este festival multimedia se organizó para celebrar la apertura de la nueva sucursal del museo Victoria & Albert, cuya sede principal está en Londres, R.U. Los creadores de *Beano* conmemoraron su récord con esta ilustración exclusiva.

LA TIRA CÓMICA MÁS LARGA OBRA DE UN ÚNICO AUTOR

Del 1 al 3 de noviembre de 2018, Claudio Sciarrone (Italia) dibujó una tira cómica de 297,5 m de largo por encargo de Walt Disney Company Italia con motivo del nonagésimo cumpleaños de Mickey Mouse. Claudio es dibujante de Disney y realizó esta obra (titulada *Wake-up Mickey Mouse!*) durante la feria Lucca Comics & Games celebrada en Lucca, Italia.

UN SENTIDO ADIÓS A STAN *THE MAN* LEE

La leyenda de Marvel Comics, Stan Lee (EE.UU., 1922-2018), ostentó varios títulos de GWR. A 9 de mayo de 2019, se contaban, entre otros, los de **más películas basadas en la obra de un autor de cómics** (36), **mayores ingresos brutos por cameos** (30.000 millones de dólares) y el de **productor ejecutivo con mayor recaudación en taquilla** (30.300 millones de dólares). Los altarcillos que de forma espontánea surgen junto a la estrella de Stan en el paseo de la Fama de Hollywood atestiguan el amor de los fans por este personaje inconmensurable. ¡*Excelsior*!

LA COLECCIÓN MÁS EXTENSA DE ARTÍCULOS DE *BOLA DE DRAGÓN*

A 1 de octubre de 2012, Michael Nilsen (EE.UU.) acumulaba 6.148 objetos relacionados con el manga/anime *Bola de dragón*, tal como pudo confirmarse en el recuento realizado en Duluth, Minnesota, EE.UU. La colección, que comenzó en 1996, incluye juguetes, carteles, DVD, figuras de acción, alfombrillas para ratón, ilustraciones originales sobre transparencias e incluso un dispensador de pañuelos de papel con forma del maestro Roshi.

OCT 19 En 1972, se celebra el **primer campeonato de videojuegos**, los Intergalactic Spacewar Olympics, en el Laboratorio de Inteligencia Artificial de la Universidad de Stanford, en California, EE.UU.

OCT 20 En 2012, Peter Wehrmann (Alemania) comienza la **maratón de *beatboxing* humano más larga** en el Best Western Premier Hotel MOA de Berlín, Alemania. Termina 25 h y 30 min después.

REDES SOCIALES

LA ECOLOGISTA DE TV CON MAYOR NÚMERO DE SEGUIDORES EN INSTAGRAM

Bindi Irwin (Australia; @bindisueirwin) cuenta con 2.334.912 seguidores. Pertenece a una larga saga de ecologistas, entre los que se incluye su padre, Steve Irwin (1962-2006), su madre, Terri, y su hermano Robert, fotógrafo de fauna salvaje. La familia Irwin es propietaria del Zoo de Australia, en Queensland.

Todos los récords están actualizados a fecha de 29 de abril de 2019, salvo que se indique otra cosa.

La mayor red social

Facebook cuenta con 2.370 millones de usuarios activos mensuales (que se han conectado al sitio en los últimos 30 días). Alcanzó el récord de 2.000 millones de usuarios mensuales el 30 de junio de 2017.

La **persona con más «me gusta» en Facebook** es el jugador de la Juventus Cristiano Ronaldo (Portugal), con 122.308.950 «me gusta». La **mujer con más «me gusta»** es la cantante colombiana Shakira (nombre artístico de Shakira Mebarak Ripoll), con 101.234.534 «me gusta». El 18 de julio de 2014, Shakira se convirtió en la **primera persona en lograr 100 millones de «me gusta» en Facebook**.

La mayor red social para profesionales

LinkedIn (EE.UU.) cuenta con 303 millones de usuarios activos al mes.

El **usuario de LinkedIn más seguido** es Richard Branson (R.U.), fundador de Virgin, con 15.732.651 seguidores.

El mayor número de seguidores en Twitter

La cantante de pop Katy Perry (EE.UU., nombre artístico de Katheryn Hudson) tiene actualmente 107.279.315 seguidores en Twitter. El expresidente de EE.UU. Barack Obama (@barackobama) es el **hombre con más seguidores en Twitter** (105.946.443).

El mayor número de seguidores en Twitter para...

Un lugar: El Museo de Arte Moderno (EE.UU., @MuseumModernArt) de la ciudad de Nueva York, EE.UU., tiene 5.404.072 seguidores.
Un club deportivo: El equipo de fútbol del Real Madrid (España, @realmadrid) cuenta con 31.892.268 seguidores.

El menor tiempo en alcanzar 1 millón de seguidores en Twitter

Caitlyn Jenner (EE.UU.) tardó solo 4 h y 3 min en lograr el récord de 1 millón de fans en Twitter el 1 de junio de 2015.

La etiqueta más usada en Twitter en 24 horas

El 16 y 17 de marzo de 2019, la etiqueta #TwitterBestFandom obtuvo 60.055.339 tuits. Se utilizó para que el público general votara en la decimocuarta edición de los Annual Soompi Awards, que reconocen lo mejor de la televisión y la música coreanas.

El comentario con más votos negativos en Reddit

Un artículo oficial del distribuidor de videojuegos Electronic Arts, como respuesta a las quejas de los jugadores sobre la necesidad de desbloquear personajes como Darth Vader y Luke Skywalker en *Star Wars Battlefront II* (2017) mediante unas «cajas de botín», acumula 683.000 votos negativos.

El mayor número de seguidores en Weibo

La presentadora de televisión, cantante y actriz Xie Na (China) cuenta con 123.810.773 fans en la web china de *microblogging*. El 7 de abril de 2018, se convirtió en la **primera persona con 100 millones de seguidores en Weibo**.

El **hombre más seguido en Weibo** es el presentador de televisión y comunicador He Jiong (China), con 111.759.484.

El mayor número de suscriptores en un canal sobre animales en YouTube

«Brave Wilderness» se estrenó el 8 de septiembre de 2014 y cuenta con 14.264.941 suscriptores. Es también el **canal sobre el reino animal más visto de YouTube**, con 2.600 millones de visualizaciones. En muchos vídeos, Peterson interacciona con animales peligrosos y deja que le piquen o muerdan.

LA IMAGEN CON MÁS «ME GUSTA» EN INSTAGRAM

Una simple foto de un huevo ha recibido 53.427.655 «me gusta». Lo subió Egg Gang el 4 de enero de 2019 en la cuenta @world_record_egg. Más adelante, trascendió que Egg Gang usa esta imagen que batió todos los récords en Instagram para ayudar a la gente que sufre estrés y ansiedad a causa de las presiones de las redes sociales.

El vídeo musical más visto de un artista en YouTube en 24 horas

El 26 y 27 de abril de 2019, el vídeo «ME!», de Taylor Swift (EE.UU.), registró 65,2 millones de visualizaciones. Swift cuenta con la colaboración de Brendon Urie en el vídeo.

El mayor número de videoblogs personales diarios consecutivos publicados en YouTube

Charles Trippy (EE.UU.) publicó 3.653 vídeos entre el 1 de mayo de 2009 y el 1 de mayo de 2019. Tras diez años subiendo videoblogs, dio por terminada su imbatible carrera. Los primeros videoblogs aparecieron en el canal «Internet Killed Television» (o «CTFxC») y después en su canal personal «Charles and Allie».

EL MAYOR NÚMERO DE SEGUIDORES EN INSTAGRAM

Cristiano Ronaldo (@cristiano) cuenta con 163.658.939 seguidores en esta red social para publicar fotos y vídeos. Solo la propia aplicación, con 296.269.356 seguidores, cuenta con más fans que él.

La **mujer que cuenta con más seguidores en Instagram** (152.882.321) es la cantante Ariana Grande (EE.UU., @arianagrande). El segundo lugar lo ocupa la cantante y actriz estadounidense Selena Gomez, que con anterioridad había sido la persona con más seguidores en la red social.

Grande también es la **cantante con mayor número de suscriptores en YouTube** (35.242.046).

EL MAYOR NÚMERO DE SUSCRIPTORES EN YOUTUBE

El sello discográfico indio T-Series ha logrado la impresionante cifra de 96.321.836 suscriptores en la web de vídeos YouTube. Esta cifra le ha permitido desbancar al cómico y jugador de videojuegos Felix Arvid Ulf Kjellberg, más conocido como *PewDiePie* (Suecia, arriba a la derecha), que ostentaba este récord desde 2013. Ha surgido una gran rivalidad entre los seguidores de cada canal, y sus visitantes han llegado a hackearse o a enfrentarse mediante temas musicales para animar a la gente a suscribirse a su favorito.

OCT 21 En 2001, Tuomo Kostian (Finlandia) logra ser el **más rápido en escalar 5 m boca abajo** con una marca de 13,7 s, en Helsinki, Finlandia. Trepa por la cuerda con los pies hasta alcanzar con todo el cuerpo la distancia estipulada.

OCT 22 En 1911, durante la guerra ítalo-turca, el capitán Carlo Piazza (Italia) pilota un monoplano Blériot desde Trípoli hasta El Azizia, en Libia, para hacer un reconocimiento. Es el **primer empleo de un avión en una guerra**.

EL VÍDEO MUSICAL DE YOUTUBE MÁS VISTO EN 24 HORAS

El vídeo oficial de la canción «Boy with Luv», que el grupo BTS (Corea) interpreta junto con Halsey (EE.UU.), logró 74.600.000 visualizaciones el 12-13 de abril de 2019. BTS superó al grupo de pop surcoreano BLACKPINK (a la derecha), cuyo vídeo «Kill this Love» había alcanzado la histórica cifra de 56.700.000 visualizaciones la semana anterior, el 4-5 de abril.

El exitoso grupo BTS (@BTS_twt) también ha registrado el **mayor número de interacciones en Twitter (promedio de retuits): 422.228.**

EL VÍDEO MÁS VISTO EN INTERNET

El videoclip de «Despacito», de Luis Fonsi interpretado junto con Daddy Yankee (ambos de Puerto Rico), cuenta con 6.159.897.341 visualizaciones. Fonsi aparece abajo con los certificados GWR que han recibido la canción y su vídeo, que también ha sido el **primer vídeo de YouTube en alcanzar los 5.000 millones de visualizaciones** (cifra lograda el 4 de abril de 2018).

EL MENOR TIEMPO EN LOGRAR 1 MILLÓN DE SEGUIDORES EN INSTAGRAM

El príncipe Harry (R.U.) y Meghan Markle (EE.UU.), duques de Sussex, tardaron solo 5 h y 45 min en conseguir 1 millón de seguidores en Instagram el 2 de abril de 2019. Su cuenta conjunta (@sussexroyal) redujo en más de la mitad el récord del cantante surcoreano Kang Daniel, que lo logró en 11 h y 36 min, el 2 de enero de 2019.

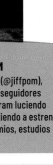

▶ EL PERRO CON MÁS SEGUIDORES EN INSTAGRAM

El perro de raza Pomerania llamado *Jiffpom* (@jiffpom), de California, EE.UU., contaba con 9.018.251 seguidores en Instagram. *Jiffpom* aparece en su Instagram luciendo distintos conjuntos, relajado en casa y asistiendo a estrenos de películas, ceremonias de entrega de premios, estudios televisivos y desfiles de moda.

OCT 23 Northwest Fudge Factory (Canadá) fabrica la **mayor tableta de dulce de azúcar** en 2010, en Levack, Ontario, Canadá. Este dulce extragrande pesaba 2,61 toneladas y contenía vainilla, chocolate y sirope de arce.

OCT 24 En 2013, se verifica la **mayor colección de gaitas** en Cleethorpes, Lincolnshire, R.U., formada por 105 instrumentos aptos para ser tocados. Pertenecen a Daniel Fleming (R.U.) que los ha ido coleccionado desde los 10 años.

RECOPILATORIO

EL FORMATO TELEVISIVO MÁS VENDIDO

A 2017, había 100 versiones internacionales del programa de preguntas con respuesta múltiple *Quién quiere ser millonario* (Sony Pictures Television), según «Tracking the Giants: The Top 100 Travelling TV Formats 2017-18», de los analistas K7 Media. Desde que se estrenara en el canal ITV de R.U. el 4 de septiembre de 1998, el programa ha aparecido en al menos 142 variantes en más de 80 idiomas.

LOS MAYORES INGRESOS BRUTOS DE UN ESPECTÁCULO EN SOLITARIO EN BROADWAY

Desde su preestreno el 3 de octubre de 2017 hasta la última actuación el 15 de diciembre de 2018, *Springsteen on Broadway* recaudó 113.058.952 dólares en Nueva York, EE.UU. El espectáculo íntimo, en el que *The Boss* y líder de la E Street Band hablaba acerca de su vida como artista y cantaba en solitario acompañándose del piano o de la guitarra, vendió 223.585 entradas para 236 representaciones.

La mayor recaudación bruta de taquilla en una semana en Broadway

Hamilton, con música, letra y libreto de Lin-Manuel Miranda (EE.UU.), recaudó 4.041.493 dólares del 24 al 30 de diciembre de 2018. Esa semana, 10.766 personas presenciaron el espectáculo y pagaron un promedio de 375,39 dólares por entrada.

El éxito de *Hamilton* contribuyó a que esa fuera la **semana de mayores ingresos brutos de Broadway**: 57.800.000 dólares entre el 24 de diciembre y el 30 de diciembre de 2018.

La persona más joven en publicar un libro (hombres)

Thanuwana Serasinghe (Sri Lanka) tenía solo 4 años de edad cuando su libro, *Junk Food*, se publicó en 2017. Su obra advierte de los peligros de la alimentación no saludable.

La escritora con mayores ingresos (actualidad)

Según las estimaciones de *Forbes*, J. K. Rowling (R.U.) ganó 54.000.000 de dólares en los 12 meses previos al 1 de julio de 2018. Incluso sin haber publicado una nueva entrega de *Harry Potter*, gracias a las ventas de sus obras ya publicadas, a las producciones teatrales y a parques temáticos, Rowling ganó lo suficiente para poder hacer un depósito sustancial en Gringotts.

Si quieres averiguar quién es el **escritor con mayores ingresos (actualidad)**, consulta la pág. 132.

El presentador de televisión mejor pagado

Según publicó *Forbes* el 16 de julio de 2018, la presentadora Ellen DeGeneres (EE.UU.) ganó 87.500.000 dólares en los 12 meses previos al 1 de julio de 2018.

El **presentador de televisión mejor pagado (hombres)** es el Dr. Phil McGraw (EE.UU.), que ganó 77.500.000 $ en ese mismo período según *Forbes*.

El magacín televisivo infantil que se emite desde hace más tiempo

Blue Peter (BBC, R.U.) celebró su 60.º aniversario con un especial *Big Birthday* en directo el 16 de octubre de 2018. El icónico programa infantil apareció en pantalla por primera vez el 16 de octubre de 1958.

La serie de televisión galardonada con más premios Primetime Emmy

Saturday Night Live, de la cadena NBC, ha sido galardonado con 62 premios Primetime Emmy desde la emisión de su primer capítulo en 1975. Este show ganó tres estatuillas en 2018, incluida la del mejor programa de *sketches*.

También en 2018, *Los Simpsons* (Fox) recibió el premio al mejor programa de animación. Fue su 33.ª estatuilla, por lo que se convirtió en la **serie animada con más premios Emmy**.

La artista femenina con más nominaciones a los Grammy

Beyoncé (EE.UU.) recibió 66 nominaciones a los premios Grammy en el período de 2000 a 2018. Fue nominada en tres ocasiones en la 61.ª edición

> Las ballenas azules pesan unas 136 toneladas, que equivalen al peso del plástico que se vierte al océano cada 9 minutos.

Monterey Bay Aquarium

OCT 25 En 2009, Miki Sakabe (Japón) completa los **100 m glúteos más rápidos** en 11 m y 59 s. Recorre el trayecto impulsándose fundamentalmente con el glúteo mayor en Hokkaido, Japón.

OCT 26 En 2002, la empresa de productos lácteos alemana Edelweiss Käsewerk produce el **queso blando más grande**, con un peso de 180 kg (casi lo mismo que tres humanos adultos) en Kempten, Alemania.

LA OBRA DE ARTE MÁS CARA DE UN ARTISTA VIVO (SUBASTA)

Portrait of an Artist (*Pool with Two Figures*), un acrílico sobre lienzo de David Hockney (R.U.) pintado en 1972, se vendió por 90.312.500 dólares (incluida la prima del comprador) en la casa de subastas Christie's de Nueva York, EE.UU., el 15 de noviembre de 2018. Hockney pintó la obra durante una explosión de actividad creativa que lo llevó a trabajar 18 horas seguidas durante dos semanas.

de estos galardones (celebrada el 10 de febrero de 2019) como uno de los dos miembros de The Carters, el proyecto junto a su marido Jay-Z (en la pág. 198 encontrarás más información).

Más producciones cinematográficas vistas (misma película)

Anthony Nem Mitchell (EE.UU.) había visto *Vengadores: Infinity War* 103 veces a 19 de julio de 2018.

La figurita de *Star Wars* más cara vendida en una subasta

El prototipo de un molde de resina de Bib Fortuna que se usó para crear juguetes promocionales de *El retorno del Jedi* (EE.UU., 1983) se

Este superfan de los superhéroes vio recompensado su tesón cuando los directores le regalaron entradas para el preestreno de la secuela de 2019: *Vengadores: Endgame* (EE.UU., ver la pág. 193).

vendió por 46.540 dólares (incluida la prima del comprador) el 30 de abril de 2019. Este inusual artículo de *Star Wars* fue el lote más caro de tres (las otras dos figuritas eran el ewok Logray y un guardia real del emperador). Todos se vendieron en la casa de subastas Vectis, en Thornaby, North Yorkshire, R.U.

LOS MÁS GRANDES...

Mural tridimensional de anaglifos

Un anaglifo tridimensional se compone de dos imágenes a color con filtros diferentes, que observadas con unas lentes especiales, revelan una única imagen estereoscópica. El 14 de marzo de 2018, Jason Tetlak (EE.UU.) presentó un mural tridimensional de anaglifos del grupo de hip-hop Beastie Boys, que cubría 179,36 m² (como dos camas matrimoniales extragrandes) en Jacksonville, Florida, EE.UU.

Tapiz

Para conmemorar el centenario de la ciudad peruana de Espinar el 15 de noviembre de 2018, la Planta de Fibra y Lana Convenio Marco de Espinar (Perú) presentó un tapiz de 288,55 m². Doce artesanas trabajaron durante tres meses en este tapiz, que es tan grande que cubriría una cancha de tenis. Muestra imágenes tradicionales de Cuzco y ropa relacionada con los bailarines indígenas K'ana.

▶ **Dibujo de un solo artista**
Alex Dzaghigian (Chipre) dibujó un boceto en carboncillo de una tortuga nadando entre residuos plásticos que medía 323,90 m², verificado el 29 de diciembre de 2018 en Nicosia, Chipre.

LA CARRERA MÁS LARGA COMO PRESENTADOR DE TELEVISIÓN

Our Planet, estrenada en Netflix el 5 de abril de 2019, es la última serie narrada por el naturalista Sir David Attenborough (R.U.). Attenborough debutó en la pantalla el 2 de septiembre de 1953 con el programa *Animal Disguises* de BBC Children's Television (R.U.), por lo que su carrera se ha prolongado durante 65 años y 215 días hasta la fecha. Es la única persona que ha ganado premios BAFTA por series en blanco y negro, en color, en HD y en 3D. Y está a punto de superar su propio récord con la inminente *One Planet, Seven Worlds* (BBC), que se estrenará en 2019.

El rodaje de *Our Planet* ha durado cuatro años, ha recorrido 50 países y contado con más de 600 colaboradores.

▶ LA ESCULTURA DE PLÁSTICO RECICLADO MÁS GRANDE (CON SOPORTE)

En 2018 y para llamar la atención sobre la contaminación generada por los residuos plásticos, el acuario Monterey Bay (EE.UU.) construyó una ballena azul de tamaño real con este tipo de residuos (envases de leche y de detergente, juguetes, etc.) recogidos en el área de la bahía de San Francisco. La ballena medía 25,89 m de longitud, tal y como se comprobó el 26 de noviembre de 2018 en San Francisco, California, EE.UU.

La **escultura más grande hecha con placas de mascotas** es «Sun Spot» (derecha), que los artistas Laura Haddad y Tom Drugan (ambos de EE.UU.) construyeron con 90.000 placas identificativas para perros de acero inoxidable en 2011. Fue un encargo del Refugio Animal de Denver, Colorado, EE.UU.

El 22 de septiembre de 2018, el Zunyi Culture & Tourism Development Group (China) presentó un dinosaurio *Triceratops* hecho con 10 tipos de verduras (ver más a la derecha) en Chishui, provincia de Guizhou, China. El «verdusaurio», de 14,41 m de longitud y 5,4 m de altura, es la **escultura de verduras variadas más grande**.

OCT 27 En 2004, Steve Fossett (EE.UU.) y su copiloto, Hans-Paul Ströhle (Alemania), logran la **mayor velocidad con un dirigible** cuando alcanzan los 115 km/h en un Zeppelin Luftschifftechnik LZ N07-100 en Alemania.

OCT 28 El gobierno del estado de Hidalgo, México, presenta el **altar del Día de los Muertos más grande** en Pachuca en 2017. Tiene una superficie de 846,48 m² y está decorado con 9.200 flores de cempasúchil.

211

DEPORTES

LA MARATÓN MÁS RÁPIDA

El 16 de septiembre de 2018, Eliud Kipchoge (Kenia) completó la maratón de Berlín, Alemania, en 2 h, 1 min y 39 s, 1 min y 18 s menos que el anterior récord mundial de maratón, establecido por su compatriota Dennis Kimetto en 2014, también en Berlín. Su marca supuso la mayor rebaja del récord de la prueba desde 1967.

A medida que los atletas corren más rápido, la posibilidad de completar una maratón en menos de 2 horas, tiempo atrás considerada inalcanzable, se hace más real. El 6 de mayo de 2017, Kipchoge registró un tiempo de 2 h y 25 s durante el desafío «Breaking2» de Nike, pero esta marca no cuenta como récord oficial de la IAAF porque Kipchoge contó con la ayuda de liebres.

El récord de Kipchoge también supuso su tercera victoria en la maratón de Berlín. En 2013, terminó segundo detrás de Wilson Kipsang, que ganó con una marca de 2:03:23. De las doce maratones en las que ha competido, esta fue la única prueba en la que no logró la victoria.

AVANCE DE LOS JJ.OO.

TOKYO 2020

TOKYO 2020 PARALYMPIC GAMES

MIRAITOWA

El 24 de julio de 2020, una antorcha encendida será portada hasta el Nuevo Estadio Nacional de Tokio, Japón, para encender el pebetero y dar comienzo a los Juegos de la XXXII Olimpiada. Los mejores deportistas del mundo competirán en distintas disciplinas, desde el tiro con arco a la lucha libre, con la esperanza de lograr una medalla de oro. Junto con la celebración de los Juegos Paralímpicos entre el 5 de agosto y el 6 de septiembre, Japón se prepara para dos grandes acontecimientos de excelencia deportiva.

Tokio será la anfitriona de los JJ.OO. de Verano por segunda vez, 56 años después de los celebrados en 1964. (La ciudad ya había sido elegida para albergar los JJ.OO. de Verano de 1940, pero estos se cancelaron tras el estallido de la Segunda Guerra Mundial. Los JJ.OO. de 2020 contarán con 42 escenarios agrupados alrededor de Tokio en dos zonas circulares: la «zona de la Herencia» y la «zona de la bahía de Tokio», con la villa olímpica situada en la frontera entre ambas. Varias instalaciones usadas en 1964 acogerán pruebas olímpicas por segunda vez, como el Nippon Budokan (judo) y el Gimnasio Nacional Yoyogi (balonmano).

Las mascotas ya se conocen: son un par de superhéroes diseñados por el artista Ryo Taniguchi que han sido elegidos por niños japoneses de primaria. La mascota olímpica se llama Miraitowa (en azul, arriba a la izquierda), nombre que combina las palabras japonesas para «futuro» y «eternidad». La mascota paralímpica (en rosa, arriba a la derecha) se llama Someity, nombre que deriva de un tipo de flor de cerezo.

UN PASEO POR LA HISTORIA

Los **primeros JJ.OO.** de los que queda algún tipo de constancia se celebraron en julio del año 776 a.C. en un santuario religioso en Olimpia, Grecia. Coroibos, un cocinero de la cercana ciudad-estado de Elis, ganó la carrera a pie disputada en el *stadion*, y recibió una rama de olivo por su victoria. Los juegos entraron en declive en las postrimerías del Imperio Romano, y fueron oficialmente prohibidos, junto con otros «festivales paganos», por el emperador Teodosio I en el 393 d.C. No volverían a celebrarse hasta 1896, cuando Pierre de Coubertin, fundador del Comité Olímpico Internacional, resucitó la competición. Los primeros **JJ.OO. modernos** se celebraron en Atenas, Grecia, el 6 de abril de 1896. Fue un acontecimiento modesto para los estándares actuales, con un total de 241 participantes en representación de 14 países.

Por su parte, los juegos de 2020 verán a más de 11.000 atletas compitiendo en 33 deportes diferentes. Cinco disciplinas harán su debut en unos juegos olímpicos: karate, skate, surf, escalada deportiva y sóftbol/béisbol (tanto el sóftbol como el béisbol ya se habían disputado con anterioridad, pero ahora estarán incluidos en la misma categoría). Entre las nuevas competiciones ligadas a los deportes tradicionales se encuentran el baloncesto 3x3, que se juega en media cancha con una sola canasta, y el BMX estilo libre park, conocido por los X Games. El objetivo es despertar el máximo interés por los JJ.OO. entre la audiencia más joven. También habrá nuevas pruebas mixtas en tiro, natación y triatlón, entre otras.

SOMEITY

MÁS MEDALLAS OLÍMPICAS

Un récord que no se batirá en Tokio es el de Michael Phelps (EE.UU.), quien logró 28 medallas olímpicas entre 2004 y 2016: 23 oros, tres platas y dos bronces. En 2008, estableció el récord de **más medallas de oro en unos JJ.OO.**, con ocho, y siete récords del mundo, entre ellos los **400 m estilos en piscina larga más rápidos en categoría individual**: 4 min y 3,84 s.

LEYENDAS OLÍMPICAS

EL PRIMER CAMPEÓN MODERNO

El 6 de abril de 1896, James Connolly (EE.UU.) venció en la prueba precursora del moderno triple salto en los JJ.OO. de Atenas, Grecia. Logró una marca de 13,71 m que le dio la victoria final, y lo convirtió en el **primer campeón olímpico del que se tiene constancia** desde que el boxeador y príncipe armenio Varasdates también lo lograra en el 369 d.C., 1.527 años antes.

EL MEDALLISTA DE MÁS EDAD

El 27 de julio de 1920, a la edad de 72 años y 281 días, el tirador sueco Oscar Swahn (n. el 20 de octubre de 1847) ganó una medalla de plata olímpica en la prueba por equipos de tiro al ciervo en carrera de 100 m (dos disparos) celebrada en Amberes, Bélgica. En ese momento, ya era el **medallista de oro de más edad** después de ganar en 1912, con 64 años y 258 días, la prueba individual de tiro al ciervo en carrera de 100 m (un disparo).

MÁS MEDALLAS DE ORO EN ATLETISMO EN UNOS JJ.OO.

En 1924, Paavo Nurmi (Finlandia) ganó cinco medallas de oro en los 1.500 m, 5.000 m, 3.000 m por equipos y en las pruebas individual y por equipos de carrera campo a través en París, Francia. Logró la victoria en los 1.500 m y 5.000 m pese a tener solo 42 min de descanso entre ambas pruebas. Nurmi podría haber ganado otro oro, pero no fue seleccionado para el equipo finlandés de los 10.000 m con gran disgusto para él.

LA MEDALLISTA DE ORO MÁS JOVEN

El 12 de agosto de 1936, con 13 años y 268 días, Marjorie Gestring (EE.UU., n. el 18 de noviembre de 1922) se hizo con el título femenino de salto desde trampolín de 3 m en los juegos de Berlín. Su carrera se vio interrumpida por la Segunda Guerra Mundial, y aunque Gestring intentó competir en los juegos de 1948, terminó cuarta en las pruebas clasificatorias de EE.UU. y no pudo defender su título.

MÁS MEDALLAS OLÍMPICAS (MUJERES)

La gimnasta soviética Larisa Latynina ganó 18 medallas olímpicas en tres juegos disputados entre 1956 y 1964. Los nueve oros de Latynina suponen el récord de **más oros olímpicos (mujeres)**. También ganó cinco platas y cuatro bronces. Sus 18 medallas fueron el récord absoluto de medallas durante 48 años, hasta que Michael Phelps (arriba) lo superó en 2012.

OCT 29 — Francisco Javier Galán Marín (España) logra en 2011 el **chute más rápido de un balón de fútbol**: 129 km/h, récord logrado en el plató de *El show de los récords* en Madrid, España.

OCT 30 — Se inaugura el **cine más pequeño por número de butacas** para operar regularmente como empresa comercial en Radebeul, Alemania, en 2006. La sala, ubicada dentro de una estación de tren, cuenta con nueve asientos.

TOKYO
1964

AMBICIÓN DE ORO

La judoca Uta Abe (n. el 14 de julio de 2000, arriba de blanco) promete ser una de las estrellas de los JJ.OO. de 2020. Es campeona del mundo y la **ganadora más joven de una prueba de la IJF World Tour** después de vencer en la categoría de -52 kg en el Grand Prix de Düsseldorf, Alemania, con 16 años y 225 días el 24 de febrero de 2017. Su hermano mayor, Hifumi, dos veces campeón mundial de judo en -66 kg, también es un firme candidato al oro.

LOS PRIMEROS JUEGOS JAPONESES

Los JJ.OO. de Verano de Tokio 1964 fueron los primeros juegos celebrados en Asia. El etíope Abebe Bikila, que defendía el título masculino de maratón, estableció un nuevo récord mundial, mientras que Larisa Latynina ganó su decimoctava medalla olímpica (ver abajo a la izquierda). Una de las victorias más esperadas fue la del equipo femenino japonés de voleibol, el **primer deporte de equipo femenino en unos JJ.OO.** Las japonesas siguieron un régimen de entrenamiento espartano que las hacía practicar todos los días desde la salida del trabajo hasta la medianoche. Liderado por la delantero centro Masae Kasai, el equipo derrotó a la Unión Soviética en la final por 3-0, victoria que fue considerada un gran éxito en Japón.

MEDALLAS PRECIOSAS

Otra innovación clave para los próximos juegos es el Proyecto Medalla Tokio 2020, que tiene como objetivo producir alrededor de 5.000 medallas de oro, plata y bronce usando metal reciclado donado por ciudadanos japoneses. Al inicio de los JJ.OO. modernos, los ganadores recibían una medalla de plata en lugar de una de oro, material considerado excesivamente caro. Las **primeras medallas de oro olímpicas** se entregaron en los juegos de 1904, celebrados en San Luis, Misuri, EE.UU. La última vez que se hicieron de auténtico oro macizo fue en 1912.

En Tokio, el equipo de EE.UU. intentará mejorar sus récords de **más medallas de oro ganadas en JJ.OO. de Verano** (1.022) y de **más medallas** (2.520).

Los aficionados locales animarán, por supuesto, a los representantes japoneses. En la piscina, cuenta con opciones Ippei Watanabe, quien el 29 de enero de 2017 estableció en Tokio el **récord de los 200 m braza (hombres) en piscina de 50 m:** 2 min y 6,67 s. Los gimnastas Kenzō Shirai (ver pág. 231) y el siete veces medallista olímpico Kōhei Uchimura también aspiran a ocupar un lugar en el podio. Mientras tanto, la luchadora Kaori Icho tiene a su alcance ampliar su récord de **más medallas de oro olímpicas consecutivas en un competición individual femenina.** Icho ganó cuatro oros entre Atenas 2004 y Río 2016, tres en 63 kg estilo libre y uno en 58 kg estilo libre.

Los Juegos Paralímpicos contarán con la participación de 4.400 atletas, potencialmente el **mayor número de participantes en unos Juegos Paralímpicos de Verano**, récord que actualmente ostenta Río 2016 con 4.328. Competirán en 537 pruebas de 22 modalidades deportivas diferentes. El bádminton y el taekwondo harán su debut paralímpico. Entre los deportes que vuelven al programa se cuentan la boccia, el voleibol sentado y el goalball, que disputan deportistas con discapacidad visual con una pelota con cascabeles en su interior.

La llama paralímpica se apagará el 6 de septiembre de 2020. El acto marcará el final de los juegos y el comienzo de un nuevo ciclo olímpico con las miradas puestas en París 2024.

EL RÉCORD OLÍMPICO DE ATLETISMO MÁS DURADERO

El récord de salto de longitud de 8,90 m establecido por Bob Beamon (EE.UU.) el 18 de octubre de 1968 en Ciudad de México, México, todavía no ha sido superado en unos JJ.OO. La prueba masculina de salto de longitud de los juegos de 2016 (47 años y 300 días después) tuvo como ganador a Jeff Henderson con un salto más de medio metro más corto que el realizado por Beamon.

MÁS MEDALLAS PARALÍMPICAS EN JUEGOS DE VERANO

La nadadora Trischa Zorn (EE.UU.) ganó 55 medallas a lo largo de siete Juegos Paralímpicos entre 1980 y 2004. En total, sumó 41 oros, 9 platas y 5 bronces en 13 pruebas distintas de natación. En Barcelona 1992, Zorn, que nació ciega, llegó a lo más alto del medallero individual con 10 oros y dos platas.

MÁS MEDALLAS PARALÍMPICAS EN JUEGOS DE VERANO (HOMBRES)

Jonas Jacobssen (Suecia, arriba) ganó 30 medallas en pruebas de tiro entre 1980 y 2012: 17 oros, 4 platas y 9 bronces. El atleta en silla de ruedas Heinz Frei (Suiza) ostenta el récord absoluto de **más medallas paralímpicas (hombres)**, con 34, pero 8 de estas las consiguió en Juegos Paralímpicos de Invierno.

MÁS PARTICIPACIONES DE UN DEPORTISTA

El jinete Ian Millar (Canadá) participó por décima vez en unos JJ.OO. en Londres 2012. Hizo su debut en 1972 y participó en ocho juegos consecutivos entre 1984 y 2012. Millar también fue seleccionado por el equipo canadiense para Moscú 1980, pero no pudo competir debido al boicot de Canadá a esos juegos. Ganó su única medalla, una plata, en 2008.

MÁS VICTORIAS EN LOS 100 M LISOS

Usain Bolt (Jamaica) ha ganado el título olímpico de los 100 m lisos en categoría masculina tres veces, entre 2008 y 2016. También ostenta el récord de **más victorias en los 200 m lisos** (tres) y suma otras dos victorias en el relevo 4 x 100 m. Cuando Bolt se retiró en 2017 dejó tras de sí dos récords, los **100 m lisos más rápidos**, con 9,58 s; y los **200 m lisos más rápidos**, con 19,19 s, que todavía nadie ha superado.

OCT 31 En 2005, 68 vacas de Jersey mueren después de que un rayo alcance una granja lechera cerca de Dorrigo, Nueva Gales del Sur, Australia, el **mayor número de cabezas de ganado muertas por el impacto de un rayo**.

NOV 1 La Jailbreak Society de la Universidad de Warwick (R.U.) logra el récord de **más personas dentro de un mismo par de calzoncillos elásticos** (314) en un acto benéfico celebrado en Coventry, West Midlands, R.U., en 2014.

FÚTBOL AMERICANO

MÁS VICTORIAS EN LA SUPER BOWL (EQUIPOS)

El 3 de febrero de 2019, los New England Patriots derrotaron a Los Angeles Rams por 13-3 en la **Super Bowl con una puntuación más baja**. Fue su sexta victoria en este partido anual por el campeonato, que les permitió igualar la marca de los Pittsburgh Steelers y mejorar su récord de **más participaciones en la Super Bowl** (11). El quarterback Tom Brady (camiseta n.º 12, izquierda) superó a Charles Haley en la clasificación de **más victorias en la Super Bowl (individual)**, con seis. También mejoró sus marcas de **más pases completados en la Super Bowl** (256) y **más yardas avanzadas mediante pases** (2.838).

La media más elevada de yardas avanzadas por carrera en un partido (individual)

El 7 de octubre de 2018, el jugador de los New York Jets Isaiah Crowell avanzó 219 yardas en 15 carreras, una media de 14,6 yardas por carrera, en la victoria de su equipo por 34-16 contra los Denver Broncos.

El porcentaje más alto de pases completados

El 25 de noviembre de 2018, el quarterback de Los Angeles Chargers Philip Rivers logró un porcentaje de pases completados del 96,6 % en la victoria por 45-10 contra los Arizona Cardinals. Superaba así la anterior marca del 92,3 % establecida el 20 de septiembre de 2009 por el jugador de los Cardinals Kurt Warner. Rivers completó 28 de 29 de pases, lo que también le valió el récord de **más pases completados de manera consecutiva al inicio de un partido por un quarterback**, 25, y **más pases completados de manera consecutiva**, que el jugador de los Philadelphia Eagles Nick Foles igualó el 30 de diciembre de 2018.

Más pases lanzados sin ser interceptados

Del 30 de septiembre al 16 de diciembre de 2018, Aaron Rodgers, jugador de los Green Bay Packers, realizó 402 pases consecutivos que no fueron interceptados.

El primer entrenador más joven de la Super Bowl

El entrenador de Los Angeles Rams, Sean McVay (n. el 24 de enero de 1986) dirigió a su equipo en la final de la Super Bowl LIII con 33 años y 10 días. Bill Belichick (n. el 16 de abril de 1952), entrenador del equipo vencedor, los New England Patriots, se convirtió en el **entrenador más veterano en ganar una Super Bowl**, con 66 años y 293 días.

MÁS PARTIDOS CONSECUTIVOS LOGRANDO UN SACK

Del 7 de octubre al 23 de diciembre de 2018, el jugador de los Kansas City Chiefs Chris Jones firmó un quarterback sack en 11 partidos consecutivos. El defensa superó el récord anterior cuando derribó al jugador de los Seattle Seahawks Russell Wilson. El fin de su racha supuso un alivio en el vestuario de Kansas: durante todo ese tiempo, Jones usó el mismo par de guantes... ¡sin lavar!

MÁS PUNTOS EN TODA LA CARRERA

El pateador Adam Vinatieri ha anotado 2.600 puntos como jugador de los New England Patriots (1996-2005) y de los Indianapolis Colts (2006-18). El 28 de octubre de 2018, superó la marca de 2.544 de Morten Andersen (Dinamarca) con un gol de campo desde 25 yardas contra los Oakland Raiders. Vinatieri también ostenta el récord de **más goles de campo en playoffs** (56), establecido la temporada 2018.

Igualaba así el récord del 3 de enero de 1983 logrado por el jugador de los Dallas Cowboys Tony Dorsett contra los Minnesota Vikings.

Más recepciones de 100 yardas consecutivas durante una misma temporada (individual)

Adam Thielen, ala abierta de los Minnesota Vikings, sumó recepciones de 100 yardas en los ocho primeros partidos de la temporada 2018, del 9 de septiembre al 28 de octubre. Igualaba la marca del jugador de los Detroit Lions Calvin Johnson de 2012.

Si no se indica de otro modo, todos los equipos y jugadores son de EE.UU. y pertenecen a la National Football League (NFL).

Más puntos anotados por un equipo perdedor

El 19 de noviembre de 2018, los Kansas City Chiefs perdieron 54-51 contra Los Angeles Rams.

El récord de **más puntos anotados en un partido** sigue siendo 113, establecido el 27 de noviembre de 1966 en el encuentro que enfrentó a Los Washington Redskins contra los New York Giants, que terminó 72-41 a favor de los primeros.

La carrera más larga desde la línea de confrontación

El 6 de diciembre de 2018, el jugador de los Tennessee Titans Derrick Henry anotó un touchdown tras una carrera de 99 yardas contra los Jacksonville Jaguars.

MÁS RECEPCIONES DE UN RUNNING BACK DEBUTANTE EN UNA TEMPORADA

El jugador de los New York Giants Saquon Barkley sumó 91 recepciones en 2018, la temporada de su debut. Superaba así la marca de 88 establecida en 2006 por el jugador de los New Orleans Saints Reggie Bush.

El récord absoluto de **más recepciones de un running back en una temporada** también se estableció en 2018: 107, logradas por el jugador de los Carolina Panthers Christian McCaffrey.

MÁS YARDAS DE PASE EN TODA LA CARRERA

Desde 2001 hasta el final de la temporada 2018, Drew Brees sumaba 74.437 yardas de pase. El 8 de octubre de 2018, superó el récord de Peyton Manning de 71.940 yardas durante la victoria de los New Orleans Saints sobre los Washington Redskins por 43-19. Brees completó 364 de 489 ensayos en 2018, el **porcentaje de acierto más alto en una temporada**: 74,4 %.

NOV 2 En 1996, los clubs Rostrum de Tasmania dan inicio a la **maratón de debate más larga**, que se prolonga hasta el 1 de diciembre. El tema a debate durante 29 días, 4 h, 3 min y 20 s es «El mayor activo de Tasmania es su gente».

NOV 3 En 2014, el jugador de los Harlem Globetrotters (EE.UU.) *Thunder Law* logra la **canasta de baloncesto de espaldas a más distancia** (25 m) en el US Airways Center de Phoenix, Arizona, EE.UU.

BÉISBOL

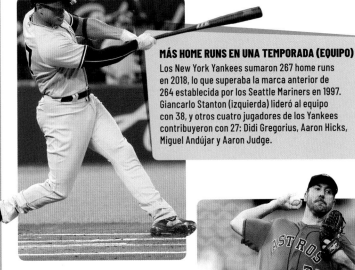

MÁS HOME RUNS EN UNA TEMPORADA (EQUIPO)

Los New York Yankees sumaron 267 home runs en 2018, lo que superaba la marca anterior de 264 establecida por los Seattle Mariners en 1997. Giancarlo Stanton (izquierda) lideró al equipo con 38, y otros cuatro jugadores de los Yankees contribuyeron con 27: Didi Gregorius, Aaron Hicks, Miguel Andújar y Aaron Judge.

MÁS STRIKEOOUTS DE UN EQUIPO DE LANZADORES EN UNA TEMPORADA

Los lanzadores de los Houston Astros eliminaron a 1.687 bateadores en 2018, una media de 10,4 strikeouts cada nueve entradas, la más alta de la historia de la MLB. Los jugadores de los Astros Justin Verlander (derecha) y Gerrit Cole sumaron 290 y 276 strikeouts respectivamente, la segunda y tercer mejores marcas individuales de la temporada. Por delante quedó el jugador de los Washington Nationals Max Scherzer, con 300.

Si no se indica de otro modo, todos los equipos y jugadores son de EE.UU. y pertenecen a la Major League Baseball (MLB).

El mayor contrato de la MLB

El 20 de marzo de 2019, Los Angeles Angels y Mike Trout acordaron un contrato de 12 años por valor de 426,5 millones de dólares, según lo informado. La cifra superaba el contrato de 13 años firmado ese mismo mes por Bryce Harper con los Philadelphia Phillies, que asciende a 330 millones de dólares. Trout, que juega como jardinero central, es siete veces MLB All-Star y ha sido galardonado seis veces con el premio Silver Slugger.

Más hits en toda la carrera

El 21 de marzo de 2019, el jugador de los Seattle Mariners Ichiro Suzuki (Japón) protagonizó una emotiva despedida de la MLB en su último encuentro contra los

EL PRIMER JUGADOR EN BATEAR PARA EL CICLO (PLAYOFFS)

En el béisbol, un ciclo ocurre cuando un bateador logra un sencillo, un doble, un triple y un home run en el mismo partido. El 8 de octubre de 2018, Brock Holt, jugador de los Boston Red Sox, logró esta hazaña en el tercer partido de las American League Division Series, que se disputó en el Yankee Stadium, en el Bronx, Nueva York, EE.UU. Holton contribuyó así a la aplastante victoria de los Red Sox sobre sus archirrivales, los New York Yankees, por 16-1.

Oakland Athletics en Tokio, Japón. Desde el inicio de su carrera en 1992, Suzuki sumó 4.367 hits entre la liga japonesa, la Nippon Professional Baseball, y la MLB.

Menos participaciones de un lanzador para sumar 300 salvamentos en carrera

El 5 de mayo de 2018, Craig Kimbrel sumó su salvamento en carrera n.º 300 en su partido n.º 494 mientras lanzaba para los Boston Red Sox en el partido contra los Texas Rangers. Kimbrel logró esta cifra con solo 330 oportunidades de salvamento, un porcentaje de éxito del 90,9 %.

Más strikeouts de un lanzador en el comienzo de un partido

El jugador de los Colorado Rockies Germán Márquez (Venezuela) eliminó a los primeros ocho bateadores rivales en el partido contra los Philadelphia Phillies el 26 de septiembre de 2018. Igualaba así la hazaña del jugador de los Houston Astros Jim Deshaies del 23 de septiembre de 1986, y del jugador de los New York Mets Jacob deGrom del 15 de septiembre de 2014.

Más strikeouts de un jugador en un programa doble

El 4 de junio de 2018, el bateador de los New York Yankees Aaron Judge sumó ocho strikeouts en dos partidos contra los Detroit Tigers.

El récord de **más strikeouts en una temporada (equipos)** es de 1.594, establecido por los bateadores de los Chicago White Sox la temporada 2018.

El récord de **más strikeouts en una temporada (todos los equipos)** es de 41.207 (temporada regular de 2018).

Más partidos de playoffs consecutivos logrando un home run (equipo)

Los Houston Astros lograron home runs en 14 partidos consecutivos de playoffs desde

LA INCLUSIÓN EN EL SALÓN DE LA FAMA DEL BÉISBOL CON EL PORCENTAJE DE VOTOS MÁS ALTO

Mariano Rivera (Panamá) fue incluido en el Salón de la Fama del Béisbol en 2019 con el 100 % de los votos: apareció en las 425 papeletas depositadas. El lanzador jugó 19 temporadas con los New York Yankees, donde estableció los récords de **más partidos lanzando para un equipo** (1.115) y **más partidos finalizados de un lanzador** (952). También ostenta la marca de **más salvamentos en carrera**: 652.

el sexto partido de las American League Championship Series (ALCS) de 2017 hasta el segundo partido de las ALCS de 2018. Sumaron un total de 29 home runs.

El récord de **más partidos de playoffs consecutivos logrando un home run (individual)** es seis, logrado por el jugador de los New York Mets Daniel Murphy en 2015.

El jugador que ha formado parte de más franquicias

El 25 de junio de 2018, Edwin Jackson (nacido en Alemania) se situó en el montículo de lanzamiento con la camiseta de su decimotercer equipo de la MLB, los Oakland Athletics. Jackson, que debutó en la MLB en 2003, igualaba así la marca del lanzador Octavio Dotel (República Dominicana).

EL PARTIDO DE LA SERIE MUNDIAL MÁS LARGO

El 27 de octubre de 2018, Los Angeles Dodgers derrotaron a los Boston Red Sox por 3-2 en un encuentro maratoniano de 18 entradas y 7 h y 20 min de duración en el que participaron 46 jugadores, la **mayor cantidad de jugadores en un partido de la Serie Mundial (ambos equipos)**. Los Dodgers se llevaron el partido gracias a un walk-off home run de Max Muncy (en el centro de la imagen). Sin embargo, los Red Sox fueron los últimos en reír y ganaron la Serie Mundial por 4-1.

NOV 4 En 2010, se inaugura, en el Ferrari World de Abu Dhabi, EAU, la **montaña rusa más rápida**. *Formula Rossa* acelera hasta los 240 km/h y cubre una distancia ascendente de 52 m en 4,9 s.

NOV 5 En 2013, se anuncia el descubrimiento de la Gran Muralla de Hércules-Corona Boreal, una superestructura gigante de galaxias. Con una longitud de unos 10.000 millones de años luz, es la **estructura más grande del universo**.

217

BALONCESTO

Todos los récords hacen referencia a la National Basketball Association (NBA) y todos los equipos y jugadores son estadounidenses, a menos que se indique lo contrario.

Más triples dobles consecutivos

Del 22 de enero al 14 de febrero de 2019, Russell Westbrook logró 11 triples dobles consecutivos como jugador de los Oklahoma City Thunder. El récord anterior de nueve, establecido por el jugador de los Philadelphia 76ers Wilt Chamberlain entre el 8 y el 20 de marzo de 1968, llevaba 51 años vigente. Westbrook promedió 21,9 puntos, 13,3 rebotes y 13,5 asistencias a lo largo su increíble racha.

El triple doble más rápido

El 15 de febrero de 2018, el jugador de los Denver Nuggets Nikola Jokić (Serbia) firmó cifras de dos dígitos en puntos, asistencias y rebotes en apenas 14 min y 33 s de juego en un partido que enfrentó a su equipo contra los Milwaukee Bucks. Jokić terminó el encuentro con 30 puntos, 17 asistencias y 15 rebotes.

Más triples encestados en un partido (equipo)

El 7 de abril de 2019, los Houston Rockets encestaron 27 triples en su victoria ante los Phoenix Suns por 149-113. Mejoraban así su propio récord de 26, establecido el 19 de diciembre de 2018 cuando se impusieron a los Washington Wizards por 136-118.

La temporada anterior, Houston había logrado el récord de **más triples en una temporada (equipo)**: 1.256.

MÁS PARTIDOS DE PLAYOFFS ANOTANDO AL MENOS 30 PUNTOS

El 6 de junio de 2018, el jugador de los Cleveland Cavaliers LeBron James superaba el récord de Michael Jordan al anotar 33 puntos en el tercer partido de la final de la NBA contra los Golden State Warriors. Era el partido de playoffs número 110 en el que anotaba más de 30 puntos.

Desde 2006, James atesora los récords de **más puntos en partidos de playoffs** (6.911), **más tiros de campo anotados** (2.457), **más tiros libres anotados** (1.627) y **más robos de balón** (419).

MÁS TRIPLES EN UN PARTIDO

El 29 de octubre de 2018, el jugador de los Golden State Klay Thompson encestó 14 triples en un encuentro contra los Chicago Bulls disputado en Illinois, EE.UU. Thompson superaba así la marca de su compañero de equipo, Stephen Curry, que llegó a 13 en 2016.

En la primera mitad del encuentro contra los Bulls, Thompson igualó la marca de **más triples en medio encuentro**: 10, establecido por Chandler Parsons el 24 de enero de 2014.

Más triples en un partido por el título

El 3 de junio de 2018, en el segundo partido de la final de los playoffs de la NBA, el jugador de los Golden State Warriors Stephen Curry anotó nueve triples contra los Clevelans Cavaliers en el Oracle Arena de Oakland, California, EE.UU. Curry contribuyó con 33 puntos a la victoria de los Warriors por 122-103.

En el primer partido, LeBron James (ver abajo a la izquierda) anotó 51 puntos, pero no evitó la derrota de los Cavaliers por 124-114. Su marca supone el récord de **más puntos de un jugador de un equipo perdedor en un partido de la final de la NBA**. Los Golden State ganaron el campeonato por 4-0.

MÁS TEMPORADAS EN UN MISMO EQUIPO

El 13 de diciembre de 2018, después de recuperarse de una operación en el tobillo, Dirk Nowitzki (Alemania) volvió a las canchas como jugador de los Dallas Mavericks por 21.ª temporada consecutiva. Nowitzki ha jugado más de 1.400 encuentros con su equipo desde 1998, y ganó el campeonato de 2011. Con su marca supera a Kobe Bryant, jugador de los Lakers durante 20 temporadas.

EL TRIPLE DOBLE CON MAYOR PUNTUACIÓN TOTAL

El 30 de enero de 2018, el jugador de los Houston Rockets James Harden logró un triple doble con una puntuación total de 60 contra los Orlando Magic. También capturó 10 rebotes y dio 11 asistencias.

En ocho partidos disputados entre el 13 y el 27 de enero de 2019, Harden logró la racha de **más puntos anotados consecutivamente sin recibir una asistencia**: 304. No se consideró que ningún compañero de equipo lo ayudara a anotar ninguno de esos puntos.

MÁS PUNTOS ANOTADOS EN UN PARTIDO DE LA WOMEN'S NATIONAL BASKETBALL ASSOCIATION (WNBA)

El 17 de julio de 2018, la jugadora de las Dallas Wings Liz Cambage (Australia) anotó 53 puntos frente a las New York Liberty en Arlington, Texas, EE.UU. Esta pívot de 203 cm de altura encestó 17 de 22 tiros de campo y 15 de 16 tiros libres, y puso el colofón a su récord con un triple.

Más encuentros disputados en la WNBA en toda la carrera

De 2002 hasta el final de la temporada 2018, Sue Bird disputó 508 encuentros como jugadora de las Seattle Storm. El 22 de julio de 2018, en su partido n.º 500 contra las Atlanta Dream, Bird superó el anterior récord de 499 de DeLisha Milton-Jones.

Más canastas en tiros de campo en la WNBA en toda la carrera

La jugadora de las Phoenix Mercury Diana Taurasi, elegida nueve veces para los All-Star de la WNBA, ha encestado 2.721 tiros de campo desde 2004.

Más asistencias en una temporada de la WNBA

Courtney Vandersloot sumó 258 asistencias con las Chicago Sky en 2018 y batió el récord de Ticha Penicheiro de 236 (desde 2000).

El récord de **más asistencias en toda la carrera en la WNBA** es de 2.831 (Sue Bird, 2002-2018).

Más rebotes en una temporada en la WNBA

En 2018, la jugadora de las Minnesota Lynx Sylvia Fowles capturó 404 rebotes, uno más que el anterior récord, en posesión de Jonquel Jones. Su marca incluye el récord de **más rebotes defensivos en una temporada de la WNBA**: 282.

El récord de **más rebotes en toda una carrera en la WNBA** es de 3.356, establecido por Rebekkah Brunson entre 2004 y 2018 como jugadora de las Sacramento Monarchs y las Minnesota Lynx.

NOV 6 En 2015, en el estadio de atletismo del parque olímpico Komazawa, en Tokio, Japón, Kenichi Ito (Japón) logra el récord de los **100 m más rápidos corriendo a cuatro patas**: 15,71 s.

NOV 7 En 2006, el **perro policía más pequeño** obtiene la certificación como perro de narcóticos de Ohio, EE.UU. *Midge*, un cruce de chihuahua y rat terrier, mide 28 cm de alto y 58 cm de largo.

HOCKEY SOBRE HIELO

de los Edmonton Oilers (ambos de Canadá), en 1982-83 y Ken Linseman (Canadá), de los Boston Bruins, en 1985-86.

Más goles en tandas de penaltis marcados en toda la carrera

El 10 de noviembre de 2018, el jugador de los Detroit Wings Frans Nielsen (Dinamarca) anotó su 49.º gol en una tanda de penaltis en la victoria de su equipo sobre los Carolina Hurricanes por 4-3. Fue su 23.ª victoria, el récord de **más victorias en tandas de penalti en toda una carrera**.

Más disparos a puerta en una parte de un encuentro (equipo)

El 21 de octubre de 2018, los Tampa Bay Lightning dispararon 33 veces contra la portería de los Chicago Blackhawks en el encuentro disputado en el United Center de Chicago, Illinois, EE.UU. Es la cifra más elevada desde 1997-98, cuando «disparos por período» se convirtió en un parámetro estadístico oficial de la NHL.

Menor intervalo de tiempo entre dos goles (un equipo)

El 1 de noviembre de 2018, los jugadores de los Montreal Canadiens (Canadá) Max Domi (Canadá) y Joel Armia (Finlandia) marcaron dos goles en 2 s en el partido que enfrentó a su equipo contra los Washington Capitals en el Bell Centre de Quebec, Canadá. Batían así el récord de

MÁS SAQUES NEUTRALES GANADOS EN UNA TEMPORADA

Ryan O'Reilly (Canadá), jugador de los Buffalo Sabres, ganó 1.274 saques neutrales la temporada 2017-18. Superaba así la marca anterior de 1.268 del jugador de los Carolina Hurricanes Rod Brind'Amour (Canadá), establecida la temporada 2005-06. La NHL comenzó a elaborar estadísticas de estos cara a cara en 1997.

3 s de los St Louis Eagles del 12 de marzo de 1935, igualado por los Minnesota Wild en 2004 y los New York Islanders en 2016.

Más partidos jugados de forma consecutiva

El 13 de enero de 2018, la racha de Andrew Cogliano (Canadá) de 830 partidos de la NHL jugados de forma consecutiva (la cuarta más larga de todos los tiempos) se interrumpió al recibir una sanción de dos partidos. El líder

de esta clasificación es Doug Jarvis (Canadá), con 964 partidos consecutivos con los Montreal Canadiens (Canadá), los Washington Capitals y los Hartford Whalers entre el 8 de octubre de 1975 y el 10 de octubre de 1987.

Más goles en la prórroga durante la temporada regular en toda la carrera

El 2 de enero de 2018, Alex Ovechkin (Rusia, ver abajo), de los Washington Capitals, marcó su 22.º gol de la victoria en la prórroga contra los Carolina Hurricanes por 5-4.

MÁS DISPAROS BLOQUEADOS EN TODA LA CARRERA

A 8 de enero de 2019, Dan Girardi (Canadá) había bloqueado o desviado 1.873 lanzamientos como jugador de los New York Rangers y de los Tampa Bay Lightning desde la temporada 2006-07. El defensa ha pasado toda su carrera interponiendo su cuerpo a los disparos de los rivales, y la temporada 2010-11 estableció el récord de 236 bloqueos. La NHL comenzó a elaborar estadísticas de este lance del juego en 1998.

MÁS TANDAS DE PENALTIS GANADAS POR UN PORTERO

El 30 de octubre de 2018, el portero de los New York Rangers Henrik Lundqvist (Suecia) ganó su 60.ª tanda de penaltis en la NHL después de detener dos disparos que dieron la victoria a su equipo por 4-3 sobre los San Jose Sharks en el SAP Center, California, EE.UU.

A principios de ese año, el 16 de enero, Lundqvist estableció el récord de **más temporadas consecutivas de un portero ganando 20 partidos: 13.**

Todos los récords hacen referencia a la National Hockey League (NHL), que se disputa en EE.UU. y Canadá. Todos los equipos y jugadores son estadounidenses, a menos que se indique lo contrario.

Más partidos consecutivos realizando una asistencia al inicio de una temporada

Sebastian Aho (Finlandia), jugador de los Carolina Hurricanes, dio al menos una asistencia los 12 primeros partidos de la temporada 2018-19. El 30 de octubre de 2018, contra los Boston Bruins, Aho asistió a Micheal Ferland (Canadá) e igualó una marca lograda anteriormente por Wayne Gretzky,

MÁS VICTORIAS EN UNA TEMPORADA DE UN EQUIPO DEBUTANTE

Los Vegas Golden Knights ganaron 51 partidos la temporada 2017-18, la primera que disputaba en la NHL. Los Vegas mejoraban así el récord anterior de 33 victorias, establecido por los Anaheim Ducks y los Florida Panthers la temporada 1993-94. Fueron el tercer equipo debutante en disputar los playoffs de la Copa Stanley, donde cayeron derrotados por 4-1 frente a los Washington Capitals.

TROFEOS DE LA NHL (MÁS PREMIOS)

TROFEO	CATEGORÍA	JUGADOR/ENTRENADOR*	PREMIOS
Art Ross	Más puntos en temporada regular	Wayne Gretzky	10
Hart Memorial	Jugador mejor valorado	Wayne Gretzky	9
Lady Byng	Comportamiento más deportivo/juego limpio	Frank Boucher	7
Vezina	Mejor portero	Jacques Plante	7
Jack Adams	Mayor contribución de un entrenador	Pat Burns	3
Conn Smythe	Jugador más valioso de los playoffs de la Copa Stanley	Patrick Roy	3

Todos de Canadá

MÁS TROFEOS MAURICE RICHARD

Instaurado en 1999, el trofeo Maurice Richard se entrega anualmente al máximo goleador de la NHL. En 2018, el jugador de los Washington Capitals Alex Ovechkin (Rusia, a la derecha de la imagen) se hizo con su quinto trofeo en seis temporadas y el séptimo en total después de marcar 49 goles en la liga. Ovechkin igualaba así el récord de Bobby Hull de **más temporadas como máximo goleador de la NHL.**

NOV 8 En 2017, se mide el **rosal más alto**, cultivado, de manera muy eficiente, por Christopher Rose (EE.UU.). Alcanza los 5,68 m, en La Puente, California, EE.UU.

NOV 9 En 2007, Trever McGhee (Canadá) recorre la **mayor distancia caminando sobre brasas**: 181,9 m, con una temperatura de hasta 853,3 °C, en Calgary, Alberta, Canadá.

FÚTBOL

MÁS ASISTENCIAS DE UN DEFENSA EN UNA TEMPORADA DE LA ENGLISH PREMIER LEAGUE

El defensa del Liverpool Trent Alexander-Arnold realizó 12 asistencias la temporada 2018/19. El 12 de mayo de 2019, brindó un gol en el último partido de liga y superó las marcas de su compañero de equipo Andy Robertson (también en 2018/19) y de los jugadores del Everton Leighton Baines (2010/11) y Andy Hinchcliffe (1994/95, todos de R.U.).

League (excluyendo las rondas de clasificación) es Romelu Lukaku (Bélgica, n. el 13 de mayo de 1993), que el 17 de diciembre de 2009, marcó un tanto como jugador del Anderlecht con 16 años y 218 días.

Más goles en temporada regular en la National Women's Soccer League

Del 20 de abril de 2013 al 12 de mayo de 2019, Samantha Kerr (Australia) marcó 63 goles en la liga femenina de EE.UU. como jugadora de tres clubes distintos. En Australia, ostenta el récord de más goles en la W-League: 70, marcados entre el 7 de diciembre de 2008 y el 16 de febrero de 2019.

Más goles marcados en una temporada de la Major League Soccer (MLS)

Josef Martínez (Venezuela), jugador del Atlanta United, anotó 28 goles en la

EL JUGADOR MÁS JOVEN NOMINADO AL BALÓN DE ORO

El 9 de octubre de 2017, Kylian Mbappé (Francia, n. el 20 de diciembre de 1998) fue uno de los nominados al Balón de Oro que otorga la revista *France Football* con 18 años y 293 días. Mbappé destacó en la victoria de Francia en la Copa Mundial 2018, en la que se convirtió en el segundo jugador con menos de 20 años en marcar en una final después de Pelé (Brasil), el **jugador más joven en marcar en una final de la Copa Mundial de la FIFA**, con 17 años y 249 días, el 19 de junio de 1958.

El jugador más joven en ganar la English Premier League (EPL)

El jugador del Manchester City Phil Foden (R.U., n. el 28 de mayo de 2000) recibió la medalla de ganador de la EPL al final de la temporada 2017/18 con 17 años y 350 días. El 13 de mayo, participó en su quinto encuentro del año en un partido contra el Southampton, lo que le permite optar a este récord.

El 4 de mayo de 2019, el jugador del Fulham Harvey Elliott (R.U., n. el 4 de abril de 2003) participó en el encuentro contra los Wolverhampton Wanderers. Con 16 años y 30 días, se convirtió en el **jugador más joven de la EPL**.

El gol más rápido en la EPL

El 23 de abril de 2019, el delantero irlandés del Southampton Shane Long perforó la portería del Watford a los 7,69 s de un partido disputado en el estadio Vicarage Road de Watford, R.U. Se trata del gol más rápido de la era Premier League, por delante de la marca de 9,6 s establecida el 9 de diciembre

de 2000 por el jugador del Tottenham Ledley King en un partido contra el Bradford.

Más partidos consecutivos marcando en la Serie A (una temporada)

El 26 de enero de 2019, el jugador de la Sampdoria Fabio Quagliarella (Italia) marcó dos goles al Udinese y elevó a 11 el número de partidos consecutivos en los que lograba marcar en la Serie A. Igualaba así la hazaña protagonizada por el jugador de la Fiorentina Gabriel Batistuta (Argentina) entre el 4 de septiembre y el 27 de noviembre de 1994.

El jugador más joven en lograr un *hat-trick* en la UEFA Europa League

El 11 de abril de 2019, el jugador del Benfica João Félix (Portugal, n. el 10 de noviembre de 1999) marcó tres goles al Eintracht Fráncfort con 19 años y 152 días en el Estádio da Luz de Lisboa, Portugal. El **goleador más joven en la UEFA Europa**

MÁS TÍTULOS DE LA COPA DE EUROPA/LIGA DE CAMPEONES DE LA UEFA

El 26 de mayo de 2018, el Real Madrid (España) ganó por 13.ª vez (y tercera consecutiva) la máxima competición europea después de derrotar al Liverpool por 3-1 en el estadio Olimpiyskiy de Kiev, Ucrania. El titán español ganó seis Copas de Europa entre 1956 y 1966, cinco de ellas de manera consecutiva, y ha ganado la Liga de Campeones siete veces desde 1998.

MÁS *HAT-TRICKS* EN LA EPL

El 10 de febrero de 2019, Sergio Agüero (Argentina) logró su 11.º *hat-trick* en la EPL con el Manchester City en un partido en el que derrotaron al Chelsea por 6-0. Igualaba así el récord de Alan Shearer (R.U.), quien entre el 23 de noviembre de 1993 y el 19 de septiembre de 1999 sumó 11 *hat-tricks* como jugador de los Blackburn Rovers y del Newcastle United. Agüero ostenta en solitario el récord de **más *hat-tricks* en la EPL con un solo club**.

MÁS GOLES MARCADOS EN UNA EDICIÓN DE LA COPA ASIÁTICA

Almoez Ali marcó nueve goles con la sorprendente selección de Qatar en la Copa Asiática 2019. Este delantero nacido en Sudán superó el récord de ocho goles de Ali Daei, vigente desde 1996, con una chilena (en la imagen) en la final contra Japón, que Qatar ganó 3-1. El 13 de enero, Ali marcó cuatro goles contra Corea del Norte, y empató con otros cuatro jugadores en el récord de **más goles en un partido de la Copa Asiática (individual)**.

NOV 10 En 2000, Rob Williams (EE.UU.) prepara el **sándwich hecho más rápido con los pies**. Se trata de un sándwich con salchicha de bolonia, queso y lechuga, acompañado con unas aceitunas. Tarda 1 min y 57 s.

NOV 11 Para celebrar el Día del GWR 2009, Toufic Daher (Líbano) construye la **maqueta más alta hecha con cerillas**, una réplica a escala de la Torre Eiffel de 6,53 m. Se presenta al público en el City Mall de Beirut, Líbano.

MÁS GOLES MARCADOS EN LA LIGA

A 12 de mayo de 2019, el delantero del FC Barcelona Lionel Messi (Argentina) había marcado 417 goles en 451 partidos en la primera división del fútbol español, lo que supone una media de 0,92 goles por partido.

El 18 de septiembre de 2018, Messi mejoró su cuenta de **más hat-tricks marcados en la UEFA Champions League**: ocho, cifra igualada por Cristiano Ronaldo el 12 de marzo de 2019.

Con 41 goles, Hegerberg está cerca del récord de **más goles en la Liga de Campeones Femenina de la UEFA**, que ostenta Anja Mittag (Alemania) con 51.

temporada 2018 de la MLS. Entre el 30 de junio y el 24 de agosto, también estableció el récord de **más partidos consecutivos marcando en la MLS**: nueve, igualando a Diego Valeri (Argentina).

Más goles en la Bundesliga de un jugador extranjero

Robert Lewandowski (Polonia) ostenta el récord de más goles marcados en la Bundesliga por un jugador nacido fuera de Alemania, con 202 tantos conseguidos del 19 de septiembre de 2010 al 4 de mayo de 2019. El 9 de marzo de 2019, superó a Claudio Pizarro (Perú) después de anotar dos tantos. El 4 de mayo de 2019, Pizarro (n. el 3 de octubre de 1978) anotó su 196.º tanto con 40 años y 213 días, y se convirtió en el **goleador más veterano de la Bundesliga**.

El entrenador más joven de la UEFA Champions League

El 19 de septiembre de 2018, con 31 años y 58 días, Julian Nagelsmann (Alemania, n. el 23 de julio de 1987) dirigió al TSG 1899 Hoffenheim en un encuentro de la Liga de Campeones contra el Shakhtar Donetsk.

Más victorias en la Liga de Campeones Femenina de la UEFA

El Olympique de Lyon femenino (Francia) ha ganado la Liga de Campeones de la UEFA cinco veces: en 2011, 2012 y 2016-2018.

LA PRIMERA GANADORA DEL BALÓN DE ORO FEMENINO

Para reconocer al mejor futbolista del año, la revista *France Football* entrega el premio Balón de Oro desde 1956. El 3 de diciembre de 2018, se otorgó el primer Balón de Oro Femenino a Ada Hegerberg (Noruega, arriba a la derecha). La delantera del Olympique de Lyon había logrado el récord de **más goles marcados en una edición de la Liga de Campeones Femenina de la UEFA**: 15, en 2017/18.

COPA MUNDIAL DE LA FIFA 2018

La Copa Mundial de la FIFA 2018, celebrada en Rusia del 14 de junio al 15 de julio, vio como Francia se proclamaba vencedora por segunda vez en la historia después de derrotar a Croacia en la final por 4-2. Pero los franceses no son los únicos jugadores con motivos para recordar con orgullo el campeonato.

Antes comenzar el juego, Islandia ya había hecho historia al convertirse en el **país más pequeño (por población) en participar en la Copa Mundial**. La población islandesa, de 337.669 habitantes, tiene casi 1 millón de habitantes menos que la el anterior poseedor del récord, Trinidad y Tobago, que participó en el campeonato de 2006.

Con respecto a los entrenadores, el uruguayo Óscar Tabárez igualó la marca de **más participaciones en la Copa Mundial de un seleccionador con el mismo combinado nacional**: cuatro. Igualaba así la hazaña de Walter Winterbottom (R.U.), entrenador de Inglaterra en 1950-62, y de Helmut Schön (Alemania), de la RFA en 1966-78. El árbitro Ravshan Irmatov (Uzbequistán) estableció el récord de **más partidos arbitrados en Copas Mundiales** cuando el 21 de junio pitó su décimo encuentro, en la victoria de Croacia frente Argentina por 3-0.

Los jugadores también deseaban entrar en los libros de récords. El 17 de junio, Rafael Márquez estableció el de **más fases finales de Copas Mundiales como capitán**, tras lucir el brazalete de México en su quinto campeonato desde 2002. El 24 de junio, el panameño Felipe Baloy se convirtió en el **jugador más veterano en marcar en un debut en la Copa Mundial**, cuando consiguió un tanto con 37 años y 120 días en la derrota de su equipo contra Inglaterra por 6-1. (El **jugador más veterano en marcar en un Copa Mundial** sigue siendo el camerunés Roger Milla, que tenía 42 años y 39 días cuando marcó contra Rusia el 28 de junio de 1994).

La eterna favorita Brasil decepcionó en Rusia al caer eliminada en cuartos de final ante Bélgica por 2-1. No obstante, pudieron mejorar su récord de **más partidos ganados por una selección en Copas Mundiales**: 73, desde 1930. Además, su récord de **más victorias en Copas Mundiales** (cinco) sigue siendo inalcanzable.

En 2018, se estableció un último récord destacable, aunque los jugadores involucrados no debieron alegrarse mucho de contribuir a él: **más goles marcados en propia portería en una Copa Mundial** (12).

EL JUGADOR MÁS VETERANO EN UNA COPA MUNDIAL DE LA FIFA

El 25 de junio de 2018, el portero Essam El-Hadary (Egipto, n. el 15 de enero de 1973) saltó al campo a la edad de 45 años y 161 días en el partido que enfrentó a su selección contra Arabia Saudí. Aunque Egipto ya no podía clasificarse para la siguiente fase, El-Hadary pudo celebrar el récord con mucha clase al detener un penalti en la primera parte.

MÁS COPAS MUNDIALES DE LA FIFA MARCANDO

Cristiano Ronaldo (Portugal) se unió a un club muy selecto cuando marcó en su cuarta Copa Mundial en 2018 e igualaba la hazaña de Miroslav Klose (Alemania), Uwe Seeler (RFA) y Pelé (Brasil).

El 15 de junio, Ronaldo (n. el 5 de febrero de 1985) se convirtió en el **jugador más veterano en marcar un hat-trick en una Copa Mundial**. Fue en el partido que enfrentó a España contra Portugal, que finalizó 3-3. Ronaldo tenía 33 años y 130 días.

 NOV 12 En 2002, Lars Clausen (EE.UU.) completa el **viaje más largo en monociclo** en Los Ángeles, California, EE.UU. Cubrió 14.686,82 km al cruzar EE.UU. dos veces.

 NOV 13 En 2010, Dominic Cuzzacrea (EE.UU.) establece el récord del **lanzamiento de una tortita** a más altura: 9,47 m, en el centro comercial Walden Galleria de Cheektowaga, Nueva York, EE.UU.

221

Torneo de las Seis Naciones Femenino (y su noveno Grand Slam) después de apabullar a Escocia por 80-0 en Twickenham, R.U. Inglaterra anotó un total de 45 ensayos y 278 puntos en su camino hacia el título.

Más ensayos anotados en el Top 14 en toda una carrera (individual)

Vincent Clerc (Francia) puso la rúbrica a su última temporada en el rugby profesional superando el longevo récord de Laurent Arbo de 100 ensayos en la máxima categoría del campeonato francés de rugby. Clerc anotó su ensayo 101 en el Top 14 en su último partido, en el que el RC Toulon derrotó al equipo de Pau por 38-26.

El récord de **más ensayos anotados en una temporada en el Top 14** es 24, logrado por el jugador del RC Toulon Chris Ashton (R.U.) la temporada 2017-18.

Más ensayos anotados en una temporada de la Super Rugby (individual)

El jugador de los Hurricanes Ben Lam (Nueva Zelanda) anotó 16 ensayos en el campeonato Super Rugby la temporada de 2018. Lo logró en el último segundo, con un touch down en el minuto 80 de la semifinal, disputada el 28 de julio.

Más participaciones en el campeonato Super Rugby

De 2006 a 2018, Prop Wyatt Crockett (Nueva Zelanda) jugó 202 partidos del campeonato Super Rugby con los Crussaders.

MÁS PARTICIPACIONES EN EL TORNEO DE LAS CINCO/SEIS NACIONES

Entre el 15 de febrero de 2004 y el 16 de marzo de 2019, Sergio Parisse defendió los colores de Italia en 69 encuentros en el Torneo de las Cinco/Seis Naciones. Parisse batió el anterior récord del torneo, en manos del irlandés Brian O'Driscoll, en su 66.ª aparición, un partido contra Escocia disputado el 2 de febrero de 2019. El conjunto de Parisse se impuso en solo nueve partidos, frente a las 45 victorias de la selección de O'Driscoll.

Más Grand Slams en el Torneo de las Seis Naciones

El primer Torneo de las Seis Naciones se celebró en 2000, cuando Italia se incorporó al Torneo de las Cinco Naciones, que disputaban Inglaterra, Irlanda, Escocia, Gales y Francia. El 16 de marzo de 2019, Gales selló una cuarta victoria indiscutible al lograr imponerse en todos los encuentros que disputó en el torneo tras derrotar a Irlanda por 25-7 en el Principality Stadium de Cardiff, R.U.

Más títulos del Torneo de las Seis Naciones Femenino

El 16 de marzo de 2019, Inglaterra se aseguró su 10.º título del

MÁS TÍTULOS DE LA COPA HEINEKEN/COPA DE CAMPEONES EUROPEOS DE RUGBY (EQUIPOS)

El 12 de mayo de 2018, el equipo irlandés del Leinster se aseguró su cuarto título europeo tras una trabajada victoria por 15-12 contra el Racing 92. Anteriormente, se había hecho con el título en 2009, 2011 y 2012. Igualaban así el récord del Toulouse (o Stade Toulousain, Francia), ganador en 1996, 2003, 2005 y 2010 y subcampeón en 2004 y 2008.

El 21 de julio de 2018, hizo su última aparición, en un partido contra los Sharks. Dos semanas después, los Crusaders lograban su noveno campeonato y el récord de **más títulos de la Super Rugby**.

Más partidos ganados en el Rugby Championship

Entre el 18 de agosto de 2012 y el 6 de octubre de 2018, Nueva Zelanda ganó 35 de sus 39 partidos en este torneo internacional del hemisferio sur.

Más puntos en la National Rugby League (NRL) en toda la carrera (individual)

El 12 de abril de 2019, en el partido entre los Melbourne Storm y los North Queensland Cowboys, Cameron Smith (Australia) se convirtió en el máximo anotador de la NRL de todos los tiempos, con 2.422 puntos. También amplió su récord de **más apariciones en la NRL**: 389.

MÁS TÍTULOS DE LA WORLD CLUB CHALLENGE

El 17 de febrero de 2019, los Sídney Roosters (Australia) derrotaron a los Wigan Warriors (R.U.) por 20-8 e igualaron los cuatro títulos de los Wigan en la World Club Challenge. Brett Morris (Australia, en la foto), de los Sídney, igualó el récord de **más ensayos en un partido de la World Club Challenge** (3), que comparte con el jugador de los Roosters Michael Jennings (Australia, en 2014) y el de los Wigan Joe Burgess (R.U., en 2017).

MÁS LÍNEAS DE DEFENSA SUPERADAS EN TORNEOS DE LA SERIE MUNDIAL DE RUGBY 7

A 16 de abril de 2019, Perry Baker (EE.UU.) había superado 235 veces las líneas defensivas de los equipos rivales en la Serie Mundial de Rugby 7. Este extremo de gran potencia física se ha convertido en uno de los atacantes más peligrosos del rugby, con 179 ensayos (a menudo espectaculares) en 202 partidos. En 2018, Baker se convirtió en el primer jugador en ganar dos veces el premio al jugador del año de la Serie Mundial de Rugby 7.

MÁS VICTORIAS DE UN JUGADOR EN FINALES DE LA ENGLISH PREMIERSHIP

El 26 de mayo 2018, el medio melé Richard Wigglesworth (R.U.) consiguió su quinta victoria en una final de la Premiership después de que los Sarracens derrotaran a los Exeter Chiefs por 27-10. Sus victorias anteriores se dieron en 2011, 2015, 2016 y, como jugador de los Sale Sharks, en 2006.

El 23 de septiembre de 2018, Wigglesworth también se hizo con el récord de **más apariciones en la English Premiership**: a 7 de marzo de 2019, había jugado 273 partidos.

SERIE MUNDIAL DE RUGBY 7			
MÁS...	JUGADOR	PAÍS	TOTAL
Partidos (hombres)	D. J. Forbes	Nueva Zelanda	512
Ensayos (hombres)	Dan Norton	Inglaterra	332
Puntos (hombres)	Ben Gollings	Inglaterra	2.652
Partidos (mujeres)	Sarah Hirini	Nueva Zelanda	183
Ensayos (mujeres)	Portia Woodman	Nueva Zelanda	195
Puntos (mujeres)	Ghislaine Landry	Canadá	1.090

Cifras actualizadas a 18 de abril de 2019

NOV 14 En 1952, el cantante melódico Al Martino (cuyo nombre real es Jasper Cini, EE.UU.) logra el **primer n.º 1 de un sencillo en R.U.** con «Here in My Heart». Encabeza la lista de éxitos nueve semanas consecutivas, hasta el 9 de enero de 1953.

NOV 15 En 2012, el meteorólogo Steve Jacobs (Australia) se prepara para una ola de frío batiendo el récord de **más calzoncillos puestos a la vez**: 266, en Sídney, Nueva Gales del Sur, Australia.

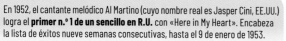

TENIS

Grand Slam un marcador de 25 segundos para cronometrar el tiempo que tardaban los jugadores en sacar. Los tenistas se enfrentaban a una posible pérdida de puntos en el caso de no realizar su servicio antes de que el reloj llegara a cero.

La semifinal de Grand Slam más larga

El 13 de julio de 2018, Kevin Anderson (Sudáfrica) y John Isner (EE.UU.) disputaron una semifinal épica de 6 h y 36 min de duración en la pista central de Wimbledon, en Londres, R.U. Al final, Anderson se impuso por 7-6, 6-7, 6-7, 6-4 y 26-24, con un último set que se prolongó 2 h y 54 min.

Más victorias en partidos individuales de Grand Slam

A 18 de enero de 2019, Roger Federer (Suiza) había ganado 342 partidos individuales entre Wimbledon, Roland Garros y los Abiertos de Australia y EE.UU. A 21 de enero de 2019, Serena Williams (EE.UU.) ostentaba el récord **femenino** con 335 victorias en los cuatro torneos de Grand Slam.

MÁS VICTORIAS EN UN TORNEO DE GRAND SLAM (ERA OPEN)

El 9 de junio de 2019, El maestro de la tierra batida Rafael Nadal (España) ganó el torneo de Roland Garros por duodécima vez tras derrotar al austriaco Dominic Thiem (Austria) por 6-3, 5-7, 6-1, 6-1 en el Stade Roland Garros de París, Francia. Nadal se ha impuesto en todas las finales que ha alcanzado del Abierto de París: 2005-08, 2010-14 y 2017-18.

Esta nueva victoria en un Grand Slam, su 18.ª hasta la fecha, también incrementa su cuenta de **más títulos individuales en tierra batida de la era Open**: 59.

Más torneos individuales de Grand Slam jugados de manera consecutiva

Tras la disputa del Abierto de Australia 2019, Feliciano López (España) había participado en 68 torneos consecutivos de Grand Slam desde 2002. Ha alcanzado cuatro veces los cuartos de final: en Wimbledon en 2005, 2008 y 2011, y en el Abierto de EE.UU. en 2015.

El primer Grand Slam en adoptar la norma de los 25 segundos en el cuadro principal

En el Abierto de EE.UU. 2018 disputado en la ciudad de Nueva York (del 27 de agosto al 9 de septiembre), se usó por primera vez en el cuadro principal de un torneo de

LA PRIMERA POSMILENIAL EN GANAR UN TÍTULO DE LA WTA

El 29 de julio de 2018, Olga Danilović (Serbia, n. el 23 de enero de 2001) ganó la Moscow River Cup, en Rusia, después de derrotar a Anastasia Potapova con 17 años y 187 días. Danilović se convertía así en la primera jugadora nacida en el siglo XXI en ganar un torneo de la WTA, además de en la primera «perdedora afortunada» en ganar un título individual de la WTA, ya que entró en el cuadro principal pese a caer eliminada en la ronda previa de clasificación.

El primer jugador que completa el «Career Golden Masters» en categoría individual

Tras su victoria en el Masters de Cincinnati el 19 de agosto de 2018, Novak Djokovic (Serbia, ver más abajo) se convirtió en el primer jugador en ganar los nueve torneos Masters 1000 de la ATP (Asociación de Tenistas Profesionales). El resto de torneos de esta categoría son los de Indian Wells, Miami, Monte Carlo, Madrid, Roma, Montreal/Toronto, Shanghái y París.

Djokovic acumula las **ganancias más elevadas de un tenista en toda la carrera** (129.000.709 dólares desde 2003).

El récord de **más torneos Masters 1000 de la ATP ganados en categoría individual** lo ostenta el gran rival de Djokovic, Rafael Nadal (ver arriba a la izquierda), con 34.

MÁS TÍTULOS INDIVIDUALES DE GRAND SLAM EN SILLA DE RUEDAS (HOMBRES)

Shingo Kunieda (Japón) ha ganado 22 títulos individuales en la competición en silla de ruedas: nueve Abiertos de Australia (2007-11, 2013-15, 2018), siete Roland Garros (2007-10, 2014-15, 2018) y seis Abiertos de EE.UU. (2007, 2009-11, 2014-15). Kunieda también ha ganado 20 títulos de dobles, entre los que se cuentan ocho Abiertos de Australia (2007-11, 2013-15).

MÁS TITULOS INDIVIDUALES DEL ABIERTO DE AUSTRALIA (HOMBRES)

El 27 de enero de 2019, el serbio Novak Djokovic se alzó con su séptimo título en la pista rápida de Melbourne tras derrotar a Rafael Nadal por 6-3, 6-2 y 6-3 y se convirtió en el tenista con más victorias en los 114 años del torneo. Anteriormente, Djokovic había ganado las ediciones de 2008, 2011-13 y 2015-16.

EL ASCENSO MÁS RÁPIDO AL N.º 1 DEL *RANKING* DE LA WTA TRAS EL DEBUT EN EL TOP 10

Naomi Osaka (Japón) tardó 138 días en llegar a lo más alto de la clasificación de la WTA (Asociación Femenina de Tenis) después de debutar como jugadora del Top 10 el 10 de septiembre de 2018. Sus títulos consecutivos de Grand Slam en el Abierto de EE.UU., el 8 de septiembre de 2018, y el Abierto de Australia 2019 la auparon a la cima de la clasificación el 26 de enero de 2019.

Djokovic ganó el Abierto de Australia 2012 tras disputar la **final más larga de un Grand Slam**: 5 h y 53 min, también contra Nadal.

NOV 16
En 2010, el sueco Magnus Andersson presenta la **mayor colección de sellos con papas**: 1.580 sellos distintos que se verifican en la biblioteca pública de Falun, Suecia.

NOV 17
En 1966, Art Arfons (EE.UU.) sufre el **accidente automovilístico a más velocidad al que se consigue sobrevivir**, cuando una rueda de su automóvil a reacción falla a unos 981 km/h en el salar de Bonneville, Utah, EE.UU.

223

DEPORTES DE PELOTA

La puntuación más alta en una final del Campeonato Mundial de Sóftbol femenino

El 12 de agosto de 2018, EE.UU. derrotó a Japón (7-6) en la final del Campeonato Mundial de Sóftbol femenino en el estadio ZOZO Marine, en la prefectura de Chiba, Japón. Las estadounidenses remontaron un 6-4 adverso después de 10 entradas y se hicieron con la victoria gracias a un walk-off. Era la séptima vez consecutiva que EE.UU. y Japón se encontraban en la final.

EE.UU. ha levantado el trofeo 11 veces, la **mayor cantidad de victorias en el Campeonato Mundial de Sóftbol femenino**.

EL PRIMER TRICAMPEÓN EN UNA COMPETICIÓN DE LA ITTF WORLD TOUR

Jang Woo-jin (Corea del Sur) ganó en la competición individual masculina, en dobles masculinos y dobles mixtos en el Open World Tour Platinum Korea de la Federación Internacional de Tenis de Mesa (ITTF) celebrado en Daejeon, Corea del Sur, del 19 al 22 de julio de 2018. Su medalla de oro en los dobles mixtos junto a la norcoreana Cha Hyo-sim fue el primer título de la ITTF World Tour de un equipo unificado coreano.

MÁS GOLES MARCADOS EN UNA TEMPORADA DE LA SUPER NETBALL

En 2018, la temporada de su debut en la Super Netball, Jhaniele Fowler (Jamaica) logró 783 tantos como jugadora de las West Coast Fever (Australia). Jhaniele también encabezó el *ranking* de lanzamientos de la liga con 846, lo que supone un porcentaje de acierto del 92 %.

En las jornadas 1 y 8, Fowler anotó el **mayor número de tantos en un partido de la Super Netball** (66), contra el equipo de las Adelaide Thunderbirds.

Más victorias en el Campeonato Mundial de Lacrosse de la Federación Internacional de Lacrosse (FIL)

El equipo de lacrosse de EE.UU. ha sido campeón del mundo en diez ocasiones: 1967, 1974, 1982, 1986, 1990, 1994, 1998, 2002, 2010 y 2018. El 21 de julio de 2018, en Netanya, Israel, se alzó con su título más reciente gracias a un tanto en el último suspiro que les dio la victoria por 9-8 ante Canadá.

El **mayor número de victorias en el Campeonato Mundial de Lacrosse de la FIL en pista cubierta** es cuatro, logradas por Canadá en 2003, 2007, 2011 y 2015. La selección canadiense ha ganado todos los torneos jugados hasta la fecha, y todavía no ha perdido un solo encuentro.

Más desvíos en una temporada regular de la Super Netball (individual)

La portera Geva Mentor (R.U.) finalizó la temporada 2018 de la Super Netball con 102 desvíos como jugadora de las Sunshine Coast Lightning (Australia). Mentor superaba así su propio récord de 90 desvíos (2017). Antes de fichar por las Collingwood Magpies en septiembre de 2018, capitaneó a las Lightning, que revalidaron el título de la Super Netball.

Más victorias en el Campeonato Mundial de Tenis de Mesa masculino por equipos

El 6 de mayo de 2018, China se hizo con su 21.ª copa Swaythling, el trofeo que se otorga al equipo ganador del Campeonato Mundial de Tenis de Mesa masculino. Se impuso a Alemania por 3-0 en la final, celebrada en Halmstad, Suecia.

Un día antes, China ganaba el **título femenino por equipos** por 21.ª vez. Las chinas se alzaron con la copa Corbillon al derrotar a Japón (3-1).

EL MEDALLISTA DE ORO MÁS JOVEN EN LAS BEACH VOLLEYBALL WORLD TOUR FINALS DE LA FIVB

El 19 de agosto de 2018, a la edad de 20 años y 18 días, Eduarda Duda Santos Lisboa (Brasil, n. el 1 de agosto de 1998, arriba a la derecha) ganó el partido por la medalla de oro del Beach Volleyball World Tour de la Federación Internacional de Voleibol (FIVB). Junto con Ágatha Bednarczuk (arriba a la izquierda) derrotó a la pareja checa por 21-15 y 21-19 en Hamburgo, Alemania.

MÁS VICTORIAS EN LA COPA DEL MUNDO DE HOCKEY FEMENINO DE LA FIH

El 5 de agosto de 2018, Holanda se aseguró su octavo título mundial de la Federación Internacional de Hockey (FIH) desde 1974 con una victoria por 6-0 sobre Irlanda en Londres, R.U. Las holandesas marcaron cuatro goles en siete minutos para lograr el **mayor margen de victoria en una final femenina de la Copa del Mundo.**

El 29 de julio de 2018, las holandesas derrotaron a Italia por 12-1, el **mayor margen de victoria en un partido de la Copa del Mundo de Hockey femenino.**

Más goles marcados en una FINAL4 de la Liga de Campeones de la EHF

En la FINAL4 de la Liga de Campeones de la Federación Europea de Balonmano (EHF) se disputan las semifinales y la final de la competición. Con el Lanxess Arena de Colonia, Alemania, como escenario, el jugador del HBC Nantes (Francia) Kiril Lazarov (Macedonia del Norte) marcó 14 goles en dos partidos la temporada 2017-18 y elevó su cuenta a 65 desde 2011.

Este lateral derecho anotador también ostenta el récord de **más goles en la Liga de Campeones de la EHF**: 1.299 a 26 de marzo de 2019. Lazarov debutó en la competición en 1998 y ha jugado en siete equipos distintos.

Más goles en la Liga de Campeones de la EHF femenina

A 26 de marzo de 2019, Anita Görbicz (Hungría) había marcado 939 goles en la Liga de Campeones de la EHF femenina. Sus lanzamientos alcanzaron la red rival 70 veces la temporada 2017-18 mientras competía por lograr su cuarto título en la competición con el equipo húngaro Győri Audi ETO KC.

NOV 18 En 2010, Christian Schäfer (Alemania) da un nuevo significado al término «correo aéreo» cuando se convierte en el **más rápido en hacer volar un sello a soplidos una milla**: 1 h, 57 min y 38 s, en Netphen, Alemania.

NOV 19 En 2011, la corredora profesional de monociclo Satomi Sakaino (Japón) establece el récord de **más giros en un monociclo en un minuto**: 131, más de dos por segundo, en el plató de *Kinsma*, en Tokio, Japón.

CRÍQUET

MÁS TÍTULOS DE LA INDIAN PREMIER LEAGUE (IPL)

El 27 de mayo de 2018, los Super Kings de Chennai se aseguraron su tercer título de la IPL con una victoria por ocho wickets sobre los Sunrisers Hyderabad en el estadio Wankhede de Bombay. Igualaban así la hazaña de los Mumbai Indians, ganadores en 2013, 2015 y 2017. El equipo de Chennai había levantado anteriormente el trofeo de la IPL en 2010 y 2011, y ha sido subcampeón en otras cuatro ocasiones: 2008, 2012-13 y 2015.

Más partidos de test jugados de manera consecutiva

El inglés Alastair Cook jugó 159 partidos de test consecutivos entre el 11 de mayo de 2006 y el 7 de septiembre de 2018. En una carrera internacional que llegó a los 161 partidos, solo perdió un encuentro por molestias estomacales. Cook anunció su retirada en 2018 con 12.472 carreras en su haber, la **mayor cantidad de carreras en partidos de test de un bateador zurdo**.

Cook bateó para 11.845 carreras como primer o segundo bateador, la **mayor cantidad de carreras en partidos de test de un bateador de apertura**.

Más lanzamientos en partidos de test sin cometer un no-ball

A 15 de febrero de 2019, Ravichandran Ashwin (India) había realizado unos increíbles 18.372 lanzamientos (3.062 overs) en partidos de test sin un solo no-ball. Ha logrado 342 wickets en 65 partidos, con una media de 25,43 carreras por wicket.

La puntuación más alta de un equipo en un partido One-Day International (ODI)

La selección femenina de Nueva Zelanda arrolló a la de Irlanda por 491-4 en el YMCA Cricket Club de Dublín, Irlanda, el 8 de junio de 2018. Superaron en 10 carreras la puntuación más alta de un equipo en un partido ODI (hombres), establecida el 19 de junio de 2018 por Inglaterra contra Australia.

El más rápido en llegar a las 10.000 carreras en partidos ODI

Virat Kohli (India) solo necesitó 205 entradas para sumar 10.000 carreras en partidos ODI. Lo logró el 24 de octubre de 2018 coincidiendo con su 37.ª centena, contra las Indias Occidentales. Kohli culminó un año extraordinario al ser galardonado como jugador del año en partidos ODI y de test por el International Cricket Council (ICC), y recibir el trofeo Sir Garfield al jugador de críquet del año, un triplete sin precedentes.

El jugador más joven en lograr cinco wickets en un partido ODI

Mujeeb Ur Rahman (Afganistán, n. el 28 de marzo de 2001) logró cinco wickets con 16 años y 325 días contra Zimbabwe en Sharjah, EAU, el 16 de febrero de 2018.

Más centenas anotadas en partidos ODI en toda la carrera (mujeres)

Entre el 5 de enero de 2011 y el 22 de octubre de 2018, Meg Lanning anotó 12 centenas en partidos ODI con Australia en 69 partidos. Su puntuación máxima en partidos ODI es de 152 not out.

MÁS WICKETS EN PARTIDOS DE TEST LOGRADOS POR UN FAST BOWLER

El 11 de septiembre de 2018, el inglés James Anderson superó al paceman australiano Glenn McGrath tras lograr el 564.° wicket de su carrera en partidos de test con la última pelota del encuentro contra India en The Oval, en Londres, R.U. Anderson se convirtió en el cuarto jugador que ha logrado más wickets en partidos de test de todos los tiempos, por detrás de tres spinners. A 26 de febrero de 2019, había acumulado 575.

Más victorias en el torneo Women's World Twenty20 (T20) de la ICC

Australia ha ganado el T20 de la ICC cuatro veces: 2010, 2012, 2014 y 2018. El 24 de noviembre de 2018, derrotaron a Inglaterra en la final más reciente de la competición, celebrada en Antigua.

Más carreras anotadas por un jugador en partidos T20 Internacional en toda la carrera (hombres)

El 8 de febrero de 2019, Rohit Sharma (India) se convirtió en el máximo anotador de todos los tiempos en partidos de T20 Internacional (50 carreras) contra Nueva Zelanda en el Eden Park de Auckland, Nueva Zelanda. A 26 de febrero de 2019, Sharma sumaba 2.331 carreras.

La **mayor cantidad de carreras logradas por un jugador en un partido T20 Internacional (hombres)** es 172, récord de Aaron Finch (Australia) en un partido contra Zimbabwe disputado en el Harare Sports Club de Zimbabwe el 3 de julio de 2018.

La puntuación más alta de un equipo en un partido T20 Internacional (mujeres)

La selección femenina de Inglaterra derrotó a la de Sudáfrica (250-3) en un partido de la Tri-Nations Series en Taunton, Somerset, R.U., el 20 de junio de 2018. Las inglesas superaron el récord anterior establecido por Nueva Zelanda ese mismo día tras derrotar también a Sudáfrica por 216-1.

La **puntuación más alta de un equipo en un partido T20 Internacional** la logró la selección masculina de Afganistán después de derrotar a Irlanda por 278-3 el 23 de febrero de 2019.

La puntuación más baja de un equipo en un partido T20 Internacional

La selección femenina de México cayó eliminada con solo 18 carreras contra Brasil en Los Pinos Polo Club 2, Bogotá, Colombia, el 24 de agosto de 2018. Solo dos jugadoras mexicanas lograron anotar en este partido del Campeonato Sudamericano femenino de críquet.

MÁS WICKETS ANOTADOS POR UN ADOLESCENTE EN PARTIDOS INTERNACIONALES

El afgano Rashid Khan (n. el 20 de septiembre de 1998) sumó 176 wickets en partidos internacionales antes de cumplir 20 años. Este spinner sumó 110 en partidos ODI, 64 en T20 Internacionales y 2 en su único partido de test. Junto con Khan, el pakistaní Waqar Younis es el único jugador que ha logrado más de 100 wickets en partidos internacionales siendo todavía un adolescente (125).

LA JUGADORA DE CRÍQUET MÁS JOVEN EN ANOTAR UNA CENTENA DOBLE EN UN PARTIDO INTERNACIONAL

El 13 de junio de 2018, Amelia Kerr (Nueva Zelanda, n. el 13 de octubre de 2000) logró 232 not out con 17 años y 243 días como jugadora del combinado neozelandés contra Irlanda en el YMCA Cricket Club de Dublín, Irlanda. Se trata de la **mayor cantidad de carreras anotadas por una jugadora de críquet en un partido ODI**. A lo largo de sus entradas, Kerr logró dos seises y 31 cuatros.

NOV 20 En 2011, se contabiliza la **mayor colección de objetos sobre alienígenas grises** (547) en Florida, EE.UU. Propiedad de Lisa Vanderperre-Hirsch (EE.UU.), incluye figurillas, máscaras y papel higiénico de temática extraterrestre.

NOV 21 En 1783, François Pilâtre de Rozier y el Marqués de Arlandes (ambos de Francia) protagonizan el **primer vuelo de un globo tripulado sin amarrar**. Sobrevuelan París, Francia, durante 25 min.

225

DEPORTES DE COMBATE

y 201 días en posesión de los títulos de peso wélter femenino de la OMB, CMB, AMB y la IBF: el **reinado más largo como campeona de los cuatro títulos mundiales de boxeo**.

Más medallas de oro individuales ganadas en campeonatos mundiales de la IBJJF

Marcus Almeida (Brasil) ha ganado 11 medallas de oro en campeonatos mundiales de la Federación Internacional de Jiu-Jitsu Brasileño. Almeida se hizo con su undécima medalla en la categoría de más de 100 kg de peso ultrapesado en los Mundiales 2018 celebrados en Long Beach, California, EE.UU., del 31 de mayo al 3 de junio de 2018. Almeida tuvo la oportunidad de ganar un oro más, pero declinó competir por su amigo Leandro Lo, que se dislocó un hombro y no pudo disputar la final absoluta.

El ganador de más edad de una prueba del IJF World Tour

El 11 de agosto de 2018, Miklós Ungvári (Hungría, n. el 15 de octubre de 1980) ganó la competición masculina de -73 kg del Grand Prix de Budapest, Hungría, de la Federación Internacional de Judo (FJI) a la edad de 37 años y 300 días. Ungvári derrotó en la final al tres veces campeón del mundo Masashi Ebinuma.

MENOS COMBATES PARA GANAR CUATRO CINTURONES DE CAMPEÓN MUNDIAL DE BOXEO

El 21 de julio de 2018, Oleksandr Usyk (Ucrania) se convirtió en el primer campeón mundial indiscutido de peso crucero de todos los tiempos en su 15.º combate profesional desde su debut, el 9 de noviembre de 2013. Usyk, que ya ostentaba los títulos de la OMB y la CMB, se hizo con los cinturones de la IBF y la WBA al ganar a Murat Gassiev en la final de las World Boxing Super Series celebrada en el complejo deportivo Olimpiysky de Moscú, Rusia.

Más combates invictos de un campeón del mundo de boxeo en toda la carrera (mujeres)

El 8 de diciembre de 2018, Cecilia Brækhus (Noruega) logró su 35.ª victoria consecutiva por decisión unánime en el combate que la enfrentó contra Aleksandra Magdziak Lopes en el StubHub Center de Carson, California, EE.UU. A 2 de abril de 2019, la «Primera Dama» del boxeo llevaba 4 años

Más medallas ganadas en el IJF World Tour

A 2 de abril de 2019, Urantsetseg Munkhbat (Mongolia) acumulaba 34 medallas en el IJF World Tour desde el 17 de diciembre de 2010: 11 oros, 10 platas y 13 bronces en las categorías femeninas de -48 kg y -52 kg.

Más combates de la UFC

El 15 de diciembre de 2018, Jim Miller (EE.UU.) participó en su 31.º combate del Ultimate Fighting Championship (UFC). Fue derrotado en el primer asalto por Charles Oliveira

EL CAMPEÓN DEL MUNDO DE JUDO MAS JOVEN

Daria Bilodid (Ucrania, n. el 10 de octubre de 2000, vestida de azul en la imagen de arriba) se convirtió en campeona mundial de judo con 17 años y 345 días en el Campeonato Mundial de Judo 2018 celebrado en Bakú, Azerbaiyán. En la final femenina de -48 kg disputada el 20 de septiembre, Bilodid empleó la técnica ōuchi-gari para lograr un ippon y derrotar a Funa Tonaki.

MÁS MEDALLAS DE ORO EN EL CAMPEONATO MUNDIAL DE BOXEO DE LA AIBA

Desde 2002, Mary Kom (India) ha ganado seis medallas de oro en campeonatos mundiales femeninos de la Asociación Internacional de Boxeo (AIBA), lo que iguala la hazaña de Félix Savón (Cuba) en 1986-97. El 24 de noviembre de 2018, Kom venció a Hanna Okhota en la final de peso minimosca (arriba) y se hizo con su sexto título ante sus compatriotas en Nueva Delhi, India.

(ver pág. siguiente), con lo que sumaba 18 victorias, 12 derrotas y un combate declarado sin decisión. Miller logró 17 de sus victorias en peso ligero, el récord en esta categoría.

La **mayor cantidad de victorias en la UFC** es 22, logradas por Donald *Cowboy* Cerrone (EE.UU.) entre el 5 de febrero de 2011 y el 19 de enero de 2019.

La primera luchadora de la UFC en ostentar dos títulos simultáneamente

El 29 de diciembre 2018, en el UFC 232, la campeona vigente de peso gallo femenino Amanda Nunes (Brasil) fulminó por nocaut a Cris Cyborg en apenas 51 s y se hizo con el campeonato femenino de

EL COMBATE DE LA UFC CON MÁS AUDIENCIA TELEVISIVA

Según las estimaciones, se realizaron 2,4 millones de compras de pago por visión del *UFC 229: Khabib vs McGregor*, celebrado en el T-Mobile Arena de Las Vegas, Nevada, EE.UU., el 6 de octubre de 2018. El esperadísimo combate entre Conor McGregor (Irlanda, izquierda) y Khabib Nurmagomedov (Rusia, derecha) por el campeonato de peso ligero de la UFC acabó con victoria de Khabib por sumisión en el cuarto asalto. El evento se convertiría en un caos y fuente de controversia después de las peleas generalizadas que siguieron a la finalización del combate.

 NOV 22 En la maratón de Filadelfia 2015, en Pennsylvania, EE.UU., la Navidad se adelanta para Brian Lang (EE.UU.), que corre la **maratón más rápida disfrazado de Santa Claus**: 2 h, 54 min y 2 s.

 NOV 23 En 2007, en Colonia, Alemania, Thomas Blackthorne (R.U.) se traga un martillo percutor DeWALT D25980 de 38 kg, el **objeto más pesado tragado como una espada**.

MÁS VICTORIAS EN CAMPEONATOS MUNDIALES DE TAEKWONDO POR EQUIPOS (HOMBRES)

El 25 de septiembre de 2018, Irán sumó su tercer título en campeonatos mundiales por equipos de taekwondo tras su victoria por un punto sobre Rusia en Fujairah, EAU. Instituida en 2006, la competición era conocida previamente como Copa del Mundo de Taekwondo por Equipos.

La **mayor cantidad de victorias en categoría femenina** es cinco, marca que comparten Corea del Sur y la campeona de 2018, China.

Más combates de la UFC ganados por sumisión

Entre el 1 de agosto de 2010 y el 2 de febrero de 2019, Charles Oliveira (Brasil) ganó 13 combates de la UFC por sumisión. Superó el récord de 10 de Royce Gracie en el UFC Fight Night 137 que lo enfrentó contra Christos Giagos, al que obligó a rendirse con una técnica de estrangulación desnuda.

Más defensas del título de campeona de la UNO

El 18 de mayo de 2018, Angela Lee (Singapur, n. en Canadá) realizó su tercera defensa con éxito del título de peso átomo. Derrotó a Mei Yamaguchi por decisión unánime.

Más medallas de oro ganadas por un país en campeonatos mundiales de esgrima

Italia ha ganado 116 medallas de oro en campeonatos mundiales de esgrima de la FEI: 54 en categoría individual y 62 por equipos. En el Campeonato Mundial 2018 celebrado en Wuxi, provincia de Jiangsu, China, Italia sumó cuatro oros: en las competiciones masculina y femenina de florete individual, en espada individual femenina y en florete por equipos masculino.

peso pluma. Nunes se convertía así en la tercera persona en ostentar dos títulos de la UFC simultáneamente, después de Conor McGregor (peso pluma y peso ligero) y Daniel Cormier (EE.UU., peso pesado y peso ligero). Esta hazaña supone también el récord de **más títulos mundiales de distintas categorías de peso de la UFC ostentados simultáneamente.**

La victoria de Nunes sobre Cyborg fue su décimo triunfo en la UFC, la **mayor cantidad de victorias en la UFC de una luchadora.**

MÁS VICTORIAS EN LA MÁXIMA CATEGORÍA DE SUMO

A 25 de marzo de 2019, Hakuhō Shō (Mongolia, cuyo nombre al nacer fue Munkhbat Davaajargal) había ganado 1.026 combates en el *makuuchi*, la categoría reina del sumo. Se hizo con su victoria número 1.000 en el Gran Torneo de Sumo de Otoño 2018 después de derrotar a Gōeidō el 22 de septiembre (en la imagen). Hakuhō ganó el Torneo de Primavera 2019 de manera impecable: 15 victorias en 15 combates, lo que le valió los récords de **más campeonatos de sumo de la máxima categoría (42)** y **más campeonatos de sumo de la máxima categoría invicto (15).**

MENOS COMBATES PARA GANAR CAMPEONATOS DEL MUNDO DE BOXEO EN TRES CATEGORÍAS

El 12 de mayo de 2018, en su 12.º combate profesional, Vasyl Lomachenko (Ucrania) se convirtió en campeón del mundo de peso ligero de la AMB. Con anterioridad había conseguido los títulos de peso pluma y de peso ligero júnior. Logró este último el 11 de junio de 2016 en su séptima pelea, lo que supone el récord de **menos combates para ganar dos campeonatos del mundo de boxeo de categorías distintas.**

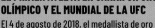

EL PRIMER ATLETA EN GANAR UN ORO OLÍMPICO Y EL MUNDIAL DE LA UFC

El 4 de agosto de 2018, el medallista de oro olímpico Henry Cejudo (EE.UU.) derrotó a Demetrious Johnson en el combate por el campeonato de peso mosca de la UFC en el UFC 227. Cejudo logró su victoria sobre Johnson, que previamente había establecido el récord de **más defensas consecutivas de un título de la UFC** (11) entre el 26 de enero de 2013 y el 7 de octubre de 2017, por decisión no unánime en el Staples Center de Los Ángeles, California, EE.UU. En los JJ.OO. de Pekín 2008, Cejudo ganó el oro en lucha libre masculina en la categoría de 55 kg (imagen).

Henry Cejudo fue el tercer medallista de oro olímpico en combatir en la UFC después de Mark Schultz y Kevin Jackson.

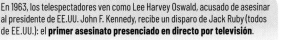

NOV 24 En 1963, los telespectadores ven como Lee Harvey Oswald, acusado de asesinar al presidente de EE.UU. John F. Kennedy, recibe un disparo de Jack Ruby (todos de EE.UU.): el **primer asesinato presenciado en directo por televisión.**

NOV 25 Scouts Australia organiza la **carrera a caballito más multitudinaria** en Pascoe Vale South, Victoria, Australia, en 2012. Un total de 1.274 participantes se unen a la fiesta.

227

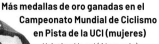

Más medallas de oro ganadas en el Campeonato Mundial de Ciclismo en Pista de la UCI (mujeres)

Kristina Vogel (Alemania) igualó la marca de 11 oros de Anna Meares (Australia) tras sus victorias en esprint individual y por equipos en el Campeonato Mundial de Ciclismo en Pista de la UCI 2018 celebrado en Apeldoorn, Países Bajos. El 26 de junio de 2018, Vogel vio su carrera deportiva trágicamente truncada cuando quedó parapléjica a consecuencia de una colisión contra otro ciclista durante un entrenamiento.

Mayor distancia recorrida en una hora con arrancada en parado (mujeres)

El 13 de septiembre de 2018, Vittoria Bussi (Italia) recorrió 48,007 km en 60 min en Aguascalientes, México. Establecía así un nuevo récord de la hora solo un día después de haberlo intentado y retirarse sin éxito tras 44 min de esfuerzo.

LOS 3 KM PERSECUCIÓN INDIVIDUAL MÁS RÁPIDOS (MUJERES)

El 3 de marzo de 2018, Chloé Dygert (EE.UU.) ganó en la competición femenina de persecución individual del Campeonato Mundial de Ciclismo en Pista de la Unión Ciclista Internacional (UCI) celebrado en Apeldoorn, Países Bajos, con un tiempo de 3 min y 20,060 s. Dygert batió el récord de Sarah Hammer dos veces en un solo día, primero durante la calificación, con un tiempo de 3 min y 20,072 s, y más tarde en la final. Hasta la fecha, Dygert ha ganado cinco medallas de oro en campeonatos mundiales.

LOS 200 M CONTRARRELOJ MÁS RÁPIDOS (MUJERES, B)

El 25 de marzo, la paraciclista con discapacidad visual Sophie Thornhill y su guía Helen Scott (ambas de R.U.) ganaron la medalla de oro en el Campeonato Mundial de Ciclismo en Pista Paralímpico 2018 con un tiempo de 10,891 s. El 5 de abril de 2018, la pareja logró la victoria en los Juegos de la Commonwealth (arriba) con un tiempo todavía no ratificado de 10,690 s.

de persecución individual C4 con un tiempo de 3 min y 43,620 s, que mejoraba en 10 s su récord mundial anterior. A Petricola, que trabaja como profesora, se le diagnosticó esclerosis múltiple en 2007.

Los 4 km más rápidos en persecución individual (hombres)

El 31 de agosto de 2018, Ashton Lambie (EE.UU.), que dejó el ciclismo gravel por el ciclismo en pista, logró un tiempo de 4 min y 7,251 s en la prueba masculina de los 4 km persecución individual durante el Campeonato Panamericano celebrado en Aguascalientes, México.

Los 3 km más rápidos en persecución individual (C4, mujeres)*

Los paraciclistas que pueden usar una bicicleta estándar compiten en las clases C1-5. Los deportistas de la clase C1 sufren limitaciones más severas, mientras que los deportistas de la C5 cumplen con unos criterios de discapacidad mínimos. El 16 de marzo de 2019, durante el Campeonato Mundial de Ciclismo en Pista Paralímpico, Emily Petricola (Australia) ganó la final

*Pendiente de ratificación por la UCI

Los 4 km persecución por equipos más rápidos (hombres)

El 28 de febrero de 2019, Sam Welsford, Kelland O'Brien, Leigh Howard y Alex Porter (todos de Australia) se alzaron con la victoria en el Campeonato Mundial de Ciclismo en Pista de la UCI con un tiempo de 3 min y 48,012 s.

Más participaciones en el Tour de Francia

En 2018, Sylvain Chavanel (Francia) disputó su 18.º Tour de Francia con 39 años. Tras debutar en el Tour en 2001, completó la prueba en 16 ocasiones, igualando al ciclista holandés Hendrik *Joop* Zoetemelk (1970-73 y 1975-86), lo que supone el récord de **más tours de Francia** finalizados.

Más títulos de descenso en la Copa del Mundo de Bicicleta de Montaña de la UCI (mujeres)

Rachel Atherton (R.U.) ha logrado la victoria en la Copa del Mundo de Bicicleta de Montaña de la UCI seis veces (2008, 2012-13, 2015-16 y 2018).

Más victorias en la Copa del Mundo de Ciclocrós (mujeres)

El 28 de enero de 2018, la corredora belga Sanne Cant ganó su tercer título de ciclocrós en Hoogerheide, Países Bajos. Igualaba así la marca de Daphny van den Brand (Países Bajos): 2005-06, 2009-10 y 2011-12.

MÁS VICTORIAS EN LA CLASIFICACIÓN POR PUNTOS DEL TOUR DE FRANCIA

En 2018, Peter Sagan (Eslovaquia) se impuso por sexta vez en la clasificación por puntos del Tour de Francia e igualó la hazaña de Erik Zabel (Alemania) lograda en 1996-2001. Establecida en 1953, en la competición por puntos se contabiliza la posición en la que los corredores finalizan cada etapa del Tour, y hay puntos adicionales en disputa en esprints intermedios. El corredor que encabeza la clasificación viste el *maillot* verde.

Peter Sagan también ostenta el récord de **más victorias de etapa en el Tour de Suiza**: 16, de 2011 a 2018.

MÁS GRANDES VUELTAS FINALIZADAS DE FORMA CONSECUTIVA

Entre el 11 de septiembre de 2011 y el 27 de mayo de 2018, Adam Hansen (Australia, arriba en el centro, fotografiado junto a su compañero Alberto Contador, a la derecha, y el director del Giro de Italia, Mauro Vegni), completó de forma consecutiva 20 grandes vueltas; es decir, ediciones del Tour de Francia, el Giro de Italia y la Vuelta a España. Su increíble racha de resistencia deportiva terminó en el Giro 2018, donde anunció que no iba a participar en el Tour de Francia de ese año.

NOV 26 En 2005, el Dr. Vijaypat Singhania (India) pilota un globo de aire caliente Cameron Z-1600 y establece el récord del **vuelo en un globo de aire caliente a más altura**. Llega a 21.027 m de altura sobre Bombay, India.

NOV 27 En 2014, Norbert Selmaj, también conocido como *Norberto Loco* (Polonia), completa la **maratón DJ más larga en un club**: 200 h pinchando música en The Underground Temple Bar, en Dublín, Irlanda.

DEPORTES DE MOTOR

LA PRIMERA MUJER CAMPEONA MUNDIAL DE MOTOCICLISMO

Ana Carrasco (España) ganó el Campeonato Mundial de Supersport 300 2018 de la Federación Internacional de Motociclismo (FIM) después de terminar 13.ª en la última carrera de la temporada, diputada el 30 de septiembre. El segundo clasificado en el campeonato quedó a un solo punto de distancia. Carrasco ganó las carreras de Imola, Italia, y Donington Park, en Leicestershire, R.U., y terminó con 93 puntos.

Más victorias en carreras del Campeonato Mundial de Superbikes

El 26 de octubre de 2018, Jonathan Rea (R.U.) completó otra temporada de récord con su 71.ª victoria en la carrera de Qatar. El 9 de junio de 2018, en el Automotodrom Brno, en la República Checa, superó la marca de Carl Fogarty de 59, vigente desde 1999.

Rea selló el campeonato de 2018 con una racha sin precedentes de 11 victorias consecutivas. Durante la misma, igualó el récord de Fogarty de **más títulos del Campeonato Mundial de Superbikes**, cuatro, aunque Rea es el único que lo ha logrado de forma consecutiva (2015-18).

El piloto más joven en ganar un gran premio de motociclismo

El 18 de noviembre de 2018, el piloto de Moto3 Can Öncü (Turquía, n. el 26 de julio de 2003) fue el primero en cruzar la bandera a cuadros en el Gran Premio de la Comunidad Valenciana, España. Tenía 15 años y 115 días. En su debut en un gran premio, Öncü se clasificó cuarto y ganó una carrera dramática por la presencia de la lluvia, en la que varios pilotos se fueron al suelo en el Circuito Ricardo Tormo.

La mayor velocidad punta en una carrera de motos de aceleración del campeonato Pro Stock de la National Hot Rod Association (NHRA)

El 11 de noviembre de 2018, Matt Smith (EE.UU.) alcanzó una velocidad récord de 323,83 km/h en las Auto Club Finals de la NHRA disputadas en Pomona, California, EE.UU. Smith selló su tercer Campeonato Mundial de Motociclismo Pro Stock tras derrotar a Eddie Krawiec en la ronda eliminatoria final.

La mayor velocidad punta en una carrera de aceleración Top Fuel de la NHRA (304 m)

El 23 de febrero de 2018, Tony Schumacher (EE.UU.) alcanzó los 541,65 km/h en los Arizona Nationals de la NHRA disputados en Chandler, Arizona, EE.UU.

Más victorias en carreras de la NASCAR Truck Series

A 26 de marzo de 2019, Kyle Busch (EE.UU.) había ganado un total de 54 carreras de la NASCAR Truck Series. El 23 de febrero de 2019, Kyle superó el récord de Ron Hornaday Jr. de 51 victorias en el Ultimate Tailgating 200 disputado en Atlanta, Georgia, EE.UU.

La velocidad media por vuelta más elevada en un gran premio de F1

El 1 de septiembre de 2018, el piloto de Ferrari Kimi Räikkönen (Finlandia) registró una velocidad media por vuelta de 263,587 km/h durante las pruebas de calificación para el Gran Premio de Italia en el Autodromo Nazionale Monza. Räikkönen logró la *pole position* con una vuelta a este icónico circuito de 5,7 km de longitud en 1 min y 19,119 s.

Más victorias en carreras del Campeonato Mundial de Rally (WRC)

El nueve veces campeón del mundo Sébastien Loeb (Francia) ganó su 79.ª carrera del WRC en el Rally de Catalunya, celebrado del 25 al 28 de octubre de 2018. Fue su primera victoria en más de cinco años, ya que en 2012 había puesto fin a su participación en el mundial y decidió correr solo algunos grandes premios. El 27 de enero de 2019, Citroën, la escudería de Loeb, celebró su 100.ª victoria del WRC en el Rally de Monte Carlo, la **mayor cantidad de victorias en carreras del WRC de un fabricante**.

Más victorias en el Campeonato Mundial de Rallycross de la FIA

El piloto de PSRX Volkswagen Johan Kristoffersson (Suecia) ganó 11 de 12 pruebas en 2018 y se alzó con su segundo título mundial de rallycross consecutivo. Igualaba así la hazaña de Petter Solberg (Noruega), que fue campeón en 2014-15.

MÁS CARRERAS CONSECUTIVAS DE FÓRMULA 1 (F1) PUNTUANDO

Lewis Hamilton (R.U.) sumó puntos como piloto de Mercedes en 33 carreras consecutivas del 9 de octubre de 2016 al 24 de junio de 2018. Su racha terminó el 1 de julio de 2018, en el Gran Premio de Austria, del que tuvo que retirarse. En 2018, consiguió su quinto título mundial y aumentó su récord de **más *pole positions* en F1** a 83.

LA VELOCIDAD MEDIA MÁS ELEVADA EN EL TT DE LA ISLA DE MAN

El 8 de junio de 2018, Peter Hickman (R.U.) registró una velocidad media por vuelta de 217,989 km/h en la carrera Senior TT. Hickman vivió un año fulgurante en el TT, en el que unas condiciones de carrera ideales propiciaron la vuelta más rápida de todos los tiempos en muchas categorías (ver tabla).

LAS VUELTAS MÁS RÁPIDAS EN EL TT DE LA ISLA DE MAN

CATEGORÍA	FECHA	PILOTO(S)*	TIEMPO
Superbike TT	2 jun 2018	Dean Harrison	16:50:384
Superstock TT	4 jun 2018	Peter Hickman	16:50:501
Supersport TT	4 jun 2018	Michael Dunlop	17:31:328
Lightweight TT	6 jun 2018	Michael Dunlop	18:26:543
TT Zero	6 jun 2018	Michael Rutter	18:34:956
Sidecar TT	8 jun 2018	Ben y Tom Birchall	18:59:018

*Todos de R.U.

EL ASCENSO MÁS RÁPIDO EN EL BROADMOOR PIKES PEAK INTERNATIONAL HILL CLIMB

El 27 de junio de 2018, Romain Dumas (Francia) ganó la «carrera a las nubes» en 7 min y 57,148 s. Al volante del Volkswagen eléctrico de competición *I.D. R Pikes Peak*, Dumas condujo a una velocidad media de más de 144 km/h por los 19,98 km de esta carretera de montaña, ascendió 4.302 m y negoció 156 giros.

NOV 28 En 1996, Blue Water Recoveries (R.U.) localiza el **pecio a más profundidad**. Se trata del *SS Río Grande*, un forzador de bloqueo alemán de la Segunda Guerra Mundial que yace a 5.762 m de profundidad en el Atlántico Sur.

NOV 29 En 1976, se produce el **primer accidente de avión provocado por un perro** cuando un pastor alemán suelto interfiere en el manejo de un Grand Canyon Air Piper 32-300 en Arizona, EE.UU.

229

HALTEROFILIA

Halterofilia paralímpica -55 kg (mujeres)

El 9 de febrero de 2019, la ucraniana Mariana Shevchuk levantó 131 kg en la décima edición de la Copa del Mundo Fazza de Halterofilia Paralímpica celebrada en Dubái, EAU.

Halterofilia 55 kg dos tiempos (hombres)

El 2 de noviembre de 2018, Om Yun-chol (Corea del Norte) levantó 162 kg en la modalidad de dos tiempos en el Campeonato Mundial de la IWF celebrado en Ashgabat. Se impuso con un total de 282 kg.

Halterofilia 59 kg dos tiempos (hombres)

El 24 de febrero de 2019, Chen Guiming (China) levantó 136 kg en la modalidad de dos tiempos en la Copa del Mundo de la IWF celebrada en Fuzhou, provincia de Fujian, China.

MAYOR PESO TOTAL LEVANTADO EN LA CATEGORÍA DE 59 KG (MUJERES)

El 4 de noviembre de 2018, durante el Campeonato Mundial de la Federación Internacional de Halterofilia (IWF) en Ashgabat, Turkmenistán, Hsing-chun Kuo (China Taipéi) se hizo con el oro con una marca de 237 kg tras establecer el récord de **mayor peso levantado en arrancada en la categoría de 59 kg (mujeres)**: 105 kg, y sumar 132 kg en dos tiempos. La IWF instauró nuevas categorías de peso en 2018 y los récords mundiales empezaron a restablecerse a partir del 1 de noviembre.

MÁS PESO LEVANTADO EN...

Halterofilia paralímpica -107 kg (hombres)

El 12 de octubre de 2018, Sodnompiljee Enkhbayar (Mongolia) levantó 244 kg en press de banca en los Asian Para Games celebrados en Yakarta, Indonesia. Fue el último de los cinco récords mundiales que se establecieron en la competición.

El 9 de octubre de 2018, Yujiao Tan (China) estableció el récord de **mayor peso levantado por una halterófila paralímpica (-67 kg)**: 140,5 kg. Lo logró en el cuarto intento de la competición. El mismo día, Roohallah Rostami (Irán) se hizo con el oro con una marca de 229 kg, el **mayor peso levantado por un halterófilo paralímpico (-72 kg)**.

El 10 de octubre de 2018, Lili Xu (China) logró el récord de **mayor peso levantado por una halterófila paralímpica (-79 kg)**: 141 kg.

El 11 de octubre de 2018, Jixiong Ye (China) ganó el oro con una marca de 234 kg, el **mayor peso levantado por un halterófilo paralímpico (-88 kg)**. Ye batió su propio récord de 233,5 kg, establecido en Japón el mes anterior.

MAYOR PESO LEVANTADO EN LA CATEGORÍA DE 96 KG (HOMBRES)

El 7 de noviembre de 2018, Sohrab Moradi (Irán) estableció tres récords en Ashgabat, con una marca total de 416 kg. Logró los récords de **mayor peso levantado en arrancada en la categoría de 96 kg (hombres)**, con 186 kg, y **mayor peso levantado en dos tiempos en la categoría de 96 kg (hombres)**, con 230 kg. Tres meses antes, Moradi estableció el último récord de la IWF antes de la reclasificación de la categoría de 94 kg en arrancada.

Halterofilia 64 kg total (mujeres)

El 25 de febrero de 2019, Deng Wei (China) levantó un total de 254 kg en Fuzhou. En esta actuación consiguió el **mayor peso levantado en arrancada en la categoría de 64 kg (mujeres)**, con 113 kg, y el **mayor peso levantado en dos tiempos en la categoría de 64 kg (mujeres)**, con 141 kg.

MAYOR PESO LEVANTADO POR UN HALTERÓFILO PARALÍMPICO (-50 KG, MUJERES)

El 10 de abril de 2018, Esther Oyema (Nigeria) ganó la medalla de oro en los Juegos de la Commonwealth con una marca de 131 kg y contribuyó al dominio de los nigerianos en halterofilia paralímpica, que se hicieron con los cuatro títulos en Gold Coast, Queensland, Australia. Los halterófilos paralímpicos compiten en una sola modalidad, el press de banca.

Halterofilia 71 kg total (mujeres)

El 6 de noviembre de 2018, Wangli Zhang (China) logró la victoria en el Campeonato Mundial de Ashgabat con una marca total de 267 kg. Estableció el récord del **mayor peso levantado en dos tiempos en la categoría de 71 kg (mujeres)**, con 152 kg.

Halterofilia +109 kg total (hombres)

El 10 de noviembre de 2018, Lasha Talakhadze (Georgia) ganó el oro en la categoría de peso superpesado con un total de 474 kg en el Campeonato Mundial de la IWF celebrado en Ashgabat. Estableció siete récords mundiales en un día, entre ellos el de **mayor peso levantado en arrancada en la categoría de +109 kg (hombres)**, con 217 kg, y **mayor peso levantado en dos tiempos en la categoría de +109 kg (hombres)**, con 257 kg. Talakhadze había sido el poseedor de los tres récords en la categoría de +105 kg antes de la reclasificación de pesos de la IWF.

Los halterófilos olímpicos compiten en dos disciplinas: arrancada y dos tiempos. Los levantadores de peso lo hacen en press de banca, arrancada y peso muerto.

MAYOR PESO MUERTO LEVANTADO CON UNA *ELEPHANT BAR*

El 3 de marzo de 2018, Hafþór Björnsson (Islandia) levantó una *elephant bar* de 472,1 kg de peso en el Arnold Strongman Classic 2018 celebrado en Columbus, Ohio, EE.UU., y superó el récord de Jerry Pritchett de 467,65 kg. Björnsson, una cara familiar para muchos por su papel como Gregor Clegane en la serie de TV de la HBO *Juego de tronos*, coronó un año increíble en el que ganó el Arnold Strongman Classic, el Hombre más Fuerte de Europa y el Hombre más Fuerte del Mundo.

* Récords organizados por categoría de peso y por relevancia de las federaciones

NOV 30 — En 1954, Ann Hodges, de Sylacauga, Alabama, EE.UU., se convierte en la **primera persona herida por un meteorito** cuando una condrita de 5,5 kg se estrella contra el techo de su casa.

DIC 1 — En 2017, Jonas Livet (Francia) establece el récord de **más zoológicos visitados por una persona**: 1.068. Jonas ha visitado parques y reservas naturales de 50 países distintos desde 1987.

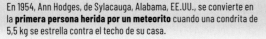

DEPORTES ARTÍSTICOS

MÁS MEDALLAS EN CAMPEONATOS MUNDIALES DE PATINAJE SINCRONIZADO (EQUIPOS) DE LA UNIÓN INTERNACIONAL DE PATINAJE SOBRE HIELO (ISU)

El 7 de abril de 2018, Team Surprise (Suecia) consiguió su duodécima medalla, una plata, en un campeonato mundial de patinaje sincronizado. El equipo finlandés Marigold IceUnity también ha ganado 12 medallas, pero el palmarés de Team Surprise incluye la **mayor cantidad de medallas de oro**: seis. El patinaje sincronizado, conocido en sus inicios como patinaje de precisión, se introdujo en la década de 1950. El primer campeonato mundial se celebró en 2000.

La puntuación más alta en el programa corto de patinaje artístico (mujeres)

El 11 de abril de 2019, Rika Kihira (Japón) sumó 83,97 puntos en el programa corto de patinaje artístico del ISU World Team Trophy, celebrado en Fukuoka, Japón. Más información sobre patinaje sobre hielo en las págs. 240-41.

La puntuación más alta en una rutina individual con mazas en gimnasia rítmica

El 18 de agosto de 2018, Linoy Ashram (Israel) sumó 20,65 puntos en su rutina con mazas en la World Challenge Cup de la Federación Internacional de Gimnasia (FIG) celebrada en Minsk, Bielorrusia. La gimnasia rítmica se divide tradicionalmente en cinco disciplinas por aparatos: cinta, aro, pelota, cuerda y mazas.

Más elementos con el nombre de un mismo gimnasta en el código de puntos FIG (hombres)

Seis elementos (habilidades originales) llevan el nombre de Kenzō Shirai (Japón) en el código de puntos 2017-20 de la FIG: tres en suelo y otros tres en salto. El último en ser aceptado fue el «salto Shirai 3», realizado por primera vez en competición por Shirai el 25 de febrero de 2017.

El récord **femenino** está en siete, establecido por la exgimnasta soviética Nellie Kim, que da nombre a tres habilidades originales en salto, dos en la barra de equilibrio y dos en suelo.

Más medallas ganadas en un solo aparato en campeonatos mundiales de gimnasia artística

Oksana Chusovitina (Uzbekistán) ganó nueve medallas en salto en campeonatos mundiales de gimnasia artística entre 1991 y 2011: un oro, cuatro platas y cuatro bronces. Con 43 años, terminó cuarta en la competición de salto del Campeonato Mundial de 2018.

Chusovitina, que planea competir en los JJ.OO. de Tokio 2020, ya ostenta el título de la **gimnasta olímpica de más edad** después de haber participado en los JJ.OO. de Río de Janeiro 2016 con 41 años y 56 días.

Más títulos en campeonatos mundiales de patinaje artístico en línea

El 4 de octubre de 2018, Yi-fan Chen (China Taipéi) se hizo con su cuarto título consecutivo en el Campeonato Mundial de Patinaje Artístico en Línea disputado en el estadio Vendéspace de Mouilleron-le-Captif, Francia.

El récord femenino de **más títulos en campeonatos mundiales de patinaje artístico en línea** es 11, establecido por Silvia Marangoni (Italia) en 2002, 2004, 2006-13 y 2015. También logró la medalla de plata en 2003, 2005 y 2014.

LA PUNTUACIÓN MÁS ALTA EN LAS WORLD SERIES DE NATACIÓN SINCRONIZADA DE LA FINA (MUJERES, EJERCICIO LIBRE INDIVIDUAL)

El 11 de marzo de 2018, Svetlana Kolesnichenko (Rusia) logró una puntuación de 95,500 en una prueba de las World Series de Natación Sincronizada de la FINA en París, Francia. Atesora 13 medallas de oro en campeonatos mundiales, seis menos que Natalia Ishchenko (Rusia), récord de **medallas de oro en natación sincronizada en Campeonatos Mundiales de Natación de la FINA** (19).

Más títulos individuales consecutivos en campeonatos mundiales de trampolín (hombres)

El 10 de noviembre de 2018, Gao Lei (China) se aseguró su tercer título mundial consecutivo en San Petersburgo, Rusia. Igualaba así la hazaña de Alexander Moskalenko (Rusia), campeón en 1990, 1992 y 1994.

El récord de **más títulos individuales consecutivos (mujeres)** es cinco, establecido por Judy Wills Cline (EE.UU.) en 1964-68.

LA PUNTUACIÓN MÁS ALTA EN UNA PRUEBA DE CICLISMO ARTÍSTICO DE LA UCI (MUJERES, INDIVIDUAL)

Los ciclistas artísticos ejecutan un programa de 5 minutos sobre bicicletas de marcha fija con acompañamiento musical. La puntuación más alta en la prueba individual femenina es de 191,86 puntos, lograda por Iris Schwarzhaupt (Alemania) en la primera edición del Masters de Alemania, celebrado en Wendlingen, el 8 de septiembre de 2018.

MÁS MEDALLAS DE ORO GANADAS EN CAMPEONATOS MUNDIALES DE GIMNASIA ARTÍSTICA

En el Campeonato Mundial de Gimnasia Artística 2018 celebrado en Doha, Qatar, Simone Biles (EE.UU.) ganó cuatro oros y elevó su palmarés a un total de 14, con lo que superaba los 12 de Vitaly Scherbo. Su currículum incluye el récord de **más títulos en el concurso general individual de un campeonato mundial**: cuatro, logrados en 2013-15 y 2018. Biles también ostenta el récord de **más medallas en campeonatos mundiales de gimnasia artística (mujeres)**, con 20, lo que iguala lo conseguido por Svetlana Khorkina (Rusia) entre 1994 y 2003.

LAS PUNTUACIONES MÁS ALTAS EN PRUEBAS DE CICLISMO ARTÍSTICO DE LA UCI

CATEGORÍA	DEPORTISTA/S	PUNTOS	FECHA
Hombres, individual	David Schnabel (Alemania)	208,91	6 nov 2011
Mujeres, parejas	Katrin Schultheis y Sandra Sprinkmeier (ambas de Alemania)	165,12	21 sep 2013
Abierto, parejas	André Bugner y Benedikt Bugner (ambos de Alemania)	168,68	28 ago 2015
Mujeres, ACT-4	Céline Burlet, Jennifer Schmid, Melanie Schmid y Flavia Zuber (todas de la República Checa)	234,44	30 sep 2017

Datos actualizados a 1 de febrero de 2019

DIC 2 En 2009, se mide el **Buda más alto**. El Buda Zhongyuan, en el condado de Lushan, provincia de Henan, China, alcanza los 127,64 m, casi tres veces la altura de la Estatua de la Libertad.

DIC 3 En 1973, la sonda espacial de la NASA *Pioneer 10* completa el **primer sobrevuelo de Júpiter**. Pasa a 130.000 km de distancia de las capas de nubes superiores del gigante gaseoso.

DEPORTES DE PRECISIÓN

MÁS CAMPEONATOS MAYORES DE LA PROFESSIONAL BOWLERS ASSOCIATION (PBA)

El 21 de marzo de 2019, Jason Belmonte (Australia) se aseguró su segundo Campeonato Mundial de la PBA y su undécimo torneo mayor tras derrotar a Jakob Butturff por 236-227 en Thunderbowl Lanes, Allen Park, Michigan, EE.UU. Belmonte, que es famoso por su técnica de «pala» a dos manos, también ha ganado dos Players Championships, cuatro USBC Masters y tres Tournament of Champions. De los cinco títulos mayores de la PBA, en abril de 2019 solo le faltaba por ganar el Abierto de EE.UU.

La puntuación media más alta en una final de la Premier League Darts

El 17 de mayo de 2018, Michael van Gerwen (Países Bajos) derrotó a Michael Smith por 11-4 en la final de la Premier League Darts con una media de 112,37 puntos con tres dardos. Se quedó muy cerca de su propio récord de la **puntuación media más alta en una final televisada de dardos**: 112,49, lograda el 1 de febrero de 2015 en The Masters.

Más puntos anotados con 36 flechas en tiro con arco recurvo al aire libre desde 30 m (hombres)

El 15 de junio de 2018, Kim Hyun-jong (Corea del Sur) logró una puntuación de 360/27x en la 36.ª edición del National Tournament for President Challenge Flag en Gwangju, Corea del Sur. Hey alcanzó el anillo central de la diana (10 puntos), con las 36 flechas, y 27 de ellas lo hicieron en el círculo interior, o X. Con 18 años, Hyun-jong superó el récord de su compatriota Kim Woo-Jin de 360/26x.

Más puntos anotados con 72 flechas en tiro con arco recurvo al aire libre desde 70 m (mujeres)

El 21 de mayo de 2018, Kang Chae-young (Corea del Sur) sumó 691 puntos con 72 flechas en la ronda clasificatoria de la Copa Mundial disputada en Antalya, Turquía.

Más puntos anotados con 38 flechas en tiro con arco compuesto al aire libre desde 60 m (mujeres)

El 31 de marzo de 2018, Danelle Wentzel (Sudáfrica) logró 357 puntos con 36 flechas desde 60 m en el Campeonato Nacional de Sudáfrica de Tiro con Arco disputado en el Marks Park Archery Club de Johannesburgo. Wentzel mejoró el récord de Gladys Willems de 356 puntos.

Más puntos anotados en una competición con 15 flechas de tiro con arco compuesto (mujeres)

El 12 de mayo de 2018, Linda Ochoa-Anderson (México) logró una puntuación de 150/11x con 15 flechas durante la ronda de clasificación de la Easton Foundations Gator Cup en Newberry, Florida, EE.UU.

LA PUNTUACIÓN MÁS ALTA EN TIRO PARALÍMPICO CON RIFLE DESDE 50 M EN POSICIÓN TENDIDA SH2

El 11 de mayo, en el Campeonato Mundial de Tiro Deportivo Paralímpico 2018 disputado en Cheongju, Corea del Sur, la tiradora de 16 años Kristina Funkova (Eslovaquia), sumó 250,7 puntos en la competición de rifle desde 50 m en posición tendida SH2. La disciplina hará su debut paralímpico en Tokio 2020.

El récord **masculino** de la prueba es 150/12x, establecido el 7 de mayo de 2015 por el seis veces oro mundial Reo Wilde (EE.UU.) en la Copa Mundial de Tiro con Arco disputada en Shanghái, China.

La puntuación más alta en tiro con pistola de aire comprimido desde 10 m en una prueba de la ISSF (hombres)

El 24 de febrero de 2019, Chaudhary Saurabh (India) logró 245 puntos en la prueba de la Copa Mundial de la Federación Internacional de Tiro Deportivo (ISSF) disputada en Nueva Delhi, India. Fue la primera prueba sénior para mayores de 16 años.

Al día siguiente, la medallista de oro en los Juegos de la Commonwealth Apurvi Chandela (India) logró la **puntuación más alta en tiro con rifle de aire comprimido desde 10 m en una prueba de la ISSF (mujeres)**: 252,9 puntos, también en Nueva Delhi.

El 24 de febrero de 2019, la húngara Veronika Major logró la **puntuación más alta en tiro con pistola desde 25 m en una prueba de la ISSF (mujeres)**.

La puntuación más alta en foso olímpico en una prueba de la ISSF (mujeres)

El 5 de marzo de 2018, Ashley Carroll (EE.UU.) acertó 48 de 50 blancos posibles en una prueba de la Copa Mundial de la ISSF disputada en Guadalajara, México.

Más victorias en Campeonatos Mundiales de Lanzamiento de Herradura (hombres)

Alan Francis (EE.UU.) ganó su 23.º título en el Campeonato de Lanzamiento de Herradura de la NHPA 2018. Se impuso en 14 de los 15 encuentros que disputó.

Más participaciones en Campeonatos Mundiales de Croquet

Desde 1989, Stephen Mulliner (R.U.) ha competido 15 veces en Campeonatos Mundiales de Croquet. Con su participación en el Campeonato Mundial 2018 en Wellington, Nueva Zelanda, del 3 al 11 de febrero, superó la marca de 14 que compartían David Openshaw y Robert Fulford. Ha ganado el título una vez, en 2016.

MÁS TÍTULOS DEL CAMPEONATO MUNDIAL DE CURLING FEMENINO

Canadá ha ganado el Campeonato Mundial de Curling Femenino 17 veces desde 1980. El 25 de marzo de 2018, las canadienses cosecharon su título más reciente lideradas por Jennifer Jones tras derrotar a Suecia 7-6 en la final disputada en North Bay, Ontario, Canadá. El récord de **más títulos del Campeonato Mundial de Curling Masculino** es 36, establecido también por Canadá entre 1959 y 2017.

EL PRIMER JUGADOR DE SNOOKER EN SUMAR 1.000 CENTENAS EN COMPETICIÓN

El 10 de marzo de 2019, Ronnie O'Sullivan (R.U.) sumó su centena n.º 1.000 en snooker profesional. Alcanzó el hito con una tacada en la que sumó 134 puntos en la tanda final de su partida contra Neil Robertsonal, a quien derrotó por 10-4, en el Coral Players Championship disputado en Lancashire, R.U. O'Sullivan también ostenta los récords de **más breaks de 147 puntos en competición** (15) y del **break de 147 puntos más rápido**: 5 min y 8 s, establecido en el Campeonato Mundial de Snooker 1997. Después del análisis de las imágenes en vídeo, este último récord resultó ser más rápido de lo que se pensaba, y así se reconoció oficialmente.

Una temporada 2018/19 estelar vio como O'Sullivan igualaba la cuenta de Stephen HenDry (R.U.) de **más títulos de snooker valederos para el ranking en toda la carrera**: 36, a 28 de marzo de 2019.

DIC 4 En 2013, se lanza el «Swish Pie» de Charlie Bigham en R.U. Con un precio de 514,73 dólares, es la **comida preparada más cara**. Contiene langosta, rodaballo y ostras escalfadas en salsa Dom Pérignon.

DIC 5 En 2015, Ratnesh Pandey (India) realiza el **viaje de pie en el asiento de una motocicleta más largo**. Recorre 32,3 km en una Honda Unicorn en Indore, Madhya Pradesh, India.

GOLF

LAS GANANCIAS MÁS ELEVADAS EN EL PGA TOUR EN TODA LA CARRERA

A 15 de abril de 2019, Tiger Woods (EE.UU.) había ganado 118.309.570 dólares en el Professional Golfers' Association (PGA) Tour. El 23 de septiembre de 2018, ganó su primer torneo en cinco años, y el 14 de abril de 2019 (arriba) se hizo con su 15.º torneo mayor al imponerse en el Masters de Augusta. Coronaba así un extraordinario regreso a la competición después de que una lesión en la espalda que amenazó su carrera lo sacara del top 1000 de la clasificación mundial de golfistas en 2017. Woods se encuentra ahora a solo un título de igualar el récord de **más victorias en el PGA Tour**, que ostenta Sam Snead (EE.UU.) con 82.

Más victorias de un zurdo en torneos del PGA Tour

El 11 de febrero de 2019, Phil *Lefty* Mickelson (EE.UU.) ganó su 44.º título del PGA Tour en el AT & T Pebble Beach Pro-Am disputado en California, EE.UU. Fue su segunda victoria en el circuito en un año. Mickelson, que aprendió a ejecutar el swing imitando a su padre, es diestro en todo salvo en el golf.

Al finales de 2018, Mickelson ostentaba el récord de **más apariciones en la Copa Ryder**: 12 consecutivas desde 1995. En la edición de 2018, disputada en Le Golf National de Guyancourt, Francia, fue seleccionado por el capitán. Perdió los dos partidos que jugó.

Más birdies consecutivos en un torneo de golf profesional

El 7 de febrero de 2019, James Nitties (Australia) embocó nueve birdies seguidos en el ISPS Handa Vic Open de Geelong, Victoria, Australia. Igualaba así la marca lograda por Mark Calcavecchia (EE.UU.) en el Abierto de Canadá el 25 de julio de 2009, y posteriormente por Amy Yang (Corea del Sur), Beth Daniel, Omar Uresti (ambos de EE.UU.) y Rayhan Thomas (India) y Bronte Law (R.U.).

Las ganancias más elevadas en el PGA European Tour en toda la carrera

A 15 de abril de 2019, Lee Westwood (R.U.) había ganado 36.499.627 € en el European Tour. El 11 de noviembre de 2018, ganó su primer título en este circuito en cuatro años, el Nedbank Golf Challenge disputado en Sun City, Sudáfrica, con su novia Helen como cadi. Westwood, que debutó en el circuito europeo en 1994, ha ganado 24 torneos y acabado en posiciones con recompensa económica 451 veces.

LA PUNTUACIÓN TOTAL MÁS BAJA EN UN TORNEO DEL LPGA TOUR

Del 5 al 8 de julio de 2018, Kim Sei-young (Corea del Sur) arrasó en el torneo Thornberry Creek Ladies Professional Golf Association (LPGA) Classic que se disputa en Oneida, Wisconsin, EE.UU. Presentó unas tarjetas con 63, 65, 64 y 65 golpes, un total de 257 que equivalen a 31 bajo par, la **cifra más baja en un torneo de la LPGA a 72 hoyos**. Kim también estableció el récord de **más birdies en un torneo de la LPGA a 72 hoyos**: 31.

El drive más largo en el PGA Tour

Oficialmente, el drive más largo en la PGA en la era de ShotLink lo realizó Davis Love III (EE.UU.) en el Mercedes Championships disputado en Kapalua, Hawái, EE.UU., el 11 de enero de 2004: 476 yardas. ShotLink es un sistema con tecnología láser que la PGA emplea desde 2003 para medir la distancia de los golpes.

El 23 de marzo de 2018, Dustin Johnson golpeó un drive de 489 yardas en el WGC-Dell Technologies Match Play en el Austin Country Club de Texas, EE.UU. Sin embargo, este golpe no cuenta como récord oficial debido a las diferencias entre las modalidades match play (por golpes) y stroke-play (por hoyos).

LA PUNTUACIÓN MÁS BAJA EN UN RECORRIDO EN EL PGA EUROPEAN TOUR

El 21 de septiembre de 2018, Oliver Fisher (R.U.) se convirtió en el primer jugador en finalizar un recorrido en el PGA European Tour en menos de 60 golpes: 59, el segundo día de competición en el Portugal Masters disputado en Vilamoura, donde logró 10 birdies y un eagle. Su marca supone la puntuación más baja en casi 700.000 recorridos en la historia del European Tour.

LA PUNTUACIÓN TOTAL MÁS BAJA EN EL US PGA CHAMPIONSHIP

Brooks Koepka (EE.UU.) se proclamó ganador del US PGA Championship 2018 en el Bellerive Country Club, Missouri, EE.UU., con una puntuación total al final del cuarto recorrido de 264 (69, 63, 66, 66; 16 bajo par). Su marca de 63 iguala la **puntuación más baja en un recorrido en el US PGA Championship**, récord que comparte con otros 15 golfistas.

La puntuación más baja en un recorrido del Abierto de EE.UU.

El 17 de junio de 2018, Tommy Fleetwood (R.U.) presentó una tarjeta de 63 golpes en el último recorrido del Abierto de EE.UU. en Shinnecock Hills, Nueva York, EE.UU. Igualaba así la hazaña de Johnny Miller en 1973, Jack Nicklaus y Tom Weiskopf (todos de EE.UU.) en 1980, Vijay Singh (Fiyi) en 2003 y Justin Thomas (EE.UU.) en 2017.

Más torneos mayores disputados antes de lograr una victoria

Angela Stanford (EE.UU.) logró su primera gran victoria en el 76.º torneo que disputaba, el Evian Championships 2018, celebrado del 13 al 16 de septiembre. Su mejor resultado hasta el momento había sido una segunda posición compartida en el Abierto de EE.UU. Femenino de 2003. Stanford superaba así la marca de Sergio García, que en 2017 ganó su primer torneo grande al 74.º intento.

EL GOLFISTA QUE HA GANADO MÁS PUNTOS DE LA COPA RYDER

Entre 1999 y 2018, el jugador del equipo europeo Sergio García (España) logró 25,5 puntos en la Copa Ryder en nueve participaciones. En total, suma 22 victorias, 12 derrotas y 7 empates.

García participó en la edición de 2018 gracias a una invitación. Ganó tres partidos y superó el récord anterior de 25 puntos, hasta entonces en poder de Nick Faldo.

DIC 6
En 2002, el **bebé más bajo** es dado de alta del hospital en Minneapolis, Minnesota, EE.UU. El 20 de julio, Nisa Juárez (EE.UU.) nació 108 días prematura midiendo apenas 24 cm de largo.

DIC 7
En 1995, una sonda lanzada por la nave espacial *Galileo* comienza un frenético descenso a la atmósfera de Júpiter en el que alcanza una velocidad de 170.000 km/h: la **entrada atmosférica más veloz**.

233

MÁS PUNTOS EN UN DECATLÓN

Los días 15 y 16 de septiembre de 2018, Kevin Mayer (Francia) logró un total de 9.126 puntos en la Copa del Mundo de Pruebas Combinadas Décastar de la IAAF celebrada en Talence, Francia. Mayer, que llegó a la prueba tan solo un mes después de quedar eliminado en el Campeonato de Europa de Atletismo, se convirtió en el primer decatleta en superar los 9.100 puntos.

LOS MÁS RÁPIDOS...

Milla en pista cubierta (hombres)*
El 3 de marzo de 2019, Yomif Kejelcha (Etiopía) logró una marca de 3 min y 47,01 s durante la Bruce Lehane Invitational Mile de Boston, Massachusetts, EE.UU. Mejoraba así en 1,44 s el récord anterior, establecido por Hicham El Guerrouj (Marruecos) el 12 de febrero de 1997, 22 años antes.

El 16 de febrero de 2019, El Guerrouj también perdió el récord de los **1.500 m en pista cubierta más rápidos (hombres)***. Ese día, Samuel Tefera (Etiopía) logró una marca de 3 min y 31,04 s en la reunión de la IAAF World Indoor Tour de Birmingham, R.U.

400 m en pista cubierta (hombres)*
El 10 de marzo de 2018, Michael Norman (EE.UU.) ganó la prueba masculina de los 400 m en el NCAA Men's Division I Indoor Track and Field Championships, celebrado en College Station, Texas, EE.UU., con un tiempo de 44,52 s.

Pendiente de ratificar por la IAAF

Con 20 años, este atleta de la Universidad del Sur de California (USC), mejoró el récord de 44,57 s de Kerron Clemente (EE.UU.), establecido casi 13 años antes.

Más tarde ese mismo día, Norman corrió la última posta del relevo masculino de 4 × 400 m del equipo de la USC, que ganó con un nuevo récord mundial de 3 min y 0,77 s. Sin embargo, la IAAF no lo reconoció porque, según su reglamento, todos los atletas de un equipo deben tener la misma nacionalidad, y uno de los miembros de la USC, Rai Benjamin, que había representado a Antigua en categoría juvenil, no pudo correr como estadounidense hasta el 3 de octubre de 2018. El segundo clasificado, el equipo de la Universidad de Texas A&M, formado por Ilolo Izu, Robert Grant, Devin Dixon y Mylik Kerley (todos de EE.UU.), logró el récord del **relevo 4 × 400 m (hombres) más rápido***, con 3 min y 1,39 s.

4 × 800 m en pista cubierta (hombres)

El 25 de febrero de 2018, el equipo del Hoka NJ/NY Track Club, Joe McAsey, Kyle Merber, Chris Giesting y Jesse Garn (todos de EE.UU.), ganó el relevo masculino de 4 × 800 m con un tiempo de 7 min y 11,30 s en el Last Chance Meet 2018 de la Universidad de Boston, en Massachusetts, EE.UU.

100 m en silla de ruedas (T34, mujeres)

El 22 de julio de 2018, Kare Adenegan (R.U.) venció en la

MÁS VICTORIAS DE LA CARRERA DE DIAMANTE DE ATLETISMO (MUJERES)

El 30 y 31 de agosto de 2018, Caterine Ibargüen (Colombia) ganó los títulos de la Liga de Diamante de triple salto y salto de longitud y elevó su cuenta hasta un total de seis. Igualaba así la hazaña de Sandra Perković (Croacia), quien se impuso en lanzamiento de disco en 2012-2017. Ibargüen fue nombrada atleta femenina del año de la IAAF el 4 de diciembre de 2018, culminando un año redondo.

prueba de los 100 m femeninos en categoría T34 de los Anniversary Games, celebrada en Londres, R.U., con un tiempo de 16,80 s. Con apenas 17 años, se convirtió en la primera atleta de la categoría en bajar de los 17 s.

El 26 de mayo de 2018, Rheed McCracken (Australia) estableció el récord en los **100 m en silla de ruedas (T34)** con una marca de 14,80 s en el Gran Premio del Campeonato Mundial de Atletismo Paralímpico de Nottwil, Suiza. Mejoró su propio récord en 0,12 s.

400 m (T11, mujeres)

El 13 de mayo de 2018, durante el Gran Premio del Campeonato Mundial de Atletismo Paralímpico de Pekín, China, Cuiqing Liu (China) corrió los 400 m en 56 s y batió el récord de Terezinha Guilhermina de 56,14 s. En esta categoría compiten deportistas con ceguera total.

LOS MÁS LARGOS...

Salto de longitud (T64, mujeres)

El 26 de agosto de 2018, Marie-Amélie Le Fur (Francia) se impuso en el salto de longitud del Campeonato de Europa de Atletismo Paralímpico en Berlín, Alemania (6,01 m).

Le Fur, a quien se le amputó la pierna izquierda por debajo de la rodilla por un accidente de moto en 2004, también ostenta el récord de los **400 m más rápidos (T64, mujeres)** con 59,27 s, marca que logró en los Juegos Paralímpicos de 2016.

EL ATLETA MÁS JOVEN EN CORRER LA MILLA EN MENOS DE CUATRO MINUTOS

El 27 de mayo de 2017, el mediofondista noruego Jakob Ingebrigtsen (n. el 19 de septiembre de 2000) corrió la milla en 3 min y 58,07 s a la edad de 16 años y 250 días, en Eugene, Oregón, EE.UU. En 2018, Ingebrigtsen ganó el oro con apenas 17 años en los 1.500 m y en los 5.000 m (imagen de arriba) en el Campeonato de Europa de Atletismo.

LOS 3.000 M OBSTÁCULOS MÁS RAPIDOS (MUJERES)

El 20 de julio de 2018, Beatrice Chepkoech (Kenia) ganó la carrera de los 3.000 m obstáculos de la reunión de Mónaco de la Liga de Diamante de la IAAF con un tiempo de 8 min y 44,32 s, que mejoraba la anterior marca en más de ocho segundos. Es la primera keniana que ostenta el récord mundial de la prueba.

DIC 8 Procter & Gamble (Brasil) emite el **anuncio de televisión más largo** en 2018. Dura 14 horas y promociona el desodorante Old Spice en el canal de TV Woohoo, en São Paulo entre las 6 h y las 20 h.

DIC 9 En 1989, *La partida de los argonautas*, obra de «un maestro de 1487» (atribuida a Pietro del Donzello), se vende en Sotheby's, Londres, R.U., por 6,6 millones de dólares y se convierte en la **pintura más cara de un artista anónimo**.

EL 4 × 800 M EN PISTA CUBIERTA MÁS RÁPIDO (MUJERES)

El 3 de febrero de 2018, el equipo de EE.UU. compuesto por Chrishuna Williams, Raevyn Rogers, Charlene Lipsey y Ajeé Wilson ganó la prueba del relevo 4 × 800 m femenino de los New York Road Runners Millrose Games, celebrados en Nueva York, EE.UU., con un tiempo de 8 min y 5,89 s que batía un récord vigente desde 2011. Wilson (segunda por la derecha) lideró al equipo al correr la posta más rápida: 1 min y 58,37 s.

Lanzamiento de disco (F53, mujeres)

El 20 de agosto de 2018, Iana Lebiedieva (Ucrania) ganó el oro en el Campeonato de Europa de Atletismo Paralímpico con 14,93 m. Batió el récord de Cristeen Smith de 14,46 m, vigente durante 23 años, dos veces durante la misma competición.

Lanzamiento de disco (F11, hombres)

El 22 de agosto de 2018, Oney Tapia (Italia, n. en Cuba) realizó un lanzamiento de 46,07 m en el Campeonato de Europa de Atletismo Paralímpico. Batía así su récord de 45,65 m establecido en Chiuro, Italia, el 28 de abril de 2018. Tapia perdió la visión en 2011 por el impacto de una rama mientras trabajaba como jardinero.

Lanzamiento de club (F51, hombres)

El 13 de mayo de 2018, el dos veces medallista de oro paralímpico Željko Dimitrijević (Serbia) lanzó un club a 32,90 m de distancia en Split, Croacia. Las categorías F51-57 corresponden a lanzadores sentados.

MÁS...

Medallas ganadas en el Campeonato Mundial de Atletismo en Pista Cubierta de la IAAF (país)

Desde 1985, EE.UU. ha ganado 257 medallas en campeonatos mundiales en pista cubierta: 114 oros, 77 platas y 66 bronces. 18 de esas medallas las consiguió en el Campeonato Mundial de Atletismo en Pista Cubierta de la IAAF 2018, del 1 al 4 de marzo, con cuatro nuevos récords de los campeonatos.

La **mayor cantidad de medallas ganadas en campeonatos mundiales en pista cubierta de la IAAF (individual)** es nueve, récord establecido por Maria Mutola (Mozambique) en los 800 m entre 1993 y 2008, y por Natalya Nazarova (Rusia) en los 400 m lisos y el relevo 4 × 400 m de 1999 a 2010.

Victorias en la Liga de Diamante

La lanzadora de disco croata Sandra Perković logró la victoria en 42 reuniones de la Liga de Diamante entre 2010 y 2018, más que cualquier otro atleta, hombre o mujer. En 2018, ganó cuatro competiciones de cuatro antes de ser derrotada en la serie final.

Participaciones en la Liga de Diamante

Entre el 3 de julio de 2010 y el 30 de agosto de 2018, Blessing Okagbare-Ighoteguonor (Nigeria) había participado en 67 reuniones de la Liga de Diamante. La nigeriana ha competido en los 100 m, 200 m y en salto de longitud, con 10 victorias.

LA GANADORA MÁS JOVEN EN UNA REUNIÓN DE LA LIGA DE DIAMANTE

El 3 de mayo de 2019, en la reunión de la Liga de Diamante celebrada en Doha, Qatar, Yaroslava Mahuchikh (Ucrania, n. el 19 de septiembre de 2001) se impuso en la prueba de salto de altura con 17 años y 226 días. Mahuchikh, medallista de oro en los Juegos Olímpicos de la Juventud de 2018, consiguió su mejor marca personal al aire libre para proclamarse campeona: 1,96 m.

Victorias en el IAAF Challenge de lanzamiento de martillo

Anita Włodarczyk (Polonia) ganó el IAAF Challenge de lanzamiento de martillo seis veces consecutivas, entre 2013 y 2018. Logró su sexto título con un total de 228,12 puntos.

El récord de **más victorias en el IAAF Challenge de lanzamiento de martillo (hombres)** es cuatro, logrados por Paweł Fajdek (Polonia) en 2013, 2015, 2016 y 2017.

EL SALTO MÁS LARGO (T64, HOMBRES)

El 25 de agosto de 2018, Markus Rehm (Alemania), también conocido como *Blade Jumper*, ganó el oro en el Campeonato del Mundo de Atletismo Paralímpico celebrado en Berlín, Alemania, con un salto de 8,48 m, que mejoraba en 1 cm su propio récord mundial. Rehm igualó así la marca con la que el atleta no paralímpico Luvo Manyonga ganó el Campeonato Mundial de la IAAF celebrado el año anterior.

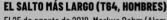

En 2017, Dzmitry Dudarau (Bielorrusia) establece el récord de **más tiempo colgado de los dientes**. Soportó el peso de su cuerpo durante 7 min y 15 s en Jimo, provincia de Shandong, China.

En 2004, más de 5 millones de personas se unen para formar la **cadena humana más larga**: 1.050 km, desde Teknaf a Tentulia, en el noroeste de Bangladés.

MARATONES

Más victorias en pruebas de la World Marathon Majors (hombres)

La World Marathon Majors es una competición por puntos que se celebra desde 2006 e incluye las maratones anuales de Boston, Tokio (incorporada en 2013), Berlín, Chicago, Londres y Nueva York, además del Campeonato Mundial de la IAAF y las maratones olímpicas. Los atletas que terminan entre los cinco primeros puestos de cada prueba suman puntos. En 2018, Eliud Kipchoge (Kenia) ganó su tercer título consecutivo en la competición masculina.

La **mayor cantidad de victorias (mujeres)** también es tres, récord que comparten Irina Mikitenko (Alemania, n. en Kazajistán), campeona en 2007/08-2009/10, y Mary Keitany (Kenia), campeona en 2011/12, 2015/16 y 2017/18.

Más victorias en la maratón de Londres (hombres)

El 28 de abril de 2019, Eliud Kipchoge ganó la maratón de Londres por cuarta vez, después de sus victorias en 2015-16 y 2018. Se impuso con un tiempo de 2 h, 2 min y 37 s: la **maratón de Londres más rápida (hombres)** y la segunda maratón más rápida de todos los tiempos, solo 58 s más que su propio récord mundial (más información en la pág. 213).

El récord de **más victorias en la maratón de Londres (mujeres)** es cuatro, establecido por la noruega Ingrid Kristiansen en 1984-85 y 1987-88.

MÁS VICTORIAS EN LA GREAT NORTH RUN

El 9 de septiembre de 2018, Mo Farah (R.U., n. en Somalia) se alzó con su quinto título consecutivo en la media maratón Great North Run disputada en Newcastle upon Tyne, R.U. Hasta entonces, compartía el récord de victorias con el cuatro veces ganador Benson Masya (Kenia). Un mes después, Farah ganó la maratón de Chicago con un tiempo de 2 h, 5 min y 11 s, su primera victoria en la distancia.

LA MÁS RÁPIDA EN COMPLETAR EL CAMPEONATO MUNDIAL DE IRONMAN® FEMENINO

El 13 de octubre de 2018, Daniela Ryf (Suiza) ganó el Campeonato Mundial de IRONMAN® Femenino con un tiempo de 8 h, 26 min y 18 s en Hawái, EE.UU. Ryf se recuperó de una dolorosa picadura de medusa que sufrió solo un día antes y batió su propio récord, establecido en 2016, por 20 min y 28 s. Completó los 3,8 km de la prueba a nado en 57 min y 27 s, los 180 km en bicicleta en un tiempo récord de 4 h, 26 min y 7 s (detalle) y la maratón de 42,1 km en 2 h, 57 min y 5 s. Fue su cuarta victoria consecutiva en el Campeonato Mundial de IRONMAN® Femenino.

Más victorias en el Ultra-Trail du Mont Blanc (hombres)

El Ultra-Trail del Mont-Blanc es un carrera de unos 167 km que desde 2003 se disputa anualmente por los Alpes franceses, suizos e italianos. Tres atletas lo han ganado tres veces: Kílian Jornet (España) en 2008-09 y 2011; François D'Haene (Francia) en 2012, 2014 y 2017; y Xavier Thévenard (Francia) en 2013, 2015 y 2018.

LOS MÁS RÁPIDOS EN...

El Campeonato Mundial de IRONMAN® (hombres)

El 13 de octubre de 2018, Patrick Lange (Alemania) se convirtió en el primer atleta en romper la barrera de las ocho horas en el Campeonato Mundial de IRONMAN® con un tiempo de 7 h, 52 min y 39 s. Fue su segunda victoria consecutiva en Hawái, EE.UU.

La maratón de debut

El 25 de enero de 2019, Getaneh Molla (Etiopía) ganó la maratón de Dubái, EAU, su primera prueba en esta distancia, con un tiempo de 2 h, 3 min y 34 s: la **maratón de Dubái más rápida (hombres)**, que mejoró en 26 s, y la novena mejor marca de todos los tiempo lograda en una carrera con tiempos homologados para récords.

En la competición femenina, Ruth Chepngetich (Kenia) logró el récord de la **maratón de Dubái más rápida (mujeres)**: 2 h, 17 min y 8 s, tiempo que la situaba en la tercera posición del *ranking* de maratones femeninos más rápidos de todos los tiempos, por detrás de Mary Keitany (2 h, 17 min y 1 s en

El 28 de abril de 2019, alrededor de 43.000 corredores acudieron a la línea de salida de la 39.ª maratón de Londres, R.U. GWR se asoció con esta prueba anual por duodécimo año y fue testigo de una gran cantidad de récords logrados por los corredores con los atuendos más disparatados (todos de R.U., a menos que se indique de otro modo):

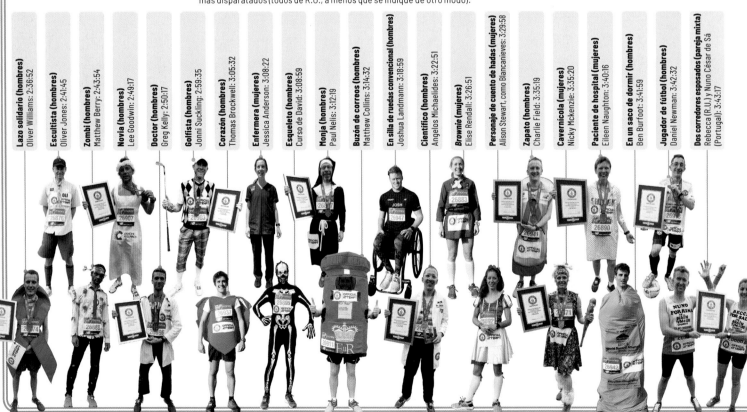

Lazo solidario (hombres) Oliver Williams: 2:36:52 · Escultista (hombres) Oliver Jones: 2:41:45 · Zombi (hombres) Matthew Berry: 2:43:54 · Novia (hombres) Lee Goodwin: 2:49:17 · Doctor (hombres) Greg Kelly: 2:50:17 · Golfista (hombres) Jonni Suckling: 2:59:35 · Corazón (hombres) Thomas Brockwell: 3:05:32 · Enfermera (mujeres) Jessica Anderson: 3:08:22 · Esqueleto (hombres) Curso de David: 3:08:59 · Monja (hombres) Paul Nelis: 3:12:19 · Buzón de correos (hombres) Matthew Collins: 3:14:32 · En silla de ruedas convencional (hombres) Joshua Landmann: 3:18:59 · Científico (hombres) Angelos Michaelides: 3:22:51 · Brownie (mujeres) Elise Rendall: 3:26:51 · Personaje de cuento de hadas (mujeres) Alison Stewart, como Blancanieves: 3:29:58 · Zapato (hombres) Charlie Field: 3:35:19 · Cavernícola (mujeres) Nicky Mckenzie: 3:35:20 · Paciente de hospital (mujeres) Eileen Naughton: 3:40:16 · En un saco de dormir (hombres) Ben Burfoot: 3:41:59 · Jugador de fútbol (hombres) Daniel Newman: 3:42:32 · Dos corredores esposados (pareja mixta) Rebecca (R.U.) y Nuno César de Sá (Portugal): 3:43:17

DIC 12 En 2011, Richard Glover concluye la **entrevista de radio más larga** con el escritor Peter Fitz Simons (ambos de Australia), que dura 24 h. La pareja conversa en un estudio portátil instalado en un escaparate en Sídney, Australia.

DIC 13 En 1972, Eugene Cernan y Harrison Schmitt (ambos de EE.UU.) establecen el **récord de velocidad lunar** mientras conducen el rover lunar *Apollo 17* a 18 km/h hacia el este de su lugar de alunizaje.

LOS 100 KM EN CARRETERA MÁS RÁPIDOS

El 24 de junio de 2018, Nao Kazami (Japón) ganó la ultramaratón de 100 km del lago Saroma con un tiempo de 6 h, 9 min y 14 s en la ciudad de Kitami, prefectura de Hokkaido, Japón. Mejoraba así en cuatro minutos el récord establecido por su compatriota Takahiro Sunada, vigente desde hacía 20 años.

Su marca, reconocida por la Asociación Internacional de Ultramaratonianos (IAU), es también el récord de la **ultramaratón de 100 km más rápida**. Kazami batía así el récord de 6 h, 10 min y 20 s establecido por el atleta británico Don Ritchie (1944-2018) en Londres, R.U., el 28 de octubre de 1978.

la maratón de Londres 2017) y Paula Radcliffe (R.U.), cuyo tiempo de 2 h, 15 min y 25 s (en Londres el 13 de abril de 2003) sigue siendo el récord de la **maratón más rápida (mujeres)**.

Una media maratón (mujeres, carrera solo para mujeres)

El 24 de marzo de 2018, en el Campeonato Mundial de Media Maratón de la IAAF celebrado en Valencia, España, Netsanet Gudeta (Etiopía) se hizo con el triunfo en categoría femenina con un tiempo de 1 h, 6 min y 11 s. Gudeta mejoraba así la marca de Lornah Kiplagat de 1 h, 6 min y 25 s

establecida en el Campeonato Mundial de Carrera en Ruta de 2007, el primer récord en esta distancia en una carrera solo para mujeres ratificado por la IAAF.

El récord de la **media maratón más rápida (mujeres)** es de 1 h, 4 min y 51 s, establecido por Joyciline Jepkosgei (Kenia) el 22 de octubre de 2017 en una carrera mixta disputada en Valencia, España.

La maratón de Berlín (mujeres)

El 6 de septiembre, la keniata Gladys Cherono venció en la prueba femenina de la maratón de Berlín 2018 con un tiempo de 2 h, 18 min y 11 s. Fue la tercera victoria de Cherono en Berlín y la octava maratón femenina más rápida hasta ese momento.

La maratón de Róterdam (hombres)

El 7 de abril de 2019, Marius Kipserem (Kenia) cruzó la línea de meta en Róterdam, Países Bajos, con un tiempo de 2 h, 4 min y 11 s. Mejoraba así el récord en esta prueba

LA MARATÓN EN SILLA DE RUEDAS T54 MÁS RÁPIDA (MUJERES)

El 16 de septiembre de 2018, Manuela Schär (Suiza) completó la maratón en silla de ruedas más rápida en una prueba con tiempos homologados con una marca de 1 h, 36 min y 53 s, en la maratón de Berlín, Alemania. Schar mejoró el récord anterior en más de un minuto.

El récord **masculino** de 1 h, 20 min y 14 s lo estableció Heinz Frei, compatriota de Schär, el 31 de octubre de 1999 en Ōita, Japón.

de su compatriota Duncan Kibet de 2 h, 4 min y 27 s, vigente durante una década.

100 millas (mujeres)

Camille Herron (EE.UU.) sigue reescribiendo los libros de récords de ultradistancia. En noviembre de 2018, la IAU ratificó el tiempo de 12 h, 42 min y 40 s que estableció el 11 de noviembre de 2017 en el Tunnel Hill 100 disputado en Vienna, Illinois, EE.UU. Un año después, se hacía con el récord de la **distancia más larga corrida en 24 horas (mujeres)**: 262,193 km, en el Desert Solstice Track Invitational disputado los días 8 y 9 de diciembre de 2018 en Phoenix, Arizona, EE.UU.

Herron también es la titular del récord de GWR de la **maratón más rápida disfrazada de superhéroe**. El 18 de noviembre de 2012, ganó la competición femenina de la Route 66 Marathon ataviada con un traje de Spider-Man de color rosa brillante con un tiempo de 2 h, 48 min y 51 s, en Tulsa, Oklahoma, EE.UU.

LA GANADORA MÁS JOVEN DE LA MARATÓN DE LONDRES

El 28 de abril de 2019, Brigid Kosgei (Kenia, n. el 20 de febrero de 1994) ganó la competición femenina de la maratón de Londres con 25 años y 67 días. Cruzó la línea de meta con un tiempo de 2 h, 18 min y 20 s, la novena mejor marca femenina de la distancia, después de correr la segunda mitad de una maratón más rápida (mujeres): 1 h, 6 min y 42 s.

Árbol de navidad (hombres) Laurence Mumford: 3:43:41

Árbol (hombres) Alan Dean: 3:48:17

Cuerpo completo de animal (mujeres) Kate Carter, como un panda: 3:48:32

Elvis (mujeres) Elizabeth Sampson: 3:49:53

Artículo de higiene personal (mujeres) Katie Simpson, de tubo de pasta de dientes: 3:51:17

Diente (mujeres) Fiona Henderson: 3:51:17

Cuerpo astronómico (hombres) Philip Rose, de Sol: 3:52:40

Artículo de papelería (mujeres) Belinda Neild, de lápiz pastel: 3:54:25

Personaje de videojuego (mujeres) Shaolin Loke, como Chun-Li: 3:56:18

En una tienda de campaña (hombres) Oscar White: 3:57:05

Criatura mítica (hombres) Andy Taylor, como un unicornio: 3:58:05

Huevo (mujeres) Katy Garnham-Lee: 3:58:43

Momia (hombres) Pardip Singh Minhas: 3:59:04

Nuez (mujeres) Sally Orange: 4:09:51

Doble hélice de ADN (mujeres) Marie Evans: 4:20:07

Dragón (hombres) James Cook: 4:46:50

Snowboarder (hombres) James Williams: 5:21:50

Con botas de esquiar (hombres) Paul Harnett: 5:30:27

En un disfraz para seis personas Charlotte Farge, Cey Uzun, Rob Jones, Helen Smith, Andy Moulden y David Brennan, como los Thunderbirds: 5:59:33

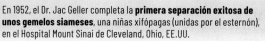

DIC 14
En 1952, el Dr. Jac Geller completa la **primera separación exitosa de unos gemelos siameses**, una niñas xifópagas (unidas por el esternón), en el Hospital Mount Sinai de Cleveland, Ohio, EE.UU.

DIC 15
En 1907, la goleta de siete palos *Thomas W. Lawson* naufraga en aguas de las islas de Scilly, R.U. Construido en 1902 en Quincy, Massachusetts, EE.UU., el *Lawson* es el **velero con más mástiles**.

50 m braza en piscina corta (mujeres)

El 6 de octubre de 2018, en la Copa del Mundo de Natación de la FINA celebrada en Budapest, Hungría, Alia Atkinson (Jamaica) ganó la prueba femenina de los 50 m braza con un tiempo 28,56 s. Atkinson mejoraba así su propio récord en 0,08 s.

Esa misma noche, Nicholas Santos (Brasil) batió otro récord de la época de los «superbañadores»: los **50 m mariposa más rápidos en piscina corta (hombres)**, con 21,75 s.

El 11 de noviembre de 2018, en la prueba de la Copa del Mundo celebrada en Tokio, Japón, Xu Jiayu (China) estableció el récord

LOS 100 M ESTILOS INDIVIDUAL EN PISCINA CORTA MÁS RÁPIDOS (HOMBRES)

Durante la Copa Mundial de Natación de la FINA de 2018, Vladimir Morozov (Rusia) ganó en dos ocasiones una prueba individual de los 100 m estilos con un tiempo de 50,26 s: el 28 de septiembre en Eindhoven, Países Bajos, y el 9 de noviembre en Tokio, Japón. Morozov ha ganado 88 carreras de la Copa del Mundo, y solo le supera Chad le Clos (Sudáfrica, 143 victorias) en la clasificación de **más medallas de oro en la Copa del Mundo de Natación de la FINA (hombres)**.

MÁS TÍTULOS DE LA COPA DEL MUNDO DE NATACIÓN EN AGUAS ABIERTAS DE LA FINA (MUJERES)

Ana Marcela Cunha (Brasil) ha ganado la Copa del Mundo de Natación en Aguas Abiertas de la FINA cuatro veces: en 2010, 2012, 2014 y 2018. Ganó dos de las ocho carreras del circuito de 2018: en Balatonfüred, Hungría, y Lac Saint-Jean, en Quebec, Canadá. La nadadora aumentaba así a 20 su récord de **más victorias en carreras de la Copa del Mundo (mujeres)**.

LOS MÁS RÁPIDOS...

1.500 m libres en piscina olímpica (mujeres)

El 16 de mayo de 2018, en Indianápolis, Indiana, EE.UU., Katie Ledecky (EE.UU.) hizo trizas su propio récord de los 1.500 m libres, que rebajó en 5 s y dejó en 15 min y 20,48 s.

50 m mariposa en piscina olímpica (hombres)

El 1 de julio de 2018, Andriy Govorov (Ucrania) batió un récord de 2009 perteneciente a la época de los «superbañadores» (ver arriba a la derecha) cuando nadó los 50 m en 22,27 s en el Trofeo Sette Colli, en Roma, Italia.

50 m espalda en piscina olímpica (mujeres)

El 21 de agosto de 2018, Liu Xiang (China) ganó la prueba femenina de los 50 m espalda con un tiempo de 26,98 s en los XVIII Juegos Asiáticos celebrados en Yakarta, Indonesia.

100 m braza en piscina olímpica (hombres)

El 4 de agosto de 2018, Adam Peaty (R.U.) ganó la prueba masculina de los 100 m braza del Campeonato Europeo de Natación celebrado en Glasgow, R.U., con un tiempo de 57,10 s. A día de hoy, Peaty posee los 14 mejores tiempos de esta prueba.

Relevo 4 × 100 m libres en piscina olímpica (mujeres)

El 5 de abril de 2018, el equipo australiano formado por Cate Campbell, Emma McKeon, Bronte Campbell y Shayna Jack hizo las delicias del público local en los Juegos de la Commonwealth al ganar el relevo 4 × 100 m con un tiempo de 3 min y 30,05 s.

LOS 50 METROS BRAZA EN PISCINA OLÍMPICA MÁS RÁPIDOS (HOMBRES)

El 4 de agosto de 2018, Kliment Kolesnikov (Rusia) se llevó el oro con un tiempo de 24,00 s en el Campeonato Europeo de Natación en Glasgow, R.U. A los 18 años mejoró la marca de 24,04 s de Liam Tancock, lograda en 2009 en la época de los «superbañadores», cuando los nadadores llevaban unos trajes de baño (ahora prohibidos) no textiles de alta tecnología con los que se establecieron récords muy duraderos.

MÁS MEDALLAS DE ORO GANADAS EN UN CAMPEONATO MUNDIAL DE LA FINA (INDIVIDUAL)

Olivia Smoliga (EE.UU.) ganó ocho medallas de oro en el 14.º Campeonato Mundial de Natación de la FINA (25 m) del 11 al 16 de diciembre de 2018 en Hangzhou, China. Smoliga logró la victoria en las pruebas femeninas de los 50 y 100 m espalda, y en seis relevos (cuatro femeninos y dos mixtos). El mejor resultado previo en un campeonato de la FINA era de siete medallas, logradas por Caeleb Dressel en 2017 y Michael Phelps en 2007.

de los **100 m espalda más rápidos en piscina corta (hombres)**: 48,88 s.

400 m libres S11 (mujeres)

El 15 de agosto de 2018, Liesette Bruinsma (Países Bajos) batió por casi 6 s un récord vigente desde hacía ocho años tras ganar los 400 m libres (5 min y 4,74 s) en el Campeonato de Europa de Natación Paralímpica disputado en Dublín, Irlanda. La categoría S11 es para nadadores con deficiencias visuales.

También estableció los récords de los **100 m libres S11 más rápidos (mujeres)**, con 1 min y 5,14 s, y los **200 m estilos individual S11 más rápidos (mujeres)**, con 2 min y 46,58 s.

100 m braza SB14 (hombres)

El 27 de abril de 2019, Scott Quin (R.U.) nadó los 100 m braza en 1 min y 5,28 s en el Campeonato Internacional Británico de Natación Paralímpica celebrado en Glasgow, R.U. La categoría SB14 está reservada para nadadores con discapacidad intelectual.

LOS 200 METROS ESTILOS SM6 INDIVIDUAL MÁS RÁPIDOS (MUJERES)

El 25 de abril de 2019, Maisie Summers-Newton (R.U.) nadó los 200 m estilos en 2 min y 57,99 s en el Campeonato Internacional Británico de Natación Paralímpica celebrado en Glasgow, R.U. La nadadora de 16 años mejoró su propia marca de 2 min y 59,60 s lograda el 14 de agosto de 2018 (abajo).

Summers-Newton, que es de baja estatura, también estableció el récord de los **100 m braza SB6 más rápidos (mujeres)**: 1 min y 33,63 s, conseguido el 15 de agosto de 2018.

DIC 16 En 2016, Todd Simpson (Canadá) da forma al **muñeco de nieve más pequeño**: 3 micrómetros de altura, en la Western University Nanofabrication Facility, en Ontario, Canadá.

DIC 17 En 2006, J. Hackett (Nueva Zelanda) se lanza desde una plataforma en la Torre Macao, en Macao, China, y realiza el **salto de** *puenting* **a más altura desde un edificio**.

DEPORTES ACUÁTICOS

LA PUNTUACIÓN MÁS ALTA EN ESLALON EN ESQUÍ ACUÁTICO (MUJERES)

El 16 de julio de 2018, Regina Jaquess (EE.UU.) superó cuatro boyas con una cuerda de arrastre de 10,25 m a una velocidad de 55 km/h en el torneo July Heat celebrado Florida, EE.UU. Fue su octavo récord en eslalon, aprobado por la Federación Internacional de Esquí Náutico y Wakeboard. Los esquiadores náuticos tienen que superar un recorrido alrededor de seis boyas, en el que, con cada pasada realizada con éxito, la velocidad de la lancha aumenta hasta un máximo y tras eso la cuerda se acorta gradualmente.

Más puntos en esquí acuático (hombres)

El 16 de julio de 2018, Adam Sedlmajer (República Checa) logró 2.819,76 puntos en la prueba July Heat. Sorteó tres boyas en eslalon con una cuerda de arrastre de 10,25 m a 58 km/h, sumó 10.750 puntos en la modalidad de figuras y realizó un salto de 66,3 m. El récord fue aprobado por la Federación Internacional de Esquí Náutico y Wakeboard.

El 6 de octubre de 2018, Erika Lang (EE.UU.) estableció el récord de **más puntos en figuras en esquí acuático (mujeres)**: 10.850, en el Sunset Fall Classic celebrado en Groveland, Florida, EE.UU.

El surfista más joven en clasificarse para el World Surf League Championship Tour

Caroline Marks (EE.UU., n. el 14 de febrero de 2002) participó en el World Surf League Championship Tour 2018 después de superar, con 15 años y 264 días, las series de clasificación femeninas celebradas el 5 de noviembre de 2017. Marks finalizó la temporada de su debut en séptimo lugar, y fue galardonada con el premio a la mejor debutante del año.

La ola más grande surfeada (mujeres)

El 18 de enero de 2018, Maya Gabeira (Brasil) surfeó una ola de 20,72 m de altura en Praia do Norte, en Nazaré, Portugal. El tamaño de esta ola fue verificado por el jurado de los World Surf League's Big Wave Awards.

La velocidad más alta haciendo kitesurf (hombres, milla náutica)

Christophe Ballois (Francia) alcanzó una velocidad de 35,78 nudos (66,26 km/h) en 1 milla náutica (1,8 km) en el Speed Sailing Event celebrado en La Palme, Francia, el 21 de julio de 2018. El récord fue ratificado por el World Sailing Speed Record Council (WSSRC). Ballois, que nació sin el antebrazo izquierdo, aprendió a navegar con una sola mano, aunque en esta prueba empleó un brazo protésico.

La velocidad más alta a vela (mujeres, milla náutica)

También en el Speed Sailing Event celebrado en La Palme el 21 de julio de 2018, la windsurfista Zara Davis (R.U.) alcanzó una velocidad de 37,29 nudos (69,06 km/h), según fue verificado por el WSSRC.

LOS 2.000 METROS MÁS RÁPIDOS EN SCULL PARALÍMPICO INDIVIDUAL (MUJERES)

El 16 de septiembre de 2018, Birgit Skarstein (Noruega) ganó la prueba de scull individual PR1 con un tiempo de 10 min y 13,630 s en el Campeonato Mundial de Remo celebrado en Plovdiv, Bulgaria. Birgit batía así su propio récord mundial por más de 10 s. La deportista también compitió por Noruega en esquí de fondo en los Juegos Paralímpicos de Invierno 2014 y 2018.

Los 2.000 m más rápidos en scull peso ligero individual (hombres)

El 9 de septiembre de 2018, Jason Osborne (Alemania) ganó una prueba eliminatoria de los 2.000 m en scull peso ligero individual en el Campeonato Mundial de Remo celebrado en Plovdiv, Bulgaria, con un tiempo de 6 min y 41,030 s.

La distancia más larga recorrida en apnea dinámica con aletas

El 29 de junio de 2018, Magdalena Solich-Talanda (Polonia) recorrió 243 m bajo el agua suspendiendo la respiración, en Belgrado, Serbia. Batía así el récord de 237 m de Natalia Molchanova, vigente desde hacía cuatro años.

LOS 1.000 M C1 MÁS RÁPIDOS DE LA FEDERACIÓN INTERNACIONAL DE PIRAGÜISMO (HOMBRES)

El 26 de mayo de 2018, Martin Fuksa (República Checa) ganó la prueba de los 1.000 m C1 (canoa individual) con un tiempo de 3 min y 42,385 s en la Copa del Mundo de Esprint de la ICF disputada en Duisburgo, Alemania.

Seis días antes, Fuksa había establecido el récord de los **500 m C1 más rápidos (hombres)**: 1 min y 43,669 s, en la prueba de la Copa del Mundo de Esprint disputada en Szeged, Hungría.

LA MAYOR PROFUNDIDAD EN BUCEO LIBRE CON PESO CONSTANTE (HOMBRES)

El 18 de julio de 2018, Alexey Molchanov (Rusia) se sumergió 130 m en el certamen Vertical Blue celebrado en el agujero azul de Dean, en Long Island, Bahamas. Se trata de la inmersión autopropulsada a más profundidad de la historia. Durante un Vertical Blue repleto de récords, Molchanov también estableció el de **mayor profundidad en buceo libre (hombres)**: 125 m, el 24 de julio de 2018.

MÁS CAMPEONATOS MUNDIALES DE LA LIGA MUNDIAL DE SURF Y DE LA ASP (MUJERES)

Stephanie Gilmore (Australia) se alzó con su séptimo campeonato mundial después de ganar la Liga Mudial de Surf 2018. Igualaba así a Layne Beachley (Australia), ganadora en 1998-2003 y 2006. Gilmore, que se clasificó por primera vez para el World Tour de la Asociación de Surfistas Profesionales (ASP) en 2007, ya se impuso en su primera temporada y volvió a hacerse con el título en 2008-10, 2012 y 2014. La World Surf League reemplazó al ASP World Tour en 2015.

Gilmore ganó pruebas en Australia, Brasil y Sudáfrica en su camino al título de la Liga Mundial de Surf 2018.

DIC 18 En 1898, Gastón de Chasseloup-Laubat (Francia) establece el **primer récord reconocido de velocidad en tierra** en Achères, Yvelines, Francia: 63,15 km/h a los mandos del *Jeantaud Duc*, un automóvil eléctrico.

DIC 19 En 2014, Puskar Nepal (Nepal) establece el récord de **más patadas en la cabeza en un minuto (a uno mismo)**: 134, en Katmandú, Nepal. Logra el récord frente a una audiencia de invitados al evento.

239

DEPORTES DE INVIERNO

LOS 3.000 M EN PATINAJE DE VELOCIDAD MÁS RÁPIDOS (MUJERES)

El 9 de marzo de 2019, Martina Sáblíková (República Checa) logró la victoria en la final de la Copa Mundial de Patinaje de Velocidad de la ISU con un tiempo de 3 min y 52,02 s en Salt Lake City, Utah, EE.UU. Batía así su propio récord de 3 min y 53,31 s, establecido tan solo una semana antes en el World Allround Speed Skating Championships, donde también logró el récord de los **5.000 m más rápidos (mujeres)**: 6 min y 42,01 s.

LOS 500 M EN PATINAJE DE VELOCIDAD EN PISTA CORTA MÁS RÁPIDOS (HOMBRES)

El 11 de noviembre de 2018, Wu Dajing (China) ganó la prueba masculina de los 500 m de la Copa del Mundo de Patinaje de Velocidad en Pista Corta de la ISU, celebrada en Salt Lake City, Utah, EE.UU., con un tiempo de 39,505 s. El óvalo olímpico de Utah, donde los patinadores se enfrentan a una menor presión del aire, hace que la pista sea más difícil y rápida.

Los 500 m más rápidos en patinaje de velocidad (hombres)

En las finales de la Copa Mundial de Patinaje de Velocidad de la ISU (9 y 10 de marzo de 2019 en Salt Lake City, Utah, EE.UU.) se registraron tiempos superrápidos. El 9 de marzo, Pavel Kulizhnikov (Rusia) corrió los 500 m masculinos en 33,61 s y Brittany Bowe (EE.UU.) se llevó el récord de los **1.000 m más rápidos (mujeres)**: 1 min y 11,61 s.

El 10 de marzo, la japonesa Miho Takagi completaba los **1.500 más rápidos (mujeres)**: 1 min y 49,83 s. Kjeld Nuis (Países Bajos) estableció el récord de los **1.500 m más rápidos (hombres)**: 1 min y 40,17 s.

Menos puntos en minicombinación en patinaje de velocidad en pista larga (mujeres)

La minicombinacion comprende cuatro carreras en diferentes distancias: 500 m, 1.000 m, 1.500 m y 3.000 m. Mediante el uso del sistema samalog, los tiempos en cada distancia se convierten en puntos, y el patinador con la puntuación global más baja gana la prueba. Los días 9 y 10 de marzo de 2018, en el Campeonato Mundial de Patinaje de Velocidad Júnior disputado en Salt Lake City, Utah, EE.UU., Joy Beune (Países Bajos) sumó un total de 153,776 puntos. Además, estableció récords mundiales júnior en tres de las cuatro distancias.

Los 5.000 m por equipos en patinaje de velocidad en pista corta más rápidos (hombres)

El 4 de noviembre de 2018, el equipo húngaro compuesto por Csaba Burján, el expatinador de velocidad estadounidense Cole Krueger y los hermanos Shaoang Liu y Shaolin Sándor Liu patinó las 45 vueltas del

MÁS TÍTULOS EN CAMPEONATOS MUNDIALES DE LUGE (MUJERES)

En el Campeonato Mundial de Luge 2019 celebrado en Winterberg, Alemania, Natalie Geisenberger (Alemania) se hizo con los títulos mundiales octavo y noveno de su carrera. Ganó en las pruebas femeninas de individual y esprint, que se sumaron a sus cuatro títulos de relevo y tres de individual. Geisenberger también ostenta el récord de **más títulos de la Copa Mundial de Luge**: siete, que ha ganado de manera consecutiva de 2012/13 a 2018/19.

Con un cuádruple lutz en el Campeonato Mundial, Chen logró la nota más alta de todos los tiempos en la ejecución de un salto: 4,76.

PATINAJE ARTÍSTICO SOBRE HIELO: UNA NUEVA ERA

Al comienzo de la temporada 2018/19, la Unión Internacional de Patinaje sobre Hielo (ISU) aumentó el rango de su sistema de puntuación de -3/+ 3 a -5/+ 5 y restableció las puntuaciones más altas en patinaje artístico. A lo largo de la temporada, se fijaron nuevos récords mundiales en cada una de las cuatro disciplinas, con los Campeonatos Mundiales de 2019 celebrados en Saitama, Japón, como escenario de actuaciones superlativas.

LAS NOTAS MÁS ALTAS EN PATINAJE ARTÍSTICO SOBRE HIELO

HOMBRES	PATINADOR/A	PUNTOS	LUGAR	FECHA
Programa corto	Yuzuru Hanyu (Japón)	110,53	Moscú, Rusia	16 nov 2018
Programa libre	Nathan Chen (EE.UU., derecha)	216,02	Saitama, Japón	23 mar 2019
Total combinado	Nathan Chen	323,42	Saitama, Japón	23 mar 2019
MUJERES				
Programa corto	Rika Kihira (Japón)	83,97	Fukuoka, Japón	11 abr 2019
Programa libre	Alina Zagitova (Rusia)	158,50	Oberstdorf, Alemania	28 sep 2018
Total combinado	Alina Zagitova	238,43	Oberstdorf, Alemania	28 sep 2018
PAREJAS				
Programa corto	Evgenia Tarasova y Vladimir Morozov (Rusia)	81,21	Saitama, Japón	20 mar 2019
Programa libre	Sui Wenjing y Han Cong (China, izquierda)	155,60	Saitama, Japón	21 mar 2019
Total combinado	Sui Wenjing y Han Cong	234,84	Saitama, Japón	21 mar 2019
DANZA SOBRE HIELO				
Danza corta	Gabriella Papadakis y Guillaume Cizeron (Francia)	88,42	Saitama, Japón	22 mar 2019
Danza libre	Gabriella Papadakis y Guillaume Cizeron	135,82	Fukuoka, Japón	12 abr 2019
Total combiando	Gabriella Papadakis y Guillaume Cizeron	223,13	Fukuoka, Japón	12 abr 2019

Cifras actualizadas a 12 de abril de 2019

DIC 20 En 2011, los padres de los niños de la Ley Hill School and Pre-School de Chesham, Buckinghamshire, R.U., preparan el *Christmas cracker* más **largo**: 63,1 m. Contiene globos, juguetes y un chiste.

DIC 21 En 2012, el vídeo de la estrella del pop y del rap surcoreana PSY «Gangnam Style» se convierte en el **primer vídeo que logra 1.000 millones de visitas**. Llevaba en YouTube tan solo 159 días.

MÁS VICTORIAS INDIVIDUALES EN CARRERAS DE LA COPA MUNDIAL DE LA FIS

Ningún esquiador ha ganado más carreras en la Copa del Mundo de la Federación Internacional de Esquí (FIS) que Amélie Wenger-Reymond (Suiza), que el 17 de febrero de 2019 se alzó con su victoria n.º 141 en la prueba de telemark. Solo otros dos esquiadores han logrado más de 100 victorias en la Copa del Mundo: Marit Bjørgen (114, en esquí de fondo) y Conny Kissling (106, en estilo libre).

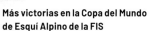

Más victorias en la Copa del Mundo de Esquí Alpino de la FIS

Entre el 3 de diciembre de 2004 y el 14 de marzo de 2018, Lindsey Vonn (EE.UU.) ganó 82 pruebas de la Copa del Mundo de Esquí Alpino de la FIS. También cuenta con los récords de **más victorias en descenso (mujeres)**, con 43, y **más victorias en eslalon supergigante (mujeres)**: 28. En la temporada 2018/19 tuvo que retirarse y se quedó a cuatro victorias del récord absoluto de **más victorias en la Copa del Mundo**: 86, establecido por el legendario esquiador sueco Ingemar Stenmark en 1974-89.

El medallista de más edad en Campeonatos Mundiales de Esquí de la FIS

El 6 de febrero de 2019, Johan Clarey (Francia, n. el 8 de enero de 1981) se colgó la plata en eslalon supergigante, disputado en Åre, Suecia, con 38 años y 29 días. Clarey había sido especialista en descenso: el 19 de enero de 2013 alcanzó la **velocidad más elevada en una prueba de descenso de la Copa del Mundo** con 161,9 km/h, en Wengen, Suiza. Fue el primero en romper la barrera de las 100 millas (160 km/h) en la competición.

MÁS VICTORIAS EN CARRERAS DE LA COPA DEL MUNDO DE ESQUÍ ALPINO DE LA FIS EN UNA TEMPORADA

Mikaela Shiffrin (EE.UU.) logró 17 victorias en la temporada 2018/19 en pruebas de la Copa del Mundo de Esquí Alpino, tres veces más que el récord anterior de Vreni Schneider (1988/89). Shiffrin se convirtió en la primera esquiadora en ganar los títulos de eslalon, eslalon gigante, supergigante y de la clasificación general la misma temporada. Su extenso palmarés incluye el récord de **más victorias en pruebas de eslalon (mujeres)**: 40.

relevo masculino de los 5.000 m en 6 min y 28,625 s. Competían en la Copa Mundial en Pista Corta de la ISU celebrada en Calgary, Alberta, Canadá.

Más Campeonatos Mundiales de Patinaje de Velocidad sobre Hielo en Distancia Individual (hombres)

Sven Kramer (Países Bajos) logró el 20.º título de su carrera en el Campeonato Mundial de Patinaje de Velocidad sobre Hielo en Distancia Individual 2019. Su palmarés incluye ocho títulos en 5.000 m, cinco en 10.000 m y siete en persecución por equipos.

El récord de más **títulos femeninos** es 15, logrados por Martina Sáblíková (ver arriba a la izquierda) entre 2007 y 2019: cinco oros en 3.000 m y 10 en 5.000 m.

MÁS VICTORIAS EN LA COPA MUNDIAL DE ESQUÍ ESTILO LIBRE DE LA FIS (HOMBRES)

Mikaël Kingsbury (Canadá) ha ganado ocho títulos consecutivos en la competición de estilo libre de la Copa del Mundo desde 2011/12. En 2018/19, ganó siete de las nueve pruebas de mogul de la Copa del Mundo, y se hizo con el globo de cristal que premia al ganador de la general de estilo libre, por octavo año consecutivo. Con 56 victorias, Kingsbury tiene el récord de **más triunfos en carreras de la Copa del Mundo de Esquí Estilo Libre.**

Más victorias individuales en la Copa del Mundo de Saltos de Esquí (mujeres)

Sara Takanashi (Japón) ganó 56 pruebas de la Copa del Mundo de Saltos de Esquí entre el 3 de marzo de 2012 y el 10 de febrero de 2019.

Más carreras de skeleton ganadas en la Copa Mundial de la IBSF (hombres)

El 18 de enero de 2019, el letón Martins Dukurs logró su 51.ª victoria en una carrera de skeleton de la Federación Internacional de Bobsleigh y Skeleton (IBSF) en Innsbruck, Austria.

Más países en un Campeonato Mundial de Bandy

El bandy es un deporte similar al hockey sobre hielo. En él se enfrentan dos equipos de 11 jugadores en una pista del tamaño de un campo de fútbol con una pelota en lugar de un disco. 20 selecciones participaron en el Campeonato Mundial de Bandy disputado en Vänersborg, Suecia, del 21 de enero al 2 de febrero de 2019.

El récord de **más victorias en el Campeonato Mundial de Bandy (hombres)** es 14, establecido por la Unión Soviética entre 1957 y 1991. Suecia y Rusia suman 12 cada una. El récord **femenino** es ocho, logrado por Suecia en 2004-2018. Las suecas han ganado todas las ediciones del campeonato salvo la de 2014.

Más victorias en Campeonatos de Canadá de Curling

En 1927 se celebró la primera edición del Brier, el campeonato canadiense de curling. El 10 de marzo de 2019, Alberta ganó su 28.º título después de derrotar al Team Wild Card en Brandon, Manitoba, Canadá.

MÁS TÍTULOS DE LA CLASIFICACIÓN GENERAL DE LA COPA MUNDIAL DE ESQUÍ ALPINO DE LA FIS (HOMBRES)

Marcel Hirscher (Austria) ganó ocho títulos consecutivos de la clasificación general de la Copa del Mundo de Esquí Alpino de la FIS de 2011/12 a 2018/19. En 2017/18, ganó 13 carreras, y junto con Ingemar Stenmark (Suecia, 1978/79) y Hermann Maier (Austria, 2000/01) ostenta el récord de **más victorias en pruebas de la Copa del Mundo de Esquí Alpino en una temporada (hombres)**.

DIC 22 En 1895, Wilhelm Röntgen (Alemania) presenta en la Universidad de Würzburg, Alemania, la **primera radiografía impresa**, que muestra la mano de su esposa Anna. Al ver la imagen de sus huesos, la mujer exclamó: «¡He visto mi muerte!».

DIC 23 En 2013, Pabba Soujanya (India) establece el récord de **más aplausos consecutivos realizados por una persona con una sola mano**: 1.233, en Andhra Pradesh, India. Solo necesita 3 min y 59 s para batir el récord.

241

DEPORTES EXTREMOS

El 25 de enero de 2019, Kelly Sildaru ganó el oro en Slopestyle con la **puntuación más alta en unos X Games de Invierno**: 99,00.

La secuencia de formaciones con cuatro personas en paracaidismo *indoor* más larga (mujeres)

El 13 de abril de 2018, el equipo Aerodyne Weembi Girls, formado por Clémentine Le Bohec, Paméla Lissajoux, Christine Malnis y Sophia Pécout (todas de Francia), completó 45 formaciones consecutivas en los Campeonatos Europeos de Paracaidismo *Indoor* de la FAI celebrado en Voss, Noruega.

La puntuación combinada en paraesquí más baja

El paraesquí combina dos disciplinas deportivas: el eslalon gigante y el aterrizaje de precisión con paracaídas. La puntuación combinada más baja de un **hombre** después de dos recorridos y seis saltos es 7, establecida por Sebastian Graser (Austria) en Bad Leonfelden, Austria, el 16 de febrero de 2019.

El récord **femenino** es 10, logrado por Magdalena Schwertl (Austria) en la misma competición.

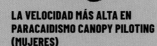

LA VELOCIDAD MÁS ALTA EN PARACAIDISMO CANOPY PILOTING (MUJERES)

El 4 de julio de 2018, Cornelia Mihai (EAU, n. en Rumanía) completó un recorrido de canopy piloting de 70 m en 2,273 s en el Campeonato Mundial de Canopy Piloting disputado en Breslavia, Polonia. La marca equivale a una velocidad media de 110,86 km/h.

El récord **masculino** es de 2,019 s, establecido por Mohammed Baker (EAU) en Dubái, EAU, el 24 de abril de 2015. Su tiempo equivale a una velocidad media de 124,81 km/h. Ambos récords han sido ratificados por la Fédération Aéronautique Internationale (FAI).

MÁS MEDALLAS GANADAS EN UNA EDICIÓN DE LOS X GAMES DE INVIERNO (MUJERES)

En los X Games de Invierno 2019 disputados en Buttermilk Mountain, Aspen, Colorado, EE.UU., la esquiadora de estilo libre Kelly Sildaru (Estonia) ganó tres medallas en 25 h: un oro en Slopestyle, una plata en Superpipe y un bronce en Big Air. Igualaba así lo logrado por la snowboarder Jennie Waara (Suecia) en 1997, quien ganó un oro en Boardercross, una plata en Halfpipe y un bronce en Slopestyle, en Big Bear Lake, California, EE.UU.

La medallista de oro en unos X Games de Invierno más joven

El 19 de mayo de 2018, Kokomo Murase (Japón, n. el 7 de noviembre de 2004) ganó la prueba femenina de Snowboard Big Air en los X Games de Noruega con 13 años y 193 días. Fue la primera esquiadora en ejecutar un doble cork 1260 de espaldas en competición, que le valió una nota de 49,66 sobre 50.

Más medallas ganadas en los X Games (mujeres)

La snowboarder Jamie Anderson (EE.UU.) ganó 16 medallas en los X Games de Invierno de 2006 a 2019: 14 en Slopestyle (cinco oros, siete platas y dos bronces) y dos en Big Air (ambas de bronce).

Más participaciones en X Games de Invierno

El 26 de enero de 2019, la siete veces medalla de oro Kelly Clark (EE.UU.) participó en sus vigesimosegundos y últimos X Games de Invierno.

MÁS VICTORIAS EN MOTO X BEST TRICK EN LOS X GAMES DE VERANO

El australiano Jackson Strong se ha hecho cuatro veces con el título de Moto X Best Trick de los X Games: en 2011-12, 2016 y 2018. El 21 de julio de 2018, obtuvo su cuarto oro con un flip frontal sin manos en su primera carrera, que recibió una puntuación de 93,00. En 2018, Strong también ganó una medalla de plata en la prueba de Snow Bike Best Trick de los X Games.

La carrera ciclista de descenso de escaleras más larga

La prueba ciclista Devotos de Monserrate arranca en la cima de una colina con vistas sobre Bogotá, Colombia, y desciende a lo largo de un estrecho recorrido de 2,40 km de longitud con 1.060 escalones. El 16 de febrero de 2019, Marcelo Gutiérrez ganó la última edición, organizada por Red Bull Colombia, con un tiempo de 4 min y 42,48 s.

El salto en monociclo sobre una plataforma a más altura (hombres)

El 3 de agosto de 2018, el uniciclista y tres veces campeón del mundo Mike Taylor (R.U.) saltó sobre una plataforma situada a 148,5 cm de altura en el Unicon XIX celebrado en Ansan, Corea del Sur.

El 16 de junio en 2018, Lisa-Maria Hanny (Alemania) realizó el **salto de longitud en monociclo más largo (mujeres)**: 3,35 m, en Warendorf, Alemania.

LA DOBLE MEDALLISTA DE ORO EN UNOS X GAMES MÁS JOVEN

En los X Games 2018 disputados en Minneapolis, Minnesota, EE.UU., Brighton Zeuner defendió su título de Skateboard Park con 14 años 8 días. Una puntuación de 90,33 fue suficiente para asegurarle su segunda medalla de oro. Zeuner ganó la primera el 15 de julio de 2017, con 13 años y 1 día, y se convirtió en la **medallista de oro en unos X Games más joven (mujeres)**.

MÁS VICTORIAS EN LAS RED BULL CLIFF DIVING WORLD SERIES (HOMBRES)

Gary Hunt (R.U.) ha logrado la victoria en las Red Bull Cliff Diving World Series siete veces: en 2010-12, 2014-16 y 2018. El 23 de septiembre se hizo con su último título en Polignano a Mare, Italia (derecha). Fue su 34.ª victoria en 72 pruebas individuales.

El récord de **más victorias (mujeres)** es tres, establecido por Rhiannan Iffland (Australia) en 2016-18.

DIC 24 En 1968, la tripulación del *Apolo 8*, Frank Borman, Bill Anders y James Lovell (todos de EE.UU.), contemplan la **primera salida de la Tierra vista por humanos orbitando alrededor de la Luna**.

DIC 25 En 2017, Beijing Hyundai y Mohe Tourism Bureau (ambos de China) dan los toques finales a la **lista de deseos más larga para Santa Claus** en Mohe, provincia de Heilongjiang, China. Incluye 124.969 deseos.

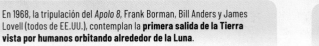

EL MUNDO DEL DEPORTE

MÁS VICTORIAS EN SEPAK TAKRAW EN LOS JUEGOS ASIÁTICOS (EQUIPOS MASCULINOS)

Los jugadores de sepak takraw usan la cabeza, el pecho y los pies para golpear una pequeña pelota de ratán y hacerla pasar por encima de una red de voleibol. Tailandia ha ganado la competición masculina de regu (equipos de tres personas) de los Juegos Asiáticos seis veces: en 1998, 2002, 2006, 2010, 2014 y 2018. El 22 de agosto de 2018, lograron su último título tras imponerse por dos sets a Malasia en el Ranau Hall de Palembang, Indonesia.

MÁS VICTORIAS EN CAMPEONATOS MUNDIALES DE LUCHA EN SALSA GRAVY

Desde 2007, se celebra anualmente el campeonato de lucha cuerpo a cuerpo más jugoso del mundo a las puertas del pub Rose 'n' Bowl, en Stacksteads, Lancashire, R.U. Los combates duran dos minutos y se juzga a los contendientes en base a su vestimenta, capacidad de lucha y el entretenimiento que ofrecen. Joel Hicks (arriba) ostenta el récord **masculino** con cinco victorias. El **femenino** lo comparten Roxy Afzal, también conocida como *The Oxo Fox* o *Foxy Roxy* (detalle), y Emma Slater (ambas de R.U.), con dos.

La competición de lucha de dedos más larga

Las competiciones de lucha de dedos conocidas como Fingerhakeln se celebran en Baviera, Alemania, desde el siglo XIV. Los luchadores eligen un dedo (normalmente el corazón), lo entrelazan con el de su contrincante mediante una correa de cuero, y tiran de su rival hacia su lado de la mesa que hay entre ellos.

Más victorias en Campeonatos Mundiales de Lucha con los Dedos de los Pies

El 22 de junio, Alan Nash (R.U.) se aseguró su 15.º título masculino (y séptimo consecutivo) de lucha con los dedos de los pies al derrotar a Ben Woodroffe en la final del campeonato de 2018 disputado en Fenny Bentley, Derbyshire, R.U.

El tiempo más rápido en completar el Campeonato Mundial de Esnórquel en Ciénaga

El 26 de agosto de 2018, Neil Rutter (R.U.) venció tras recorrer una turbera en Llanwrtyd Wells, Powys, R.U., en 1 min y 18,81 s. Los participantes tienen que cubrir dos distancias de 55 m por una trinchera llena de agua turbia. El tiempo más rápido de una **mujer** es 1 min y 22,56 s, establecido por Kirsty Johnson (R.U.) el 24 de agosto de 2014.

El salto de canal más largo (hombres)

La distancia más larga saltada a través de un canal con una vara de aluminio en el deporte de Frisia Occidental conocido como fierljeppen («saltar lejos») es 22,21 m, récord establecido por Jaco de Groot (Países Bajos) el 12 de agosto de 2017.

El récord **femenino** es 17,58 m, establecido por Marrit van der Wal (Países Bajos) el 16 de julio de 2016.

MÁS EQUIPOS EN UNA COPA MUNDIAL DE QUIDDITCH

Un total de 29 equipos, entre ellos Vietnam, Eslovenia y Cataluña, participaron en la Copa Mundial de la Asociación Internacional de Quidditch 2018 celebrada del 27 de junio al 2 de julio en Florencia, Italia. EE.UU. consiguió su tercer título, el **mayor número de victorias en la Copa Mundial de Quidditch**, después de derrotar a Bélgica en la final por 120-70. El buscador Harry Greenhouse se encargó de cerrar el encuentro haciéndose con el snitch de sus rivales. El único otro país que ha ganado la copa es Australia, en 2016.

La rotación de 360° en un columpio de kiiking más largo (hombres)

Los competidores en el deporte estonio del kiiking intentan realizar rotaciones completas en columpios gigantes. El 25 de agosto de 2018, Sven Saarpere (Estonia) dio un giro de 360° subido a un columpio de 7,38 m de largo en Tallin, Estonia.

La primera ganadora de una Copa Mundial de FootGolf

Sophie Brown (R.U.) se alzó con el título femenino de la edición inaugural de la Copa del Mundo de FootGolf de la Federación Internacional de FootGolf (FIFG), disputada del 9 al 16 de diciembre de 2018 en Marrakech, Marruecos. Al final de los cuatro recorridos, Brown terminó con 280 golpes, seis sobre par. Los jugadores de footgolf han de usar los pies para embocar una pelota de fútbol en un hoyo de 53 cm.

Más All-Ireland Senior Camogie Championships

El camogie es un deporte de equipo femenino similar al hurling que se juega con un palo y una pelota. El 9 de septiembre de 2018, las «Rebelettes» de Cork ganaron su 28.º título desde 1934 después de derrotar a Kilkenny 0-14 a 0-13 en la prórroga de un encuentro disputado en el estadio de Croke Park, Dublín, Irlanda.

Más Campeonatos Mundiales de Rodeo

El 15 de diciembre de 2018, Trevor Brazile (EE.UU.) ganó su 24.ª hebilla dorada en el Campeonato Mundial de Rodeo de la Professional Rodeo Cowboys Association. Su palmarés incluye el récord de **más títulos mundiales de la general**: 14. Estos se otorgan todas las temporadas a los jinetes que han logrado mayores premios económicos compitiendo en dos o más modalidades.

Más títulos de la NATwA National Championships

Entre 1976 y 2018, el legendario Larry Kahn (EE.UU.) sumó 30 títulos individuales y 25 en parejas en los American Tiddlywinks Association (NATwA) National Championships.

MÁS VICTORIAS EN CAMPEONATOS MUNDIALES DE FISTBALL FEMENINO

El 28 de julio de 2018, Alemania se alzó con su tercera victoria consecutiva y sexta en total en un Campeonato Mundial de Fistball Femenino después de derrotar a Suiza por 4-1 en el ÖBV Arena de Linz, Austria. Sus triunfos anteriores llegaron en 1994, 1998, 2006, 2014 y 2016.

MÁS LANZAMIENTOS DE CÁBER EN TRES MINUTOS

El 20 de julio de 2018, Daniel Frame (Canadá) lanzó 16 veces un cáber en 180 s en el Middleton Heart of the Valley Festival celebrado en Nueva Escocia, Canadá. Se hizo con el récord en su segundo intento, después de que un cáber se partiera por la mitad en el primero.

El récord **femenino** es 15, logrado por Heather Boundy (Canadá) el 10 de septiembre de 2016 en Trenton, Ontario, Canadá.

DIC 26 En 2005, Cranston Chipperfield (R.U.), de tres años, se convierte en el **jefe de pista más joven** en el Circus Royale, en Strathclyde Country Park, Lanarkshire, R.U.

DIC 27 En 2013, Maria Leijerstam (R.U.) se convierte en la **primera persona en llegar pedaleando al Polo Sur** tras alcanzarlo después de haber viajado desde el borde de la barrera de hielo de Ross, en la Antártida, en un triciclo reclinado.

RECOPILATORIO

> El primer Campeonato Mundial de Orientación se celebró en 1966. En la actualidad, se disputa todos los años.

MÁS VICTORIAS EN LA COPA DEL MUNDO DE BÉISBOL FEMENINO

Japón ganó la Copa del Mundo de Béisbol Femenino por sexta vez consecutiva en 2018 después de derrotar a China Taipéi por 6-0 el 31 de agosto en Viera, Florida, EE.UU. Las japonesas ganaron los nueve partidos del torneo, en el que solo encajaron cuatro carreras y anotaron 63. Japón no ha perdido un partido de esta copa bienal desde 2012, cosechando 30 victorias consecutivas.

LOS MÁS RÁPIDOS EN...

15 m en escalada de velocidad (mujeres)

El 26 de abril de 2019, Song Yi Ling (China) se impuso en su ronda de cuartos de final de la prueba de escalada de velocidad con una marca de 7,101 s durante la Copa del Mundo de la Federación Internacional de Escalada Deportiva celebrada en Chongqing, China. Batió por 0,219 s el récord mundial femenino, hasta la fecha en manos de dos escaladoras.

El récord de los **15 m en escalada de velocidad (hombres)** lo ostenta Reza Alipour (Irán), con un tiempo de 5,48 s establecido el 30 de abril de 2017.

2.000 m remo *indoor* en una máquina Concept2 (hombres)

El 10 de marzo de 2018, Josh Dunkley-Smith (Australia) remó 2 km en una máquina de remo *indoor* Concept2 en 5 min y 35,8 s durante las pruebas de selección para el equipo absoluto de remo de Australia. Su marca mejoraba el anterior récord de 5 min y 36,6 s de Rob Waddell (Nueva Zelanda), vigente durante una década.

El 10 de julio de 2018, Jennifer Casson (Canadá) establece el récord de los **2.000 m remo indoor en una máquina Concept2 (mujeres, peso ligero):** 6 min y 53,8 s, en el Centro Nacional de Remo Aviron, en Victoria, Columbia Británica, Canadá.

400 m con bialetas en natación con aletas (mujeres)

El 18 de julio de 2018, Maria Patlasova (Rusia) ganó el oro en el Campeonato Mundial de Natación con Aletas celebrado en Belgrado, Serbia, con un tiempo de 3 min y 44,92 s. Fue su segundo récord mundial en tres días: el 16 de julio, Patsalova contribuyó a la victoria del equipo ruso que logró el **relevo (mixto) 4 x 100 m con bialetas en natación con aletas más rápido:** 2 min y 58,04 s. Los compañeros de equipo de Patlasova fueron Lev Shtraikh, Aleksey Fedkin y Vitalina Simonova.

También el 16 de julio, Yi Ting Sun (China) estableció el récord de los **400 m por superficie en natación con aletas (mujeres) más rápidos:** 3 min y 12,10 s.

100 m en arrastre de maniquí con aletas (hombres) de la ILSF

En esta prueba de la Federación Internacional de Salvamento y Socorrismo (ILSF), los competidores tienen que nadar 50 m, recuperar un maniquí sumergido y llevarlo a flote hasta la meta. El 23 septiembre de 2018, Jan Malkowski (Alemania) estableció un tiempo de 44,21 s en el DLRG Cup Pool 2018 celebrado en Warendorf, Alemania.

El récord **femenino** es 50,43 s, establecido el 16 de diciembre de 2018 por Lucrecia Fabretti (Italia) en el Italian Open Championships disputado en Milán, Italia. Lucrecia batió su propio récord de 50,78 s, fijado el 12 de septiembre de 2018 en los Juegos Europeos de la Juventud.

MÁS...

Victorias en la Liga Mundial de Waterpolo (mujeres)

EE.UU. ha ganado 12 veces la Liga Mundial de Waterpolo femenino de la FINA: en 2004, 2006-07, 2009-12 y 2014-18. La competición, que enfrenta a las mejores selecciones nacionales del mundo en un formato de liga, se disputa anualmente desde 2004.

MÁS TÍTULOS DE LARGA DISTANCIA EN EL CAMPEONATO MUNDIAL DE ORIENTACIÓN (HOMBRES)

El noruego Olav Lundanes ganó su quinto título de larga distancia en el Campeonato Mundial de Orientación de 2018. El 11 de agosto, llegó a la meta en primer lugar con un tiempo de 1 h, 37 min y 43 s en Riga, Letonia. Fue la tercera victoria consecutiva de Lundanes en esta prueba, después de los títulos de 2010 y 2012.

MÁS CAMPEONATOS MUNDIALES DE TRIAL *INDOOR* Y AL AIRE LIBRE

En una extraordinaria demostración de dominio en este deporte, Antoni Bou (España) ha ganado el Campeonato Mundial de Trial de la FIM (imagen principal) y el FIM X-Trial (detalle) todos los años entre 2007 y el 9 de marzo de 2019. Acumula un total de 25 títulos, con 104 victorias en pruebas al aire libre y 61 *indoor*. Las competiciones de trial son pruebas sin velocidad en las que los pilotos tienen que superar una serie de obstáculos sin tocar el suelo con los pies.

DIC 28 En 2010, Thomas Müller y Heiko Becher (ambos de Alemania) establecen el récord de la **mayor distancia recorrida a pie con raquetas de nieve en 24 horas:** 94,41 km entre Gräfenwarth y Saalburg, Alemania.

DIC 29 En 2016, se inaugura el **puente más alto** en Dugexiang, provincia de Guizhou, China. El tablero del puente Beipanjiang se encuentra 565 m por encima de las aguas del río Beipan.

MÁS VICTORIAS DE UN CABALLO EN CARRERAS DE GRUPO 1

El 13 de abril de 2019, la yegua *Winx* coronó una gloriosa trayectoria con su 25.ª victoria en el grupo 1, lograda en el Queen Elizabeth Stakes, en Sídney, Nueva Gales del Sur, Australia. El 2 de marzo, *Winx* superó el récord de 22 victorias en posesión de *Hurricane Fly* gracias a su triunfo en el Chipping Norton Stakes 2019. Tras ganar en el Queen Elizabeth Stakes, su 33.ª victoria consecutiva contabilizando todas las carreras, *Winx* fue retirada de la competición y destinada a la cría.

victoria n.º 149 desde 1979 en la clase Funny Car en los Dodge Mile-High NHRA Nationals, disputados en la pista de Bandimere, Colorado, EE.UU. Force, de 69 años, también aumentó su récord de **más finales de la NHRA** hasta la cifra de 251.

Victorias en el Champions Trophy de Hockey (hombres)

El 1 de julio de 2018, Australia consiguió su 15.º Champions Trophy en la edición final de la competición después de derrotar a la India por 3-1 gracias a un penalti shoot-out.

El récord de **más victorias en el Champions Trophy (mujeres)** es siete, que comparten Argentina y las campeonas de 2018, Holanda. Para más récords de hockey, consulta la pág. 224.

Victorias de un jinete en el Prix de l'Arc de Triomphe

Frankie Dettori (Italia) se hizo con el triunfo en la carrera de caballos más exclusiva de Europa por sexta vez en 2018, año en el que logró su segunda victoria consecutiva a lomos de *Enable*. Los otros caballos con los que ha ganado son *Lammtarra* (1995), *Sakhee* (2001), *Marienbard* (2002) y *Golden Horn* (2015).

Medallas de oro en la Copa del Mundo de Vela (hombres)

A 1 de marzo de 2019, Australia acumulaba 53 medallas de oro en pruebas masculinas de la Copa del Mundo de Vela desde 2008.

El récord de **más medallas de oro (mujeres)** es 26, logrado por

MÁS VICTORIAS EN COMPETICIÓN INDIVIDUAL EN EL CAMPEONATO MUNDIAL DE BÁDMINTON (MUJERES)

El 5 de agosto de 2018, Carolina Marín (España) obtuvo su tercer título individual en la competición femenina del Campeonato Mundial de la Federación Mundial de Bádminton celebrado en Nanjing, China. En una repetición de la final olímpica de 2016, Marín derrotó a la india P. V. Sindhu por 21-19 y 21-10. Sus triunfos anteriores llegaron en 2014 y 2015.

Gran Bretaña, que supera por una a China y por dos a Holanda.

Títulos del Campeonato Mundial de Squash (mujeres)

La malaya Nicol David anunció en 2019 su retirada del squash después de una brillante carrera en la que ha sido nueve años la n.º 1 del mundo (2006-15), un logro sin precedentes. Nicol ha ganado 81 torneos y ocho Campeonatos

Mundiales femeninos (en 2005-06, 2008-12 y 2014).

LA MÁS ALTA...

Puntuación en figuras en esquí acuático descalzo (hombres)

El 14 de agosto de 2018, David Small (R.U.) sumó 13.350 puntos en el Campeonato Mundial de 2018 celebrado en el lago Dream, en Napanee, Ontario, Canadá.

Small también ostenta el récord del **salto de esquí acuático descalzo más largo (hombres)**: 29,9 m, logrado en Brandenburgo, Alemania, el 11 de agosto de 2010.

El récord **masculino** lo ostenta Serbia con 11 victorias: 2005-08, 2010-11 y 2013-17.

Participaciones en el Rally Dakar (consecutivas)

Yoshimasa Sugawara (Japón) compitió en su 36.º Rally Dakar consecutivo en 2019. Esta marca no incluye la edición de 2008, que fue cancelada, pero en la que también estaba inscrito.

Victorias en carreras de la National Hot Rod Association (NHRA)

El 22 de julio de 2018, John Force (EE.UU.) se alzó con su

EL TIEMPO MÁS RÁPIDO PARA IMPONERSE EN LA MONTANE SPINE RACE

El 16 de enero de 2019, Jasmin Paris (R.U.) se convirtió en la primera mujer en ganar la Montane Spine Race después de cruzar la línea de meta con un tiempo de 83 h, 12 min y 23 s, el récord de la prueba. La carrera es una ultramaratón invernal de 431 km sin descanso, cuyo recorrido va desde Derbyshire hasta la frontera escocesa, en R.U. En total, 13.106 m son en ascenso.

> Ioseba Fernández también ostenta el récord de los **200 m más rápidos de patinaje de velocidad en línea (hombres)** con 15,879 s, logrado el 9 de diciembre de 2012.

LOS 100 METROS MÁS RÁPIDOS DE PATINAJE DE VELOCIDAD EN LÍNEA (HOMBRES)

El 7 de julio de 2018, en el Campeonato Mundial de Patinaje en Línea de Velocidad disputado en Arnhem, Países Bajos, Ioseba Fernández (España, a la derecha) ganó su semifinal de los 100 m con un tiempo de 9,684 s. Además de un nuevo récord mundial, también se llevó una medalla de oro tras superar al colombiano Edwin Estrada (izquierda) en la final.

DIC 30 En 2010, se toca el **piano más grande** en un concierto en Polonia. Construido por Daniel Czapiewski (Polonia), cuenta con 156 teclas y mide 2,49 m de ancho, 6,07 m de largo y 1,9 m de alto.

DIC 31 En 2008, la Sun Bowl Association celebra el Año Nuevo organizando el **baile «YMCA» más multitudinario** en Texas, EE.UU. Un total de 40.148 personas se mueven al ritmo del clásico de Village People.

Los términos en **negrita** indican la entrada principal de un determinado tema; y los que aparecen en **NEGRITA MAYÚSCULA**, un capítulo completo.

RESPUESTAS (págs. 200-201)

1. Super Mario
2. Link
3. Niko Bellic
4. Cervantes
5. Arthur Morgan
6. Nathan Drake
7. Samus Aran
8. Batman
9. Leon S. Kennedy
10. Jin Kazama

COLABORADORES

Guinness World Records 2020 se ha elaborado gracias a aplicaciones destinadas al público general y a la información proporcionada por una red de asesores y colaboradores. Nos gustaría expresar nuestro agradecimiento a:

School of Ants: La Dra. Kirsti Abbott es una experta en hormigas y comunicadora científica que dirige la School of Ants en Australia, un proyecto de ciencia ciudadana con el objetivo de documentar y entender la diversidad y distribución de las hormigas en los entornos urbanos. Su pasión es inspirar a las generaciones más jóvenes para que conecten con el fascinante mundo de estos insectos. *www.schoolofants.net.au*

Center for Mountain Studies: El profesor Martin Price es el director del Center for Mountain Studies, que tiene su sede en el Perth College de la Universidad de las Tierras Altas y de las Islas, R.U. Sus miembros realizan trabajos de investigación y asesoría a todos los niveles, tanto en Escocia como en el resto del mundo, y han organizado grandes conferencias sobre ciencia y montaña. En la actualidad, es profesor titular de la Cátedra sobre Desarrollo Sostenible y Montaña de la UNESCO. *www.perth.uhi.ac.uk/mountainstudies*

Universidad de Liverpool: El Dr. João Pedro de Magalhães dirige el Integrative Genomics of Ageing Group de la Universidad de Liverpool, R.U. Las investigaciones del grupo se centran en la comprensión de los mecanismos genéticos, celulares y moleculares del envejecimiento. También creó AnAge, una completa base de datos sobre la vida y el envejecimiento de los animales que incluye algunos récords de longevidad. *pcwww.liv.ac.uk/~aging/*

Laboratorio de Sismología de Berkeley: El profesor Michael Manga es catedrático de Ciencias de la Tierra y de los Planetas en UC Berkeley, California, EE.UU., y está especializado en erupciones volcánicas y géiseres en la Tierra y otros planetas. Sus investigaciones han sido reconocidas con una beca MacArthur y su elección como miembro de la Academia Nacional de Ciencias. *seismo.berkeley.edu/~manga*

Sociedad Americana de Ictiología y Herpetología: La ASIH, fundada en 1913, se dedica al estudio científico de peces, anfibios y reptiles. Los objetivos principales de la sociedad son generar conocimiento sobre estos organismos y difundirlo, así como animar y apoyar a los jóvenes científicos encargados del futuro avance de estas disciplinas. *www.asih.org*

Sociedad Nacional de Espeleología: Scott Engel es el vicepresidente ejecutivo de la Sociedad Nacional de Espeleología (NSS), una organización sin ánimo de lucro cuyos miembros se dedican al estudio, exploración, protección y conservación científicos de cuevas y karst, y a la promoción de la exploración y gestión responsable de las cuevas. Fundada en 1941 en EE.UU., la NSS es la organización más grande en su ámbito. *caves.org*

Centro de Investigación Jane Goodall, USC: El primatólogo Dr. Craig Stanford es profesor de Antropología y Ciencias Biológicas en la Universidad del Sur de California, donde también codirige el Centro de Investigación Jane Goodall. Ha desarrollado una extensa investigación de campo sobre grandes simios en estado salvaje, monos y otros animales de África del Este, Asia, Centroamérica y Sudamérica. El Dr. Stanford ha escrito más de una docena de libros y 100 artículos académicos. *dornsife.usc.edu/labs/janegoodall*

Sociedad Internacional de Limnología: La Dra. Tamar Zohary es investigadora principal en el Laboratorio de Limnología Kinneret en el Centro de Investigaciones Oceanográficas y Limnológicas de Israel. Su trabajo se centra en la ecología del fitoplancton y el impacto de las fluctuaciones del nivel del agua en la ecología lacustre. Desde 2013, es también secretaria y tesorera general de la Sociedad de Limnología (SIL), una sociedad internacional dedicada al estudio de las aguas interiores. *limnology.org*

Desert Research Institute: El Dr. Nick Lancaster es profesor e investigador emérito del Desert Research Institute (DRI), en Nevada, EE.UU., de las especialidades de geomorfología del desierto e impactos del cambio climático en regiones desérticas. Es miembro de la Real Sociedad Geográfica y la Sociedad Geológica de América. El DRI es líder mundial en investigación interdisciplinaria básica y aplicada. www.dri.edu

MonumentalTrees.com: Tim Bekaert es el administrador de MonumentalTrees.com, una comunidad digital donde aparecen listados decenas de miles de árboles de este tipo, en la que pueden encontrarse fotografías, medidas de circunferencia y altura, y la ubicación de árboles extraordinarios a menudo sin documentar. *www.monumentaltrees.com*

UltimateUngulate.com: Brent Huffman es un zoólogo de Toronto, Ontario, Canadá, especializado en la biología de los ungulados (mamíferos con pezuñas). Brent es autor de un gran número de publicaciones, tanto académicas como de divulgación, pero es más conocido por ser el fundador de UltimateUngulate.com en 1996, el primer sitio web dedicado a este grupo de animales tan diverso. *www.ultimateungulate.com*

Unión Ornitológica Internacional: La Dra. Dominique Homberger es graduada y profesora de la Universidad de Luisiana, EE.UU., y presidenta de la Unión Ornitológica Internacional (IOU). Su investigación se ha centrado en la anatomía comparativa como medio para dar respuesta a preguntas evolutivas y funcionales, y siente particular interés por el orden de los Psittaciformes (es decir, loros y cacatúas). La IOU cuenta con unos 200 expertos en aves que organizan el Congreso Ornitológico Internacional cada cuatro años, el primero de los cuales se celebró en 1884. *www.internationalornithology.org*

Real Sociedad de Entomología: El Dr. Luke Tilley es el director de difusión y desarrollo de la RES, que se fundó en 1833 para promover y desarrollar el estudio científico de los insectos. La sociedad trabaja en la colaboración internacional, la investigación y la difusión de conocimiento. Su objetivo es promover la excelencia en la entomología y demostrar la importancia del estudio de los insectos. *www.royensoc.co.uk*

Organización Meteorológica Mundial: El Dr. Randall Cerveny es profesor de Ciencias Geográficas especializado en meteorología y clima en la Escuela de Ciencias Geográficas y Planificación Urbana de la Universidad Estatal de Arizona, EE.UU. También es relator de meteorología y climatología extrema de la OMM desde 2007. *wmo.asu.edu*

Museo de Historia Natural de Viena: El Dr. Ludovic Ferriere es un geólogo experto en meteoritos y cráteres de impacto. Es el conservador jefe de las prestigiosas colecciones de meteoritos y rocas del Museo de Historia Natural de Viena, Austria. Junto con otros colegas, ha confirmado cuatro cráteres de impacto hasta la fecha: el Keurusselkä, en Finlandia; el Luizi, en la República Democrática del Congo; el Hummeln, en Suecia; y el Yallalie, en Australia. *www.nhm-wien.ac.at*

British Ecological Society: El profesor Richard Bardgett es el presidente de la British Ecological Society y profesor de Ecología en la Universidad de Mánchester, R.U. Sus áreas de especialización incluyen la interacción planta-suelo y los ecosistemas de las praderas. Editor sénior del *Journal of Ecology*, ha publicado más de 260 trabajos científicos, así como varios libros, entre ellos *Earth Matters: How Soil Underpins Civilization* (2016). *www.britishecologicalsociety.org*

Real Jardín Botánico de Kew: El Real Jardín Botánico de Kew es una organización científica de fama mundial cuya reputación internacional se asienta en sus excepcionales colecciones y su experiencia científica en diversidad vegetal, conservación y desarrollo sostenible, tanto en R.U. como en el resto del mundo. Sus áreas de trabajo incluyen la botánica en todos sus aspectos y la investigación de los hongos, y cuenta con departamentos dedicados a la identificación de especies, la informática de la biodiversidad y la biología comparativa de plantas y hongos, entre otros. El Real Jardín Botánico de Kew, en Londres, R.U., es un polo de atracción de visitantes de importancia internacional, y fue declarado Patrimonio de la Humanidad por la UNESCO en 2003. *www.kew.org*

The Cornell Lab: Dirigido por el Dr. Holger Klinck, el programa de investigación en bioacústica (BRP) del Laboratorio de Ornitología de Cornell, en Nueva York, EE.UU., reúne a un equipo interdisciplinario de científicos, ingenieros, estudiantes y personal de apoyo que trabaja en una amplia variedad de proyectos de investigación en bioacústica terrestre, acuática y marina. La misión del BRP es reunir e interpretar sonidos de la naturaleza mediante el desarrollo y la aplicación de innovadoras tecnologías de conservación en distintas escalas ecológicas, así como la divulgación y la protección de la fauna y de los hábitats. *brp.cornell.edu*

Universidad de Maryland: El Dr. Andrew Baldwin es profesor en el Departamento de Ciencia y Tecnología Ambiental de la Universidad de Maryland, EE.UU. Además de impartir cursos sobre la ecología de los humedales y su restauración, investiga sobre la ecología del cambio global y la restauración de los humedales. Es miembro y expresidente de la Society of Wetland Scientists. *www.enst.umd.edu*

International Association for Bear Research and Management: La International Association for Bear Research and Management (IBA) es una organización exenta del pago de impuestos y sin fines lucrativos abierta a biólogos, gestores de la vida salvaje y otros profesionales dedicados a la conservación de todas las especies de osos. La organización, que cuenta con más de 550 miembros de más de 60 países, apoya la gestión científica de las poblaciones de osos por medio de la investigación y difusión del conocimiento. *www.bearbiology.org*

Instituto Scott de Investigación Polar: El SPRI de la Universidad de Cambridge, R.U., se fundó en 1920 en memoria de los hombres que murieron durante la expedición del capitán Scott al Polo Sur de 1910-13. Sus recursos cubren completamente el Ártico y la Antártida gracias a una extensa biblioteca, un amplio archivo, departamentos de investigación en distintas especialidades polares y un pequeño museo público. Hoy es un centro de relevancia mundial en el estudio de la historia y la geografía, y en la investigación de campo y en laboratorio, de estas dos regiones. *www.spri.cam.ac.uk*

Royal Veterinary College: Alan Wilson es profesor de biomecánica del aparato locomotor y jefe del Laboratorio de Estructura y Movimiento en el RVC de la Universidad de Londres. Veterinario y fisiólogo de formación por la Universidad de Glasgow, se doctoró en la Universidad de Bristol con una tesis sobre las lesiones en la mecánica del tendón. Su trabajo como investigador se centra en los límites mecánicos y fisiológicos del aparato locomotor de distintas especies, desde las palomas hasta los guepardos. En la actualidad, estudia mamíferos africanos tan icónicos como el león y el ñu en Botswana con la ayuda de innovadores equipos de GPS y de rastreo de movimientos. *www.rvc.ac.uk*

International Gem Society: Donald Clark, CSM fundó la International Gem Society (IGS) en 1998. La misión de la IGS es que la información sobre gemología sea accesible y asequible para todo el mundo. Cuenta con miembros en todos los continentes (excepto la Antártida), que van desde profesionales experimentados hasta aficionados. La sociedad ofrece a sus miembros distintos recursos, entre ellos una biblioteca de referencia que se actualiza todas las semanas y cursos de gemología con certificación. *www.gemsociety.org*

Administración Nacional Oceánica y Atmosférica: La NOAA trabaja en mantener al público informado acerca de los cambios en el entorno, y su ámbito de actuación abarca desde la superficie del sol hasta las profundidades del fondo de los océanos. Las tareas que realiza incluyen desde las previsiones meteorológicas diarias, las alertas de fuertes tormentas y la vigilancia del clima para la gestión pesquera, la restauración costera y el apoyo al comercio marítimo. *www.noaa.gov*

Unidad de Investigación de Arrecifes de Coral, UoE: David Smith, profesor de Biología Marina en la Universidad de Essex, R.U., y director de la Unidad de Investigación de Arrecifes de Coral, trabaja en la ecología y conservación de los arrecifes de coral desde hace 20 años. Es editor asociado de la revista *Global Change Biology* y asesora a gobiernos y organizaciones

University of the Highlands and Islands Perth College | Centre for Mountain Studies

UNIVERSITY OF LIVERPOOL

Berkeley Seismology Lab

BRITISH ECOLOGICAL SOCIETY

nhm naturhistorisches museum wien

SCHOOL of ANTS AUSTRALIA

Royal Botanic Gardens Kew

WORLD SURF LEAGUE EST. 1976

NATIONAL SPELEOLOGICAL SOCIETY

WHALE AND DOLPHIN CONSERVATION WDC

WOWSA

THE NUMBERS Where Data and the Movie Business Meet

International Mineralogical Association IMA

TheCornellLab Bioacoustics Research Program

Channel Swimming Association

USC University of Southern California

en estrategias de investigación y soluciones de conservación. *www.essex.ac.uk/departments/biological-sciences/research/coral-reef-research-unit*

Asociación Mineralógica Internacional: La IMA celebró su primer encuentro en abril de 1958. Hoy, sus miembros pertenecen a 39 sociedades que representan a los cinco continentes poblados. Además de patrocinar y organizar conferencias, la IMA facilita los contactos en el seno de la comunidad mineralógica internacional por medio de las actividades de sus comisiones, comités y grupos de trabajo. Las tareas que tienen encomendadas abarcan desde la racionalización de la nomenclatura y clasificación de los minerales, hasta la preservación del patrimonio mineralógico y su divulgación. *www.ima-mineralogy.org*

Whale and Dolphin Conservation: La WDC es una organización benéfica global líder en el ámbito de la conservación y protección de ballenas y delfines. Defiende a los cetáceos de las muchas amenazas a las que se enfrentan por medio de campañas informativas, grupos de presión, asesoramiento a gobiernos, proyectos de conservación, investigación de campo y tareas de rescate. La WDC defiende que las ballenas y los delfines tienen derecho a no ser cazados o mantenidos en cautividad para el entretenimiento humano, y anima a los que estén de acuerdo a unirse a ellos. *whales.org*

Asociación Mundial de Natación en Aguas Abiertas: La WOWSA es la asociación internacional que regula el deporte de la natación en aguas abiertas. Proporciona programas de membresía y certificación, impulsa publicaciones y recursos en línea para fomentar el espíritu de comunidad, reconoce logros y récords, codifica reglas y trabaja en popularizar este deporte. *www.worldopenwaterswimmingassociation.com*

Channel Swimming Association: Desde 1927, la CSA se encarga de regular la natación en canales y dar apoyo a los nadadores. La organización solo reconoce las travesías a nado realizadas bajo su normativa y con la presencia de observadores que hayan sido designados por ella. *www.channelswimmingassociation.com*

World Sailing Speed Record Council: El WSSRC recibió el reconocimiento de la International Yacht Racing Union (hoy conocida como la Federación Internacional de Vela) en 1972. En un principio, se tomó la decisión de basar las ratificaciones de las velocidades en un tramo unidireccional de exactamente 500 m (más adelante se introdujo una subsección para velocidades en distancias de más de una milla náutica). Su consejo de expertos está formado por miembros de Australia, Francia, Gran Bretaña y EE.UU. *www.sailspeedrecords.com*

World Surf League: La WSL se dedica a la organización de las mejores pruebas de surf en los mejores lugares y a difundirlas a través de las mejores plataformas especializadas. La WSL promueve el mejor surf del mundo desde 1976, y todos los años se encarga de la celebración de más de 180 pruebas internacionales mundiales de los World Championship Tour masculino y femenino, el Big Wave Tour, el Longboard Tour, las World Qualifying Series y los World Junior Championships, así como los WSL Big Wave Awards. La liga siente un profundo aprecio por la rica tradición de este deporte al tiempo que promueve la progresión, la innovación y el rendimiento en los niveles más altos, y gracias a eso celebra los campeonatos masculinos y femeninos más relevantes de este deporte. *www.worldsurfleague.com*

The Numbers: The-Numbers.com es la base de datos sobre información financiera de la industria del cine más grande de internet, con datos sobre más de 38.000 películas y 160.000 personas del mundo del celuloide. Fundada en 1997 por Bruce Nash, actualmente registra más de 8 millones de visitas todos los años, tanto de aficionados al cine como de grandes estudios, productoras independientes e inversores que recogen información para decidir qué películas hacer y cuándo estrenarlas. Su base de datos, conocida como OpusData, cuenta con más de 14 millones de datos sobre el negocio cinematográfico, y aglutina información procedente de estudios de cine, exhibidores, prensa y otras fuentes. *www.the-numbers.com*

Consejo de Edificios Altos y Hábitat Urbano: El Consejo de Edificios Altos y Hábitat Urbano (CTBUH), con sede en Chicago, Illinois, EE.UU., es la organización más relevante a nivel mundial dirigida a profesionales de la promoción, diseño, construcción y explotación de edificios altos y de las ciudades del futuro. El CTBUH facilita la difusión de los últimos conocimientos disponibles en edificios altos por medio de publicaciones, investigaciones, eventos, internet y de la representación internacional. *www.ctbuh.org*

8000ers.com: A Eberhard Jurgalski le fascinan las montañas desde su más tierna infancia, y en 1981 comenzó formalmente a elaborar crónicas sobre las cimas más altas de Asia. Ha desarrollado el sistema de «igualdad de elevación», un método universal de clasificación de picos y cordilleras, y su sitio web, 8000ers.com, se ha convertido en la principal fuente de datos estadísticos sobre altitud de las cordilleras del Himalaya y el Karakórum. Es también coautor de *Herausforderung 8000er*, la guía definitiva de los 14 montañas del mundo de más de 8.000 m. *www.8000ers.com*

Ocean Rowing Society: La ORS la fundaron en 1983 Kenneth F. Crutchlow y Peter Bird, a los que más tarde se unieron Tom Lynch y Tatiana Rezvaya Crutchlow. Mantiene un registro de todos los intentos de realizar travesías oceánicas a remo, así como de grandes cuerpos de agua, como el mar de Tasmania y el mar del Caribe, y de expediciones de remo alrededor de Gran Bretaña. La sociedad también clasifica, verifica y adjudica los logros en remo oceánico. *www.oceanrowing.com*

Great Pumpkin Commonwealth: La GPC se encarga de promover la afición por el cultivo de calabazas gigantes, así como de otras verduras de gran tamaño, junto con el establecimiento de normas y reglamentos que aseguren la calidad de las frutas, la limpieza de la competición, el reconocimiento de logros, el fomento del compañerismo y la formación de los productores y establecimientos de pesaje que forman parte de esta comunidad. *gpc1.org*

Campeonato Nacional de Verduras Gigantes CANNA UK: Cada mes de septiembre, en Three Counties Showground, Malvern, Worcestershire, R.U., Martyn Davis, un juez de la Sociedad Nacional de Verduras, da la bienvenida a los participantes en el Campeonato Nacional de Verduras Gigantes CANNA UK, que se celebra en asociación con Westons Cider Mill. Martyn comprueba que las verduras cumplen con los estrictos criterios de la competición, y de que se pesan y documentan de forma adecuada. *www.malvernautumn.co.uk*

World UltraCycling Association: La WUCA (anteriormente llamada UltraMarathon Cycling Association, o UMCA) es una organización sin ánimo de lucro dedicada al apoyo del ultraciclismo en todo el mundo. Dispone del mayor repositorio con información sobre récords ciclistas logrados con cualquier tipo de bicicleta, y sigue certificando los récords de sus miembros, que todos los años participan en distintos desafíos o prestan ayuda en pruebas. *worldultracycling.com*

The Bartlett School of Architecture: Iain Borden es profesor de Arquitectura y Cultura Urbana y vicedecano de Educación en The Bartlett, University College de Londres, R.U. Patinador, fotógrafo, cinéfilo y viajero urbano, ha escrito más de 100 libros y artículos sobre estos temas, así como varios títulos sobre arquitectos, edificios y ciudades. *www.ucl.ac.uk/bartlett/architecture*

The Penguin Lady: Dyan de Napoli es experta en pingüinos, conferenciante en TED y la galardonada autora de *The Great Penguin Rescue* (2011), que narra el dramático rescate de 40.000 pingüinos después del vertido de petróleo del *Treasure* frente las costas de Sudáfrica en 2000. Da conferencias para National Geographic en la Antártida, y se la puede encontrar en redes sociales como «The Penguin Lady». *thepenguinlady.com*

Mark O'Shea: Mark es profesor de Herpetología en la Universidad de Wolverhampton y experto asesor en reptiles en el West Midland Safari Park, ambos en R.U. Con más de cinco décadas de experiencia trabajando con reptiles en estado salvaje y en cautividad, su carrera lo ha llevado a 40 países de cinco continentes. Hasta la fecha, Mark ha escrito seis libros, entre ellos *The Book of Snakes* (2018), que incluye a 600 de las más de 3.700 especies de serpientes. Mark también es presentador de programas de televisión sobre la vida salvaje, y suma 40 documentales en su currículum, entre ellos cuatro temporadas de *O'Shea's Big Adventure*, emitido por Animal Planet y Channel 4 (R.U.). *www.markoshea.inf*

Mark Aston trabaja como asesor de GWR en ciencia y tecnología desde 2010. Aporta casi 30 años de experiencia en alta tecnología, ciencia e ingeniería para asegurar que los récords de ciencia y tecnología de GWR son precisos e informativos. La participación de Mark en empresas tanto académicas como comerciales le ha llevado a desarrollar una carrera muy activa en el campo de la óptica.

Tom Beckerlegge es un premiado escritor cuyos libros han sido traducidos y publicados en todo el mundo. Asesor deportivo de GWR, lleva años consultando y leyendo acerca de todo tipo de juegos. Ha trabajado en cinco compendios de récords y ha investigado cientos de récords en disciplinas deportivas tan diversas como el ciclismo artístico, el pilotaje de campana y el taekwondo playa.

David Fischer ejerce desde 2006 como asesor deportivo estadounidense de GWR. Ha escrito para *The New York Times* y *Sports Illustrated for Kids*, y ha trabajado en *Sports Illustrated*, *The National Sports Daily* y *NBC Sports*. Es autor de *The Super Bowl: The First Fifty Years of America's Greatest Game* (2015) y *Derek Jeter #2: Thanks for the Memories* (2014). También ha editado *Facing Mariano Rivera* (2014).

Rory Flood es licenciado en Geografía, máster en Ciencias Ambientales y doctor en Geografía Física, y es profesor de Geografía Física en la Universidad de Queen de Belfast, Irlanda del Norte, R.U. Ha escrito artículos sobre geomorfología, sedimentología y geoquímica centrados en los entornos marino y terrestre. A Rory le interesa especialmente el modo en que los paisajes costeros y los accidentes geográficos se conforman y cambian por la influencia de procesos marinos, climáticos y humanos.

Jonathan McDowell es astrofísico en el Centro de Astrofísica Harvard-Smithsonian, donde forma parte del equipo que opera el observatorio de rayos X Chandra. Se ocupa de un sitio web que documenta la historia de la exploración espacial (*planet4589.org*) y desde 1998 publica un boletín mensual, el *Jonathan's Space Report*.

James Proud es escritor e investigador especializado en hechos e historias inusuales de todo el mundo, con particular interés en la tecnología y las proezas extremas. Es autor de varios libros sobre una amplia variedad de temas, desde curiosidades históricas hasta leyendas urbanas y cultura pop.

Karl P. N. Shuker es doctor en Zoología y Fisiología Comparada de la Universidad de Birmingham, y es miembro científico de la Sociedad Zoológica de Londres, miembro de la Real Sociedad Entomológica y miembro de la Sociedad de Autores de R.U. Ha escrito 25 libros y cientos de artículos en los que cubre todos los aspectos de la historia natural. El trabajo de Karl pone énfasis en los animales anómalos, como especies nuevas, redescubiertas o no reconocidas.

Matthew White es asesor musical, de críquet y de tenis de GWR. Entre 2009 y 2019, ha revisado como corrector unos 40.000 récords publicados en 12 ediciones distintas del **anuario de récords más vendido del mundo**.

Robert D Young es el asesor principal de GWR sobre gerontología, disciplina que estudia varios aspectos del envejecimiento. Desde 1999, se hace cargo de las listas de las personas más ancianas del mundo del Gerontology Research Group (GRG; *grg.org*), y ha trabajado con el Instituto Max Planck para la Investigación Demográfica y la International Database on Longevity. En 2015, se convirtió en director de la Supercentenarian Research Database Division de la GRG. Es también el autor de *African-American Longevity Advantage: Myth or Reality?* (2009).

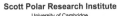

AGRADECIMIENTOS

Editor Jefe
Craig Glenday

Editores de maquetación
Tom Beckerlegge,
Rob Dimery

Editor sénior
Adam Millward

Editor
Ben Hollingum

Editor de videojuegos
Mike Plant

Corrector de pruebas y comprobación de datos
Matthew White

Directora editorial y de producción
Jane Boatfield

Director de fotografía y diseño
Fran Morales

Documentación fotográfica
Alice Jessop

Ilustrador
Billy Waqar

Diseño
Paul Wylie-Deacon
y Rob Wilson
de 55design.co.uk

Diseño de la cubierta
Paul Wylie-Deacon,
Edward Dillon

Diseño 3D
Joseph O'Neil

Directora de producción
Lucy Acfield

Director de contenidos visuales
Michael Whitty

Productora de contenidos
Jenny Langridge

Directora de producción
Patricia Magill

Coordinador de producción
Thomas McCurdy

Asesores de producción
Roger Hawkins, Florian
Seyfert, Tobias Wrona

Reprografía
Res Kahraman y Honor
Flowerday de Born Group

Fotografías originales
James Ellerker, Jon Enoch,
Paul Michael Hughes,
Prakash Mathema,
Kevin Scott Ramos,
Alex Rumford, Ryan Schude,
Trevor Traynor

Índice
Marie Lorimer

Documentación
Ben Way

Impresión y encuadernación
MOHN Media Mohndruck
GmbH, Gütersloh, Alemania

Coordinación editorial de la versión española
LT Servicios Lingüísticos y
Editoriales, S. L.

Traducción
Montserrat Asensio,
Ana Guelbenzu, Lluïsa
Moreno, Daniel Montsech

ISBN: 978-84-08-21628-5

Los récords se establecen para ser batidos. Si encuentras alguno que, en tu opinión, puedas superar, cuéntanoslo y formula una solicitud de récord. Averigua cómo hacerlo. Eso sí: antes de intentarlo, debes ponerte en contacto con nosotros.

Visita nuestro sitio web oficial (www.guinnessworldrecords.com) para conocer noticias sobre nuevos récords y contemplar algunos vídeos sobre diversos intentos. También puedes unirte a la comunidad virtual del Guinness World Records.

Sostenibilidad
El papel utilizado para esta edición fue fabricado por UPM Plattling, Alemania. La planta de producción dispone de la certificación forestal correspondiente, y su actividad cuenta con la acreditación del sistema de gestión medioambiental ISO 14001 y con la certificación EMAS, cuyo objetivo es garantizar una producción sostenible.

Los papeles UPM son auténticos productos Biofore obtenidos de materiales renovables y reciclables.

Guinness World Records Limited aplica un sistema de comprobación muy riguroso para verificar todos los récords. Sin embargo, aunque ponemos el máximo empeño en garantizar la exactitud, Guinness World Records Limited no se hace responsable de los posibles errores que contenga esta obra. Agradecemos todos aquellos comentarios de nuestros lectores que contribuyan a una mayor exactitud de los datos.

Guinness World Records Limited utiliza preferentemente el sistema métrico decimal, excepto en ciertas unidades de otros sistemas de medición universalmente aceptadas y en algunos datos deportivos. Cuando se especifica una fecha, todos los valores monetarios se calculan según el tipo de cambio vigente en el momento; cuando únicamente se especifica el año, la conversión se establece con arreglo al tipo de cambio vigente el 31 de diciembre de ese año.

Al intentar batir o establecer récords se deben solicitar siempre los consejos oportunos. Cualquier tentativa de récord es responsabilidad exclusiva del aspirante. Guinness World Records Limited se reserva por completo el derecho a incluir o no un determinado intento de récord en cualquiera de sus publicaciones. La posesión de un récord del Guinness World Records no garantiza su aparición en ninguna publicación del *Guinness World Records*.

OFFICIALLY AMAZING

OFICINAS CENTRALES
Presidente: Alistair Richards
Servicios profesionales
Alison Ozanne
Gestión de categorías: Benjamin
Backhouse, Jason Fernandes,
Sheila Mella Suárez, Will Munford,
Shane Murphy, Luke Wakeham
Finanzas: Tobi Amusan,
Jusna Begum, Elizabeth Bishop,
Jess Blake, Yusuf Gafar, Lisa Gibbs,
Kimberley Jones, Nhan Nguyen,
Sutharsan Ramachandran, Jamie
Sheppard, Scott Shore, Andrew Wood
RR.HH. y Oficina de administración:
Jackie Angus, Alexandra Ledin,
Farrella Ryan-Coker, Monika Tilani
TI: Céline Bacon, Ashleigh Bair,
John Cvitanovic, Diogo Gomes,
Rob Howe, Benjamin Mclean, Cenk
Selim, Alpha Serrant-Defoe
Departamento jurídico: Catherine
Loughran, Raymond Marshall, Kaori
Minami, Mehreen Moghul
**Estrategia de marca, Contenido
y producto, Creatividad**
Sam Fay, Katie Forde, Paul O'Neill
Alianzas de marca: Juliet Dawson
Diseño: Edward Dillon, Alisa Zaytseva
Medios digitales: Veronica Irons,
Alex Waldu
Marketing de producto: Lucy
Acfield, Rebecca Lam, Emily Osborn,
Mawa Rodriguez, Louise Toms
Contenidos visuales: Sam
Birch-Machin, Karen Gilchrist,
Jenny Langridge, Matthew Musson,
Joseph O'Neil, Catherine Pearce,
Alan Pixsley, Jonathan Whitton,
Michael Whitty
Página web y Redes sociales:
David Stubbings, Dan Thorne

EMEA Y APAC
Nadine Causey
Contenido de marca
Marketing y RR.PP.: Nicholas Brookes,
Lauren Cochrane, Jessica Dawes,
Imelda Ekpo, Amber-Georgina Gill,
Lauren Johns, Doug Male, Connie Suggitt
Ventas de publicidad: Caroline Lake,
Helene Navarre, Joel Smith
Dirección de récords: Lewis
Blakeman, Adam Brown,
Tara El Kashef, Daniel Kidane,
Mark McKinley

Asesoría– UKROW
Neil Foster
Gestión de cuentas de clientes:
Sonia Chadha-Nihal, Fay Edwards,
Samuel Evanson, Andrew Fanning,
William Hume-Humphreys, Soma Huy,
Irina Nohailic, Sam Prosser, Nikhil
Shukla, Sadie Smith
Producción de eventos: Fiona
Gruchy-Craven, Danny Hickson
Marketing y RR.PP.: Lisa Lambert,
Iliyan Stoychev, Amanda Tang
Dirección de récords: Matilda Hagne,
Paul Hillman, Christopher Lynch,
Maria Raggi
Asesoría – MENA
Talal Omar
Gestión de cuentas de clientes:
Naser Batat, Mohammad Kiswani,
Kamel Yassin
RR.HH. y Oficina de administración:
Monisha Bimal
Marketing y RR.PP.: Aya Ali, Leila Issa
Dirección de récords: Hoda Khachab,
Samer Khallouf

ASIA ORIENTAL
Marco Frigatti
China
Gestión de cuentas de clientes: Blythe
Fitzwilliam, Catherine Gao, Chloe Liu,
Tina Ran, Amelia Wang, Elaine Wang,
Ivy Wang, Jin Yu, Jacky Yuan
RR.HH. y Oficina de administración:
Tina Shi, Crystal Xu
Departamento jurídico: Paul
Nightingale, Jiayi Teng
Marketing y RR.PP.: Tracy Cui, Karen
Pan, Vanessa Tao, Angela Wu, Echo
Zhan, Naomi Zhang, Yvonne Zhang,
Delling Zhao, Emily Zeng
Dirección de récords: Fay Jiang,
Ted Li, Reggy Lu, Charles Wharton,
Winnie Zhang, Alicia Zhao
Japón
Erika Ogawa
Gestión de cuentas de clientes:
Blythe Fitzwilliam, Wei Liang, Takuro
Maruyama, Yuki Morishita, Yumiko
Nakagawa, Masamichi Yazaki
RR.HH. y Oficina de administración:
Emiko Yamamoto
Marketing y RR.PP.: Kazami Kamioka,
Vihag Kulshrestha, Aya McMillan,
Momoko Satou, Masakazu Senda,
Yumi Uota, Eri Yuhira

Dirección de récords: Aki Ichikawa,
Kaoru Ishikawa, Momoko Omori, Koma
Satoh, Lala Teranishi, Yuki Uebo

AMÉRICA
Alistair Richards
Norteamérica
Gestión de cuentas de clientes: Alex
Angert, Mackenzie Berry, David Canela,
Danielle Levy, Nicole Pando, Kimberly
Partrick, Michelle Santucci
RR.HH. y Oficina de administración:
Vincent Acevedo, Jennifer Olson
**Marketing y RR.PP. y Ventas de
publicidad:** Valerie Esposito, Lauren
Festa, Michael Furnari, Rachel Gluck,
Elizabeth Montoya, Morganna Nickoff,
Rachel Silver, Kristen Stephenson,
Sonja Valenta
Dirección de récords: Spencer
Cammarano, Christine Fernandez,
Hannah Ortman, Callie Smith, Claire
Stephens, Kaitlin Vesper
América Latina
Carlos Martinez
Gestión de cuentas de clientes:
Carolina Guanabara-Hall, Ralph
Hannah, Jaime Rodriguez
Marketing y RR.PP.: Laura Angel, Alice
Marie Pagán-Sánchez
Dirección de récords: Raquel Assis,
Jaime Oquendo

ADJUDICADORES OFICIALES
Camila Borenstain, Joanne Brent,
Jack Brockbank, Sarah Casson, Dong
Cheng, Christina Conlon, Swapnil
Dangarikar, Casey DeSantis, Brittany
Dunn, Michael Empric, Pete Fairbairn,
Victor Fenes, Fumika Fujibuchi,
Ahmed Gabr, John Garland, Şeyda
Subaşı Gemici, Andy Glass, Sofia
Greenacre, Iris Hou, Rei Iwashita,
Louis Jelinek, Kazuyoshi Kirimura,
Mariko Koike, Lena Kuhlmann, Maggie
Luo, Solvej Malouf, Mike Marcotte, Mai
McMillan, Rishi Nath, Chika Onaka, Anna
Orford, Douglas Palau, Kellie Parise,
Pravin Patel, Justin Patterson, Glenn
Pollard, Natalia Ramirez, Stephanie
Randall, Cassie Ren, Philip Robertson,
Paulina Sapinska, Tomomi Sekioka,
Hiroaki Shino, Lucia Sinigagliesi,
Brian Sobel, Kevin Southam, Richard
Stenning, Carlos Tapia, Lorenzo Veltri,
Xiong Wen, Peter Yang

Créditos fotográficos

1 Shinsuke Kamioka/GWR, Shutterstock; **2** Alamy, Jon Enoch/GWR, Paul Michael Hughes/GWR, Shutterstock; **3** Boston Dynamics, NASA, Shutterstock; **7** Getty; **14** Roger Culos; **15** Alamy, Shutterstock; **16** Shutterstock, Alamy; **17** Shutterstock, Alamy, SPL; **18** Shutterstock, Alamy; **19** Shutterstock; **20** Shutterstock, Alamy; **21** Alamy, Shutterstock; **22** Shutterstock, Karl Brodowsky, M. San Félix; **23** Shutterstock, Alamy; **24** Alamy, Shutterstock; **25** Shutterstock, Getty, Alamy, Robin Brooks; **26** Shutterstock, Mick Petroff/NASA, Alamy; **27** Shutterstock, Alamy; **28** Shutterstock, Alamy, SPL, Jason Edwards/National Geographic; **29** Shutterstock, Alamy; **30** Shutterstock, Alamy; **31** Alamy, Robbie Shone, Neckton; **32** Jon Enoch/GWR; **34** Shutterstock, Science Source/ARDEA, Nobu Tamura, Alamy; **35** Shutterstock, Alamy; **36** Alamy; **37** Alamy, Shutterstock; **38** Alamy, Shutterstock; **39** Alamy, Shutterstock; **40** Nature PL, Shutterstock; **41** Shutterstock, Nature PL, Ardea, Alamy; **42** Alamy, Shutterstock; **43** Alamy, Shutterstock; **44** Shutterstock, Alamy; **45** Alamy, Shutterstock; **46** Shutterstock, Ardea, Alamy, Getty; **47** Shutterstock; **48** Shutterstock, Alamy; **49** Alamy, Shutterstock; **50** Shutterstock, Alamy; **51** Shutterstock, Alamy; **52** Jon Enoch/GWR, Kevin Scott Ramos/GWR; **53** Shutterstock, Paul Michael Hughes/GWR; **54** Alamy, Shutterstock, Clay Bolt: claybolt.com; **55** Ardea, Alamy; **56** Jon Enoch/GWR; **58** Paul Michael Hughes/GWR; **59** Tim Anderson/GWR; **60** Reuters, Alamy, Kevin Scott Ramos/GWR; **61** Getty, Shinsuke Kamioka/GWR; **62** John Wright/GWR, Paul Michael Hughes/GWR, Richard Bradbury/GWR, NBC/NBCU Photo Bank; **63** Chris Granger/GWR, John Wright/GWR, Paul Michael Hughes/GWR; **64** Alamy, Aleksandar Terzic, Harvey Nichols; **65** Kevin Scott Ramos/GWR, Shutterstock, Al Diaz/GWR; **66** Reuters, Shutterstock, Ortiz-Catalan et al; **67** Paul Michael Hughes/GWR, Fernanda Figueiredo; **68** UGLY Enterprises LTD, Paul Michael Hughes/GWR, Getty, Evgeny Nikolaev; **69** Paul Michael Hughes/GWR, Shutterstock; **70** Paul Michael Hughes/GWR, John Wright/GWR, Kimberly Cook/GWR; **71** Kevin Scott Ramos/GWR, Reuters, Ranald Mackechnie/GWR; **72** Paul Michael Hughes/GWR; **74** Shutterstock; **75** Shutterstock, Craig Glenday; **77** Jon Enoch/GWR; **79** Brian Braun/GWR; **80** Alamy, Richard Bradbury, Sam Christmas/GWR, Shutterstock; **81** Ryan Schude/GWR; **82** Getty, GWR, Karen Wade/GWR; **83** Marvel/Sony/GWR; **84** Kevin Scott Ramos/GWR, Paul Michael Hughes/GWR, GWR; **85** Alex Rumford/GWR, Jon Enoch/GWR; **87** James Ellerker/GWR, Alex Rumford/GWR; **88** Christian Houdek/CWR; **89** James Ellerker/GWR, Ryan Schude/GWR; **90** Paul Michael Hughes/GWR, Jon Enoch/GWR; **91** Paul Michael Hughes/GWR; **92** Richard Bradbury/GWR, Paul Michael Hughes/GWR; **93** Ryan Schude/GWR, Paul Michael Hughes/GWR; **94** Richard Bradbury/GWR, Paul Michael Hughes/GWR, John Wright/GWR; **95** Trevor Traynor/GWR, Paul Michael Hughes/GWR, John Wright/GWR; **97** Ryan Schude/GWR, Jenna Henderson; **98** Ryan Schude/GWR; **100** Ryan Schude/GWR, Ranald Mackechnie/GWR, Kevin Scott Ramos/GWR, James Ellerker/GWR; **101** Ryan Schude/GWR, Shutterstock; **102** Ryan Schude/GWR, Paul Michael Hughes/GWR, James Ellerker/GWR; **103** Ryan Schude/GWR, Shutterstock; **104** James Ellerker/GWR, Drew Gardner/GWR, John Wright/GWR; **105** Ryan Schude/GWR, Kevin Scott Ramos/GWR; **106** Shutterstock, Mark Dadswell/GWR, Maria Marin; **107** Ryan Schude/GWR, Shutterstock; **108** Matt Ben Stone; **109** Alamy; **110** Red Bull/GWR, Jörg Mitter/Red Bull Content Pool; **111** Shutterstock, Jay Nemeth/Red Bull Content Pool; **112** Samuel Renner; **116** Raphael Thomas/Prince of Speed, Alex Broadway/Red Bull Content Pool, Dan Speicher; **117** Anthony Ball, Reuters, Shutterstock; **118** Samuel Crossley, Shutterstock, Marek Ogień/Red Bull Content Pool, Getty; **119** Matteo Zanga; **120** Christian Pondella/Red Bull Content Pool, Keith Ladzinski/Red Bull Content Pool; **123** AP Images for T-Mobile US, Jenna Henderson; **124** Kevin Scott Ramos/GWR; **126** Shutterstock; **127** Shutterstock, Alamy; **128** Alamy, Getty; **129** Iwan Baan, Getty; **130** Shutterstock, Getty; **131** Shutterstock, Alamy; **132** Alamy, Courtesy Chris Reynolds, Frédéric Boudin/Ferd, Shutterstock; **133** Alamy, Shutterstock; **134** Alamy, Shutterstock; **135** Shutterstock; **136** Courtesy Bonhams, Alamy, Shutterstock; **137** Alamy, Raphaël Dauvergne, Shutterstock; **139** Shutterstock; **140** Getty, Shutterstock; **141** Alamy, Shutterstock; **142** Shutterstock, Alamy; **143** Shutterstock; **144** Shutterstock, Alamy; **145** Lt.Chad Dulac, Shutterstock, Getty, Reuters; **146** JAXA, Boston Dynamics, Roborace; **147** Festo AG & Co.KG, JSK Lab/Universidad de Tokio, Bonhams, Honda; **148** DARPA, Roborace; **149** Roborace, DARPA, Shutterstock; **150** Universidad de Pensilvania, TU Delft, Kevin Ma and Pakpong Chirarattananon/Harvard University, Adam Lau/Berkeley Engineering; **151** Adam Lau/Berkeley Engineering, Festo AG & Co.KG, Shutterstock; **152** Boston Dynamics, Honda, Toyota; **153** Shutterstock; **154** FANUC, Karen Ladenheim; **155** Christian Sprogoe, The Henry Ford, NASA, Shutterstock; **156** Hiroshi Ishiguro Laboratory, IIT-Istituto Italiano di Tecnologia, Shutterstock, Kibo Robot Project; **157** Honda Motor Co, JSK Lab/Universidad de Tokio; **158** Shutterstock, Boston Dynamics, Ethan Schaler; **159** Shutterstock, Joseph Xu/Michigan University College of Engineering; **160** NASA, Airbus, DHL, Getty, Northrop Grumman Corporation; **161** Northrop Grumman Corporation, U.S. Navy; **162** Boston Dynamics; **163** Wyss Institute/Harvard University, ANYbotics, MIT, Boston Dynamics, Alamy; **164** Alamy, CNSA, JAXA, NASA; **165** NASA; **166** Shutterstock, Alamy, Bonhams; **167** Bonhams, Shutterstock; **168** VCG/Getty; **169** Alamy; **170** Alamy; **171** NASA/BEAM, NASA; **172** Jon Enoch/GWR, Holly Martin/MetalAndSpeed, Paul Michael Hughes/GWR; **173** Shinsuke Kamioka/GWR, Shutterstock; **174** NASA, U.S. Navy; **175** Alamy, ORNL & Carlos Jones; **176** Kevin Scott Ramos/GWR; **177** Kevin Scott Ramos/GWR, Shutterstock; **178** Paul Michael Hughes/GWR; **179** Ryan Schude/GWR, Kevin Scott Ramos/GWR; **180** Getty, Thyssenkrupp, Marcus Ingram/dreamstime, Plastic Bottle Village, Shutterstock; **181** Shutterstock; **182** Alamy, Shutterstock, Diederik Pomstra/Leiden University; **184** Lockheed Martin Corporation, NASA, NanoRacks; **185** NASA; **186** Alamy, Christies, Getty, Paul Michael Hughes/GWR, Shutterstock; **187** NASA; **190** Shutterstock; **191** Shutterstock; **192** David James/Lucasfilm Ltd, Shutterstock; **193** Walt Disney Pictures, Marvel Studios, ESPN Films, 20th Century Fox; **194** Ken McKay/ITV/Rex Features/Shutterstock; **195** Alamy, Shutterstock, Believe Entertainment Group; **196** Shutterstock; **197** Universal Music Group, Shutterstock; **198** Alamy, Shutterstock; **199** Alamy, Shutterstock; **204** NBCUniversal Media, Alamy, Ian Watson/USA Network, Warner Bros; **205** AMC, Warner Bros, Shutterstock, Alamy; **206** Beano, Todd Klein, Image Comics; **207** Nigel Parkinson/Beano, Shutterstock, Alamy; **208** Getty; **209** Kevin Scott Ramos/GWR, Shutterstock; **210** Getty, Sony Pictures Television; **211** Shutterstock, AMC/BBC; **212** Shutterstock; **213** Shutterstock; **214** Alamy, Shutterstock, Getty; **215** Alamy, Getty, Shutterstock; **216** Getty, Alamy; **217** Getty, Shutterstock; **218** Getty; **219** Getty, Shutterstock; **220** Shutterstock, Getty; **221** Alamy, Shutterstock; **222** Shutterstock, Mike Lee/KLC Fotos, Getty; **223** Shutterstock, Alamy, Getty; **224** Getty, Shutterstock, PA; **225** Shutterstock; **226** Alamy, Shutterstock; **227** World Taekwondo, Getty, Shutterstock; **228** Shutterstock, Getty; **229** Alamy, Shutterstock, Volkswagen AG; **230** International Weightlifting Federation, Shutterstock, Arnold Sports Festival; **231** Getty, Leo Zhukov, Alamy; **232** PBA LLC, Jeffrey Au/WCF, Getty; **233** Getty, Shutterstock; **234** Getty, Alamy, Shutterstock; **235** Shutterstock, Alamy; **236** Getty, Shutterstock; **237** Saroma 100km Ultra Marathon Organising Committee, Shutterstock; **238** FINA, Alamy, Shutterstock, Seb Daly/Sportsfile; **239** USA Water Ski & Wake Sport, Balint Vekassy, Shutterstock, World Surf League/Sloane, Alex St. Jean; **240** Shutterstock, Alamy, Getty; **241** Shutterstock; **242** Christian Pondella/Red Bull Content Pool, Peter Morning/Red Bull Content Pool, Michal Rotko, Getty, Ricardo Nascimento/Red Bull Content Pool; **243** Alamy, Getty, Reuters, Wolfgang Benedik; **244** Torben Utzon, Alamy, Getty; **245** Getty, Shutterstock, Eline Hooghiemstra; **254** Shutterstock, EHT Collaboration, Anthony Upton

AGRADECIMIENTOS

GWR desea expresar su agradecimiento a:
Stuart Ackland (Bodleian Library), David C Agle (NASA JPL), American Society of Ichthyologists and Herpetologists (Bruce Collette, JP Fontenelle, Kirsten Hechtbender, David Smith, Leo Smith, Milton Tan, Tierney Thys, Luke Tornabene, Peter Wainwright), ATN Event Staffing, Baltimore City Department of Public Works (Jeffrey Raymond, Muriel Rich), British Aerobatic Association (Alan Cassidy, Steve Todd, Graeme Fudge), Jochen Brocks (Universidad Nacional Australiana), Peter Brown (Rocky Mountain Tree-Ring Research), Benson Brownies, Buena Vista Television, Michael Caldwell (Universidad de Alberta), Steve Campbell, Canada Running Series, CBS Interactive, Che John Connon (Universidad de Newcastle), John Corcoran, Jon Custer (International Energy Agency), Adriene Davis Kalugyer (Lilly Family School of Philanthropy), Ryan DeSear, Suzanne DeSear, Disney ABC Home Entertainment and TV Distribution, Dude Perfect, Christopher Duggan, Péter Fankhauser (ANYBotics), Matias Faral, Corrine Finch (King's School Canterbury), FJT Logistics Ltd (Ray Harper, Gavin Hennessy), Marshall Gerometta (Council on Tall Buildings and Urban Habitat), Emily D Gilman, Megan Goldrick, Jessy Grizzle (Universidad de Michigan), Götz Haferburg (Freiburg University of Mining and Technology), Nora Hartel (Foundation for Environmental Education), Timothy Hoellein (Universidad Loyola Chicago), Joe Hollins, Paul Holmes, Kelly Holmes, Marsha K Hoover, Chuanmin Hu (Universidad del Sur de la Florida), Integrated Colour Editions Europe (Roger Hawkins, Susie Hawkins), International Association for Bear Research and Management (Djuro Huber, Svitlana Kudrenko, Martyn Obbard, Bernie Peyton, Ioan-Mihai Pop, Hasan Rahman, Agnieszka Sergiel, Siew Te Wong, Jennapher Teunissen van Manen, Renee Ward), IUCN (Craig Hilton-Taylor, Dan Laffoley), Johns Hopkins University Applied Physics Laboratory (Geoffrey F Brown, Justyna Surowiec), Carol Kaelson, Almut Kelber (Universidad de Lund), Priya Kissoon (University of the West Indies), KWP Studios Inc., Robert D Leighton, Brian Levy (Metropolitan Water Reclamation District of Greater Chicago), Roy Longbottom, Stefano Mammola (Universidad de Turín), Mastercard, Amanda McCabe (Port Lympne Hotel & Reserve), Gary McCracken (Universidad de Tennessee), Lisa McGrath, Giorgio Metta (Istituto Italiano di Tecnologia), William C Meyers, Mohn Media (Anke Frosch, Theo Loechter, Marina Rempe, Reinhild Regragui, Jeanette Sio, Dennis Thon, Christin Moeck, Jens Pähler), Michael Moreau (NASA Goddard Space Flight Center), Shon Mosier (Elastec), Carolina Muñoz-Saez (Universidad de Chile), Adriaan Olivier (Klein Karoo International), William Pérez (Universidad de la República), Simon Pierce (Marine Megafauna Foundation), Print Force, Xinpei Qitong, Rachael Ray, Rick Richmond, Ripley Entertainment, Kieran Robson, Royal Botanic Gardens, Kew (Martin Cheek, Elizabeth Dauncey, Aljos Farjon, Michael Fay, Peter Gasson, Christina Harrison, Heather McCleod, William Milliken, Paul Rees, Chelsea Snell), Kate Sanders (Universidad de Adelaida), Etsuro Sawai (Ocean Sunfishes Information Storage Museum / Universidad de Hiroshima), Scott Polar Research Institute (Peter Clarkson, Robert Headland), Robert Sieland (Wismut GmbH), John Sinton (Universidad de Hawai'i en Mānoa), Southern California Timing Association (Dan Warner, JoAnn Carlson), StackOverflow (Sarah Caputo, Khalid El Khatib), Stephanie Stinn (Lockheed Martin), Stora Enso Veitsiluoto, Mike Szczys (Hackaday), Andy Taylor, Ginnie Titterton (Chronicle of Philanthropy), Universidad de Arizona LPL (Erin Morton, Dante Lauretta), Universidad de Birmingham (Rebecca Lockwood, Stuart Hillmansen), Universidad de Tokio (Yuki Asano, Rohan Mehra), Beverley Wiley, Beverley Williams, Eddie Wilson, Alexandra Wilson (Foreign and Commonwealth Office), WTA Networks Inc., XG Group, Liam Yon (St Helena Government), Xuexia Zhang (Southwest Jiaotong University), Paul Zimnisky Diamond Analytics (paulzimnisky.com), ZSL (James Hansford, Samuel Turvey), 55 Design (Hugh Doug Wylie, Linda Wylie, Hayley Wylie-Deacon, Tobias Wylie-Deacon, Rueben Wylie-Deacon, Anthony "Dad" Deacon, Vidette Burniston, Lewis Burniston)

Guardas

Delantera (fila 1): La imagen humana de un lápiz más grande; más matrículas partidas por la mitad en un minuto; la maqueta de convertiplano controlada por control remoto más veloz; la escultura de papel maché más grande; el lanzamiento a más altura de un cohete propulsado por una pastilla efervescente; el número de animación con más animadores
Delantera (fila 2): El viaje en bicicleta elíptica más largo por un mismo país; el número de funambulismo con una silla sobre una cuerda floja más prolongado; el castillo hinchable más grande; la travesía del Atlántico más rápida a remo en solitario desde Canadá; la mayor colección de artículos de *Días felices*; más aeronaves activas en órbita alrededor de otro planeta
Delantera (fila 3): El primer implante meteorológico barométrico; la mayor distancia recorrida por un helicóptero eléctrico (prototipo); el menor tiempo en pasar por debajo de 10 barras de limbo patinando; más tiempo manteniendo en equilibrio una pelota de baloncesto sobre un cepillo de dientes; la media maratón más rápida ataviado con uniforme de béisbol (hombres); la mayor altura vertical ascendida por escaleras en una hora (hombres)
Delantera (fila 4): El primer descenso esquiando del Lhotse; el mosaico animado de teléfonos móviles más grande; los pantalones vaqueros más grandes; el atrapasueños más grande; la reunión más multitudinaria de personas disfrazadas de conejo; el mayor aparcamiento automatizado; la mayor colección de artículos de los *Teleñecos*
Trasera (fila 1): Más personas soplando silbatos de tren simultáneamente; más tiempo haciendo girar un *spinner* sobre un dedo del pie; el escone más grande; el viaje más rápido desde Land's End a John O'Groats en un cortacésped; más personas maquilladas en una hora (equipo de cinco personas); más cosechadoras trabajando simultáneamente
Trasera (fila 2): Más tiempo manteniendo en equilibrio un balón de fútbol sobre la rodilla; la guerra de almohadas más multitudinaria; la tabla de embutidos más larga; la guitarra acústica con cuerdas de metal más grande; la pieza de ajedrez más grande; la ración más grande de bershmarmak; más perros guía entrenados por una organización
Trasera (fila 3): La pista de Hot Wheels más larga; más notas adhesivas pegadas en la cara en 30 segundos; la cadena más larga de cables alargadores; la camiseta más grande; más juegos de escape visitados en un día; la persona más joven en cruzar a remo el Atlántico en equipo (ruta de los vientos Alisios II)
Trasera (fila 4): El desfile de grúas más grande; la melé de rugby más grande; más veces haciendo rebotar una pelota de pimpón contra una pared con la boca en 30 segundos; más tiempo pasado en el interior de una burbuja; la colección de corbatas más grande; el mosaico de pegatinas más grande (imagen)

Código de países

ABW	Aruba
AFG	Afganistán
AGO	Angola
AIA	Anguila
ALB	Albania
AND	Andorra
ANT	Antillas Holandesas
ARG	Argentina
ARM	Armenia
ASM	Samoa Estadounidense
ATA	Antártida
ATF	Territorios Franceses del Sur
ATG	Antigua y Barbuda
AUS	Australia
AUT	Austria
AZE	Azerbaiyán
BDI	Burundi
BEL	Bélgica
BEN	Benín
BFA	Burkina Faso
BGD	Bangladés
BGR	Bulgaria
BHR	Bahréin
BHS	Bahamas
BIH	Bosnia-Herzegovina
BLR	Bielorrusia
BLZ	Belice
BMU	Bermudas
BOL	Bolivia
BRA	Brasil
BRB	Barbados
BRN	Brunéi Darussalam
BTN	Bután
BVT	Isla de Bouvet
BWA	Botsuana
CAF	República Centroafricana
CAN	Canadá
CCK	Islas Cocos (Keeling)
CHE	Suiza
CHL	Chile
CHN	China
CIV	Costa de Marfil
CMR	Camerún
COD	República Democrática del Congo
COG	Congo
COK	Islas Cook
COL	Colombia
COM	Comoras
CPV	Cabo Verde
CRI	Costa Rica
CUB	Cuba
CXR	Islas de Navidad
CYM	Islas Caimán
CYP	Chipre
CZE	República Checa
DEU	Alemania
DJI	Yibuti
DMA	Dominica
DNK	Dinamarca
DOM	República Dominicana
DZA	Argelia
ECU	Ecuador
EE.UU.	Estados Unidos de América
EGY	Egipto
ERI	Eritrea
ESH	Sáhara Occidental
ESP	España
EST	Estonia
ETH	Etiopía
FIN	Finlandia
FJI	Fiyi
FLK	Islas Malvinas
FRA	Francia
FRG	República Federal de Alemania
FRO	Islas Feroe
FSM	Estados Federados de Micronesia
GAB	Gabón
GEO	Georgia
GHA	Ghana
GIB	Gibraltar
GIN	Guinea
GLP	Guadalupe
GMB	Gambia
GNB	Guinea-Bissau
GNQ	Guinea Ecuatorial
GRC	Grecia
GRD	Granada
GRL	Groenlandia
GTM	Guatemala
GUF	Guayana Francesa
GUM	Guam
GUY	Guyana
HKG	Hong Kong
HMD	Islas Heard y McDonald
HND	Honduras
HRV	Croacia (Hrvatska)
HTI	Haití
HUN	Hungría
IDN	Indonesia
IND	India
IOT	Territorio Británico del Océano Índico
IRL	Irlanda
IRN	Irán
IRQ	Irak
ISL	Islandia
ISR	Israel
ITA	Italia
JAM	Jamaica
JOR	Jordania
JPN	Japón
KAZ	Kazajistán
KEN	Kenia
KGZ	Kirguistán
KHM	Camboya
KIR	Kiribati
KNA	San Cristóbal y Nieves
KOR	República de Corea
KWT	Kuwait
LAO	Laos
LBN	Líbano
LBR	Liberia
LBY	Jamahiriya Árabe de Libia
LCA	Santa Lucía
LIE	Liechtenstein
LKA	Sri Lanka
LSO	Lesoto
LTU	Lituania
LUX	Luxemburgo
LVA	Letonia
MAC	Macao
MAR	Marruecos
MCO	Mónaco
MDA	Moldavia
MDG	Madagascar
MDV	Maldivas
MEX	México
MHL	Islas Marshall
MKD	Macedonia
MLI	Mali
MLT	Malta
MMR	Myanmar (Birmania)
MNE	Montenegro
MNG	Mongolia
MNP	Islas Marianas del Norte
MOZ	Mozambique
MRT	Mauritania
MSR	Montserrat
MTQ	Martinica
MUS	Mauricio
MWI	Malaui
MYS	Malasia
MYT	Mayotte
NAM	Namibia
NCL	Nueva Caledonia
NER	Níger
NFK	Islas Norfolk
NGA	Nigeria
NIC	Nicaragua
NIU	Niue
NLD	Países Bajos
NOR	Noruega
NPL	Nepal
NRU	Nauru
NZ	Nueva Zelanda
OMN	Omán
PAK	Pakistán
PAN	Panamá
PCN	Islas Pitcairn
PER	Perú
PHL	Filipinas
PLW	Palau
PNG	Papúa-Nueva Guinea
POL	Polonia
PRI	Puerto Rico
PRK	Corea, República Popular Democrática de Corea
PRT	Portugal
PRY	Paraguay
PYF	Polinesia Francesa
QAT	Qatar
REU	Reunión
ROM	Rumanía
R.U.	Reino Unido
RUS	Federación Rusa
RWA	Ruanda
SAU	Arabia Saudí
SDN	Sudán
SEN	Senegal
SGP	Singapur
SGS	Islas Georgias del Sur y Sándwich del Sur
SHN	Santa Helena
SJM	Islas Svalbard y Jan Mayen
SLB	Islas Salomón
SLE	Sierra Leona
SLV	El Salvador
SMR	San Marino
SOM	Somalia
SPM	San Pedro y Miquelón
SRB	Serbia
SSD	Sudán del Sur
STP	Santo Tomé y Príncipe
SUR	Surinam
SVK	Eslovaquia
SVN	Eslovenia
SWE	Suecia
SWZ	Suazilandia
SYC	Seychelles
SYR	República Árabe de Siria
TCA	Islas Turcas y Caicos
TCD	Chad
TGO	Togo
THA	Tailandia
TJK	Tayikistán
TKL	Tokelau
TKM	Turkmenistán
TMP	Timor Oriental
TON	Tonga
TPE	China Taipéi
TTO	Trinidad y Tobago
TUN	Túnez
TUR	Turquía
TUV	Tuvalu
TZA	Tanzania
UAE	Emiratos Árabes Unidos
UGA	Uganda
UKR	Ucrania
UMI	Islas Menores de EE.UU.
URY	Uruguay
UZB	Uzbekistán
VAT	Santa Sede (Ciudad del Vaticano)
VCT	San Vicente y las Granadinas
VEN	Venezuela
VGB	Islas Vírgenes (de R.U.)
VIR	Islas Vírgenes (de EE.UU.)
VNM	Vietnam
VUT	Vanuatu
WLF	Islas Wallis y Futuna
WSM	Samoa
YEM	Yemen
ZAF	Sudáfrica
ZMB	Zambia
ZWE	Zimbabue

ÚLTIMA HORA

Las siguientes entradas fueron aprobadas y añadidas a nuestra base de datos después de la fecha de cierre oficial para la presentación de candidaturas de este año.

Más tornados avistados por una misma persona

Roger Hill (EE.UU.), cazador de tormentas profesional, avistó 676 tornados entre el 7 de julio de 1987 y el 13 de julio de 2017, según se verificó el 15 de febrero de 2018.

La cadena de limpiapipas más larga

El 9 de marzo de 2018, los alumnos de la Brookman Elementary School de Las Vegas, Nevada, EE.UU., junto a su maestra Alana London y a su marido, el mago cómico Adam (todos de EE.UU.), formaron una cadena de limpiapipas de 18,09 km de longitud. El intento de récord formó parte de un programa de lectura por el que los alumnos obtenían limpiapipas cada vez que leían un libro.

La pirámide de rollos de papel higiénico más alta

Para celebrar la inauguración de una nueva tienda en Appleton, Wisconsin, EE.UU., el 24 de mayo de 2018, Kimberly Clark Corporation y Meiher (ambos de EE.UU.) construyeron una pirámide con rollos de papel higiénico de 4,36 m de altura. Catorce personas trabajaron durante 10 horas para construir el zigurat de papel higiénico con 25.585 rollos.

La primera cría de serpiente conservada en ámbar

En el estado de Kachin, Myanmar, se han hallado los restos de un embrión de serpiente atrapada en ámbar. El espécimen, una especie nueva a la que se ha llamado *Xiaophis myanmarensis*, medía 4,75 cm de longitud y le faltaba el cráneo. Se estima que la longitud total del reptil podría rozar los 8 cm. El hallazgo se publicó el 18 de julio de 2018 en *Science Advances*.

▶ La manta tejida a mano más grande (sin ganchillo)

Valery Larkin (Irlanda) y Knitters of the World tejieron a mano una manta de 1.994,81 m² de superficie (aproximadamente la misma que la de cuatro canchas de baloncesto), tal y como se verificó el 26 de agosto de 2018 en Ennis, Irlanda. Más de 1.000 personas trabajaron en la manta, que luego se dividió y se donó a la Cruz Roja.

El ciclo de *stacking* más veloz en la modalidad 3-3-3 (individual)

Hyeon Jong-choi (Corea) completó una pirámide de vasos apilados de 3-3-3 en 1,322 segundos en el SPEED STACKS World Championship Challenge 1st en Seúl, Corea del Sur, el 4 de noviembre de 2018. Rebajó en 0,005 segundos su récord anterior, logrado el 16 de septiembre de 2018.

La proyección más grande sobre una pantalla de agua

El 20 de septiembre de 2018, el Festival Internacional Círculo de Luz de Moscú, Rusia, presentó un espectáculo de luz sobre una cortina de agua que medía 3.099,24 m². El festival, coordinado por LBL Communication Group (Rusia) también logró el **mayor número de proyecciones de llamas lanzadas simultáneamente**: 162.

La mayor imagen humana de un país

El 29 de septiembre de 2018, un total de 4.807 personas celebraron los 100 años de la Gran Unión de Rumanía formando una imagen del país en una ciudadela del siglo XVII restaurada en Alba Iulia, Rumanía. Asociația 11even, Primăria Alba Iulia y Kaufland (todos de Rumanía) organizaron el evento.

La clase de hurling más multitudinaria

Para celebrar su vigésimo aniversario, el 30 de septiembre de 2018, The Gaelic Athletic Association Museum (Irlanda) enseñó hurling a 1.772 personas en Croke Park, Dublín, Irlanda. La clase estuvo dirigida por Martin Fogarty, el director de desarrollo del hurling.

Más juegos de escape visitados en un día

El 30 de octubre de 2018, Richard Bragg, Daniel Egnor, Amanda Harris (todos de EE.UU.) y Ana Ulin (España), los Bloody Boris's Burning Bluelight Brigade, visitaron 22 juegos de escape en 24 horas en Moscú, Rusia.

Más empanadas servidas en 8 horas

El 11 de noviembre de 2018, la Asociación de Propietarios de Pizzerías y Casas de Empanadas (Argentina) rompió dos récords en Buenos Aires, Argentina. Sirvieron 11.472 empanadas en 8 horas y luego consiguieron el récord de **más pizzas horneadas en 12 horas (equipo)**: 11.089 pizzas de 30,5 cm de diámetro.

Más personas apagando velas simultáneamente

Para celebrar el 90.º aniversario de Mickey Mouse, el socio de Disney King Power International (Tailandia), convocó a 1.765 personas para soplar las velas al mismo tiempo el 18 de noviembre de 2018 en Bangkok, Tailandia.

Lograron escapar de todos ellos, excepto de uno, en el tiempo indicado.

La persona más joven en circunnavegar el globo en avión (en solitario)

Mason Andrews (EE.UU., n. el 26 de abril de 2000) rodeó el mundo a bordo de un Piper PA-32 monomotor en 76 días. Culminó el viaje el 6 de octubre de 2018 en Monroe, Luisiana, EE.UU., a los 18 años y 163 días de edad.

Más personas recogiendo alimentos contra el hambre (múltiples ubicaciones)

El 16 de octubre de 2018, Rise Against Hunger (EE.UU.) organizó un evento de recogida de alimentos contra el hambre en el que participaron 832 personas que consiguieron más de 4.500 paquetes de alimentos en localidades de EE.UU., India, Italia, Filipinas y Sudáfrica.

Los 10 m más rápidos de un perro sobre las patas traseras

El 11 de noviembre de 2018, *Oliver*, un cavapoo de tres años de edad, recorrió 10 m sobre las patas traseras en 3,21 segundos en Nashville, Tennessee, EE.UU. *Oliver* estuvo acompañado por su dueño y entrenador, Rayner Fredrick (EE.UU.)

El aspirador más pequeño

Talabathula Sai (India) construyó un miniaspirador de 5,4 cm de longitud en Peddapuram, India, tal y como se verificó el 10 de diciembre de 2018. Construyó el cuerpo del aparato con un tapón de bolígrafo, una pila de 12 voltios, un motor de corriente continua y una pequeña lámina de cobre.

Más personas aplastando latas simultáneamente

Un total de 463 personas se reunieron para aplastar latas simultáneamente en un evento organizado por Coca-Cola HBC Ireland & Northern Ireland Ltd. en Belfast, R.U., el 17 de enero de 2019.

▶ La recepción de la pelota de críquet lanzada a mayor altura

El 31 de enero de 2019, la guardameta de críquet Alyssa Healy (Australia) atrapó una pelota de críquet lanzada por un dron desde una altura de 82,5 m en Melbourne, Victoria, Australia, en un evento promocional de las 2020 ICC Men's and Women's T20 World Cups.

Durante esa misma promoción, también se logró el **mayor número de autógrafos sobre un artículo de colección deportivo** (1.033, en una camisa de críquet extragrande), como se verificó en Melbourne el 8 de marzo de 2019.

Los pantalones vaqueros más grandes

Paris Perú (Perú) presentó unos vaqueros de 65,5 m de longitud y 42,7 m de ancho en el Mall del Sur de Lima, Perú, el 19 de febrero de 2019. Pesaron 4,8 toneladas y para su confección trabajaron 50 personas durante seis meses.

EL AVIÓN CON LA MAYOR ENVERGADURA ALAR

El *Stratolaunch*, ideado por Paul Allen (1953-2018), cofundador de Microsoft, y el ingeniero aeroespacial Burt Rutan (ambos de EE.UU.), tiene una envergadura alar de 117,35 m. El 13 de abril de 2019, hizo su primer vuelo de prueba desde el Puerto Aéreo y Espacial de Mojave, en California, EE.UU. El avión está diseñado para transportar cohetes espaciales hasta el límite de la atmósfera terrestre y lanzarlos desde allí.

LA PRIMERA IMAGEN DIRECTA DE UN AGUJERO NEGRO

El 10 de abril de 2019, la Event Horizon Telescope Collaboration presentó esta imagen de un agujero negro en el corazón de la galaxia M87. La imagen muestra un disco de materia supercaliente girando en espiral hacia el «horizonte de sucesos», donde la atracción gravitatoria del agujero negro es tan potente que impide que la luz pueda escapar.

HITOS DEL REMO OCEÁNICO (2018-2019)

Fuente: Ocean Rowing Society

La travesía en solitario de Europa a Sudamérica más rápida	60 días, 16 h y 6 min, por Lee *Frank* Spencer (R.U.) a bordo del *Rowing Marine* (imagen a la derecha)	26 ene-11 mar 2019
La primera persona amputada en hacer una travesía oceánica a remo	Lee *Frank* Spencer, ver récord precedente	Récord precedente
El equipo cuádruple masculino más joven en cruzar a remo un océano	22 años y 246 días (promedio), por Lee Gordon, Cole Barnard, Matthew Boynton y Grant Soll (los Mad4Waves, todos de Suráfrica) a bordo del *Jasmine 2*	12 dic 2018-20 ene 2019
La primera travesía atlántica de este a oeste de un equipo de cuatro miembros de una misma familia	Caspar Thorp, Toby Thorp, George Blandford y Justin Evelegh (los Oar Inspiring, todos de R.U.) a bordo del *Lionheart*	12 dic 2018-16 ene 2019
La primera pareja masculina en atravesar a remo el Atlántico desde la Europa continental	John Wilson y Ricky Reina (los Atlantic Avengers, ambos de R.U.), a bordo del *Sic Parvis Magna*	27 nov 2018-23 feb 2019
La velocidad promedio más rápida en una travesía atlántica de este a oeste en la ruta de los Vientos Alisios I (parejas, aguas abiertas)	2,875 nudos (5,32 km/h), por Alex Simpson y Jamie Gordon (ambos de R.U.), a bordo del *Hyperion Atlantic Challenge*	29 ene-8 mar 2019
La persona más joven en completar tres travesías oceánicas	27 años y 4 días de edad, Alex Simpson (n. el 25 de enero de 1992)	Récord precedente
La persona de más edad en completar tres travesías oceánicas	66 años y 359 días, Fedor Konyukhov (Rusia, n. el 12 de diciembre de 1951), de Nueva Zelanda a Sudamérica a bordo del *Akros*	6 dic 2018-9 may 2019
El primer equipo multitripulación en atravesar a remo el océano Atlántico y el mar Caribe	Issac Giesen (Nueva Zelanda), Jógvan Clementsen, Niclas Olsen y Jákup Jacobsen (todos de las Islas Feroe) a bordo del *SAGA*	12 mar-13 may 2019

El más rápido en ordenar la tabla periódica

El 25 de febrero de 2019, el estudiante Ali Ghaddar (Líbano) reordenó las imágenes de los elementos de la tabla periódica en 6 min y 44 s en la Safir High School de Sidón, Líbano. El evento tuvo lugar durante la celebración del 150.º aniversario de la creación de la tabla periódica por Dmitri Mendeléyev en 1869.

La puntuación más alta en una prueba de ciclismo artístico de la UCI (mujeres, individual)

Milena Slupina (Alemania) obtuvo 194,31 puntos en la Copa del Mundo de Ciclismo Artístico de la Unión Ciclista Internacional (UCI) en Praga, República Checa, el 9 de marzo de 2019. Superó la marca de su compatriota Iris Schwarzhaupt (ver pág. 231).

Los 50 km más rápidos en marcha atlética (mujeres)

El 9 de marzo de 2019, Hong Liu (China) se convirtió en la primera mujer que rompió la barrera de las 4 horas en los 50 km de marcha atlética cuando completó el Gran Premio de Huangshan, China, en 3 h, 59 min y 15 s. Batió el récord de su compatriota Rui Liang (4 h, 4 min y 36 s), aunque la IAAF aún no ha ratificado el tiempo de Liu.

Más personas pasándose un huevo

El 10 de marzo de 2019, un total de 353 residentes de la ciudad de Misaki, en Kume, prefectura de Okayama, Japón, usaron cucharillas de postre para pasarse un huevo de gallina sin que cayera al suelo.

El menor tiempo en una carrera de motociclismo de cuarto de milla NHRA Drag Racing Pro Stock

Andrew Hines (EE.UU.) ganó una carrera de cuarto de milla (402 m) de la NHRA Pro Stock con un tiempo de 6,720 s el 17 de marzo de 2019 en los 50.º Amalie motor Oil NHRA Gatornationals en el circuito de Gainesville, Florida, EE.UU.

La paloma más cara

La paloma de carreras *Armando* se vendió por 1.252.000 euros en la casa de subastas en línea PIPA, el 17 de marzo de 2019. Formaba parte de una colección de aves puesta a la venta por el criador de palomas y gerente de matadero jubilado Joël Verschoot (Bélgica). Aunque hacía poco que se había retirado de la competición, el pedigrí competitivo de *Armando*, de cinco años edad, era impecable al haber ganado sus tres últimas carreras: el campeonato Ace Pigeon de 2018, la Pigeon Olympiade de 2019 y la Angoulême. Su valor se disparó cuando dos colombófilos chinos iniciaron una guerra de pujas en el último momento.

La inmersión a mayor profundidad de una serpiente marina

Tal y como se describió en *Austral Ecology* el 18 de marzo de 2019, una serpiente marina *Hydrophis* (especie sin determinar) aparece en un video del 16 de noviembre de 2014 nadando a una profundidad de 245 m junto a un vehículo dirigido por control remoto (VCR) en la cuenca Browse, frente a la costa del noroeste de Australia. Otro VCR grabó a otra serpiente marina *Hydrophis* en la misma ubicación a una profundidad de 239 m. Al parecer, se alimentaba en el fondo marino.

El silbido más agudo

El 20 de marzo de 2019, Andrew Stanford (EE.UU.) silbó una nota medida en 8.372,019 Hz (Do9 notación estándar) en Hanover, New Hampshire, EE.UU. Lo grabaron en una cabina de sonido del Dartmouth College.

La edad combinada más elevada de dos hermanos vivos

Los hermanos portugueses Albano (n. el 14 de diciembre de 1909) y Alberto (n. el 2 de diciembre de 1911) Andrade tenían una edad combinada de 216 años y 230 días, tal y como se comprobó el 2 de abril de 2019 en Santa Maria da Feira, Aveiro, Portugal.

El participante de más edad en la Regata Oxford-Cambridge

James Cracknell (R.U., n. el 5 de mayo de 1972) formó parte del equipo de Cambridge con 46 años y 337 días en la 165.ª Regata Oxford-Cambridge celebrada el 7 de abril de 2019. Su equipo se proclamó vencedor con un tiempo de 16 min y 57 s. Cracknell era ocho años mayor que el anterior participante de más edad (el timonel de Cambridge Andrew Probert, en 1992) y 10 años mayor que el siguiente regatista de más edad (Mike Wherley, de Oxford, en 2008).

La mayor exposición de minifiguras de LEGO® de *Star Wars*

En la *Star Wars Celebration* del 11 de abril de 2019, LEGO Group (EE.UU.) expuso 34.440 minifiguras de *Star Wars* (dispuestas en forma de casco de soldado de asalto) en Chicago, Illinois, EE.UU. La imagen medía 6,93 m de ancho y 6,88 de alto y su construcción requirió el trabajo de un equipo de 12 personas durante 38 horas, 16 de las cuales se invirtieron en montar las minifiguras.

La cata de güisqui más multitudinaria

El 13 de abril de 2019, Nigab (Suecia) y Bruichladdich (R.U.) organizaron una cata de güisqui para 2.283 personas en Gotemburgo, Suecia.

La mayor distancia recorrida en bicicleta en una hora con arrancada en parado

El 16 de abril de 2019, Victor Campenaerts (Bélgica) recorrió 55,089 km en 60 minutos en Aguascalientes, México. A una altitud de 1.800 m, Aguascalientes también fue el escenario del récord de la hora (mujeres) conseguido por Vittoria Bussi (ver pág. 228).

La lengua más ancha (hombres)

Tal y como se verificó el 16 de abril de 2019, la lengua de Brian Thompson (EE.UU.) medía 8,88 cm en su punto más ancho cuando fue medida el 30 de julio de 2018 en La Cañada Flintridge, California, EE.UU. Arrebató el récord a Byron Schlenker (ver pág. 70).

La bañera de oro más grande

El 22 de abril de 2019, el parque temático Huis Ten Bosch presentó una bañera de oro de 18 quilates que pesaba 154,2 kg en Sasebo, Nagasaki, Japón. Tiene un diámetro de 1,3 m y una profundidad de 55 cm, por lo que caben dos adultos.

▶ EL TAPIR EN CAUTIVIDAD MÁS LONGEVO

El 13 de marzo de 2019, se verificó en el Port Lympne Hotel & Reserve de Kent, R.U., que *Kingut*, un tapir malayo (*Tapirus indicus*) nacido el 27 de enero de 1978 tenía 41 años y 45 días de edad. *Kingut* nació en Yakarta, Indonesia, donde lo bautizaron como *Huta* antes de trasladarlo a R.U. en 1992. Le encanta que su cuidadora, Alice Elliot (izquierda), lo cepille, y las frutas dulces, como los plátanos, son su comida preferida.

255